EINE RUNDBLICK-HEIMATKUNDE

Von Dorf zu Dorf

Land und Leute heute –
in Geschichten, Lexika, Bildern und Karten

Band 1
Die Dörfer im Muldentalkreis östlich der Mulde

von Manfred Müller

SAX-VERLAG BEUCHA

In memoriam
meiner treuen und langjährigen „Rundblick"-Mitarbeiter

Adolf Böhm (1937–2001), Alfred Klaus (1913–1995),
Ehrhart Kundisch (1920–1997), Rudolf Lehmann (1909–1996),
Ewald Mörl (1924–1980), Johannes Oliva (1906–1971),
Renate Sturm-Francke (1903–1979), Fritz Thomas (1901–1989)
Artur Zieger (1911–1988)

Die Deutsche Bibliothek - CIP-Einheitsaufnahme
Von Dorf zu Dorf: eine Rundblick-Heimatkunde;
Land und Leute heute - in Geschichten, Lexika, Bildern und Karten.
Beucha: Sax-Verl.
Bd. 1: Die Dörfer im Muldentalkreis östlich der Mulde
von Manfred Müller. - 1. Aufl. - 2002
ISBN 3-934544-36-3

DER RUNDBLICK
Heimat im Muldenland

Herausgeber und Redaktion:
Manfred Müller, Am Lossatal 30, 04808 Hohburg
Tel./Fax 034263 41261

1. Auflage 2002
Redaktionsschluß 1. Juli 2002

Herstellung: Druckerei Bode GmbH Grimma/Wurzen
Buchbinderische Verarbeitung:
Müller Buchbinderei GmbH, Leipzig/Gerichshain
Printed in Germany

INHALTSVERZEICHNIS

ORTSÜBERSICHT

(Orte in Klammern sind mit dem Hauptort eng verschmolzen.)

Abkürzungen (neben den allgemein üblichen):
Die abgekürzten Jahreszahlen (z.B. 50er Jahre) beziehen sich sämtlich auf das 20. Jahrhundert (Zeitraum von 1901 bis 2000).

gegr. - gegründet
Einw. - Einwohnerzahl
OT - Ortsteil
dt. - deutsch
slaw. - slawisch
i.R. - im Ruhestand
Vors. - Vorsitzende(r)
Jh. - Jahrhundert
LPG - Landwirtschaftliche Produktionsgenossenschaft
KAP - Kooperative Abteilung Pflanzenproduktion
ZBO - Zwischenbetriebliche Organisation

AUTOREN UND MITARBEITER

TEXTE
Beate Bahnert (B.B.), Großbothen; Werner Ballschmieder (W.B.), Wurzen; Dr. Hans-Reiner Baum (HR.B.), Hohburg; Wolfgang Ebert (W.E.), Wurzen; Siegfried Höhne (S.H.), Mühlbach; Hartmut Kopsch (H.K.), Falkenhain; Gerhard Müller (G.M.), Kühnitzsch; Wilfried Römling (W.R.), Wurzen; Wolfgang Sieber (W.S.), Nerchau;
Alle nicht gekennzeichneten Texte verfaßte Manfred Müller, Hohburg.

REDAKTIONELLE MITARBEIT
Lutz Heydick, Beucha; Werner Hubrig, Wurzen; Rolf Pfeiffer, Berlin

ILLUSTRATIONEN
Astrid Baumgart, Gerichshain (Bildkarten);
Prof. Dr. Manfred Wagner, Dresden (Zeichnungen, um 1985).
Die Fotos machte Manfred Müller (vorwiegend 2000–2002); Archiv und privat (5).

DATEN UND FAKTEN ZU EINZELNEN ORTEN
Gerald Aé, Petra Anders, Peter Bäurich, Prof. Dr. Manfred Berger, Johanna Bindig, Barbara Jedlicka, Egon Dammann, Horst Drabner, Berndt Fleischer, Helmut Geißler, Carmen Gömmel, Edgar Hörig, Petra Hörig, Manfred Kästner, Barbara Kießling, Richard Klinkhardt, Gisela Krause, Rolf Künne, Matthias Lange, Martina Lehnigk, Sigrid Leine, Lothar Martini, Harald Mehlhorn, Fritz Papsdorf, Thomas Pötzsch, Ulrich Pracejus, Bernd Reiche, Hans-Jörg Schuster, Wolfgang Stadler, Heinz Thiele, Gottfried Weber, Wolfgang Wiedner,
Prof. Dr. Horst Naumann (Namensgebung und urkundliche Ersterwähnung).

Die angegebenen Daten zu den Einwohnerzahlen, Personen und zur Wirtschaft wurden zwischen 2000 und 2002 erhoben. Für die Bereitstellung danken wir den Gemeinde- und Stadtverwaltungen und Einzelpersonen.

QUELLEN
Die Veröffentlichungen des „Rundblicks“ zwischen 1954 und 1999.
Publikationen des Sax-Verlages Beucha.
Horst Naumann: Die Orts- und Flurnamen der Kreise Grimma und Wurzen. 1962. Akademie-Verlag Berlin.

TITELBILD
Auf dem Hof von Arno Wenzel in Papsdorf.

RÜCKSEITE
Mühle in Fremdiswalde.

Unser Buch der Dörfer

Im Muldentalkreis liegen fast zweihundert Dörfer. Es sind Siedlungen, die einen Namen tragen und die ein Ortsschild markiert. In unserem „Buch der Dörfer“ werden sie beschrieben. Im vorliegenden Band 1 besuchten wir die Dörfer östlich der Mulde. Die Orte westlich der Mulde werden im Band 2 zusammengefaßt, der im Jahre 2004 folgen soll.

Wir beschreiben ein Dorf. Wo soll man beginnen, wo enden? Wir mußten uns an Grenzen halten. Es sollte und konnte keine Ortschronik werden. Uns ging es um das Wesentliche, das Besondere, das nicht Austauschbare. Also machten wir uns auf die Suche, die gar nicht so einfach war. Von welcher Seite wir uns auch dem Dorf nähern, wir erleben es immer anders. Da spielt nicht nur die Windrichtung eine Rolle, auch das Straßenpflaster, der Gruß übern Gartenzaun. Komme ich von Norden, so höre ich das, was dort gesagt wird, mit anderen Tönen im Süden, wo ich das Dorf verlasse. So viele Menschen, so viele Meinungen. Was wähle ich, was ist wahr? Die Wahrheit des einen ist nicht die Wahrheit des anderen.

Unsere Wege übers Land führten uns in jedes Dorf, auch ins kleinste. Immer wieder entdeckten wir Neues. Wir suchten nicht die spektakulären Ereignisse. Die gibt es in der Beschaulichkeit unserer Dorfheimat ohnehin weniger. Es sind vielmehr die kleinen Episoden, manchmal sogar die Nebensächlichkeiten, die ein Dorf so liebenswert erscheinen lassen. Natürlich hat die Natur das eine mehr bevorzugt als das andere. Auch die geschichtlichen Abläufe setzten unterschiedliche Akzente, die sich in den Bauwerken und der Infrastruktur widerspiegeln. Trotzdem hat jeder Ort Anspruch auf einen Besuch. Man muß nur die Augen öffnen.

Dabei halfen uns die Einwohner. Weit über hundert waren es, die uns bereitwillig Auskunft gaben über das aktuelle Geschehen. Sie erzählten mit ebensolcher Hingabe ihre ganz persönlichen Schicksale. Einige Episoden aus ihrem reichen Leben haben wir aufgeschrieben. Wir erkannten sehr schnell, daß da eine enge Wechselbeziehung zwischen den Menschen und den Dörfern besteht. Aus diesem Quell schöpften wir die Texte für unsere Dorfgeschichten.

Mancher Leser wird fragen: Warum gerade diese Person? Bei unserer Auswahl gab es nur eine Vorgabe: Eine möglichst große Vielfalt unterschiedlicher Charaktere und Berufe darzustellen. Mal war es der Zufall, mal ein Hinweis, mal ein Gespräch übern Gartenzaun, mal ein geplanter Besuch. Es sind durchweg liebenswürdige Persönlichkeiten, in denen sich etwas von der Dorfgeschichte wiederfindet. Des einen Schicksal mag so oder so ähnlich wie das des anderen verlaufen sein. In der Summe ergeben sie ein treffliches Spiegelbild der Menschen im Muldentalkreis, vielleicht gar das Typische unserer Heimat. Und so wird sichtbar: Zum Bild der Heimat gehören nicht nur die Bauwerke, die geschichtlichen Traditionen, die Bäche, Wälder und Hügel, sondern eben auch die Menschen mit ihren Freuden und Leiden, mit ihren Taten und Untaten.

Wir richteten unser Augenmerk auf die Gegenwart und die zurückliegenden fünfzig Jahre. In dieser Zeit prägten unterschiedliche gesellschaftliche Einflüsse gravierend das Leben der Menschen: Das Kriegsende, die Nachkriegszeit, die Bodenreform, das Neubauernprogramm, die DDR, die Bildung der LPG, der Zerfall der sozialistischen Gesellschaftsordnung mit dem Übergang in die soziale Marktwirtschaft, also die „Wende“.

Das Bild unserer Heimat hat sich gerade in den letzten zehn Jahren stark verändert: Allerorten verschwand das triste Grau, viele Dächer leuchten frisch gedeckt aus dem Grün der Bäume, Abwässer trüben kaum noch das Wasser, asphaltierte Straßen verbinden die Dörfer, neue Eigenheime wachsen aus dem Boden.

Aber auch das: Neben der zertretenen Bank häuft sich der Müll, der Jugendklub ist demoliert, Bauerngüter verfallen, Erbengemeinschaften zerschlagen Familienbande, Wohnungen stehen leer, Schulen werden geschlossen, Betriebe und Einrichtungen gehen in den Konkurs, die Zahl der Arbeitslosen vermindert sich nicht. Die positiven und negativen Vorgänge wiederholen sich mehr oder weniger in allen Dörfern. Es wäre eintönig, sie immer wieder aufzuzählen. Deshalb wollen wir diese und andere Themen in grundlegenden Beiträgen zusammenfassen und im Band 2 unseres Dorfbuches veröffentlichen.

Der fortdauernde Wandel und die Hektik unserer Zeit verändern von heute auf morgen das Dorfbild. Sie verschonen die Menschen mit ihren Freuden und Sorgen nicht. Doch die Feststellung steht vorne an: Die Menschen lieben ihre Heimat im Muldenland, sie sind hier zu Hause, und sie leben gern hier.

Hohburg, im Juli 2002. *Manfred Müller*

PS. Über Nacht verändert sich das Leben, wenn die Menschen machtlos den Naturgewalten gegenüberstehen, wenn ganze Landstriche mit ihren Dörfen und Städten in den Fluten einer ungeahnten Hochwasserwelle versinken. So geschah es am 13. August 2002. Nach sintflutartigen Niederschlägen schwollen die Bäche und Flüsse zu reißenden Strömen an und rissen alles mit sich, was sich ihnen in den Weg stellte. Die Deiche an der Mulde hielten den Wassermassen nicht stand. Tausende Menschen mußten evakuiert werden, verloren ihr Hab und Gut.

Was niemand für möglich hielt - auch die vorliegenden Texte zu manchen Wasserdörfern und die dort vor Monaten geführten Gespräche zeigen es -, das trat ein: Die erschreckenden Merkmale des Jahrhunderthochwassers vom Juli 1954 wurden übertroffen! Dank der vielen Helfer konnte noch Schlimmeres verhütet werden. Die Dorfchroniken von Bennewitz, Höfgen, Sermuth, Erlln, Tanndorf, Nitzschka, Kollau und anderen Dörfern und vor allem die Geschichte der Stadt Grimma erweitern sich mit einem Kapitel, wie es zu schreiben niemand für möglich gehalten hätte.

Wir hoffen, daß die betroffenen Menschen und Familien die Kraft haben, aus dem Schlamm und den Trümmern einer tragischen Naturkatastrophe zurück ins Leben zu finden. Normal wird es auf Jahrzehnte nicht sein. Wir hoffen aber auch, daß sie von den staatlichen Stellen nicht im Stich gelassen werden und daß ihnen die Solidarität der Mitmenschen eine Hilfe sein wird. – *16.8.02. M.M.*

Mein Dorf

Mein Dorf liegt nicht an der großen Straße.
Hinein führt nur ein Weg. Nur auf dem
komme ich hinaus. Oder ich laufe
Hänge hinab, dunkel vom Wald,
quellig vom Wasser, das größeres sucht.
Mein Dorf liegt nicht an der großen Straße.

***

Feldwege
sind mir die liebsten Wege.
Begehbar in Stiefeln
und barfuß auch.
Feldwege kann ich alleine gehen.
Straßen sind tot, kommt mir
keiner entgegen.

***

Ich brauche das Flüstern vom Bach unterm Eis
und Schnee, der weiß bleibt, richtig weiß.
Ich brauche das Gras, das der Wind zu mir weht,
wenn am Abend die Hintertür offensteht.

Hier geht keiner stumm an mir vorbei,
und kein Blick und kein Wort bleibt mir einerlei.
Hier weiß ich, wer auf ein Kind sich freut
und wer, schwer atmend, das Rauchen bereut.

Hier kenn ich die Schürze von jeder Frau.
Und wer abends gern liest, das weiß ich genau.
Jedes Kindergesicht hier ist mir vertraut,
und ich weiß, wer Musik hört, ein bißchen zu laut.

Ich brauche das Dorf mit den buckligen Gassen
und Margeriten in weißgelben Massen.
Ich brauche das Häcksler-Gebrumm im Klee
und aus frischem Kraut den Pfefferminztee.

Gisela Kulinna

Am Terrassenrand zwischen Canitz und Wasewitz mit der Wehrkirche.

Am Terrassenrand östlich der Mulde nördlich von Wurzen

Mit einer weiten Schlinge in der Aue verläßt die Vereinigte Mulde bei Kollau auf 103 m Höhe über dem Meerespiegel den Muldentalkreis. Auf einer Strecke von fast 4 km bildet sie hier sogar noch seine Grenze zum Landkreis Delitzsch.

Von Wurzen an hat sich der nacheiszeitliche Fluß bis 12 m in die Ablagerungen des Untergrundes eingesenkt und durch kräftiges Mäandrieren eine nach Norden sich verbreiternde Aue geschaffen: eine sehr stimmungsvolle Landschaft mit hohem Himmel und malerischer Weite, aber auch eine immer wieder gefährdete und deshalb siedlungsfeindliche Gegend wegen der früher häufigen und oft verheerenden Hochwasser, die selbst heute noch nicht ganz auszuschließen sind, trotz aller Dämme und Deiche und anderer Bauten.

Die Mulde fließt hier weitgehend auf ihren eigenen Ablagerungen: das sind Schwemmsande, Kiese, Auelehme. Das Grundwaser steht hoch und füllt die Kiese und Schotter im Untergrund am Auenrand bei Canitz und Wasewitz (den „Wasserdörfern"). Nicht umsonst hat sich deshalb auch die nahe Großstadt Leipzig hier diesen Bodenschatz gesichert. Dort, wo einst Arme des verwilderten Flusses lagen, stehen die Wasser oft noch bis zur Oberfläche; sumpfig und mit einer naturnahen Vegetation zeigen sich diese Teile der Aue, vor allem westlich und nördlich von Thallwitz (Lauch). Die unterirdischen Verbindungen der Wasser sind Zeugnisse dafür, daß in früheren Jahrhunderten die Mulde nicht nur in einem Bette floß, sondern ihren Hauptlauf mehrfach verlegt hat.

Der Mensch hat dem Fluß im Jahrhunderte währenden Kampf dennoch ein einziges Strombett aufgezwungen, das heute nahe dem östlichen Terrassenrand liegt, zu dem man 10 bis 12 m hinaufsteigen muß. Bis auf Kollau, das sich geradezu tollkühn hinter dem schützenden Deich mit dem Fluß anlegt, liegen alle anderen Orte heute zumindest vorsichtig am Terrassenhang, oder sie haben am Unterlauf eines Nebenflusses und einigermaßen sicher vor Flut und Rückstau ihren Anfang genommen (Thallwitz, Lossa). Von dort haben sie sich im Laufe ihrer Geschichte bis zur Hochfläche hinauf vergrößert.

Die sich dem Terrassenrand anschließende Hochfläche ist weithin flachwellig und weitgehend frei von natürlicher Vegetation. Die hier liegenden Fluren werden ackerbaulich intensiv genutzt. Sie liegen auf einer sogenannten Altmoränenplatte, bestehend aus eiszeitlichen Ablagerungen wie Sanden und Lehmen im Untergrund mit aufgewehtem Sandlöß. *(W.E.)*

Vom hohen Nutzen der Feldschutzstreifen

Zum Schutz vor austrocknenden Winden wurden um 1960 im Raum Thallwitz, Lossa, Nischwitz und Canitz auf den Feldern Schutzstreifen angelegt. Inzwischen sind daraus gebüschreiche, dichte Gehölzstreifen geworden. Heute stellen sie ökologisch sehr wertvolle Feldhecken dar, welche nicht mehr nur der Ertragssteigerung auf den Feldern dienen. Die meisten von ihnen dehnen sich kilometerlang quer zur Hauptwindrichtung von Nord nach Süd aus. Sie ersetzen in dieser weiten, ehemals baumlosen Feldflur die fehlenden Wäldchen, die es anderswo noch gibt. Im Schutze solcher Hekken hält sich von den größeren Tieren besonders gern das Rehwild auf. Sogar Feldhasen gibt es hier noch zu sehen, sicher deshalb, weil zwischen den Windschutzstreifen nur ganz gering oder gar nicht mit agrochemischen Mitteln gearbeitet wird, denn die gesamte Flur gehört zum Trinkwasser-Schutzgebiet.

Die Hecken wirken geradezu anziehend auf Gebüschbrüter wie Goldammern, Grünfinken und Neuntöter. Diese Vogelarten erreichen hier wahrscheinlich ihren dichtesten Bestand im Wurzener Land. Für sie ist in den letzten Jahrzehnten ein idealer Lebensraum entstanden.

Zwischen den Kulturpflanzen gedeihen noch Ackerwildkräuter, die früher überall auf den Feldern standen. Vogelmiere, Melde, Ackerhellerkraut und Disteln werden bis zur Samenreife in Maßen geduldet. Und gerade das sind wichtige Nahrungspflanzen aller körnerfressenden Feldvögel. Hier können sich auch Rebhühner wieder einfinden. Außerdem praktiziert die hiesige Landwirtschaft eine abwechslungsreichere Fruchtfolge und bearbeitet kleinere Schläge. Eine größere Artenvielfalt der Insekten (Laufkäfer, Falter) ist die Folge. Abgesehen von ihrer Bedeutung zur Verminderung der Winderosion sind diese Gehölzstreifen ein Beispiel dafür, wie man den Lebensraum Feld verbessern und zu einem wertvollen, artreichen Biotop gestalten kann. *(H.K.)*

Der Romantiker nennt den Ort gern ein „Brückendorf". Damit hat er nicht unrecht. Die Lossa teilt nämlich die Siedlung in zwei fast gleichwertige Teile, und um große Umwege einzusparen, überbrücken an mehreren Stellen kleine Fußgängerstege und größere Straßenbrücken das Bächlein. Die Benutzer der vierbogigen Rittergutsbrükke, sie steht berechtigterweise heute unter Denkmalschutz, mußten zeitweise einen Brückenzoll zahlen. Aber das liegt nun schon über Jahrhunderte zurück. Das Wehr für die einstige Mittelmühle staut die Lossa zum langgestreckten Herrenteich an. Hier holen die Angler in Hülle und Fülle ihre Lieblingsspeise aus dem Wasser.

In der Thallwitzer Wassermühle läuft seit 200 Jahren ein Sägegatter

Wohl jeder Betrachter steht fasziniert vor der urzeitlichen Technik, die sich ihm am westlichen Ende des Dorfes in der Mühlgasse bietet. Unter einem freitragendem Schober frißt sich ein Sägeblatt, hin und her gestoßen von einer langen hölzernen Pleuelstange, krächzend in einen Holzstamm. Der liegt auf einem hölzernen Schlitten, und dieser schiebt sich, wie von Geisterhand bewegt, gemächlich unter das waagerecht laufende Sägeblatt. Auch das ist eine Besonderheit, denn in den modernen Sägewerken laufen die Gatter senkrecht.

Unter dem Bretterboden versteckt sich die ausgefeilte Technik. Über eine sinnreiche Kombination von Übersetzungen, Kupplungen, gußeisernen Zahnrädern und ledernen Treibriemen bewegt sich relativ ruhig das gesamte Räderwerk. Die Kraftquelle liegt außerhalb. Es ist die Lossa. Der neugierige Besucher hat schon viel von Wasserrädern gehört und gesehen, aber nur in Büchern und Zeichnungen. Hier be-

Stahlbauschlosser Jürgen Lindner als ABM-Sägewerker.

staunt er nun das historische Arbeitsmittel in Natura und in Funktion. Das oberschlächtige Wasserrad ist erneuert, wie auch das Holzgerinne und die achteckige Welle aus unverwüstlichen Eichenbrettern. Am 24. September 1999 stürzte das Wasser der Lossa zum ersten Male wieder in die Schaufeln, setzte sich das Räderwerk der Sägemühle durch die billige Wasserkraft in Gang. Ein historisches Datum für die Thallwitzer Chronik und für den Heimatverein.

Irgendwie scheint hier die Zeit stehen geblieben zu sein. Es riecht und duftet angenehm nach dem frisch geschnittenen Holz. Dicke Holzstämme lagern auf dem Hof. Daneben stapeln sich geschnittene Bretter zum Trocknen. Die Sägemühle, ein Museum und preiswert-nützliche Technik für die Gemeinde.

*

Parallel zur Lossa verläuft hüben wie drüben je eine Straße, die von der Wurzen-Eilenburger Chaussee gekreuzt wird. Dort, wo sie und andere nach Norden hinausgehen, müssen sie eine ziemliche Steigung überwinden. Draußen im Ilsental entstand in den letzten Jahren eine Neubausiedlung. Die zweite kleinere Terrasse fällt hinab in die Muldenaue. Dort breitet sich die Schloßanlage mit dem weitläufigen Park aus, und dort liegt auch das Wandergebiet für die Thallwitzer und ihre Gäste. Oder man wendet sich nach Westen zu hinaus in den Lauch, ein ziemlich unberührtes Auwaldgebiet mit fast undurchdringlichem Unterholz und kleinen Sümpfen.

Der Schloßpark hat seine eigenwilligen Reize. Im Frühjahr verbreiten sich unterm lichten Dach der hohen Bäume unzählige Frühlingsblüher. Wer von der breiten Gartentreppe, die geschwungen in den Park hinabführt, in diese bunte Welt eintaucht, gewinnt beglückende Stunden. Der Blick zurück geht hinauf zum prächtigen Schloß mit seinem Renaissancegiebel und dem aufstrebenden Turm. Ob er nun stilmäßig dazu paßt oder nicht, das sollen die Kunstwissenschaftler klären. Wir erfreuen uns am Gesamtbild, das vor wenigen Jahren mit viel Fördergeldern hergerichtet wurde. Nur das stimmt nachdenklich und traurig: Das Schloß ist unbewohnt und bleibt wohl vorerst ein Tummelplatz für Wachdienste. Es gibt weit und breit keinen Interessenten, der Leben ins Gemäuer bringen könnte. Das Schloß ist nur noch Kulisse im Dorfbild.

Im Gegensatz dazu bietet der Ort eine lebendige Arena. Im Jahreslauf bevölkern sich Straßen, Plätze und Festzelte mit Hiesigen und Fremden. Und die Feste gelingen, weil sich einige Organisatoren den Hut aufsetzen, weil die Mitglieder vom Reit- und Fahrverein, vom Heimatverein und der Feuerwehr mit anpacken, weil die Gemeindeverwaltung tatkräftig unterstützt und die Einwohner mitmachen. Die Thallwitzer feiern die Feste, wie sie fallen, und das sind im Reigen der Jahreszeiten eine ganze Menge: Pfingsten, Reiterfestspiele, Erntedankfest, Sommersonnenwende, Volkswandertag. Dazu genügt der freie Himmel und für Regentage ein sicheres Großzelt. Das müssen sie auch einplanen, denn der Gasthof mit seinem Saal hat schon lange geschlossen. Draußen am Waldrande steht zwar noch die überdimensionierte Waldbühne, aber so recht glücklich sind die Thallwitzer nicht damit. Im wahrsten Sinne zu gewaltig. Jetzt zerfrißt die Korrosion allmählich den betonierten Baukörper, auf dem einst die Puhdys, die Lords und Karat nächtelang und lautstark das junge Publikum zum Kochen brachten.

Einer unter ihnen war auch Sven Möhring (Jg. 71), Thomaner, Diplombiologe, aktiver Naturschützer und jetzt Computer-Experte:

Ich sorge mich vor allem um 500 Rotbauchunken

Nach dem 3. Schuljahr in der hiesigen Schule kam es zu einem ersten Umbruch in meinem Leben. Mehr durch Zufall gelangte ich in den weithin bekannten Thomanerchor nach Leipzig. Ein Rundschreiben suchte nach Nachwuchs und nach meinem

Jahrgang. Da jeder Junge ein Musikinstrument beherrschen mußte, griff ich in die Tasten eines Akkordeons. Damit's besser klang, mußte ich zweimal in der Woche in die Musikschule. Ich erreichte das Ziel, wenn auch manchmal mit elterlichem Zwang. Es war für mich schon ein großer Moment, als ich zu den zwölf Auserwählten zählte, die von 130 Bewerbern übrig blieben. Nun ging's ab nach Leipzig ins Internat. Nur alle zwei Wochen durfte ich zurück nach Hause. Das Lernen und die Erlebnisse mit dem Chor erleichterten mir das Leben in der neuen Umgebung. Die Touren durch Italien, Spanien, in Japan, in den alten Bundesländern und anderen Ländern auf dem Erdball waren teilweise ziemlich anstrengend und nicht immer ein „Zuckerlecken", aber sie bereicherten meine Vorstellungen von der großen weiten Welt.

Nach der Thomanerzeit mußte ich natürlich was lernen. Es können ja nicht alle Sänger bleiben. Ich begann ein Studium der Biologie. Ausschlaggebend dafür mag meine Tätigkeit in der Fachgruppe für Ornithologie in Falkenhain gewesen sein. Besonders ihr Leiter Hartmut Kopsch hat mich indirekt dazu angestachelt. Und ich war mir sicher, daß ich eine gute berufliche Laufbahn einschlagen könnte. Das war ein Irrtum! Mit dem Ende des Studiums 1997 stand ich bei Null, man brauchte mich nicht in meinem Fach.

Doch jeder Abschluß kann auch ein Neuanfang sein. Ich fand in einem Thallwitzer Betrieb für Verkauf und Ausleihe von Baumaschinen eine Tätigkeit. Dort bin ich seitdem zuständig für Computer, Kundenbetreuung und den Verkauf. Meine Liebe zur Tier- und Pflanzenwelt hat sich dadurch nicht verändert. Zu den Experten im Kreis habe ich einen engen Kontakt. In der Fachgruppe kartiere ich alle tierischen Verkehrsopfer. Es ist schlimm, was da alles so totgefahren wird auf unseren Straßen. Ich hoffe, daß meine Registrierung eines Tages dazu beitragen kann, dies zu mildern.

Den buntgemixten Gesang der Vogelwelt kann ich recht gut unterscheiden. Natürlich werden auch diese Tiere registriert. Mein Beobachtungsgebiet liegt zwischen Canitz und Kollau. Da behalte ich alles im Auge, was fleucht und kreucht. Möglichst viele Daten nehme ich dabei auf, die in der zentralen Fachgruppenkartei gespeichert werden. Von dort gehen sie an den Verein der Sächsischen Ornithologen.

Sven Möhring im Thallwitzer Park.

Im Winter kommen drei Wasservogelzählungen dazu. Dann registriere ich die Biber und ihr Verhalten bis zur Lossamündung. Ich bin mir sicher, daß durch Biberburgen und Fraß nur geringe Schäden auftreten. Mein Lieblingsterritorium liegt im Krippelwasser bei Kollau. Am Altarm der Mulde hinter dem Damm dümpelt eines der größten Vorkommen von Rotbauchunken in Nordwest-Sachsen. 500 solcher Prachtexemplare kommen wohl zusammen, und ich passe auf, daß ihnen nichts geschieht.

Daß ich dann noch Fußball spiele und im Gemeinderat sitze, will ich nicht unbedingt am Rande erwähnen. Viele Kenntnisse über meinen Heimatort verdanke ich der Tätigkeit im Gemeindeparlament. Hier haben 50 % waschechte Thallwitzer einen Sitz. Parteipolitisches Gezänk ist uns fremd. Schließlich wohnen wir doch in der gleichen Gemeinde, und das ist unsere Heimat. *(HR.B.)*

WEITERE DORFNOTIZEN aus Thallwitz

Gemeindeverwaltung: Sitz der Gemeinde Thallwitz mit den OT Nischwitz, Böhlitz, Röcknitz, Zwochau, Lossa, Canitz, Wasewitz. Bürgermeister Kurt Schwuchow (Jg. 46) seit 1992.

Ein **Freizeitpark** war Mitte der 90er Jahre ein heiß diskutiertes Vorhaben, daß die Einwohner in zwei Gruppen spaltete: Die Befürworter mit der Hoffnung, daß einige hundert (!) Arbeitskräfte gebraucht werden, die Gegner mit der Befürchtung, daß auf großen Flächen die Natur der Muldenaue vernichtet werden würde. Das Ganze ging aus wie das Hornberger Schießen. Die mutmaßlichen Betreiber hatten weder Plan noch Millionen, den 51. Freizeitpark Deutschlands zu installieren.

Wenn im Sommer die Lossa nur spärlich Wasser führt, dann wundert man sich, daß sie hier in der Flur seit mehr als 200 Jahren drei **Wassermühlen** angetrieben hat. Die Siedewitzmühle liegt ein Stück außerhalb des Dorfes nach Lossa. Der Familienbetrieb Röhrborn stellt heute Futtermittel her. - Die Mittelmühle im Dorfzentrum ging schon 1915 ein. - In der Untermühle (Bes. Spott/Hillscher) dreht sich das erneuerte Wasserrad heute noch (Sägemühle).

Einige **Personalien**: Rainer Augst (Jg. 28) war von 1954 bis 1999 Besitzer eines originalen „Tante-Emma-Ladens“. Die historische Einrichtung schenkte er dem Museum Steinarbeiterhaus Hohburg. Dort erfolgte der Wiederaufbau. - Zum Ehrenbürger der Gemeinde zeichnete die Gemeindevertretung den Landwirt Volker Boehm (Jg.41)

Erntefest 2001 Eine historische Küche an der Dorfstraße.

aus, vor allem für seine Mitwirkung im Kirchenvorstand. - Der Lehrer i.R. HEINZ THÜMMLER (Jg. 24), jetzt in Berlin wohnend, sammelte in den 60er Jahren mit viel Eifer Materialien der Ortsgeschichte und gestaltete damit die Dorfchronik. Diese Tätigkeit setzte der Schlosser FRITZ PAPSDORF (Jg. 27) bis 1999 mit viel Fleiß und Akribie fort und wurde dafür als Ehrenbürger der Gemeinde geehrt. - Prof. Dr. Dr. WOLFGANG ROSENTHAL (1884-1971), war ein bekannter Wissenschaftler (Nationalpreisträger), Arzt, Landwirt im Nebenberuf, Ratsmitglied in Thallwitz, Ehrenbürger der Gemeinde. Wegen der Bombenangriffe auf Leipzig verlagerte Prof. Rosenthal 1943 seine Privatpraxis ins Thallwitzer Schloß. Nach dem Kriege erfolgte der Ausbau zur bisher einmaligen und führenden Klinik für kieferchirurgische Operationen zur Beseitigung von Mißbildungen im Gesicht (Hasenscharte, Gaumenspalten). 1962 übernahm Prof. Beethmann die Leitung der Klinik, die 1992 geschlossen wurde.

Die **Kirche** stammt aus verschiedenen Zeiten und wurde 1897 umfassend umgebaut, ein wuchtiger Bau ohne besondere Merkmale, Turm 1999 instandgesetzt. Auf dem Kirchhof alte Grabsteine aus dem 16. Jh., neuer Friedhof seit 1850 am ehem. Rittergutsgelände.

Das **Schloß** ist ein gut erhaltener Renaissancebau aus dem 16. Jh. Im Laufe der Zeit erfolgte ein mehrmaliger Besitzerwechsel, zuletzt bis 1945 war es die Fam. der Fürsten von Reuß. Mit der Bodenreform Enteignung, danach Klinik, seit 1992 geschlossen. Es erfolgte eine äußerliche Restaurierung, seit dem Leerstand und Suche nach einem Investor mit neuer Nutzung.- Das zugehörige Rittergut hatte seine Gebäude weiter östlich vom Schloß, wurde nach 1945 teilweise abgerissen, das Herrenhaus zum Sitz der Gemeindeverwaltung ausgebaut. Das umliegende Gelände mit den Gebäuden soll bis zur 750-Jahr-Feier im Jahre 2003 zu einem großzügigen Dorfzentrum mit einer „Kulturscheune" für Vereine und Dienstleistungen gestaltet werden. Ebenso soll der alte Dorfgasthof saniert werden.

Das **Schösserhaus** war der Amtssitz des Gerichtsschössers (Steuereinnehmer), um 1900 Ausbau zu Wohnungen. Am Giebel historische Sonnenuhr auf bemaltem Holz von 1779.

Die **Schule** geht bis ins Jahr1572 zurück und hatte ihr Gebäude am Kirchhof. Nach 1964 erfolgte am Südrand des Dorfes ein Neubau, jetzt nur noch Grundschule.

Vereine: Angelverein, Ltg. Thomas Reichert; Freiwillige Feuerwehr, Wehrl. Klaus Hörig; Gymnastikgruppe, Ltg. Petra Grützner; Kegelsportverein, Ltg. Gottfried Dietrich; Reit- und Fahrverein, Ltg. Barbara Schneider; Sächsischer Sportverein mit Fußball und Volleyball, Ltg. Gerald Guschel; Heimatverein, Ltg. Uta Hillscher; Seniorenclub; Jugendverein; Wing Chun Verein.

Handel und **Gewerbe**: Landgasthaus „Wickwald" mit Mittagstisch, Bes. Rita Buchwald. - Bäckerei und Café Höhne mit Getränkemarkt. - Blumenhaus Doris Schneider. - Malermeister Reinhard Grützner. - Friseursalon und Kosmetik Kluge. - Friseursalon Diana Barth. - Schreibwaren und Zeitung Cornelia Krause. - Haustechnik Fischer. - Elektroanlagen Herbert Papsdorf. - Elektroanlagen Weist. - Bauservice Guschel und Ulm. - Gerüstverleih Volker Ramlau. - BMT Verleih von Baumaschinen. - Ökotec-Anlagenbau (Regenwasser und Solar). - Autohaus Lohse. - Thallwitzer Agrargesellschaft bewirtschaftet 888 ha Feld und betreibt Rindermast und Schweinezucht, Vermarktung in einer eigenen Landfleischerei mit Verkaufsstelle in Wurzen sowie Verkaufsfahrzeugen. - Mischfutter und Landhandel, Röhrborn, ehem. Siedewitzmühle. - Ein nach 1992 neu angelegtes Gewerbegebiet nördlich der Bahnlinie in ungünstiger Lage auf freiem Feld lediglich vom alteingesessenen Dachdeckerbetrieb Rainer Hoffmann und einer Handelsfirma genutzt. Ein Betonwerk für Fettabscheider mußte nach kurzer Zeit wieder schließen.

Das Schloß in Thallwitz.

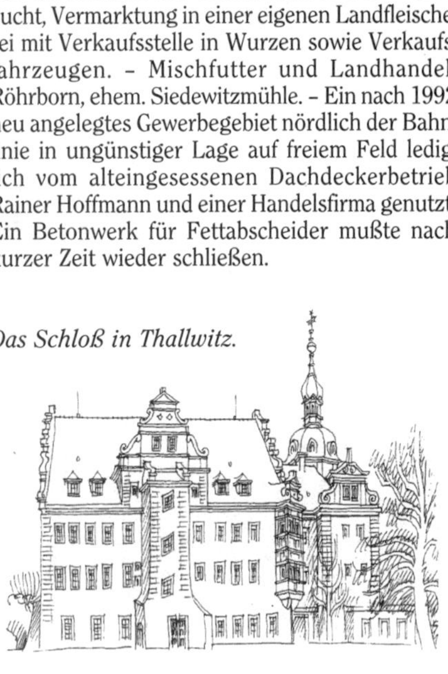

Eine ellenlange Bruchsteinmauer flankiert die Einfahrt ins Dorf von Großzschepa her. Dahinter wächst ein hoher Mischwald. Der Besucher vermutet richtig: Das könnte ein Rittergutspark sein. Heute hat die mit Hilfe von ABM-Kräften ausgebesserte massive Einfassung nur noch symbolischen Wert. Die Tore stehen längst offen, Spiel- und Sportplätze laden zum Mitmachen ein.

Das kleine Dorf Lossa hatte mal bei den Bauern einen ganz großen Namen

Neben dem Park erheben sich die Gebäude des einstmaligen Rittergutes. Das Herrenhaus, die Einheimischen nennen's auch „unser Schloß", stand seit 1990 leer und verfiel allmählich. Ab 1995 erfolgte mit beträchtlichen Fördergeldern der Versuch einer Restaurierung im Innern sowie eine Neueindeckung. Die Fenster sind seit Jahren mit Folien verschlossen. Der bröckelnde Putz läßt vermuten: Das Geld ist alle! Nun wird ein Investor gesucht. Aber was soll er machen, wie soll er das Gebäude nutzen? Rundherum auf dem Hof stehen Lastwagen, und in alten und neuen Hallen surren Werkzeugmaschinen. Neue Betriebe haben sich da eingenistet. Ein total verbautes (die Einwohner nennen's drastischer: versautes) Gelände!

Ein ähnliches Ärgernis war in den Jahren 1972/73 die Verlegung des Lossabaches in der Ortsflur. Wohl ist inzwischen Gras darüber gewachsen, aber nur im wahrsten Sinne des Wortes. Den idyllisch schlängelnden Lauf zwängten Meliorationsarbeiter in ein schrecklich gerades Gerinne. Die Natur trug beträchtlichen Schaden davon: Hundertjährige Eschen wurden gefällt, der Fischbestand ging schlagartig zurück, die artenreichen Wiesen verwandelten sich in eine eintönige Grasflur ohne jeglichen land-

Das Herrenhaus in Lossa. – Wer saniert es weiter?

wirtschaftlichen Gewinn. Die Einwohner wünschen sich sehnlichst den alten Zustand zurück. Vor hundert Jahren gruppierten sich im winzigen Dorf um das Rittergut nur wenige Gebäude: ein langgestrecktes Drescherhaus (heute unter Denkmalschutz), ein Gasthof, das Mühlengut und vier bis fünf Nachbarstellen, eine mit einem kläglichen Schulzimmer. Zwischen 1947 und 1955 wuchs am südlichen Dorfrand parallel zur alten Dorfstraße eine Neubauernsiedlung mit 18 Häusern empor, die noch heute in ihren Grundzügen gut erkennbar ist.

Nach dem Krieg war der Ort jahrzehntelang in der Landwirtschaft des Kreises Wurzen ein gängiger Begriff. Hier im ehemaligen Rittergutsgelände mit neuen modernen Hallen lag das Zentrum der landwirtschaftlichen Technik im Kreis Wurzen. In der MAS/MTS reparierten zahlreiche Schlosser alle Arten von Landmaschinen oder liehen die Geräte aus. Andere schwärmten DDR-weit aus auf der Suche nach Ersatzteilen. In den Werkstätten lernten die Schüler der umliegenden Schulen das ABC der Metallbearbeitung. Die ganz Großen durften sogar die Fahrerlaubnis für Moped und Traktor machen. Das war natürlich eine tolle Sache.

Bemerkenswert waren die Bemühungen, hier auch die Kultur anzusiedeln. Eine Scheune im Schloßgelände wurde zu einem Kulturhaus umgebaut. Die Großen der Unterhaltungsbranche, so z.B. Herbert Roth und die Brummers, fanden den Weg hierher. Die Veranstaltungen waren stets ausverkauft.

Eine kleine Gruppe, die vor allem zum Tanz am Wochenende aufspielte, waren die Musiker des „MC Lossa“. Der Chef vom Musik-Club, ECKHARD KLUMPP (Jg. 56), ein Lossaer Kind, erinnert sich gern an diese Zeit:

Seit dreißig Jahren: Freitags probt der MC Lossa

Lang ist's her, als wir 1973 begannen. Am Anfang musizierte das Trio Klumpp, Beatge und Hentschel. Alle hatten irgendwie eine Beziehung zum Dorf. Lossa war unser Zuhause. Auf dem elterlichen Grundstück baute mein Vater extra eine Laube, wo wir

Die lustig-musikalische Truppe des MC Lossa beim Lossa-Übergang.

ausgiebig proben konnten. Damit's den Nachbarn erträglich blieb, denn „Musik wird oft als störend empfunden, weil sie mit Geräusch verbunden". Die Lossaer wissen: Freitags probt der MC, und sie tolerieren unser Tun. Manche kommen auch schon mal auf ein Glas Bier herein. Heute noch!

Wir entstanden als reine Stimmungskapelle, beglückten Familien bei ihren Feiern. Doch wir wollten auch öffentlich auftreten. Also mußten wir einer Einstufungskommission vorspielen. Das wiederholte sich jährlich. Und wir schafften es: Innerhalb von zehn Jahren erreichten wir die zweithöchste Stufe, eine Sprosse vor der Sonderklasse. Das genügte uns. So tingelten wir durch die Dörfer im Wurzener Lande. 50 bis 60 Auftritte kamen im Jahr zusammen. Manchmal hingen wir ganz schön durch, denn so leicht und lustig, wie es vom Tanzboden aussieht, war es doch nicht ganz.

Wir spielten bei Betriebs- und Frauentagsfeiern, im Klub zu zweit, beim Familientanz, bei den Auftritten des Burkartshainer und des Kühnitzscher Karnevalsklubs. Eine Kapelle für alle Fälle! 1988 gab es eine Auszeichnung als „Hervorragendes Volkskunstkollektiv".

An Vortagen von Feiertagen griffen wir besonders gern zu unseren Instrumenten, denn da gab's doppelte Gage. Die war auch bitter nötig, denn wir kauften alle Instrumente und die Technik von unserem eigenen Geld. Wir wollten eigenständig bleiben. Natürlich mußten wir unsere AWA-Listen ausfüllen, sorgfältig nach den Bestimmungen: 60 Prozent Osttitel und 40 Prozent West. Es hätte ja sonst die Republik ins Wanken kommen können! Doch Papier war geduldig.

Kitt fürs Zusammenhalten waren die guten familiären Verhältnisse und das große Verständnis unserer Frauen für das Musikmachen. Es ist zu einer guten Tradition geworden, daß wir Ostern eine gemeinsame Fahrt unternehmen. Wichtig ist auch, daß die Bandmitglieder menschlich gut zueinander passen. Natürlich hörte der eine oder andere mal auf. Da gibt es die unterschiedlichsten Gründe. Doch wir fanden immer wieder Ersatz, der sich unserer Spielweise harmonisch anpaßte.

Dann kam die Wende und für unsere Kapelle ein Tief. Da wurden schon Rufe nach dem Aufhören laut. Besonders dann, als Michael Hempel (Baß) unser Quintett 1991 verließ, um im „Westen" nach einem Brötchengeber zu suchen. Dann wurde es immer schwieriger, eine „Mugge" zu kriegen. Es fanden kaum Veranstaltungen statt, und wenn, dann mußte die Gage natürlich so niedrig wie möglich sein.

Heute sind wir froh, wenn wir jährlich 20 bis 30 Auftritte haben. Unser Aktionsradius hat sich erweitert. Unsere volkstümliche Musik kommt auch in alten Bundesländern gut an. Wir behalten unseren eigenen Stil. Uns liegen Country, Oldies, Pop. Wir schreiben eigene Arrangements. Zeitweise haben wir 80 bis 90 Titel in unserem Repertoire.

Manches kuriose Ereignis steht in unserer Chronik: In Sachsendorf blieben wir im Schnee stecken. In Eilenburg hatten wir den Werkzeugkoffer vergessen. So mußten wir erst einen Lötkolben kaufen, um die Verstärker in Schwung zu bringen. In Naunhof ließen wir eine Trommel mitten auf dem Marktplatz stehen. Sie stand früh um vier noch dort.

Wir stellen heute freudig fest: Live-Musik befindet sich im Aufwind. Die Auftritte mehren sich. Wir proben eifrig weiter, denn wir wollen unsere Instrumente noch lange nicht an den Nagel hängen. *(HR.B.)*

Der MC Lossa spielt heute mit Eckhard Klumpp, Bennewitz (Jg. 56), Ingenieur, Orgel und Gesang und Leiter der Band; Bernhard Stadelmann (Jg. 52), Ingenieur, Gittarist; Matthias Krause (Jg. 65), KfZ-Mechaniker, Baß und Gesang; Rainer Beatge (Jg. 51), Leitungsmonteur, der Mann am Schlagzeug.

WEITERE DORFNOTIZEN
aus Lossa

Prächtige **Brieftauben** flattern beim Bauarbeiter und Polier i. R. Horst Drabner (Jg. 36) seit über 40 Jahren über Dorf und Felder und weit über die Landesgrenzen hinaus. Der junge Zimmermann, der als Umsiedlerkind 1945 hier im Dorf mit seinen Eltern eine Unterkunft gefunden hatte, blieb über Jahrzehnte hinweg ein leidenschaftlicher Züchter. Als Meisterleistung flog die Taube Nr. 70 (ein total unprosaischer Name für diese Königin unter den Tauben!) in nicht mal einem Tag 870 km von Rumänien bis hierher ins Lossaer Domizil. Sie war auch die schnellste im Bezirk Leipzig. Wodurch und wie die gefiederten Freunde den sicheren Weg aus fernen Landen finden, wo nicht mal ein Kirchturm oder ein anderes markantes Merkmal Orientierung geben, das bleibt selbst dem „Herr der siebzig Tauben" ein Rätsel. Die guten Flieger werden mit etwas Glück bis 18 Jahre alt, wenn sie nicht vorher durch Raubvögel gejagt oder bei miserablem Wetter vom Kurs abkommen. Und so ganz nebenbei sorgt sich der heutige Rentner um die Geschicke des Ortes und baut massive Bänke fürs Dorf und Bekannte. Er hatte das Zimmermannshandwerk von der Pike auf gelernt. Die großartige 700-Jahr-Feier (2001) organisierte er mit weiteren Nachbarn. Ein positiv-unruhiger Geist, wie ihn die Dorfgemeinschaft braucht.

Das **Herrenhaus** ließ im 16. Jh. Moritz von Nischwitz erbauen. Den Giebel zierte einstmals ein Glockentürmchen mit einer Uhr. Beachtenswert ein Kreuzgewölbe im Erdgeschoß und ein spätbarockes Treppenhaus. Nach der Enteignung 1945, es war seit dem 16. Jh. im Besitz der Familie von Koenneritz gewesen, wurden Wohnungen und Büros eingerichtet. Eine beachtliche Bildersammlung verschwand auf Nimmerwiedersehen. Jetzt steht es leer und ist teilweise restauriert.

Richard Graf von Koenneritz (1828-1910) war Besitzer des Rittergutes Lossa und im diplomatischen Dienst der sächsischen Regierung tätig. Er beteiligte sich aktiv am kommunalen und kirchlichen Leben in Wurzen, wofür er 1884 den Titel „Ehrenbürger der Stadt" erhielt. Nach ihm wurde der Koenneritzplatz (heute Bürgermeister-Schmidt-Platz) benannt, jetzt noch im Sprachgebrauch als „Koenneritzer" bei älteren Wurznern üblich. Ein Gedenkstein von 1911, der nach dem Krieg im Boden vergraben worden war, kam bei Straßenbauarbeiten zum Vorschein und wurde anläßlich der 700-Jahr-Feier des Dorfes (2001) im Park wieder aufgestellt.

Ein **Motorradtreffen** des „Road Holder MC Lossa", Vors. Arndt Promm, findet jedes Jahr am letzten September-Wochenende im Park statt. Beim 18. Mal (2001), ursprünglich als AWO-Treffen begonnen, donnerten tausend Maschinen mit über zweitausend Menschen in den Park, die mit der längsten Fahrstrecke kamen aus Australien

Horst Drabner auf seiner Bank mit seinen Tauben an der Lindenallee.

(ein ganzes Stück mit dem Schiff), andere aus England und Holland. Eine Ausfahrt in die umliegenden Dörfer vollzog sich zu einem spektakulären und unfallfreien Verkehrsereignis. Nach Fachsimpelei, Gedankenaustausch und Umtrunk erholsamer Tiefschlaf in mitgebrachten Zelten und anderntags friedlicher Abgang in die Herkunftsorte.

Die Gebäude der **Neubauernsiedlung**, z. T. aus Bruchsteinen und Holz gebaut, vereinten unter einem Dach die Wohnung des Bauern mit seiner Familie, den Stall und darüber den Bergeraum. Auch solche einfachen Gebäude stehen heute unter Denkmalschutz. Das kann Lust, aber auch Last sein. Die Ställe werden längst nicht mehr gebraucht. Die Nachkommen der einstigen Neubauern haben andere Berufe und wollen natürlich die „alten Buden" modernisieren. Heute mit dem überreichen Angeboten an Baustoffen ist das leichter denn je. Inzwischen gesellten sich elf völlig neue Eigenheime dazu.

Der **„Ortsverein Dorfklub Lossa"**, eine Neugründung unter Ltg. von Kathrin Abitzsch, organisiert im Jahreslauf mehrere Veranstaltungen, so zu Silvester, zu Fasching, Ostern und das Parkfest im Sommer.

Gewerbliches: Auf dem Gelände der ehemaligen MTS (Rittergut) richteten sich seit 1990 mehrere Betriebe ein: Die Firma DTS (Dittrich) installiert spezielle Aufbauten für Nutzfahrzeuge. - Die Spedition Hein hat hier einen Stützpunkt und fährt mit ihren LKW in alle Himmelsrichtungen. - Mit Landschaftsmaschinen handelt die Fa. Hermann Senf. - Die Schweineställe der ehemaligen LPG am Rand des Dorfes werden jetzt von der Agrargenossenschaft Nischwitz genutzt. - Die Fa. König verrichtet Bodenlegerarbeiten.

Das ehemalige Drescherhaus in Lossa.

Nischwitz, 1412 Nitzculbitz, wohl 'Leute eines Nisul' (slaw.), OT von Thallwitz, 730 Einw.

Nischwitz hat zwei Bezugspunkte, die zugleich als Gegensätze auftreten. Da steht seit Jahrhunderten „hinten“ im Dorf das Schloß. Es hat Geschichte geschrieben. Die Älteren kennen das fürstliche Gebäude vorwiegend als Feierabendheim. „Vorn“ an der Chaussee liegt seit wenigen Jahren eine Sporthalle, für die Jüngeren ein Mekka der Freizeitgestaltung. Zwischen diesen beiden Polen pulsiert mehr oder weniger das dörfliche Leben. Zudem vermittelt es dem Kunsthistoriker und dem Naturfreund einige Besonderheiten.

In Nischwitz wetteifern Kultur, Sport und Gastronomie um die Gunst der Besucher

Ein Luftbild des Ortes verdeutlicht die gewachsene Siedlungsstruktur. Sie setzt sich aus mehreren Komponenten zusammen. Die Dorfstraße mit ihren alten Bauernhöfen endet im Schloß an der Kirche. Dahinter dehnt sich nach einem Terrassenhang von fünf Metern Höhe die Muldenaue aus.

Nach Norden zu schließt sich das ehemalige Rittergutsgelände an. Zwischen Ruinen und altem Gemäuer wuchern Hollunderbüsche. Gegenüber stehen leere Betonhallen und Ställe. „LPG Nischwitz“ prangt in riesigen Lettern am Giebel. Wie für die Ewigkeit gemalt!?

Mitten im Dorf finden die Nischwitzer ihre letzte Ruhe. Das steinern-triste Umfeld paßt gar nicht so recht zum Friedhof. Weiter nordwärts entstand nach der Bodenreform 1946 eine Siedlung mit 24 Neubauernhäusern. Von den typisierten Gebäuden ist nach der baulichen Umwandlung in den letzten Jahren kaum noch etwas zu bemerken.

Familie Lehmann im Hof ihres sanierten Bauerngutes.

Ehrgeizige Gemeindeväter etablierten in der Goldgräberzeit nach 1992 ein Gewerbegebiet. Sie beschränkten sich wohlweislich in den Dimensionen auf 18 ha Größe, denn kaum einen Kilometer entfernt entwickelte sich das riesige Gewerbegebiet Wurzen-Nord. Und tatsächlich siedelten sich hier einige Firmen an und füllten allmählich das Gelände. Gar ein nagelneues Hotel fand seinen Platz, ein bißchen deplaziert am Rande der Wirtschaftsgebäude. Es geriet mit seinen Ausmaßen wohl ein wenig aus den Fugen. Eine ungenügende Auslastung erschwert die Wirtschaftlichkeit. Mehrmaliger Betreiberwechsel kündet von den Schwierigkeiten. Der Name „Zur Mühle" hat erfreulicherweise einen geschichtlichen Bezug. Eine solche stand nämlich bis vor einigen Jahrzehnten hier in der Flur.

Gegenüber vom „Schlaftempel" hat eine Betreibergesellschaft 1999 eine geräumige Sporthalle mit allen Schikanen im einfachen Funktionsstil errichtet. Eine kleine Gaststätte sorgt dafür, daß die verbrauchten Kalorien schnell wieder ergänzt werden. Das Fitnesstraining kann von vorn beginnen. Ein gut funktionierender Kreislauf! Er muß allerdings bezahlt werden.

Wer ins Dorf einfährt, passiert wohlgestaltete und sanierte Dreiseithöfe, alte und neue Eigenheime, und steht am Ende vor dem offenen Eingang zum Schloß. Eine weiträumige Rasen- und Blumenanlage liegt vor den Gebäudeteilen, die sich im offenen Viereck äußerlich wohlsaniert darbieten. Die beiden Seitenflügel beherbergen jetzt Wohnungen. Im Hauptgebäude wirken perfekte Restauratoren, um den alten Stuck und die Malereien wieder aufzufrischen. Wie die einstige Residenz mal genutzt wird, das hat der Investor, eine Leipziger Immobiliengesellschaft, noch nicht verlauten lassen. Bei einem alljährlichen „Sonnenball" treffen sich kostümierte Gäste zu einem „barocken Spektakel".

Als Laien-Restauratoren mit Lehm und Holz bemüht sich seit 1995 das junge Ehepaar Ralph-Peter (Jg. 67) und Elke (Jg. 68) Lehmann, er Bau-Ingenieur aus der ländlichen Idylle von Ochsensaal, sie Erzieherin aus einem Leipziger Plattenbau, in Nischwitz einen alten Bauernhof zu retten. Inzwischen sind sie eingezogen, und seit Juli 2001 lebt, lacht, schläft und schreit auch mal der kleine Johann, das ganze Glück der Familie:

„... und haben uns ein Haus gebaut, aus Lehm und Holz und (Sauerkraut)"

Es war im September 1995. Wir hatten gerade geheiratet. Mit den Hochzeitsfotos in der Hand schlenderten wir über die Liegenbank in Wurzen. In einem Schaufenster hingen Verkaufsangebote von Wohnhäusern. Wir suchten was, allerdings sollte es „was Altes" sein. Der Makler gab uns einen Tip: In Nischwitz steht da so ein zerbrechliches Bauerngut, der Kaueraufsche Dreiseithof. Von dem Ort hatten wir noch nie was gehört, vielleicht mal so von ferne was von einem Schloß.

Nun denn, wir fuhren hinaus aufs Land, suchten und fanden das Gut. Die Tür war verschlossen, weit und breit keine Leute. Doch der Anblick genügte, der Fachwerkbau ließ unsere Herzen höher schlagen. Daß er arg zerschlissen war, sahen wir im ersten Eifer gar nicht so genau. Unser Entschluß stand spontan fest: Das ist unser Haus!

Tage danach beäugten wir es näher. Jetzt erst sahen wir das ganze Ausmaß des Verfalls. Nein, wir schlichen nicht deprimiert davon. Wir werden es schon packen! Und richtig, wir haben später nicht ein einziges Mal unsere Entscheidung bereut. Ärger verschaffen wir uns selbst. Wir hatten einfach das eine oder andere zu schnell gemacht. Wir mußten viel lernen: Elke studierte die Fachbücher, und Ralph-Peter setzte die Erkenntnisse um.

Unser Haus ist schon 1717 errichtet worden. Woher wir das so genau wissen? Wir haben die Baumscheibe eines Balkens im Deutschen Archäologischen Institut in Berlin untersuchen lassen. Und so, wie die Bauern damals gebaut hatten, so wollten wir vorgehen. Auf keinen Fall nach dem Schema, wie hier und da einige „modische" Fachwerkhäuser entstanden sind. Wir holten uns fachliche Ratschläge, wir studierten Bücher und die Praxis. Wir bemühten uns um altes Holz für die Balkenkonstruktionen. Jeder Ständer wurde nach dem Original ausgemessen, und da gab es keine einheitlichen Maße. Wir bauten so, wie Material und Geld da waren. Und wie unsere Freunde Zeit hatten. Die kamen gleich mit den ganzen Familien. Tagsüber klotzten wir gemeinsam ran. Die Kinder spielten derweilen in der freien Natur. Abends klang der Tag am Grill aus. Die hiesigen Nachbarn begleiteten unsere Arbeit sehr verständnisvoll.

Dann kam jener aufregende Tag, an dem wir für immer einzogen. Es war ein beglückender Moment, denn nun konnten wir das ausleben, wofür wir Monate und Jahre gearbeitet hatten. Natürlich mußten wir da und dort Kompromisse machen. Wir hatten schon moderne Ansprüche ans Leben. Wäsche waschen mit dem Waschbrett ist nun mal vorbei. Das bleibt den Museen vorbehalten.

Wie wir uns ins Dorf eingelebt haben? Während der Bauphase hatten wir dazu kaum Gelegenheit. Die Annäherung kann auch nicht in großen Schritten erfolgen. Seit wir nun zu dritt sind, und der kleine Johann mit dem Kinderwagen durchs Dorf kutschiert wird, da ergeben sich mehr und mehr Berührungspunkte. Es ist doch eine gesunde Neugier, wenn jemand fragt: „Darf man denn mal in den Wagen gucken?" Das bringt Kontakte, das öffnete weitere Fragen und Antworten. Zum Glück gibt's hier auch noch den Konsum. Er ist nicht nur unser Einkaufszentrum, sondern auch Drehscheibe für die örtliche Kommunikation. Von dort kommen gewisse Neuigkeiten, und dafür ist doch jeder Mensch empfänglich, auch wir.

Ob wir die Großstadt vermissen? Kaum! Nischwitz ist ein schönes Dorf. An die Ruhe hier haben wir uns sehr schnell gewöhnt und den Leipziger Krach hinter uns gelassen. Der Ort ist an Wurzen angelehnt. Der neue Radweg lockt ja geradezu zur

Fürstliche Ruhestätte im Nischwitzer Park.

Benutzung. Und überhaupt Wurzen. Die Stadt hat schon ein gutes Kulturangebot. Man muß es nur nutzen! Elke singt im Chor der Domkantorei St. Marien mit, und Ralph hilft mit im Wenzeslai-Kirchenverein bei der weiteren Sanierung der Stadt-kirche.

Man muß im Dorf mit Kompromissen leben. Wir fragen uns, ob denn vieles städtisch-geleckt aussehen muß? Auch daß zu viele alte Obstbäume umgehauen werden, ist eine ökologische Sünde. Sicher sieht ein Garten mit herumliegenden Pflaumen nicht absolut ordentlich aus. Muß er das? Wie viele Tiere leben von einer gewissen Unordnung! Die Admirale, die herrlichen bunten Schmetterlinge, brauchen doch das Fallobst zum Weiterleben.

Wir lassen das alte Geröllpflaster auf dem Hof. Der kreisförmige Göpelgang bleibt als bäuerliches Geschichtsdenkmal natürlich erhalten. Ist es schlimm, wenn dazwischen ein paar Grashalme stehen? Der Brunnen mitten auf dem Hof hat noch Wasser. Wir nutzen es für die Bewässerung, und eines Tages soll dort wieder eine Pumpe Wasser schöpfen. Der Kaffee mit diesem Wasser schmeckt tatsächlich besser. Das kann doch keine Einbildung sein!

Anno 2000 erhielten wir den Sächsischen Landespreis im Wettbewerb „Bauen, Erhalten, Gestalten“. Wie uns das gelungen ist? Schauen Sie sich das Haus an! Das Geld konnten wir fürs Weitermachen gut gebrauchen. Jetzt kommen die Nebengebäude drann. *(HR.B.)*

WEITERE DORFNOTIZEN
aus Nischwitz

Die **Herrnbrücke** überspannt den Mühlgraben, der sich in den letzten Jahren vom Sumpfpfuhl und einer Abwasserkloake Wurzens mehr und mehr zu einem sauberen Flußarm wandelt, mit einer Eisenkonstruktion seit über hundert Jahren. Dort bauen jetzt Elbebiber ihre Burgen.

Mit dem **Kanalbau** zwischen Wurzen und Nischwitz entstand 1924 bis 1927 die damals größte Wasserkraftanlage Sachsens. In dem 5,8 km langen Betonbett stieg das Wasser 4,5 m hoch und erreichte im Krafthaus am Ende des Kanals nahe von Canitz ein Gefälle von 8 m. Die Leistung betrug im Jahre 22 Millionen KWh. Die Dämme boten zugleich einen Hochwasserschutz gegen die Überschwemmungen der Mulde. 1972 brach die rechte Eindeichung, der Kanal entleerte sich und die gesamte Wasserkraftanlage wurde stillgelegt. Das Krafthaus steht noch, die Turbinen sind ausgebaut.

Die **Kirche** entstand im Jahre 1512 auf den Grundmauern eines älteren Gebäudes. Später erfolgten mehrmalige Änderungen, die gravierendste nach 1970 mit dem teilweisen Abriß des Turmes und einer Neueindeckung als Provisorium. Später als Stützpunkt der Kirchen-Baubrigade genutzt, begann nach 2001 eine Wiederherstellung des Innenraumes. 1987 erfolgte ein spektakulärer Diebstahl eines Gemäldes (1561, Grablegung Christi von Lucas Cranach dem Jüngeren). Der Dieb konnte durch die Polizei gefaßt und das Bild zurückgegeben werden.

Cornelius Gustav Gurlitt (1850-1938) wurde hier in der Dorfstraße 11 geboren. Eine Erinnerungstafel befindet sich am Haus. Er verfaßte bis 1924 das 42 Bände umfassende Werk „Beschreibende Darstellung der älteren Bau- und Kunstdenkmäler des Königreiches Sachsen“. Damit legte er als Kunsthistoriker ein theoretisches Fundament, mit dem heute noch die Denkmalpfleger arbeiten.

Das Gurlitt-Haus.

Einige **Personalien**: MANFRED VON BRAUCHITSCH lebte zeitweilig im Schloß, wo er bei seinem Vetter Hans von Zimmermann wohnte. Hier entdeckt er seine Leidenschaft für schnelle Autos. In Wurzen machte er auf einem alten „Adler“ den Führerschein, in den 30er Jahren war er ein erfolgreicher Autorennfahrer. - Eine Chronik führt mit Eifer und Sachsverstand der Gemeindehandwerker BERND REICHE (Jg. 55). Zudem züchtet der Hobby-Historiker exotische Pflanzen in seinem gepflegten Garten am Windmühlenweg. - Zu Ehrenbürgern der Gemeinde

zwei Sammelleitungen miteinander verbunden sind, saugt eine Vakuumpumpe aus einer Tiefe von 12 bis 18 m jeden Tag 50 000 Kubikmeter Grundwasser. Im Werk wird es aufbereitet, d. h. etwas Kalk zugesetzt und schließlich durch eine 25 km lange Wasserleitung nach Leipzig gepumpt. Eine „Rohrbrücke“ überquert die Mulde. Das Bauwerk steht etwas merkwürdig in der Landschaft. Es gibt nämlich keine Zufahrten, sondern nur eiserne Treppen. Die können Fußgänger und Radfahrer benutzen für ihre ersprießlichen Wanderwege durch die Muldenaue. Brücke und Wasserwerksanlagen stehen unter Denkmalschutz.

Um jedwede Probleme, vor allem eine Verunreinigung der Grundwasserströme, von vornherein auszuschließen, kaufte die Stadt Leipzig den Canitzer und Wasewitzer Bauern deren Felder und Gutshöfe ab, für insgesamt glänzende 5 Millionen Goldmark. Die Landwirte pachteten das Land und die Höfe zurück und betrieben nach wie vor ihre Landwirtschaft. Allerdings mit entsprechenden Auflagen: Kunstdünger war verboten, und die Jauche durfte nur verdünnt und sparsam auf die Felder fließen. Die Stadt Leipzig besaß also fortan hier eine Enklave, auf der nur das gemacht werden konnte, was die Stadtväter absegneten.

Und wie das so ist in der allgemeinen Kommunalpolitik: Das Wasser floß sauber und ungehindert. Wen kümmerten da die Bauernhöfe? Die Bauern waren ja nicht mehr die Besitzer, sondern eben nur die Pächter. Ein schleichender Verfall setzte ein. Als nach dem Kriege auf der Basis der Pachtwirtschaften ein Volksgut entstand, verschlimmerte sich der allgemeine Zustand der Gebäude.

Auch nach der Wende dauerte es noch einige Zeit, bis massive Einsprüche der hiesigen Gemeindevertreter die Augen der Leipziger Stadtherren auf ihr fernes Eigentum lenkten.

Herta Böhme, die gute Seele der Wasewitzer Wehrkirche.

Wasewitz, 1350 Wassewicz, 'Ort, wo Ulmen wachsen' (slaw.), OT von Thallwitz, 113 Einw.

Eine Gesellschaft auf der Basis von Arbeitsbeschaffungsmaßnahmen (ABM) erhielt den Auftrag, hier im Ort etwas zu tun. So werkelten nach 1997 einige hundert ABM-Leute in den tristen Gefilden des Dorfes. Sie beseitigten einige Gebäude und setzten andere äußerlich in einen fabelhaften Zustand. Das emsige Treiben ging einige Jahre gut, bis 2001 die Katastrophe nahte. Der Leipziger Beschäftigungsbetrieb stand am Rande des Konkurs, erhielt keine Mittel mehr oder was auch sonst immer geschah. Die ABM-Leute marschierten erneut in die Arbeitslosigkeit, das großzügig geplante Wasewitz-Vorhaben kam zum Stillstand. Wie nun weiter? Soll es ein Potemkinsches Dorf bleiben? Ein völlig neues Konzept muß einen Ausweg aus dem Dilemma finden.

Wasewitz besitzt seit langem einen kostbaren Kulturschatz: die winzige Kirche mit ihrem eigenartigen Rundturm und einer welschen Haube. Von der Straße her versteckt sich das Kirchlein hinter den Dächern und Bäumen, von der Aue her ist es jedoch gut zu sehen. Man sollte sich bemühen, einen Blick ins Innere zu werfen. Natürlich ist die alte schwere Eichentür verschlossen, aber gleich neben dem Gotteshaus, für den Unkundigen allerdings nicht ohne weiteres zu erkennen, lebt die Kirchnerin mit ihrem Mann. Dort kann man klingeln, und es dauert nicht lange, da eilt HERTA BÖHME (Jg. 24) herbei. Sie hat bestimmt den Kirchtürschlüssel in der Hand:

Die Schätze der Wasewitzer Kirche hinter der schweren Eichentür

Um die Kirche kümmere ich mich nun schon einige Jahrzehnte. Sie ist mir ans Herz gewachsen, sie ist ein Teil meines Lebens, seit ich hier im Dorfe lebe. Das war 1956. Mein Geburtsort liegt fern von hier, nämlich bei Königsberg in Ostpreußen. In den Kriegswirren kam ich nach Sachsen, machte das Pflichtjahr in einer kinderreichen Familie und ging dann zu einem Bauern. Meine Mutter fand ich erst 1948 wieder. Wir zogen dann auf verschlungenen Wegen in das Muldenland. In Golzern lernte ich meinen Mann kennen. Das Suchen nach einem gesicherten Wohn- und Arbeitsplatz endete in Wasewitz. Ich arbeitete fortan auf den Versuchsfeldern des Volkseigenen Gutes, vertrat im Kirchenvorstand meine Meinung und sorgte im Kirchenraum für Ordnung. Weil das noch nicht genügte, beteiligte ich mich in der Frauengruppe der Freiwilligen Feuerwehr bei Kontrollgängen und anderen Einsätzen.

Die kleine Kirche hatte mir es schon immer angetan. Der guterhaltene romanische Bau stammt sicher aus dem 12. Jh. Ein Beweis sind auch die romanischen Kreuze am zusammengesetzten Altar. Sie soll eine Wehrkirche sein. Na gut, Wasewitz war zwar schon immer ein winziger Ort, aber wie sich dann in bösen Zeiten die Bewohner hier drängeln mußten! Ich kann mir's nicht ganz vorstellen, wie sie Platz hatten und das vielleicht über mehrere Tage hinweg. Übrigens, der einmalig runde Turm ist bei weitem nicht so alt. Er wurde nämlich erst 1851 neu gebaut.

Ich hatte also meine Tätigkeit als Küsterin. Ich hielt das Kircheninnere sauber, wechselte ständig die Blumen aus und sorgte vor allem dafür, daß die Handwerker vor Ort immer was zu essen und zu trinken hatten. Besonders ein Dresdener Restaurator brauchte meine Hilfe, denn der war monatelang hier mit Skalpell und Pinsel tätig, um die wunderschönen Wandbilder sichtbar zu machen und aufzufrischen. Die hatte nämlich Pfarrer Jürgen Müller aus Röcknitz in den 60er Jahren unter den mehrschichtigen Farbanstrichen entdeckt.

Ich registrierte jedenfalls sehr aufmerksam die Veränderungen und ließ mir alles genau erklären. Und was kam zutage? Eine ganze Anzahl Zeichnungen, die sich zu einer Bildgeschichte summierten und die Leidensgeschichte Christi erzählen. Im späten Mittelalter hatte sie ein unbekannter Maler aufgetragen. Die Leute damals konnten weder lesen noch schreiben. Während einer langatmigen Predigt fanden sie eine gute Abwechslung. Heute sind die rötlich gefärbten Bilder ein großartiges Geschenk für die Gegenwart und verleihen „meiner“ kleinen Kirche eine besondere Note.

Auf eine weitere kulturgeschichtliche Rarität muß ich da hinweisen, nämlich die Kanzel. Der auf einem Steinsockel stehende hölzerne Kanzelkorb zeigt eine Kreuzigungsszene, die schon 1548 gemalt worden ist. Diese Jahreszahl prangt deutlich sichtbar auf dem wertvollen Leinwand-Gemälde, das vielleicht nicht von Lucas Cranach dem Jüngeren persönlich, zumindest aber in seiner Torgauer Werkstatt hergestellt wurde. Wie das kostbare Stück jemals in unsere kleine Kirche gekommen ist, das weiß niemand. Jedenfalls ist es da, und da wir Heutigen gern an Superlativen hängen, sei schießlich noch vermerkt, daß es die älteste evangelische Kanzel in Sachsen ist. So sagen es jedenfalls die Fachleute.

Das erzähle ich heute meinen Besuchern, und wenn sie wollen, auch noch ein bißchen mehr. So bin ich in meinem Rentenalter noch zu was nütze. Ich habe mein Leben lang gearbeitet. Allerdings konnten wir keinen Reichtum anhäufen. Das wäre auch nie unsere Absicht gewesen. Wir fütterten jahrelang zwei Schweine, eines schlachteten und aßen wir selbst auf, das andere verkauften wir. Wir hatten zwar keinen Stall, aber bei Vater Voigtländer drüben im Nachbargut, ein großartiger Mensch und Bauer, da konnten wir unsere Tiere einmieten.

So rundet sich nun allmählich das Leben. Die goldene Hochzeit feierten wir im Kreis unserer Familie und Bekannten vergangenes Jahr im würdevollen Rahmen, natürlich in der Kirche.

So, nun habe ich aber wieder im Garten zu tun, denn die Kirche braucht ständig neue Blumen. Den Besuchern soll‘s doch gefallen.

Der renovierte „Kastanienhof“ in Wasewitz, hoffentlich bald voller Leben.

Zwei unterschiedliche Wege führen von Wasewitz hinüber nach Canitz, nicht mal tausend Meter lang: Oben auf der Terrasse eine Straße, unten in der Aue ein schmaler Rad-, Fuß- und Wiesenweg. Er steigt dann die wenigen Meter hinauf, schleicht sich an einer alten rekonstruierten Lehmmauer vorbei und endet am Gasthof. Besser kann's gar nicht gehen.

Die Dorfgestaltung liegt in den Händen des Fördervereins mittleres Muldegebiet. Hauptamtliche Angestellte und Arbeiter mit ABM sorgen sich um ein neues Dorfbild. Hausruinen wurden weggerissen. Auf den Schuttbergen entstanden ein Bauerngarten, ein Rosenterrain, ein Kräutergarten u.a. Für jeden Spezialisten das Spezielle. Den alten Pferdestall vom einstigen Vorwerk erkennt der Besucher nicht wieder. Im Innern stehen museale Gegenstände, erläutern Texte die Geschichte und die Natur der Landschaft. Daneben lockt ein außergewöhnlicher Rastplatz am Muldental-Wanderweg mit Nachbildungen slawischer und germanischer Wohn- und Speicherhütten immer mehr Wanderer an. Als freundliche und spitzbübische „Kräuterhexe" hat EDELTRAUD SCHLANGE das sachkundige Zepter in der Hand und erläutert geduldig die Geschichte der Hausgärten seit der Germanenzeit und die Gewächse im Bauern-, Kräuter- und Wildrosengarten. Weitere sollen folgen.

Die wenigen Einfamilienhäuser in der Ortschaft sind tipptopp in Ordnung. In einem wohnt STEFANIE WUTTIG (Jg. 43) mit ihrem Mann. Die vier Kinder sind inzwischen ausgeflogen:

In Canitz bereichern nicht nur die Lehmmauern das Ortsbild

Ich komme aus Naunhof. Mein Vater hat mich nur ein einziges Mal auf einem Heimaturlaub wenige Monate nach der Geburt gesehen. Er kehrte nicht wieder aus dem Kriege zurück. Meine Mutti zog mich auf. Sie konnte und wollte mich nicht verwöhnen. Bestimmt war das gut so. In der Schule mußte ich als Kind einer Lehrerin stets brav sein. Mit Fremdsprachen konnte ich gut umgehen. Also stand fest: Ich werde Dolmetscherin! Nach dem EOS-Besuch in Grimma klappte es vorerst mit dem Studium nicht. Deshalb machte ich eine Lehre in der Landwirtschaft im VEG Köllitzsch. Dort lernte ich nicht nur den Umgang mit den Tieren, sondern auch einen netten Kollegen kennen. Logische Folge: Wir heirateten und zogen nach Seidewitz. In der LPG gab's für uns genug Arbeit. Ich war eigentlich so recht zufrieden. An die Dolmetscherin dachte ich nicht mal mehr im Traum.

Dann gab's einen Wechsel. Das Volkseigene Gut in Canitz suchte einen Lehrausbilder. Das war was für meinen Mann. Hier wurden wir seßhaft. Nach und nach gesellten sich zu unseren zwei Jungen noch zwei Mädchen. Nun waren wir eine richtig schöne Familie, allerdings haperte es mit dem Platz in der Wohnung. Also entschlossen wir uns: Wir bauen ein Haus! Nach Jahren hatten wir alle formalen und materiellen Schwierigkeiten überwunden und konnten 1980 erschöpft-glücklich einziehen.

Inzwischen ist Canitz meine feste Heimat geworden. Canitz ist schön! Das Besondere? Ich weiß es nicht. Wenn wir mal verreist waren und bei der Rückkehr das Dorf in Sicht kam, da spürten wir diese schwer zu beschreibenden Heimatgefühle. Obwohl manche Gebäude äußerlich nicht gerade ein gutes Bild zeigten. Aber die Atmosphäre unter den Leuten, betrieblich wie auch im Dorf, die hat uns das Gefühl gegeben: Hier gehören wir her.

Dann kam das Jahr 1990. Die Ereignisse in meinem Betrieb, dem VEG Canitz, haben mich damals ganz schön erschüttert. Da wurden plötzlich Kühe, Schweine und Schafe zu Schleuderpreisen verkauft oder abgeschlachtet. Wir konnten das nicht verstehen. Als der größte Teil der Tiere weg war, wurden wir entlassen, so an die 50 Leute, die jahrelang um jeden Liter Milch, um jedes Kilogramm Fleisch gerungen hatten.

Ich traf mich fortan mit Hunderten auf den Fluren und in den Sprechzimmern des Arbeitsamtes. Dort zu sitzen war für mich beschämend. Da hörte ich: Wer mit dem Computer umgehen kann, der hat bessere Chancen! Also belegte ich einen Lehrgang in der Volkshochschule und büffelte die neue Technik. Was uns Dr. Heine beigebracht hat, dafür bin ich ihm ewig dankbar. Ich konnte tatsächlich Fuß fassen in einer kleinen Fensterbaufirma. Als immer weniger Aufträge eingingen, wurde ich wieder entlassen.

2000 bekam ich eine Tätigkeit in der ABM beim Förderverein mittleres Muldegebiet. Vorwiegend hatte ich die chronistische Arbeit zu erledigen und alles, was an Schreibarbeit anfiel. Andere meiner Kolleginnen und Kollegen haben in den letzten Jahren nicht nur mein Heimatdorf von einigen Schandflecken bereinigt. Erneuerte Lehm- und Steinmauern geben einigen Gehöften ein unverwechselbares Gesicht. Wenn an den Wochenenden die Radler durchs Dorf rollen, auf dem Rastplatz ausruhen und die Gärten bevölkern, dann wissen wir, daß unsere Arbeit nicht umsonst war. Können wir nicht ein bißchen stolz auf unsere Werke sein?

Im Kräutergarten des Canitzer Rastplatzes: Edeltraud Schlange (l.) und Stefanie Wuttig.

WEITERE DORFNOTIZEN aus Canitz und Wasewitz

Der **Brennofen** der alten Ziegelei steht immer noch in Wasewitz als ein wertvolles Dokument der frühen industriellen Entwicklung auf dem Lande.

Ein **Blockhaus** aus norwegischer Fichte hat der Leipziger Aldo Kermes (Jg. 60), Kreisnaturschutzbeauftragter im nordwestlichen Teil des Muldentalkreises und aktiver Streiter für die Belange des Naturschutzes, in Wasewitz gebaut. Es zeigt nicht nur eine ansprechende Optik, sondern bewirkt im Inneren eine sehr gute Wärmedämmung.

Der **Gasthof** in Canitz befindet sich in einem Fachwerkhaus und lädt ein mit dem Spruch „Ein frischer Trunk macht wieder jung".

Der **Förderverein** mittleres Muldegebiet e.V. und die Muldenwald Landschaftspflege GmbH bemühen sich gemeinsam seit 1997 ihr Anliegen zu verwirklichen, das unter dem Motto steht „Die Natur soll für künftige Generationen erhalten bleiben und für Menschen unserer Region erlebbar sein". Schwerpunkt ist die Kulturlandschaft im Raum Canitz mit der Gestaltung des Ortsbildes und des historischen Rastplatzes am Muldental-Radwanderweg, die Aufforstung größerer Flächen des ehemaligen Truppenübungsplatzes außerhalb der unter Naturschutz stehenden Gebiete, die Schloßparkanlagen in Nischwitz und Thallwitz. *(Literatur: „Chronik des Fördervereins anläßlich seiner 10jährigen Tätigkeit", 2001)*

Ein **Halsring** aus Bronze, der vor 3000 Jahren angefertigt und hier auf Canitzer Flur gefunden wurde, befindet sich im Naturwissenschaftlichen Museum in Leipzig. Das wertvolle Stück schmückte einstmals eine hiesige Frau. In seiner geschmackvollen Formgebung stellt das Geschmeide ein meisterhaftes Erzeugnis des früheisenzeitlichen Eisenhandwerks dar.

Die **Ländliche Bildungsgesellschaft** Canitz bildet und berät Interessenten im ökologischen Landbau und der Landtechnik. Im restaurierten Wasewitzer „Kastanienhof" wird zur Traktoren-Ausbildung eine geräumige Halle genutzt.

Am Muldental-Radwanderweg wurde in Canitz ein **Rastplatz** eingerichtet, der zum längeren Verweilen anregt. Dort wurden zahlreiche Objekte (Zelte, Hütten) nachgebaut, die Einblick geben sollen in die Menschheitsgeschichte von der Altsteinzeit bis zur Besiedlung durch die Slawen und Germanen. Eine museale Ausstellung im ehem. Pferdestall des Vorwerkes vermittelt Eindrücke vom Leben unserer Vorfahren sowie Flora und Fauna des Muldengebietes. Mehr als ein Dutzend Gartenanlagen mit unterschiedlichen Themen sollen die Entwicklung des Gartenbaues von der Germanenzeit bis zu den Rosengärten veranschaulichen. Eine weitere Anlage umfaßt verschiedene Lehrgärten mit einer Imkerei. Der Rastplatz ist von Mai bis Oktober geöffnet.

Das **Wassergut** ist 1991 aus dem Volksgut hervorgegangen. Auf 900 ha Fläche wird vor allem ökologischer Feldbau betrieben, also ohne Mineraldüngung und Pflanzenschutzmittel. Eine kleine Mutterkuhherde weidet auf den Wiesen der Aue. Bestrebungen gehen dahin, die bestehenden Biotope untereinander zu verbinden und Auwälder mit Teichen und Tümpeln anzulegen.

Das **Wasserkraftwerk** (E-Werk) zur Energieerzeugung am Ende des Kanals wurde immer wieder irrtümlich als Canitzer W. bezeichnet. Es liegt jedoch auf Nischwitzer Flur *(siehe dort).*

Die **Windmühle** vorn an der Chaussee stammt aus dem Jahr 1876. Ein massiver Turm aus Feldstein trug die drehbare Turmhaube mit den Flügeln (Holländermühle). Bis 1936 nutzte der Müller die Windkraft, dann erfolgte ein Umbau auf elektrischen Betrieb, jetzt zum Wohnsitz ausgebaut.

Die Wehrkirche in Wasewitz.

Es gibt wohl nur wenige Menschen im Wurzener Land, die das Kollauer Wehr (auch Bobritzer Damm genannt) nicht kennen, jenen Jahrhunderte alten Steinschüttdamm, wo das Muldewasser in seinem Lauf gestaut wird und schließlich rauschend und gurgelnd über die Mauerkrone ins alte Bett hinabstürzt. Ein Teil strömt in den abzweigenden Mühlgraben nach Eilenburg. Deswegen auch legten die flämischen Einwanderer das Wehr im späten Mittelalter an.

Das Kollauer Wehr hat jetzt eine Fischtreppe

In den letzten Jahren erregte das Bauwerk die Aufmerksamkeit der Öffentlichkeit. Planierraupen und Betonmischer beherrschten dort das vertraute Bild, und das Land Sachsen investierte über sieben Millionen Mark. Das Wehr mußte generalüberholt werden. Eine Rarität machte danach neugierig, nämlich eine 40 m lange Fischtreppe, wohl in der vagen Hoffnung, daß dort irgendwann einmal die Lachse flußaufwärts ihren Weg in erzgebirgische Laichgewässer suchen.

Auf der anderen Seite des Muldendammes liegt das Krippelwasser. In diesem ehemaligen Muldenarm behüten Naturschützer das seltene Vorkommen von Rotbauchunken. Wenn in den lauen Sommernächten ihr vielstimmiger und glockenreiner Ruf durch die Aue klingt, dann empfindet jeder Wanderer ein beglückendes Gefühl der Naturverbundenheit. Auch die Beutelmeise baut hier ihr kunstvolles Nest. Eine weitere Beobachtung fasziniert den Naturfreund, nämlich der oft wechselnde Wasserstand. Und der ist abhängig von der Höhe des Muldenwasserspiegels. Also sind beide Gewässer unterirdisch immer noch verbunden.

Ehe der Besucher das Wehr erreicht, passiert er das Dorf. Wenn er sich an die Straße hält, dann kommt er nach einer kurzen Rundung wieder am Dorfteich an. Es

Mittagssonne am Kollauer Wehr.

gibt nur diese eine Straße, die hinein und heraus führt. Ein Feldweg, der sich auch bequem als Rad- und Wanderweg benutzen läßt, verläuft durch die Aue nach Eilenburg und ein weiterer eben zum Wehr. Kollau ist nämlich ein Rundling mit einem Anger. Fast jeder Urkollauer hatte dort ein Stück Wiese für seine Gänse. Darum herum gruppieren sich die dreizehn Bauernhöfe in ihrer ursprünglichen Form. Dazu gesellten sich einige Einfamilienhäuser, älterer und jüngster Bauart. Vom Anger ist heute nicht mehr viel zu sehen, weil er nach 1945 teilweise an einige Umsiedler vergeben wurde. Anfangs bauten sie dort ihr Gemüse an, später errichteten sie Bungalows und Eigenheime. Trauerweiden spiegeln sich im Dorfteich, wenn nicht die Entengrütze wie ein grüner Teppich das Wasser bedeckt.

Ein Kollauer, der wie wohl fast alle anderen mehrmals im Jahreslauf hinaus in die Aue pilgert, ist der in Großzschepa geborene CHRISTOPH SENF (Jg. 48), Meister und Chef der Wasserwerke Thallwitz/Kollau, Canitz und Naunhof:

Wie sich die listigen Kollauer ihr Trinkwasser ins Haus holten

Ja, das Wehr draußen interessiert uns alle. Regelmäßig müssen wir da mal gucken, ob noch alles in Ordnung ist. Wir nennen die Anlage auch den Bobritzer Damm. In der Nähe lag nämlich mal das Dorf Boberwitz. Aber das ist schon lange her. Vermutlich haben die Hochwasser die Menschen wieder vertrieben. Die Kollauer haben sich nicht verscheuchen lassen und dem Wasser getrotzt. Die Älteren im Dorf haben in ihrer Kindheit die Überflutungen noch miterlebt. Sie mußten dann schon mal mit dem Kahn in die Schule nach Thallwitz rudern. Die schützenden Deiche zur Mulde hin entstanden nämlich erst um 1937. Sie wären 1954 beim Jahrhunderthochwasser überflutet worden, wenn nicht deutsche Feuerwehrkameraden und sowjetische Soldaten im pausenlosen Einsatz mit Sandsäcken die Dammkrone erhöht hätten.

Ich habe da noch eine Erinnerung. Es war in den 80er Jahren. Wir hatten mit einer Planierraupe unseren Dorfteich entschlämmt. Fast am Schluß passierte das Mißge-

Christoph Senf in der Maschinenhalle des Canitzer Wasserwerkes.

schick: die Raupe saß fest und tief im Schlamm. Die herangeholten Traktoren zerrten vergeblich am Seil. Da erinnerten wir uns unserer „Freunde" in der Kaserne, die auch des öfteren Gäste im Gasthof waren. Und tatsächlich rollte bald ein Panzer herbei, der das Problem löste. Freudig zog die Mannschaft mit ein paar Flaschen „Weißen" in den Taschen wieder ab.

Ich bin zwar kein Urkollauer, fühle mich aber als solcher. 1976 heiratete ich die Tochter vom Gasthofswirt und zog auch hier ein, unmittelbar hinterm Damm. Neugierig lauschte ich oft den Erzählungen meiner Schwiegermutter, der Wirtsfrau. Da wurde von der „Eierfahrt" berichtet. Sie fand alljährlich im Frühjahr statt. Derjenige, der als erster des neuen Paddeljahres hier anlegte, erhielt eine riesige Pfanne voller Eier.

Vor 1933 nutzten die sächsischen Fleischer den Ort jahrelang als „Schlachtdorf". Man muß nämlich wissen, daß die Gemeinde damals zu Preußen gehörte, und dort gab es im Gegensatz zu Sachsen keine Schlachtsteuer. In den Wintermonaten ließen an manchen Tagen bis zu drei Dutzend Schweine hier ihr Leben. Die toten Viecher wurden dann wieder abtransportiert, um im heimischen Schlachthaus zu Wellfleisch und Wurst verarbeitet zu werden.

Ja, das mit Preußen war so eine Sache. Daran erinnern die Grenzsteine, die nach 1815 gesetzt und da und dort noch anzutreffen sind. Auf der einen Seite mit den Buchstaben KS markiert (Königreich Sachsen von 1806 bis 1918) und auf der anderen mit KP (Königreich Preußen). Ein solches Denkmal aus Sandstein steht heute noch an der Straße halben Weges zwischen Kollau und Thallwitz, beschattet von einer 200 Jahre alten Eiche, die sinnigerweise für alle hier als „Grenzeiche" zu einem Begriff geworden ist.

Diese adminstrative Zuordnung hielt sich bis 1945. Damals erst kamen wir zu Sachsen, und zehn Jahre später verloren wir unseren eigenständigen Bürgermeister und wurden der Gemeinde Thallwitz zugeschlagen. Diese Zwangsehe änderte nichts an unserer Gesinnung. Wir Kollauer sind anders, weil wir Preußen sind! Wir lassen uns nicht so schnell überzeugen, wir überlegen erst mal gründlich. Und wir gehen nicht betteln. Wir organisieren das selbst, was wir machen wollen. So wie neulich erst wieder mit unserem kleinen Nachbarschaftsfest. Dazu brauchen wir keine „Fremden" und kein Amt. Die Neuen werden integriert, die Weggezogenen kommen immer wieder gern zu Besuch. Eine großartige Nachbarschaftshilfe hält die „Preußen" zusammen. Und wenn der Bürgermeister resümiert: Ihr Kollauer macht doch sowieso, was ihr wollt, dann hat er wohl recht.

Ich erinnere mich da, was die Leute erzählen, als Anfang der 60er Jahre der „sozialistische Frühling" über uns hereinbrach. Die Bauern hatten ihre berechtigten Zweifel, und die Agitatoren bissen auf Granit. Es waren die Genossen von der Polizei. Sie belagerten regelrecht das Dorf und quartierten sich gar in Zelten hier ein. Als dann der Druck doch nicht mehr auszuhalten war, griffen die Kollauer zu einer List: Wenn ihr uns eine Wasserleitung baut, dann lassen wir mit uns reden! Das Wasserwerk lag zwar unmittelbar neben dem Ort, aber außer einem Gemeinschaftsanschluß auf dem Anger mußten noch die Hausbrunnen herhalten. Also schaufelten die Genossen die Gräben durchs Dorf, organisierten die Leitungen und sorgten für die Hausanschlüsse. Nun gab es keine Ausreden mehr, und der Schritt vom „Ich zum Wir" mußte vollzogen werden. Kollau war das letzte genossenschaftliche Dorf im Kreis. Darauf sind die preußisch geprägten Einwohner noch heute ein bißchen stolz.

Ich hatte das Glück, mit der Landtechnik den Beruf zu erlernen, der mir Freude machte. Das gelang mir, weil ich mit dem, was mir die Hohburger Lehrer beigebracht hatten, was anfangen konnte. Und das habe ich bis heute weitergegeben. Und wenn ich mir's recht überlege, dann war die Schulzeit für mich wirklich die „gute alte Zeit", im wahrsten Sinne des Wortes. Die Lehrer hatten für uns Zeit, und wir machten tolle

Sachen. Unvergeßlich bleiben mir da die jährlichen Radfahrten kreuz und quer durch die Lande, entlang der Mulde von der Quelle bis zur Mündung. Und die Lehrer sind mitgestrampelt.

Nun bin ich seit 1974 Wasserwerker. Das ist ein toller Beruf, aber nicht ganz einfach. Da müssen Nachtschichten geschoben werden, und du mußt auch sonst stets einsatzbereit sein. Wer nach zehn Jahren immer noch dabei ist, der hat's gepackt. Ich bin's, habe mich mehrfach qualifiziert und bin nun der Chef einiger Betriebsteile. Zu meinen schönsten Erfolgen zähle ich, daß die Belegschaft nach wie vor in einer kollegialen Gemeinschaft die Aufgaben meistert. Wo findet man denn das heute noch?

Die Freizeit allerdings hat sich vermindert. Aber das lasse ich mir nicht nehmen: Mit meinen Freunden vom vereinsfreien Motorradklub durch die Lande zu fahren. Und wenn die Maschinen noch so viele PS haben - meine Yahama bringt's auf 146 Pferdestärken -, wir wissen, wie zu fahren ist. Ein „Alter" macht die Spur, und unsere Jungschen nehmen wir in die Mitte. Und wenn dann alljährlich am 1. Mai alle diese angenehmen Typen und anderen Gäste mein Terrain in Kollau bevölkern, dann feiern wir in bester Harmonie meinen Geburtstag. Ich sehe das gern, wenn alle da sind. Und dann erzähle ich auch von meinen großen Reisen, die mich in viele unwahrscheinlich interessante und fantastische Winkel dieser Welt geführt haben. Da gibt's nämlich viel nachzuholen. Nein, dort bleiben will ich nicht, auch nicht in Neuseeland.

Die Grenzeiche zwischen Kollau (am Horizont) und Thallwitz.

Spuren im Schnee

Ich stand auf
Schneekristallenen Wellen
Allein in dem Winterwald,
Sah Sonnenlicht die
Wipfel erhellen
Fichten mächtige
Schatten fällen
Von rätselhafter
Riesengestalt.

Ich ruhte am
Fuß meiner Spuren aus.
Die Ferne schwamm in den Blick:
Ein Kahlschlag, ein Fels,
Ein einsames Haus,
Ein Steilweg, der
Zum Himmel hinauf
Und zur Erde
Führt wieder zurück.

Kein Laut traf
Mein Ohr. Der Wind hatte sich
Zum eisweißen Wald gesellt.
Wie Kinderschuhstapfen
Liefen um mich
Spuren des Lebens,
Einprägsam, frisch
Als das seltsamste
Muster der Welt.

Doch da war ein Ton.
So zauberhaft klang
Er für mich durchs Winterreich,
Da an einem Ast ein
Eiszapf zersprang,
Der fallend sein
Sekundenlied sang,
Plötzlich, ergötzlich,
Glöckchenklanggleich.

Kurt-Rudolf Böttger

Wintertag auf dem Kleinen Berg bei Hohburg.

In und an den Hohburger Bergen

Was schon am östlichen Rand der Muldenaue bei Dehnitz und Wurzen unter den Sedimenten des Tertiärs und der Eiszeit vereinzelt bis zur Oberfläche durchstieß, wird östlich der Linie Breiter Berg und Spitzberg bei Lüptitz und Spielberg bei Böhlitz Ereignis: Der harte Porphyr des Rotliegenden erhebt sich flächig über das Land. Von welcher Seite man sich auch dem Gebiet zu beiden Seiten des Mittellaufs der Lossa nähert - die Hohburger Berge erheben sich wie ein kleines Gebirge über die umgebende Landschaft. Natürlich sind sie kein Gebirge: Der Löbenberg als höchste Erhebung überragt gerade mal die 240 m, sein südlicher Nachbar, der Kleine Berg, 206 m. Aber bis zum Lossatal, das beide trennt, geht es rund 100 m hinab; das ist für das Tiefland auf so kleinem Raum schon beachtlich. So kann man auch nachvollziehen, warum romantische Lokalpatrioten und Leipziger Ausflügler schon Mitte des 19. Jahrhunderts von der „Hohburger Schweiz“ sprachen.

Die runden Kuppen um Hohburg haben ihre heutige Form der Eiszeit zu verdanken, als sich das Inlandeis über die Erhebungen schob und ihre Oberflächen rund hobelte und glatt schliff. Die Gletscherschliffe auf dem Kleinen Berg sind dafür ein bestes Zeugnis. Am Ende der Eiszeit blieb zunächst eine Kältewüste zurück. Jetzt setzten die kalten und heftigen Sandstürme das Gestaltungswerk fort. An den freistehenden Felsen furchten sie feine Rillen heraus, die noch heute wegen ihrer Seltenheit als nacheiszeitliche „Windschliffe“ weltweit in der geologischen Literatur erwähnt werden.

In den letzten zwei Jahrhunderten hat der Mensch an den Bergen gewerkelt. Der Breite Berg, der Wolfsberg und der Spitzberg bei Lüptitz und die Erhebungen um Böhlitz und Röcknitz sind durch tiefe Steinbrüche und Halden geprägt, einige - wie der Spitzberg und der Breite Berg - fast vollständig abgetragen. Auch die „Berg-Ruinen“ sind weithin sichtbar wie Landmarken. Zu ihren Hängen ziehen sich die dünner werdenden Ablagerungen von Tertiär und Eiszeit hinan, und die landwirtschaftliche Nutzung der Flächen geht heute fast bis an das durchragende Gestein, wo dann die Trockenrasenflur (sehr schön am Spitzberg und am Wolfsberg ausgebildet) beginnt.

Zu den dicken Sedimentschichten südlich der Hohburger Berge gehören auch Braunkohleablagerungen. Das hatte für den darunterliegenden Porphyr beachtliche Konsequenzen: In feuchtwarmen Klimaphasen seit dem Tertiär sind aus den Kohleflözen Humussäuren auf den Porphyr gelangt und haben ihn im Laufe der Zeit chemisch verwittert zu einem feinen weißen Ton - dem Kaolin. Dieser wurde am Kleinen Berg eine Zeitlang abgebaut. Die aufgelassene Kaolingrube ist heute ein viel genutzter Badesee und eine Bereicherung der Landschaft.

Die Lossa ist das dominante, fließende Gewässer der Hohburger Berge. In ihrem Einzugsbereich liegen auch Zschorna und Kühnitzsch. Markant ist ihr Lauf zwischen Löbenberg und Kleinem Berg in Hohburg, wo sie auf kurzer Strecke ein tiefes Tal durchfließen kann, das sie sich keinesweges allein geschaffen hat, sondern das ihr die beiden Berge gnädig gewährten. Aber nicht alle Dörfer im Bannkreis der Berge entwässern zur Lossa. Von Lüptitz fließen die Wasser nach Westen und versickern in den „Rungewiesen“ südlich des Spitzberges. Körlitz liegt in der Quellmulde der Rietzschke, die durch Roitzsch und Wurzen in die Mulde mündet. Nur der Schwarzbach wendet sich wirklich ab, er fließt von den Bergen nach Norden durch Röcknitz und strebt der ferneren Elbe zu. *(W.E.)*

Röcknitz
Kunteich
Böhlitz
Freibad
Zwochau
Hohburger Berge
Eilenburg
Gaudlitzberg
Burzelberg
Frauenberg
Löbenberg
3 Akazien
Lossa
Großzschepa
Kleinzschepa
Kaolinsee
Kleiner Berg
Hohburg
Wolfsberg
Watzschwitz
Müglenz
Spitzberg
Lüptitz
Zschorna
Wurzen
Kampfberge
Kühnitzsch
Körlitz
Um die Hohburger Berge

In den Nistkästen schlummert der Siebenschläfer

Je näher ich Ende Mai dem sonnenbeschienen Kleinen Berg komme, umso mehr löst sich seine aus der Ferne einfarbig-dunkelgrün erscheinende Hülle in ein schönes Mosaik hellster bis dunkelster Grüntöne auf. Die Gruppierungen der wichtigsten Baumarten - Eichen, Buchen, Birken, Aspen, Kiefern - sind dadurch gut zu erkennen. Einige schneeweiße Flecken fallen besonders auf. Es sind die in voller Blüte stehenden Sträucher des Weißdorns.

Ich betrete den Wald am Zschornaer Winkel. Dunkle Wolken quellen am Himmel, und es fallen einige Regentropfen. Angeregt durch die Gewitterstimmung singen ziemlich alle Vögel, die diesen reich gegliederten Mischwald bewohnen. Für eine Reihe von Arten ist die Sangesperiode eigentlich Ende Mai schon beendet: Mönchsgrasmücke, Buchfink, Baumpieper, Fitislaubsänger, Rotkehlchen, Pirol, Amsel, Kuckuck. Aber heute kann ich viele von ihnen hören.

An einem quelligen und nur im zeitigen Frühjahr vor dem Laubaustrieb lichtdurchfluteten Standort wachsen in kleinen Trupps Buschwindröschen und Lungenkraut. Erstere kommen bei uns noch oft vor, vor allem in den ehemaligen Gutsparks der Dörfer.

An mehreren Stellen erblicke ich frische, bis zu 60 cm tiefe Erdmulden. Schwarzwild hat sie auf der Suche nach Kleinsäugern ausgehoben. Ich sehe darin eine große Gefahr für das wertvolle Vorkommen der Siebenschläfer. Es wurde erst 1963 im Kleinen Berg bei Nistkastenkontrollen entdeckt. Das dem Eichhörnchen sehr nahestehende Tier hält tatsächlich von Oktober bis Mitte Mai Winterruhe. Tagsüber schläft es gern in Nistkästen, nachts dann wird es aktiv. Es ernährt sich von Eicheln, Bucheckern, Beeren und Knospen. In den letzten Jahren hat es sich in den Hohburger Bergen stark verbreitet.

Den bewohnten Dachsbau unterhalb der steilen Felswand an der Südseite erkenne ich schon vom Weg aus an dem frisch aus dem Bau beförderten Lehmboden. Nicht

Blick vom Löbenberg (Skiwiese) über das Lossatal zum Kleinen Berg bei Hohburg.

weit davon entfernt überquert den Waldweg ein ausgetretener Wechsel. Sicher benutzt ihn der Dachs allabendlich, wenn er seine Behausung in Richtung Feldflur verläßt.

Die Birken hier sind fast alle vom Birkenporling, einem parasitischen Pilz, befallen und sterben ab bzw. sind schon tot. Auf dem Gipfel drängen sich einige kleine, sehr unterschiedliche Biotope dicht zusammen. Auf einem nach Süden geneigten Felsplateau mit kaum vorhandener Humusauflage wachsen Schwalbenwurz, Pechnelken, Schaf- und Rotschwingel, Kleines Habichtskraut u. a. Dort, wo sich in Senken ein humusreicher Boden herausbilden konnte, stehen Hohler Lerchensporn, Aronstab, Hexenkraut, Perlgras und Maiglöckchen.

Der Nordhang ist stellenweise mit Steinblöcken übersät. Die Nischen zwischen ihnen sind ideale Standorte für den Wurmfarn. Auch die hier in früherer Zeit angepflanzten Fichten gedeihen ganz gut. Allerdings tragen sie zur weiteren Versauerung des Bodens bei. Der Rote Holunder und der Adlerfarn unterstreichen das. Hier befindet sich auch der prächtigste Baumbestand des heutigen Naturschutzgebietes, den viele weit über 20 m hohe Rotbuchen und Traubeneichen bilden. In diesem grünen Dom notiere ich Waldlaubsänger und einen Kleiber, der mir noch fehlte. Überhaupt wurde der Vogelgesang nach dem Gewitterregen wieder lauter und vielstimmiger. Die Rotkehlchen geben den Ton an.

Dann entdecke ich einen großen, ca.1,20 m hohen Ameisenhaufen. Die untersten grünen Zweige einer Hainbuche haben die Tiere schon mit eingebaut. Viele Ameisen sitzen noch ganz klamm vom Regen auf dem Gipfel ihres Berges.

Im Wechsel der Jahreszeiten hat auch ein Regentag seine Reize. *(H.K.)*

Am Siebensprung blieben sieben Aschehäufchen übrig

Zur Kette der Hohburger Berge (Hohburger Schweiz) summieren sich über ein Dutzend mit Namen gekennzeichnete Erhebungen. Jede hat ihre typischen Merkmale:

Im **Breiten Berg** zwischen Wurzen und Lüptitz wird seit 1862 der Stein heute noch gebrochen und in einer modernen Schotteranlage (1996) zerkleinert. Der Abtransport erfolgt z. T. mit der Bahn über Eilenburg.

Der **Burzelberg** (Name kommt von Burgberg) trägt noch Reste einer Burganlage von 500 v. Chr., die zu den ältesten Steinarchitekturen Sachsens gehört. Dort umschloß eine Pfostenschlitzmauer eine 6 ha große keltische Großburg. Sie diente vermutlich als Zufluchtsort für ein größeres Gebiet zwischen den Bergen und der Mulde. Schon einmal, am Ende der Altsteinzeit vor 14000 Jahren, benutzten Jäger und Sammler das Terrain als Rastplatz.-1985 erfolgte der Bau von zwei riesigen Wasserbehältern für die Wasser-Fernleitung aus der Elbaue nach Leipzig, dabei legten Archäologen die Mauerreste frei.

Der ehem. Steinbruch (1891-1960) am **Frauenberg** dient heute als Lagerstätte für den gebrochenen Splitt und Schotter.

Auf dem **Galgenberg** hat tatsächlich ein Galgen gestanden, wie es die Karte von 1623 anzeigt. Es ist allerdings nicht nachgewiesen, ob dort jemals ein armer Sünder hängen mußte. Kleine Bungalow-Siedlung.

Der **Gaudlitzberg** hat von Westen her eine tiefe Wunde, die durch den Steinabbau zwischen 1890 und 1961 entstand. Am Osthang wächst ein prächtiger Buchenwald, in dem sich die Spechte eingenistet haben. Im Frühjahr versuchen Kleiber und Stare, ihnen den Wohnraum streitig zu machen. Von der verbliebenen Höhe öffnet sich ein guter Weitblick.

Der **Holzberg** südöstlich von Böhlitz, Steinbruchsbetrieb 1928-1975 (das Schotterwerk stellte erst 1995 seine Produktion ein) wird als Lagerstätte für Bauschutt genutzt. Die Kuppe wurde abgetragen, trotzdem noch weite Rundsicht ins Wurzener Land möglich.

Der **Kleine Berg** (205 m) hat als Naturschutzgebiet mit den Wind- und Gletscherschliffen, dem Siebenschläfer und seinen seltenen Pflanzen eine zentrale Bedeutung. Auf dem Gipfel Reste von Stein- und Erdwällen, die zu einer slawischen Burganlage aus dem 9. Jh. gehören.

Bei Aufschlußarbeiten zum Steinbruch (1964-1990) am **Köppelschen Berg** südöstlich von Böhlitz traten hervorragend erhaltene Gletscherschliffe („Gletschertal") aus dem Eiszeitalter zutage.

Der **Löbenberg**, im Volksmund auch der „Große Berg" genannt, ist mit 240 Metern über NN (120 m über der Lossa) die höchste Erhebung. Rodelbahn und Skiwiese sind winterliche Bezugspunkte. Steinbruch an der Westflanke von 1927 bis 1958. 1892 wurde am Südrand des Berges ein Steinbruch eröffnet, vor dem I. Weltkrieg wieder stillgelegt.

Am **Siebensprung** trieben vor grauen Zeiten sieben Kobolde ihr Unwesen. Ein Zauberer hat sie schließlich gebannt. Sieben Aschehäufchen blieben davon übrig. Oder waren es die Sporen von Flaschenbovisten? *(siehe Rundblick-Lesebuch).*

Der **Spielberg** liegt westlich von Böhlitz, wo im Steinbruch von 1888 bis 1961 die Steine gebrochen wurden. Das Gelände befindet sich jetzt in Privathand. Im Steinbruchsee üben Mitglieder eines Tauchsportvereins und an den Wänden sammeln Leipziger Bergsteiger Erfahrungen für einen späteren Aufstieg im Elbsandsteingebirge. Am Fuße (südwestlicher Dorfrand) gut sichtbare Gletscherschrammen, ein einzigartiges geologisches Naturdenkmal.

Der **Spitzberg** muß mit 195 m über NN einstmals tatsächlich als „spitziger" Berg eine unübersehbare Landmarke gewesen sein. Heute ragt er nach dem Steinabbau (1888-1935) wie eine hohle Zahnwurzel aus der Ebene. Wegen der typischen Trockenrasengesellschaft an seiner Südflanke und den seltenen Vögeln und Insekten wurde das Gelände zum Naturschutzgebiet erklärt.

Die **Steinberge** südlich von Röcknitz (Steinbruchsbetrieb 1886-1960) erhielten in den 50er Jahren eine Ausbildungsstätte für Natursteinmaschinisten. Die Räume und Hallen werden jetzt von der Bildungseinrichtung „Arbeit und Leben" genutzt.

Der **Wolfsberg** ist seit der Stillegung des Steinbruchs (1886 bis zum I. Weltkrieg) ein herrlicher Badesee (verbotenerweise) und trug bis vor wenigen Jahren die Ruine einer gemauerten Holländer-Windmühle. Sie war das Wahrzeichen von Lüptitz.

Am **Zinkenberg** wird seit 1890 das Gestein gebrochen. Das Material dient heute hauptsächlich zur Uferbefestigung von Molen, Häfen und Kanälen.

Der Steinbruch im Breiten Berg bei Lüptitz, am Horizont die Türme von Wurzen.

Hohburg, 1185 Hoberch, 'der hohe Berg' (dt.), 1220 Einw.
mit Kapsdorf, 1583 Kapstorff, 'Dorf, von dem aus man weit schauen kann' (dt.), 1835 eingemeindet

Die Natur hat das Dorf und seine Umgebung reich beschenkt mit Bergen, Wald, Wasser, Tieren, Pflanzen und Bodenschätzen. Die Siedlung erstreckt sich über 1 km Länge beiderseits des Lossabaches. Südlich davon schieben sich die Waldungen vom Kleinen Berg und nördlich die vom Großen Berg mal sanft, mal steil in die Höhe. Kaolinsee und Dorfteiche schimmern in der Landschaft der Hohburger Berge.

Die Hohburger hatten öfter Anlaß zum Feiern

Die Berge tragen noch einen zweiten Namen: „Hohburger Schweiz". Hochstapelei? Nein, auch kein heutiger Werbegag. 1830 schilderte ein Leipziger Wandersmann euphorisch in einem Büchlein seine Erlebnisse. Er verglich die Schönheiten der hiesigen Landschaft mit denen der Sächsischen Schweiz und fand, das diese nicht geringer seien. Also sprach er nur noch von der „Hohburger Schweiz". Und die Einheimischen waren zurecht ein bißchen stolz.

Seit 1839 dampfte die Eisenbahn aus der Enge der Leipziger Häuserviertel hinaus ins flache Land nach Wurzen, und von dort war es nicht weit bis Hohburg. Besonders nach 1900 ergriff die Menschen ein Reisefieber. Noch bequemer wurde der Weg für die naturhungrigen Großstädter ab 1927. Die Eisenbahnlinie von Wurzen nach Eilenburg tangierte jetzt direkt die Hohburger Berge.

Die zahlreichen Gaststätten überboten sich seinerzeit mit verführerischen Angeboten. Findige Bauern pflanzten am Südhang des Löbenberges Kirschbäume. Im Frühjahr glitzerten die Plantagen in strahlendem Blütenweiß, im Sommer im dunklen Rot. Auf Kirschfesten verkauften die „Kirschbauern" zentnerweise das herrliche Obst. Inzwischen sind die Bäume überaltert und kümmern dahin. Die Kirschen kommen jetzt aus ferneren Landen. Auch andere Früchte lockten die Menschen an. Im Juni kamen die „Heedelbeerweiber", im Herbst zwängten sich Pilzsucher durchs Dickicht.

*

Die Dorfsiedlung nahm dort, wo heute die Kirche steht, ihren Anfang. Das Rittergut dominierte nicht weit davon. Hier im Dorfkern ließen die Gemeindeväter auch die Schule bauen und pflanzten die Dorflinde. An den schmalen und kurzen Gassen errichteten einige Bauern ihren Dreiseithof. Mehr und mehr siedelten Steinarbeiter und Kaolinwerker.

Nach 1945 erweiterte sich in mehreren Zyklen die Siedlung. An der Thammenhainer Straße entstanden einige bescheidene Neubauernhöfe, und am Hang des Löbenberges siedelten Vertriebene aus Schlesien. Jetzt verlaufen vier Straßenzüge von Ost nach West. In Lücken wuchsen nach 1990 blitzsaubere Eigenheime in die Höhe.

Der überdimensionale Wohnblock mit der Arztpraxis und der Apotheke am Platz der Befreiung und der triste Bau des Kulturhauses tragen nicht gerade zur Verschönerung des Ortes bei. Doch irgendwie haben sich die Menschen daran gewöhnt. Und sie sind stolz auf diese und andere Bauwerke, die zwischen 1960 und 1985 an verschiedenen Plätzen entstanden: Sportheim, Feuerwehr, Turnhalle, Schulerweiterung, Kindergarten, Wirtschaftshöfe, Kaufhalle.

Hunderte Einwohner halfen beim Bau der Einrichtungen freiwillig mit. Sie nannten es NAW (Nationales Aufbauwerk) und sammelten dafür papierne Urkunden. Sie liegen jetzt irgendwo zwischen den Akten, bleiben dennoch ein gutes Anschauungsmittel für spätere Generationen.

Mancher Zweckbau konnte nicht so gebaut werden wie gewünscht. Die oft unerfüllbaren Bemühungen waren vor allem den wirtschaftlichen Zwängen geschuldet: Baustoffe waren rar oder gar nicht vorhanden. Und trotzdem erreichten die Organisatoren auf abenteuerlichen Wegen immer wieder das Ziel. Allen voran der damalige Bürgermeister GERHARD SELIGER (1914-1998). Die Erfolge des Dorfes und seiner Einwohner machten DDR-weit Furore. Delegationen gaben sich die Klinke in die Hand, Obrigkeiten schmückten sich mit fremden Federn. Ein hoher Orden folgte auf dem Fuß, und leider auch mancher Neid in den Nachbardörfern.

Die Hohburger konnten nicht nur zupacken, sondern auch feiern. Anlässe gab es des öfteren, vor allem dann, wenn wieder ein Bau fertig war. Die mehrmaligen Dorf- und Schulfesttage fanden 1985 ihren krönenden Höhepunkt in der 800-Jahr-Feier des Dorfes, zugleich mit der Eröffnung des Museums Steinarbeiterhaus. Lehrer und Schüler der Alfred-Frank-Schule überraschten ständig mit neuen Ideen. Es war was los im Dorf. Seit 1990 ist es ruhiger geworden.

Kartoffelkuchen aus dem musealen Backofen

Wenn über tausend Menschen an einem Nachmittag in ein Museum strömen, dann ist das schon ungewöhnlich! So jedenfalls erlebt es der Museumsleiter seit über fünfzehn Jahren an jedem letzten Sonnabend im August im Museum Steinarbeiterhaus. Die Leute interessieren sich an diesem Tage weniger für die Maschinen und Einrichtungen im Haus. Sie sitzen, hocken und liegen vielmehr im Museumsgarten auf Decken und Bänken, schwenken Bierbecher und beißen genießerisch in fetttropfende Fleischstücke, die ein schwitzender Fleischer vom Schwein am Spieß absäbelt. Doch auch deswegen kommen sie nicht.

„It's Country-Time“! Das ist der Grund. Bis weit in die Nacht hinein lassen sie sich begeistern von den urwüchsigen Rhythmen, die aus dem fernen Amerika kommen. Der Austausch von Neuigkeiten ist ebenso wichtig.

Matthias Müller in der Freiluftanlage des Museums Steinarbeiterhaus Hohburg.

Der Museumsleiter Matthias Müller (Jg. 58) muß sich mit seiner ABM-Kraft auch sonst nicht über gähnende Leere in seinen historischen Mauern ärgern. Im zweihundert Jahre alten Lehm- und Holzhaus, das sich da im Schutz der Dorfkirche duckt, ist immer etwas los. Hin und wieder wird der Backofen angefeuert. Haben Sie schon mal warmen Kartoffelkuchen gegessen?

Und weiter: Da wechseln Sonder-Ausstellungen einander ab. Mal sind es Öl- und Aquarellbilder von einheimischen Laienmalern, dann bemalte Ostereier. Zur Weihnachtszeit fauchen kleine Dampfmaschinen und drehen sich selbstgebaute Spielkarussells. Ein nachgestalteter Gemischtwarenladen bietet Lakritze und andere Leckereien. Pferdestall und Puppenstube erinnern an die Kinderzeit von Oma und Opa. Dann hängen wieder mal Elfenreigen an den Wänden, und im Garten baumeln lustige Vogelscheuchen im Wind. Sie sind die Überbleibsel eines sonnigen Kindertages.

Und natürlich bleibt der eigentliche Zweck nicht auf der Strecke: Die Steinindustrie und der Steinbrecher. Da wird veranschaulicht, wie der Mann arbeitete, wenn er im Steinbruch bei Wind und Wetter die schweren Brocken aus der Wand brach, und wie er lebte mit dem kärglichen Lohn. Er reichte kaum, um die zahlreichen Bälger unterm Dach des Lehmhauses zu versorgen. Deshalb fütterte er im Stall Schwein und Ziege, besohlte die Schuhe, schnitzte den Hammerstiel. Er fertigte all das, was zum Leben notwendig war. Die Werkzeuge dazu liegen und hängen herum und werden von den Besuchern probiert. Den 12-Pfund-Hammer bringen Schwächlinge kaum in die Höhe. In der Kantine drängeln sich zeitweise bis über zwei Dutzend Besucher bei Kaffee und Kuchen oder bei frischen Fettbemmen. Ein Museum voller Leben!

*

Das läßt sich auch vom Waldsportplatz, dem Sportlerheim und der Turnhalle sagen. Die Sportler des Hohburger Sportvereins bilden eine kämpferische Truppe. Die Bande der Hohburger Sporttraditionen werden von zwei Leuten geknüpft, die jede freie Stunde dafür verwenden, daß sie nicht zerreißen, sondern eher weiter gefestigt werden. Sie halten die Fäden in der Hand, sie begeistern diejenigen, bei denen die Lust zum Sporttreiben nachläßt, sie leben ihren Sport, ihren Beruf und ihr Leben überhaupt als Vorbilder ihrer Generation. Der ältere ist der Sportlehrer i. R. und Leiter der Sektion Skisport Rudi Möbius (Jg. 27):

Bei Schneemangel werden Roller an die Ski geschraubt

In Wurzen erlernte ich den Beruf eines Maschinenschlossers. Ab 1956 war ich als Sportlehrer an der Hohburger Schule tätig. Schon immer begeisterte ich mich für das Turnen am Reck und Barren. Als 1949 die Sektion Wintersport gegründet wurde, war ich dabei. Der Wintersport blieb lebenslang meine Leidenschaft.

Als 1950 die Idee geboren wurde, in Hohburg eine Sprungschanze zu bauen, war ich sofort Feuer und Flamme. Bisher war nur der Langlauf unsere Domäne, und für steile Abfahrten reichten die Hügel nicht aus. Also, das mit der Sprungschanze, das wäre doch was, und da wir hier in Hohburg immer ein bißchen mehr Schnee auf den Dächern und Wipfeln hatten als Wurzen, glaubten wir, daß damit die wichtigste Voraussetzung gegeben war. Am Nordhang des Löbenberges schiebt sich eine steile Flanke hinab in den Tiefen Grund. Das wäre der richtige Platz, und dort im Schatten bleibt der Schnee am längsten liegen. Dann ging's los. Geld für das Vorhaben war kaum vorhanden, aber dafür eine unbändige Begeisterung. Bäume wurden gefällt, Stöcke gerodet, der Hang planiert mit Hacke und Schaufel, mit Spaten und bloßen Händen. Für den Bau des Sprungturmes hatten wir keine Maße. Sie ergaben sich aus unseren Überlegungen und nach Bildern. Es wird schon irgendwie klappen. Beton gab's natürlich nicht. Wir zimmerten das Gerüst mit den Fichtenstämmen, die wir bei der Herrichtung des Schanzenhanges gewonnen hatten. Die notwendigen Bretter wurden im Sachsendorfer Sägewerk geschnitten. Die Enthusiasten leisteten jede Menge freiwillige Arbeitsstunden, allen voran Gerhard Trommer mit über tausend. Niemand fragte nach Geld und Bezahlung. Ja, da zeigte sich eine echte Aufbruchstimmung.

Der 27. Januar 1952 steht in der Hohburger Sportgeschichte mit goldenen Lettern vermerkt. Das war der Einweihungstag für die Schanze. Tausende strömten hinaus in den Wald. Von Wurzen aus fuhren im Halbstundentakt die Busse, die Reichsbahn stellte einen Sonderzug, HO und Konsum hatten Rosterstände und andere Verkaufsbuden aufgebaut. Einige der Gäste waren auch deswegen gekommen. Eine festlich-sportliche Stimmung zog durch den Tiefen Grund. Der Landrat hielt die Festrede und taufte die Anlage. Ernst Thälmann mußte auch hierfür seinen Namen geben. Dann rauschten die kühnen Segler über den Baken. Namen wie Max Meißner, Klaus Süßmuth, Josef Dotzauer, Rainer Hornauer, Horst Müller schrieben sich in die Wintersportchronik ein. Die Sprünge lagen zwischen 25 und 30 Metern. Für die Flachländer eine beachtliche Leistung. Den Schanzenrekord stellte 1970 Lothar Klewe mit 33 m auf. Doch da verblich schon der Glanz der Schanze. Es kamen immer weniger Zuschauer. Und dann fehlte jahrelang das Wichtigste: Der Schnee. Anfang der 70er Jahre machten die milden Winter der Schanze gänzlich den Garaus. Die Bretter und Balken faulten dahin, die Natur nahm das Gelände zurück. Für eine ständige Werterhaltung fehlte das Geld. Heute erinnert da draußen am Nordhang nichts mehr an die hohe Zeit des Hohburger Skispringens. Die Begeisterung für den Wintersport aber ist für mich und andere geblieben.

Und wie helfen sich Wintersport-Fanatiker, wenn es nicht schneit? Sie besorgen sich Skiroller und jagen damit auf abgesperrten Asphaltpisten übers Land, natürlich immer in der Hoffnung, daß es doch wieder mal Schneewinter geben wird. So wie um 1900 herum und den Jahrzehnten danach. Damals zogen die Rodler hin zur Rodelbahn am Südhang des Löbenberges. Das war ein richtiger Volkssport. Hochbeinige Eisenschlitten wetteiferten mit klobigen Holzkisten und gebogenem Gehörn um die

Frank Scheller (l.) und Rudi Möbius beim Familien-Sporttag auf dem Waldsportplatz.

Wette. Die örtlichen Handwerker produzierten regelrechte Meisterwerke. Staunend wurden die Bobs beobachtet, die mit einem Lenkrad gesteuert ins Tal jagten.

Irgendwie muß sich diese alte Hohburger Wintersporttradition in mir festgesetzt haben. Es gelingt mir immer noch, einige Jungen und Mädchen dafür zu begeistern, wenn sie sich auch vorwiegend nur mit Trockentraining fit halten können. Ich bin nun in das Alter gekommen, in dem man mit dem Sport kürzer treten muß. Doch ich werde unruhig, wenn zu Wettläufen im Dorf oder zu den Wettkämpfen im Erzgebirge gerufen wird. Ich muß einfach dabei sein, und als Kampfrichter werde ich immer noch gebraucht. Und wenn meine Jungen und Mädchen aus der Wurzener Ebene vordere Plätze belegen, dann freue ich mich mit ihnen. Dann merke ich, daß meine Arbeit nicht umsonst gewesen ist.

*

Der Jüngere von beiden Sportlern ist der Schlosser und selbständige Handwerker Frank Scheller (Jg. 53), seit 1986 Vorsitzender des Hohburger Sportvereins:

Beim Wasalauf gibt's nur eine Devise: Teilnehmen und durchhalten!

Ich gehöre zur „mittleren" Sportgeneration des Dorfes und übernahm 1986 die Geschicke des Hohburger Sportvereins (HSV). Der wurde 40 Jahre zuvor als BSG Aktivist gegründet, und durch den Fußball, den Wintersport und den Schulsport weithin bekannt. Ich konnte also ein gutes Erbe antreten. Doch das kann man nicht nur verwalten, das muß eigentlich fast jeden Tag neu erworben werden. Ich muß nur aufpassen, daß ich vor lauter ehrenamtlicher Tätigkeit meine Arbeit nicht vernachlässige, wenn ich als selbständiger Handwerker (Schweißtechnik) auch schon mal die Zeiteinheiten verschieben kann.

Es hat sich viel geändert seit der Wende. Vor allem der Schreibkram belastet die freie Zeit. Das größte Problem ist die Jagd nach dem Geld. Früher, da erhielten wir das automatisch von der Gemeinde und den Betrieben. Jetzt muß man erst mal die Sponsoren suchen, die das eine und andere finanzieren. Und auch die aktiven Sportler müssen eine ganze Menge hinblättern.

Unsere Sportabteilungen sind vielschichtig. Unter dem Dach des Vereins vereinen sich Fußball, Kegeln, Leichtathletik, Skisport, Tischtennis, Volleyball, Gymnastik und eine allgemeine Sportgruppe. Das sind 240 Erwachsene und über 70 Kinder. Und zum Glück gibt's dann noch die Passiven, die ihren seelisch-moralischen Beistand sehr wörtlich nehmen. Überhaupt kann ich mich auf einen funktionsfähigen Vorstand verlassen. Und das ist im Ehrenamt das größte Pfund, mit dem man wuchern kann.

Als Vorsitzender hast du viele Pflichten. Was ich von den andern verlange, das muß ich vormachen. Ich bin da gewissermaßen der „Vorturner". Bei den Familiensportfesten renne ich wie ein Wilder vorneweg, und versuche auch mal, bei einem Marathonlauf zu bestehen.

Selbst an den Wasalauf in Schweden habe ich mich schon zweimal herangewagt. Wenn 15000 Skiläufer auf die 90 km lange Loipe gehen, dann ist das ein Erlebnis, das sich eigentlich gar nicht richtig beschreiben läßt. Da muß man sich schinden und das letzte Fünkchen Kraft aus dem Körper holen. Wenn die Temperaturen gar unter minus 20 Grad sinken, dann wird's allmählich kriminell. Und wenn es noch 10 Grad tiefer geht, muß man höllisch aufpassen, daß man weder Finger noch Zehen erfriert. Selbst mit den Augen gibt's da Probleme. Letztlich gilt nur ein Motto: Teilnehmen und durchhalten! Und wenn du nach 8 oder 9 Stunden zähen Kampfes endlich das Ziel erreicht hast, dann bist du des Beifalls der schwedischen Zuschauer sicher, ob du nun der erste oder der letzte bist. Das alles ist phantastisch!

Solche Anstrengungen brauche ich in Hohburg nicht. Ich habe hier auch gute Partner. Einen solchen fanden wir in Bürgermeister HEINZ KUMMER. Da war 1999 die Einweihung des Sportheimes am Waldsportplatz, das mit Geldern der Gemeinde und Fördergeldern entstanden ist. Nicht nur deswegen hat er von uns als Ehrenmitglied des Vereines das T-Shirt mit der Nr. 11 erhalten. Die positive Wechselwirkung der Gemeinde und des Sports möge noch recht lange bestehen bleiben. Eines Tages wird es auch mit dem Fußball im Verein wieder aufwärts gehen. Die Kleinen machen uns da schon was vor. *(HR.B./M.M.)*

WEITERE DORFNOTIZEN zu Hohburg

Gemeindeverwaltung der Gemeinde Hohburg mit den OT Lüptitz, Zschorna, Groß- und Kleinzschepa, Müglenz, Watzschwitz. Bürgermeister seit 1990 Heinz Kummer (Jg. 43).

Das **Behindertenheim**, eine Einrichtung der Herrnhuter Diakonie, wurde als schmucker Neubau 1996 und 1999 und nach dem Vorbild des alten Pfarrhauses errichtet; im Hof alter Backofen des ehem. Pfarrgutes. Leiter Friedhelm Wehner.

Die **„Birkenbuschin“** war ein seltener Name für ein wenige Wochen altes Findelkind, das 1770 von einer Heidelbeerfrau unter einer Birke im Kleinen Berg gefunden und tags darauf getauft wurde. Dort liegt jetzt ein Steindenkmal. 1803 wurde am Steinweg erneut ein Findelkind gefunden, es erhielt den Namen „Steinwegin“.

Die **„Eierkullerbahn“** ist ein abschüssiger Waldweg im Kleinen Berg, zu dem jedes Jahr zu Ostern zahlreiche Familien pilgern und familiäre Wettkämpfe im Eierkullern veranstalten *(siehe Rundblick-Lesebuch).*

Joseph Fröhlich, Hofnarr am Hofe Augusts des Starken. Eine nach dem Narren geschaffene Sandsteinfigur befand sich im ehemaligen Rittergut. Sie kam nach 1945 zur „Aufbewahrung“ ins Wurzener Museum. Nachgesagte Beziehungen zu Hohburg bestehen nicht.

Das **„Hohburger Dorfecho“** galt mit seinen 50 Ausgaben von 1970 bis zum Verbot 1979 als kleinste Zeitung der DDR, herausgegeben von Schule und Gemeinde. Heute eine wertvolle Chronik.

Kaolin, eine weiße Tonerde, wird als wichtiger Rohstoff für die Porzellanherstellung gebraucht. Das „weiße Gold“ wurde am Fuß des Kleinen Berges von 1901 bis 1965 abgebaut (Kaolinwerk). Dann füllte sich der ehem. Tagebau mit Wasser. Der Kaolinsee zieht jetzt Angler, Naturfreunde und Badende an, die im Wettstreit mit zahlreichen Hunden um die besten Plätze ringen.

Kapsdorf, ehemals selbständiger Ort mit "11 kleine heußlein" (1623) zwischen Lossabach und Löbenberg, wurde schon 1835 nach Hohburg eingemeindet, trotzdem blieb der Name erhalten und geläufig, weil die Einwohner noch heute ihr Nachbarbier (1776) feiern.

Die **Kirche** aus dem 18 Jh., ohne besondere Architekturform, trägt eine sechseckige Turmhaube, ein Neubau nach Blitzschlag von 1919. In der Kirchengruft Bestattungen von Luther-Nachkommen, die zwischen 1635 und 1709 das Hohburger Rittergut besaßen.

Das **Kulturhaus** wurde nach äußerlich mißratenem Umbau des alten Gasthofes „Zur Hohburger Schweiz“ 1986 unter gleichem Namen wieder eröffnet, nach 1990 kurzzeitig Hotel, 1998 geschlossen. Im Foyer wertvolle Keramik-Wand der Künstler-Familie Thibault aus Oschatz sowie Kopie einer großformatigen Flurkarte von 1623 (Staatsarchiv Dresden).

Das **Nachbarbier** wird als jahrhundertealte Tradition durchgeführt. Eine Urkunde aus dem Jahr 1773 regelt das Zusammenleben der Hohburger Einwohner (Kapsdorf 1776), vor allem das Verhalten bei Sterbefall eines Nachbarn. Die Männer mußten sich mit einem Geldbetrag in die Gemeinde „einnachbarn“. Das eingesammelte Geld wurde jährlich beim feucht-fröhlichen Nachbarball vertrunken, heute noch üblich.

Der **Naumann-Heim-Felsen** auf dem Kleinen Berg bezeichnet einen Felsblock mit typischen Merkmalen von Windschliffen aus der Nacheiszeit.

Einige **Personalien**: HORST ANDERS (Jg. 32), Musikschullehrer, Initiator der Hohburger Weihnachtsmusik (40 Folgen), Ornithologe. Heimatpreis für Kultur 1995. - MARTIN BÖHME (Jg. 20) Lehrer und langjähriger Schulleiter der Hohburger Schule, Ortschronist. Heimatpreis für Geschichte 1998. - MANFRED MÜLLER (Jg. 30), Lehrer, Begründer und Redakteur des „Rundblick“. Heimatpreis für Kultur 1999.

Der **„Redschin“**, ein Erdhügel zwischen Schule und Kirche, trug im Mittelalter eine kleine Burganlage (Turmhügel).

Das **Rittergut** hatte seit 1185 verschiedene Besitzer, darunter Kurfürst Johann Georg um 1650 und Nachkommen von Luther (1653-1709) und von Schönbergs auf Thammenhain (1898-1932). Mit der Bodenreform wurden Herrenhaus und einige Ställe und Scheunen abgerissen bzw. zu Wohnungen umgebaut, 13 Neubauern erhielten 120 ha Feld, 96 ha Wald.

In der **Schule** war 1651 als erster Schulmeister Martin Wagner tätig, ein Vorfahre von Richard Wagner. Zwischen 1960 und 1980 mehrmalige bauliche Erweiterung zur 10-Klassen-Schule „Alfred Frank", seit 1992 Grundschule mit weitem Einzugsgebiet.

Der **Sport** hat lange Traditionen im Turnen, Fußball, Gymnastik und Wintersport. Sportplatz 1947/48 mühselig aus einem Waldgelände im NAW gebaut, 2002 aufwendig erneuert. 1961 folgen Sportheim Rodelbahn mit Übernachtung und Ausleihe von Skigeräten, 1999 Erweiterung des Sportheimes am Waldsportplatz mit moderner Kegelbahn.

Steinarbeiterhaus, Museum seit 1985. Darstellung der Lebensweise der Steinarbeiter und Geschichte der nordsächsischen Steinindustrie mit Freilichtausstellung, Sonderausstellungen und Konzerten.

Eine **Windhose** jagte 1912 übers Dorf und verursachte starke Zerstörungen. Selbst der sächsische König war neugierig und eilte mit einem Troß herbei. Geld brachte er nicht mit, jedoch mitfühlende Worte.

Vereine und **Einrichtungen**: Heimatverein „Hohburger Schweiz", Vors. Matthias Müller. - Förderverein „Museum Steinarbeiterhaus", Vors. Manfred Müller. - Hohburger Musikanten, hervorgegangen aus der Blaskapelle der Schule, unter langjähriger Leitung von Peter Benke. - Anglerverein. - Klub zu zweit. - Kindergarten und Kinderkrippe „Hohburger Zwerge" der Volkssolidarität. - Arztpraxis Dr. Renate Busch. - Zahnarzt Dipl.-Med. Cornelia Hartung. - Lindenapotheke, Erika Senkowski. - Polizeiposten Hohburg. - Gemeindebibliothek. - Freiwillige Feuerwehr, Wehrleiter Andreas Weiß.

Handel und **Gewerbe**: Mineralstoffgemische, ein Erzeugnis als Beigabe für die Tierfütterung, wird seit 1965 im gleichnamigen Betrieb hergestellt, hervorgegangen aus dem Kaolinwerk. Seit 1990 im Besitz einer Kulmbacher Firma. 25 Beschäftigte. - Fleischerei Andreas Dietz. - Gärtnerei und Landschaftsbau Dieter Löbel seit 1925. Mühle Hohburg seit 1864, jetzt Mischfutterherstellung, Maik Walinsky. - Hohburger Wirtschaftsbetriebe. - Autoschlosserei Werner Freudenberg. - Friseursalons von Gudrun Hübner und Annett Lorenz. - Kosmetiksalon Karl Lehne. - Sanitärtechnik von Andreas Gaspar. - Elektroinstallation von Wenzel/Müller. - Konsum-Kaufhalle mit Postannahme.

Touristik: Gaststätte „Zum Lossatal", Renate und Ingbert Stein. - Eiscafé Hohburg. - Reithof Schoechert mit Reithalle, Pferdepension, Reitpferdverleih, Ausbildung. - „Sportheim Rodelbahn" mit Übernachtung.

LITERATUR: Hohburger Dorfecho 1970 bis 1979. - Hohburg, Beiträge zur Geschichte und Natur, 1986. - Nachbarbier in Hohburg und Kapsdorf, 1998. - Museum Steinarbeiterhaus Hohburg, 2001. Alle Manfred Müller.

Böhlitz, (1222 Buliz) 1378 Belicz, mehrdeutig, vermutlich 'Leute eines Bul' (slaw.), OT von Thallwitz, 814 Einw.
Collmen, 1161 Chulme, 'Berg', (slaw.), 1936 zu Böhlitz eingemeindet

Aus allen Himmelsrichtungen führen die Wege hinauf ins Dorf. Auf einem schmalen Bergsattel zwischen Holzberg und Spielberg bündeln sich die zehn Straßen im Scheitelpunkt. Dort „oben“ siedelten seit alters die Collmener, weiter „unten“ nach Norden zu die Böhlitzer. Schon lange gibt es zwischen den beiden Dörfern keine Grenze, weder optisch noch sprachlich noch sonstwie. Die Gemeindevertreter einigten sich 1936 bei der Zusammenlegung auf den Ortsnamen Böhlitz. Die Einwohner blieben im allgemeinen Sprachgebrauch trotzdem „die Collmener“. Der Doppelname Collmen-Böhlitz erhielt sich im Bahnhof, der 1927 weitab von beiden Dörfern erbaut wurde *(Eisenbahn siehe bei Kleinzschepa).*

Die Böhlitzer brauchen ausdauernde Sommer

Wer in Böhlitz absteigt, sollte mal zum Holzberg aufsteigen. Verschlungene Pfade winden sich zwischen Ginster und Brombeergestrüpp hinauf. Die letzten Meter zum abgetragenen Gipfel sperrt ein rostiges Drahtseil, Schilder schrecken vorm Weitergehen. Die Steinbruchwand stürzt an die 30 Meter in die Tiefe. Unten glitzert eine ausgedehnte Wasserfläche. An den Felsflächen versuchen Pflanzen Fuß zu fassen.

Ein herrlicher Rundblick entschädigt für die kleine Mühe: Nach Osten zu das ganze Massiv der Hohburger Berge, nach Süden geht der Blick über das weite Lossatal mit seinen Siedlungen bis zu den Türmen von Wurzen und den Windrädern bei Lüptitz. Die Wasserscheide bei Machern begrenzt den Horizont, aus dem sich einige Türme von Leipzig herausschieben, gute Sicht vorausgesetzt. Nach Westen zu erhebt sich das Häusermeer von Eilenburg, und nach Norden schließt sich die Umschau mit dem Saum der Dübener Heide und den Schloßtürmen von Torgau.

Das sanierte Herrenhaus im ehemaligen Rittergut in Böhlitz.

Gegenüber vom Holzberg liegen die Reste vom Spielberg. Auch hier wurde seit 1888 der Fels abgetragen und verschottert. Bis 1970 transportierte eine Drahtseilbahn das Gestein ins Schotterwerk am Holzberg und zur Bahnverladung. Ein dritter Steinbruch entstand in den 70er Jahren am Köppelschen Berg. Zu Beginn der 90er Jahre wurde die Steingewinnung um Böhlitz endgültig eingestellt. Der Spielberg ging Mitte der 90er in Privatbesitz über. Im wassergefüllten Restloch betreiben die Mitglieder eines Leipziger Tauchclubs ihren Sport, und an den Steilwänden üben die Sportler eines Klettervereins.

Zwischen Kirche und Gasthof hat sich das Dorfzentrum herausgebildet. Auf dem Dorfplatz vor der „Königslinde" wachsen tatsächlich einige Linden. Dazwischen ragt ein Ständerbaum in die Höhe, eine Anleihe an bayrische Traditionen. Die gemalten Bilder darauf zeigen die noch tätigen Gewerke im Ort. Hoffentlich hängen sie noch recht lange, denn viele Handwerker wie Bäcker, Fleischer und Lebensmittelhändler haben ihre Tätigkeit aufgegeben. Gegenüber konkurriert das Mahnmal an die Toten der beiden Weltkriege mit einer Buswartehalle, und ein Stück weiter unten steht das moderne Feuerwehrgebäude. Das dortige Umfeld wird mehr und mehr zum Platz für kleine Dorffeste gestaltet.

Im Drescherhaus an der Lossaer Straße lebten die Landarbeiter. Sie erhielten mit der Bodenreform etwas Land und errichteten von hier aus abwärts zum Bahnhof hin eine Neubauernsiedlung. Die Häuser haben sich im letzten Jahrzehnt durch Umbau und Farbe positiv verwandelt. Gegenüber, zum Glück etwas am Rand, wuchsen drei mehrstöckige Wohnblöcke in die Höhe. Die dörflichen Fremdkörper stehen nun mal da, und man hat das Beste draus gemacht. Ob es gelingt, sie noch stärker einzugrünen? Noch weiter unten dominieren die Bauten der einstigen LPG. Die Ställe werden heute von einer landwirtschaftlichen GmbH genutzt, die Lagerhallen für unterschiedliche Zwecke.

Die Böhlitzer brauchen ausdauernde und intensive Sommer. Sie besitzen nämlich eine riesige Edelstahlwanne. Die wurde 1995 draußen ins ehemalige „Bad der Ju-

Böhlitzer Siedlungshäuser am Dorfteich.

gend“ reingesetzt. Eine Solarheizung soll kalte Sommer erträglicher machen. In der stürmischen Nachwendezeit floß der Geldstrom ungehindert, und die Gemeindevertreter hatten dafür offene Hände. Nicht so recht bedacht wurden allerdings die Folgekosten. Nun verursacht das Millionending jedes Jahr neue Schulden. Die Eintrittsgelder decken nicht die Unkosten. Deshalb müssen möglichst viele Badegäste kommen, und die versammeln sich hier nur, wenn die Sonnenstrahlen zum Baden locken.

Ob es allerdings wieder so viele werden wie seinerzeit, als hier eine bemerkenswerte Dorfgeschichte geschrieben wurde? Damals, schon bald nach Kriegsende, holten die aufbauwilligen Böhlitzer (oder waren es die Collmener?) den Schlamm aus dem Neuen Teich und bauten von 1947 bis 1949 „mit bloßen Händen“ ein Naturbad. Durch Theateraufführungen erspielten sie zusätzlich Geld. Der naturnahe Badetempel zog jedes Jahr Tausende von Besuchern an. 1957 schloß die Hygiene die Pforten. Die Natur holte das Bad zurück. Zehn Jahre später gab‘s einen neuen Anlauf. Wieder schaufelten die Böhlitzer, allen voran die Feuerwehrleute. Das Bad wurde schöner denn je. Doch ständige Wasserprobleme erschwerten den Dauerbetrieb, bis das Naß ganz ausblieb. Jetzt in den 90er Jahren folgte der dritte Anlauf mit dem millionenschweren Freibad und ganz anderen Sorgen.

In den historischen Dorfkernen beider Orte dominieren von alters her die Bauernhöfe. Dazwischen siedelten Handwerker und Handelsleute und nach 1900 an den Ortsrändern mehr und mehr die Steinarbeiter. Sie fanden in den Steinbrüchen Lohn und Brot. Die Bauern bewirtschafteten die hängigen Fluren.

Das Schicksal des Bauern, LPG-Vorsitzenden, Gemeindevertreters, NKWD-Häftlings ERHART KRÄTZSCHMAR (Jg. 29) ist wohl mehr als ein Stück Böhlitzer Dorfgeschichte. Es veranlaßt zum Nachdenken:

Die Schönaer Musikanten bringen dem goldenen Hochzeitspaar Friedel und Erhart Krätzschmar ein Ständchen (Juni 2002).

Fünf unwiederbringliche Jugendjahre in Haft des NKWD

Am Anfang meines Lebens stand das Naziregime. Ich war ein Kind, als die deutschen Soldaten in die anderen Länder zogen, dort das Leben zerstörten, Millionen Menschen töteten. Die Siegesmeldungen im Radio begeisterten uns. So wollten wir auch mal kämpfen! Im Jungvolk und in der Hitlerjugend eiferten wir unseren großen Vorbildern nach. Ich brachte es gar zum Fähnleinführer, mit 16 und drei Monate vor Kriegsende.

Als letztes Aufgebot wurde unser Jahrgang Anfang April 1945 in Wehrertüchtigungslager nach Grimma einberufen. Man drückte uns sogar Panzerfäuste in die Hände. Da waren wir richtig stolz! Für uns gab's nur eine Losung: Damit halten wir den Vormarsch der feindlichen Truppen auf! Vor dem Einsatz durften wir noch mal nach Hause. Als ich anderntags auf der Fahrt zum Einsatzort über die Wurzener Muldenbrücke radeln wollte, war diese gesperrt: „Die Amis sind drüben!" Ich fuhr eilends in mein Heimatdorf zurück.

Dann war der Krieg zu Ende. Ich hatte mich damit abgefunden, ohne groß darüber nachzudenken. Die Amis ließen sich nur kurz sehen, dann kamen die Russen. Die Bauernwirtschaft meines Vaters verlangte ihre Pflichten. Ich hatte auf den Feldern und im Stall zu tun. Das Leben im Dorf ging weiter mit kleinen und großen Aufregungen.

Es war am 26. September, wir rodeten draußen in der Flur Kartoffeln. Da erschien der neue Ortspolizist. Er forderte mich auf, sofort ins Gemeindeamt zu kommen: „Da sind russische Offiziere, die einige Fragen an dich haben." Sie waren aber nicht mehr da, und ich wurde nach Wurzen ins Amtsgericht am Domplatz, dem Sitz des russischen Geheimdienstes NKWD, gebracht und in eine Zelle gesperrt. Immer wieder ging's mir durch den Kopf: Warum sitze ich hier? Was habe ich denn getan? Andere junge Menschen erlitten das gleiche Schicksal.

Tagelang, vor allem nachts, mußte ich immer und immer wieder die Fragen hören: Wie dein Name? Warum du Wehrwolf? Warum du schießen? Wo du Gewehr? Nichts, aber rein gar nichts, hatte ich verübt. Schließlich versuchte man noch einen anderen Trick: Nenne drei Leute, die das getan haben. Dann du gehen nach Hause. Wenn nicht, du bleiben hier! Ich kannte natürlich niemanden, und irgendwelche Namen zu nennen, das kam mir nicht in den Sinn. So wollte ich meine Freiheit nun auch nicht erkaufen.

Am 13. Oktober wurden wir jungen Leute auf einen LKW verladen. Die Fahrt endete in Mühlberg vor einem Lagertor. Als sich hinter uns die Tore schlossen, blieben wir monatelang von der Außenwelt hermetisch abgeschottet, ohne Zeitung und Radio. Meine Baracke stand nahe am Tor. Jeden Tag sah ich, wie viele tote Kameraden aus dem Lager getragen wurden. Nicht Erschossene, nein, „nur" Verhungerte, an Krankheiten Zugrundegegangene.

Daß ich hier überlebt habe, verdanke ich einem alten Zimmermann, einem SPD-Landtagsabgeordneten. Er war zu uns Jungen wie ein Vater. Die Wochen und Monate schleppten sich hin. Bis zum Februar 1947. Nach Untersuchung und Einkleidung mußte ich mit vielen anderen einen Zug besteigen. Der fuhr in Richtung Osten, wie unsere Beobachtungen ergaben. Die Fahrt endete in Sibirien. In einem Steinkohlenschacht und bei einem Bautrupp mußte ich „Wiedergutmachung" leisten. Das wurde uns ständig eingehämmert. Das Essen reichte zum Überleben. Mitte Mai 1950 wurde ich als „Kriegsgefangener" entlassen.

Ich weiß heute nicht mehr, welche Gefühle ich hatte, als ich in Collmen-Böhlitz aus dem Zug stieg. Ich hatte Angst: Wie werden dich die Leute im Dorf empfangen? Was kann ich ihnen erzählen? Nichts! Uns war regelrecht eingebleut worden, auch nicht über das Geringste zu berichten. Und denkt ja nicht, daß ihr nicht beobachtet werdet!

Ich ging nicht geradewegs durch das Dorf an diesem ersten Tag, sondern „hinten herum“. Zu Hause herrschte natürlich große Freude. Ich war da, sogar einigermaßen gesund. Die Nachbarn kamen neugierig gucken. Bedauern? Das äußerte sich ziemlich verhalten. Wer so lange fort ist, der muß doch was getan haben. Hatten sie solche Gedanken?

Das Jahr 1950 ging zu Ende. Jetzt wagte ich mich zum Silvesterball auf den Tanzsaal. Die Heimat hatte mich wieder. Zwei Jahre später heiratete ich ein Mädel aus dem Nachbardorf. In der bäuerlichen Wirtschaft meines Vaters fand ich genügend Arbeit. Gegen Ende der 50er Jahre kam es zur gravierenden Umgestaltung der Landwirtschaft. Die Parteipolitik forderte die Bildung von Landwirtschaftlichen Produktionsgenossenschaften. Was hilft's, sich dagegen zu sträuben? Das kommt so und so. Und wer jetzt eintritt, der hat Vorteile. Warum das nicht nutzen?

Wir waren uns bald mit mehreren Bauern einig. Zum Vorsitzenden guckten sie mich aus. Ich sagte zu. Vielleicht haben sie gedacht: Wenn‘s schief geht, dann haben wir einen Sündenbock. Es ging gut. Unsere LPG vom Typ I wuchs, erweiterte sich zur Typ III. Ich wurde alle zwei Jahre wiedergewählt und beschäftigte mich mit der Tierproduktion. Ich muß doch das Vertrauen der Leute gefunden haben. Und ich war auch ein bißchen stolz, vieles mit den Mitgliedern geschafft zu haben.

Dann kam das Jahr 90 und mit ihm das Ende der LPG. Ich kann beruhigt sagen: Ich habe eine finanziell stabile Genossenschaft hinterlassen. Wohl war ich noch nicht ganz reif fürs Rentenalter, aber irgendwie war ich auch müde geworden. Und es gab auch ein paar Querelen. So schied ich aus, nicht in Ärger und Mißmut. Die Jüngeren werden's schon richten. Und so geschah es auch. Mein großer Wunsch bleibt: Schafft mehr Gerechtigkeit, und möge weniger Streit unter den Menschen herrschen!

WEITERE DORFNOTIZEN

Die **Freiwillige Feuerwehr** hat eine lange und gute Tradition und besteht seit 1933. Besonders mit den Wehrleitern Heinz Krause (Jg. 28), der die Wehr 25 Jahre lang führte, und Roland Krebs (Jg. 42) seit 23 Jahren an der Spitze, entwickelte sich der Verein zu einer aktiven Truppe mit hohem Anspruch. Das gelang, weil sich zahlreiche Mitstreiter fanden. Der Eifrigste jeden Jahres wird mit einem „FFW-Oscar“ geehrt. Neben dem Brandschutz entwickelte sich die FFW zum kulturellen Gewissen des Dorfes und wirkte als Initiator beim Auf- und Ausbau zahlreicher Objekte: Bad der Jugend, Kulturhaus u.a. 1996 haben die Kameraden das alte Feuerwehrgebäude nach den Plänen des Wehrleiters innen wie außen zu einem Schmuckstück hergerichtet. Die Tausenden von Stunden sind in der Chronik aufgelistet. Sie verstehen aber auch zu feiern, und mancher lustige Streich ging in die Annalen der Feuerwehrgeschichte ein.

Ein **Spielmannszug** sorgt seit über drei Jahrzehnten hier im Dorf, beim Tag der Sachsen und andernorts für flotten Marsch und musikalische Unterhaltung.

Das **Rittergut** war ab 1437 ein Herrensitz derer von Nischwitz, letzter Eigentümer die Fam. Mehnert. Nach der Enteignung 1946 ging der Besitz von 250 ha an 35 Neubauern über, Scheunen, Ställe und Brennerei wurden abgerissen. Das Herrenhaus war zeitweilig Kindergarten und Friseursalon. Nach 2000 übernahm es samt Umfeld die Speditionsfirma Hebgen, seitdem wird es saniert mit Ausbau von Wohnungen.

Die **Martin-Luther-Kirche** stammt aus dem Jahr 1799, besitzt keine architektonischen Besonderheiten, 1985 bis 1995 restauriert; Orgel von 1888 (Orgelbaumeister Schweinefleisch, Schüler von Silbermann), mit einem Konzert von Matthias Eisenberg nach Restauration 1999 neu geweiht; Friedhof mit Pestlinde an der Kirche. Die kirchlichen Handlungen verrichtet seit 2002 die Pfarrerin Barbara Lötzsch aus Röcknitz.

Einige **Personalien**: Der Steinarbeiter FRITZ BITTERMANN (1905 - 1968) sorgte als volksverbundener Volkspolizist der ersten Stunde und ABV in den Nachkriegsjahren mit einfachen Mitteln für Ordnung im Dorf. - GERHARD KREBS (Jg. 31), leitete eine Sandgrube und eine Anlage zur Herstellung von Hohlblocksteinen (Doberschütz) mit selbstgebauten Maschinen. Als Gemeindevertreter, langjähriger Bauleiter beim Bau des Bades der Jugend, Musikant bei Familien- und Vereinsfesten, Fotoamateur und Bildchronist der FFW, der er seit über 50 Jahren angehört, stellt er seine AKktivitäten in den Dienst für die Gemeinschaft. - KURT MÜCKE (1931-1999) war über Jahre hinweg der „ehrlichste Bürgermeister im Dorf" und schrieb später die Ortschronik. - Liane Muschler (Jg. 50) holte in den 90er Jahren als Ausdauerläuferin zahlreiche Lorbeeren, Gewinnerin der deutschen Crossmeisterschaften ihrer Altersklasse. - PAUL SIEGEMUND (Jg. 21) leitete das ACZ in Kleinzschepa und begeisterte mit seinem komödiantischen Theaterspiel in den 50er und 60er Jahren das Publikum. - HELGA ZSCHÖRNER (Jg. 41) kümmert sich seit Jahrzehnten um den Kinder- und Jugendsport und organisiert das sportliche Vereinsleben.

Die **Schule** hat eine lange Tradition. In den Nachkriegsjahren „strandeten" hier einige fähige Leute, die als Neulehrer begannen und sich recht schnell zu erfolgreichen Lehrern und Erziehern entwickelten. Mit Theateraufführungen, Gesang, Musik und lebendigem Brauchtum begeisterten sie die Schüler für ihre Heimat und die Zuhörer im weiten Umkreis. Dazu gehörten EWALD MÖRL (1924 -1980), später Schulrat im Kreis Wurzen, Mitbegründer des Lehrerchores und des „Rundblicks"; RUDI PLOSS (Jg. 25), Sänger und Direktor einer Musikschule. In späteren Jahren setzte ROLF ZIEGLER (Jg. 27) vor allem die sportliche Arbeit mit Leichtathletik und Mädchenhandball fort. In den 90er Jahren kam es zur gleitenden Auflösung der Schule, im Gebäude befinden sich jetzt eine Zahnarztpraxis und Wohnungen.

Die **Villa „Mariahof"** am Nordhang des Holzberges ließ der Rittergutsbesitzer um 1880 im schweizerischen Stil erbauen. Man wollte äußerlich zeigen, wer man ist. Den weiträumigen Garten mit prächtigen Bäumen umschloß fortan eine feste Mauer. So blieben ungebetene Gäste draußen. Wind und Wetter, Dorfjugend und Bauherren im Dorf, die Steine brauchten, durchlöcherten das teure Bauwerk. Nach dem Kriege nahm die Jugend den „Villagarten" vollends in Besitz. Die Oktoberfeste wurden zu einem Markenzeichen der Geselligkeit im Ort. Bis zu Beginn der 90er Jahre blieb die Festwiese ein Zentrum kultureller Aktivitäten, organisiert von den Kameraden der FFw. Jetzt sind Gebäude und Gelände privatisiert und verfallen.

Am Wasserturm.

Vermutlich das kleinste **Zinnfigurenmuseum** der Welt (ohne feste Öffnungszeiten, aber stets begehbar, wenn der Chef zu Hause ist) betreibt der gelernte Dreher und heutige Sozialarbeiter TINO LOHSE (Jg. 62) in seinem Wohnhaus am Fuße des Spielberges. Er fertigt die Zinnfiguren auch selbst, bemalt sie und setzt sie mit Naturmaterialien in ein natürliches Umfeld, z.B. Szenen aus der Völkerschlacht, KFOR-Truppen in Bosnien. Inzwischen versammeln sich dort 3000 Plastiken. Seine Sammelleidenschaft erweiterte sich auf die unterschiedlichsten Zeugnisse aus der Geschichte.

Vereine: Freiwillige Feuerwehr, Wehrleiter Roland Krebs, mit Spielmannszug, Ltg. Heiko Wugk. - Schrebergartenverein, Vors. Hans Polster. - TSV Böhlitz mit den Abt. Kegeln, Gymnastik, Turnen, Vors. Klaus Bach. Modernisierte Turnhalle. - Kirchenchor, Ltg. Ulrike Krebs. - Seniorenclub, Ltg. Gisela Glass.

Handel und Gewerbe: Gasthof „Zur Königslinde" mit Saal, Kegelbahn, Pension, Bes. Fam. Schmidt. - „Zur Wattejacke", Getränkehandel und Ausschank. - Connys Fußpflege und Kosmetikstudio. - Metallbau und Bauschlosserei Pöge, hervorgegangen aus der Schmiede, in 3. Generation im Familienbesitz. - Malerfachbetrieb Udo Eichbaum. - Friseursalon der Chic GmbH. - Dental-Labor Andrea Kleinert. - Spedition Georg Hebgen. - Gerüstbau Bert Kollewe. - Landmaschinenhandel Enrico Knoth. - KSK Brennstoffhandel. - Friseurgeschäft Gisela Glass. - Schnittblumen Lothar Vogel. - Agrargenossenschaft mit Tier- und Pflanzenproduktion

LITERATUR: Von Wurzen über Mühlberg nach Sibirien. Bittere Jugendjahre 1945–1950. Erhart Krätzschmar u.a. 1995

Röcknitz, 1300 Rokenitz, 'Ort, wo Weiden sind' (slaw.), OT von Thallwitz, 859 Einw.
mit Treben, 1284 Drewan, 'Leute am Holz' (slaw.), 1936 nach Röcknitz eingemeindet

Die geographische Lage des Ortes zeigt sich deutlich bei einem Blick vom nahen Gaudlitzberg: Er liegt am Rande der Hohburger Berge in einer flachen Mulde. Dahinter erstrecken sich die weiten und ebenen Sandflächen des Urstromtales der Elbe mit ihren Feldfluren, Waldungen und Siedlungen. Der Ausblick gibt auch einen geschichtlichen Aspekt frei, er geht nämlich hinüber in ehemalige preußische Lande. Seit 1819 verlief hinterm Nordende des Dorfes die sächsisch-preußische Grenze. Wenn sich ein Röcknitzer und ein Strellner unterhalten, so läßt sich der sprachliche Unterschied nicht überhören. Auch heute noch, obwohl sich 1952, mit der Auflösung Sachsens, die Grenze beträchtlich weiter nach Norden verschoben hatte.

Hier in Röcknitz steht auch das Wohnhaus, das den nördlichst bewohnten Punkt im Muldentalkreis markiert. Es ist die ehemalige Schmiede der Familie Matthäus. Zwar kennzeichnet keine Tafel diese ortsgeschichtliche Marginalie, dafür eine großflächige Werbetafel für irgendein neues Produkt.

Die Röcknitzer und Trebener hatten ihren separaten Zugang zur Kirche

Die beiden Siedlungen haben besonders seit Ende des 19. Jh. von den nahen Hohburger Bergen profitiert. Im Steinberg begann 1887 der industrielle Steinabbau (Röcknitzer Porphyrwerke), der nach und nach die anderen Kuppen anknabberte, der aber auch die Dorfbilder prägte. Seitdem nämlich bauten zugezogene Steinarbeiter ihre Häuschen und erweiterten mehr und mehr das Gutsdorf Röcknitz und das Bauerndorf Treben. Im Sog der neuen Bewohner folgten eine ganze Menge Handwerker und Gewerbetreibende.

Harte Prellsteine und anmutige Figuren an der Röcknitzer Dorfstraße.

Die Grenze zwischen beiden Orten ist längst verwischt. Nur bei den älteren Einwohnern hält sich dieses geschichtliche Herkunftsprofil: „Wir sind Trebener!“, meinen die einen, „Wir sind Röcknitzer!“, rufen die anderen. Doch ernsthaften Streit hat es nie gegeben, eher wohl nur spaßige Differenzen. Dabei mußten die Bewohner mit einem kirchlichen Phänomen leben: Das Kirchgebäude liegt nämlich auf Trebener Flur, heißt aber in den Annalen nur Röcknitzer Kirche. Auch hatte die Kirche einst zwei Eingänge. Der eine, der auch heute benutzt wird, liegt an der Südseite des Kirchenschiffes und war für die Röcknitzer Kirchgänger bestimmt. Der andere an der Nordseite diente den Trebenern als Zugang zur Kirche, er wurde Ende des 18. Jh. zugemauert.

Das Dorfbild zeigt sich im Bereich des ehemaligen Rittergutes von einer unangenehmen Seite. Die Stallungen und Scheunen befinden sich in einem bedenklichen Zustande. Gegenüber im Herrenhaus quillt erfreuliches Leben. Proben des Chores und Beratungen von Gruppen und Vereinen bringen eine positive Unruhe ins Haus, das seit Jahren systematisch saniert wird. Der Gutspark dahinter mit seinen mächtigen Eichen, Buchen und Ahornbäumen lockt schon jetzt zum Flanieren und Sitzen.

Wohin sonst zieht es die Röcknitzer? Ein angenehmer Wanderweg führt in östlicher Richtung hinaus durch die Fluren zum Kuhteich. Die weite Wasserfläche beherbergt zahlreiche Wasservögel. Reiher und Störche stelzen im seichten Gewässer. Doch ihre Fluchtdistanz liegt ziemlich weit, und schnell fliegen sie davon, wenn sich jemand nähert. Am Waldrand hockt der Riesenstein, ein eiszeitlicher Findling mit einer Größe von sechs Kubikmetern, um den sich eine hübsche Sage rankt *(s. Rundblick-Lesebuch)*. Der Schwarze Bach entwässert den Ort ins Preußische hinüber und mündet bei Torgau in die Elbe. Bei Wolkenbrüchen brachte er schon mal bedenkliche Wassermassen ins Dorf.

Ein markantes Dorfzentrum liegt seit kurzem am „Röcknitzer Kreisel“. Dort, wo sich am Dorfgasthof die Straßen aus allen Richtungen treffen, wurde nach dem Abriß eines Bauerngutes ein städtisch-supermoderner Ringverkehr mit pflegeaufwendigen Anlagen errichtet. Auf dem freien Platz öffnete die Nebenstelle einer Bank ihre Pfor-

Luise Richter im ehemaligen Rittergutsgelände.

ten. Die Parkplätze reichen wohl für die Kunden, nicht aber für die an Wochenenden herandonnernden PKW, deren Besatzungen sich zur nächtlichen Stunde in und gegen Morgen aus der „Diskothek Mirage“ drängen. Nicht immer zur Beruhigung des Nachtschlafes für die Anwohner. Es hat eben alles seine zwei Seiten!

Ein ungeschliffener Porphyrbrocken ragt aus den Anlagen. Eine Bronzetafel gibt sein Geheimnis kund: „Zur Erinnerung an die wirtschaftliche Entwicklung unserer Orte Röcknitz, Treben und Zwochau nach der 1887 erfolgten Eröffnung der Steinindustrie am Röcknitzer Steinberg“. Endlich mal ein Gedenkstein, der an einen ortsgeschichtlichen Aspekt erinnert.

Und daß die Historie von Röcknitz auch sonst im kulturellen Geschehen des Dorfes eine gute Rolle spielt, daran haben mehrere Einwohner regen Anteil. Eine von den vielen ist Luise Richter geb. Kretzschmar (Jg. 24), Chemielaborantin, Bäuerin, staatlich anerkannte Sprechstundenschwester, Ortschronistin:

Das Heimatfest glättete sogar Familienzwistigkeiten

Geboren bin ich in Röcknitz, gewohnt habe ich in Treben. Meine Schulzeit begann 1931. Bei Ferienbeginn packten mein Bruder und ich unsere „Siebensachen“ und zogen zu den Großeltern in die Kirchschule zwischen Pfarrhaus und Kirche. Der Großvater spielte die Orgel und brachte den Jungen und Mädchen mit viel Geduld das ABC bei. Hinterm Schulhaus lag der Garten mit dem Holzsteg übern Schwarzen Bach.

Die anderen Großeltern wohnten in Röcknitz und führten einen Kolonialwarenladen, der für uns manche süße Überraschungen bereit hielt. Wir verlebten unbeschwerte Kinderjahre. Dann führte uns der Schulweg nach Wurzen, drei Jahre mit dem Fahrrad bei Wind und Wetter. Ich wollte Musik studieren oder Geschichte. Inzwischen brach der II. Weltkrieg aus, und die privaten Pläne traten in den Hintergrund. „Mädchen heiraten sowieso, also wozu noch ein Studium?“. Ich weiß nicht, ob Vater diese übliche Meinung des flachen Landes vertrat. Mein Wunschtraum erfüllte sich jedenfalls nicht. Ich bewarb mich in Miltitz bei Leipzig und begann 1942 eine Ausbildung als Chemielaborantin. Chemie hatte mich schon immer fasziniert.

Der Krieg machte keinen Halt vor Leipzig, und so mußte ich miterleben, wie nach der schlimmen Bombennacht vom 4. Dezember 1943 die Stadt in Flammen stand. Ich dachte, die Welt ginge unter. Die Trümmer begruben endgültig mein Verlangen nach der großen fernen Welt und nach der Musik.

Wie glücklich war ich, als ich 1949 wieder nach Hause kam. Jetzt sehnten wir uns nach Freiheit, Unterhaltung. Auf den Tanzböden traf sich die lebenshungrige Jugend, auch bei Richters im Röcknitzer Gasthof. Der Wirtssohn und ich fanden Gefallen aneinander, und 1951 standen wir vorm Traualtar. Wir waren Bauern geworden, und wir mußten hart zupacken. Auch später in der LPG, die ich aber aus gesundheitlichen Gründen verlassen mußte.

1961 ein Lichtblick: Im Dorfe kursierte die Nachricht, daß unser Hausarzt Dr. Reiche eine neue Sprechstundenhilfe suche. Die Bewerbung verlief erfolgreich. Ich streifte die graue Schürze der Bäuerin ab und schlüpfte in einen weißen Kittel. Der Kontrast konnte nicht größer sein.

Ich stürzte mich in die ungewohnte Aufgabe. Genaues und präzises Arbeiten waren gefordert. Es war die Liebe zu den Menschen, daß mir diese Tätigkeit viel Freude machte. Vom „Lehrer“-Vater hatte ich gelernt: Du darfst keine Unterschiede machen. Nimm die Menschen so, wie sind sind, mit all ihren charakterlichen Stärken und Schwächen. Es gab viel zu tun. Das Wartezimmmer war immer voller Patienten, und nicht selten saßen sie auch draußen im Garten. Die Tätigkeit wurde leichter, als 1971 „Schwester Lotti“ (Charlotte Szklarek) als zweite Sprechstundenschwester dazu kam.

1984 begann die Rentnerzeit. Was nun? Der Bürgermeister fragte an, ob ich ihm nicht beim Schreiben der Ortschronik helfen wolle. Ich müßte doch als Tochter eines heimatgeschichtlichen Lehrers da einiges im Kopfe haben. Er hatte nicht ganz unrecht. Vaters archäologische Forschungen und Ausgrabungen hatten mich schon interessiert. Und mein Dorf ist meine Heimat, nachdem sich die Sehnsucht nach der Ferne längst im beruflichen und familiären Trubel verflüchtigt hatte.

Also suchte und ordnete ich das Material, las in alten Akten, diskutierte mit Freunden und Wissenschaftlern. Das heimatliche Bild nahm konkrete Formen an, die Ordner weiteten sich zu dickleibigen Sammlungen. In Kurt Went, dem ehemaligen Lehrer, fand ich einen guten Partner. Als dann unsere erste Schulausstellung jung und alt begeisterte, waren wir sichtlich froh. Sie mündete in einem Schul- und Heimatmuseum.

Das Auge hatte längst ein wichtiges Datum fixiert: Im Jahre 2000 waren 700 Jahre vergangen, seit Röcknitz zum ersten Male in einer Urkunde erwähnt wurde. Das muß natürlich ein großes Fest werden! Es gelang, weil ich mit Elfriede Fricke, Heike Tretschok und Kathrin Gehres-Kobe drei tüchtige Frauen an meiner Seite hatte, weil Dutzende Röcknitzer mit Herz, Verstand und Tatkraft ihren Teil zum Gelingen des sonnigen Festes beisteuerten. Die Einwohner gestalteten selbst ihr Fest! Die Festtage glätteten sogar Zwistigkeiten in manchen Familien. Kann es eigentlich einen noch besseren Sinn eines Volksfestes geben?

*

Für ihre Tätigkeit erhielt Luise Richter 1992 den Heimatpreis für Geschichte. Ein sichtbares Ergebnis dokumentiert sich in der „Geschichte der Orte Röcknitz, Treben und Zwochau". Die umfangreiche Chronologie erschien als Festschrift zur 700. Wiederkehr der Ersterwähnung von Röcknitz und Zwochau im Jahre 2000.

Feldweg im Frühling bei Röcknitz.

WEITERE DORFNOTIZEN
aus Röcknitz

Das **Herrenhaus** des ehem. Rittergutes entstand im 15. Jh. aus einer Wasserburg, heute noch gut an den umlaufenden Gräben erkenntlich. Die Gutsanlage pflegten und veränderten bis 1945 über 25 Besitzer mehr oder weniger gut. Nach dem Kriege Enteignung, unterschiedliche Nutzung und allmählicher Verfall, seit 1998 systematische Renovierung und Ausbau zu einer Kulturstätte des Dorfes, jetzt schon jährlich zweimal der Herrenhaus-Markt, organisiert von Ronald Krause. Hier wird die Sammlung des Schul- und Heimatmuseums (jetzt noch im Schulgebäude) ihren Platz finden. - Im angrenzenden Parkgelände stehen mehrere 300jährige Eichen und Linden unter Naturschutz.

Die **Kirche** St. Nicolai, um 1200 gebaut, setzt sich aus romanischen und gotischen Bauteilen zusammen mit kunstvollen Sterngewölben in der Altarhalle, einem künstlerisch wertvollen Flügelaltar von 1508 und einer aus Holz geschnitzten Kanzel von 1698. Der mit romanischen Ornamenten verzierte Taufstein könnte aus dem 12. Jh. stammen. Von 1976 bis 2001 beflügelte Pfarrer Kurt Kobe in volkstümlich-herzhafter Art das Kirchenleben und das Baugeschehen. Die Pfarrstelle wird seit Juli 2002 von der Pfarrerin Barbara Lötzsch (Jg. 69) aus Nerchau besetzt, zugleich zuständig für Böhlitz. - Über Jahrzehnte hinweg läutete der Schneidermeister Kurt Sälzer (1908-2000) bis ins hohe Alter die Glocken.

Mitglieder der **„Lutheriden"**, eine ständig wachsende Vereinigung von Nachkommen des großen Kirchenhistorikers, die über fünf Jahrhunderte hinweg ihre Abstammung von Martin Luther nachweisen wollen, gibt es auch in Röcknitz. Der erste war Theo Ludwig Schweingel, der 1878 als Schmied hier heiratete und dessen Nachfahren sich seitdem in den umliegenden Dörfern und Städten auch mit anderen Namen weiter verbreiteten.

Einige **Personalien**: Rainer Bachstein (Jg. 46) begeistert unter dem Künstlernamen „ Roi Cortinie" als Zauberer mit viel Einsatz sein kleines und großes Publikum. - Wilhelm Bitterlich (1870-1956) nahm mit seinem Rennrad an Wettfahrten in ganz Deutschland teil und ging als „Radsportlegende" in die Dorfgeschichte ein. Er betrieb einen Schnittwarenladen und brachte die Waren mit dem Fahrrad in die umliegenden Dörfer. - Der Lehrschweißer, Gemeindewehrleiter und Feuerwehrhistoriker Harro Diener (Jg. 37) wirkt auf vielfältige Weise in der Gemeinde und dokumentiert mit dem Video alle wichtigen örtlichen Ereignisse. - Der Friseur Kurt Günther (1880-1958) hatte als Leiter der FFW und des Sportvereins maßgeblichen Anteil an deren erfolgreichen Entwicklung. - Helga Vogel (Jg. 30) hat ihre Privatsammlung mit Raritäten und „Krims-Krams" aus der bäuerlichen Arbeits- und Lebenswelt von Oma und Opa in einem ehem. Kuhstall aufgebaut. Als Umsiedlerin fand sie in Röcknitz eine neue Heimat. - Die Leidenschaften des ehemaligen Fuhrunternehmers Siegfried Kleine (Jg. 37) sind funktionstüchtige Lanz-Bulldogs und andere Landwirtschafts- und Straßenmaschinen, die bei Heimatfesten und zu anderen Anlässen durch die Dörfer rollen. - Der Landmaschinen- und KFZ-Schlosser Heinz Oppelt (1930-2000) dokumentierte mit seinen Ölbildern heimatkundliche Motive. Er bastelte Schiffs- und Flugmodelle, die nun ihren Platz im Museum gefunden haben. - Die rehbraunen Ziegen (bio-amtlich: Bunte Deutsche Edelzeige) standen einstmals überall in den Ställen des kleinen Mannes. Jetzt ist das nur noch eine Liebhaberei, wie sie Werner Petersohn (Jg. 31) und Sohn Volkmar (Jg. 57) betreiben. Mit ca. einem Dutzend Ziegen und drei Böcken pflegen beide ihr Hobby nicht nur der guten Milch wegen. Sie achten auch auf die Reinhaltung der Rasse. - Heiko Schweingel züchtet ebenfalls Ziegen, das zubereitete Ziegenfleisch vermarktet er für Feinschmecker. Auch Verkauf von lebenden Tieren. - Der Ing. für EDV Ralph Schubert (Jg. 60) befaßt sich intensiv mit der Heimatgeschichte und wird die Ortschronik weiterschreiben. - Hans Studener (1919-2002) heiratete eine Röcknitzerin und wohnte zeitweilig im Ort. Er war Fußballer und Trainer der DDR-Olympiamannschaft. Mit ihr holte er 1964 die Bronzemedaille bei der Olympiade in Tokio.

Die **Schule** ist ein Neubau von 1913 in der Kobershainer Straße, später mehrmals erweitert, vor allem nach 1990. Seit 1998 nur noch Mittelschule, die aber auch in wenigen Jahren wegen Schülermangel geschlossen werden soll. Reges außerschulisches Leben, ausgezeichnet als „Schule mit Ideen". Die Grundschüler fahren seit 1998 mit dem Bus nach Thallwitz.

Musikalisches: Seit 1867 wird im Dorf organisiert gesungen. Damals gründete sich der Män-nergesangverein, dessen Vereinsfahne heute noch existiert und im Museum hängt. Daraus hervorgegangen ist nach 1990 der gemischte Chor (Ltg. Fam. Preil) mit der Dirigentin Margareta Hubrich (Jg. 34). - Der Frauen-Kirchenchor Röcknitz-Böhlitz unter Ltg. von Ulrike Krebs (Jg. 61) tritt seit 1996 zu den kirchlichen Veranstaltungen auf. - Die acht „Schwarzbachlerchen", Ltg. Ursula Klandt (Jg. 55), „zwitschern" seit 1975, damals noch als jugendlich-kurzberockte Singegruppe, die Schwarzbach rauf und runter bei Familientreffen und sonstigen Anlässen ihre munteren Lieder, darunter auch manch „Selbstgebrautes". - Im fairen Wettstreit bemühen sich zwei Blasmusiken seit 1968 um die Gunst der Zuhörer: Der Posaunenchor, Ltg. Dietmar Schmidt (Jg. 50), der vor allem bei kirchlichen Feiern auftritt und die Röcknitzer Blasmusikanten (Dirigent Rudolf Völkel, Jg. 43), die zu Volks- und anderen Festen hier und andernorts aufspielen.

Weitere **Vereine** und **Einrichtungen**: Die Freiwillige Feuerwehr (gegr. 1927) hat jetzt 50 Mitglieder einschließlich Jugend- und Frauenfeuerwehr, Wehrleiter Bernd Hilsebein. Gerätehaus von 1959, erneuert 1997. Das sorgfältig sanierte alte Spritzenhaus von 1840 an der Friedhofsmauer dokumentiert ein Stück Zeitgeschichte. Dort wurden auch Straftäter und Landstreicher eingesperrt. - Sportverein TSV 1953, Vors. Edith Ziegler, mit Gymnastik, Fußball, Handball, Tischtennis. - Schrebergartenverein seit 1926. - Kindertagesstätte „Zu den Felix-Musikanten", Ltg. Ursula Klandt. - Seniorenverein, Ltg. Brigitte Süptitz. - Skat-Club „Schwarzbach" seit 1995. - Weiterbildungseinrichtung „Arbeit und Leben". - Arztpraxis von Dipl.-Med. Gerhard Lau, seit 1984. - Tierarzt Dr. Holger Siebert. - Physiotherapie Ilona Siebert.

Gastronomisches: Die beiden Gasthöfe liegen jetzt in 4. Generation vereint in den Händen von Ulf (Jg. 66) und Carsten (Jg. 70) Zimmermann. Im ehem. Gasthof Röcknitz (Richter) haben sie eine vielbesuchte Disko „Mirage" eingerichtet. - An der Thammenhainer Straße hat an Sonntagen das „Café Clematis" von Werner Maiwald (Jg. 54) seine Tore geöffnet.

Das Röcknitzer Herrenhaus.

Gewerbliches: Bäckermeister Uwe Walter (Bäkkerei 1888 von Schwarze in Treben gegr.) erwarb 2000 die Bäckerei von R. Schurig, die seit 1893 bestand. - Fleischerei Richard Bader (seit1906) und Fleischerei Berndt Hilsebein (seit 1898). - Frischmarkt Matthäus (ehem. Konsum seit 1904). - Zeitschriften, Glas und Keramik Eva Kleine. - Drogerie Müller, Inh. Andrea Kreuzer. - Ankes Blumenstübel von Anke Hermsdorf. - Gärtnerei Ziegenbalg. - Friseur Gabriele Hessel. - Tischlerei Markus Wieber. - Fliesenleger Sven Böttger. - Heizungsbau und Klempnerei Dietmar Lichtenberger. - Heizungsservice Jochen Vogel. - Service von Haushaltmaschinen Bernd Hessel. - Elektroinstallation Wolfgang Ring. - Wald- und Landschaftspflege Andreas Grau. - Holzbildhauer Günter Arnold. - Fuhrunternehmen Peter Kövel. - Transportunternehmen Klaus Schulze. - Reisebüro und Omnibusbetrieb Löhr. - Baugeschäft Andreas Plaul. - Sächsische Quarzporphyrwerke, seit 1887 Steinabbau am Steinberg. - Westspreng GmbH, Herstellung und Vertrieb von Sprengmitteln. - Ökoproduktion (Feld und Tier) und Verkauf von Hartmut Müller. - Die Landwirte Arndt Süptitz und Rainer Schmidt betreiben Feldbau und Viehwirtschaft.

LITERATUR: Die Geschichte der Orte Röcknitz, Treben und Zwochau, als Chronologie aufgezeichnet. Erschienen anläßlich der 700. Wiederkehr der Ersterwähnung im Jahre 2000. Luise Richter u.a.

Ein ganzes Stück „hinter den sieben Bergen" liegt das kleine Straßendorf. Im Ausgang des Mittelalters war die Siedlung schon mal zerfallen. Die Bewohner hatten den Ort verlassen und sich in den umliegenden Dörfern angesiedelt. Die Gründe liegen im Dunkeln.

Dann, 200 Jahre später, wurde auf gleicher Flur, aber an anderer Stelle ein Vorwerk mit einigen Häuslergütern gegründet (1577). Das hinderte die heutigen Einwohner trotzdem nicht, im Jahre 2000 zusammen mit Röcknitz die 700. Wiederkehr der Ersterwähnung zu feiern, obwohl eben dieses Datum nur für die wüste Mark zutrifft. Aber was soll's. Es galt auch hier die alte Volksweisheit: Man soll die Feste feiern wie sie fallen, und wenn's sein muß, ein bißchen nachhelfen.

In Zwochau stand die Wiege eines Weltmeisters

Die Waldungen der Hohburger Berge schieben sich von drei Seiten unterschiedlich nah bis ans Dorf heran. Der Westwind hat die hochstämmigen Kiefern ein wenig schräg gestellt. Auf dem schmalen Dorfplatz konkurrieren fünf Linden mit den Nadelbäumen. Die zierlichen, schmucken Siedlungshäuser liegen perlschnurartig auf einem flachen Hang, der in den Gärten und Wiesen an einem Rinnsal ausläuft. Der Sauteich am ehem. Vorwerk und der Drescherteich (Badeteich) schmücken das Dorfbild. Der Rittergutsflecken hat sich erst in den letzten hundert Jahren mit Drescherhäusern, einer „Mietskaserne" von 1898 für 40 polnische Steinarbeiter und Ende der 20er Jahre mit Reihen- und Doppelhäusern erweitert. In der Gegenwart kommt das eine oder andere neue Einfamilienhaus dazu.

Eigentlich müßte im Ort ein Denkmal aufgestellt oder wenigstens eine Erinnerungstafel an der „Kaserne" angebracht werden. Hier nämlich erblickte 1933 ein Mensch das Licht der Welt, der später hohen sportlichen Ruhm erkämpfte: BERNHARD ECKSTEIN. Der bekannte Radrennsportler holte sich Siegerkränze und Pokale in Hülle und Fülle und 1974 auf dem Sachsenring nach einem dramatischen Rennen und mit selbstloser Unterstützung seines Freundes „Täve" Schur den Weltmeistertitel im Straßenradfahren.

Die Bekanntheit des Dorfes liegt eigentlich Jahre zurück. Sie knüpfte sich an drei Merkmale: die alte Gerichtslinde, eine aktive Kulturbund-Gruppe und die legendäre Waldschänke. Sind die einstigen Wahrzeichen wirklich verblichen? Die jahrhundertealte Gerichtslinde fiel 1976 über Nacht einer Holzfälleraktion zum Opfer, angeblich wegen Gefährdung der Sicherheit. Es stimmte, daß der ziemlich hohle Stamm ausgemauert war, und vielleicht hatten die Leute doch Recht. In den vermoderten Stumpf des alten Baumes pflanzten Naturschützer eine junge Linde, und diese wuchs inzwischen tatsächlich zu einem stattlichen Baum heran. Das einstige Wahrzeichen hat sich im Schoße des morschen Stumpfes selbst regeneriert. Die Gerichtshandlungen unterm Blätterdach, die dem Baum seinen Namen gab, gehören wohl eher ins Reich der Legende.

Dann war da die Waldschänke, die um 1900 entstanden war und von mehreren Pächtern, zuletzt von Rudi Kummer, bis 1980 bewirtschaftet wurde. Nicht nur die Hohburger trafen sich an Wochenenden nach einer ausgiebigen Wanderung oder die Schüler und Lehrer nach dem erfolgreichen Abschluß der Schulzeit hier am Tresen. Auch Wurzener und vor allem Leipziger kannten den stillen Ausflugsort. Die Busse mit den Brigaden, Hochzeitsgesellschaften und Reisegruppen mußten sich neue Ziele suchen. Das Bedauern hält heute noch an, und die stille Hoffnung, daß doch noch ein Gastwirt hier die alte Tradition wieder aufnimmt, ist nicht aufgegeben.

Die dritte Säule war die Kulturbund-Gruppe, im Jahre 1957 gegründet, der mehr als zwei Drittel der Einwohner angehörten. Unter der Leitung des Maurers Ernst Springer (1908-1997) und mit tatkräftiger Unterstützung seiner Frau Else entwickelte sich ein reges kulturelles Leben, das bis in die Jetztzeit anhält. Mit der Wende bildete sich aus dieser Tradition der „Heimatverein Zwochau“, der das kulturelle Geschehen nahtlos fortsetzte. Die verdienstvolle Leitung übergab Rolf Lehmann (Jg. 33) im Jahre 2000 an die Angestellte Doris Kern (Jg. 52):

Der Heimatverein ist eine feste Klammer

Ich bin zwar keine Einheimische, aber längst hier seßhaft geworden. Ich kann mir keinen anderen Ort auf der Welt vorstellen, wo ich glücklicher sein könnte. Mein Geburtsort liegt im Brandenburgischen in der Nähe von Potsdam. Dort ging ich zur Schule, erlernte einen schreibtechnischen Beruf und zusätzlich die Strukturen der Finanzverwaltung. Im Nachbargrundstück hatte ein Hohburger Handwerksmeister seinen Bungalow eingerichtet. Mit der Familie verstand ich mich sehr gut, und ich besuchte fortan immer wieder mal die Hohburger Bergwelt. Noch mehr gefiel mir ein junger Bursche aus Zwochau, und so folgten 1975 logisch und konsequent die Heirat und die Übersiedlung nach Sachsen. Und diesen Schritt habe ich bis heute nicht bereut. Im Gegenteil!

Im Röcknitzer Gemeindeamt fand ich Arbeit. Bald meldete sich die erste Tochter an, und wir beschlossen, hier in Zwochau ein Haus zu bauen. Das war schneller gesagt als getan. Eine Baufirma gab's nicht, Baustoffe nur nach ständiger Rennerei. Am längsten rannten wir nach einer Kellerdecke. Monatelang ruhte der Bau, weil uns niemand helfen konnte. Aber dann ging's doch irgendwie weiter, mit Hilfe von der Gemeinde und vom Betrieb meines Mannes. Mein 80jähriger Opa kletterte aufs Dach und zimmerte den Dachstuhl zusammen. Dann, 1980 kam der glückliche Tag: Wir zogen ein ins neue Haus. Damit war ich endgültig seßhaft in dem kleinen Ort, der mir so richtig ans Herz gewachsen ist.

Doris Kern an der jungen Gerichtslinde.

Dazu trugen vor allem die Menschen hier bei. Wir leben alle wie in einer großen Familie. Die feste Klammer ist der Heimatverein. Das schon seit vielen, vielen Jahren. Wir unternehmen Wanderungen zu Fuß und mit dem Rad. Unsere Ziele liegen vor allem im Heimatgebiet. Da gibt's so wunderbare Ecken in den Waldungen um Burzelberg und Gaudlitzberg..

Als vor zwei Jahren ein neuer Vorsitz gesucht werden mußte, weil Rolf Lehmann aus gesundheitlichen Gründen die Tätigkeit nicht mehr ausführen konnte, da habe ich mich nicht lange geziert. Einer muß es doch machen, wenn's nicht den Bach runter gehen soll. Also sagte ich zu. Und das muß ich noch ergänzen: Mir gefällt diese zusätzliche Tätigkeit. Sie ist eine Erfüllung meines Lebens in der Gemeinschaft.

Das nachbarschaftliche Zusammenleben hier im Ort ist im wesentlichen intakt. Sicher, das läßt sich in einem kleinen Dorf besser bewerkstelligen als in einem großen. Unser bescheidenes Kulturgebäude, das wir seinerzeit unter der Leitung von Ernst Springer als Ersatz für die Kneipe bauten, ist dafür ein gutes Beispiel. Hier treffen sich die Rentner, die Jugendlichen und die Familien.

Ich mag das Leben der Sachsen. Nicht nur, daß sie gern reisen. Sie sind auch sonst viel geselliger, nehmen große und kleine Ereignisse zum Anlaß, kleine und große Feiern zu organisieren. Und das mit einer Intensität, daß auch die Vorbereitungen ihren Reiz haben. In Brandenburg geht alles viel ruhiger über die Bühne. Deshalb auch war die 700-Jahr-Feier im Jahre 2000 für mich jenes Ereignis, das nachhaltig in der Erinnerung bleiben wird. Wir haben unser Fest selbst inszeniert. Ich konnte zu jeden kommen, sie alle haben mitgemacht. Und unser „Riesenfoto" mit allen Einwohnern des Dorfes im Bild, das schaue ich mir immer wieder gern an.

So bin ich seit langem in Zwochau heimisch geworden. Und von wegen, daß wir hinterm Mond leben. Das höre ich nämlich manchmal von Außenstehenden. Aber die wissen nicht, was sie sagen. Die haben noch niemals die Stille hier erlebt, oder unsere Feiern, oder die Gespräche übern Gartenzaun, oder die Rehe, die da vertraut im Abendlicht auf der Wiese äsen. Und wer da nichts spürt, dem schlägt sein Herz verkehrt rum.

Blick von Zwochau auf den Gaudlitzberg.

Großzschepa, 1223 Schephe, mehrdeutig, wohl 'Ort, wo ein mit Zapfen verschließbarer Teich ist' (slaw.), OT von Hohburg, 513 Einw.

Von einem Teich ist im heutigen Großzschepa nichts zu sehen. Nur die Lossa fließt am Nordrand vorbei, einstmals schlingenreich und voller Romantik, jetzt schnurgerade wie mit dem Lineal gezogen. Es ist möglich, daß der Bach damals angestaut worden war, damit sich der Fischfang besser lohnen möge.

Was verbirgt sich hinter den „Sechshäusern“ in Großzschepa?

Die besagten Gebäude im Hintergartenweg (ein aus der Volksseele kommender Straßenname), es waren mal sechs an der Zahl, sind über 200 Jahre alt, niedrig und mickrig. Die Rittergutsherrschaft ließ sie einst für ihre Handwerker und Tagelöhner bauen. Bemerkenswert ist ihre Bauart. Sie besaßen einen Backofen, dazu Stall, Schuppen und Keller, alles ein paar Zoll kleiner als sonst üblich. Drei der Häuser mußten inzwischen wegen Baufälligkeit abgerissen werden, andere kamen neu dazu, ihr kollektiver Name blieb zum Glück im Straßennamen erhalten.

Den Dorfkern bilden 23 Altbauernstellen, die Kirche und etwas am Rande in der Lossaniederung das Herrenhaus (für die Einheimischen ist es das Schloß) mit den Wirtschaftsgebäuden des Rittergutes und einem kleinen Park. Am westlichen Dorfrand entstand 1927/28 eine Siedlung von Reihenhäusern, die vorwiegend von Steinarbeitern bewohnt wurde. Seit 1996 erweitert sich diese nach Süden zu und schließt damit die Lücke zum Sportplatz. Gegenüber bemühen sich seit den 20er Jahren Gartenfreunde, aus ihren Gärten Ökogemüse zu ernten. Nach dem Krieg versuchten viele Städter, einen Platz zu ergattern.

Der Ortsname ist in den letzten Jahren in Groß- und Kleinstädten Deutschlands

Die kleinen Häuser im Großzschepaer Hintergartenweg sind inzwischen modernisiert.

bekannt geworden. Es sind die gelben Baufahrzeuge der Firma KAFRIL, die dort Bauschutt transportieren, Altbauten zertrümmern, Fundamente ausschachten. Und wer sich dann wirklich mal kundig machen will, wo der Ort eigentlich liegt, der wird ihn auf den Landkarten kaum finden. Die umliegenden größeren Dörfer laufen ihm den Rang ab.

Ziemlich bekannt ist das Dorf bei den Archäologen. Als nämlich hier 1982 in den Fluren ein Gräberfeld aus der Bronzezeit entdeckt worden war, da weckte das deren Interesse. Der junge Zschepaer ANDREAS SYRE (Jg. 63), Maschinenbauer und ehrenamtlicher Bodendenkmalpfleger, hatte aufmerksam die Felder abgesucht und den frühzeitlichen Friedhof am Westrand der heutigen Siedlung gefunden. Historische Bilder seines Heimatdorfes und von den Ausgrabungen schmücken die Wände seines Arbeitszimmers. Man weiß gleich, woran man bei ihm ist:

Die wertvollen Stücke in den schäbigen Schachteln

Natürlich hat mich schon mal interessiert, worauf mein ziemlich seltener Familienname zurückzuführen ist, der so was Ausländisches an sich hat. Meine Nachforschungen enden im 18. Jh. und führen gerade mal bis in den südlichen Teil des Muldentalkreises. Dort in Steinbach und Ballendorf wohnten die Vorfahren, ehe mein Vater nach Großzschepa übersiedelte.

Probleme gab's nicht mit dem Namen, weder im Zschepaer Kindergarten noch in der Hohburger Schule. An was ich mich besonders erinnere? Im Geographie-Unterricht behandelte der Lehrer nicht nur die Fakten nach dem Lehrbuch. Wir diskutierten wichtige Weltereignisse. Das war richtig spannend! Und dann gab es mit ihm nach der Abschlußprüfung der 10. Klasse das Praktikum. Das war über Jahrzehnte hinweg eine gut funktionierende Tradition. Damit weckten die Lehrer das Interesse der Schüler an gesellschaftlicher Arbeit. Wir arbeiteten in mehreren Brigaden drei Wochen lang in der Gemeinde. Jede hatte ihre gesonderte Aufgabe. Noch heute sind wir stolz auf das, was wir damals geschaffen haben.

Gerold Aé (l.) und Andreas Syre im Museum.

Es mag ein Glücksgriff gewesen sein, daß ich in meinem Praktikum der Ausgrabungstruppe auf dem Kleinen Berg zugeteilt worden war. Wir untersuchten eine Wallanlage aus dem 9. Jh. Was ich dort erlebte, prägte meine spätere Freizeit. Die Grabungstechniker vom Landesmuseum Dresden erläuterten uns bis ins kleinste die Fundstücke. Ich lernte daraus das Leben unserer fernsten Vorfahren kennen. Nun wußte ich auch, was es mit dem Redschin am Schulgelände auf sich hatte. Das war nämlich ein Turmhügel slawischer Siedler gewesen. Ich hatte ihn vom Klassenzimmer aus ständig im Blick.

Später dann bin ich ganz allein losgezogen über die Fluren vor unserem Hause und in der Nähe des Lossabaches. Und ich fand auf den frischgeackerten Feldern tatsächlich eine ganze Menge Scherben. So nebenbei hatte ich die einstige Siedlung der jetzigen wüsten Mark Tauchnitz entdeckt. Und die über hundert Gräber eines bronzezeitlichen Friedhofes unmittelbar am Dorfrand. Das war eine kleine Sensation! Darauf war ich natürlich richtig stolz. Nun bekam ich auch den amtlichen Ausweis eines Bodendenkmalpflegers. Inzwischen sind 99 Fundstellen zusammen gekommen, davon 38 auf den Fluren meines Heimatdorfes. Alle Fundstücke packe ich in Pappschachteln, beschrifte sie ordentlich und schreibe die Fundmeldung. Nur damit können die Dresdner Archäologen etwas anfangen.

Manchmal durfte ich bei Ausgrabungen helfen. Man scharrt und buddelt vorsichtig ins Ungewisse hinein. Wenn sich dann eine Scherbe oder vielleicht gar eine ganze Urne den neugierigen Blicken zeigt, erlebt man einen beglückenden Moment. Nein, hier gibt es keine goldenen Gegenstände, wie sie Schliemann in Troja gefunden hat. Es sind „nur" Töpfe aus gebranntem Ton. Aber mit welcher Fingerfertigkeit und einem bemerkenswerten Schönheitssinn die Menschen vor über tausend Jahren die Gefäße modelliert haben, das bewundere ich. Mein Augenmerk richte ich jetzt auf die 23 geschützten Bodendenkmale im alten Kreis Wurzen, die ich mindestens einmal im Jahr aufsuchen muß. Dabei kontrolliere ich jede Veränderung.

Mit meiner Freizeitbeschäftigung verdiene ich mir natürlich nicht das Geld zum

Zwischen dem restaurierten Sportlerheim und der alten Siedlung entstand ein neues Wohngebiet.

Leben. Ich erlernte im Wurzener Motorenwerk den Beruf eines Maschinenbauers. Nach der Rückkehr von der Armee war der Arbeitsplatz weg. In der LPG Böhlitz konnte ich in der Melioration anfangen. Das kam meiner Neigung, die Felder nach Scherben abzusuchen, sehr entgegen. Ich verband meine berufliche Tätigkeit mit meinem Hobby. Und draußen in der Natur zu arbeiten, das hat mir schon immer gefallen.

Mit dem Ende der DDR kam auch das Ende meiner Arbeit. Mit einer ABM hielt ich mich über Wasser. Deprimierend war es, den Wohlstandsmüll aus den Straßengräben zu sammeln. Mitleidige Blicke mußte ich ertragen und müdes Lächeln. Ich habe mir das aber nicht ausgesucht. Und irgendwer muß ja den Dreck von den „zweibeinigen Schweinen“ wegräumen.

Es gibt doch Glücksfälle! Tausend Meter entfernt von meinem Wohnhaus zwischen Zschepa und Lossa suchte eine Kompostieranlage eine Arbeitskraft. Ich wurde eingestellt. Inzwischen bin ich der letzte (mit einer Anlagenleiterin), der übrig geblieben ist. Dafür kann ich jetzt oft weit über den normalen Arbeitstag hinaus herumwirtschaften. Und dann bleibt kaum noch Zeit für das andere: Mithilfe im Museumsverein, die Veränderungen im Dorf fotografieren, Haus und Hof meiner Eltern mit in Ordnung halten. Und natürlich die Felder nach Scherben absuchen.

Anke Naumann in ihrem „Tante-Emma-Laden“.

WEITERE DORFNOTIZEN aus Großzschepa

Seit den 90er Jahren schuf der Altbauer GEROLD AÉ (Jg. 33) in seinem Bauernhof ein **Heimatmuseum.** Er sammelte bäuerliche Geräte und Dokumente der Dorfgeschichte, die in der Scheune und der alten Brennerei ihren Platz gefunden haben. Zugleich führt er gewissenhaft die Dorfchronik weiter. Die jährlichen Museumstage im Juni locken mit ihrem bunten Programm viele Besucher an. G. Aé wurde im Jahre 2000 mit dem Heimatpreis für Geschichte geehrt.

Das **Herrenhaus** ist ein zweigeschossiger schloßartiger Bau vom Beginn des 18. Jh. Als Teil der Rittergutsanlagen kam es nach der Bodenreform in den Besitz der Gemeinde. Es diente zeitweilig als Wohnraum für Umsiedler, Dorfschule (15 Jahre lang), Kindergarten und Kulturhaus. Nach Neueindeckung und Kauf mit teilweisem Abriß durch einen Investor steht es jetzt leer.

Die **Kirche** entstand nach Grabungsfunden vermutlich im 11. Jh. und wurde im 15./16. Jh. erweitert. Die Glocke stammt aus dem Jahre 1494. Eine rührige Kirchgemeinde fördert das christliche Leben, betreut vom Pfarrer Martin Carlitz, Thallwitz. Der Friedhof wurde 1858 „vor das Dorf" verlegt.

Eine **Nachbarvereinigung** gründeten 1901 die Männer des Ortes, die nicht zur Altgemeinde (das waren 31 Bauern und sonstige Landbesitzer) gehörten. Hauptzweck war gegenseitiger Beistand bei Todesfällen, jährlicher Höhepunkt ein Nachbarball. Das geschieht heute noch. Die Altgemeinde veranstaltete bis zur Auflösung 1945 ihr eigenes Nachbarvergnügen.

Einige **Personalien**: ERHARD DÖBLER (Jg. 20), Kraftfahrzeugschlosser und Naturfreund. Reparierte in der DDR-Zeit die ältesten Fahrzeuge, oft bis weit nach Mitternacht und war ständig auf der Ersatzteilsuche. - Dr. JÜRGEN SCHMIDT (Jg. 51), Diplom-Agrarpädagoge, seit 2001 Oberbürgermeister von Wurzen. - JEREMIAS (Jg. 40), ein aus dem Nichts aufgetauchter Weltenbummler, Wanderprediger und Wunderheiler, der sich Anfang der 90er Jahre im Betriebsgelände des ehemaligen Steinbruchs Haase niederließ. Er hatte nach einem Fernsehauftritt und spektakulärem Medieninteresse ungeahnten Zuspruch. Verschwand nach etlichen Jahren spurlos aus dem Gelände.

In der **Tauchnitzmühle** halben Weges zwischen Großzschepa und Lossa drehten sich bis 1967 die Mahlsteine, einstmals mit Wasser, zuletzt elektrisch. Nach dem Abriß der Scheune entstand vor wenigen Jahren ein neues Wohnhaus. Ein Dorf gleichen Namens lag weiter nordöstlich. Die Steine der Kirche, die 1542 abgerissen wurde, verbauten die Bauern im Dorf. Zehn Jahre später hieß es „Wüste Mark Tauchnitz".

Vereine: Freiwillige Feuerwehr, 1923 gegründet, 1998 neues Gerätehaus. Wehrleiter Hermann Senf. - Kleingartenverein, Vors. Felicitas Vogel. - Sportverein TSV Blau-Gelb seit 1990 mit Fußball, Kegeln. Vors. Lothar Kühn. 1927 gegründet mit Turnen, Kunstradfahren, Fußball. Seit 1999 neues Sportheim mit Kegelbahn. Verdienstvolle und langjährige Vorsitzende und Förderer waren Rudi Bitterlich und Joachim Liebmann. - Verein Heimatmuseum, Vors. Gerold Aé.

Handwerk und Gewerbe: Gaststätte und Pension „Zum Sportheim" am Sportplatz von Familie Kresse. - KAFRIL-SERVICE, Bau, Transport und Baustoffhandel. - URD Umwelt- und Recycling Dienstleistungs GmbH (Kompostherstellung). - Metallbau Dewoske und Winter (ehem. Schmiede). - Zweiradservice von Frank Döbler. - Zwei Klempnerwerkstätten: Roland Fest und Eckhard Gruner. - Bauunternehmen Joachim Hahn. - „Telesat" Telefon- und Fernsehen Lutz Otto. - Gerüstfirma Gerd Szklarek. - Heimdecor-Fachmarkt Gabriele Ryborsch (ehem. Farben-Richter). - Naumann's Einkaufseck von Anke Naumann (ein Tante-Emma-Laden, wie ihn einstmals Hildegard Zwoch betrieben hatte).

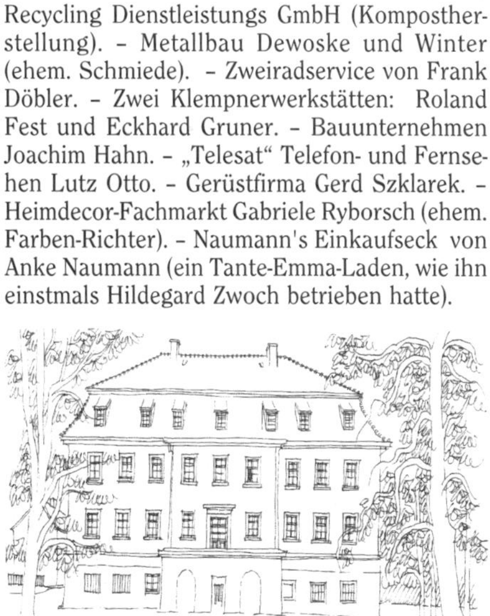

Das Herrenhaua

Die Bauern siedelten am Fuß der Hohburger Berge und am Lossabach. Am Schnittpunkt zweier Wege, die zu stark befahrenen Autostraßen ausgebaut sind, entstanden nach und nach elf Bauernhöfe, die sich in lockerer Form um einen Platz scharten. Dort stehen jetzt in bunter Mischung die alte Milchrampe, die Container für Altglas und das bejahrte Kriegerdenkmal. Einer der Siedler nutzte die Wasserkraft der Lossa und baute eine Getreidemühle mit Sägegatter. Davon künden nur noch spärliche Reste.

Als der Ort mit dem Bau der Bahnlinie Wurzen-Eilenburg 1927 die Bahnstation Zschepa-Hohburg erhielt, rückte er in das wirtschaftliche Blickfeld der umliegenden Gemeinden. Aus Hohburg brachten Lastwagen den dort abgebauten Kaolinrohstoff. Später gab es dorthin sogar einen Gleisanschluß. Im Herbst türmten sich riesige Zuckerrübenberge auf dem Bahnhofsgelände.

Der Altbauer Eberhard Schramm (Jg. 36) gehörte zu denjenigen, die von den Feldern die wertvollen Früchte bargen:

Bei Schramms in Kleinzschepa sorgt ein Holzvergaser für warme Stuben

Ich bin ein Kind des Dorfes und in einem Bauerngut herangewachsen. Von den Jugenderinnerungen sind mir heute noch die Streitigkeiten zwischen den Hohburger und Großzschepaer Jungen gegenwärtig. Oft wogte der Kampf zwischen den schlagbereiten Trupps auf der Kaolinkippe hin und her. Steine flogen, und mit wüstem Geheul feierte jeder Trupp die Niederlage des anderen. Aus dem „Schlachtgetümmel" hielt ich mich tunlichst heraus. Ich wäre vielleicht im Niemandsland zerrieben worden. Außerdem mußte ich oft zum Bäcker oder zum Schmied nach Hohburg und hatte dafür keinen Begleiter. Und das wäre nicht ganz ungefährlich gewesen. Schon längst leben

Eberhard Schramm mit seiner Jagdtrophäe.

die Nachfahren im friedlichen Nebeneinander, und so mancher hat später seine Braut aus dem Nachbardorf geholt.

Da ist noch eine Erinnerung an die Kinderzeit. Die Lossa zog uns magisch an. Dort herumzuwaten, Fische und Krebse zu fangen, das gehörte zu unseren eifrigen Spielen. Jeder wollte im Frühjar der erste sein, der mutig durchs Wasser stampfte. Doch ich mußte länger warten, weil es mir Vater verboten hatte. Mit Nachdruck griff er dann jedes Mal hinauf auf den Schrank. Dort nämlich lag die „Siebenriemige“, jenes unangenehme Zuchtmittel mit den sieben kleine Lederriemchen, das auf die Hosenboden der Jungens herniedersauste. Ich habe sie auch mal gespürt, aber keinen Schaden davon getragen. Jetzt hängt sie als Relikt meiner Kindheitsängste an der Flurgarderobe.

Nach dem Besuch der Großzschepaer Schule blieb ich zu Hause. Meine Kindheit auf dem Bauernhof bestimmte auch meine Berufswahl. Ich wollte Bauer werden und ging bei meinem Vater in die Lehre. Ich habe meine Arbeit nie mit Widerwillen gemacht, sondern stets mit Liebe, ja mit Leidenschaft. Wenn ich ein Feld geackert oder gedrillt hatte und ich blickte zurück auf die geraden Furchen und es sah alles recht ordentlich aus, dann habe ich mich richtig gefreut. Auch störte es mich nicht, wenn sonntags die „Datschenleute“ am Dreschplatz vorbeirauschten. Ich wußte, daß ich in der Erntezeit mehr zupacken mußte. Das war auch später so in der LPG. Ich bemühte mich, den Jungen meinen optimistischen Lebensstil ein bißchen nahe zu bringen. Es war für mich unverständlich, wenn sie schon beim Frühstück sagten: „Hoffentlich ist bald Feierabend“.

Wie die meisten meines Alters wurde ich sofort nach der Wende in den Vorruhestand entlassen. Ich fiel jedoch nicht ins Bodenlose. Ich habe noch heute zu tun. Ein bißchen Kleinvieh ist mir geblieben. Die Schafe sorgen auf der großen Wiese hinterm Haus für kurzes Gras. Die Falläpfel fressen sie gleich mit. In manchen Jahren schaffen sie es kaum. Dann bin ich viele Stunden in meinem Wald. Die alten Eichen sind krank und müssen weg. Jedes Jahr fälle ich so 20 bis 30 Raummeter. Diese Menge verbrenne ich in einem Holzvergaser. Das bringt preiswert und billig die Wärme für mein Haus.

Für Großfahrzeuge nicht passierbar, die mit Bruchsteinen gemauerte Eisenbahnbrücke in Kleinzschepa.

Für mich gilt im Wald die Weisheit: Eine Generation pflanzt, die zweite pflegt und die dritte erntet. Einige tausend Bäumchen habe ich schon in den Boden gebracht. Die Fläche muß dann noch eingezäunt werden, denn sonst verbeißen die Waldtiere die Winzlinge. Die Entzündung der Sehnenscheiden ist längst vergessen. Die Bäume wachsen, und ich freue mich.

Schließlich habe ich noch ein Hobby, das meine Freizeit bereichert. Es ist die Jagd. Erst mit 57 machte ich die Jagdprüfung und teile mir nun mit drei weiteren Jägern eine Fläche von etwa 1350 ha Feld, Wiesen und Wald im Raum Hohburg. Anfangs hatte ich immer große Mühe, das Wild zu schießen. Deshalb mußte ich mir schon mal anhören: „Du mußt ooch mal abdrücken und nicht bloß gucken!“ Es genügt mir, stundenlang auf der Kanzel zu sitzen und die Tierwelt um mich herum zu beobachten. Die Vögel setzen sich dann fast auf meinen Hut, und in den Abendstunden huschen die Eulen durchs Geäst. Meinen Stand teile ich übrigens mit einem Siebenschläfer.

Unsere amtlich vorgegebenen Abschußzahlen richten sich nach der Wildschätzung und müssen auch erreicht werden. Bei Wildschweinen gibt's kein Pardon, aber die sind mir bisher kaum vor die Flinte gerannt. Möchte bloß wissen, wo sie stecken. Dafür hatte ich das unverschämte Glück, daß mir am 8. August 2001 ein Hirsch ins Blickfeld geriet. Und das auch noch auf Kleinzschepaer Flur. Ein Rudel von drei Stück wechselte da in der Nähe meines Hochsitzes hinaus auf ein Maisfeld. Ich zitterte vor Aufregung, denn das hatte ich in meiner Jagdzeit noch nie erlebt, und das wird sich wohl auch kaum wiederholen. Der Schuß traf tödlich, und nur wenige Meter weiter lag das Tier auf dem Feld. Das Geweih hängt jetzt im Vorraum des Wohnhauses, und immer dann, wenn ich vorbeigehe, blicke ich mit Hochachtung auf die einmalige Jagdtrophäe. Das war für mich wie ein Fünfer im Lotto.

Originelles Wandbild am Bahnhaus in Kleinzschepa.

Das unter Denkmalschutz stehende Bahnhofsgebäude in Kleinzschepa im alten Glanz. Es wird seit Jahren nicht mehr genutzt. Nun nagt der Zahn der Zeit unbarmherzig am Gemäuer.

WEITERE DORFNOTIZEN aus Kleinzschepa

Die Ausläufer des mitteldeutschen **Braunkohleflözes** gehen bis in die Kleinzschepaer Fluren und sind hier noch 2 bis 3 m mächtig. Die Bauern bauten im flachen Tiefbau oder zu Tage die minderwertige Kohle bis in die 20er Jahre ab. In der „Grube Hildegard" (auch Kohlenschacht) erfolgte nach dem Kriege zwischen 1945 und 1948 ein letzter Versuch. Längst nahm die Natur das Gelände zurück, die Grube füllte sich mit Wasser.

Die **Eisenbahnlinie** Wurzen-Eilenburg berührt seit ihren Bauabschluß im Jahre 1927 den Ort am Bhf. Zschepa-Hohburg. Die Strecke wurde in Notstandsarbeit errichtet, und diente vor allem der Steinindustrie und der Landwirtschaft, teilweise auch der touristischen Erschließung der Hohburger Schweiz. Die Lossabrücke mußte zweimal gebaut und auch die Straßenbrücke Großzschepa-Röcknitz tief mit Holzpfählen gegründet werden. Wegen der hohen Kosten erhielt sie vom Volksmund den Namen „Millionenbrücke". Der Personenverkehr (zuletzt mit dem „Sandmännchen") wurde 1978 eingestellt. Der langjährige Bahnhofsvorsteher Paul Wolters „befehligte" eine kleine Belegschaft. Seit 1999 nur noch Güterverkehr von Eilenburg bis Lüptitz (Natursteinindustrie). Der Abschnitt zwischen Roitzsch und Wurzen wurde gekappt und der Einschnitt teilweise verfüllt. Damit gibt es die durchgängige Eisenbahnlinie Wurzen-Eilenburg nicht mehr.

Die **Freiwillige Feuerwehr** (1968 gegr.) hat als Kommandostelle von Hohburg hier einen Stützpunkt. Die Spritze wird mit Muskelkraft zum Einsatzort gerollt. Die rührige Truppe organisiert kleine Feste, u.a. am 1. Mai und im Oktober. Ein kleiner Gastraum „Zur Feuerwehr" hat an den Wochenenden geöffnet.

Johann August Geißler (1812-1884) war Lehrer im Erzgebirge und kehrte im Alter in seinen Geburtsort Kleinzschepa zurück. Hier schrieb er eine Chronik zur Dorfgeschichte

Dr. Mac Lean war in den 20er Jahren Chefarzt im Wurzener Krankenhaus und Jagdpächter in Kleinzschepa. Er ließ sich im Waldstück von R. Timme eine Jagdhütte (die „Blechbude") bauen und das Gelände am Kohlenschacht aufforsten. Nach seinem Tode 1932 verkauften es seine Erben an den Naturschutzbund und setzten ihm dort als Gedenkstein einen größeren Felsblock (Mac-Lean-Hain). Er liegt seit langem umgestürzt und verwachsen im Wäldchen.

Der **Hallenradsport** wurde seit den 20er Jahren sehr intensiv betrieben. Er flammte noch mal nach dem Kriege auf unter der rührigen Leitung von Rudi Haferkorn. Im Saal vom Gasthof (Bes. Elsa Blumenstein) fanden Wettkämpfe im Radball statt. Neben dem Reigenfahren entwickelte sich besonders das Kunstradfahren zur hohen Blüte. In den 60er Jahren holten Wilko Finke und Christian Grüger mehrere DDR-Meistertitel.

Das **ACZ** (Agrochemisches Zentrum) betrieb zu DDR-Zeiten im Auftrag der LPG im nördlichen Teil des Kreises Wurzen eine intensive Schädlings- und Unkrautbekämpfung und fast die gesamte Düngung der Felder. 1974 erfolgte der Bau einer riesigen Düngerhalle, die zu einem Wahrzeichen des Ortes wurde. Nach 1990 Privatisierung der technischen Einrichtung zu einer Landbearbeitungs- und Handelsgesellschaft mbH.

Handel und Gewerbe: Kfz-Waschdienst und „Klodas Kellerklause" von Manfred und Roswita Kloda. - Straßen- und Landschaftsbau Krieg GmbH. - Landbearbeitungs- und Handelsgesellschaft. - ISOTEC-Fachbetrieb von Uwe Friderici. - Computer-Service von Martina Blumenstein. - Hausschlächterei Kurt Raute.

Das muß ein großartiges Naturbild gewesen sein, damals vor über hundert Jahren, das Bauerndorf Lüptitz im Halbkreis umrahmt von drei Bergen: Breiter Berg, Wolfsberg und Spitzberg. Wie drei Wächter beschützten sie die Bewohner der Siedlung mit ihrer kleinen Kirche im Zentrum. Noch völlig unversehrt ragten sie im Vorland der Hohburger Berge aus der Ebene. Doch dann, um 1880 herum, als der Eisenbahn- und Straßenbau immer mehr Schotter verbrauchte, ging es ihnen an den Kragen. Mit Fäustel und Brecheisen wühlten sich die Steinarbeiter von den Flanken her in die Erhebungen, und die schweren Pferdegeschirre schleppten den gebrochenen Quarzporphyr zum Wurzener Bahnhof. Von dort aus ging er deutschlandweit zu den Baustellen. Schon nach wenigen Jahrzehnten waren die Gipfel abgetragen. Um 1930 stellten die Steinbrüche von Spitzberg und Wolfsberg den Abbau ein, im Breiten Berg wird noch heute der Stein gebrochen.

Die steinernen Geschichten der drei Lüptitzer Berge

Der Spitzberg schob sich ursprünglich kegelförmig wie ein Zuckerhut über 100 Meter aus der Ebene hinauf in den Himmel. Welch eine markante Landmarke muß er über Jahrtausende hinweg gewesen sein und den ersten Siedlern im Wurzener Land den Weg gewiesen haben. Tatsächlich fanden sich an seinem Fuß frühgeschichtliche Scherben. Und welch ein herrlicher Rundblick bot sich von seiner Spitze aus übers Wurzener Land! Auch heute noch, denn einige seitliche Klippen blieben wie ausgehöhlte Backenzähne stehen.

Natürlich gab es auch einen unterirdischen Gang, der zu vergrabenen Schätzen führen sollte. Leider nur in der Legende. Den sächsischen Königshof lockten der Berg

Blick von der Halde am Steinbruch Breiter Berg auf Lüptitz und die Hohburger Berge.

und sein ebenes Vorland immer wieder mal zu Kriegsspielen. Bequem konnten die Generäle von hier aus die Manöver befehligen. Das machten sich Jahrzehnte später die russischen Besatzungstruppen zunutze. Über vierzig Jahre hinweg war der „Exerzierplatz“ zwischen Wurzen und Lüptitz mit dem Spitzberg ein ständiges Ziel- und Übungsgebiet, das von den Deutschen nicht betreten werden durfte. An den senkrechten Felswänden verewigten sich die Soldaten in kyrillischen Buchstaben mit weißer Farbe. „Mutter, ich will nach Hause“, heißt ein übersetzter Spruch.

Das geschah dann auch 1991, und jetzt konnten die Naturfreunde das Terrain wieder betreten. Sie waren erstaunt und hoch erfreut über die einmalige Flora und Fauna, die sie hier vorfanden. Das jahrzehntelange Ausbleiben landwirtschaftlicher Nutzung hatte hier zu einem Überdauern und zur Ansiedlung seltener Tier- und Pflanzenarten geführt. Besonders wertvolle Pflanzen sind die Karthäusernelken, die Golddisteln, u. a. Von den Brutvögeln können beobachtet werden das Rebhuhn, die Wachtel, die Grauammer, Braun- und Schwarzkehlchen, der Neuntöter im Dorngestrüpp, die Rohrweihe im Schilf des Bruches. Die Tümpel und Pfützen werden von Wechselkröten und Laubfröschen besiedelt. Der Spitzberg und sein westliches Vorland wurden zum Naturschutzgebiet erklärt und als Flora-Fauna-Habitat zur EU nach Brüssel gemeldet.

Ob der Wolfsberg bekannter ist? Vielleicht deshalb, weil sich hier noch vor Jahren in den Sommermonaten die Badegäste tummelten, angelockt vom klaren Wasser im Bruch und von den kühnen Sprüngen, die sich von den steilen Felswänden hinab in die Fluten machen ließen (obwohl verboten!). Und er hatte ein markantes Zeichen: Über 100 Jahre versah hier eine Holländermühle ihren Dienst, ehe sie 1933 einem Blitzschlag zum Opfer fiel. Sie brannte aus und wurde nicht wieder aufgebaut. Der steinerne Rundbau avancierte zu einem Wahrzeichen des Ortes und war bis 1971 zu sehen, ehe er wegen Baufälligkeit (wie man sagte) vollständig abgerissen wurde.

Der Breite Berg hockt behäbig zwischen Lüptitz und Wurzen. Bis vor wenigen Jahrzehnten führte die Straße über den Berg, ehe sich die beidseitigen Tagebaue zusammendrängten. Heute noch wird hier der hochwertige Porphyr abgebaut. Die Sächsischen Quarzporphyrwerke errichteten 1994 ein völlig neues Schotterwerk.

Der Südhang lag im ausgehenden Mittelalter schon mal im Blickfeld des Wurzner Bischofs. Er ließ hier nämlich Wein anbauen, doch es blieb beim Versuch, denn das Produkt war „sauer wie Essig“. Der Name Weinberg hat sich für diesen Teil bis in die heutige Zeit erhalten, und natürlich windet sich auch eine wunderschöne Sage um diesen Versuch *(siehe „Rundblick-Lesebuch“).* Der Steinbruch Breiter Berg ist eines der größten Tagebaulöcher im Muldentalkreis.

*

Die alten Bauernhöfe standen im Dorfkern mit der Kirche und dem Friedhof in der Mitte und formten einen echten Rundling. Die Bauern mußten keine Frondienste leisten, weil es hier niemals ein Rittergut gegeben hat. Einige Abgaben flossen zur bischöflichen Residenz nach Wurzen. In den prächtigen Höfen dokumentierte sich der bäuerliche Reichtum auch nach außen. Die späteren Betonställe der LPG liegen glücklicherweise am Rand des Dorfes zum ehemaligen Schießplatzgelände zu und stören nicht das gewachsene und gepflegte Dorfbild.

Die nahen Steinbrüche beeinflußten den wirtschaftlichen Aufstieg von Lüptitz. Immer mehr Steinarbeiter siedelten sich an und bauten Wohnhäuser. Diese wiederum lockten Handel und Gewerbe an. So erweiterte sich die Siedlung nach allen Richtungen. Die Einwohnerzahl vergrößerte sich. Auch Wilfried Römling wurde hier geboren:

Die lange Tradition der Fahrradwerkstatt Strauch

Gut kann ich mich an das Jahr 1963 erinnern. Ich wohnte damals noch in Lüptitz und fuhr nach Wurzen in die Schule. Von heute auf morgen war die Straße über den Breiten Berg nach Wurzen weggebaggert, und alle mußten den Umweg über die Falkenhainer Chaussee nehmen. Später genügte lange Zeit der Feldweg durch die „Gänseweede“, bis er wegen des Steinabbaus ebenfalls dicht gemacht werden mußte. Seit wenigen Jahren kann der Radfahrer einen speziellen Radweg am Naturschutzgebiet „Spitzberg“ entlang nehmen. Ich benutze ihn gern, wenn ich von meinem jetzigen Wohnort in Wurzen zu meiner Geburtsstätte Lüptitz radle.

Es fahren wieder mehr Leute mit dem Rad. Und wer in Lüptitz von der Defekthexe geplagt werden sollte, der muß nicht verzweifeln. Hier im Ort gibt es noch eine echte Fahrradwerkstatt, so wie schon vor Jahrzehnten. Und hier kann jeder mit Hilfe rechnen. Schauen wir mal hinein zu Bernhard Strauch.

Der Laden der Firma befindet sich im unteren Teil des 1936 gebauten Wohnhauses. Die ehemalige Poststelle dient jetzt als Verkaufsraum für den Modellbau. Damit ist gleich das zweite Standbein von Bernhard Strauch genannt.

Hinten im Hof betrete ich die 1953 gebaute Reparaturwerkstatt, das Reich von Opa Rudi Strauch (Jg. 20). Hier ist die Zeit stehengeblieben! Nicht nur, weil da ein altes NSU-Rad lehnt, das wenigstens 60 Jahre auf dem Rahmen hat. Alles, was da liegt, steht und hängt, ist mit der leicht-rostigen Patina einer längst vergangenen Zeit überzogen. Aber frage mal den Rudi Strauch nach einem Werkzeug oder „historischen“ Ersatzteil. Er holt nach kurzer Zeit das gewünschte Ding aus den Metallbergen hervor. Lange Regale mit Schubläden füllen die Wände. Wer noch ein altes Stahlroß fährt, der kann es hier fachmännisch und preiswert überholen lassen. Auf die heutige Fahrradindustrie ist der Meister nicht gut zu sprechen. Jede Firma baut ihre Teile nach anderen Abmessungen. Eine Standardisierung gibt es nicht, von der Qualität ganz zu schweigen. Da freut er sich um so mehr, wenn ihm mal ein gutes altes Stück unter die Finger kommt.

Bernhard (l.) und Rudi Strauch in der Fahrradwerkstatt, wo alles seinen angestammten Platz hat.

Die Geschichte der Lüptitzer Werkstatt geht bis in die 30er Jahre zurück. Damals in der Weltwirtschaftskrise verschlug es den Landarbeiter Georg Strauch hierher. Nach einem Intermezzo beim Kohlenhändler Arthur Jahn machte er sich 1935 mit einer Schlosserwerkstatt einschließlich Fahrradhandel und -reparatur, selbständig. Damit allein ließ sich allerdings nicht das tägliche Brot verdienen, und so wurde alles repariert, was im Haushalt kaputt gehen konnte.

Sohn Rudi begann im gleichen Jahr die Lehre in der bekannten Fahrradwerkstatt Möckel in Wurzen. Dort baute er ein komplettes Fahrrad vom Typ EM-3 („Emil Mökkel - das 3. Rad der Serie") zusammen. Abgenommen und mit dem Prüfsymbol versehen wurde es in den VICTORIA-Werken in Nürnberg. Das Prachtstück mit Ballonreifen und Alufelgen, damals eine Rarität, steht heute noch in der Werkstatt. Nach der Meisterprüfung übernahm Rudi Strauch 1960 das Geschäft. Der Handel lief gut, denn neue Fahrräder waren ein rarer Artikel, und die alten mußten immer wieder repariert werden. Es gab wie beim Trabi eine Bestelliste, allerdings waren die Wartezeiten beträchtlich kürzer.

Das Herz der Strauchs hing schon immer am Sport. Georg hat seinen Sportkameraden die Hilfe beim Aufbau seines Geschäftes nie vergessen. Deshalb überschrieb er dem Sportverein ein Gelände unterhalb des Wolfsberges für den Bau eines Fußballplatzes, wo heute noch das runde Leder über den Rasen rollt.

Eine seltene Sportart wird in Lüptitz seit Jahrzehnten gepflegt: Es ist der Radball, und diesem hat sich Rudi mit Herz und Verstand verschrieben. Er läßt auch heute kaum eine Übungsstunde aus. Mitmachen kann er nicht mehr, aber seine Ratschläge sind gefragt.

Die „Fahrradstafette" übernahm Sohn Bernhard Strauch (Jg. 52) vom Vater, der jedoch nach wie vor die Dinge in der Werkstatt regelt. Bernhard erlernte den Beruf eines Modellbauers, und über der Fahrradwerkstatt entstand aus dem alten Lagerboden eine Werkstatt für Modellbau. Dort laufen allerlei Maschinen zur Bearbeitung der filigranen Meisterwerke. Der letzte große Auftrag und zugleich eines der größten

Jörg Röder mit seinen Gartenbahnen.

Modelle war die Abfertigungshalle des Dresdener Flughafens. Die Investoren wußten damit lange vor dem eigentlichen Bau, wie die Gebäude aussehen würden. Jetzt werden immer häufiger Ein- und Mehrfamilienhäuser z. T. mit abnehmbarem Dach in Auftrag gegeben. Die zukünftigen Mieter können sich so ein besseres Bild von ihrer künftigen Wohnung machen. Sohn Falko (Jg. 75) hat mittlerweile seine Lehre als Modellbauer beendet und studiert in Dessau Industrie-Design. Ob er mal in die Fußstapfen seines Vaters treten wird, das läßt sich heute nicht sagen. *(W.R.)*

WEITERE DORFNOTIZEN aus Lüptitz

Ein **Denkmal** zur Erinnerung an die ereignisreiche 800-Jahr-Feier der 1. urkundl. Erwähnung 1985, aus Lüptitzer Porphyr mit einer Bronzetafel, steht vorm ehem. Gemeindeamt. - Ein weiteres Steindenkmal befindet sich im Betriebsgelände der Sächsischen Quarzporphyrwerke: „Steinabbau bei Lüptitz seit 1850. Einweihung Neuwerk Herbst 1994."

Kirche und Friedhof liegen mitten auf dem Dorfplatz (ehem. Anger). Ein Begegnungshaus (Schalomhaus) wurde in der Pfarre eingerichtet. Filialkirche von Thallwitz, Pfarrer Martin Carlitz.

Das **Kulturhaus** war lange Zeit mit Saal und Gaststätte des alten Gasthofes kultureller Mittelpunkt des Dorfes (u.a. Nachbarball und Klub zu Zweit). 1989 mußte es wegen Baufälligkeit geschlossen werden. Nach mehrjährigem Leerstand und aufwendiger Renovierung durch einen Privatinvestor eröffnete das gastliche Haus 1999. Wenige Wochen danach machte ein Brandanschlag den hoffnungsvollen Neuanfang wieder zunichte.

Einige **Personalien:** Andreas Ludwig (Jg. 55) betätigt sich seit 25 Jahren als Höhlenforscher, vor allem im Südharz *(nicht auf der Suche nach dem Bernsteinzimmer!)*. Als Weltenbummler führten ihn Reisen auf den Kilimandscharo, nach Nepal, Peru und zu anderen Orten. - Jörg Röder (Jg. 73) beteiligt sich als ehemaliger Lokführer im Verein der Torgauer Eisenbahnfreunde. Baute die Eisenbahnstrecke Lüptitz-Kleinzschepa maßstabgetreu nach. Gartenbahnen nach historischem Vorbild. - Otto Wegel (Jg. 38), stammt aus dem traditionsreichen Baugeschäft Wegel (gegr. 1874), das bis in die 60er Jahre u. a. in den Steinbrüchen der Umgebung die Schotterwerke aus Holz baute. Der Bau-Ing. erfindet zum Hausbedarf ständig neue Maschinen, die ihn zu Lande, zu Wasser und in die Luft führen. So konstruierte er u. a. eine Schaukelmaschine für seinen Enkel, die ihn ohne menschliches Zutun in den Schlaf wiegt. Das Produkt war ein Fall für die Fernsehsendung „Außenseiter-Spitzenreiter". - Werner Wehsener (Jg. 27) gehört zum Lüptitzer Fußball-Urgestein, Organisator der „Alten Herren", Übungsleiter im Nachwuchsbereich und geachteter Schiedsrichter.

Der **Sportverein** ist aus der BSG „Aufbau Lüptitz" hervorgegangen mit Fußball (auf und ab in den Spielklassen wegen Nachwuchssorgen), Kegeln, Volleyball und Aerobic, Vors. Olaf Pohl. Eine lange Tradition besitzt der Radball, jetzt mit Wettkampfgeschehen in der Oberliga. Eine Mannschaft besteht aus zwei Radfahrern, die das spezielle und teure Fahrrad ohne Übersetzung, Freilauf und Bremse total beherrschen müssen. - Renoviertes Sportlerheim mit Bewirtschaftung und moderner Kegelbahn am Sportplatz am Fuße des Wolfsberges.

Die **Freiwillige Feuerwehr** ist ein aktiver Posten im Dorf, Wehrleiter Hartmut Krause, saniertes Gerätehaus seit 2001, zugleich dörfliches Gemeinschaftszentrum mit Bibliothek.

Handel und **Gewerbe**: Ein Gewerbepark, nach 1991 weitab vom Dorf auf freiem Feld an der Chaussee Wurzen/Torgau aufwendig erschlossen, nur teilweise belegt, dafür Investruinen und riesige Halden von Betontrümmern. Daneben erzeugen vier Windturbinen Strom. Angesiedelte Firmen: Handel und Ausleihe von Gartengeräten, Autohaus, Baustoffversorgung, Schornsteinbau, Beton, Leihtoiletten. - Im Dorf: Fleischerei Thomas; Spar-Kaufhalle; Gärtnerei Krause seit 1925 mit eigener Pflanzenzüchtung, jetzt in 3. Generation; Bistro am Teich.

Zschorna, 1284 Schurnowe, 'Ort eines Corn' oder 'schwarzer, dunkler Ort' (slaw.), OT von Hohburg, 339 Einw.

Die Chaussee Wurzen-Schildau tangiert südlich den Ort. Das beruhigt etwas die Verkehrsprobleme. Nur am Gasthof „Zum Heitern Blick" geht's eng zu. Er erinnert noch mit Fotos an die behäbige Zeit, als die Pferdefuhrwerke hier rasteten. Von der Hohburger Straße, welche den Ort quert, führen ostwärts vier Straßen ab, an denen stillgelegte Bauerngüter und alte und neue Wohnhäuser liegen. Kirche, Herrenhaus und Vereinshaus bilden am Park mit seinem Sport- und Spielplatz ein kleines gesellschaftliches Zentrum.

Das Dorf hat weithin einen Namen, weil es schon immer große und kleine Leute ins Schloß gezogen hat. Vor allem mit der Hilfsschule erwarb es sich einen guten Ruf. Die Zöglinge erhielten hier eine nützliche Ausbildung.

Es war in der DDR üblich, daß auch der kleinste Ort eine Konsum-Verkaufsstelle erhielt, unabhängig davon, ob das wirtschaftlich gut ging oder nicht. Auch in Zschorna gab's den winzigen Laden. Als Verkaufsstellenleiterin wirkte dort über 30 Jahre Marianne Harmuth (Jg. 34), nebenbei Küsterin aus freien Stücken, 2001 ausgezeichnet mit einem Fernsehpreis bei „Sachsen helfen Sachsen":

Wenn in Zschorna die Kirchturmuhr steht, wissen's alle: „De Harmuthen is nich da!"

Ich bin also ein Fernsehstar! Und wenn's auch nur für fünf Minuten war, damals in der Vorweihnachtszeit 2001. Das war ein lukratives Geschäft. Für die 2,5 Stunden Aufnahmezeit bekam ich ein „Honorar" von tausend Mark. Das muß man sich mal vorstellen! Dafür bin ich lediglich die Kirchturmtreppen mehrmals rauf und runter gerannt. Abends wußte ich nicht mehr, ob ich die Beine noch dran hatte. Und wofür dieser Kraftakt? Es

Dorflinde und ehemaliger Dorfgasthof in Zschorna.

sollte eine Anerkennung sein, weil ich jeden Tag die Kirchturmuhr aufziehe. Mich hat's eigentlich ziemlich verwundert. Was ist da schon dabei?

Jedenfalls standen eines Tages die Dresdener Fernsehleute vorm Haus. Sie hatten's einen Tag vorher telefonisch angekündigt. Ich dachte schon, mich verarscht jemand. Dann bin ich doch noch schnell zum Friseur gerannt, ich wollte ja schließlich auch was hermachen in meinem Alter.

Also, die Leute vom Fernsehen waren eigentlich ganz nett, ohne Allüren und so. Und wie die geschwitzt haben, weil sie immer und immer wieder eine neue Einstellung probierten. Das Ganze konzentrierte sich auf die Turmstube, wo das Räderwerk der Uhr steht, und auf die Treppe. Und da ging's ziemlich eng zu. Sie bedankten sich am Ende für meine Geduld und meinen Eifer. Natürlich bin ich ein bißchen aufgeregt gewesen.

Am nächsten Abend dann im „Sachsenspiegel" sah ich mich im Fernsehen. Das war doch ein komisches Gefühl. Aber etwas auszusetzen an meinem einmaligen Auftritt hatte ich eigentlich nicht. Mich hat's gefreut, daß noch am Abend und anderntags viele Leute angerufen haben. Einige meinten: Endlich hat's mal 'ne Richtige erwischt! Na ja, vielleicht war's doch ein bißchen übertrieben.

Wie ich überhaupt dazu gekommen bin? Wie die Jungfrau zum Kind! Wir hatten vor Jahren einen alten Herrn zu Grabe getragen und standen noch ein bißchen auf dem Friedhof rum. Wie wir das immer tun, denn auch Neuigkeiten mußten ja noch ausgetauscht werden. Und eine war, daß die Kirchenuhr nach vielen Jahren endlich wieder ging. Naundorfs Karl aus Müglenz, ein Laien-Uhrenschlosser, hatte das Ding zum Gehen gebracht. Und nun rief er in die Runde: Es möge doch mal jemand hoch kommen und sehen, wie die Uhr aufgezogen wird. Das Uhrwerk läuft nämlich nur 33 Stunden. Niemand wollte, bis ich mich erbarmte.

Ich sah mir's an. Dann dachte ich mir: Na ja, wenn du mittags aus dem Konsum nach Hause gehst, dann kletterst du eben mal schnell auf den Turm und ziehst am Strick, damit die Zeiger sich weiter drehen. Ist doch ein schönes Gefühl, wenn man

Marianne Harmuth am Uhrwerk der Kirche.

durchs Dorf geht, zum Kirchturm hoch schaut und die Uhr erblickt. Diese Zeitnahme ist was ganz anderes als die vom Handgelenk. Und dabei ist es geblieben. Nun bin ich längst Rentnerin, und da mache ich den Kirchgang, wenn's mir gerade in den Kram paßt. Nur 3mal habe ich es seit 1992 vergessen. Na ja, und als ich mal im Urlaub war, da blieben die Zeiger auch stehen, und einige fragten besorgt beim Pfarrer an, was los sei. Die meisten wissen's natürlich: De Harmuthen is nich da!

Ich bin auch sonst mit der kleinen Kirche eng verbunden. Wenn's was zu läuten gibt, dann ziehe ich den Strick. Beim Ausläuten eines Verstorbenen ist das ziemlich anstrengend. Da muß ich in der Stunde vier „Stürme“ bringen, das sind jeweils zehn Minuten ununterbrochen mit einer Ausruhzeit von fünf Minuten dazwischen. Das strengt an! Deshalb helfen mir Kinder. Die freuen sich über einen guten Lohn und würden am liebsten jeden Tag „bimmeln“

Für die Gottesdienste besorge ich die Blumen. Früher haben wir die gekauft. Aber das geht jetzt nicht mehr, die Kirche hat kein Geld. In meinem Garten wachsen genug, und die Nachbarn geben gerne. Ich gucke da schon immer rum, wo die besten blühen. Kunstblumen kommen nicht ins Gotteshaus!

Ich bin ein unruhiger Geist, hätte eigentlich genug zu tun. Doch seit drei Jahren kümmere ich mich mit um die Veranstaltungen der Volkssolidarität im engen Verbund mit Lüptitz. Die wollten mich eigentlich gar nicht haben, aber jetzt sind sie wohl überzeugt davon, daß ich nicht nur quatsche, sondern auch was organisiere. Die alten Leutchen freuen sich über jedes Treffen. Und zwischendurch gibts allerhand Fahrten mit meinem kleinen Ford. Das bißchen Nachbarschaftshilfe tue ich für alte Damen, die ihre Wege nicht mehr alleine schaffen.

Wenn ich nun resümiere, dann kann ich sagen, mein Leben hat sich erfüllt und auch Spaß gemacht. Es gab auch Niederlagen. Mein Mann haute nach 40 Jahren auskömmlicher Ehe quasi über Nacht ab. Das konnte ich nicht verstehen, und das hat mich auch ziemlich stark gebeutelt. Doch dann hatte ich's überwunden und fand meine Erfüllung in anderen Dingen.

Und wenn ich die 46 Stufen nicht mehr hinaufklettern kann im Kirchturm, dann findet sich bestimmt ein anderer Mensch, der es für's Dorf tut. Es wäre doch schlimm, wenn die Zeit in Zschorna stehen bleiben würde.

WEITERE DORFNOTIZEN aus Zschorna

Halbwegs nach Kühnitzsch zu liegt an der Flurgrenze der schmale **Flugplatz** von Hartmut Trommer. Der Kfz-Meister und Fluglehrer dreht mit einem Leichtbauflugzeug weite Runden übers Land. Interessenten können zum Flug über die Hohburger Berge zusteigen.

Der **Kirchturm** ragt kaum über die umstehenden Bäume hinaus. Er mußte 1816 wegen Baufälligkeit abgetragen werden, obwohl er gerade mal 20 Jahre vorher neu errichtet worden war. Die Gemeinde war erst 1840 in der Lage, ihn vom Lüptitzer Maurermeister Kornagel neu bauen zu lassen. Zwischenzeitlich standen die Glocken im Rittergutsgarten.

Vom ursprünglichen **Rittergut** stehen nur noch wenige Wirtschaftsgebäude. Das Herrenhaus wurde 1910 im Stile der Neorenaissance völlig neu erbaut. Im Zuge der Bodenreform erfolgte die Enteignung. Es diente kurze Zeit als Altersheim, danach als Parteischule der SED. 1958 erfolgte die Einrichtung einer Sonderschule, die ab 2003 verlegt werden wird. Die Zöglinge erhielten eine gute Ausbildung und erreichten in ihrem künftigen Berufsleben aner-

Das Herrenhaus vom ehemaligen Rittergut.

kennenswerte Leistungen. - Die ehem. Besitzerin des Rittergutes, Frau Obristin von Beschwitz (gest. 1813), wurde seiner Zeit als eine „der wohltätigsten und würdigsten Frauen von Zschorna" bezeichnet. Sie besaß u.a. den Kleinen Berg bei Hohburg und ließ um 1800 auf seiner Höhe ein „Lusthaus" erbauen, das aber schon bald danach „von Bubenhänden arg in Mitleidenschaft gezogen" worden war. Noch heute liegen dort Mauerreste.

Die **Schule** bestand bis 1950. Der Schulvorstand suchte vor 100 Jahren mit einer Anzeige in der Wurzener Zeitung einen „Prügelmeister" mit der Aufgabe, die Schulkinder kräftig durchzuhauen, die sich außerhalb der Schule Ungehörigkeiten zuschulden kommen lassen.

Ein neues **Vereinshaus** wurde 1999 am Sportplatz gebaut. Dort treffen sich regelmäßig die Freizeitkegler und Hobby-Fußballer. Der Jugendklub und eine Bibliothek haben hier ebenfalls eine Unterkunft gefunden. Seit 1946 fanden bis auf wenige Ausnahmen alljährlich ein Kinderfest und ein Sommernachtsball statt. Sie werden heute noch von den Mitgliedern der Nachbarvereinigung (Vors. Silvia Roschetzki) organisiert. Die Kameraden der Freiwilligen Feuerwehr (Wehrleiter Werner Wendt) veranstalten neben ihrem Dienst alljährlich u.a. eine Walpurgisfeier.

Handel und Gewerbe: Zwei Gaststätten bedienen heute noch die Kundschaft. Draußen an der Chaussee liegt der über hundert Jahre alte Gasthof „Zum Heitern Blick" im Familienbesitz von Albrechts, heute von Brunhilde Rudolf, geb. Albrecht geführt. Ein guter Mittagstisch mit deftigen Speisen lockt die Gäste. - „Köhlers Gasthaus" hat abends geöffnet und wird vom Gastwirt und Holzhändler Hans Köhler geleitet. Seine Tochter führt einen Tante-Emma-Laden. - Der Bäckermeister Beyer, aus Leipzig ins Gut von Kriegers in der Bauerngasse zugezogen, hat dort eine Öko-Bäckerei eingerichtet (ohne Laden, mit Verkauf in der Backstube). Die Produkte vermarktet er in ganz Westsachsen und bis nach Dresden. - Das Busunternehmen von Gisbert Dreilich hat einen guten Ruf. Mit den preisgünstigen Fahrten werden Kinder wie Senioren sicher durch die Lande kutschiert.- Autohandel mit Service von Döring. - Fliesenleger Ralf Wetzig. - Fußbodenleger Thomas Rücker. - Vermessungsbüro Hubert Mütze.

Hartmut Trommer vor dem Start in die Lüfte.

Watzschwitz, 1492/93 Watzschitz, wohl 'Leute im Ort des Va(d)c' (slaw.), OT von Hohburg, 105 Einw.

Der Ortsname ist beinah ein Zungenbrecher, und für den Fremden ein Problem beim Schreiben. Die Einheimischen sagen's kürzer: „Watsch". Der Flecken hat eine Straße, an der rechts und links einige Bauerngüter kleben. Zwei Wirtschaftspunkte begrenzen die Siedlung: Von Osten her der Glaspalast eines Autohauses und von Westen die Schickemühle. Eine Reparaturwerkstatt mit Autohandel in einem so kleinen Ort? Die Kundschaft fragt nicht danach, sondern nach Qualität. Ein findiger Autoschlosser hatte 1990 die Gunst der Stunde genutzt, und auf seinem Territorium die moderne Anlage etabliert. Etliche Mitarbeiter sorgen für einen guten Service. Und jedes Jahr im Mai ruft Geschäftsinhaber Sieghard Jentzsch (Jg. 53) die Einwohner und Kunden zum bekömmlichen Frühlingsfest.

Am Lossabach liegt ein Stück vom Dorf entfernt die Schickemühle, vermutlich der Rest vom einstmaligen „Schickedorf". Schickeberg und Schickebrücke belegen das heute noch im Sprachgebrauch. Die „Schicke Brück" (1623) war seinerzeit für die Straße zwischen Wurzen und Belgern ein wichtiger Übergang, seit langem hat sie sich zu einem fahrradfreundlichen Feldweg zurückgebildet. Das zweistöckige Haus macht von außen so gar nicht den Eindruck einer Wassermühle, und doch wurde hier seit 1527 das Korn gemahlen. Mit dem letzten Müller Berndt Heiles (Jg. 54) endete 1989 die Mühlengeschichte. Die Gesundheit gab's nicht mehr her. Er betrieb fortan ein florierendes Taxigeschäft und beschäftigt heute gar ein halbes Dutzend Mitarbeiter. Gegenüber liegt auf einer Wiese ein Parcours für den Reitsport. Anfänger lernen hier auf ihren Pferden die Sprünge über die bunten Hindernisse.

Der Gasthof ist längst Geschichte und nur noch eine Ruine, doch lebt er bei vielen Leuten in der Erinnerung. Unvergeßlich bleiben die nach dem Kriege noch einmal aufflammenden Kirmesbälle bei „Hechts Emma'n", ehe die Kneipe wegen Altersschwäche von Haus und Wirtin geschlossen werden mußte. Der kleine Saal im ersten Stock

Dorfteich in Watzschwitz mit Blick auf die nahen Hohburger Berge.

faßte kaum die Besucher, die sich auf die Bänke rund um die Tanzfläche quetschten. Etwas höher in den Hahnbändern sorgte die Drei-Mann-Kapelle („Max und seine Nixen") für tolle Stimmung.

Drei Einfamilienhäuser wuchsen in den letzten Jahren zwischen der Altbausubstanz empor. In ihren Formen und dem Aussehen passen sie ziemlich gut ins Dorfbild. Zwei von ihnen lehnen sich wie „Zwillinge" aneinander. So haben sie auch gleich diesen Namen bekommen. In einem lebt die Sprechstundenschwester PETRA JÄGER (Jg. 59) mit ihrer Familie:

Eine „Großstadtpflanze" gedeiht im kleinen Watzschwitz

Ja, ich bin ein originales Leipziger Gewächs. Dort in den geschäftigen Mauern erlebte ich Kindheit und Jugend und konnte mir nirgendwo anders mein künftiges Leben vorstellen. Dort lernte ich auch meinen Mann kennen. Seine Heimat ist das Dorf gewesen. Dorthin zog es ihn magisch zurück. Er wollte ein Leben mit Schweinen, Kaninchen und Hühnern. Das erschreckte mich.

Wir wollten in einem eigenen Haus wohnen. Die Suche nach einem Bauplatz in oder um Leipzig scheiterte an bürokratischen Hemmnissen. Nach der Wende ergaben sich von heute auf morgen ungeahnte Möglichkeiten. Im Bauerndorf Watzschwitz, im Schatten der Hohburger Berge, bot sich eine preisgünstige Basis. Und als ich auf dem „nackchen" Feld stand mit dem offenen Blick übers weite Land und der Vorstellung, daß hier eines Tages unser Haus stehen könnte, da war der Bann gebrochen. Wir entschlossen uns für ein Fertighaus. 1994 goß die Baufirma die Fundamente, und ein Jahr später zogen wir ein. Na ja, ganz so reibungslos ging's natürlich nicht, und ich mußte mich als „Bauleiterin" - mein Mann verdient die Woche über auf Montage die nötigen Pfennige - manchmal ganz gehörig bei den Bauleuten ins Zeug legen.

Und wie habe ich den Umzug von der Großstadt ins winzige Bauerndorf verkraftet? Da gibt es keinerlei Probleme mehr. Ich habe mich voll ins Dorf integriert. Und Glück gehabt! Die hiesige Hausärztin suchte eine Sprechstundenschwester. So konnte ich nahtlos meinen geliebten Beruf fortsetzen. Und wieder mal muß ich ein Klischee korrigieren: Da hatte mir irgendwer mal erzählt, daß die Bauern auf dem Dorfe einen dicken Kopf hätten und daß der Umgang mit ihnen gar nicht so reibungslos verlaufen würde. Mir ist jedenfalls noch keiner in die Quere gekommen. Im Gegenteil! Die Menschen hier sind genau so freundlich und nett wie anderswo. Klar gibt es welche, denen es nie und nimmer recht gemacht werden kann. Das sind die Ausnahmen.

Dann hatte ich noch ein anderes Erlebnis, das mir das Einleben im Dorf erleichterte. Das Museum in Hohburg suchte für seine Veranstaltung „Hochzeit am Steinarbeiterhaus" Mitwirkende. Wir sagten sofort zu, und auch meine Jungen, sonst zurückhaltend und schüchtern, machten mit. Wir schneiderten Zuckersäcke zu „Germanen-Outfit", um möglichst echt die „Hochzeit im Wandel der Zeiten" darzustellen. Unsere Truppe kam an, wie überhaupt der ganze Hochzeits-Nachmittag vor über tausend Zuschauern ungeahnt erfolgreich verlief. Wir lernten die Einheimischen besser kennen und die uns. Immer wieder mal erfreuen wir uns jetzt am Video dieser einmaligen Veranstaltung.

Es müssen nicht immer große Feste sein. Eigentlich ist das ganze Jahr über was los, ob familiär, mit Freunden oder mit den Nachbarn im Dorf. Sommers über fühlen sich besonders die Großstädter wohl auf der Wiese hinterm Haus. In den Wintermonaten wird's Gott sei Dank ein bißchen ruhiger. Da machen wir die Gegenbesuche. Dann sehnen wir doch bald wieder den Sommer herbei.

Ob das Leben nicht eintönig wird? Na, das liegt ja doch an jedem selbst. Klar, mein Mann arbeitet die Woche über auf der fernen Montage. Er fehlt mir schon manchmal, und die Wochenenden sind da ziemlich knapp. Dann verbringe ich einige Stunden in der Frauensportgruppe. Mein kanadischer Schäferhund verlangt jeden Tag seinen Auslauf, bei Wind und Wetter, über Stock und Stein. Haus und Garten und die beiden großen Jungs brauchen ebenfalls die ordnende Hand der Hausfrau.

Die Männer kicken im Freizeit-Sportverein auf einem Mini-Fußballplatz. Turniere mit Mannschaften aus den umliegenden Dörfern steigern sich zu heiteren Höhepunkten. Damit wir Frauen im Trockenen sitzen, kauften die Mitglieder einen überdachten Sitzplatz. Wichtige Beschlüsse fassen wir auf dem Platz unter der Dorflinde. Die wächst nämlich seit 1992 nahe dem kleinen Spritzenhaus. Da wurden übrigens früher die kleinen Strauchdiebe eingesperrt. Jetzt nicht mehr, weil's nur noch große gibt. Anläßlich unserer damaligen 500-Jahr-Feier pflanzte der Bürgermeister höchstpersönlich den Baum. Auch sonst hat er uns „Watscher Ableger" nicht vergessen.

Wir brauchen trotz alledem ab und zu die Hektik der Großstadt. Freitags fahren wir dann schnell mal nach Leipzig, das ist ja nicht weit. Dann bummeln wir, kaufen ein, lassen uns für einige Stunden von der Hast des Großstadtmilieus faszinieren. Wir sind ein zweites Mal so richtig glücklich, wenn wir wieder zu Hause in der Ruhe unserer Watzschwitzer Dorfheimat ankommen.

Petra Jäger und ihre Fußballer.

Es ist vielleicht vermessen, vom „Wagner-Dorf“ zu sprechen. Doch seit in den Herbsttagen des Jahres 2001 der Herrscher über das Bayreuther Festspielhaus, der Festspieldirektor Wolfgang Wagner, hier in der Kirche weilte und bei seinem Besuch einen Scheck in Höhe von 200 000 DM hinterließ, da stand der Ort zumindest für kurze Zeit im Mittelpunkt der Medien. Dem Ortspfarrer Klaus-Peter Schmidt verschlug es fast die Sprache. Es war eine seiner glücklichen Stunden. Nun können die kaputten farbigen Altarfenster restauriert werden. Und auch zur Reparatur der 150 Jahre alten Orgel wird das Geld reichen.

Die Müglenzer sammelten vor 200 Jahren schon mal für ihre Kirche

Unter einer weit ausladenden Eiche, die auf dem Kirchhof steht, duckt sich ein herausgeputztes Einfamilienhaus. Ein flüchtiger Blick erinnert wohl kaum an seine historische Vergangenheit, wäre da nicht eine geschnitzte Holztafel. Die Redaktion des „Rundblick“ hat sie 1963 gestiftet. Sie macht auf ein lokales Ereignis aufmerksam: Hier wurde nämlich 1736 als Sohn eines Pfarrers Gottlob Friedrich Wagner geboren. Und das war kein Geringerer als der Großvater von Richard Wagner, jenes Musikers, der zu Weltruhm kam. Und der aus der Familiendynastie, der zum ersten Male seinen Fuß in das Dorf seiner Ahnen setzte, war eben der Ururenkel von G. F. Wagner.

Von welcher Seite man auch auf Müglenz zufährt, die Spitzen des Kirchturms und die vom Schloß markieren das Dorf ziemlich deutlich. Das sakrale Gebäude schiebt sich 42 Meter hoch hinaus, obwohl es an der tiefsten Stelle des Dorfes steht. Für das kleine Dorf wohl überdimensioniert. Durch Blitzeinschlag war das alte Kirchlein vor 200 Jahren bis auf die Grundmauern abgebrannt. Der damalige Architekt bekam einen

Wintertag am Müglenzer Friedhof.

großzügigen Auftrag. Man wollte zeigen, daß man was ist, die Müglenzer Rittergutsherrschaft und die acht Bauern. Doch das Geld reichte weder hinten noch vorn. Erst nach einer landesweiten Geldsammlung konnte der Baustopp aufgehoben werden, und nach sechsjähriger Bauzeit erfolgte 1772 endlich die Einweihung.

Die letzte große Renovierung fand in den 80er Jahren statt. Unter der Leitung von Pfarrer Andreas Türpe gingen die Müglenzer mit ans Werk, schlugen den alten Putz ab, versorgten die Bauarbeiter und spendeten Geld. Der leuchtende Ockerton ist leider inzwischen arg verblichen und verschmutzt. Nicht jedoch im Innern! Wer eintritt, der hält überrascht inne. Im sächsischen Weiß-Grün erstrahlt die neogotische Ausschmückung.

*

Das Dorf liegt halben Weges zwischen den Hohburger und Dornreichenbacher Bergen inmitten einer flachwelligen Feldflur. Der mit mächtigen Erlen und Eichen flankierte Lossabach fließt mitten durch den Ort und formte ein weites flaches Tal. In den versumpften Niederungen verteilen sich zwischen einigen Teichen kleinere Auwaldreste. Am westlichen Dorfausgang schwingt sich eine steinerne Bogenbrücke über dem Bach. Erfreulicherweise steht sie unter Denkmalschutz und muß dadurch nicht einer anonymen Betonbrücke weichen.

Nördlich der Lossa verfallen die Gebäude des ehemaligen Rittergutes. Dahinter entstand eine kleine Neubauernsiedlung und auf der anderen Straßenseite Stallungen und Bergeräume der LPG. Eine unbegrünte Betonstraße führt kerzengerade und trostlos hinauf zu einer beeindruckenden Landmarke mit den „Drei Akazien“. Botanisch richtig sind es Robinien, aber der Volksmund beharrt auf seiner Meinung.

Zu den Einwohnern, die sich hier recht wohl fühlen, gehört auch die Familie GUSCHEL, HANS-JOACHIM (Jg. 50), Beratungsstellenleiter eines Lohnsteuerhilfevereins und Freizeit-Fußballer, und BEATE (Jg. 53), Leiterin des Hohburger Kindergartens:

Sommertag am Müglenzer Dorfrand.

Geld verdienten wir uns mit Gemüseanbau und Schweinemast

Er: Es war Anfang der 70er Jahre. Wir Thallwitzer Jungen radelten gern zum Hohburger Kaolinsee. Dort faszinierte mich ein großes, schlankes, dunkelhaariges Mädchen. Auf den Tanzböden sah ich es wieder. Schüchtern und vorsichtig bemühte ich mich um Kontakt. Und dann, war es Zufall oder Fügung, auf einer Bahnreise nach Leipzig saß das Mädel neben mir. 1976 haben wir geheiratet.

Beide: Anfangs wohnten wir noch getrennt. Dann wurde das Auszugshaus in Müglenz frei. Wir begannen mit dem Ausbau. Es sollte nur ein Provisorium werden. In dem „Nest" wollten wir nicht bleiben. Dann zogen die beiden Schwestern aus. Sollten wir nun die Eltern alleine lassen, da Vater zudem immer kränker wurde? Also investierten wir weiter im und am Haus, im Umfeld. Dafür rackerten wir abends und am Wochenende auf unserer „Parzelle", denn das Geld dafür verdienten wir mit Gemüseanbau und Schweinemast. Von Mal zu Mal gefiel es uns im Dorf, wurden wir heimisch. Und heute? Da könnten wir uns einen anderen Wohnplatz nicht mehr vorstellen. Das „kleine Nest" in seiner Ruhe und mit seinen Teichen und Waldungen und den freundlichen Nachbarn gibt uns alles das, was wir uns wünschen. Das spürt man eigentlich erst so richtig beim Älterwerden.

Sie: Mein Wunsch erfüllte sich, ich wurde Kindergärtnerin. In Hohburg begann ich 1973 diese schöne Tätigkeit. Dort bin ich heute noch, mit Eifer und glücklich, wenn ich auch nicht jeden Tag zufrieden den Arbeitstag beende. Die Kinder von heute sind stark äußeren Einflüssen ausgesetzt, die sich positiv wie negativ auf den Charakter auswirken. Sie sind lebhaft, selbstbewußt, aufgeschlossen, wißbegierig, aber auch hart im Austeilen. Sie fordern sehr viel. Wenn ihre Ansprüche nicht sofort erfüllt werden, dann rasten sie aus.

Kinder erzählen viel von Zuhause. Heutzutage beschränkt sich das meist auf das, was sie im Fernsehen gesehen haben. Sie können das aber oft nicht verarbeiten. Da müssen wir ihnen helfen. Sie identifizieren sich mit den Helden, mit den guten, aber

Erika Petzold ist 80 Jahre geworden. Tochter Beate und Schwiegersohn Hans-Joachim gratulieren.

mehr noch mit den bösen. Das ist cool und geil! Diese Worte gehören schon zu ihrem Wortschatz.

Sie sind aber auch traurig. Das äußerte sich besonders nach den Wochenenden, wenn andere begeistert vom Spaziergang oder dem gemeinsamen Spiel erzählen. Sie wußten nichts zu sagen. Die Eltern hatten wieder mal keine Zeit. Deshalb haben wir unsere Montagsgespräche eingeführt. Davon erzählen die Kinder auch zu Hause, und siehe da, es fanden sich doch paar gemeinsame Stunden mit den Sprößlingen.

Es gibt schon einen wesentlichen Unterschied zu früher: Wir haben keinen Zeitdruck mehr. Da mußte die Tagesplanung auf die Minute genau eingehalten werden. Und in einem solchen Plan war viel drin, auch die zehnminütige Pause. Kinder und Erzieherinnen hatten stets Streß, alles zu organisieren. Seine kleinen Probleme mußte jeder selber lösen. Das ist jetzt anders, wir haben richtig Zeit. Alles geschieht in einer ruhigen Atmosphäre, und die erfüllbaren Wünsche der Kinder fließen mit ein. Die Arbeit macht jetzt noch mehr Spaß.

Er: Nach einer landwirtschaftlichen Lehre und einem Studium sorgte ich für den Pflanzenschutz in der LPG Böhlitz und leitete das Pflanzkartoffellagerhaus. Das änderte sich 1991. Zuerst mit Kurzarbeit und dann mit einem Brief, daß ich nicht mehr kommen soll und gekündigt sei. In einem Lehrgang hatte ich mich inzwischen mit den Steuergesetzen vertraut gemacht. Ich eröffnete meine Beratungsstelle eines Lohnsteuerhilfevereins und bin heute außerdem in einem Versicherungs-Maklerbüro tätig. Mit meiner Tätigkeit bemühe ich mich, auch dem „einfachen Mann“ zu seinem Recht zu verhelfen.

Beide: Wir freuen uns, wenn zu einem kleinen Dorffest gerufen wird. Großartige Höhepunkte waren das allererste Fischerfest anläßlich der 800-Jahr-Feier von Hohburg 1985 und das zu unserer 550-Jahrfeier 1996. Da haben fast alle mitgemacht. Macht das bald wieder mal!, sagen die Leute. Das ist doch die beste Anerkennung, die die Organisatoren bekommen können.

Die junge Müglenzer „Ziegenfamilie“.

Das **Herrenhaus** (auch Schloß genannt) wurde vor hundert Jahren durchgreifend im Neobarock verändert. Nach Enteignung (Bodenreform 1945) und Belegung mit Wohnungen wollten es nach 1990 immer wieder mal einige Investoren umkrempeln. Daraus wurde nichts. So scheint es nun endgültig dem Verfall preisgegeben zu sein. Nur das Wappen derer von Bünau, die es im 18. Jh. besaßen, kündet über dem Eingang vom einstigen Glanz besserer Tage.

Einige **Personalien**: Christoph Döbler (1935 bis 1969) wohnte im Geburtshaus von G.F. Wagner. Er beschäftigte sich intensiv mit der Vergangenheit der Wagner-Sippe und der Ortsgeschichte. Eine kleine Heimatstube im Haus vermittelte in den 50er und 60er Jahren einen guten Überblick. - Der Zimmermann Walter Münch gehörte in den 50er und 60er Jahren zu den Pionieren der Nerz- und Nutriazüchtungen. Die Ställe an der Lossa galten als Musteranlage. - Der Bauernsohn und Traktorist Karl Naundorf (Jg. 33) reparierte mit viel Geschick historische Uhren, darunter auch die von einigen Kirchtürmen. Er hat sich diese Fähigkeit schon als Kind angeeignet.

Fünfhundert **Milchziegen** werden von der aus Holland 1999 zugezogenen Familie Douwe und Sissy Bergsma in der ehemaligen Milchviehanlage der LPG gehalten. Sie haben sich inzwischen gut eingelebt und sanieren Stück für Stück die alte Anlage. Die Tiere leben im freien Auslauf und werden zweimal täglich maschinell gemolken, die Milch wird an die Molkerei Zimmermann in Falkenhain geliefert.

Das **Schulgebäude** aus dem Jahre 1890 neben dem Friedhof beherbergte bis 1950 die Schüler,

Der ehemalige Gasthof in Müglenz.

dann wurden sie nach Hohburg eingeschult. Es befindet sich jetzt in Privatbesitz von Rainer Stabrey, ein 1992 aus Leipzig zugezogener Tischler und Restaurator, der hier eine Werkstatt zur Restauration von Möbeln, historischen Türen und anderen Holzwaren eingerichtet hat. Für die vorbildliche Sanierung der alten Schule erhielt er eine Auszeichnung des Amtes für Denkmalpflege.

Die **Störche** nisteten viele Jahre lang erfolgreich auf dem Schornstein der alten Bäckerei. 1998 mußten die oberen Schichten des Nestes wegen des bedenklichen Bauzustandes abgetragen werden, seitdem meiden sie das Nest.

Das **Feuerwehrgebäude** im Schloßgarten hat zwar seine Funktion im wesentlichen verloren, doch es ist zu hoffen, daß mit der Bildung eines Heimatvereins einzig verbliebenen öffentlichen Gebäude des Ortes wieder Leben einzieht.

Eine intensive **Fischwirtschaft** betreibt Falk Gröger in insgesamt 43 Teichen der näheren und weiteren Umgebung. Im „Müglenzer Fischereck“ werden vom Herbst bis zum Frühjahr Karpfen und andere Fische verkauft.

Dorfbild von Müglenz mit Schloßturm und Kirche.

Kühnitzsch, 1203 Kinz,'Ort des Chyn' (slaw.), oder auch 'Khojna' (Kiefer, Fichte), OT von Falkenhain, 347 Einw.

Das Straßendorf hat gleich drei Wahrzeichen: In der Dorfmitte das Schloß mit den ehemaligen Stallungen des Rittergutes, unmittelbar daneben die Barockkirche und weiter draußen in den Feldern die Bockwindmühle. Alle drei Gebäude befinden sich in einem guten Zustand. Deswegen wurde der Ort 1997 Sieger im Wettbewerb „Unser Dorf soll schöner werden - unser Dorf hat Zukunft" im Freistaat Sachsen, und ein Jahr später erhielt er gar eine der Bronzemedaillen im bundesweiten Wettbewerb. Aber nicht nur deswegen! Auch aufgrund der kulturellen Aktivitäten seiner Menschen, wie des Bauern i.R. Fritz Winkler (Jg. 36), des Bauern i.R. Alfred Schaich (Jg. 34) und vieler anderer.
Ein für Kühnitzsch typischer Dreiseithof ist das Zuhause von Fritz Winkler:

Wie die Kühnitzscher das Holz für ihre Windmühle organisierten

Mein Großvater war von 1914 bis 1945 Bürgermeister und hat einen alten Schrank voller Akten hinterlassen. Die Geheimnisse der historischen Schriften zu ergründen, war für mich von besonderem Reiz. Ich stöberte in den staubigen Blättern, die mir die Welt der Groß- und Urgroßeltern nahe brachten. Daneben schrieb ich jahrzehntelang auf, was ich vom Großvater und aus Erzählungen alter Kühnitzscher über die Geschichte des Ortes erfuhr. Die zweite Hälfte des 20. Jh. erlebte ich sehr intensiv und aktiv. Die Landwirtschaft prägte mein Leben. Noch heute steht bei mir Vieh im Stall, weniger des wirtschaftlichen Nutzens wegen, sondern aus Leidenschaft.

1980 rettete ich mit anderen Helfern die 1812 erbaute Bockwindmühle vor dem Verfall. Für die Windmühlenflügel brauchten wir vier Lärchenstämme, konisch zulau-

Wintertag im Park zu Kühnitzsch mit Schloß und Kirche.

fend und acht Meter lang. Vom Forstamt hörte ich nur die lakonische Antwort „Hamm mer nich!“. Da bekamen wir vom Schmölener Förster den Tip, daß in der Nähe des Feierabendheimes einige Lärchen stünden, die wir fällen könnten. Los ging's mit einer Zugmaschine und Kettensägen. Wir hatten schon mit der Arbeit begonnen, da wurde ich zum Telefon gerufen. Mir wurde eröffnet, daß die Bäume nicht gefällt werden dürfen. Zu spät, die sind schon alle geschlagen und aufgeladen! So und so ähnlich wurde Stück für Stück organisiert und restauriert. Die Mühle ist jetzt ein funktionstüchtiges technisches Denkmal. Schulklassen und andere Besucher kommen gern zum Schauen.

Im Schloß entstand ein kleines Museum. Gemeinsam haben wir dort zusammengetragen, was aus dem dörflichen Leben erhalten geblieben ist. Die Gegenstände dokumentieren, wie früher gearbeitet wurde in der Landwirtschaft und im Haushalt, welche Handwerke es gab, wie die Schulkinder gelernt haben. Wir richteten dafür den Boden des historischen Bauwerkes her, und vom Turmzimmer aus geht der Blick weit über die Fluren der engeren Heimat. Das einstige Wasserschloß, das 1842 im Zeitempfinden der Romantik umgebaut worden war, diente nach Bodenreform und Enteignung zuletzt bis 1998 als Grundschule. Jetzt beherbergt es den Kindergarten und einige Klassen der Förderschule vom nahen Zschorna. In den Jahren 2003/2004 wird die Schule in einen anderen Ort verlegt. 12 Uhr, wenn sich die Kleinen zum Mittagsschlaf hinlegen, läutet die Glocke vom nahen Kirchturm.

Die Kirche von 1707 ist ein besonderes Kleinod, doch eigentlich erst seit kurzem. Bis 1992 war sie ein Bild des Jammers. Der Turm drohte gar einzustürzen, von den Wänden bröckelte der Putz. Ein Brandstifter sorgte zusätzlich für Aufregung. Die Polizei hat ihn später geschnappt. Im Sommer 1992 ging's los mit der Erneuerung. Zwölf Männer der Kirchgemeinde standen schwitzend auf dem Gerüst und hackten den verwitterten Bewurf ab. Fünf Jahre später erstrahlte die Kirche in ihrer barocken Ausgestaltung mit dem Kanzelaltar und dem evangelischen Beichtstuhl, eine Seltenheit weit und breit, im schönsten Glanze. Ob der Betrachter von heute ermessen kann, wieviele Sorgen, Kämpfe, Telefonate und unbezahlte Arbeitsstunden dazwischen liegen?

Im Kühnitzer Museum.

Die Siedlung liegt eingebettet zwischen vier kleinen Waldungen: Im Norden das Buchholz, im Osten das Grimmaische Holz und westwärts das Bornholz und weiter draußen mit einem Höhenunterschied von 20 Metern der Kampfberg. Bei der Treibjagd im Herbst geht jeder gern neben Fritz Winkler durch den Wald. Er kennt die Gegend. „Hier am Kampfberg stand mal die alte Ziegelei, und hier war die alte Richtstätte. Wenn man genau hinsieht, kann man noch das Blut erkennen, denn hier fand 1739 die letzte Hinrichtung mit dem Schwert statt." Beim genauen Hinsehen entpuppt sich das Blut allerdings bald als rotbraunes Herbstlaub.

Das Bornholz - eine Quelle von dort versorgt noch heute den Badeteich im Dorf mit sauberem Wasser - ließ der Schloßherr ab 1840 in einen Park verwandeln. Für Fritz Winkler sind Pflanzen ein wahres Himmelreich. Die Liebe zur Natur gewann er schon als Kind. Er sammelte Raupen und beobachtete ihren Weg bis zum Schmetterling. Jetzt führt er gern Besucher durch die Anlage, vor allem im Frühjahr, wenn Buschwindröschen, Schlüsselblumen, Maiglöckchen oder gar Orchideen blühen. „Manchen Standort seltener Pflanzen zeige ich natürlich nicht. Da habe ich so meine Erfahrungen. Unsere Enkel sollen sich noch an ihnen erfreuen." *(G. M.)*

Es sind viele Kühnitzscher, denen die Heimat so sehr am Herzen liegt, die sich mit Leidenschaft um ihre Pflege bemühen. Einer davon ist GERHARD MÜLLER (Jg. 41): Er war von 1985 bis 2001 Pfarrer im Ort:

Warum ich so schnell heimisch wurde

Es war im Jahre 1983, da stürmte ein Mann in das Amtszimmer meiner vormaligen Pfarrstelle in Seeburg am Süßen See in der Nähe der Lutherstadt Eisleben: „Ich komme aus Wurzen und bereite einen Betriebsausflug vor. Dabei wollen wir auch die Kirche besichtigen." Mit Wurzen verband ich den Geruch von Spekulatius: „Ach, Sie kommen aus der Keksfabrik?" Da stellte er sich vor: Pfarrer Wolfgang Wohllebe. Er bereitete einen Ausflug von Mitarbeitern der Wurzener Kirchgemeinde vor.

Das Kühnitzscher Dreigestirn (v.l.n.r.) im Pfarrhof: Gerhard Müller, Fritz Winkler, Alfred Schaich.

Damals hörte ich, daß in Kühnitzsch ein Pfarrer gebraucht wurde. Als Sachse fühlte ich mich nicht so sehr wohl in der „Fremde". Da könnte ich doch...? Die Ernüchterung folgte nach der ersten Besichtigung: Im Pfarrhaus Trockenklo, die Wasserpumpe auf dem Hof, weder Bad noch Telefon. Die Kirche selbst unbeschreiblich grau und renovierungsbedürftig. Ich sagte ab.

Die Kühnitzscher ließen nicht locker. Briefe gingen hin und her. Der Kirchenvorstand setzte sich ein. Das Pfarrhaus wurde bewohnbar gemacht. Das war zu DDR-Zeiten nicht leicht. Die ehrenamtlichen Bauleute hatten wohl genügend „Vitamin B" (Beziehungen!). Daß diese auch für die Kirche bemüht wurden, machte mir Mut. Hier sind Menschen, die nicht nur an sich denken. Beim Einzug begrüßten uns ein Schild mit der Aufschrift „Herzlich willkommen" und eine liebevoll gebundene Girlande.

Es war nicht einfach, in jener Zeit Pfarrer zu sein. Ich muß an die Stürme denken, die mir oft schlaflose Nächte bereiteten. In jedem Frühjahr und Herbst rissen sie immer wieder neue Löcher in die altersschwachen Dächer „meiner" drei Kirchen in Kühnitzsch, Dornreichenbach und Körlitz. Schiefer fielen von den Türmen wie tote Blätter. In luftiger Höhe kletterten Bergsteiger, nagelten Pappe über die gröbsten Schäden. Kirchenvorsteher banden Dachziegel mit Draht fest. Der Verfall war kaum aufzuhalten. Ich denke aber auch an Auseinandersetzungen mit der Schule, weil Christenlehrekinder von Lehrern verspottet wurden oder an Gemeindemitglieder, die unter politischem Druck standen. Das verband!

Die allgemeine Aufbruchstimmung in der DDR im Jahre 1989 brachte frischen Wind, auch in mein Leben und in meinen Dienst als Pfarrer. Es wurde Frühling mitten im Herbst. In Kühnitzsch bildete sich ein kleines Bürgerkomitee. Selbstverständlich gehörte ich dazu. Hauptaufgabe war die Vorbereitung der ersten freien Wahl.

Durch die politischen und wirtschaftlichen Veränderungen im Land boten sich ganz neue Möglichkeiten für den Erhalt der Dorfkirchen. Vordem konnten die kleinen Kirchgemeinden fast ausschließlich nur mit kirchlichen Mitteln haushalten. In unserer sächsischen Mundart klingt das doppeldeutig, aber treffend: kärchlich! Am heißesten Tag des Jahres 1992 standen zwölf Männer der Kirchgemeinde auf dem Gerüst und hackten den löchrigen Putz des Kühnitzscher Kirchturmes ab. Die meisten Helfer waren Vorruheständler. Sie wurden gebraucht, und wir alle fühlten, daß wir zusammengehören, weil wir eine gemeinsame Aufgabe hatten.

Unvergeßlich bleiben mir die alljährlichen Feste zur Christenlehre im Pfarrgarten, die Begegnungen mit Gästen aus der Partnergemeinde Schoningen, die gemütlichen Stunden mit dem Frauendienst. Es gab Höhepunkte in meiner Dienstzeit, die uns allen hier wichtig waren: Die Kirchweihfeste nach den Renovierungen der Kirchen, die 500-Jahrfeier in Körlitz 1995, die Ehrung Kühnitzschs als Sieger im Sachsen-Wettbewerb der Dörfer. Mir hat diese Arbeit Freude gemacht. Darum bin ich auch Mitglied im Heimat- und Schulverein seit seiner Gründung. Ich weiß, daß ich zum Dorf gehöre.

Ich mußte mir eine Träne wegdrücken, als ich meine letzten Konfirmanden Pfingsten unter der Kanzel sitzen sah. Wegen struktureller Veränderungen in der Landeskirche bin ich seit September 2001 im Ruhestand. Die Kirchgemeinde gehört jetzt mit zum Bereich des Börlner Pfarrers Jürgen Schneider (Jg. 54). Bei meiner Verabschiedung aus dem aktiven Dienst reichten mir so viele Menschen die Hände. Mit allen hatte ich etwas zu tun in den vergangenen 16 Jahren, allen gehört ein wenig meines Herzblutes.

Wir bleiben im alten Pfarrhaus wohnen, meine Familie und ich. Hier bin ich zu Hause. Ich gehöre hier hin und gehöre dazu. Das wird auch im Ruhestand so bleiben. Dafür danke ich Gott, der mich hierher in seinen Dienst gerufen hat, und wünsche mir, daß ich immer noch etwas von seiner großen Liebe zu allen Menschen weitergeben kann.

Handel und Gewerbe: Bäckerei Reinhold Krause seit 1922; Fleischerei Lutz Bartlog seit 1991, Gaststätte „Alte Brennerei“, Sven Buchwald; Klempnerei Christian Müller; Baugeschäft Lothar Heyde; Tiefbau Karl Reuschel; Zimmerei Steven Haseloff; Zimmerei André Steuber; Holzeinschlag Ulf Mösenthin; Carlowitz KG (Milchvieh); Landwirt Frank Petzold (Rinderzucht).

Die Bockwindmühle.

Vereine und Einrichtungen: Heimat- und Schulverein Kühnitzsch/Körlitz e.V. Vors. Fritz Winkler mit dem Heimatmuseum im Schloßturm (seit 1994). - Kühnitzscher Karnevalsclub (KKC), Präsident Klaus Mühlner, Ehrenpräsident und Gründer (1963) Adolf Trepte, Zeremonienmeister Christian Müller. 15 Veranstaltungen im Dorf und in der Umgebung mit Prinzenpaar und Funken-Mariechen. - Freiwillige Feuerwehr, gegr. 1889, Wehrleiter Klaus Richter. Aktive Beteiligung bei vielen baulichen und kulturellen Vorhaben im Dorf, vor allem Schlämmen der Teiche und jährliches Teichfest. - Frauengymnastikgruppe, Ltg. Eva Schirutschke; Kindergarten, Ltg. Kerstin Rasser; Teil der Förderschule Zschorna in den Räumen der ehem. Grundschule.

LITERATUR: Festschrift anläßlich der 800-Jahrfeier 2003 „Ein Dorf und seine Menschen - Chronik des Ortes Kühnitzsch", Hrsg. Heimat- und Schulverein, 2000, 164 S. - Gerhard Müller: „Mein Sohn aber ist so frei...“. Erinnerungen - besonders an das Jahr 1989. 2001, 75 S.

Dorfstraße in Kühnitzsch mit Bäckerei, Kaufladen und Apotheken-Dienst durch PKW.

Der Zureisende kann wählen: Auf sieben Straßen erreicht er den Ort aus allen Himmelsrichtungen. Er kann trotzdem nur eine benutzen. Die romantischste von allen ist die achte von Dornreichenbach her, von knorrigen Pflaumenbäumen und Hollunderbüschen flankiert, mit blühenden Straßengräben und löchrigem Belag. Es ist ein historischer Weg, im wahrsten Sinne des Wortes, nämlich die „Hohe Straße", auf der sich einstmals die Frachtfuhrwerke und Postkutschen aus den östlichen Gebieten Sachsens und von weiter her zur Messe nach Leipzig quälten.

Körlitz liegt inmitten von fruchtbaren Feldfluren und niedrigen Obstplantagen. Nach Roitzsch zu erstreckt sich in einem flachen Tal ein weites Wiesengelände. Darin ist die Rietzschke versenkt, die hier beim Ort ihre Quelle hat. Übereifrige Meliorationsbauer haben das Bächlein vor Jahrzehnten schnöde verrohrt. Die Naturschützer standen hilflos dabei.

Über zwanzig Bauernhöfe haben das dörfliche Leben jahrhundertelang geprägt. Heute wird nur noch ein einziger für die Tierhaltung genutzt. In einem der wunderbar herausgeputzten Bauernhöfe wohnt Katrin Born (Jg. 65), Angestellte beim Amt für Ländliche Neuordnung, Mitglied des Falkenhainer Gemeinderates, Vors. einer Frauen-Sportgruppe, des Bürgervereins und Ehefrau und Mutter:

In Körlitz sucht ein Bürgerverein nicht nur Gerechtigkeit

Ich bin hier geboren und aufgewachsen. Auf der Dorfstraße verbrachte ich manche Stunde meiner Kindheit. Da habe ich das Laufen gelernt und das Radfahren, habe mir dort oft blutige Knie geholt. Der liebste Spielplatz aber war die Milchrampe. Sie stand da, obwohl sie ihre Funktion längst verloren hatte. Wir konnten keinen besseren Platz

Katrin Born in ihrer Körlitzer Dorfstraße.

finden, saßen dort stundenlang, baumelten mit den Beinen, beobachteten das Treiben im Dorf, ereiferten uns an den Neuigkeiten und verkauften auch mal Blumen, die wir uns „organisiert" hatten. Inzwischen ist das Holzgestell längst abgerissen. Den Schwatz über die Dorfstraße hinweg machen wir heute noch mit den Nachbarn, wenn wir sonnabends die Fußwege und Straßen kehren.

Unbeschwert wuchs ich heran. Der Pferdestall gegenüber unserem Gut zog mich magisch an. Ich mochte die Pferde, lieber noch als Hunde und Katzen. Ich pflegte sie, saß auf ihren Rücken und war regelrecht vernarrt in die Tiere. Im heiratsfähigen Alter machte ich es wie andere meiner Freundinnen: Ich hielt Ausschau nach einem liebenswerten Mann, fand ihn in Kühren und holte ihn hierher in das Bauerngut meiner Eltern, das ich übernommen hatte. So blieb es in 5. Generation im Familienbesitz.

Wie es sich im Dorfe lebt? Ich bin zufrieden! Sicher, da öffnet kein Konsum oder keine Poststelle mehr die Pforten, es duften keine Brötchen bei einem Bäcker, im Gasthof debattiert kein Stammtisch mehr die wichtigsten Dorfnachrichten, aus einem Kindergarten schwirren keine fröhlichen Kinderstimmen - es gibt eigentlich rein gar nichts mehr. Doch viele haben ihre Arbeit, fahren mit dem Auto in Richtung Wurzen. Gibt es überhaupt noch eine Familie, die kein Auto hat? Die Wege sind schnell erledigt. Was wir brauchen, das bringen wir von dort mit. Und für die Älteren rollen Bäcker-, Fleischer- und sonstige Verkaufswagen ins Dorf. Die Veteranen kennen genau die Zeiten, stellen sich brav an, drängeln nicht, weil sie gern noch das eine oder andere Schwätzchen machen wollen. ... und alles ist gut, fast alles jedenfalls. Für ein so kleines Dorf kann man nicht mehr erwarten. Die Zeiten haben sich geändert.

Natürlich gibt es Probleme. Hausgemachte und andere. Und solche, bei denen der Spaß aufhört. Da flatterten den Grundstücksbesitzern doch vor Jahren amtliche Bescheide ins Haus. Darin erhob ein Abwasserbetrieb unverschämte Forderungen wegen Kläranlage und Hausanschlüssen. Ein Aufschrei ging durchs Dorf. Wir müssen was tun! Man war sich schnell einig: Allein erreichst du nichts! Besser in der Gemeinschaft.

Rentner-Nachmittag mit junger Bedienung am Gemeinschaftsgebäude der Feuerwehr Körlitz.

Also gründen wir einen Verein, einen echten Bürgerverein. Nächstes Problem: Wer übernimmt den Vorsitz? Ich gehörte zu den Jüngsten in der Runde. Schließlich überzeugten sie mich unter einer Bedingung: Es müssen alle mitmachen! Zuerst zögernd, aber dann gaben die Betroffenen ihre Unterschrift. Und es ging los! Wenn ich damals gewußt hätte, was für Ärger, Rennerei, Schreibkram und sonstige Bürokratie damit verbunden sind, ich hätte wohl nicht ja gesagt. Hatte es aber, und dann gab es für mich kein Zurück. Vielleicht auch deshalb, weil nicht nur das Dorf meine Heimat ist, sondern mehr noch sind es die Menschen hier. Und die Leute respektieren meine Arbeit. Übrigens, der Kampf ums Abwasser ist noch nicht ausgefochten, denn Recht haben ist noch lange nicht Recht bekommen!

Bald gab es neue Überlegungen: Der Verein könnte vielleicht auch noch was anderes bewegen? Unsere damalige Bürgermeisterin griff Anfang der 90er Jahre so richtig in die Fördertöpfe des Staates. Straßen und Fußwege erhielten Asphalt- und Betonpflasterdecken. Sicher, der dörfliche Charakter ging dabei etwas flöten, aber die Planung hat es so gewollt. Warum allerdings die Dorfstraße mit Parkbuchten ausstaffiert wurde, da doch die Bauernhöfe selber genug Parkflächen auf den Höfen hatten, bleibt uns ein Rätsel. Heute sagen wir: Es hätte manches anders gemacht werden können. Inzwischen haben wir uns daran gewöhnt, und die Fußwege und Straßen sind sauber. Ziemlich gestört hatte uns auch am kleinen Dorfplatz ein künstliches Hochbeet mit exzellenten Holzpalisaden. Doch hier wirkten Wind und Wetter schneller als unsere Kümmernisse. Das deplazierte Bauwerk neigte sich bedenklich zur Seite. Also ergriff der Bürgerverein die Initiative, und nach einem freiwilligen Einsatz (früher nannten wir das NAW) war der „Fremdkörper" beseitigt und in ein normales Pflanzenbeet umgewandelt.

Das sollte nicht die einzige und letzte Gemeinschaftsarbeit bleiben. Die 500-Jahr-Feier im Jahre 1995 endete mit einem Riesenerfolg und dem Bekenntnis, sie alljährlich mit einem Dorffest en miniature zu wiederholen. Und so organisierten wir, das waren die Leute vom Sportverein und der FFW und kulante Sponsoren, nacheinander die 501-, 502- und folgenden Jahrfeiern.

Mein ganz kleines Paradies habe ich jetzt auf dem einstigen Heuboden meines stillgelegten Bauernhofes. Schon immer wollte ich einen Raum mit einem großen Tisch in der Mitte, an dem meine knapp zwei Dutzend Familienmitglieder und Verwandte in fröhlicher Runde sitzen, essen, trinken und ihren Spaß haben. Dieser Wunsch ist nun erfüllt. Die Baumärkte lieferten die Materialien, und meine Männer haben rangeklotzt. Zum Schulanfang unseres Kindes bestand der umgebaute Scheunenboden seine erste Bewährungsprobe. Daß möglichst alle gerade dort sitzen wollen, wo der Blick durchs Fenster auf das nahe Kirchlein fällt, das hatte ich nicht bedacht. Die auswärtigen Gäste haben da natürlich Vorrang. Und sie kommen gern in mein Dorf, in dem wir noch so richtig auf dem Lande leben, wo auch der Schweineduft hin und wieder durch die Straßen zieht. Aber der gehört nun mal dazu, und das haben eigentlich alle gewußt, auch die Neuen draußen am Moschützweg in ihren strahlenden Siedlungshäusern oder die, die im alten Dorfkern ein Grundstück gekauft und bezogen haben.

WEITERE DORFNOTIZEN aus Körlitz

Kühren hat seine Elefantenjagd, Körlitz hat seine **Ballonfahrt** mit einer spektakulären Landung. Sie vollzog sich 1892 auf dem Dach von „Liebaus Restauration" und erst anschließend am Stammtisch. Die mutigen Luftschiffer aus Leipzig spendeten 180 Flaschen Bier fürs Dorf. Ein Fotodokument (leider eine Fälschung!) hing später im „Gasthof Lambrecht" (1999 geschlossen). „Der Rundblick" erzählte die Story, und seitdem ziert sie als zeitgenössisches Dokument das eine oder andere Wohnzimmer im Ort.

Die **Kirche** ist das älteste Gebäude im Ort, vermutlich um 1250 gebaut. Die aus derben Bruchsteinen gemauerten Wände waren wohl für die Ewigkeit bestimmt, mußten trotzdem mit starken Stützpfeilern zusammengehalten werden. Ein schmaler Dachreiter mit einem goldenen Wetterhahn (unerreichbar!) schmückt das winzige Gotteshaus. Sichtbare Schätze sind ein romanischer Taufstein und die kleine Glocke von 1427. Die jüngste und mühevollste Renovierung dauerte zwanzig Jahre und endete 1991 mit einem Kirchweihfest. Der Friedhof wurde vor längerer Zeit ein Stück entfernt neu angelegt und mit einer derben Bruchsteinmauer eingeschlossen. Hier und auch an anderen Grundstücken bereichern sie mit Sedumbewuchs das Dorfbild.

Am **Moschützweg** liegt die neue Wohnsiedlung am Nordrande des Dorfes in freier Feldflur, wo die ehemalige Siedlung „Moschütz" vor 500 Jahren verlassen wurde und seitdem als wüste Mark in der Geschichtsschreibung herumgeistert. Die Gemeinderäte haben sich mit der Wahl dieses Straßennamens ein gutes Zeugnis ausgestellt.

Findige und skrupellose Geschäftemacher sammelten kurz nach der Wende landauf und landab ausgediente Autoreifen gegen klingende Münze und lagerten diese (die Autoreifen natürlich) auf Körlitzer Flur. Eines der **Reifenlager** brannte 1991 wochenlang mit gefährlichen Rauchschwaden, das andere harrt eingezäunt der Entsorgung.

Die Schaustellerfamilie **Bernd Schleinitz** mit vier Jungen krempelte ein altes Bauerngut um und schlug darin ihr Winterquartier auf. Als Attraktion haben sie ein buntes Mini-Riesenrad im Reisegepäck, auf dem weder Oma noch Säugling Angst haben müssen. Vom Frühling bis in den Herbst befindet sich die Familie auf großer Fahrt durch die Lande. Wenn's im Dorfe heißt „Schleinitz ist wieder da!", dann wissen die Körlitzer, daß bald der Winter kommt.

Vereine: Die Freiwillige Feuerwehr, eine kleine, aber schlagkräftige Truppe mit Motorspritze ohne Fahrzeug, besitzt ein schmuckes Gerätehaus. Es wird als Dorfzentrum kollegial von der Sportgruppe und den Veteranen der Volkssolidarität mit genutzt. Wehrleiter R. Jeßner. - Heimat- und Schulverein Kühnitzsch/ Körlitz, Vors. Fritz Winkler. - Sportverein „Non Stop" e.V. und Bürgerverein Körlitz, Vors. Katrin Born;

Das **Weiße Haus** nennt sich die Freizeitanlage am Sportplatz nach Roitzsch zu, nicht mit dem gleichnamigen Präsidentenpalast in Washington zu vergleichen. Vor 30 Jahren mit Begeisterung und Spaß im NAW erbaut. Der Klang der jugendlichen Feten verwehte sich bis ins Dorf. Heute nutzen es die „Körlitzer Füchse" als Umkleideraum, eine jugendlich-frische Fußballmannschaft, die meist zu wenig Tore schießt, um zu gewinnen, aber trotzdem besser ist als der Gegner. Sagen sie!

Einmal im Jahr dient das Gebäude als Presse- und Org.-Zentrum für ein Reiterfest, das vom Roitzscher Pferdesportverein organisiert wird. Beim nationalen Springreiten wetteiferten schon mal 280 Pferde und ihre Reiter um die Gunst der Zuschauer.

Handel und Gewerbe: Schmiede und Metallbau Haßmann. - Schweinemastanlage Schlegel (Kühren) mit 2500 Tieren. - Landwirtsfamilie Dietrich, Feldbau und Schweinemast. - Taxi Kluge. - Transportunternehmen Möbius. - Bau- und Baunebenhandwerke von Lutz Handau und Ingolf Wohllebe. - Bauservice Horst Kupka. - Garten- und Landschaftsgestaltung Serfling.

Aufgelassener Steinbruch

Wo die Föhren schwarz den Riegel fassen,
liegt der Steinbruch, leer und aufgelassen;
in der Felswand zeigt noch mancher Bug,
daß man sprengte hier und Schotter schlug.

An der Einfahrt morscht im Kies Gerümpel,
in die Sohle wusch der Regen Tümpel;
Zinnkraut wuchert, Schachtelhalme blühn,
dumpfer Lattich spreizt sein hufiges Grün.

Doch von droben, von den schroffen Ecken,
klettern abwärts spröde Brombeerhecken,
schlägt Wacholder Wurzeln; Stück für Stück
holt der Wald sich seinen Bruch zurück.

Theodor Kramer

Aufgelassene Steinbrüche finden sich an vielen Orten im Muldentalkreis, so wie hier am Wolfsberg bei Lüptitz.

An der oberen Lossa und am Rand der Dahlener Heide

Den nordöstlichen Rand des Muldentalkreises bildet das Einzugsgebiet der oberen Lossa und deren winziger Zuflüsse (z.B. Thammenhainer Bach, Göppertsge) zwischen den Hohburger Bergen im Nordwesten, dem Schildberg im Norden, dem Westrand der Dahlener Heide bei Frauwalde und den Porphyrkuppen um Dornreichenbach. Hohburger Berge und das Dornreichenbacher Gebiet faßt man auch als das Dornreichenbach-Hohburger Porphyrhügelland zusammen.

Östlich von Kühren, am Rande des Wermsdorfer Forstes, entspringt im Wiesengelände die Lossa, inzwischen leider verrohrt. Sie umfließt die Porphyrkuppen zwischen Dornreichenbach und Meltewitz und bildet dann, sich nach Nordwesten wendend, eine weitgeschwungene sanfte Tallandschaft, in der Heyda und Falkenhain sich hinstrecken. Südlich von Voigtshain nimmt die Lossa die Göppertsge und den Thammenhainer Bach auf und fließt nunmehr westwärts auf die Hohburger Berge zu. Fast in jedem bzw. bei jedem Dorf sind die Bäche zu Teichen aufgestaut worden, teilweise von beträchtlicher Größe. Diese Gewässer sind ein besonderes Kennzeichen im Gebiet zwischen den Hohburger Bergen und dem Rand der Dahlener Heide.

Zudem ist, außer im Westen, dieser Landschaftsraum fast vollständig von Waldflächen oder aus einem Saum kleiner Wäldchen umgrenzt. In den Dörfern Dornreichenbach, Heyda, Falkenhain oder Thammenhain finden sich neben den Schlössern oder Herrenhäusern noch Parkanlagen und auf den Feldfluren zwischen den Orten außerdem noch häufig malerische Gehölzgruppen.

Es gibt keine großen Höhenunterschiede, das Gelände bewegt sich ruhig auf 136 bis 150 m Höhe. Nach Osten steigt es aber an, und dort beginnen dann auf etwa 140 bis 160 m Höhe die Waldgebiete der Dahlener Heide.

Sandhalde bei Dornreichenbach, die sich allmählich begrünt.

An der oberen Lossa und am Rande der Dahlener Heide
Thammenhain
Schildberg
Dahlener Heide
Voigtshain
Holzteich
Göppertsge
Lossa
Dammühlenteich
Frauwalde
Falkenhain
Kranichteiche
Lossa
Heyda
Börln
Mark Stolpen
Stolpenteich
Dornreichenbach
Reichenbacher Berg
Meltewitz
Dahlen
Markschönstädt
Wurzen
Dahlen
Wermsdorfer Forst

Zwischen dem Schildberg und den Quellen der Göppertsge haben wir tatsächlich alte Grenzwaldungen vor uns, und nicht nur der sandige bis schluffige Löß wird vom Sander der Heide begrenzt. Es gibt dafür auch siedlungsgeschichtliche Gründe. Die Dörfer an der oberen Lossa sind noch nicht so alt wie die weiter westlich zur Mulde hin gelegenen. Dort begegnen uns fast ausschließlich slawische Ortsnamen, hier sind es deutsche, die mit ihren Wortendungen schon auf die Rodearbeit der eingewanderten deutschen Bauern im hohen Mittelalter hinweisen. Diese rückten sicher von der Mulde her die Bachtäler nach Osten hinauf in die Wälder vor, rodeten sie und legten Siedlungen und Felder an, wo die vorgefundenen Böden ausreichende Erträge versprachen. Die Rodearbeit fand dort eine natürliche Grenze, wo die Kolonisten auf die Sandgebiete der Heide stießen. Die Wasserscheide hier ist die zwischen Mulde und Elbe, und diese Naturlinie war auch die erste schriftlich bezeugte Grenzlinie des Wurzener Landes 1284, selbst die sächsisch-preußische Grenze folgte nach 1815 dieser Linie. Bis heute ist sie eine administrative Grenze geblieben, und der Schildberg markiert sie mit seinen 217,2 m in der Landschaft weithin sichtbar. *(W.E.)*

Steinbrüche und Sandhalden verändern das Landschaftsbild

Zahlreiche flach mit Boden bedeckte Porphyrhügel sind heute noch bewaldet. Der Fels steht dicht unter der Bodenoberfläche an, so daß hier Ackerbau nicht betrieben werden konnte. Außer Holz benötigten aber die Siedler auch Lehm und Stein als Baumaterial. Ihnen wird nicht entgangen sein, daß der Porphyr sehr hart und fest ist, sich durch seine Klüftung trotzdem einfach abbauen ließ. So haben die heutigen Steinbrüche sicher eine lange Geschichte, bis es in jüngerer Vergangenheit schließlich zu den Großbrüchen mit Straßen- und Gleisanschlüssen kam.

Zuerst schlugen die Menschen, als sie noch auf Handarbeit angewiesen waren, in die Berghänge kraterähnliche, mehrere Meter tiefe Löcher in den Fels. Es waren nur kleine Wunden. Berg und Wald blieben großräumig erhalten. Erst im Zuge der Industrialisierung, um die Wende vom 19. zum 20. Jh., rückte man dem Porphyr ernsthaft zuleibe, so daß hier das Landschaftsbild sichtbar verändert wurde.

Ein typisches Beispiel dafür ist der Stolpenberg bei Meltewitz, den die Lossa im Osten im großen Bogen umfließt. In einer älteren Karte wird er noch mit 203 m Höhe angegeben, heute ist dieser Berg verschwunden. An seiner Stelle ist ein 30 m tiefer, im Durchmesser mehrere hundert Meter betragender Felsenkessel entstanden, der von Abraum-, Steinsand- und Schotterhalden umgeben wird. Natürlich ist der Wald so weit zurückgedrängt worden, wie der Bruch Platz brauchte. Ein hohes Schotterwerk mit stählerner Verladebrücke und Förderbändern prägt gleichfalls das Steinbruchgelände.

Steinbrüche in solchem Umfang sind ein gewaltiger, ernstzunehmender Eingriff des Menschen in die Landschaft. Der alte Lebensraum „Wald“ wird vernichtet, und neue Biotope entstehen, von denen die Natur wieder Besitz ergreift. Besonders Tiere und Pflanzen, die unter Populationsdruck stehen, siedeln sich sofort auf „Neuland“ an. So ist z.B. die Bruchsohle bedeckt mit Splitt und Steingeröll. Dazwischen bilden sich flache Tümpel, und außerdem fahren auf der Sohle immer auf bestimmter Spur Dumper, und an der Felswand rattern Preßlufthämmer und Bagger. Trotzdem siedelt sich hier der Flußregenpfeifer an, der eigentlich auf den Kiesbänken der Flüsse brütet. Aber Kiesbänke gibt es kaum noch. Ebenso lebt auf dem losen Splitt die Blauflügel-Ödlandschrecke, die in unserer Kulturlandschaft nur noch hier ein letztes Refugium hat. Nach Huflattich und trockenheitsliebenden Gräsern siedeln sich auf den Halden von unten nach oben Besenginster, Salweiden, Birken und Aspen an und bilden ein Vorwaldstadium. Ohne Zutun des Menschen könnte sich daraus in geraumer Zeit wieder ein Eichen-Mischwald bilden *(H.K.)*

Thammenhain, 1198 Tammenhayn, 'Rodungssiedlung eines Tammo' (dt.), OT von Falkenhain, 626 Einw.

„Thammenhain grüßt seine Gäste". Mit diesem bronzenen Spruch auf einem markigen Felsbrocken aus Dornreichenbacher Porphyr am Ortseingang von Voigtshain her werden die Autofahrer unübersehbar empfangen. Andere Dörfer machen das mit einer Holztafel. Sie verfault nach wenigen Jahren. Der Thammenhainer Gruß wird Jahrhunderte überdauern.

„Thammenhain ist ziemlich dünn aufgegangen ..."

Ich radle von Hohburg nach Thammenhain einen anderen Weg, am Sommerstall vorbei. Das Quartier für die Schafe gibt es zwar schon längst nicht mehr, aber in dem kleinen Waldstück hat sich der Flurname erhalten. Der durchlöcherte Weg führt leicht wellig ins Dorf. Rechts und links stehen Büsche und Bäume im vollen Saft: Eichen und Birken, Heckenrosen, Himbeeren und Brombeeren, der Holunder und jede Menge Birnbäume. Ein Paradies für die Vogelwelt.

Vom dunklen Saum der Waldungen - sie gehören zu den nordwestlichen Ausläufern der Dahlener Heide - heben sich unterm Schildberg geometrisch gezirkelt die Giebel und Dächer des ellenlangen Straßendorfes ab. Im Wald nördlich und östlich vom Ort verläuft am S-Weg die Flurgrenze zu Schildau. Seit 1815 war sie auch die preußisch-sächsische Grenze, ein Dorado für Grenzgänger, Schmuggler und Wilddiebe. 1866 nahm das Gesindel überhand, und die Thammenhainer bewaffneten sich. Alle männlichen Bewohner erhielten Flinten und Spieße und hatten an Sonntagnachmittagen zur Übung anzutreten. Aber nicht lange. Die preußische Obrigkeit fürchtete wohl die Aufrüstung, und die Thammenhainer mußten reumütig ihre Waffen in Torgau

„Mistelbäume" am Thammenhainer Wasser.

abliefern. Der Grenzfrieden war wieder hergestellt, doch enge Verbindungen zu den Dörfern ins Preußische hinüber hat es nie gegeben. Heute versucht es allenfalls eine jugendliche Fußballmannschaft.

Den Kirchturm suche ich vergeblich. Ich weiß, daß er da ist. Er ist jedoch so klein, daß er im aufstrebenden Grün der Bäume verschwindet. Auch zwischen den anderen Gebäuden beleben mehrere Baumgruppen das Landschaftsbild. Majestätisch flankieren hochaufragende Erlen und weitausladende Eichen das Thammenhainer Wassser. Einige von ihnen haben sich zu regelrechten Mistelbäumen entwickelt. Unter Kopfweiden suchen Kühe etwas Schatten. Hin und wieder sammelt ein Teich das dahinplätschernde Wasser. Sieben sind es heute noch von ehemals zwanzig angestauten Gewässern.

Das Dorf hat zwei lange Straßen beiderseits eines Baches und versumpften Wiesen. Die alten ausgedienten Dreiseithöfe liegen weitläufig auseinander, so wie damals, als vor tausend Jahren nach und nach die fränkischen Bauern den Wald rodeten, um Platz zu schaffen für ihre kleinen Gehöfte. „Thammenhain ist ziemlich dünn aufgegangen, als der Herrgott die Bauernhöfe aussäte“. So beschrieben einstmals gottesgläubige Einheimische ihr Dorfbild. Jetzt füllen nach und nach neue Einfamilienhäuser die Zwischenräume.

Wo liegt eigentlich des Zentrum des Dorfes? Die Thammenhainer suchen es selbst noch, denn der Ort zerfällt in mehrfach getrennte Siedlungsteile. An der Kirche mit ihrem Friedhof ließe sich zumindest ein Mini-Zentrum finden. Im Dreieck der Straßen breitet eine uralte Eiche schützend ihre Äste aus. Darunter hockt ein mächtiger Porphyrblock. Er erinnert an die Toten des I. Weltkrieges. Im II. waren es noch viel mehr. Gegenüber vom Friedhof lockert emsiges Treiben die dörfliche Ruhe. Im Kindergarten brodelt junges Leben. Leben und Tod nur von einer Straße getrennt - wie nah sind sich hier die beiden Geschwister. Gerade in ihrer jüngsten Geschichte mußten das die Thammenhainer spüren: Das Sägewerk und das Caritas-Heim im Schloß, beide Einrichtungen hatten Thammenhain weithin bekannt gemacht, sind geschlossen, die Schule wegen Schülermangel ebenfalls seit 1999.

Heinz Nicklisch putzt den Thammenhainer Begrüßungsstein.

Einer, der sich damit gar nicht abfinden wollte, war HEINZ NICKLISCH (Jg. 43) Dipl.-Ing für Elektrotechnik, seit 1991 selbständiges Planungsbüro, ehrenamtlicher Bürgermeister bis 1999 und jetzt Vorsitzender des Ortschaftsrates:

Wir Thammenhainer haben gekämpft und doch verloren

Ja, unser Kampf um die Erhaltung der Selbständigkeit unserer Gemeinde ging verloren. Aber wir sind nicht gestorben. Wir leben und kämpfen weiter, jetzt eben für andere Ziele. Wir Thammenhainer sind ein eigenes Völkchen. Möglich, daß das aus der Lage des Ortes resultiert, nämlich ganz am Rande des Kreises. Dann kommen der Wald und der Schildberg, und dahinter liegt das Preußische. Das war eben jenseits, das war eine andere Welt. Dorthin gab es kaum eine direkte Verbindung.

Politik und Wirtschaft haben uns immer stiefmütterlich behandelt, und wenn wir uns manchmal nicht selbst geholfen hätten, so mit der LPG, der ZBO, dem Sägewerk, dem Pflegeheim, man hätte uns glatt vergessen. Und deshalb wohl auch waren die Menschen hier immer ein bißchen verbittert. 1994 hatten mich die Thammenhainer zu ihrem Bürgermeister gewählt, zwar nur ehrenamtlich, aber immerhin. Und das mit einer Stimmenzahl wie zu DDR-Zeiten. Nur mit dem feinem Unterschied, daß diese Wahl geheim war.

Tagsüber verdiente ich mir in der Firma meine Brötchen, nachts machte ich dann den Schriftkram für die Gemeinde. Und das war bei der heutigen Bürokratie ein verdammt großer Berg. Ich hatte den Ehrgeiz, die Eigenständigkeit der Gemeinde zu erhalten. Die Bevölkerung und der Gemeinderat standen hinter mir.

Noch einmal bemühte ich mich bei der Staatsregierung in Dresden, mit einer konkreten Kosten-Nutzen-Rechnung die Eigenständigkeit zu bilanzieren. Und das sah auch gar nicht so schlecht aus, mit geringstem Verwaltungsaufwand und mit Schule und Kindergarten über die Runden zu kommen. Natürlich hätten wir auch sonst nur ganz kleine Brötchen backen können. Aber kämpfe mal gegen Windmühlenflügel! Der Kampf

Der Gedenkstein an die Toten des I. Weltkrieges am anderen Ende des Dorfes.

ging verloren, wir mußten uns der Großgemeinde Falkenhain anschließen. Und nun? Warum sollte ich alles hinschmeißen? Ich habe das Vertrauen der Einwohner, und das Leben geht weiter. Also bemühe ich mich, als Vorsitzender des Ortschaftsrates darum, daß unser Ort nicht fünftes Rad am Wagen wird. Und mir scheint, daß der neue Bürgermeister auch ziemlich gerecht und objektiv den Verbund verwaltet. Natürlich hat er es nicht leicht, den riesigen Schuldenberg abzutragen. Manche harte und ungeliebte Maßnahme wird den Leuten nicht schmecken. Mit unseren Straßen sieht es z.B miserabel aus. Ich bleibe optimistisch! Eines Tages rollen auch wir über bessere Wege. Die müssen doch nicht von teuren Betonfußwegen flankiert werden oder anderem Schnickschnack aus Zement. Es geht auch eine Nummer kleiner, und sandgeschlämmte Steige passen zudem viel besser ins Dorf.

Was mich natürlich immer wieder anspornt, ist die gute Ortsgemeinschaft. Es gibt wenige, die sich da ausklammern. Das ist normal. Aber es gibt viele, die immer da sind, wenn man sie braucht. Was wir mit unserer 800-Jahr-Feier im Jahre 1998 alles auf die Beine gestellt haben, das läßt sich kaum beschreiben. Unser Festumzug war einfach Klasse. Es gelang, weil viele mitgemacht hatten. Allen voran die Kameraden der FFW. Erst neulich hat ein halbes Dutzend von ihnen wieder mal in die Hände gespuckt und ohne viel Federnlesen einen Dorfteich geschlämmt.

Thammenhain grüßt seine Gäste. Natürlich meinen wir das ehrlich. Andererseits wissen wir auch, daß uns keine Touristenströme überschwemmen. Es sind wenige, die da kommen. Wenn überhaupt. Und doch haben mir Leipziger bestätigt, daß sie sich hier ganz wohl fühlen.

WEITERE DORFNOTIZEN aus Thammenhain

Die **Galgeneichen** beschäftigen schon immer die Gemüter. Es ist eine unter Naturschutz stehende Eichengruppe mit drei wuchtigen Exemplaren an der Straße nach Röcknitz. Sie haben jedoch niemals als Galgen gedient, ihr Alter wird auf über 200 Jahre geschätzt. Ihren Namen erhielten sie nach der Galgenwiese, einem älteren Flurnamen.

Im Dorf standen mal zwei **Kirchen**, nämlich die Dorfkirche (auch Oberkirche genannt), die heute nur von wenigen Kirchgängern besucht wird, und die Hofkirche (auch Unterkirche) im ehemaligen Rittergut. Im Innern birgt die Dorfkirche, die vermutlich vor 800 Jahren errichtet worden war, einen historischen Schatz, nämlich den Grabstein von Samuel Wagner (1666 bis 1706), allerdings ziemlich verwittert. Das war kein Geringerer als der Ururgroßvater von Richard Wagner. Die Urheimat des gefeierten und zeitweise umstrittenen Komponisten liegt im Wurzener Land *(siehe Müglenz)*. 1717 muß die Gemeinde ziemlich klamm bei Kasse gewesen sein, so wie heute. Sie verkaufte für 66 Taler die Kirchturmuhr nach Knatewitz. Erst 200 Jahre später konnte sie sich wieder eine neue leisten.

Am anderen Ende des Dorfes stand seit 1568 (1713 völlig neu gebaut) die Hofkirche für die Herrschaften vom Schloß und einige katholische Gläubige. Damit sich die Pfarrer nicht gegenseitig die Kirchgänger wegnahmen, fanden die Sonntagspredigten im Wechsel statt. Praktizierte Ökumene im kleinen Dorfe. 1949 wurde die Hofkirche im Zuge der Bodenreform wegen angeblicher Baufälligkeit abgerissen und restlos beseitigt. Die geweihten Steine und Balken vermauerten einige Neubauern in ihren Stallungen.

Einige **Personalien:** Heinrich Kriz (Jg. 36), Schuhmacher und Hobby-Segler, wurde in Tschechien geboren, erlernte in Belgern das Schuhmacherhandwerk von der Pike auf. Zuletzt besohlte er die Stiefel der NVA-Soldaten. 1984 landete er in Thammenhain und hat sich zufrieden eingelebt. Hier eine originale Werkstatt eingerichtet mit dem Schemel vom alten Belgerner Meister und anderen Werkzeugveteranen. Seitdem im Nebenerwerb eines Rentners meisterliche, schnelle und preiswerte Reparaturleistungen für kaputte ‚gute' Schuhe der Familien im Ort und im weiten Umkreis. Freitags wird die Nähmaschine abgestellt, die Tür verschlossen und übers Wochenende hinweg auf einem See im Unterspreewald das Segelboot flott gemacht. – JOHANN VI. VON SALHAUSEN wurde 1444 im Pfarrhaus als Sohn eines hiesigen Pfarrers geboren, ließ um 1500 als Meißner Bischof (1487 bis 1518) das Wurzener Schloß erbauen und wohnte auch dort. Mit seinem Namen und den der Wagnerischen Vorfahren fällt wenigstens ein bißchen Glanz von den Großen dieser Welt auf das kleine Dorf. – PAUL SELTMANN (1862-1940) war von 1897 bis 1926 im Ort ein sozial engagierter Pfarrer und Heimatforscher. Er gründete den Ev. Kirchlichen Blaukreuzbund in Sachsen, ein Verein gegen den Alkoholmißbrauch. – FRANK UHLMANN praktiziert den Naturschutzgedanken. Er hat Benjeshecken angelegt und in der Umgebung des Dorfes zahlreiche Bäume gepflanzt.

Das **Schloß** ist das Wahrzeichen des Ortes. Wohltuend hebt sich das im gelben Farbton gehaltene Gebäude von den Scheunen und Stallungen des einstigen Rittergutes ab. Die in vielen Generationen über Jahrhunderte hinweg hier herrschende Adelsfamilie der Freiherren von Schönberg, ihr gehörten neben riesigen Feldflächen auch die Rittergüter in Hohburg und Müglenz und weitere im Sachsenlande sowie ausgedehnte Waldflächen in den Hohburger Bergen, ließen das alte Schloß 1890/91 total umbauen. Heraus kam eine annehmbare Anlage im Stile der Neo-Renaissance, im Erscheinungsbild das einer Fabrikantenvilla. Mit der Bodenreform 1946 wurden die Besitzer verjagt, und das Schloß übernahm 1948 der Caritas-Verband Dresden. Einige Jahre fanden hier im Heim elternlose Kinder ein Zuhause, danach alte und kranke Menschen. Im Jahre 2000 ließ die Caritas in Wurzen ein völlig neues Gebäude bauen. Ein Nachfahre derer von Schönberg erwarb die väterlichen Gebäude und beabsichtigt, darin Wohnungen einzurichten.

Das **Sägewerk** war ein Markenzeichen des Dorfes. Der Rittergutsbesitzer Freiherr von Schönberg ließ es um 1900 bauen. Hier konnte er kostengünstig das Holz aus seinem umfangreichen Waldbesitz in den Hohburger Bergen schneiden lassen. Als das Aufkommen nach 1965 immer geringer wurde, brachte die Eisenbahn zeitweilig gar sibirische Holzstämme ins Land und unters Thammenhainer Gatter. Seit 1995 warten die verlassenen Werkhallen inmitten der leergefegten Holzplätze auf einen Investor. Das Sägewerk hat lediglich noch musealen Wert, wenn überhaupt.

Ein **Heimatverein,** 2000 gegründet, Vors. Steffen Löll (Jg. 65), will kulturelle Aktivitäten entwickeln.

Gaststätten: Im Oberdorf steht seit Jahren die langjährige Baustelle vom „Stern" (Bes. Dirk Rößler). Das ist ein modischer Gasthofserweiterungsbau auf den Grundmauern einer historischen Kneipe. 1925 eröffnete hier eine Jugendherberge ihre Pforten, vor allem für Wandersleute aus Leipzig gedacht. Als Werbegag lockt heute ein halber Trabant im Mauerwerk. – Im Unterdorf offeriert die Gaststätte „Zur Linde" (Familie Taubert) unterm Blätterdach mächtiger Linden ihre Gasträume mit einem großen Saale. Doch Tanz und Kultur sind dort rar geworden. Zum Klub zu zweit kamen immer weniger Gäste. Jetzt versammeln sich noch einmal im Jahr gackerndes Federvieh und hoppelnde Kaninchen. Die bunte Käfigschau lockt immer wieder sachkundiges Publikum aus nah und fern an.

Handel und Gewerbe: Von der traditionsreichen Freigang-Fuhrwerks-Dynastie blieb Heinz-Jürgen Freigang mit einem kleinen Fuhrunternehmen übrig. – Die Landwirte Wolfgang Knöfel und Hartmut Ulrich betreiben in ihren Familienbetrieben Ackerbau und Viehzucht. – Jürgen Wien handelt und repariert alte Fahrzeuge, auch Schrotthaufen. – Peter Heinze tischlert in 3. Generation mit zwei Mitarbeitern Möbel und andere Holzwaren. – Steffen Löll führt einen Betrieb für Metallbau. – Eva Maria Kulozik handelt mit Küchen und Kleinmöbeln. – Blumen- und Gemüsehandel von Rainer Kühn. – Waldbewirtschaftung und Landschaftsbau von Gerald Dietze. – Imkereigewerbe von Dieter Mitdank. – Die Fa. Otto Schneider verkauft Holz aller Art. – Der Konsum hat eine lange Tradition, und noch heute floriert die Kaufhalle.

LITERATUR: Aus der Geschichte unserer Heimat, Heinz Martin, 1998.

Voigtshain, 1441 Voitshain, 'Rodungssiedlung eines Vogtes' (dt.), OT von Falkenhain, 222 Einw.

Voigtshain liegt in der Mitte zwischen Thammenhain und Falkenhain. Die drei Siedlungen bilden eine Siedlungskette am Rande der Dahlener Heide mit dem Schildberg im Nacken. Sie gehören nun mal zusammen, auch gemeindeamtlich.

Von Norden her entwässert der Thammenhainer Bach den Ort. Er nimmt noch die Abwässer auf, die sich mehr oder weniger erfolgreich geklärt aus den Haushaltungen ergießen. Kleine, aus Brettern gezimmerte Wehre, stauen da und dort das Wasser für Enten und Gänse. Am südlichen Dorfrand mündet der Bach auf der Rohrwiese in die Göppertsge, die von Frauwalde her kommt.

Der Voigtshainer Karl Lausch gründete im Vogtland das Dorf „Lauschgrün"

Voigtshain ist ein richtiges Straßendorf. Die dreiseitigen Bauerngüter reihen sich wie Perlen an der Schnur auf, im Oberdorf einige Dutzend Meter von der Straßenkante entfernt. So kann der Straßenlärm nicht bis in die Schlafstube dringen. Auf der Gegenseite, oben auf der Höhe, wo die Straße zum Schildberg führt, mauerten und zimmerten mit steinzeitlichen Methoden und Materialien nach 1946 zahlreiche Neubauern ihre Höfe, heute normale Wohnhäuser. Daneben bieten die gebrechlichen Großhallen der einstigen LPG einem privaten Schweinezüchter aus einem fernen Nachbarort das notwendige Domizil für seine Viehhaltung.

Vor der Kulisse eines Mini-Parks mit hochaufragenden Bäumen stehen die Reste des ehemaligen Rittergutes (152 ha). Die Familie Rahn mußte es mit der Bodenreform 1946 verlassen. Das Herrenhaus aus dem Jahre 1775 beherbergte danach eine Berufsschule und die Verwaltungen von LPG und Gemeinde. Seit 1991 dämmerte das

Blick über den Voigtshainer Stausee der Göppertsge zur Mühle und die Hohburger Berge.

schmucklose Gebäude vor sich hin. Ein verblichenes Schild erinnerte noch lange an die nahe Vergangenheit: „LPG Pflanzenproduktion Wilhelm Pieck“.

Zehn Jahre lang suchte die Treuhandliegenschaftsgesellschaft mbH einen Investor. Nachfahren der Familie Rahn wollten Gebäude und Park zurückkaufen. Zuversichtlich gingen sie 1996 ans Werk. Vorab säuberten sie den Park. Doch den Traum von einer hoffnungsvollen Zukunft vermieste ihnen die Treuhand. Sie verlangte zu viel Geld.

Und dann, im Frühjahr 2002, kam doch noch ein „Prinz“, der mit handfesten Vorstellungen den Schlaf beendete. Gerüste wuchsen in die Höhe, Bauhandwerker schwirrten wie fleißige Bienen ins Haus und aufs Dach, und innerhalb weniger Wochen saß dort ein kupferner Turm und verkündete weithin: Hier tut sich was! Der neue Besitzer Bernd Keilitz kam aus Altenhain von jenseits der Mulde und will hier Wohnungen einrichten. Voigtshain hat sein Wahrzeichen wieder. Andere Dörfer werden den Ort darum beneiden.

Das Umfeld zum Herrenhaus hatte sich schon vor Jahren gut herausgeputzt. Aus den Scheunen und Stallungen entstanden einige Eigenheime. Sie passen gut ins Dorfbild.

Eine Kirche stand nie im Ort, die Einwohner holten ihren Segen in Falkenhain. Dort liegen sie auch auf dem Friedhof, wenn ihre Zeit abgelaufen ist. An die Schule erinnern nur noch vergilbte Chronikblätter. Bis 1838 unterrichtete ein Schneidermeister die Dorfjugend. Mit seiner Elle brachte er ihnen das ABC und vielleicht noch ein bißchen mehr bei. Seitdem wanderten die Kinder nach Falkenhain. Darunter war in den 30er Jahren auch Marianne Klaus (Jg. 26).

Natürlich steht „mein Honig“ jeden Tag auf dem Tisch

Ich bin ein echtes Voigtshainer Mädel, allerdings nun in die Jahre gekommen, aber immer noch leidenschaftliche Imkerin. Vielleicht ist in meinen Adern wirklich Bienenblut geflossen, denn schon mein Großvater August Klaus huldigte neben der Schuste-

Marianne Klaus am 100-jährigen Bienenhaus.

rei mit Eifer der Honiggewinnung. Er hatte sich so um 1890 herum am Rande des Dorfes ein kleines bäuerliches Gut gebaut mit Stall und Scheune. Dort wohne ich noch heute.

Der Falkenhainer Kantor schenkte ihm eines winterlichen Tages ein Bienenvolk. Aus lauter Tierliebe schaffte er das Volk in die gute Stube und wärmte die Beute mit Federkissen. Am ersten schönen Frühlingstag öffnete er das Stubenfenster, damit die Tiere hinaus in das Himmelsblau schwirren konnten. Auf die Rückkehr wartete er allerdings vergeblich, denn die meisten fanden den Weg durch das Fenster nicht wieder.

Doch die Imkerei hatte ihn gepackt. In einem Katalog aus Thüringen fand sich ein preiswertes Angebot für ein Bienenhaus. Eines Tages konnte die Ladung mit dem Pferdewagen vom Wurzener Bahnhof abgeholt und im Garten aufgestellt werden. Es steht heute noch, wenn auch ein bißchen wacklig. Ebenso wie das später errichtete Langhaus, denn der Bestand wuchs nach und nach auf beachtliche 66 Völker an.

Mein Vater setzte das Schuhmacherhandwerk und die Bienenzucht fort, wenn auch nicht mit Begeisterung. Er ließ sich den Vorsitz des Falkenhainer Imkervereins aufdrängeln. Die hiesigen Züchter hatten sich nämlich von der Wurzener Gruppe abgespaltet, weil da irgendwelcher Knatsch die Harmonie störte.

Dann war ich an der Reihe. Ich mußte nach der Schulzeit zu Hause in der Landwirtschaft helfen und wurde richtig an die Kandare genommen. Da gab's manchmal Tränen, und für die Bienen hatte ich gar nicht so die rechte Lust. Aber was half's. Mit väterlichem Nachdruck wurschtelte ich mich rein. Und dann entwickelte sich so was wie Ehrgeiz. Ich las Fachzeitschriften, besuchte Lehrgänge und erweiterte nach und nach mein Imkerwissen.

Beruflich verdingte ich mich zwischenzeitlich als Angestellte, Postfrau und Buchhalterin. Zwanzig Jahre saß ich im Büro der Schumannschen Klinik in Dornreichenbach. Da habe ich meine Bienen gleich mitgenommen und im Garten stationiert. Später konnte ich mir einen rollenden Bienenwagen kaufen. Damit erreichte ich schneller

Bauarbeiten am Voigsthainer Herrenhaus.

und leichter die honigreichen Rapsfelder und die anderen Trachten im Wurzener und Oschatzer Land.

Wir lieferten in den vergangenen Jahrzehnten jede Menge Honig an den staatlichen Aufkauf. Wo er blieb? In den heimischen Handel kam die geringste Menge, zur Weihnachtszeit ein bißchen. Export ging vor, die DDR brauchte Devisen! Und heute? Jetzt werden wir mit Honig überschwemmt. Natürlich steht „mein Honig" jeden Tag auf dem Tisch neben der selbstgemachten Marmelade.

Ob's der Gesundheit dient? Bestimmt, denn meine Mutter ist hundert Jahre alt geworden. Na ja, ich gehe nun auf die 80 zu. Da kann jeder morgige Tag der letzte sein. Und dann suchen auch meine Bienen einen neuen Herren. Ich wünschte mir nur, daß jemand kommt und Haus und Hof übernimmt. Und wenn's nicht mehr geht, dann wandere ich eben ab ins Heim.

WEITERE DORFNOTIZEN aus Voigtshain

Zwei **Auswanderer** haben den Ortsnamen in fernen Gefilden bekannt gemacht. Gottfried Karl Lausch hat gar ein Dorf gegründet, das seinen Namen trägt, nämlich „Lauschgrün" im Vogtland. 1817 als zweiter Sohn eines Häuslers in Voigtshain zur Welt gekommen, lockte ihn 1846 die Ferne. Er verdingte sich beim Bau der Göltzschtalbrücke. Fernab einer Siedlung erbaute er 1847 dort einen Bauernhof, wo er 1866 die Lizenz für den Gasthof „Zum Goldenen Pflug" erhielt. Andere Leute siedelten sich an, und der Ort bekam seinen Namen. Der Gasthof bedient noch heute seine Gäste, und eine Tafel ist dem Gründer G. K. Lausch gewidmet.

Und da ist Lisa Seyffert. Als 19jährige Landarbeiterin packte sie 1959 still und heimlich ihre sieben Sachen und zog hinaus in die Welt. Die Reise endete schließlich nach verschiedenen Zwischenstationen im Westen von Kanada. Dort schneidert sie heute noch in „Liesl's Nähstüberl" traditionelle deutsche Trachtenmoden mit amerikanisch-kanadischem Einschlag. Voigtshainer Geschicklichkeit im fernen Amerika, das ist doch was! Die Käufer reißen ihr die bunten Textilien regelrecht aus den Händen.

Am südlichen Dorfrande hockt die 1888 erbaute massiv-steinerne **Turmwindmühle**. Herbert Freigang, der letzte Müller, verstarb 1995. Die Flügel ragen zerzaust in den Himmel, doch Mauerwerk, Dach und Technik im Innern sind noch in Ordnung. Und das soll auch bleiben. Frau Freigang hat sich da einiges vorgenommen. Wenn eines Tages nicht mehr Kaninchen, Hühner und eine Kuh versorgt werden wollen, dann wird die Tür für die Besucher geöffnet. Dann hätte auch Voigtshain seine kleine Attraktion, und das Wahrzeichen bliebe erhalten. Der kleine Stausee zu Füßen des Bauwerkes, der das Wasser der Göppertsge sammelt, bereichert das Landschaftsbild und bietet Wasservögeln Platz zum Nisten.

Handel und **Gewerbe**: Simone Senf handelt mit Blumen im Groß- und Einzelhandel. - Isolde Mai frisiert die Frauenköpfe aus dem Ort. - Auto-Lackiererei von H. Kanis. - Dachdecker-Meisterbetrieb von D. & U. Gallasch. - Utz Leischnig betreibt einen ambulanten Handel mit Imbißartikeln. - Stephan Leischnig mit Blumen- und Pflanzenhandel. - In der Dorfmitte steht noch heute der Gasthof „Zur Linde" mit ziemlich großem Saal, zuletzt von der Fam. Grumbach bewirtschaftet. Jetzt hat sich dort ein Metallbaubetrieb eingerichtet.

Die Turmwindmühle in Voigsthain.

Wegen seiner Länge gliedern die Einwohner ihren Ort in Ober- und Unterdorf, seit ewig langen Zeiten und auch heute noch. Der Unterschied zwischen oben und unten ist nicht geographisch zu verstehen, denn in der Höhenlage gibt es kaum Unterschiede. Im Gegenteil. Wenn man nämlich genau hinsieht, liegt das Unterdorf noch um 2-3 m höher. Es gab da wohl eher soziale Gründe. Im Oberdorf wohnten die Großbauern, unten die kleinen Landwirte und die Handwerker.

In Falkenhain wird nicht nur Käse gemacht

Das Dorf hat das Privileg, daß es schon in einer Urkunde aus dem 12. Jh. erstmals genannt wurde. Für die Mehrzahl der Siedlungen im Muldentalkreis erfolgte die Erstnennung ein oder mehrere Jahrhunderte später. So konnten die Einwohner 1998 ihre 800-Jahr-Feier begehen. Sie wurde zu einem unvergeßlichen Heimatfest. Der Festumzug mit den Episoden aus der Vergangenheit begeisterte über tausend Zuschauer.

Die ersten Siedler, es mögen fränkische Bauern gewesen sein, wußten genau, warum sie sich hier am Nordufer der Lossa und am Rande eines ausgedehnten Waldgebietes niedergelassen hatten. Am sanften Hang eines flachen Tales waren sie vor Überschwemmungen geschützt. Bestimmt haben sie den fischreichen Bach genutzt. Mit Mühe und unbändigem Willen rodeten sie hinter ihren Gehöften die Bäume. Es entstanden langgezogene schmale Felder, sogenannte Waldhufen. Die moderne Landwirtschaft mit ihren riesigen Flächen hat dieses harmonische Bild längst verwischt.

Im Unterdorf bildete sich im Laufe der Jahrhunderte das Dorfzentrum heraus mit dem Rittergut und der Kirche. Später kam die Schule dazu. Nach 1945 sprengte die weitere Besiedlung den alten Dorfrahmen. Nach Schildau zu entstand auf ehemaligen

Wintertag am Herrenhaus.

Feldfluren eine Eigenheimsiedlung. Die Gebäude gruppieren sich großzügig zwischen Bäumen und Sträuchern wie in einer Gartenstadt. Daneben liegen die Sportanlagen. Westlich der Lossa siedelten einige Neubauern. Nach 1990 kam parallel dazu eine Straße mit funkelnagelneuen Eigenheimen.

Als der „sozialistische Frühling" übers Land fegte und die historisch gewachsenen Bauernhöfe brach legte, baute die LPG am Rand des Dorfes geräumige Stallanlagen. An anderer Stelle wuchsen weitläufige Kartoffellagerhallen in die Höhe. Der Knollenhandel wurde neben dem Falkenhainer Käse zu einem Markenzeichen des Dorfes.

Im Ort florierten einst ein reges Gewerbe und ein lebhafter Handel. Nur wenige schafften es mit Mühe, bis heute selbständig zu bleiben oder wieder zu werden. Doch gerade in den letzten Jahren mußten aus Alters- oder wirtschaftlichen Gründen einige Handwerker und Handelsleute das Gewerbe abmelden. Dazu gehört auch der Stellmacher GERHARD KEYMER (Jg. 22):

Die Lastschlitten verfeuerten wir in Rußlands Winternächten

Die Jahre mit dem Schulranzen im Heimatdorf waren die schönste Zeit. Das sage ich nicht nur so als Floskel, das war wirklich so. Natürlich ist ein Stück Verklärung dabei. Die Stellmacherei meines Vaters ließ meiner kindlichen Phantasie weiten Raum. Ich besaß meine eigene kleine Hobelbank, und so wuchs ich ganz systematisch in dieses Gewerbe hinein. Außerdem war es ja üblich, daß ein Sohn die Werkstatt des Vaters übernahm. Und da ich der einzige war, gab's keine andere Wahl.

Also lernte ich ab 1937 Stellmacher und verdingte mich danach erst mal in Leipzig im Karosseriebau. Das war eine gute Ergänzung zum Stellmacherberuf. Im Leipziger Betrieb wurde im Akkord für den Krieg gearbeitet. Wir ergänzten die Chassis der Wanderer- und Horch-LKW aus Chemnitz mit entsprechenden Aufbauten zum Einsatz als Munitions- und Nachschubfahrzeuge. Lastschlitten standen ebenfalls auf dem Fertigungsprogramm. Einige davon habe ich in den kalten Winternächten in Rußland verfeuert.

Gerhard Keymer in seiner Werkstatt.

Manchmal ändert ein bißchen Dusel die Lebensbahn. Kurz vor der Einkesselung in Stalingrad bekam ich die Gelbsucht und kehrte ins Heimatland zurück. Die Rückreise endete ausgerechnet im Grimmaer Lazarett. Ich feierte Weihnachten 1942 zu Hause bei meinen Eltern. Danach mußte ich an die Westfront, überstand auch dieses Übel und kehrte nach nur kurzer Gefangenschaft 1946 ins heimatliche Dorf zurück. Zu Hause wurde ich dringend gebraucht. Vater hatte alle Hände voll zu tun. Wir reparierten ununterbrochen die Räder von Handwagen und Pferdewagen. Die Vertriebenen suchten hier eine neue Heimat, und das war ihr einziges Transportmittel.

Ein lukrativer Auftrag ließ die Maschinen laufen: Die Neubauern benötigten dringend Pferdewagen. Wie sollten sie sonst den Mist und die Früchte des Feldes transportieren? Dann fertigten wir in großen Mengen Schaufelstiele und Sensenbäume. Für unsere Arbeit berechneten wir einen Meisterlohn von 2,82 Mark pro Stunde. Zuletzt, so kurz vor dem Ende der DDR, durften wir den Stundenlohn bis auf 4.80 Mark anheben.

In den 60er Jahren mußten wir unser Fertigungsprogramm total umstellen. Die LPG brauchten keine Pferdefuhrwerke mehr. Ich baute fortan Gestelle für Polsterwaren. Mit der Vereinigung beider deutscher Staaten kam das endgültige Aus für die Werkstatt. Jetzt mußten wir einen Stundenlohn von 50 bis 60 Mark berechnen. Das konnte nicht gut gehen.

Ich kapselte mich nicht in meiner Werkstatt ab. Mich interessierte ständig, was im Dorf passierte, und dort, wo ich gebraucht wurde, half ich. Die Stunden habe ich nicht aufgeschrieben. Wozu auch, es gab sowieso keinen Lohn. Ich habe alles mit Leidenschaft gemacht, das meiste in Feierabendtätigkeit: Die Turnhalle und die Kegelbahn zum Beispiel. Und unsere Kirche. Meine Meinung war im Kirchenvorstand gefragt. Jetzt nun mit 75 höre ich aber auf damit, es sind jüngere da. Wir haben in den 70er Jahren unsere Kirche recht ordentlich herausgeputzt. Ich will mich doch im Gotteshaus wohlfühlen, denn ab und zu gehe ich hin und möchte den Pfarrer hören. Ich bin evangelisch und lebe in dieser Religion aus innerer Überzeugung.

Die neue Siedlung am Westrand von Falkenhain.

Ganz im Gegensatz zu unsrer schönen Kirche steht da der häßliche Betonklotz der Schule. Der stört schon aus der Ferne die gewachsene Dachlandschaft des Dorfes. Als ich in den 80er Jahren beim Bau des Gebäudes den Architekten fragte, warum dieses Monstrum hier ins Dorf gesetzt werden muß, meinte er lakonisch: „Der war übrig in Leipzig-Grünau. Doch Sie können beruhigt sein, in 80 Jahren ist der sowieso hinüber“. Das kann ich nun leider nicht mehr erleben. Das gesichtslose Gebäude bleibt ein Stein des Anstoßes. Trotzdem freue ich mich, wenn der Mittelschulstandort hier erhalten werden kann. Eine Schule gehört nun mal ins Dorf.

WEITERE DORFNOTIZEN aus Falkenhain

Zur **Gemeinde** Falkenhain gehören seit 1999 die Orte Falkenhain, Dornreichenbach, Frauwalde, Heyda, Körlitz, Kühnitzsch, Voigtshain, Thammenhain, Meltewitz, Mark Schönstädt und Mark Stolpen. Die Verwaltung hat ihren Sitz in einem modernen Rathaus, Bürgermeister ist seit 1999 Gerd Härtel (Jg. 44) aus Kobershain

1904 gründete Carl Müller eine **Brauerei**, in der bis 1962 Bier und Limo produziert wurden. Mit Hand- und Pferdewagen belieferte er die Kantinen in den Steinbrüchen und die vielen Gaststätten in den umliegenden Orten. Wie es geschmeckt hat, weiß heute kaum noch jemand.

1962 gründete der Lehrer Hartmut Kopsch (Jg. 33) die **Fachgruppe Ornithologie und Herpetologie** Falkenhain. Er verstand es, über alle Jahre hinweg seine Mitarbeiter für den Schutz der Vogelwelt und der Natur im allgemeinen zu begeistern. Er zählt und beobachtet nicht nur die Vögel. Sein Freund Heinz Onasch baute weit über 100 Nistkästen, die ständig kontrolliert werden. Seine praktische und wissenschaftliche Arbeit verbindet er mit dem Frohsinn in der Gemeinschaft. Sein leidenschaftlicher Kampf um die Erhaltung der Natur führt nicht immer zu einem erfolgreichen Abschluß, weil er mitunter durch die Bürokratie der Ämter und die Unvernunft der Menschen gehemmt wird. Für seine ehrenamtliche Tätigkeit erhielt Hartmut Kopsch 1991 den Heimatpreis für Natur.

Einige **Personalien**: Der Schriftsteller Erich Kästner (1899-1974) hatte zeitlebens eine gute Erinnerung an das Dorf. Der in Dresden Geborene verbrachte nämlich hier in seiner Kindheit zwischen 1907 und 1912 des öfteren seine Ferien beim Lehrer Paul Schurig. Ob er der Anlaß war, folgende Erkenntnis zu schreiben: „Echte,

Auch ein Industriebau kann sich recht gut dem Dorfbild anpassen.

berufene, geborene Lehrer sind fast so selten wie Helden und Heilige" läßt sich heute nicht mehr beweisen. Warum verkündet eigentlich nicht eine Erinnerungstafel seinen hiesigen Aufenthalt, wo doch alle Welt mit literarischen Persönlichkeiten die Gäste anlockt. Joachim Ringelnatz lebte als Kind auch nur sechs Jahre in Wurzen, und wie wird der vermarktet! - Heinz Martin (Jg. 34) war von 1963 bis 1999 Pfarrer in Falkenhain. Er organisierte über viele Jahre hinweg die Rekonstruktion der Kirche und die gut besuchten Kirchenmusiken, bei denen bekannte Chöre und Solisten auftraten. Für seine heimatgeschichtlichen Forschungen erhielt er 1998 den Heimatpreis für Geschichte. Als Jubiläumschrift zur 800-Jahrfeier verfaßte er eine Sammlung von heimatgeschichtlichen Episoden der Einwohner seiner drei Kirchdörfer Falkenhain, Thammenhain und Voigtshain. - Dr. Johannes Paul (1901-1977) war als Haus- und Landarzt eine echte Persönlichkeit. Er heilte nicht nur mit Pillen, sondern noch mehr mit Trost und Zuneigung. Seine Hausbesuche endeten oft erst nach Mitternacht. Er wußte, wo der Hausschlüssel der Patienten lag. In der Sprechstunde regierte das „autoritäre" Frl. Reibert. Wehe demjenigen, der es bei ihr „vermasselt" hatte. Der saß am Nachmittag immer noch brav im Wartezimmer, obwohl er schon früh um 6 Uhr im Hofe stand. - Mit altehrwürdigen Omnibussen und solchen der Marke „Eigenbau" fuhr Martin Vetter (Jg. 19) die Arbeiter in die Betriebe und die Leute durch die Lande. Das moderne Omnibusgeschäft hat sein Sohn übernommen.

Die **Schule** mußte mehrmals umziehen. Das alte Gebäude platzte nach dem Kriege aus allen Nähten und 1949 wurde das Schloß zur Schule. Im alten Schulgebäude richtete sich der Konsum ein. 1984 folgte ein nüchterner Neubau mit 25 Unterrichtsräumen. Im Schulverband mit Hohburg verblieb hier die Mittelschule mit den Profilen Hauswirtschaft, Technik, Russisch, mehreren Arbeitsgemeinschaften und aktivem Sportbetrieb, im Sommer Zeltlager. Die Grundschüler werden in Hohburg unterrichtet.

Das Herrenhaus in Falkenhain.

Das **Schloß** entstand auf den Grundmauern einer mittelalterlichen Wasserburg. Die Lossa füllte die Wassergräben, die noch gut erkennbar sind. Das Herrenhaus aus dem 17. Jh. wurde mehrmals umgebaut. Die Familie von Carlowitz besaß das dazugehörige Rittergut seit 1815. Nach ihrer Vertreibung im Jahre 1946 hinterließen zahlreiche Nutzer (Kommandantur der Roten Armee, Umsiedler, Schule, Ämter) ihre Spuren. Der ursprüngliche Charakter blieb dennoch erhalten und wird seit 1995 von den neuen Besitzern sorgfältig rekonstruiert. Die Leipziger Christina und Michael Lauer, sie Cellistin und er Musikpädagoge, bemühen sich an der Spitze des Kulturvereins Schloß Falkenhain mit einem breiten Kulturangebot von Konzerten, Lesungen und Ausstellungen das ländliche Kulturleben zu bereichern. Die hiesige Bevölkerung nimmt das gegenwarts-moderne Angebot noch zurückhaltend auf.

Einer Bürgerinitiative gelang es im Jahre 2000, die Errichtung von **Windkrafträdern** zwischen dem Dorf und der Dahlener Heide zu verhindern. Die hochaufragenden Maschinen hätten das Landschaftsbild im höchsten Maße zerstört.

Die **Störche** gehören seit 1934 zum Dorf. Damals kamen vier Jungstörche in einer Kiste aus dem Hallenser Zoo hier an. Ursprünglich hatten sie ihr Nest auf der Scheune vom „Tiger", jetzt auf dem Heizhausschornstein im Zentrum des Ortes.

Im Dorf gibt es eine aktive **Vereinstätigkeit**. Seit 1898 wird im Dorf organisiert Sport getrieben. Auch heute noch ist Falkenhain eine Hochburg des Turnens. Den Grundstein dazu legte Karl Haupt (1949-1984). Ihm zu Ehren finden alljährlich weithin bekannte Turniere unter seinem Namen statt. In seinem Sinn engagiert sich mit Leidenschaft und Hingabe die Lehrerin Monika Kretzschmar (Jg. 57), vor allem bei der turnerischen Förderung der Kinder. Der heutige Falkenhainer Sportverein 1898. Vors. Olaf Hankel, umfaßt die Sparten Fußball, Schach, Kegeln, Turnen, Gymnastik, Tischtennis. Eine moderne Sportanlage befindet sich am nördlichen Ortsrand. - Eine unternehmungslustige Seniorengruppe veranstaltet gut besuchte Treffen, Vorträge und Reisen. Die Organisation lag jahrelang in den Händen der Lehrerin i. R. Lieselotte Kopsch und wird jetzt von Sylvia Wittig fortgesetzt. - Seit 1999 bemüht sich ein Verein für Traditionspflege unter Leitung von Martina Lehnigk um eine Fortschreibung der Chronik und um die Wiederbelebung historischen Brauchtums wie Maibaumsetzen, Kirmestanz u.ä. - Die Freiwillige Feuerwehr wurde 1956 neu organisiert, damals mit einer aktiven Laienspieltruppe, die jedes Jahr ein neues Theaterstück einstudierte, Wehrleiter J. Schustalla.

Touristik und **Einrichtungen**: Gasthof „Zum Tiger", Bes. Dieter Naumann; Gasthof „Zum Hirsch", Bes. Jutta Aé; Eis-Café Barbara Janke; Pensionen von Franziska Göbel und Rainer Sälzer; Vier Kremser; Eine Go-Kart-Bahn wurde in einer ehemaligen Kartoffellagerhalle eingerichtet. Über eine 300 m lange Rundbahn jagen mit einer Spitzengeschwindigkeit von 60 km/h die kleinen niedrigen Fahrzeuge mit ihren winzigen Rädern. - Medizin: SR Dr. med. Hermann Strömer; Zahnarzt Lüder Haase; Physiotherapie Annett Zimmermann. Kindertagesstätte „Villa Regenbogen".

Handel und **Gewerbe**: Der Falkenhainer Käse schmeckt nicht nur hier, sondern auch in fernen Orten. Die 1910 gebaute Dampfmolkerei wurde 1931 von Albert Zimmermann übernommen. Sie wird jetzt in 3. Generation von Wolfram und Ulrike Ebert geführt. Nach enormen Investitionen und harten Kämpfen gegen die Übermacht der Milchkonzerne konnte sich der Betrieb behaupten. Jetzt verarbeiten 31 Mitarbeiter täglich 35000 Liter Rohmilch zu Sauermilchquark (für andere Käsefabriken), Ziegen-Weichkäse und Öko-Camembert. Ein gefragtes Spezialprodukt ist der Altenburger Ziegenkäse aus 85 % Kuh- und 15 % Ziegenmilch und ein Geißkäse (100 % Ziegenkäse). - Konsum-Kaufhalle; Drogerie Kreutzer; Fleischerei Christian Beyer; Fleischerei Klaus Hübler; Tischlerei und Zimmerei Bernd und Frank Hankel; Maurer- und Zimmererarbeiten Ewald Neubauer; Dachservice Helmut Naumann; Elektrowerkstatt Rudolf Köppchen; Vetter-Reisen, Omnibus- und Güterverkehr von Ralf Vetter; Fahrschule Joachim Schuster; Reitsportartikel Steffi Leuteritz; Friseur Chic, Birgit Marschalek; Tankstelle und Handel Helmut Lischke; Haustechnik Detlev Schad.

Landwirtschaft: Eine Ackerbau GbR (Kubessa, Kleinert, Pissors) bewirtschaftet über 1200 ha Feldflächen. - Schweinezuchtbetrieb Hörig. - Die holländische „Milchproduktion Boerman Lossatal GmbH" betreibt in den Stallungen der ehem. LPG eine Milchviehanlage und Tierproduktion. - Das Kartoffellagerhaus lagert und vermarktet mit 42 Angestellten unter der Geschäftsführung von Jürgen Klamt jährlich über 40 000 Tonnen Kartoffeln („Falkenhainer Kartoffeln"), die hier und im weiteren Umkreis angebaut werden.

LITERATUR: Aus der Geschichte unserer Heimat. Chroniken, Bräuche und Sagen von Falkenhain, Voigtshain und Thammenhain. Heinz Martin, 1998. - Mehrere Broschüren der Fachgruppe Ornithologie unter der Federführung von Hartmut Kopsch.

Das neue Rathaus und die Konsum-Kaufhalle.

Die Hauptstraße führt am Ort vorbei. Wer also hinein will, der muß abbiegen. Deshalb wohl auch ist der reizvolle Naturraum weniger bekannt. Beherrscht wird das Dorfbild von einer schillernden Wasserfläche, dem Küchenteich. Niemand kann sagen, wie er zu diesem Namen gekommen ist. Unterschiedliche Wasservögel tummeln sich dort. Ein privater Fischmeister züchtet alljährlich gute Speisefische. Ein hoher Damm mit fünf knorrigen Eichen schließt nach Westen zu das künstliche Gewässer ab. Die Dorfstraße führt über das Erdwerk und verbindet die „Bürgerseite", dort stehen nördlich der Lossa nur Häusleranwesen, mit der südlich gelegenen „Rittergutseite". Andere Bauerngüter gab es nicht.

Ein gut begehbarer Parkweg führt an der Südseite des Küchenteiches entlang. Am östlichen Ende führt die aus wuchtigen Feldsteinen gemauerte Bogenbrücke über die Lossa, die von der Mark Stolpen her kommt. Früher trieb der Schäfer seine Tiere darüber, weil er die Dorfstraße nicht verschmutzen wollte. Deshalb nennt sie der Volksmund auch die „Schafbrücke".

Im Schloß Heyda vertreiben ältere Damen „hundert Krankheiten"

Schon längst hat der Wanderer das auffällige Gebäude wahrgenommen. Die hohen Mauern strahlen im neuen Glanz. Es ist die Hinterseite vom Schloß, das sich genauso von vorn im besten Zustand präsentiert. Zwar beschränkt sich der historische Fassadenschmuck auf ein mit Ornamenten geschmücktes Portal, doch das Mansarddach belebt in schlichter Form den langgestreckten Bau. In einzelnen Teilen dürfte die Anlage auf das 16. Jh. zurückgehen, mehrmalige grundlegende Veränderungen haben das alte Bild völlig verwischt. Das Herrenhaus hat sich über die Jahrzehnte seit der

Am Damm des Küchenteiches mit Blick auf die Wassermühle von Helmut Drese.

Bodenreform und der Vertreibung der Familie von Carlowitz-Hartitzsch relativ gut erhalten. Es beherbergte jahrzehntelang als staatliches Kinderheim Jungen und Mädchen sozialgefährdeter Familien.

Johannes von Carlowitz (Jg. 65), Nachkomme der einstigen Besitzer des Falkenhainer Rittergutes, kaufte 1965 den Gebäudekomplex vom Landkreis Muldental. Mit Engagement und Fördergeldern haben er und seine Familie, die seit 1991 in Heyda und Umgebung einen landwirtschaftlichen Betrieb aufgebaut haben, das Anwesen renoviert. Im Inneren erfolgt nach und nach ein weiterer Ausbau. Im ebenfalls erneuerten westlichen Torhaus wohnen jetzt drei Familien. Für die gelungene Wiederherstellung der gesamten Anlage erhielt der Besitzer eine Auszeichnung im Landeswettbewerb „Ländliches Bauen - Erhalten - Pflegen“. Der gegenüberliegende Bau, die Einheimischen nennen es das „Völkerschlachtdenkmal“, muß noch unter Kelle und Pinsel kommen. Er gehört der Gemeinde.

Der Gartensaal vom Schloß ist inzwischen ebenso restauriert, und allmählich zieht hier das Leben ein. Dienstags alle 14 Tage erklingt in den historischen Räumen Musik, begleitet von tanzenden Schritten und hin und wieder einem fröhlichen Lachen. Da treffen sich hier nämlich ältere Damen aus Heyda und den Dörfern der Umgebung zum regelmäßigen Tanzkurs und üben Volkstänze aus aller Herren Länder. „Tanzen verjagt hundert Krankheiten!“ Die alte Volksweisheit wird hier praktiziert. Ganz stolz zeigen sie hin und wieder ihr Können bei öffentlichen Auftritten, so beim alljährlichen Tanz um den Maienbaum, zu verschiedenen kirchlichen Anlässen sowie beim traditionellen Treffen aller Tanzgruppen rund um Wurzen und Grimma hier im Heydaer Park.

Frau Margarethe von Carlowitz (Jg. 38) läßt bitten: Wir sind 1995 aus Geilenkirchen im Rheinland hierher nach Heyda gezogen. Dort war ich Mitglied in einem Tanzkreis. Diese Stunden waren für mich stets ein schönes Erlebnis. Die vermißte ich jetzt. Nachdem wir uns einigermaßen eingelebt hatten, faßte ich den Entschluß: Ich möchte den Menschen hier Freude bringen. Ich rief im Mitteilungsblatt der Kirchgemeinde zum Mitmachen in einem Tanzkreis auf. Meine Anregung fand guten Widerhall. Es

Auszug zur Polonaise in den Schloßpark von Heyda.

kamen tatsächlich ein reichliches Dutzend Frauen. Die ersten Übungsstunden verliefen ziemlich zaghaft, doch mit den Erfolgen wuchs auch der Mut. Schnell überwanden meine „Schülerinnen“ die Schwellenangst, die Zusammenkünfte gestalteten sich lokkerer und fröhlicher. Es kamen immer mehr. Heute sind wir 18 Leute, die vergnügliche Stunden verbringen. Und ich habe Fuß gefaßt. Ich möchte nicht wieder zurück nach „drüben“, Heyda wurde für uns eine neue Heimat.

Im April 2002 hat die Familie von Carlowitz ihre Initiativen ausgedehnt. Sie gründete eine „Kulturstiftung Schloß Heyda“. Damit will sie Kunst, Kultur, Landschafts- und Denkmalschutz im Heimatgebiet fördern. Lobenswerte Objekte dienen diesem Ziel: Pflege und Erhaltung weiterer Teile des Gutshofes, Wiedererrichtung des historischen Geheges und der Lindenallee in Heyda, das Dorbild verschönern u.a.m. Dazu soll auch die Einbindung arbeitsloser Jugendlicher und älterer Menschen gehören. Eine schöne Aufgabe, die aber auch viel Kraft erfordert.

*

Beim alljährlichen Weihnachtsbasar füllen sich Haus und Hof mit Besuchern. Dann wird alles das angeboten, was für das große Fest gebraucht wird. Darunter befinden sich auch Gegenstände, die die Damen vom Heydaer Handarbeitszirkel angefertigt haben. Der hat eine lange Tradtion, denn seit 1966 treffen sich die Fanatikerinnen von Nadel und Garn, um ihrer Freizeit einen guten Sinn zu geben. Unter der Leitung von Anita Müller (Jg. 35) treffen sie sich reihum in den Wohnungen der Mitglieder. Sie sitzen dann um einen großen Tisch, tauschen ihre Fertigkeiten aus, besprechen die neuen Aufgaben und haben gemeinsame Freude am sinnvollen Tun. So nebenbei wird natürlich auch ein bißchen geschnattert.

Gegenüber vom Rittergut liegen Wirtschaftsgebäude, die in der DDR als Stützpunkt der MAS/MTS dienten. Jetzt hat sich dort die Fa. Künzle niedergelassen mit Bäder- und Heizungsbau. Dem Büro ist eine kleine Gaststube angeschlossen.

Am Ende der Mühlengasse stand der Dorfgasthof, der 1991 seine Türen schloß. Dort befindet sich die Wassermühle, wo der letzte Müllermeister HELMUT DRESE (Jg. 24) wohnt. Sein Großvater Emil Clauß kaufte 1886 die Wassermühle und richtete im Keller eine Bäckerei ein. Er war eben ein praktischer Rechner und nebenbei ein Heimatdichter. Wenn er in aller Ruhe den Lauf des Räderwerkes beaufsichtigte, schrieb er seine romantisch-verklärten Reime. 1942 erfolgte die Demontage des Wasserrades, und seitdem bewegen zwei Turbinen das Mahlwerk. Bei Wenigwasser sorgte ein Elektromotor für Ersatzantrieb. Als 1945 die russische Besatzungsmacht den Vater verschleppte, übernahm Helmut Drese die Müllerarbeit. In den Nachkriegsjahren brachte er mit einer Seitenwagen-BMW täglich die frischen Brote und Brötchen zum Verkauf ins Nachbardorf Falkenhain. Nach 30 Jahren mußte er seinen Beruf wegen einer Roggenmehl-Allergie aufgeben und die Mühle offiziell schließen. Für den Hausgebrauch drehten sich später hin und wieder mal die Räder, die Einrichtung ist teilweise noch vorhanden.

In den letzten Jahren kümmerte sich Helmut Drese intensiv um den Umweltschutz seiner näheren Umgebung. Sein kritisches Augenmerk richtete er auf mehrere wilde und halbwilde Müllkippen: „Was dort manchmal abgeladen wird, das stinkt zum Himmel! Meine Heimat soll sauber bleiben“.

So nebenbei betreibt er noch ein diakonisches Werk. Er fährt regelmäßig ältere Damen mit einem PKW zu den Ärzten, zur Therapie, zu den Gerichten und überall dorthin, wo sie etwas erledigen müssen. Manchmal sitzt er dann beim Frauenarzt als einziger Mann ein paar Stunden im Warteraum. „Ob ich zu Hause oder dort meine Bücher lese, ist doch egal.“

Seit dem Jahre 2001 wird der Flecken Mark Stolpen an den drei Straßen mit jeweils einem Ortsschild markiert. Somit ist die Siedlung im Dreieck von Heyda, Börln und Meltewitz wiedererstanden.

Begehrte Hochzeitsplätze am Stolpenteich

Das Dorf hat es schon mal gegeben. Es lag vermutlich in der Talsenke zum Stolpenteich, dort fanden sich Mauerreste. Wenige Jahrzehnte nach seiner ersten Nennung verließen die Bewohner den Ort, denn später wird nur noch von einer „wüsten Mark Stolpen“ geschrieben. Die Flur blieb unter ihrem ursprünglichem Namen erhalten und wurde bis 1945 Rittergut Heyda bewirtschaftet.

Zwei idyllische Gewässer mit prächtigem Baumbestand an den Uferseiten prägen das Landschaftsbild. Vorn an der Straße liegt der 4,5 ha große Mühlteich, der in den 30er Jahren gern als Badeteich genutzt wurde. Dort stand bis 1935 eine Wassermühle, die danach zu einem Mehrfamilienhaus ausgebaut wurde.

Seit ihrer Kindheit lebt in dem Flecken Margit Röder (Jg. 46). Damit verkörpert sie gewissermaßen eine Ur-Stolpenerin. Ihre Eltern kamen aus Schlesien und fanden in Meltewitz eine neue Heimat. 1950 bauten sie an der Straßengabelung ein Wohnhaus.

Weiter nach Süden zu schließt sich das Flächennaturdenkmal Stolpenteich an. Es war früher einer der faunistisch wertvollsten Teiche im Wurzener Land. Sumpf- und Wasservögel, darunter die Große Rohrdommel, die Wasserralle und die Bekassine brüteten hier. In den dichten Schilfbeständen haben in den Herbstmonaten Tausende Schwalben, Stare und Ammern ihren Schlafplatz, ehe sie die große Reise in den Süden antreten. Und jedes Jahr im zeitigen Frühjahr versammeln sich aus den umliegenden Wiesen und Gehölzen Hunderte Gras- und Moorfrösche sowie Erdkröten im flachen Uferbereich, um dort Hochzeit zu machen. Heute werden die Teiche von der Fischwirtschaft genutzt.

Das Anwesen der Familie Röder in Mark Stolpen.

Frauwalde, 1359 Vrowinwalde, 'die Siedlung im Nonnenwald' (dt.), OT von Falkenhain, 132 Einw.

Keine Kirche ragt über die Dächer. Dem Ort fehlt das Wahrzeichen. Oder ist es der Dammühlenteich? Doch den müssen sich die Hiesigen mit dem Nachbarkreis Torgau/Oschatz teilen. Dafür beköstigen zwei Gaststätten den Besucher.

Frauwalde am Rande der Dahlener Heide hat einen guten Klang

Vor allem bei den über 130 Bungalow-Besitzern. Leipziger Autokennzeichen verraten, wo die Leute ihren Hauptwohnsitz haben. Der erste Stadtflüchter siedelte sich schon 1923 hier an. Er wollte wohl damit seine Inflationsmillionen verfallssicher anlegen!

Weiträumig verteilen sich die Dreiseithöfe in der Flur. Die Bauern mußten einst stattliche Scheunen bauen. Von den Feldern holten sie nämlich reiche Ernten. Heute stehen sie leer. Nur wenige der Altbauern füttern noch ein bißchen Vieh. Das beschränkt sich meist auf Kaninchen und Hühner. Im Garten von Wolfram Höschel grasen Rehe, Hirsche und Damwild.

Gotthard Hennig (Jg. 30) mästet in seinem ganz privaten Wiesenteich mehrsömmrige Karpfen. Die Kinder und Enkel angeln darin um die Wette. Im Stall und auf der Weide fressen drei Bullen, wohl die letzten weit und breit. Und natürlich einige Schafe als preiswerte Grasmäher. Den historischen Balken aus der abgebrannten Scheune hat er für die künftige Heimatstube gespendet. Nach einer Restaurierung ist jetzt deutlich zu entziffern: „Anno 1799 am 9. July war der dag da gott bei einem wetterschlag zwey gütter hatt in asche gelegt".

Die Göppertsge teilt die Siedlung in einen nördlichen und einen südlichen Teil. Oder ist es die Lossa? Die Meinungen dazu sind geteilt und ein bißchen verwirrend.

An den Kranichteichen.

Die „wasseramtliche“ Darstellung lautet so: In den Dammühlenteich fließt ein Lossa-Bach, aus dem Teich heraus die Göppertsge. Demnach fließt diese durch Frauwalde und mündet dann bei Voigtshain in die eigentliche Lossa, die von Kühren/Streuben her kommt. Der Streit wird andauern.

Mit dem Mühlteich gibt's da keine Probleme. Der gehörte einst dem Sägewerk mit Wassermühle von Willi Sack. Mit beträchtlichen Fördergeldern erhielt das schlammreiche Gewässer 2001 eine tiefgründige Reinigung. Die Eichen beschatten jetzt eine saubere Wasserfläche. Mit ausgeliehenen Booten kann sich der Besucher treiben lassen oder kraftvoll in die Ruder legen.

Einer, der selten dazu Zeit hat, weil ihm sein Beruf und seine ehrenamtlichen Tätigkeiten über den Kopf zu wachsen scheinen, ist der jugendfrische Klempner, Wehrleiter und Vorsitzende des Heimatvereins Falko Jahn (Jg. 61):

Die Frauwalder krempeln ein altes Konsumgebäude um

Wie viele andere aus der Umgebung kam ich in der Dornreichenbacher Schloßklinik bei Dr. Schumann auf die Welt. Wenige Tage später zog ich in mein Heimatdorf ein, und hier werde ich sicher bis zum Ende meiner Tage bleiben. Aber daran denke ich heute nicht.

Wir Kinder lernten auf unseren Streifzügen das Dorf und die nahen Wälder ausgiebig kennen. Buden bauen, Verstecke spielen und dann, als wir ein bißchen größer waren, mit dem Moped durch die Gegend preschen, das waren frohe Jugendspiele. Das ausgelassene Faschingstreiben mit dem „Betteln“ von Haus zu Haus vereinte die ganze Dorfmeute in lustiger Eintracht. Mit dem Ende der DDR wurde es ruhiger im Dorf.

Als wir vor Jahren einmal nach Mitternacht den Skatabend beendeten, tauchten die Erinnerungen daran wieder auf. Auf dem Heimweg stand fest: Die Kinderfeste müssen wir wieder zum Leben erwecken! Die Dorfgemeinschaft darf nicht auseinander brechen. Wir gründeten einen Heimatverein. Und da einer das Zepter in die Hand

Das Konsum-Gebäude in Frauwalde wird zum Gemeinschaftshaus umgebaut, l. Falko Jahn.

nehmen mußte, konnte ich bei der Wahl nicht nein sagen. Von den 120 Einwohnern haben sich inzwischen 43 angemeldet. Das ist ein gehöriger Batzen Kraft, mit dem sich was bewerkstelligen läßt.

Wir feiern nicht nur Feste. Einige von uns erforschen ganz intensiv die Heimatgeschichte. Vielleicht entsteht daraus die Chronik unseres Dorfes. Auf Wanderungen und Reisen lernten wir das Kulturbild anderer Regionen kennen. Jeder macht da was, und für keinen wird's zu viel. So lebt eine aktive Dorfgemeinschaft, und mich freut es, wie durch die Arbeiten der Zusammenhalt gefestigt wird.

Vieles läßt sich ganz gut mit meinem Posten als Chef der Feuerwehr verbinden. Wir sind dort sowieso mehr ein Organisationsklub, ein gutes Dutzend Kameraden, die für Ruhe und Ordnung und ebenso für alles gesellschaftlich Notwendige im Dorfe sorgen. Die zwei alten Fahrzeuge, die wir noch haben, sind längst ausgemustert, aber wir hegen und pflegen die traditionsreichen Maschinen. Sie sind unser ganzer Stolz, wenn sie auch nur noch Museumswert haben! Jetzt klotzen wir erneut ran. Das ehemalige Konsumgebäude wird zu einem Dorfgemeinschaftshaus umfunktioniert. Eine erkleckliche Summe fließt aus Fördertöpfen, und den Rest erbringen wir in Feierabendtätigkeit. Das Gebäude wird was für uns, für unser Dorf. Wir werden darin eine kleine Heimatstube einrichten, und die Jugend hat ihr ganz persönliches Domizil. Ein Stück Heimat mehr.

Na klar hatte ich meine persönlichen Probleme. 1998 mußte mich mein Klempnermeister in die Arbeitslosigkeit entlassen. Er bekam kaum noch Aufträge. Das war erst mal ein tiefer Sturz. Nun wirst du nicht mehr gebraucht! Ich schielte schon mal in die alten Bundesländer. Dort gibt's Arbeit für alle die, die arbeiten wollen. Hatte ich gehört. Vielleicht nur mal vorübergehend?

Aber dann rührte ich mich und rannte los. Ich klopfte an manche Tür, mal unbeherrscht, mal zögerlich. Ich verlor nicht den Mut. Und eines Tages durfte ich wiederkommen, und nun habe ich seit Monaten wieder Arbeit, sogar in meinem Fach. Manchmal gar zu viel, auch sonnabends und sonntags. Wir müssen vorarbeiten, denn im Winter können wir nicht aufs Dach. Ich habe was gewollt, und es ist gelungen.

In Frauwalde fließt die Göppertsge (oder die Lossa?) unterm Haus der Familie Schneider entlang.

WEITERE DORFNOTIZEN aus Frauwalde

Der **Dammühlenteich** liegt zu einem Drittel auf Frauwalder, zu zwei Drittel auf Ochsensaaler Flur. Seinen Namen erhielt er durch die 1896 abgebrochene Brettmühle. Er war ein um 1850 künstlich angelegter 13 ha großer Fischteich, der vor allem nach 1950 mehr und mehr Badegäste anlockte. Jetzt Campingplatz und Wochenendhäuser.

In der Nähe des Lerchenweges nach Falkenhain zu wurden vor hundert Jahren zehn **Hügelgräber** entdeckt. Ausgrabungen brachten Töpferware aus der Bronzezeit zu Tage.

Die **Kranichteiche** liegen im Grenzland zwischen Börlner und Frauwalder Flur. Daher kommt auch der Name: 'Granitza' = Grenze. Diese „Himmelsteiche", also ohne direkten Zufluß, sind sehr alt und lagen schon einmal über hundert Jahre trocken. In den 60er Jahren dienten sie nach einer Rekonstruktion erneut der Fischwirtschaft.

Die **Napoleonlinde** im ehemaligen Gehöft von Erhart Rothmann mußte wegen Altersschwäche 1977 gefällt werden. Er pflanzte eine neue, die gut herangewachsen ist. Napoleon soll hier einmal Rast gemacht haben (obwohl er niemals hier war). Dann gibt's noch etwas zu erzählen: Nach der Leipziger Völkerschlacht erschien ein Franzose, der eine angeblich vergrabene Kriegskasse suchte. Die Grabungen zogen sich tagelang hin. Über Nacht war der Schatzgräber plötzlich verschwunden.

Einige **Personalien**: Erwin Heinze (Jg. 39) hat seinen hiesigen Wochenendsitz seit kurzem zum Hauptwohnsitz umfunktioniert, weil ihm die Menschen und die Landschaft so außergewöhnlich gefallen. Mit Eifer wirkt er im Heimatverein und, mit Akribie erforscht er die Geschichte des Dorfes. Daraus ergibt sich eine Erstnennung im Jahre 1188. Als Ergebnis liegt jetzt eine Broschüre über das Dorf vor. - Wolfgang Wiedner (Jg. 21) war jahrzehntelang Lehrer und Schulleiter in Börln. Im Krieg hat er den linken Arm verloren. Als begeisterter Radfahrer und interessierter Chronist lebt er seit 1948 mit seiner Frau in dem 1923 geschlossenen Schulgebäude.

Handel und **Gewerbe**: Zwei Gaststätten bewirten im Ort die Gäste. Die ältere, der Gasthof „Zur Linde", wird seit Generationen im Besitz der Familie Hönicke geführt. Unterm schattigen Dach von drei mächtigen Linden findet der Gast einen guten Platz. - Das Hotel und Restaurant „Zu den Schildbürgern" entstand in den 90er Jahren aus einem umgebauten Betriebsferienheim (ursprünglich Gasthof und Sägewerk Sack), Besitzer Werner Scheibe. - Transportunternehmen Vieweg. - Dachdeckerei Heiko Reiche.

LITERATUR: Frauwalde. Geschichte eines Dorfes in der Dahlener Heide. Erwin Heinze. Heimatverein Frauwalde 1999 e.V. 2002.

Am Mühlteich mit dem Restaurant „Zu den Schildbürgern".

Dornreichenbach, 1465 Richimbach, 'die Siedlung am ansehnlichen Bach' (dt.), OT von Falkenhain, 631 Einw.

Also, von einem Bach ist im Dorf nichts zu sehen. Lediglich zwei Teiche liegen in der Flur. Es bleibt wohl ein Rätsel, was die Vorfahren seinerzeit mit dieser Namensgebung bezweckt hatten. Für die spätere Zufügung des Wortes 'Dorn' (zeitweilig hieß es auch 'Dürr') findet sich auch keine plausible Erklärung. Sei es wie es sei, der eigentlich wohlklingende Name verführt den poetischen Betrachter zur Assoziation mit dem Dornröschen in ihrem verwunschenen Schloß. Das steht tatsächlich am Park. Die einstmals jungen Damen sind inzwischen zwar ins hohe Alter gekommen, ihren Charme haben sie behalten.

Der Ort liegt eingerahmt in viel Grün zwischen bewachsenen Porphyrkuppen. Der liebe Gott muß seinerzeit, als er die Hohburger Berge geschaffen hat, hier ein bißchen gekleckert haben. Inzwischen sind allerdings einige der Berge durch Steinbrüche arg gebeutelt. Der Park mit seinem Teich und dem kleinen Tiergehege wird gern aufgesucht, die Waldgebiete der „Kleinen Scheibe“ und vom „Ochsenholz“ liegen etwas abseits am nordwestlichen Ortsrand.

Die Kirche erhebt sich im Zentrum des Dorfes. Die Schweineställe und die Brennerei vom ehemaligen Rittergut gleich daneben sind jetzt abgerissen. Lange Zeit vermischte sich ihr penetranter Gestank mit der lieblichen Duftnote aus dem Park. Ein großer freier Platz wartet jetzt darauf, von Eigenheimen wenigstens ein bißchen bebaut zu werden. Das neu errichtete Wohnheim für ältere Bürger mit seinen kultivierten Außenanlagen ist dafür ein gelungener Anfang. Hier wird sicher (hoffentlich!) mal das eigentliche Dorfzentrum entstehen.

Im Dorf überwiegen die Häusleranwesen. Es gibt lediglich zwei Dreiseithöfe. Dazu kamen nach 1946 die Mini-Bauernhöfe der über 60 Neubauern sowie zwei städtische Wohnblocks. Die ehemaligen LPG-Ställe mit den Werkstätten für die Technik liegen am Rand. Sie werden teilweise von einem Schweinezüchter genutzt.

Spaziergänge am Schloß, Dr. Adelheid Schumann mit Gerhard Müller.

Am Park steht das vorbildlich restaurierte Schloß und daneben ein modernes Wohnheim für Senioren. Dort lebt auch in einer kleinen und gemütlichen Wohnung Frau Dr. Adelheid Schumann (Jg. 19), über einige Jahrzehnte hinweg Ärztin in der einstigen Klinik:

5400 Urkunden bescheinigen: Geburtsort Dornreichenbach

Ich gehöre nach Dornreichenbach. Hier steht die Kirche, mit der ich fast mein ganzes Leben lang verbunden bin. Ich war vierzig Jahre Mitglied im Kirchenvorstand und auch mal sechs Jahre in der Landessynode tätig. So haben mein Mann und ich uns stets für die Kirchgemeinde und den Erhalt des Kirchengebäudes eingesetzt.

Die aktivste und intensivste Zeit meines Lebens galt natürlich der Tätigkeit in der Klinik. Die Einwohner nennen das Schloß immer noch „die Klinik". Das freut mich natürlich, denn damit wird auch heute noch unsere Arbeit anerkannt. Sie war ja unser Lebenswerk. Und das begann im Kriegsjahr 1943.

Ein Bombenangriff auf Leipzig am 4. Dezember 1943 zerstörte einen großen Teil der Klinik meines Vaters Dr. Johann Thies. Daraufhin brachte er die frischoperierten Patientinnen, notdürftig in Decken gehüllt, auf einem Lastwagen nach Burkartshain. Dann hatten wir eine Begegnung mit werdenden Müttern, die in einem Zug von Hamburg nach Karlsbad zur Entbindung gebracht wurden und fürchterliche Angst hatten. Diese Beobachtungen haben in uns einen so tiefen Eindruck hinterlassen, daß wir beschlossen, die Wöchnerinnen sicher und in Naturnähe unterzubringen.

Im Januar 1944 konnte mein Vater einen Mietvertrag für einen Teil des Schlosses abschließen. Er richtete ihn bis Mitte April für eine Klinik her, so gut das unter den Bedingungen des Krieges möglich war. Mein Mann wurde für die Arbeit freigestellt, und auch ich unterstützte ihn nach meinen Möglichkeiten. Die erste Entbindung war

Laura im Dornreichenbacher Tiergehege.

ein Junge. Im gleichen Jahr habe ich auch das erste von unseren drei Kindern geboren, auch ein Junge. Unter diesen schwierigen Umständen schloß ich mein Staatsexamen ab und promovierte zum Doktor der Medizin.

Die Patientinnen kamen mitunter auf abenteuerliche Weise zur Klinik. Fahrbare Autos gab es kaum, auch keine Fahrradbereifung. Die wenigen Ackergäule, die der Krieg übrig gelassen hatte, wurden vor alte Kutschwagen gespannt.

Amerikanische Tiefflieger beschossen einen Eisenbahnzug bei Kühren. Eine hochschwangere Frau kam mit einem Oberschenkelschuß zu uns. Zehn Verletzte nahmen wir zusätzlich auf.

Unser Prinzip war: Allen sollte geholfen werden, und sie sollten sich wohlfühlen. Doch es mangelte an allem. Durch das Dach regnete es bis in die Zimmer der oberen Etage. Für die Fenster hatten wir keine Gardinen, deshalb nähten wir sie aus Tupfermull. Pfingsten blieb das Wasser aus. Mit Eimern mußte es vom Wasserwagen geholt werden. Ich wundere mich heute noch, wie es gelang, eine Entbindungsstation in Gang zu halten. Dazu hatten wir noch allgemeinärztliche Sprechstunden für dringende Fälle. Durchfallerkrankungen und Geschlechtskrankheiten nahmen zu.

Aufregend war auch die Zeit, als die ersten Russen kamen. Weil mein Mann ein altes kaputtes Auto nicht hergeben wollte, sollte er erschossen werden. Ein Offizier hat das in letzter Minute verhindert.

Hatten wir 1946 27 Betten mit zehn Säuglingsbettchen, so konnten wir nach und nach die Bettenzahl auf 45 erweitern. Endlich waren die Bemühungen um den Einbau einer Wasserleitung erfolgreich, aber fragen Sie nicht, wie kompliziert das bei der damaligen Materialknappheit war.

Ebenso schwierig war es auch, genügend examinierte Schwestern und Hebammen aufs Dorf zu bekommen. Und neben der Wirtschaftsleitung assistierte ich meinem Mann bei allen Operationen, führte Sprechstunden und ambulante Behandlungen durch. Nach dem Tod des Vaters arbeitete ich ab 1964 dreimal in der Woche in dessen hinterlassener Praxis in Leipzig.

Die Dornreichenbacher Kirche im Winter.

Und wenn ich das alles mal addiere, dann haben in der Zeit von April 1944 bis zum 31.12.1965 hier in Dornreichenbach 5400 Kinder das Licht der Welt erblickt, und in den Sprechstunden summiert sich die Zahl der Behandlungen auf fast 200000. Weil die Klinik ein Privatbetrieb war, durften wir keinen Assistenzarzt anstellen. So mußten wir 1966 die Geburtshilfe einstellen. Die gynäkologische Station mit Operationen, die Krebsbehandlungen und die Sprechstunde führten wir dann noch zehn Jahre durch. 1976 wurde die Einrichtung in eine staatliche Rehabilitationsklinik umgewandelt, der mein Mann bis 1982, seinem 70. Lebensjahr, als leitender Arzt vorstand. Er lebte dann noch fünf Jahre und verstarb 1987. Nun ist es ruhiger um mich geworden. Wenn ich an unsere Klinikzeit und an meinen ärztlichen Dienst heute zurückdenke, dann kann ich aufrichtig sagen: Die Zeit der Zusammenarbeit mit meinem Mann war die schönste Zeit meines Lebens. *(G.M.)*

WEITERE DORFNOTIZEN aus Dornreichenbach

Das **Altenpflegeheim** ist ein Neubau und wurde mit Mitteln vom Landratsamt und Fördergeldern 1996 errichtet. Es wird von der Arbeiterwohlfahrt bewirtschaftet, deren Mitarbeiter 60 Bewohner betreuen.

Die **Kirche** wurde Ende des 17. Jh. nach einem Brand erneuert, eine letzte und aufwendige Restaurierung erfolgte 1992. Im Inneren Grabdenkmäler derer von Mordeisen (1559-1775), Besitzer des Rittergutes. Friedhof mit alten Grabstätten unter mächtigen Linden.

Der **Reichenbacher Berg** erhebt sich südlich vom Ort mit 206 m Höhe und besitzt den Status eines amtlichen Naturschutzgebietes. Wer allerdings dort außergewöhnliche Pflanzen oder Tiere erwartet, wird enttäuscht sein. Es gibt auch einfache Gründe, ein Biotop zu schützen. Hier wächst ein herrlicher Trauben-Hainbuchen-Mischwald, und irgendwo verstecken sich am Boden die Graslilie und der Schwalbenwurz. Wenige Wanderwege kreuzen den Berg, aber auch sie dürfen nicht verlassen werden, sollte sich doch mal jemand hierher verirren.

Auf der Flur wurden zwei **Steinbrüche** aufgeschlossen. Seit 1864 gewann Friedrich Zachmann am Stolpenberg den rötlichen Dornreichenbacher Porphyr. Er ließ ein Schotterwerk errichten, das nach dem Kriege, inzwischen VEB Röcknitzer Quarzporphyrwerke, erweitert wur-

Aufmarsch der Theaterleute vom Familientheater Morawe zum Musical „Das Zauberschloß“ (2002)

de und eine Bitumen-Mischanlage und Bahnanschluß erhielt. Der Berg ist inzwischen fast vollständig abgetragen, jetzt klafft dort ein riesiges Loch. Ein kleinerer Betrieb gewinnt das typische Dornreichenbacher Pflaster. - Der Windberg wurde bis 1963 vom Steinbruch Horn & Kahle teilweise abgebaut. Der Tagebau hat sich mit Regenwasser angereichert, die alte Schotteranlage steht noch am Rande des Tagebaues. Einen 1990 geplanten Neuaufschluß verhinderten die Einwohner.

Das **Schloß**, das Herrenhaus des ehem. Rittergutes, wurde Ende des 19. Jh. im Stile des Neo-Barock umgebaut. 1944 Einrichtung einer Privatklinik mit Geburtenabteilung von Herrn und Frau Dr. Schumann. 5400 Bürger des Wurzener Landes tragen den Namen Dornreichenbach in der Geburtsurkunde. Ab 1965 Rehabilitationsklinik für krebskranke Frauen. 1995 Umbau zu einem Senioren-Wohnheim der Arbeiterwohlfahrt.

Ein **Tiergehege** lockt seit 1972 die Besucher an. Anlaß war eine verletzte und später zahme Hirschkuh, die Frau Vinz mit Futter aus der Schürzentasche fütterte und die ihr auf Schritt und Tritt folgte. Sie kam in ein Gehege, und nach und nach gesellten sich immer mehr heimische Tiere dazu, die jetzt von Mitgliedern eines Vereins betreut werden. Schautafeln geben ausreichend Auskunft über das Leben der Ziegen, Enten und anderer Tiere.

Der legendäre **Waschstützpunkt** gehörte einstmals zu den Errungenschaften des Dorfes. Das um 1960 errichtete Gemeinschaftsgebäude am Dorfteich unter mächtigen Eichen beherbergte zuletzt das Postamt und den Friseur. Der leerstehende Flachbau gehört jetzt dem Bundesvermögensamt und wird mehr und mehr zu einem Ärgernis der Gemeinde.

Heiner Wilker (Jg. 53) Verwaltungsangestellter, 1983 aus Oschatz ins Dorf gekommen, hat hier seine neue Heimat gefunden. Engagiert sich als Ortsvorsteher besonders im Umgang mit der Jugend. Hält große Stücke auf die einen, versteht nicht die anderen. Diese machen das, was gerade wieder mal mit viel Mühe aufgebaut worden war, sinnlos kaputt. Der Jugendklub im ehemaligen Gasthof Morawe mußte deshalb schon mehrmals wieder geschlossen werden. Wünscht sich mehr Einfluß durch die Eltern, aber diese scheinen zu kapitulieren.

Vereine und **Einrichtungen**: Der Kulturverein unter Leitung von Dr. Carola Steudte organisierte Veranstaltungen und betreut eine junge Theatergruppe. - Das Familientheater Morawe vereint 80 Mitwirkende, die unter der Regie von Annegret Morawe seit 1996 altbekannte Märchen in neuer Fassung jedes Jahr im Sommer mit einer Freilichtveranstaltung im Park aufführen. Für die Weihnachtszeit werden Wintermärchen einstudiert. - Die Freiwillige Feuerwehr baute 1980 ein schmuckes Gerätehaus, Wehrleiter Willy Puder. - Im Sportverein spielen die Jungen ohne amtlichen Spielbetrieb Fußball, die Mädels Volleyball. Der gut ausgebaute Sportplatz liegt mitten im Park. - Prakt. Ärztin Dr. Carola Steudte.

Handel und **Gewerbe**: Ambulanter Imbißstand Erich David. - Hausschlächterei Reinhard Möbius. - PKW-Handel und Abschleppdienst Reinhard Otto. - Friseurgeschäft Silke Zimmer. - Sattlerei und Polsterei von Karsten Hensel. - Dornreichenbacher Quarzporphyrwerke von Horst Becker. - Ernst Natursteinproduktion. - Handel mit Landmaschinen von Joachim Hede und Hartmut Zehrfeld. - Ackerbau GbR . - B&S Minimarkt (ehem. Konsum).

Kirche Dornreichenbach.

Meltewitz, 1284 Myltuytz, 'Leute eines Milota' (slaw.), OT von Falkenhain, 407 Einw.
mit Knatewitz, 1504 Knathewitz, 'Leute eines Gnat' (slaw.)

Die Meltewitzer haben es gut: Ihre Wege zur Dahlener Heide im Osten und Norden und zum Wermsdorfer Wald im Süden sind kurz. Noch näher liegen der Reichenbacher Berg mit dem Naturbad für die Spaßleute, der Stolpenteich für die Besinnlichen. Am Nordrand plätschert im schmalen Wiesengelände die Lossa. Der Natur sollte man dankbar sein.

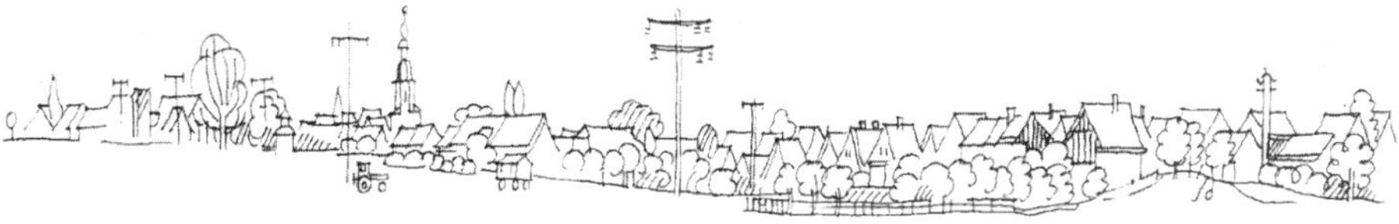

Die Meltewitzer nutzten ein Trafohäuschen als Zementsilo

Auch sonst lohnt ein Dorfbesuch. An den Straßen und Gassen reihen sich die wohlsanierten Dreiseithöfe. Die Kirche mit dem Friedhof in der Dorfmitte, das alte Schulgebäude, das Armenhäuschen und das Spritzenhaus komplettieren das gewachsene Dorfensemble. Im Dorf- und Schulteich brüten Zierenten. Das einstmalige graue Bauerndorf mit seinen halbverfallenen Höfen hat sich völlig verwandelt. Das muß jeder Besucher neidvoll anerkennen.

Der Ort mit seiner typischen ländlichen Architektur des 18. und 19. Jh. profitiert davon, daß er schon in den 80er Jahren komplett unter Denkmalschutz gestellt wurde. Zahlreiche Dreiseithöfe mit ihren Torbogen, den Obergeschoßlauben, den Backhäuschen, den Kumthallen und Scheunen wurden noch mal extra bewertet. Die Besitzer hielten sich bei Renovierungen fast durchweg an die strengen Auflagen, manchmal auch mit Zähneknirschen. Denkmalpflege kostet Geld.

Die behutsame Sanierung begann schon vor Jahrzehnten, weil auch die Gemeinde mit ihrer Baubrigade und der bescheidenen Technik die Vorhaben unterstützte. Zement war stets für alle da. Dafür hatten nämlich die findigen Gemeindeväter ein ausge-

Dreiseithöfe in Meltewitz.

dientes Trafohäuschen zu einem Zementsilo umfunktioniert. Es war damals in der DDR-Wirtschaft eher möglich, einen ganzen Lastzug des kostbaren Baustoffs zu bekommen als einzelne Säcke. Nur mit den Farben haperte es. Die gab es nicht oder nur in minderer Qualität und im einheitlichen Grau.

Eine lange Tradition im Dorf hat die Pferdezucht. Zu den Leuten, die sich darum kümmerten, gehört noch heute Birgit Opolka geb. Trebst (Jg. 61):

Wir stellten unseren Dreiseithof auf den Kopf!

Ich saß schon mit zehn Jahren auf dem Pferd. Die Begeisterung dafür hat mich nie wieder losgelassen. Meine Eltern hatten damals in der DDR allerhand Probleme mit ihrer Pferdezucht. Reitpferde waren ein privilegiertes Vergnügen, das gar nicht so gern gesehen wurde. Freilich war es nicht einfach, das nötige Futter zusammenzukratzen. Um die besitzerlosen Straßengräben gab es ein regelrechtes Wettrennen. Wer zuerst da war, der konnte die gesunde Mischung der Gräser mit der Sense abhauen.

Meine Familie setzte nach der Wende die Pferdezuchttraditionen fort. Wir haben jetzt fünf Pferde und genügend Futter. Unsere Feldfluren erhielten wir nach dem Ende der LPG zurück. Nun selbständig machen? Dazu reichte die Ackerfläche nicht. Wir sahen eine andere Richtung: Den landfernen Städtern ihren Urlaub in nahen Gefilden zu verschönern. Also stellten wir vier Generationen unseren Dreiseithof auf den Kopf. Mehrere Räume erhielten den besten Komfort. Die gute Stube gestalteten wir zum Frühstücksraum und den Kartoffelkeller mit seiner gewölbten Decke zu dem Ort, wo sich die Gesellschaften so richtig austoben können. Durch die dicken Mauern dringt kein Laut auf die Dorfstraße. Allerdings: Wir bedienen die Leute nicht von vorne bis hinten, sie sollen sich schon selbst einbringen. Natürlich besorgen wir Hausmacherwurst und frisches Brot und organisieren Grillparties.

Und dann können die Familien mit Kind und Kegel und Hund all das auf dem Lande erkunden, was sie in ihrem städtischen Bereich vermissen. Wer will, der kann

Auf Opolkas Bauernhof (v.l.n.r.): Walter Erbe, Irene Bartsch, Birgit Opolka.

unseren Kremser besteigen, und mit dem geht's über Stock und Stein durch Felder und Wälder. Die Umgebung bietet da einige reizvolle Ecken. Wir haben das amtliche „Prüfzeichen für guten Landurlaub" erhalten. Darauf sind wir mächtig stolz. Die Auszeichnung muß alle zwei Jahre neu erworben werden.

Wir haben viel Geld hineingesteckt, das wir uns auch über Kredite besorgten. Die müssen nun allmählich zurückgezahlt werden. Da reicht natürlich unsere Landpension nicht aus, und ich habe deshalb meine berufliche Tätigkeit als Bankangestellte behalten. Vieles muß ich dann abends und an den Wochenenden erledigen.

Das beherzigten in Meltewitz noch andere Leute. Dazu gehörte der ehemalige Bürgermeister WALTER ERBE (Jg. 27), der von 1960 bis 1990 die Geschicke des Dorfes lenkte:

Der „Konzertwinter" bleibt in der Erinnerung lebendig

Das war eine anstrengende, aber auch eine schöne Zeit. Es war ein Leben für mein Dorf, wenn ich auch ständig auf Achse sein mußte. Da verging kaum ein Abend, an dem nicht irgend eine Veranstaltung stattfand. Und wenn ich dann doch mal fehlte, dann rief's sofort aus der Runde: Wo steckt denn der Bürgermeister? Dabei war ich nicht immer einsichtig, auch mal unbequem. Das mußtest du aber auch in dieser Funktion sein, in der man es nicht allen recht machen konnte. Ich mußte gewissermaßen auch Diener zweier Herren sein: Da war die Bevölkerung vor Ort und da waren die Obrigkeiten im Kreis, und die versuchten immer wieder, unsere „Dorfkreise" einzuengen mit Gesetzen und mit internen Vorschriften.

Ich will ein Beispiel nennen: Unsere Straßen sollten Namen erhalten. Offiziell vorgegeben war, dafür vorwiegend „politische" Personennamen zu verwenden. Doch wir wollten damit keine Agitation betreiben, sondern die Heimatgeschichte pflegen. Wir setzten uns durch, und die Straßen und Gassen erhielten ortstypische Bezeichnungen: Braugasse, Weckberg, Sandgasse, Schulteich und Namen von umliegenden Dörfern.

Natürlich stand die landwirtschaftliche Produktion im Vordergrund. Ich sagte mir: Das kann doch nicht alles sein! Der Mensch braucht ein bißchen mehr. Und ich fand gute Mitstreiter. Also überlegten wir, wie man die Kultur ins Dorf holen könnte, zur Freude der Menschen.

Es mag ein Glücksfall gewesen sein, als 1969 der Sender Leipzig Orte suchte, in denen den Leuten originale Musik nahegebracht werden könnte. Wir griffen zu, öffneten unser Kulturhaus und „zwangen" die Leute zum Besuch. Bald kamen sie von allein, auch aus umliegenden Dörfern, und die Plätze reichten nicht mehr aus. Unser „Konzertwinter" war geboren. Viele großartige „Kulturköpfe" spielten, musizierten und sangen in unserem Kulturhaus: Annerose Schmidt, Karl Suske und wie sie alle heißen mögen. Ein regelmäßiger Gast war Kurt Masur, ein angenehmer, völlig normaler und in keiner Weise überheblicher Mensch. Mit seiner japanischen Frau fühlte sich der Gewandhauskapellmeister in unserer Mitte beim Schwein am Spieß und beim Tanz auf dem Parkett „sauwohl". Die Freundschaft hat bis heute gehalten. Im Jahre 2000 gehörte ich mit meiner Frau zu den 150 Gästen seiner Silberhochzeit.

Die Heimat lieben, dieses Gefühl in den Menschen zu wecken, gehörte zu meinen Bemühungen. Wie kann das besser geschehen als beim Erkunden der Umgebung. Also organisierte der Dorfklub die Kremserfahrten. Wir fütterten in der Gemeinde zwölf Pferde, betrieben eine intensive Vorratswirtschaft und kutschierten im Jahr durchschnittlich 15000 Besucher über die ausgebauten Wald- und Feldwege. Und anschließend erholten sich die Leute bei Schwein am Spieß in der Gaststätte unseres Kulturhauses. Es gab Leute, die tranken zum ersten Male Wurstbrühe und verbrannten sich dabei auch schon mal die Zunge. Die LPG sorgten ständig für Nachschub. Dafür durften vorwiegend nur sogenannte „Schnüffelschweine“ verwendet werden, also Tiere, die wenig fressen und dadurch nur langsam wachsen. Na ja, die Grenze zwischen diesen und den richtigen Schweinen war da äußerst fließend.

Das waren „meine liebsten Kinder“: der Konzertwinter, die Kremser, das Kulturhaus und das Waldbad in Mark Schönstädt. Ohne die Leute vom Dorfklub, der Baubrigade und den vielen anderen Einwohnern hätte ich natürlich auf verlorenen Posten gestanden. Aber sie waren da, halfen und sorgten sich und prägten so die gute Gemeinschaft einer Gemeinde, deren Bürgermeister ich sein durfte.

Eine davon war Irene Bartsch (Jg. 23), die nun mit Riesenschritten auf die 80 zugeht, aber sich immer noch ganz mobil (auch mit Automobil) durch die Meltewitzer Gefilde bewegt:

Die „Mooskönigin“ ohne Zofe und Diener

Der Krieg war zu Ende. Ich lernte einen Flüchtling kennen, und flugs waren wir verheiratet. Er arbeitete in der Börlner Gärtnerei und schaffte die Weidenkätzchen und andere Gebinde nach Leipzig. Brauchen wir dazu einen Chef? Also machten wir uns selbständig. Wir überlegten: Diese Tätigkeit ist im Leben ein gutes Standbein, denn sterben müssen alle mal, und Kränze werden immer gebraucht.

In einer Ecke der maroden Börlner Turnhalle organisierten wir unsere Produktion. Mit einem Fahrrad, dessen Bereifung aus geflochtenen Gummibändern bestand, radelten wir zum Bahnhof Dornreichenbach. An zwei langen Stangen hingen die Kränze, die wir in in den Güterwagen beförderten. Anderntags fuhr ich nach Leipzig, holte von der Güterabfertigung die Gebinde und verkaufte sie von einem Stand in der Markthalle. Das Geschäft ging gut!

Später merkten wir, daß Moos gefragt ist. Eine ganz bestimmte Sorte eignet sich da recht gut für den Grabschmuck. Bei Zeuckritz in der Dahlener Heide fanden wir die herrlichen Moosplatten, die wir sorgfältig ablösten und in Kisten verpackten. Die

Sattlermeister Edon Lehmann mit dem Sattlerpferd auf der Dorfstraße.

Leipziger Gärtnereien waren dankbare Abnehmer. Als es weniger wurde, teilten wir uns die Annaburger Heide mit den Russen. Mit einem Ausweis durften wir das Schießgelände betreten. Das vollzog sich trotzdem nicht ohne Probleme. Also suchten wir weiter und wurden im Raum von Berlin am Scharmützelsee fündig. Ich habe die Mengen nicht gewogen, die da beim Sammeln zusammen gekommen sind. Es mögen Tonnen gewesen sein. Und so verpaßten mir meine Meltewitzer den Titel, den ich nie wieder los werde: die „Mooskönigin".

35 lange Jahre arbeiteten wir in unserem kleinen Zwei-Mann-Betrieb. Wir bauten ein Gewächshaus und ließen dort im Winter die Birkenzweige und Weidenkätzchen austreiben. Hinterm Haus entstanden eine riesige Kirschplantage und ein weites Erdbeerfeld. Bei dem einen mußten wir hoch hinaus, bei dem anderen tief hinunter. Und dennoch: Es war eine schöne Zeit, vielleicht gerade wegen der vielen Arbeit.

So ähnlich sagt es auch der Sattlermeister Edon Lehmann (Jg. 31), der am Rand des Dorfes seine Werkstatt hat:

Es hängt ein Pferdehalfter an der Wand ...

Du mußt „Windmüller" sein! Das war meine Devise im Leben. Zwar werden da manche äußern: Ach, der hängt seinen Mantel nur in den Wind. Da haben sie nicht mal so Unrecht. Andere tun das auch, doch sie sind zu feige, das zuzugeben. Man muß jedoch wissen, wie weit man gehen kann, damit man ein ehrliches Gewissen behält. Was bringt's, wenn ich mich gegen die Gesetze stemme? Ich „kleiner Mann" (im doppelten Sinn!) kann doch sowieso nichts ausrichten. Was kümmert mich die große Politik. In deinem kurzen Leben mußt du sehen, wo du bleibst!

Und das habe ich getan, als ich vor fünf Jahrzehnten in Meltewitz seßhaft wurde und in eine Sattlerei mit Landwirtschaft einheiratete. Von den drei Hektar Feld mit einem Ochs und einer Kuh vor dem Pflug konnten wir nicht leben. Also ging meine Frau in die LPG, und ich ergriff das Sattlerhandwerk. Damals trotteten noch allerhand Pferde über die Äcker, ich hatte genug zu tun. Die Mechanisierung verdrängte dann immer mehr die Tiere. So flickte ich jede Menge Treibriemen und fertigte Planen und Verkleidungen für Fahrzeuge. Das hat mich weithin bekannt gemacht.

1994 hörte ich mit der Sattlerei auf. Mein Sohn war inzwischen herangewachsen und qualifizierte sich zum Raumausstatter. Natürlich mache ich jetzt keinen Bogen um die Werkstatt, die jahrzehntelang meine Welt war. Ich habe mir eine Ecke frei gehalten, und dort sattlere ich hin und wieder was, nur so zum Zeitvertreib. Jedes Jahr bringe ich ein verschlissenes Pferdekumt auf Hochglanz. Die „Pferdegogliche" sind ganz närrisch darauf und hängen es in die gute Stube.

Ich bin dankbar, daß die Knochen noch einigermaßen heil sind. Und wenn wir Meltewitzer Rentner dann nach langer Busfahrt irgendwo in der Kneipe sitzen und eine Kapelle zum Tanz aufspielt, da bin ich dabei, da geht's rund. Tanzen war schon immer meine Leidenschaft, vor allem Walzer, Rheinländer oder Polka. Die alten Leute freuen sich, wenn ich dann ein bißchen „Gagsch" mache. Ich gehöre nämlich noch nicht zum rostigen Eisen.

WEITERE DORFNOTIZEN
aus Meltewitz

Einen abendfüllenden **Dokumentarfilm** über das Dorf drehte Gitta Nickel 1984. Nach einer spektakulären Aufführung wurde er verboten und erlebte erst 1990 seine Wiederaufführung *(siehe Rundblick-Lesebuch).*

Eine „**Fuchsjagd**" veranstalten seit 1971 jährlich im Oktober die hiesigen Reiter mit ihren Gästen. Dabei wird nur symbolisch ein Fuchs gejagt. Eine große Meute Reiter hetzt ein mit einem Fuchsschwanz markiertes Reitpferd. Wer als erster die Ziellinie erreicht, ist der Sieger. Viel wichtiger ist sicher der anschließende Reiterball, mit dem die Reitsportsaison des Jahres beendet wird.

Ein in drei Teile zerbrochener **Grabstein** kam neulich bei Trockenlegungsarbeiten am Kirchenfundament zum Vorschein. Die Inschrift lautet u.a. „Hier ruht Joh. Kurt Gottlob Gruhne, Dreiviertelhufner, geboren 1825, starb an einem Schuß nach 48 Stunden Leiden am 21. Mai 1853" und bezieht sich auf folgendes Ereignis: In einem Bauerngut wohnten äußerlich friedlich Mann und Frau, in dem Gut daneben ein unverheirateter Bauernsohn (wir würden heute „Single" sagen) bei seinen Eltern. Immer dann, wenn der Bauer auf dem Feld war, „half" der ledige Bauernsohn tatkräftig bei seiner Nachbarin aus. Der Krug geht solange . . . Also, der Bauer bekam Wind von der Sache, nahm eines Tages sein Schrotgewehr mit hinaus aufs Feld und kehrte schon nach kurzer Zeit wieder auf den Hof zurück. Hier stellte er den flüchtigen, leicht bekleideten „Dieb" und streckte ihn kurzerhand mit einem Schuß nieder. Die Akten vermelden leider nicht, was mit dem Schützen geschah.

Touristik: Der Gasthof „Zum Hirsch" soll 1628 erbaut worden sein, damals mit einer Brauerei (deshalb Braugasse!). Er war mal Lazarett und in der DDR jahrzehntelang das Kulturhaus vom Dorf mit einem aktiven kulturellen Leben. Jetziger Pächter Johannes Mirke aus Beyern (Brandenburg). - Die rustikale Abendgaststätte „Zur Scheune" leitet Bernd Drewe. Neben einer Kegelbahn wird zu kulturellen Veranstaltungen eingeladen. - Der „Waldhof" liegt an der B 6 inmitten des Wermsdorfer Forstes und entstand in den 30er Jahren als „Milchbude". Nach mehrmaligem Besitzer- und Pächterwechsel wird er jetzt recht gut angenommen, Besitzer Gisela Breiter. - Pferdehof und Landpension von Birgit Opolka mit Zimmervermietung und Kremserfahrten. - Die Landpension der Fam. Eberhard Aé bietet Übernachtungen in einem „Heuhotel" an. Ein Kaminzimmer vermittelt langenehmen Aufenthalt. - Übernachtungen und Ferienwohnungen im Ort bei verschiedenen Vermietern mit ca. 40 Betten.

Handel und Gewerbe: Schornsteinfegermeister Sepp-Dieter Bröcher. - Friseursalon Angelika Bessinger. - Spielzeugmanufaktur von Annett Hopfe. - Elektroinstallation G. Scharfschwerdt. - MSD Gastroservice. - Lebensmittel-Verkauf Minimarkt (ehem. Konsum). - Milch- und Tierproduktion von Karl Eisold.

Die **Kirche** (Knatewitz) erhielt 1708 ihre jetzige Form und behielt ihre barocke Inneneinrichtung. Der Taufstein aus Rochlitzer Porphyr entstand um 1600. Mitte der 70er Jahre erfolgte eine äußere Sanierung, zehn Jahre später eine innere Renovierung. Dafür wurden 100 000 Mark gespendet. Die Kirchgemeinde wird vom Börlner Pfarrer Jürgen Schneider betreut.

Knatewitz war bis 1935 selbständige Gemeinde mit Kirche und Schule, und die Meltewitzer mußten „über die Straße" dorthin gehen. Dann wurden beide Dörfer unter dem Namen Meltewitz vereinigt. Das gab keine Spannungen und verlief reibungslos. Die Unterschiede beider Bauerndörfer, die bis ins 19. Jh. den Rittergütern in Dornreichenbach und Heyda abgabepflichtig waren, verwischten sich sehr schnell. Ein traditionelles Tauziehen am Vorabend des 1. Mai mit Mannschaften aus Meltewitz und Knatewitz, das jeweils mit einem kräftigen Umtrunk endet, erinnert an das eingemeindete Dorf.

Einige **Personalien**: Der Tischlermeister MARTIN KOITZSCH (1914-1991) war nicht nur ein guter Fachmann, sondern reparierte auch alle Sorten von Uhren, einschließlich der von Kirchtürmen. Wegen seines urwüchsigen Spieles auf einem Zerrwanst nannte man ihn „Mozart". - WILLI SONNTAG beschlug als Schmiedemeister von echtem Schrot und Korn in seiner traditionsreichen Werkstatt noch 1984 die Pferde. Ein Leipziger Besitzer hat das Gebäude jetzt nach den Vorgaben der Denkmalpflege restauriert und will dort die historische Einrichtung wieder zur Schau stellen.

In einem **Salzbuch** vermerkte der Ratsschreiber von 1806 bis 1840 akribisch den Salzausschank an die Gemeindemitglieder. Mit jährlich zwei Fuhren holte jeweils ein anderer Bauer das Salz aus Meißen, Torgau oder Leipzig.

Das **Steinkreuz** in der Friedhofsmauer (Höhe 128 cm) gibt immer noch einige Rätsel auf, ob es als Grenzzeichen, zur Erinnerung an einen Totschlag oder aus einem anderen Grund gesetzt wurde. Akten vermerken 1530 einen Mord im Gasthof, wonach der Gastwirt und sein Knecht mit dem Schwert hingerichtet wurden.

Die **Turmwindmühle** an der Straße nach Börln wurde 1891 aus Feld- und Bruchsteinen erbaut und besaß eine drehbare Haube, womit die Flügel in den Wind gestellt werden konnten. Sie wurden in den 50er Jahren abmontiert. Jetzt will ein Leipzigerhier seinen Lebensabend verbringen.

Vereine und **Einrichtungen**: Der gemischte Chor „Heiterkeit" (das Chorsingen wird seit über 125 Jahren gepflegt) wird von Dieter Tonndorf dirigiert und von Eberhard Aé geleitet. - Die Freiwillige Feuerwehr (gegr. 1903) wird von Günther Hartmann geleitet. Ein Förderverein der FFw organisiert im Jahreslauf einige Veranstaltungen und Fahrten, so auch das Aufstellen des Maibaumes mit dem Tauzieh-Wettkampf. - Sportverein. - In einem Dreiseithof wurde nach 1990 ein Jugend- und Freizeitzentrum eingerichtet, das von jüngeren und älteren Einwohnern gern genutzt wird. - Die Kindertagesstätte „Knirpsenland" betreut den Meltewitzer Nachwuchs.

Mark Schönstädt, 1417 Schonerstadt, das wuste dorff 'zur schönen Stätte' (dt.), OT von Falkenhain, 186 Einw.

Die Siedlung hat einen schönen Namen und einen guten Ruf. Das Waldbad lockt in den Sommertagen die Besucher an. Früher waren es die Heidelbeerpflücker und Pilzsucher, die vor allem aus Leipzig in Scharen herbeieilten.

Sonntags kamen die „Heidelbeerzüge" nach Mark Schönstädt am Bahnhof Dornreichenbach

Das liegt allerdings Jahrzehnte zurück. In den Waldungen des Wermsdorfer Forstes wuchsen neben dem Holz kostbare Früchte, die kostenlos geerntet werden konnten: im Frühsommer die Heidelbeeren und in den Herbsttagen die Pilze. Das war zu den kargen Rationen in den 20er Jahren und in der Nachkriegszeit ein nahrhaftes Zubrot. Die Eisenbahn setzte damals zwischen Leipzig und Dornreichenbach an Sonntagen zusätzlich ein Zugpaar ein, das im Volksmund die Bezeichnung „Heidelbeerzug" erhielt.

Als hier ab 1839 zwischen dem Reichenbacher Berg und dem Wermsdorfer Forst die erste Ferneisenbahnlinie Deutschlands von Leipzig nach Dresden führte, hielt noch kein Personenzug. Es gab keine Bahnstation. Erst auf Druck des Dornreichenbacher Rittergutsbesitzers General von Minkwitz wurde diese 1878 eingerichtet. Er stellte das Bauland kostenlos zur Verfügung unter der Bedingung, daß der Bahnhof den Namen „Dornreichenbach" erhielt. Nun begann auch die eigentliche Besiedlung. Steinarbeiter und Bahnbedienstete bauten sich ihre bescheidenen Häuschen. Jenseits der Bahn etablierte sich ein Gasthof (Fam. Weiske), der erst in den 50er Jahren geschlossen wurde. Die Villa daneben bewohnte ein Leipziger Aktionär. Sie steht heute wegen ungeklärter Eigentumsverhältnisse leer.

Eine Erweiterung der Siedlung erfolgte 1965 in höchst drastischer Bauweise. Der Ausbau der Werksanlagen in den Steinbrüchen benötigte dringend Arbeitskräfte. Dafür entstanden zwei gewaltige Wohnblöcke mit ingesamt 66 Wohnungen. Sie verschönern nicht gerade das Dorfbild, doch die Leute haben sich daran gewöhnt.

In einem der beiden Wohnblöcke lebt ein Präsident. Allerdings lümmeln vor der Wohnungstür weder Bodygards noch wartet unten auf dem Hof ein Chauffeur mit dem Mercedes auf die hohe Amtsperson. Den Titel trägt seit 1996 der Schlosser und Hauptmechaniker i. R. Karl Heinz Hendlmeier (Jg. 34). Er ist der „Herr" über 89 Kleingartenvereine im Muldentalkreis, und die Statuten schreiben nun mal diese Ehrenbezeichnung vor. Er quittiert's mit Würde und einem Lächeln:

Auch der Präsident baut Tomaten und Gurken an

Natürlich wachsen in meinem Schrebergarten auch anderes Gemüse und einige Blumen. Dann ist Platz zum Sitzen, Träumen und Diskutieren. Es werden da auch schon mal Beschlüsse gefaßt, fürs Dorf, für die Vereine und fürs Privatleben.

Daß mich die Kleingärtner des Muldentalkreises zu ihrem obersten Chef gewählt haben, mag vielleicht damit zusammenhängen, daß ich stets meinen „Senf" dazu gegeben habe, wenn es um ein Vorhaben ging, das man noch besser machen könnte. Es kribbelt mir in den Händen, wenn da was organisiert werden muß. Und so wälzten meine Freunde und Mitstreiter ganz geschickt die Aufgaben auf meinen Rücken. Dann wollte ich natürlich beweisen, daß ich nicht nur leere Worte rede.

Manchmal ist diese ehrenamtliche Tätigkeit richtig anstrengend. Da sind die Querelen der Gartennachbarn untereinander, oder der Kampf mit der Behördenbürokratie bei den unterschiedlichen Gesetzesauslegungen. So bunt und gemischt wie es in den Gärten wächst, so vielfältig geht's auch im Leben der Vereine zu. Doch ich trage die Bürde mit Würde. Und wenn die Leute zufrieden sind, auch wenn ich mal ein hartes Wort sagen muß, dann freue ich mich.

Mein Arbeitsleben verlief in ähnlichen Bahnen. Mit den Kenntnissen eines Huf- und Wagenschmiedes und einem Ingenieurstudium war ich bis 1988 als Hauptmechaniker in den Steinbrüchen der Röcknitzer Quarzporphyrwerke verantwortlich dafür, daß die Maschinen am Laufen blieben. Bei der leidigen Ersatzteilproblematik war das nicht immer einfach. Doch auf die Reparaturbrigaden konnte ich mich verlassen, sie fanden immer wieder einen Ausweg.

Meinen größten Erfolg hatte ich mit der Konstruktion einer Bohrraupe. Ich tüftelte so lange mit Maschinenteilen der Wismut herum, bis die Maschine lief. Das war eine Riesenerleichterung für die Kollegen. Sie mußten jetzt nicht mehr das schwergewichtige Bohrgestänge von Loch zu Loch umsetzen. Das Ding funktionierte so gut, daß der Wismut-Direktor den Auftrag zur Produktion dieser Maschine erteilte. Darüber war ich natürlich echt stolz. Eine 500-Mark-Prämie samt Urkunde waren doch was! Das Unikat der Raupe steht heute als Anschauungsobjekt im Hohburger Steinarbeiterhaus.

Das Rentnerdasein beflügelte meine Ideen. Ein Frühlingsfest des „Rundblicks" und des Museums Steinarbeiterhaus in unserem Waldbad war 1996 der Anlaß, darüber nachzudenken, was aus der dortigen Steinarbeiterkantine gemacht werden könnte. Sie war das letzte Gebäude ihrer Zunft, und mit ihrem Verfall wäre ein weiterer Zeitzeuge unserer Steinindustrie verloren gegangen. Wir wurden angestachelt, die Bude zu erhalten und einem guten Zweck dienlich zu machen. Also gründeten wir wenig

Karl Heinz Hendlmeier in seinem „Schloß", der Steinarbeiterkantine.

später unterm Blätterdach meines Gartens dafür einen Förderverein, und ebenso schnell wählten mich die Teilnehmer zu ihrem Vorsitzenden. Und es gelang uns tatsächlich, mit einzigartiger Unterstützung der Gemeinde das kleine Haus in ein Schmuckstück zu verwandeln. Ich freute mich, daß ich eine ganze Anzahl Bürger meines Heimatdorfes mit Arbeitsstunden und Geldspenden dafür begeistern konnte. Leider verhinderte die Hygiene mit ihren Bestimmungen, das Haus als Sommergaststätte für die Badegäste zu nutzen. Es steht dennoch nicht unbeteiligt in der Gegend herum. Die sanierte Steinarbeiterkantine kann für Familienfeiern, für Zusammenkünfte von Vereinen und Organisationen genutzt werden. Das wird fleißig getan, und wir sind glücklich, daß wir hier einen öffentlichen Raum haben für unser gesellschaftliches und privates Leben im Dorf.

Und ich bin mit meiner Familie hier heimisch geworden. Als wir 1967 in den nüchternen Wohnblock einzogen, hätten wir niemals gedacht, daß hier unsere Heimat, unser Zuhause entstehen würde. Aber über die Jahre hinweg festigten sich die freundschaftlichen Bande zu den Nachbarn. Der kleine Garten und der herrliche Wald in der Umgebung taten ihr Übriges. Was wollen wir mehr? Wir bleiben hier bis zum Ende unserer Tage. Mich belästigte neulich ein dummer Schlaganfall. Meiner Frau ging es nicht besser. Wir müssen nun wohl oder übel ein bißchen kürzer treten, aber nur ein bißchen. Die Gartenarbeit macht da einige Probleme. Und trotzdem war neulich das Unkraut weg. Die Nachbarn hatten sich drüber her gemacht. Ist das nicht großartig?

WEITERE DORFNOTIZEN aus Mark Schönstädt

Das schöne alte **Bahnhofsgebäude**, um 1870 gebaut, wurde im Zuge des aufwendigen Ausbaues der Eisenbahnstrecke Leipzig-Dresden 1994 abgerissen, der Bahnsteig überdacht und mit einer Fußgänger-Unterführung versehen. Personenzüge halten nur noch zweimal früh in Richtung Oschatz und abends entgegengesetzt. Früher waren es zwölf Züge am Tag. Der Güterverkehr ist eingestellt, das 1965 gebaute Anschlußgleis zu den Steinbrüchen wird zurückgebaut. Anstelle des Überweges zur B 6 entstand mit einem gewaltigen Erdwerk eine weitläufige Überführung.

Das **Naturbad** im 1960 stillgelegten Steinbruch an der Ostflanke des Reichenbacher Berges (Naturschutzgebiet) lockt seit 1965 mit seinem klaren Wasser in Sommer viele Badegäste an. Das Baden geschieht auf eigene Gefahr. Das Umfeld inmitten hoher Bäume bietet ideale Spielplätze für Kinder.

Die **„Walleichen“** auf den Resten einer Sumpfburg sind zwar bedeutend jünger als die Anlage, sie dokumentieren mit ihrem Namen jedoch eine frühe Besiedlung dieses Gebietes. Diese erste Ansiedlung wurde später wieder verlassen, weil die Bauern mit dem hohen Grundwasserspiegel und anderen Unbilden des Bodens nicht zurande kamen. Im ausgehenden Mittelalter ging sie als „wüste Mark Schönerstädt“ in die Annalen ein. Erst viel später, nach dem Bau des Bahnhofs, entstand 1870 das erste Haus am heutigen Standort. Weitere folgten, und sie gaben ihrem Domizil den Namen des untergegangenen Dorfes, nämlich Mark Schönstädt.

Vereine: Den Förderverein „Historische Steinarbeiterkantine“ und den Kleingartenverein „Vogelsang“ leitet als Vors. Karl Heinz Hendlmeier.

Handel und Gewerbe: E. S. Eckhardts Erben (1840 in Wurzen gegr.) richteten um 1885 ein Fuhrgeschäft und eine Gaststätte ein. Das Geschäft profitierte vom Transport der Steine, holte die Kartoffeln und Zuckerrüben der Bauern und lieferte im Gegenzug Düngemittel und Saatgut. Später übernahm die Familie Momber das Geschäft, das heute noch besteht mit Andreas Momber in der 5. Generation im Handel mit Brennstoffen und mit Transportleistungen. – Jenseits der Bahn stand die Gärtnerei von Hugo Friedrich (1924-1960), die später von der LPG übernommen (in den 80er Jahren kamen 10 % der Dahlienknollen im DDR-Aufkommen von hier) und nach deren Auflösung stillgelegt wurde. Jetzt Lager der Gerüstbaufirma Hanisch. – In der ehemaligen Verkaufsstelle der BHG hat sich das Baugeschäft Gallasch eine Niederlassung geschaffen.

Der Bach

Mit Sausen und Brausen
Der Bach kommt geschossen,
In Sprüngen und Possen
Vollbringt er den Lauf.
Die Welle wie helle!
Er träumt nur vom Meere,
Und Schleusen und Wehre –
Nichts hält ihn nun auf.

Doch drunten im Grunde
Er stutzt an der Mühle!
Nun enden die Spiele,
Er strudelt und kocht.
Trotz Schämen und Grämen
In saurem Geschäfte
Verbrausen die Kräfte
Vom Rad unterjocht.

Vorüber das Fieber!
Die Frone geendigt!
Nun dehnt er gebändigt
Zum Weiher sich aus.
Die Welle wie helle!
Nicht lockt ihn die Ferne;
Er spiegelt die Sterne
Und Garten und Haus.

Paul Heyse

Das Thammenhainer Wasser plätschert zur Lossa hin.

Beiderseits des Mühlbaches und um Johannas Höh‘

Was für das Einzugsgebiet der Lossa gilt, trifft im Wesentlichen auch auf das des Mühlbachs zu. Der Bach nimmt nörlich von Wermsdorf auf etwa 170 m Höhe seinen Anfang und durchzieht in nordwestlicher Richtung das gesamte Gebiet, bis er bei Dehnitz auf 112 m Höhe in die Mulde mündet. Im Wermsdorfer Forst ist er schon seit dem 18. Jh. mehrfach hintereinander angestaut worden, im Doktorteich nordöstlich von Sachsendorf tritt er in den Muldentalkreis ein.

Nur wenige Bäche fließen ihm auf seinem Wege zu: Nennenswert sind nur bei Burkartshain der Kührensche Bach und bei Nemt der Kornhainer Bach. Einige kleine fließende Gewässer sind durch Meliorationsmaßnahmen ganz oder teilweise verschwunden, und nur die Eintalungen erinnern noch an sie. Die Talmulden der Gewässer prägen auch hier die Oberfläche, auf der die Sandlößflächen wie in den nördlich angrenzenden Gebieten noch überwiegen, aber auch schon durch Lößderivate (Lehme) abgelöst werden können. Der Übergang von den Lößgefilden im Süden deutet sich bereits an, auch wenn das Gebiet noch zur Wurzen-Nerchauer Altmoränenplatte zu stellen ist.

Insgesamt fällt das Gelände allmählich zur Mulde hin ein; zwischen Sachsendorf und Streuben werden Höhen wenig über 170 m erreicht, am Rand zum tieferliegenden Muldental bei Nitzschka um die 130 m. Hier treten auch noch einmal vereinzelt die Porphyre des Untergrundes zu Tage, am Dummelsberg und an der Sonnenmühle nördlich von Oelschütz.

Mittelpunkt - auch in landschaftlicher Hinsicht - ist Burkartshain. Immerhin besitzt hier der Mühlbach auf etwa 4 km Länge ein Gefälle von elf Metern. So ent-stand ein ziemlich breites Tal, und die Wasserenergie haben die Menschen früh-zeitig zu nutzen verstanden. Heute noch sind der Großteich zwischen Burkartshain und Kühren, aber vor allem der Mühlteich beim nahegelegenen Ort Mühlbach dafür ein eindrucksvolles Zeugnis.

Das Einzugsgebiet des Mühlbaches wird im Süden begrenzt durch kleine, flache Anhöhen, die aber trotzdem im Gelände auffallen. Dazu gehören die turmbekrönte „Johannas Höh'“ bei Pyrna (156 m), aber auch der breite Rücken zwischen Sachsen-dorf und Fremdiswalde, der südlich des Mammbachschen Holzes an der Kreisgrenze bis über 170 m ansteigt. Diese Anhöhen tragen noch vereinzelt Wald und markieren damit zusätzlich den Übergang in eine weitere Landschaftszelle, in ein anderes Einzugsgebiet.

Auch das Mühlbach-Einzugsgebiet ist durch die Kolonisten des Hochmittelaters erschlossen worden. Die Namen der Dörfer geben entsprechende Hinweise.Sie sind sogar noch weiter nach dem Osten den Mühlbach aufwärts gezogen. Aber dann stießen sie auf wenig ergiebige Böden: Die Wüste Mark Wyperniswalde am Rand des Wermsdorfer Forstes erinnert noch heute daran. Von Sachsendorf bis zur Kirche in Burkartshain war der Mühlbach über Jahrhunderte hinweg Grenze des Wurzener Landes zum Amt Grimma, nach Westen hin zur Mulde setzte sich diese dann fort an einem kleinen Bach, der an der Sonnenmühle in die Mulde fällt und heute nur noch im Unterlauf vorhanden ist - dem Grenzbach. *(W.E.)*

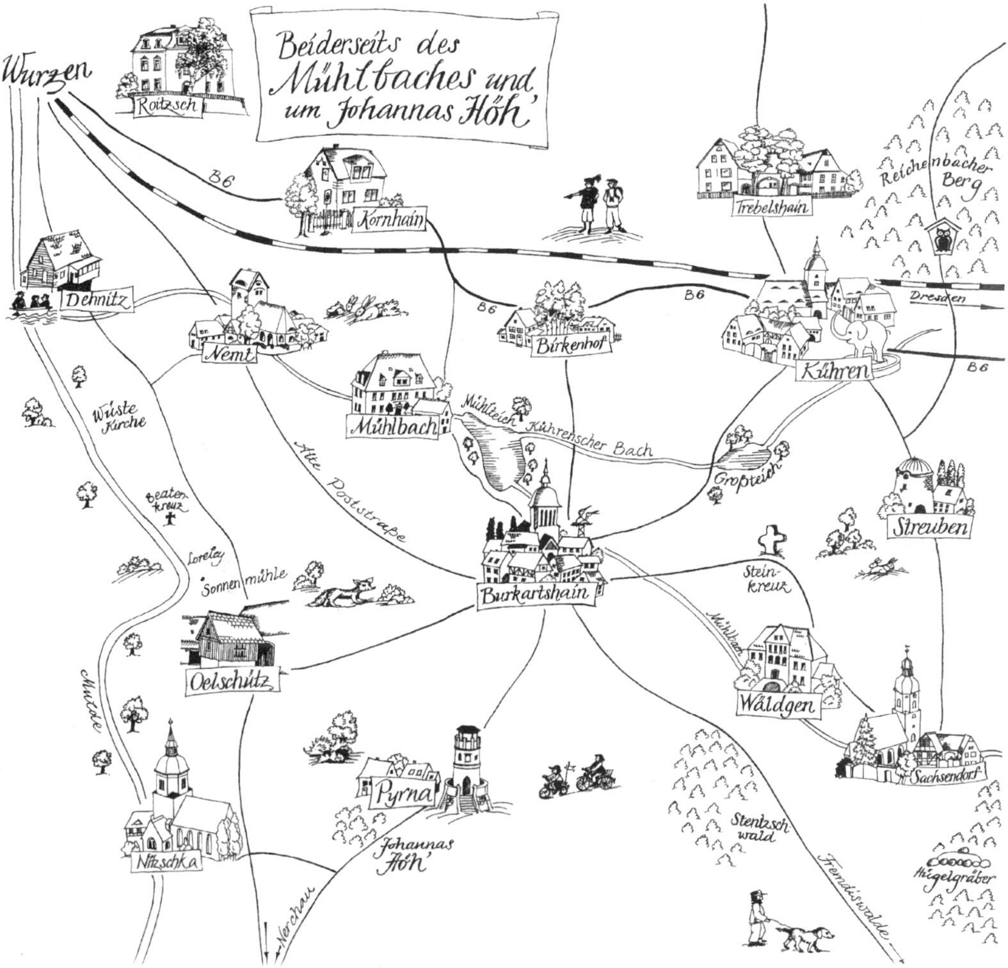

Was die Melioration aus unseren Bächen machte

Es gibt kaum noch einen naturbelassenen Bachlauf. Seit Jahrhunderten hat der Mensch dessen Wasser benötigt und genutzt für den Haushalt, für das Vieh, für Feld und Garten und als Antriebskraft vieler Wassermühlen. Siedlungen entstanden deshalb meist am Bach. Das hatte zur Folge, daß die Bachläufe nach dem Willen des Menschen verändert, verbreitert, verschmälert und angestaut wurden. Die damaligen Eingriffe konnten die Natur im Vergleich zu solchen unserer Tage, da es Bagger, Motorsägen, Beton und Stahl gibt, ohne weiteres verkraften. Das Wasser blieb klar und sauber. Pflanzen gediehen am und im Bach besonders üppig, Kinder spielten und badeten darin.

Diese Zeiten sind wahrscheinlich für immer vorbei. Alle Bäche sind in neuerer Zeit, besonders nach 1945, vor unseren Augen regelrecht „vergewaltigt“ worden. Wie zum Hohn wurde dafür das alte lateinische Wort „Melioration“ verwendet, was eigentlich

„Verbesserung“ heißt. Zählt man Eigenschaften und Merkmale eines meliorierten Baches auf und vergleicht diese mit denen, die er vorher besaß, dann erhält man ein trauriges Ergebnis.
Gleich nach der Quelle wurde das Bächlein in der Regel vertieft und unter der Erde in Rohre gezwängt. Pflanzen und Tiere gibt es darin nicht mehr. Dort, wo der Bach wieder auftaucht, rinnt er gewöhnlich schnurgeradeaus, links und rechts von baumlosen Böschungen begleitet, aus denen er nie wieder heraus darf. Seine Fließgeschwindigkeit wird im Gegensatz zu früher um eine Vielfaches erhöht. Felder und Wiesen entwässert er bis an seinen Rand.

Erreicht der Bach die erste menschliche Siedlung, bekommt er spätestens hier in sein klares Wasser die ersten Abwässer „eingespeist“, die er mit forttragen muß Im nächsten Ort geschieht das gleiche. Später ist sein Wasser bestenfalls noch Brauchwasser. In das Gewässer ragende Wurzeln von Uferbäumen, größere Steine in seinem Bett, die Strudel hervorrufen würden und das Wasser dadurch zu mehr Sauerstoffaufnahme verhelfen, hat die Melioration ebenso beseitigt wie die Mäander (Biegungen) des Bachlaufes, welche die Fließgeschwindigkeit erst bremsen und dann wieder beschleunigen würden. Welch einen Reichtum an Tieren und Pflanzen würde es geben, wenn wir Menschen aus diesen eintönigen Fließgerinnen wieder richtige Bäche machten. Die Natur hilft uns dabei, wir sollten ihr folgen! *(H.K.)*

Der Kührensche Bach bei Burkartshain, ein Strich in der Natur.

Burkartshain, 1284 Borchardeshayn, 'Rodungssiedlung eines Burghart' (dt.), 840 Einw.

Der Mühlbach durchschneidet den alten Ortskern. Am Dorfplatz bündeln sich die Straßen, die aus allen Richtungen ins Dorf führen. Eng aneinander schmiegen sich die großen Dreiseithöfe. In der Dorfmitte erhebt sich die Kirche, steht das Gebäude der Gemeindeverwaltung, hat der Schmied seine Werkstatt, nistet und brütet seit Jahren ein Storchenpaar auf dem Elektromast, einem Wahrzeichen des Ortes.

Zwischen Mühlbacher und Oelschützer Straße entstanden nach 1930 zahlreiche Eigenheime. Dazu gehören auch aus den 60er und 70er Jahren die mehrstöckigen Mietskasernen, glücklicherweise am Rand des Dorfes, so daß sie das historische Dorfbild weniger stören. Daran schließen sich das Sportgelände und die Schulbauten an. Entgegengesetzt nach Kühren zu zogen in die einstigen LPG-Gebäude und ins ehemalige Trockenwerk private Unternehmungen ein, es entstand ein kleines Gewerbegebiet.

In Burkartshain geben die Vereine den Ton an

Eigenartig, an Staatsfeiertagen ist meist schönes Wetter. Hatte früher der 7. Oktober oft die Sonne gepachtet, verbucht in der Neuzeit der „Tag der Deutschen Einheit" am 3. Oktober dieses Privileg für sich. In Burkartshain wird dieses Phänomen für das alljährliche Vereinsfest genutzt. Werden am Abend vorher die fein bestrumpften Beine beim Vereinsball bewegt, geht es am Feiertag selbst härter zur Sache. Da steht nämlich Fußball auf dem Programm. Dabei streiten nicht nur die „Profis" aus den Nachbargemeinden um den Sieg. Auch eine wild aussehende Truppe in Schottenröcken kämpft, umweht von Staubfahnen, um das runde Leder. Der „Oberschotte", Dachdekkermeister Georg Schneider, spendierte die Hemden, Schuhe und den Stoff für die Röcke, die die Mütter und Omas nähten.

Neugestaltete Dorfstraße mit Schmiede und Storchennest.

Umrahmt wird das Turnier von Beiträgen aller Vereine des Dorfes. Und das sind eine ganze Menge: Schützen, Sänger, Gartenfreunde, Kameraden der Feuerwehr, Karnevalisten. Eine der aktivsten von den Leuten ist ELLEN TAUCHNITZ (Jg. 55), Präsidentin des Carnevalsvereins und Bankkauffrau:

Da bin ich schon mal eine Art „Ersatzmutter“

Die Liebe zum Karneval bekam ich praktisch mit der „Muttermilch“, denn mein Vater war 1964 Gründungsmitglied des Vereins, während meine Mutter als Kulturhausleiterin im Ort die organisatorischen Fäden in der Hand hielt. Damals galten für Kinder noch „strengere“ Gesetze, so daß wir höchstens mal heimlich beim Einmarsch des Elferrates gucken konnten. Beim Jugendfasching waren wir dann dabei, und so wuchsen wir immer mehr in die närrische Gemeinschaft der Großen hinein. 1983 übernahm ich gemeinsam mit meinem Mann und noch zwei befreundeten Ehepaaren die Verantwortung. Wir bemühten uns, die karnevalistische Tradition neu zu beleben.

1989 änderte sich auch für uns die Welt. Gut kann ich mich noch an den 9. November erinnern. Wir bügelten gerade unsere Kostüme für den 11. 11., als einige Männer in den Raum riefen: Eh, ihr Weiber, ihr spinnt wohl! Ihr bügelt hier die Klamotten, und die Grenze ist auf. Fasching fällt in diesem Jahr aus! Irrtum, er fiel nicht aus. Der Saal war wie immer ausverkauft. Zwar fehlten einige Besucher, die bereits den Weg zum „Westbesuch“ angetreten hatten. Der Abend wurde ein voller Erfolg.

Wir machten uns Gedanken, wie es weitergehen sollte. Dazu gehörte auch mal zu gucken, was „die da drüben“ so machen. Also beschlossen wir, den Rosenmontag in Mainz zu erleben. Das schwierigste Problem war der Bus. Die Mitarbeiter der ZBO winkten ab: Mit unserem alten „Ikarus“ kommt ihr nicht mal bis zur Grenze. Es klappte dann mit dem Grimmaer Kraftverkehr. Essen und Getränke nahmen wir mit, denn wir hatten ja kaum Westgeld. Jedenfalls fielen wir mit unserer Sprache angenehm auf, wurden herzlich willkommen geheißen.

Ellen Tauchnitz inmitten ihrer Funkengarde.

Nach den neuen Gesetzen mußten wir einen eingetragenen Verein bilden und einen Präsidenten wählen. Da mein Mann als selbständiger Handwerker wenig Zeit hatte, fiel die Wahl auf mich. Dabei ist es bis heute geblieben, und ich komme eigentlich ganz gut zurecht mit der närrischen Männerwelt. Jede Saison wird ab Monat Mai gründlich vorbereitet. Wir treffen uns dann montags, machen zwischendurch mal eine Radpartie und uns viele Gedanken, wie wir das Publikum stets aufs Neue begeistern können. Und natürlich muß ein neues Motto her! Alle Vorschläge kommen an eine Pinnwand, und der beste wird schließlich demokratisch ermittelt.

Am 11. 11. wird das Gemeindeamt gestürmt. Obwohl die Gemeindekasse stets fast leer ist, findet sich immer noch ein Rest für uns. Unseren Bürgermeister Jörg Grundig müssen wir nicht erpressen. Er unterstützt uns, wo er kann, und nicht umsonst ist er Ehrenmitglied in unserem Verein ebenso wie Fritz Lehne.

Nach der Eröffnung der Karnevalssaison verdoppeln wir die Anstrengungen. Die Büttenreden schreibt mein Mann. Ideen dazu spricht er während langer Autofahrten oft aufs Diktiergerät. Meine große Tochter trainiert die Funkengarde, wo die kleine eifrig mittanzt. So hat jeder in der Familie seine karnevalistischen Pflichten.

Andere Mitglieder meistern andere Aufgaben. Die Familien und die Arbeitgeber müssen bei diesem zeitintensiven Hobby schon mitspielen. Ich empfinde die Arbeit im Verein nicht als Last, eher als Entspannung nach einem Arbeitstag voll Streß. Ein „Machtwort“ von mir als Präsidentin ist selten nötig und bezieht sich höchstens mal auf Kleinigkeiten. Die Truppe ist „pflegeleicht“. Viel wichtiger ist meine Verantwortung für die Mädchen der Funkengarde. Da bin ich schon mal eine Art „Ersatzmutter“, wenn sie mit ihren Sorgen, Streitigkeiten und Liebeskummer zu mir kommen.

Unser größtes Problem ist zur Zeit der geeignete Raum für die Aufführungen zu Beginn und zum Ende der Saison im eignen Ort. Seit unser Stammlokal „Zur Einheit“ geschlossen ist, sind immer neue Kraftakte nötig. Da müssen im stillgelegten Saal die Gardinen gewaschen, Reparaturen und Malerarbeiten erledigt werden. Natürlich gehört das Ausgestalten des Saales dazu.

Das Burkartshainer Edelstahlbad an einem Sommertag.

Unser Etat ist bescheiden. Wenn nicht Gemeinde und Sponsoren helfen würden, wer weiß, wie wir über die Runden kämen. So konnten wir unsere gemalte Fahne von 1984, die unsere Burkartshainer Störche zeigt, durch eine gestickte ersetzen. Erst die Fahne macht einen Verein komplett! Verdammt teuer sind auch unsere Uniformen. Die können wir nicht mehr wie früher selber nähen. Deshalb werden sie wie „Heiligtümer" gepflegt und vererbt. Die Mädchenstiefel müssen immer wieder neu nach Maß angefertigt werden. Das summiert sich schon.

In den letzten zwölf Jahren hat sich viel verändert, vor allem in den Köpfen der Menschen. Viele sind unzufrieden und inaktiv, meckern nur herum, obwohl die wenigsten einen triftigen Grund haben. Da könnte ich manchmal fuchsteufelswild werden.

Oft muß ich an eine der ersten Begegnungen mit unserer Partnergemeinde Bad Emstal denken. Damals sagte jemand von „drüben": Jetzt redet ihr noch mit dem Nachbarn übern Gartenzaun, aber wartet mal zehn Jahre ab, da ist das vorbei. Wir wollten das nicht wahrhaben, finden es aber in der Zwischenzeit teilweise bestätigt. Mit der Arbeit im Karnevalsverein wollen wir Menschen zusammenführen, die Spaß und Freude haben und dies auch an andere weitergeben können. Das trägt dazu bei, den Zusammenhalt im Dorf und über dessen Grenzen hinaus zu festigen. *(W.R.)*

WEITERE DORFNOTIZEN aus Burkartshain

Gemeindeverwaltung der Gemeinde Kühren-Burkartshain mit den Ortsteilen Kühren, Burkartshain, Trebelshain, Birkenhof, Kornhain, Mühlbach, Oelschütz, Nitzschka, Pyrna, Wäldgen, Sachsendorf, Streuben. Bürgermeister Jörg Grundig (Jg. 42) seit 1990.

Ein modernes **Freibad** mit einer Edelstahlwanne und großzügigen Anlagen entstand 1994 aus dem Naturbad, das 1962 angelegt worden war. Bei mißlichem Sommerwetter bleibt es durch die Mindereinnahmen ein akutes Sorgenkind der Gemeinde.

Mehrere **Gedenksteine** erinnern an geschichtliche Daten, Personen und Ereignisse in der Gemeindeflur: Halbwegs zwischen Burkartshain und Sachsendorf steht am Straßenrand ein Steinkreuz aus Sandstein, jetzt erneut repariert. Als Sühne- oder Grenzstein oder aus welchem Anlaß auch immer vermutlich im 14. Jh. gesetzt. - Vor der Gemeindeverwaltung in der Ortsmitte wurde 1987 von Denkmalschützern die Kopie eines Königl.-Sächs. Meilensteines aufgestellt. Das Original von1850 gab die Meilen-Entfernungen nach Wurzen und Wermsdorf an. - Der 100jährige Sängerstein blieb viele Jahre in sicherer Obhut eines Nachbarn, steht jetzt wieder an seinem angestammten Platz. Zugleich erinnert er an Wilhelm Wießner. Eine schöne Geste! - Gleich daneben dokumentiert seit 1996 ein Stein mit einem Täfelchen das 120jährige Bestehen des Männergesangvereins. - Ein weiterer Stein will das Gedächtnis an Personen auffrischen, wie es gegensätzlicher (oder kurioser!) nicht sein kann. Als König-Albert-Stein um 1900 gesetzt, tilgten in der DDR „aufrechte Patrioten" den Schriftzug und ersetzten ihn durch Albert Kuntz. - Auf dem Kirchhof steht ein Martin-Luther-Gedenkstein „1483 - 1983", daneben Luthereiche sowie Gedenksteine für die Gefallenen von drei Kriegen. Eine Mahntafel an der Kirchhofsmauer erinnert an die Opfer von Krieg und Gewalt zwischen 1914 und 1990.

Die baulichen Anfänge der **Kirche** gehen bis ins 13. Jh. zurück, danach folgten mehrmalige Umbauten. Eine geschnitzte Kanzel von 1690 und figürliche Grabsteine aus der Zeit um 1600 gehören zu den kleinen Kostbarkeiten. Die bemalte Decke (1704) gibt dem Raum eine eigentümliche Wirkung, meinte schon der Kunstwissenschaftler C. Gurlitt *(s. Nischwitz)*. Mächtige Linden und Kastanien rahmen das Bauwerk ein. Der Friedhof liegt abseits an einer gefährlichen Kurve nach Pyrna zu.

Einige **Personalien**: Die Familie Klopfleisch sammelt Gegenstände zur Eisenbahngeschichte, im Garten steht eine Treibachse von einer Güterzuglok. - Der Altbauer und Imker Alfred Moosdorf (Jg. 27) schreibt Texte zur Geschichte des Dorfes und als Chronist des Männergesangvereins. - Werner Schmidt, (Jg. 22), langjähriger Küster, hatte dieses Amt und damit auch das Läuten der Glocken von seinem Vater übernommen. Beide haben es über sieben Jahrzehnte hinweg tagtäglich pflichtbewußt durchgeführt. Vor allem bemühte er sich, daß die Glocken keinen Nachklang schlugen, denn das bedeutete, daß jemand sterben würde. Das Läuten hat jetzt ein Elektromotor übernommen. - Wilhelm Wiessner (1840-1913) war ein umtriebiger und volkstümlicher Besitzer des Rittergutes (bis 1909), wirkte als bedeutender „Kulturtechniker", veränderte mit spektakulären Landschaftsbauten, wie Wettinhöhe, Schillerhöhe, Sängerhöhe, Wilhelmshöhe (später Johannas Höh' in Pyrna mit dem Aussichtsturm) durch Anpflanzungen, intensive Teichwirtschaft und wirksameren Meliorationsbau den Landstrich um den Ort.

Im **Schatzberg,** einer kaum sichtbaren Erhebung nördlich vom Ort, buddelten in alten Zeiten schon mal gewiefte Schatzsucher, doch sie wurden nicht fündig. Heute finden sich dort die Reste eines Steinbruches.

Die **Schule** wurde als moderner Schulkomplex 1959 bis 1961 erbaut und mehrmals erweitert. Ab 1978 Erich-Weinert-Oberschule. Sie beherbergte zuletzt eine Grundschule (bis 2001) und eine Mittelschule (bis 2003). Wegen Schülermangel und einer veränderten Schulnetzplanung wurde sie geschlossen. Ab 2003 Umbau als Förderschule für Zschorna.

Das **Rittergut i**m Zentrum des Ortes gehörte bis zur Bodenreform der Familie Siebert. 1945 nutzte die sowjetische Besatzungsmacht große Teile als Schweineställe, die dann an die Neubauern übergingen. Ein Großbrand (Brandstiftung!) zerstörte 1946 die meisten Gebäude. Das Feuer überstanden der Pferdestall (später MTS-Stützpunkt), ein Speicher und das Herrenhaus (Büro der MTS, jetzt leerstehend).

Von den beiden **Wassermühlen** sind nur noch äußere Gebäudeteile vorhanden. Die „Pastmühle" unterhalb des Freibades besaß je ein unter- und oberschlächtiges Wasserrad, womit u. a. Rinde zur Gerberlohebereitung gemahlen wurde. 1945 erfolgte ihr Umbau zu einer Neubauernstelle. - Die „Hintermühle" in der östlichen Ortslage wurde von 1931 bis 1943 mitsamt einer Bäckerei von Willy Leese betrieben, zuletzt noch Schrotmühle für die LPG, 1980 Abbau der Mühleneinrichtung und Umbau zum Wohnhaus.

Mehrere **Vereine** zeigen bemerkenswerte Aktivitäten und versammeln sich alljährlich zum Vereinsfest: Der älteste mit über 125 Jahren ist der Männergesangverein 1876 e.V. und Gert Kröber (Jg. 33) an der Spitze, eine pflichtbewußte, fröhliche und sangesfreudige Gemeinschaft, die des öfteren auftritt und schon viele Auszeichnungen erhalten hat. Langjähriger Chorleiter (1967 bis 2001) war Horst Emrich (Jg. 30) aus Wurzen, jetzt Roland Wengler aus Nemt - Die Schützengilde gründete sich 1921 und nach 1990 wieder neu, Vors. Thomas Bergmann. Stolz zeigen die Mitglieder bei Festlichkeiten die von Werner Schmidt gerettete Schützenfahne. - Sportverein TSV 1906, Vors. Andreas Hartmann, mit den Abteilungen Fußball, Tischtennis, Volleyball und Frauengymnastik. Ehrenmitglied Reinhard Buchheim, dessen Vater die Vereinsfahne mehrere Jahrzehnte aufbewahrte. Neues Vereinshaus am Rand des Sportplatzes. - Gartenverein „Sonnenblick" am alten Wasserturm, gegr. 1953, Vors. Horst Meyer. - Vom traditionsbewußten Carnevalsclub 1964 e.V. haben wir vorstehend erzählt. - Freiwillige Feuerwehr (gegr. 1943), Wehrleiter Andreas Weber, 40 Mitgl. mit Jugendgruppe.

Handel und Gewerbe: Die Schmiede wird seit 1953 von Walter Polster betrieben und jetzt von seinem Sohn fortgeführt. Kunstvolle Schmiedearbeiten (auch für die Denkmalpflege) machten den Meister weithin bekannt. In der Werkstatt befindet sich noch das alte Holzpflaster. - Firma AMS-BECK, Beton-Guß, Straßeneinläufe, 22 Besch. - G & G Ihr Friseur, Inh. Gerlinde Kaluba und Gudrun Marchewka. - Elektro Tauchnitz. - Dumjahn Metallbau. - Fensterbau Markwart. - Autoservice Schmidt. - MAX-BAU von Hansjörg Nussbaumer. - Dachdeckermeister Georg Schneider. - Ingenieurbüro Tryllus. - „Müllers Tannenbäume" zum Selberschlagen mit Glühwein an den Adventssonntagen. - Agrarunternehmen von Thomas Opolka, Milchvieh, Schweine, Feldbau. - Getreide GmbH, Ltg. Gunter Naundorf, pflanzlicher Marktfruchtbetrieb. - Gartenbaubetrieb Udo Reichelt. - Pferdezucht und Reiterei von Karlfried Kaltofen. - Die „Gaststätte Schindler" (abends geöffnet) feierte 2002 ihr 40jähriges Bestehen seit der Übernahme durch den Wirt. - Konsum-Verkaufsstelle. - Zweigstelle der Wurzener Bank (Raiffeisen).

Einrichtungen: Kindertagesstätte „Spielhaus", Ltr. Helga Robra. - Arztpraxis Dipl. med. Ute Dathe. - Zahnarztpraxis Dr. Annemarie Vollmar. - Jugendklub am Freibad. - Bibliothek im Schulgebäude.

Vor hundert Jahren errichtete der Burkartshainer Rittergutsbesitzer Wilhelm Wießner nahe der heutigen Bundesstraße 6 am Wege nach Körlitz eine Feldscheune. Auf einem Sporn am Wiesenrande pflanzte er dazu eine Birkengruppe. Um 1930 baute sein Nachfolger die Scheune zu einem Bauerngehöft mit Wohnung, Stall und Scheune aus und verkaufte es an den Bauern Willi Beßler. Er gab seinem Anwesen den Namen „Birkenhof". Der Bauer Albin Ehrig erwarb 1941 den Birkenhof, den die Familie heute noch besitzt.

Schon im Atlas von Oberreit wird dieses Stück Flur „Auf der Birke" bezeichnet. Ob Beßler den Flurnamen kannte? Jedenfalls hatte er ein feines Gespür für Geschichte und Natur. Jetzt nach fünfzig Jahren erhielten die Bewohner endlich ihr lange gewünschtes Ortsschild. Die Wege der Bürokratie sind eben oft ziemlich lang.

Dabei hat die Flur eine gewisse geschichtliche Bedeutung. Ein Stück weiter östlich gab es nämlich in einer Quellmulde im Mittelalter schon mal eine kleine Siedlung. Durch gutsherrlichen Einfluß wurde das Dorf Staucha im 15. Jh. wüst. Die Namen Stauchaer Garten und Stauchaer Mark haben sich bis heute erhalten. Beim Wasserleitungsbau 1954 stießen die Bauleute auf alte Fundamente.

Birkenhof liegt an einer berüchtigten Straßenkreuzung

Mit der Bodenreform 1946 begann ein neuer Abschnitt am Birkenhof. Zehn Umsiedler, vorwiegend Vertriebene aus Schlesien, erhielten hier jeweils einen Bauplatz, eine Kuh und ein Kalb. Dazu kamen noch 5 Hektar Feld. Technik und Geräte waren schon verteilt, denn das Burkartshainer Rittergut hatte nicht viel davon. So half man sich untereinander, und der Birkenhofbauer lieh seine Geräte aus. Das reife Getreide wurde auf seinem Hof gedroschen.

Die nunmehrigen Neubauern klotzten ran und bauten regelrecht aus dem Nichts mit Bruchsteinen und Ziegeln aus Abbruchgebäuden, fünf Sack Zement und frisch geschlagenem Holz ihre bescheidenen Häuser mit den Wohnungen und Ställen. Der elektrische Strom kam erst 1949 ins Dorf. Not machte erfinderisch! Am spärlichen Abfluß eines nahen Teiches konstruierte ein findiger Kopf ein Mini-Wasserrad und trieb damit eine Autolichtmaschine an.

Um 1951 war schließlich auf ungefähr dreimal hundert Meter Länge an der Straße Burkartshain-Körlitz unmittelbar neben der Kreuzung zur B 6 eine richtige Siedlung entstanden. Dieser berühmt-berüchtigte Knotenpunkt hat den Ort weithin negativ bekannt gemacht, obwohl man den Bewohnern absolut nichts Böses nachsagen kann. Es sind vielmehr die motorisierten Zeitgenossen, die es meist zu eilig hatten und weder links noch rechts genügend Einblick nahmen. Und dann passiert es. Viele Male schon mußten die Unfallwagen heranpreschen. Für einen jungen Motorradfahrer haben seine Freunde ein hölzernes Kreuz gesetzt, zur Erinnerung und hoffentlich auch zur Mahnung.

Die Bauern sind jetzt Rentner, die Ställe längst zu Garagen und Wohnstätten umgebaut. Die Siedlung hat inzwischen alle Errungenschaften der Infrastruktur erhalten, wenn auch 1999 der grundhafte Ausbau der einzigen Straße auf die 300 m Länge fast ein Jahr in Anspruch nahm. Eine Firma machte nämlich mittendrin Pleite. Die renovierten Häuser sind längst mit Bäumen eingegrünt, und kaum Zäune engen die Vorgärten ein. Ein bemerkenswertes Ortsbild.

Am Rande der B 6 in der Mark Staucha inmitten der Feldflur entstand aus unerklärlichen Gründen (für den Laien jedenfalls) vor wenigen Jahren ein kleiner Industriekomplex. Müllfahrzeuge der AWU (Abfallwirtschafts-Union Wurzen GmbH) sammeln im Raume Wurzen alles das ein, was nicht mehr gebraucht wird und schleppen einen Teil ihrer tonnenschweren Lasten hierher. Nach dem Sortieren und erneutem Beladen geht der Wohlstandsmüll auf die Reise zum Müllplatz bei Oelzschau nahe Belgershain. Für die Hälfte der kreislichen Haushalte ist der Birkenhof auch deshalb eine Reise wert, weil sie dann den sperrigen Müll selbst entsorgen können.

Schließlich ist der Ort für Leckermäuler und sonstige ökologisch bewußt süßende Hausfrauen ein begehrter Anlaufpunkt. Seit 1949 nämlich fließt aus den Bienenhäusern von WILHELM BROY (Jg. 28) ein golden-klebriger Honigstrom. Über vier Jahrzehnte hinweg war ihm die Imkerei Beruf und Leidenschaft zugleich. Zeitweilig betreute er mit seiner Frau 120 Bienenvölker, heute sind es noch 40. Das Alter fordert eben seinen Tribut. Die Bienenstände und mobilen Bienenwagen standen oft weit verteilt im Wurzener Land. Er leitet noch den bereits 1867 gegründeten Bienenzüchterverein von Wurzen und Umgebung. Und quasi so nebenbei beobachtet und notiert er seit fast 50 Jahren die wichtigsten Wetterdaten. Damit kann auch das Wetteramt in Leipzig etwas anfangen. Hin und wieder kämpft er impulsiv und engagiert in der kleinen Dorfgemeinschaft um die Rechte der Einwohner, wenn sich diese bedroht fühlen.

Imker Wilhelm Broy an seinem Wetterhäuschen.

Mühlbach, 1295 Mulbach, 'der Ort am Mühlbach' (dt.), OT von Kühren-Burkartshain, 75 Einw.

Von der B 6 aus, die auch die Fluren nördlich von Mühlbach streift, ist das Dorf noch nicht zu sehen. Erst wenn die leichte Anhöhe des Haselberges erreicht ist, weitet sich die Landschaft südwärts in das Tal des Mühlbaches, gibt die Aussicht frei auf die ansteigenden Wiesen und Felder in Richtung Pyrna mit dem Turm auf Johannas Höh'. Auf ganz natürliche Weise haben die Schmelzwasser der Eiszeit eine Rinne von erheblicher Breite geschaffen, haben Sand abgelagert, Geröll liegengelassen und letztlich dem Bach ein Bett geschaffen, in dem das Wasser aus dem Wermsdorfer Forst westwärts durch Nemt und Dehnitz zur Mulde hin abfließt.

Im Talgrunde liegt jetzt das Dörfchen greifbar nahe. Man schaut auf wenige niedrige und einige höhere Gebäude, manche grau und mürbe, andere farbig frisch renoviert. Davor, dahinter und dazwischen Erlenwald, wie er in einer feuchten Aue naturbedingt aufwächst. Pappeln und Weiden, einige alte Eichen und Eschen ragen darüber hinaus. Kirschbäume flankieren die Straße hinab ins Dorf.

In Mühlbach wurde der erste sächsische Rübenzucker erzeugt

Aus dem dunklen Grün schimmert die blinkende und wiegende Wasserfläche des Mühlteiches. In dem 20 Hektar großen Gewässer wachsen jedes Jahr bis zum Fischzug im Herbst einige tausend Karpfen heran. Das Ufer bietet für Graureiher, Milane und Wildenten gute Nistplätze. Wer Glück hat, kann sogar den Eisvogel beobachten. Da in den letzten Jahren der Fischbesatz in Grenzen gehalten wurde, verbesserte sich die Wasserqualität.

An der Kreuzung beherrscht das im Verfall befindliche Gebäude des doppelstöcki-

Die Damm-Mühle in Mühlbach liegt abseits vom Dorf fast versteckt im Grünen.

gen Gasthofes das Dorfbild. Nur noch die älteren Nachbarn erinnern sich an den Erntetanz und den Stammtisch-Skat bei „Hugo“ Stephan. Als der Gasthof 1975 geschlossen wurde, erlosch jegliches öffentliches Leben im Dorfe. Westlich gen Nemt zu stehen in enger Nachbarschaft die kleinen Häuser, die ehemals von den Gutsarbeiterfamilien bewohnt wurden. In östlicher Richtung entstanden aus den Gebäuden der Neubauernperiode moderne Einfamilienhäuser. Zum Mühlteich hin bauten sich auswärtige Bürger ihre Sommerhäuser.

Etwas versteckt zwischen den Bäumen und abseits der Straße liegt die Damm-Mühle. Ihr Wasser erhielt sie über einen Mühlgraben, der neben dem Mühlteich angelegt war. Freilich ist vom früheren Mahlwerk oder den Sägewerkseinrichtungen so gut wie nichts mehr vorhanden. Das Anwesen blüht jedoch gerade jetzt wieder auf. Philip Deckwerth hat dort eine Stellmacherei eingerichtet.

Auf dem Gelände wächst auch jener Baum, der 1995 anläßlich der 700-Jahr-Feier des Ortes gepflanzt wurde. Ein Findling daneben erinnert mit einer Messingplakette an dieses freudvolle Ereignis.

Ursprünglich war das Geschick aller Bewohner mit dem Rittergut verbunden. Sie mußten Mißernten und Hungersnot, Großbrände und wirtschaftlichen Niedergang hinnehmen. Sie erlebten aber auch den Beginn einer neuen Ära in der Landwirtschaft. Der Gutsbesitzer Freiherr von Lorenz richtete 1808 hier nämlich die erste sächsische Zuckerfabrik ein. Damals dauerten Anträge auf Genehmigungen und anderer bürokratischer Kram eben so seine Zeit. Erst 1811 konnte die erste „Kampagne“ durchgeführt werden. Vom Herbst bis in den Frühling hinein stellte der neue Betrieb aus selbstangebauten und dazugekauften „Burgunderrüben“ Rübenzucker her. Damit entstand für den bisher bezogenen Rohrzucker aus Übersee eine echte Konkurrenz.

Leider hemmten die politischen Umstände den erfolgreichen Fortgang. 1813, im Vorfeld der Völkerschlacht bei Leipzig, kam es zur Verwüstung von Zuckerrübenfeldern und zur Abschlachtung von Zugochsen. 1817 mußte die Verarbeitung der Rüben ganz eingestellt werden. Erst 1835 baute A. L. Krause aus Chemnitz die ehemaligen Fabrikgebäude mit neuen technischen Anlagen so um, daß wieder Zucker gewonnen werden konnte. Da sich das Produkt von hier schlecht absetzen ließ, wurden schließlich alle Maschinen nach Liemehna bei Eilenburg verlegt. In Mühlbach wurde sächsische Industriegeschichte geschrieben. Sollte nicht daran eine Gedenktafel erinnern?

1895 übernahm der Leipziger Kaufmann Karl Heinrich Ferdinand Jung das Anwesen mit 270 Hektar Land, das bis 1945 in der Hand der Familie blieb. Nach der Enteignung erhielten die Jungs zunächst „Sachsenverbot“, wurden von Lager zu Lager gekarrt und fanden erst nach Jahren in Leipzig eine dauerhafte Bleibe.

Einer der Söhne, DIETER JUNG (Jg. 43), durfte 1992 nach dem „Rückkauf“ die übriggebliebenen Reste des elterlichen Gutes übernehmen. Der vorgefundene Zustand und die beim Kauf auferlegten Bedingungen forderten alle Kraft und respektable Kreditsummen, um nacheinander auszumisten, aufzuräumen, auszubauen und neu einzurichten. Das Gutshaus erstrahlte schließlich im schönsten Glanz, und neben Frau und zwei Söhnen fand nach fast 50 Jahren der Vertreibung auch die 92jährige Mutter für kurze Zeit wieder ihre Heimat und lebte hier geachtet bis zu ihrem Tode im Jahre 2001. Der Landwirt und sein Sohn Thomas betreiben mit Rinderhaltung, Milchproduktion, Feldfutter- und Marktfruchtanbau ein intensives Programm:

Jetzt gab‘s nur eine Losung: Heim nach Mühlbach!

Die damalige Vertreibung und Verbannung hat kaum nennenswerte Eindrücke hinterlassen. Ich war einfach zu jung, um das zu verstehen. Erst nach und nach erzählte mir Mutter Einzelheiten. Mein Entschluß, Landwirt zu werden, beeinflußten vor allem die

Pflege- und Erntearbeiten bei den Bauern in Kleinwölkau. Da wohnten wir einige Zeit im Grundstück des Großvaters. Doch auch hier mußten wir eines Tages „ohne großes Federlesen“ wieder ausziehen. Wir kamen nach Leipzig in eine schrecklich düstere Umgebung ohne jegliches Grün. Hier prägte sich sehr schnell mein Berufswunsch. Ich wollte unbedingt in die Landwirtschaft. Vorher mußte ich eine große Stadtschule besuchen, und ich war erst dann wieder glücklich, wenn ich in den Ferien aufs Land durfte. Inzwischen war ich doch neugierig, was in Mühlbach geschah, und ich machte dort heimliche Besuche bei freundlich gesinnten Familien. Vor allem die bei Lieders und Tiegels sind in guter Erinnerung geblieben.

Dem Schulabschluß folgte das landwirtschaftliche Studium in Leipzig und damit verbunden ein Praktikum in der LPG in Zschölkau bei Delitzsch. Dort begann ich meine praktische Arbeit und wurde letztlich Vorsitzender der Genossenschaft. Mühlbach konnte und durfte zu dieser Zeit sowieso kein erklärtes Ziel sein.

In dem Maße, wie sich die wirtschaftlichen und gesellschaftlichen Abläufe in der DDR destruktiv entwickelten, gewannen nun die unterschwellig vorhandenen Gedanken an selbständige und eigenverantwortliche Landarbeit die Oberhand. Deshalb auch nahm ich die Perspektive, die sich mit der Wende öffnete, unverzüglich wahr. Nach der geordneten Übergabe meines bisherigen Betriebes an die neue Leitung gab's nur eine Losung: Heim nach Mühlbach!

Die Dienststellen legten mir keine Steine in den Weg, es entwickelte sich ein gutes Verhältnis zum Bürgermeister, zum Landrat und zu vielen Berufskollegen. Ich erfüllte die Bedingungen, die mir beim Rückkauf des elterlichen Gutes auferlegt worden waren: Eine hohe Summe investieren und Arbeitsplätze schaffen. Obwohl die alltägliche Landarbeit gerade in den letzten Jahren viel Kraft und Zeit verlangte, singe ich im Burkartshainer Männerchor mit, unterstütze den Reitsport und bin bei den Fußballern häufiger Zuschauer. Meine Familie, erst einmal herausgerissen aus gewohnten und geordneten Verhältnissen, hat sich eingearbeitet und auch eingelebt. Das heutige Mühlbach ist unser gemeinsamer Erfolg! *(S.H.)*

Dieter Jung und Sohn Michael auf dem Mühlbacher Gutshof.

Das Y macht den Unterschied, und natürlich noch viel mehr: Unser kleines Pyrna will sich nicht mit dem großen Pirna an der Elbe messen. Und trotzdem hat das Dörfchen etwas, was die Canaletto-Stadt nicht bieten kann:

Pyrnaer Turm ohne Schloß und Riegel

Ein Ort lebt von und mit seinem Wahrzeichen. Pyrna hat ein unübersehbares. Das Bauerndorf ist vielen anderen um eine ganze Turmlänge voraus. Es besitzt nämlich einen Aussichtsturm, den man besteigen kann. Jederzeit und das ganze Jahr über. Die Pforte hat zwar eine eiserne Gittertür, doch die ist lediglich von schmückendem Wert. Von Anfang an fehlen Schloß und Riegel.

Nach dem unbeschwerlichen Aufstieg, es sind nur ganze 10 Meter bis zur Plattform, liegen dem Besucher große Teile der Wurzener und Grimmaer Landschaft regelrecht zu Füßen: die Felder und Wälder, die Straßen und Wege, die Dächer und Giebel einer eng besiedelten Kulturlandschaft. Und er sucht weiter nach diesem Bauwerk und jenem Berg, und er rätselt. Der Enkel könnte fragen: „Zu welchem Dorfe gehört der spitze Kirchturm dahinten?“ Erschreckt stellt Opa fest: Das heimatliche Wissen hat Lücken. Dennoch wird er am Ende resümieren: Es ist mein Heimatland, und das ist schön! Ob's das Enkelkind auch so sieht?

Die Pyrnaer Dorfgeschichte rankt sich fast ausschließlich um den 90jährigen und 12 m hohen Turm. C. W. Wießner, vermögender Rittergutsbesitzer auf Burkartshain, fortschrittlicher Kulturtechniker und Menschenfreund, ließ ihn 1911 auf Wilhelms Höh' erbauen. Der spätere Besitzer Rudloff taufte den sanften Hügel in Johannas Höh' (157 m NN) um. Um die Gründe ranken sich mehrere Legenden. Vielleicht war es tatsächlich nur eine Erinnerung an Tante Johanna.

Blick vom Pyrnaer Turm auf das Dorf an einem sonnigen Wintertag mit langem Schatten.

Der flache Buckel schiebt sich nur wenige Meter über das Umland hinaus. Von weitem ist er kaum zu erkennen. Nicht nur deswegen macht es Mühe, den Turm zu finden. Er versteckt sich mehr und mehr hinter drei Bäumen, die höher und höher wachsen. Sie erschweren andererseits den Rundblick. Irgendwann muß der Gemeinderat eine weise Entscheidung treffen. Die einfachste dürfte sein, den gesamten Turm einfach beiseite zu schieben, denn da käme man nicht mit dem Baumgesetz ins Gehege. Wurden nicht schon ganz andere Wolkenkratzer umgesetzt?

Das Bauwerk macht heute einen wohlgefälligen Eindruck. Mit seinem verfugten Mauerwerk, unten Bruchsteine, oben Ziegel, und den imitierten Schießscharten weckt es Erinnerungen an eine Spielzeugburg. Das war nicht immer so. Wind und Wetter, böse Bubenhände und illegale Bauherren strapazierten den Turm in den vergangenen Jahrzehnten. Ein totaler Verfall zeichnete sich ab. Mitarbeiter von der „Rundblick"-Redaktion und Heimatfreunde rebellierten und schafften das Außergewöhnliche: Maurer im NAW und Handwerker aus der Umgebung renovierten 1986 von Grund auf den Turm. Bürgermeister Frank Gottschlich und der Heimatfreund Berndt Fleischer besorgten die Baumaterialien und kümmerten sich um den bürokratischen Kram. Ein Jahr später feierten die Pyrnaer und ihre Gäste die Wiedergeburt ihres Wahrzeichens. Die Heimatschrift „Der Rundblick" verwendete es in ihrem Signum.

1994 begann eine Serie von Turmfesten, die sich zu einer guten Tradition entwickelte. Jedes Jahr am Freitag nach Johannis radeln und spazieren in den Abendstunden die Einwohner mit ihren Gästen aus nah und fern zum Turm. Nach stimmungsvollen Volksliedern der heimischen Chöre und Posaunentönen sitzen sie beieinander, plaudern über das Vergangene und philosophieren in die Zukunft. Zum Abschluß leuchten die Flammen eines mächtigen Holzstoßes. Die Holzscheite glimmen bis weit in die Nacht hinein. Lieder und Gitarrenklänge begleiten den austräumenden Tag. Die Geselligkeit in ihrer urspünglichen, unverfälschten Form prägt den Abend. Schlagersternchen und Möchtegern-Künstler können einpacken, wenn sich eine dörfliche Gemeinschaft ihrer eigenen Kräfte, Talente und Traditionen besinnt.

*

Im Jahr über ist es sonst ruhig in Pyrna, wenn da nicht die stark befahrene Straße nach Trebsen/Nerchau wäre. Sie windet sich in sanften Kurven durch die Siedlung. Trotzdem lassen sich viele Autofahrer nicht zum normalen Fahren verleiten. Flensburg liegt weit weg, und die Freunde von der Verkehrspolizei haben wohl noch nie im Ort geblitzt.

Im kleinen Platzdorf gruppieren sich die Drei- und Vierseithöfe um das Terrain und an den Straßenausgängen. Darin wirtschafteten einmal 13 Mittelbauern. Auf dem sicherlich einstmals freien Platz siedelten zwei Häusler. Unterm Dachrand des einen hängen alljährlich die Maiskolben zum Trocknen, blüht im Garten eine üppige Blumenwelt. Hier hat sich ein echtes Dorfbild vergangener Tage erhalten. Dazu gehörte auch der Dorfteich. Dort schnatterten die Enten und Gänse, striegelten die Bauern ihre Pferde nach des Tages Müh. Er muß jetzt wohl mal geschlämmt werden, weil er sonst gänzlich verlandet.

Einige Feldwege führen hinaus in die Fluren. Nach Osten zu endet der eine im Stentschwald, für den Naturschützer eine Oase, weil er kaum als Wirtschaftswald genutzt wird. Ein anderer fällt leicht hinab in die „Wüstrich" bei Fremdiswalde. Unmittelbar westwärts schließt sich das Kronsche Holz an. Dort kann sich die Tierwelt ungestört entwickeln, denn Wege hinein und hindurch gibt's nicht.

Emsige Geschäftigkeit wiederholt sich im rhythmischen Ablauf am Dorfrand in den weitläufigen Stallungen einer Schweinezuchtanlage. Ein Burkartshainer Landwirt züchtet und füttert dort einige hundert Muttersauen, damit sie ja recht viele Ferkel werfen.

Der Ort hatte von jeher enge kulturelle Bindungen nach Burkartshain. Lediglich in einem Gasthof trafen sich Bauern und Knechte nach der schweißtreibenden Feldarbeit. Jetzt erinnern sich nur noch die Alten an seine Blütezeit. Auf den Grundmauern des gastlichen Hauses entstand ein Wohnhaus.

Im Garten von Winklers sorgt seit 1988 in einem Storchennest ein Brutpaar für Nachwuchs. Meist brachte es die Jungen durch, denn aus den Wiesen und von den Feldern der Umgebung holten die Alten genügend Nahrung. Hier und da locken kleine wassergefüllten Senken inmitten der Äcker mit einem reichen Futterangebot. Im Herbst versammeln sich dort hunderte Kiebitze beim Zwischenaufenthalt auf ihrem Flug nach Süden.

Und wir treffen uns bestimmt nächstes Jahr wieder nach Johannis zum Turmfest, wenn nicht schon vorher mal beim Rundblick übers weite Land. Nicht zu übersehen ist dann des öfteren die Schafherde der Schäferfamilie HEINZ UND UNDINE WÜNSCH (Jg. 54):

Es ist die Schönheit der Landschaft und die Freiheit im Beruf

Ich wollte schon immer Schäfer werden. Als 6jähriger Junge pflegte und hegte ich zwei Schafe. Ich ließ keinen anderen ran und war ganz stolz auf meine Tiere. Ganz so schnell erfüllte sich der Berufswunsch nicht. Erst mal erlernte ich den Gärtnerberuf in der LPG-Gärtnerei in Burkartshain und züchtete dort elf Jahre lang Gemüse und auch ein paar Blumen. Dann stand unsere Schafherde ohne Schäfer da, und jetzt hielt mich nichts mehr zurück, ich erfüllte mir meinen Jugendtraum. Eine nachgeholte Facharbeiterprüfung und die des Schäfermeisters hatte ich schnell in der Tasche. Ich machte den Meister auf historischem Boden, nämlich in Wettin. Dort befand sich die einzige Schäferschule der DDR.

Und dann gab's noch mehr Glück: In der Gärnerei lernte ich ein nettes Wurzener Mädel kennen. Sie freundete sich später nicht nur mit mir an, sondern auch mit meinen Tieren. Undine wurde meine Frau, also gingen wir fortan gemeinsam in den Stall,

Schäfermeister Heinz Wünsch mit Sohn und kleiner Herde am Dorfrand von Pyrna.

und auf der Weide wechselten wir uns beim Hüten ab.

Mit der Auflösung der LPG 1990 stand für uns schon am nächsten Tag fest: Wir machen uns selbständig! Andere erklärten uns für verrückt, doch es klappte. Stallung und einige Hektar Feld sowie die Herde bildeten den Grundstock.

Nun sind schon über zehn Jahre vergangen. Wir überwanden manches Problem. Doch jetzt könnten wir uns nichts anderes mehr vorstellen. Eine alte Scheune konnte ich abputzen. Es gibt noch viel zu tun, auch im Umfeld. Das geht nur stückchenweise, wenn ich Zeit habe und das nötige Geld.

Unsere 500 Mutterschafe suchen weitläufig um den Ort ihre Nahrung. Die eigenen Flächen reichen da nicht aus, und wir pachten welche dazu. Für die Winterfütterung muß genügend Heu in der Scheune lagern. Die aufregendsten Wochen beginnen im Februar mit der Lammzeit. Die Osterlämmer erfreuen uns mit ihrem Spiel immer wieder aufs Neue. Es tut schon ein bißchen weh, wenn ihnen im schönsten Jugendalter das Fell abgezogen wird. Aber das zarte Lammfleisch wird nun mal am besten verkauft und gegessen. Wir können nicht genug davon liefern. Doch mehr Mutterschafe darf ich nicht einstallen, weil's die EU-Gesetze verbieten. Mit der Wolle ist nichts mehr zu verdienen, trotzdem müssen die Tiere jedes Jahr geschoren werden.

Jährlich verkaufen wir so an die 60 Lämmer an die „kleinen Leute“ im Dorf und der Umgebung. Die verabscheuen einen elektrischen Rasenmäher und lassen lieber zwei bis drei Schafe im Garten laufen. Im Herbst werden die Tiere geschlachtet. Ohne viel Aufwand ergibt sich so ein doppelter Nutzen! Und ein bißchen Freude mit den Tieren ist auch dabei.

Schafe fressen fast alles, was draußen auf den Feldern wächst. Trotzdem muß man gehörig aufpassen, denn ihr Magen ist sehr empfindlich. Sie müssen sich immer wieder erst ans neue Futter gewöhnen, wenn eine Umstellung erfolgt.

Es gibt immer was zu tun. Der vorbeijagende Autofahrer mag es anders sehen, und er weiß dann auch, warum die Schäfer einen Hut mit breiter Krempe tragen: Damit der liebe Gott den faulen Schäfer nicht sieht!

Turm- und Lebensgespräche zwischen der 100jährigen Hedwig Fleischer und Manfred Müller.

Wir kennen schöne Momente in unserem Schäferleben. Wenn wir am Feldrand stehen, genießen wir die Landschaft und die Freiheit, die wir haben. Wir beobachten die Tiere und fühlen mit ihnen, wenn sie krank sind. Ich glaube fast, daß sie das merken. Wenn sie gesund sind, wenn die Lämmer geboren werden und herumtollen, dann erleben wir richtige Glücksgefühle.

Pyrnas 90jähriger Turm wird altersmäßig von einer noch lebenden Person übertroffen. HEDWIG FLEISCHER (Jg. 02), auch „Tante Hedwig" genannt, ist nämlich noch zehn Jahre älter. Im Juni 2002 feierte sie mit einer großen Schar Gratulanten ihren 100. Geburtstag. Sie erlebte als Kind die Turm-Einweihung:

Wer „geene Gene" hat, der schafft die 100 nicht!

Das war ein Fest, damals 1912, die Öffnung des Aussichtsturmes! Das ganze Dorf war auf den Beinen und mit ihnen schier unzählige Sport- und Gesangvereine aus naher und weiter Umgebung. Meine Mutter hatte extra ein weißes Kleid nähen lassen mit Rüschen, nach damaliger Kindermode ziemlich lang über die Knie. Also, Bockwurst gab's nicht. Das Essen war für uns überhaupt zweitrangig. Von der Limo konnten wir nicht genug kriegen an diesem sonnigen Tag. Und wir waren immer unterwegs, den Turm rauf und runter, ins Dorf hinein und wieder heraus. Was die Großen machten, das interessierte uns wenig. Wir rannten und rannten. Warum eigentlich? Ich weiß es heute nicht mehr. Das Kleid mußte anderntags gründlich gewaschen werden.

Damals erblickten wir auch das erste Auto im Dorf. Eine Jagdgesellschaft aus Leipzig hatte es vorm Gasthof abgestellt, und wir standen staunend drum herum. Vom Innenleben sahen wir nichts, und wir wunderten uns, wie das Ding ohne Pferde zum „Laufen" kam.

Ich zwar zwölf, da brach der Erste Weltkrieg aus. Ich wußte nicht, was das zu bedeuten hatte. Ich spürte wohl eine gewisse Unruhe im Dorf, aber wir Kinder hatten andere Interessen bei unseren Spielen in der Dorfmitte. Und wir waren eine ganze Menge Jungen und Mädchen. An ein Versteckspiel erinnere ich mich besonders gern, es hieß „Bordoh". Fragen Sie aber nicht, warum wir es so nannten und wie sich das Wort eigentlich schreibt. Den Ablauf habe ich noch heute fest in meinem Gedächtnis: Wir versteckten uns auf einem Bauernhof. Da war genügend Platz in den Scheunen, Kellern und Böden. Einer stand oben in den Balken und mußte uns suchen, möglichst aber seinen Platz nicht verlassen. Wem es gelang, ungesehen den Olymp zu erreichen, der schrie „Bordoh" und hatte gewonnen. Aber keine Flasche Rotwein aus Bordeaux! Und das Spiel begann von neuem, oft stundenlang, und andern Tags ging's von vorne los.

Dazwischen kreiselten wir über die Straße oder jonglierten mit den Bällen. Dem das gelang, der war ein „Künstler". Es war eine unbeschwerte und glückliche Kindheit mit viel freier Zeit. Wenn uns Vater mal zur Arbeit anhielt, dann paßte Mutter auf, daß diese nicht zu schwer war. Der Schulweg hinüber nach Burkartshain, sommers über nur barfuß, im Winter bei stärkerm Schneefall blieben wir einfach zu Hause, war in der Meute anregend und reizvoll. Erschrocken waren wir, als eines Tages mitten im Unterricht Kantor Specht die Nachricht bekam, daß nach seinen ersten beiden Söhnen auch der dritte gefallen ist. Es waren noch mehr aus dem Dorf, die aus dem Krieg nicht wieder zurückkehrten. Ich habe sie alle gekannt. Es herrschte viel Trauer.

Als die Schulzeit zu Ende war, half ich den Eltern auf dem Feld und im Stall. Einen Beruf zu erlernen, das war für junge Mädchen nicht üblich. Nach dem Krieg ging's zum Tanzen in den Gasthof nach Burkartshain. Die Kapelle bestand meist aus einem einzigen Mann, und der holte auf seiner „Ziehharmonika", oder war's ein Bandonium?, die schönsten Töne hervor, nach denen wir übers Parkett schritten und schwebten. Was und wie wir tanzten, das weiß ich heute nicht mehr, doch es war herrlich, wenn wir uns auch gegenseitig auf die Füße traten.

Mein Tagewerk auf dem elterlichen Bauernhof ähnelte sich tagaus tagein über die vier Jahreszeiten hinweg. Ein großes Unglück passierte 1933, ausgerechnet zu Weihnachten. Da brannte nämlich unser Bauerngut fast restlos ab. Heute steht nur noch das Wohnhaus, in dem die Familie Wünsch wohnt.

Dann übernahm mein Bruder den Bauernhof und holte sich dazu eine Frau. Ich glaubte zu spüren, daß es besser wäre, wenn ich nicht mehr da bin. Für sieben Jahre verließ ich den heimatlichen Hof und fand eine Anstellung im Stadtgut Grimma und später im Haushalt einer alleinstehenden Dame in Engelsdorf. Der „Dienst" dort war eher wie ein Leben im Sanatorium, denn die Hausfrau verwöhnte mich mehr als ich sie. Wir wurden gute Freundinnen. Doch dann wurde Mutter krank, und sie brauchte mich. Jedes Wochenende fuhr ich zurück ins heimatliche Dorf, mit der Bahn bis Oelschütz und dann schnell zu Fuß auf den elterlichen Hof.

Später erkrankte auch noch der Vater, und mein Bruder mußte in den Krieg. Jetzt wurde meine ganze Kraft gebraucht, und ich kehrte zurück. Hier blieb ich bis heute, habe ein Zimmer für mich und werde nun auf meine alten Tage von Maritta und Berndt, meinem Neffen und seiner Frau, gehegt und gepflegt. Ich bin ihnen dankbar, daß ich mit ihnen einen erfüllten Lebensabend verbringen kann.

Natürlich fragt mich alle Welt, wie ich es angestellt habe, so alt zu werden. Die Antwort ist ganz einfach: Wer „geene Gene" hat, die richtigen meine ich, mit dem wird es nichts. Und dann muß er mit Geduld auf's Alter warten, und es nicht mit sportlicher Gewalt erzwingen wollen. „Du sollst gut essen und auch das Trinken nicht vergessen. Anschließend gut geruht und mit neuem Mut zum Spaziergang in den Wald, ja, dann, dann wirst du 100 Jahre alt."

Sommersonnenwende am Pyrnaer Turm.

Nitzschka, 1350 Nitschkowe, 'Ort eines Nicko' (slaw.), OT von Kühren-Burkartshain, 313 Einw.

Nitzschka teilt in landschaftlicher Hinsicht das Schicksal so manch anderer Gemeinden im Muldentalkreis: Weder ist es von schattigem Wald umgeben, noch liegt es am Rand eines Forstes. Und doch wurde das einstige Guts- und Bauerndorf nur scheinbar von der Natur benachteiligt, denn „... fast südländisch klar in den Linien, rein in den Farben, weich in den Umrahmungen sind die Muldenufer zwischen Nitzschka und Wurzen." Der dies Anfang der dreißiger Jahre erkannte und niederschrieb, war ein feinsinniger Beobachter. Und wer heute, 70 Jahre später, dort entlang wandert, wo die Mulde sich zwischen herrlichem altem Baumbestand und saftigen Wiesen mit einem ausgeprägten „Knie" an Nitzschka vorbeiwindet, der wird Karl Bergers, seinerzeit Leipziger Regierungsrat, euphorische Eindrücke bestätigt finden.

In Nitzschka gibt es noch heute ein „Oben" und ein „Unten"

Es führen drei Straßen ins Dorf, allesamt gut in Schuß. Den vierten Zugang, den „Wasserweg" von Rothersdorf herüber, gibt es nicht mehr. Er benötigte die Fähre über die Mulde, die durch das Hochwasser von 1954 hinweggespült wurde.

Einen Ausgleich für fehlendes Waldesgrün bietet der einstige Schloßpark, hinabreichend bis fast an die Mulde. Auch das kleine, mit der bekannten Naturschutzeule ausgewiesene Flächennaturdenkmal am Ortsausgang in Richtung Neichen mildert den eingangs erwähnten Eindruck. Es erstreckt sich von der Hauptstraße bis zur Mulde und wird von einem Bächlein, der Launzige, durchflossen. Und genau hier, wo die einstige und wie aus dem Märchenbuch entliehene kleine, heute als Wohnhaus dienende Wassermühle stand, blühen alljährlich im Vorfrühling wohl Tausende Schnee-

Die Schloßreste in Nitzschka werden restauriert.

glöckchen, Krokusse und Märzenbecher. Mit dem amtlichen Namen des Baches, der sich zuzeiten recht wild gebärden kann, können sich die Nitzschkaer nicht so recht anfreunden. Für sie ist das Wässerchen ganz einfach „die wilde Bach".

An exponierter Stelle im Oberdorf (Obernitzschka) überragt der schöne Turm der Kirche die gesamte Umgebung, und hier wird auch auf engstem Raum deutlich sichtbar: die Gemeinschaft von Schloß, Rittergut, Kirche und Schule. Von hier geht es über die Bergstraße eine kurze Strecke jäh hinab ins Unterdorf (Unternitzschka). Nicht nur Meerane hat eine „steile Wand", wenn sie hier mit zehn Meter Höhendifferenz und auf hundert Meter Länge auch nur als Miniausgabe auftritt. Dennoch hat sie ihre Tücken, und bei Fahrrädern müssen die Bremsen funktionieren.

Als Restloch des einstigen Muldeverlaufs gilt der kleine, sich wildromantisch zeigende Dorfteich im Unterdorf. Bessere Zeiten hat wohl der Dorfplatz mit seinen zwei Linden gesehen. Als Treffpunkt der Jugend ist er kaum noch gefragt, zumal auch im „Goldenen Apfel" längst kein Gerstensaft mehr fließt.

Der Unterschied zwischen Ober- und Unternitzschka bezieht sich heute nur noch auf die geographische Lage und wird vielleicht noch von den älteren Einwohnern gehandhabt. Nach den alten Akten war ursprünglich nur von einem Nitzschka die Rede. Mit dem ausgehenden Mittelalter tauchte dann die unterschiedliche Benennung auf, vermutlich deshalb, weil jetzt zwei Rittergüter entstanden waren, das eine „oben", das andere „unten". Das von Unter-(auch Nieder-)Nitzschka ging im 19. Jh. in den Besitz der Familie von Minckwitz über, die im Rittergut von Obernitzschka wirtschafteten. Damit endete auch die politische Selbständigkeit des Unterdorfes.

Sucht man heute nach einem ortstypischen Aushängeschild, dann gibt's nur eins: den Pferdesport, dessen Domizil unübersehbar am Ende der Hauptstraße in Richtung Neichen liegt. Und einer, der mit seinem Dorf ebenso verschmolzen ist wie mit dem Parcours, das ist Alfred Eilenberger (Jg. 25):

Eingang zu einem Erdkeller in Unter-Nitzschka.

Unser Reitsport begann mit ganz normalen Ackergäulen

Besonders auffällig waren sie eigentlich nicht, meine fast acht Jahrzehnte hier im Dorf, nur daß man mich überall hinschickte, wo jemand gebraucht wurde. In Unternitzschka stand mein Geburtshaus, aus Lehm gefügt, und heute nicht mehr vorhanden. Sechs Geschwister waren wir, da hieß es beizeiten, sich auf eigene Füße zu stellen. Damals gab es noch das sogenannte Landjahr, ich habe es nach der achten Klasse auch absolviert.

Viel war nicht los bei uns bis zum Zweiten Weltkrieg. Wir konnten uns im Gesangverein treffen oder bei der Feuerwehr mitwirken, die später gar über eine eigene Blaskapelle verfügte. Wir hatten im Unterdorf wenigstens noch den „Goldenen Apfel“ mit Kegelbahn, den Dorfplatz als beliebten Treffpunkt und die schönen weiten Muldenwiesen zum Stromern und Fußball spielen. Einige Handwerker waren im Dorf tätig. Einen „Barbier“ hatten wir nicht. Deshalb ging's zum Haare schneiden zu Matthes Franz, der machte das für'n Groschen.

Ich hatte Zimmermann gelernt, Krieg und Gefangenschaft durchstanden. Eine der schlimmsten Enttäuschungen nach der Heimkehr war für mich, daß aus blindem Haß auf vieles, was nur halbwegs nach Adel und Herrenbesitz aussah, von den neuen Machthabern zerstört wurde. Auch unser schönes Schloß wurde abgerissen. Man brauchte das Baumaterial, das waren fast ausschließlich Bruch- und Feldstein, angeblich für die Neubauernhöfe.

Vor meiner Heirat 1950 gab es noch eine Alternative, etwas mehr zu verdienen: die Wismut AG. Diese Gelegenheit habe ich eine Zeitlang genutzt, war auch mal für einige Monate im Westen. Aber das alles war nicht meine Sache. Ich spürte sehr rasch, daß ich hierher nach Nitzschka gehörte und zu meiner Frau. Und ich wollte, daß etwas los sei im Dorf. Ich gründete eine Ortsgruppe der GST und sorgte dafür, daß eine Kulturgruppe entstand. Wir haben auf den Dörfern Theater gespielt, zogen mit Zugmaschine und Hänger umher. Dann folgten eine Fußballmannschaft und das Kegeln. Überall

Die alten Herren vom Kegelklub.

hatte ich meine Hände mit im Spiel, stets nach dem Motto: „Alfred, mach du das, dann wird's was!" Ich hatte gute Verbindungen nach verschiedenen Seiten, und die Materialbeschaffung ging mir eben leicht von der Hand.

Ja, und die Sache mit dem Reitsport im Dorf ist eigentlich nicht aufregender als das andere, nur viel bekannter sind wir dadurch geworden. Sie begann 1968, und die Idee dazu hatte Gerd Haupt. Er hat zusammen mit Kurt Kulms, Werner Meier und Werner Kniesche die Sektion Reitport in der BSG gegründet, die ich auf die Beine gestellt hatte. Die Pferde gab uns die LPG, ganz normale Ackergäule. Es wurde einfach nur geritten, aus Spaß an der Sache. Das erste Turnier bestritten wir unter uns. Der „Buschfunk" tat ein Übriges, und bald konnten wir Interessenten aus der näheren Heimat begrüßen. Wir brachten die Tiere im ehemaligen Rittergut unter, heute bauen wir große Zelte auf. Der Reitplatz entstand auf dem Gelände der abgerissenen Hühnerbaracken, und auch unser Sportlerheim haben wir 1970 dort eingerichtet. Alle Arbeiten führten wir in freiwilligen NAW-Einsätzen durch.

Nach der Wende war allerdings erst mal Schluß. Unser Reitplatz lag im Wassereinzugsgebiet, und nach den bundesdeutschen Gesetzen war das nicht tragbar. Dann erhielt das Dorf glücklicherweise aus einer anderen Richtung das Trinkwasser, und 1993 konnten wir unsere Wettkämpfe fortführen. Wir bauten einen neuen Richterturm, anfangs saßen die Kampfrichter gar mal auf einem Pferdewagen. Unsere Pfingstturniere, die jetzt unter der jugendfrischen Leitung von Jens Kaltofen aus Burkartshain organisiert werden, sind bundesweit bekannt, und sogar aus Bayern kommen die Teilnehmer. Was wollen wir mehr?

Das Alter forderte seinen Tribut. Ich trat also in die „zweite Reihe" zurück und überließ die Arbeit im Vorstand den jüngeren Leuten. Ganz unaktiv kann ich allerdings nicht sein. Deshalb treffe ich mich jede Woche mit einigen Sportfreunden zum Kegeln, nicht nur zum Spaß, sondern auch zu regelrechten Wettkämpfen. Und da möchte man schon Leistung bringen. *(W.B.)*

WEITERE DORFNOTIZEN aus Nitzschka

Die **Fähre** zwischen Nitzschka und Rothersdorf bestand von 1797 bis 1954, da riß das Hochwasser Kahn und Seil weg, und die letzte Fährfrau Hilma Fleischhauer stellte nach fast 50jähriger Überfahrt ihre Tätigkeit ein. Sie wohnte „Am Berg", über hundert Meter landeinwärts. Das Scheppern einer Klingel am Haus rief sie zu ihren Pflichten. Dazu mußte ein Strick gezogen werden, der sich von der Anlegestelle aus über die Gärten hinzog.

Der „**Goldene Ärmel**" bleibt als Straßenname in der Erinnerung. Der Name hat seinen Ursprung in einem gleichnamigen Flurstück mit der Form eines Ärmels und „goldenem" Boden aus Sand oder Lehm.

Siegfried August Mahlmann (1771-1826) war Dichter und Schriftsteller, Kämpfer gegen Napoleon und Herausgeber einer „Zeitung für die elegante Welt". Er besaß von 1814 bis 1826 das Rittergut in Nitzschka, wohin er sich nach einem ereignisreichen Leben zurückgezogen hatte und wo er auch begraben wurde. Eine Gedenktafel im Schloßpark, sie wurde in den 60er Jahren zertrümmert, erinnerte an die bedeutende Persönlichkeit. Unter den Einwohnern ist er heute kaum bekannt.

Die **Muldenhäuser**, eine aus drei kleinen Häusern bestehende Gebäudegruppe, befinden sich noch heute muldeabwärts etwas abseits vom Dorf. In einem der niedrigen Wohnhäuser wohnt als letzte „Ureinwohnerin" Erika Papsdorf (Jg. 20). Bis zur Flußbegradigung und zum Dammbau in den Jahren 36/37 durch den Arbeitsdienst floß der Muldestrom unmittelbar an der Gehöftgruppe vorbei, danach ein Stück weiter „draußen".

Einige **Personalien**: Ursula Jugel (Jg. 31) bediente von 1957 bis 1967 den gemeindeeigenen „Waschsalon", wo drei elektrische Waschmaschinen standen, eine Errungenschaft der damaligen Zeit. Die geschleuderte Wäsche wurde zu Hause getrocknet. – Hans Engelmann (Jg. 28) erinnert sich gern an die Kinderzeit mit dem Baden in der seichten Mulde und die jugendlichen „Kämpfe" zwischen dem Ober- und Unterdorf, bei dem auch faule Eier als Wurfgeschosse dienten. Er zimmerte mit am Wasserrad der Schiffmühle, sammelt heute das Treibholz aus der Mulde und feuert damit den Küchenherd. Außerdem sorgt er als fleißiger Imker für gesunden Honig. – ERHARD HELLER (1907 - 1987) betrieb als begeisterter Ornithologe aktiven Naturschutz und pflanzte einige hundert Bäume in der Ortsflur.

Eine **Schiffmühle** lag an den Muldenhäusern von 1826 bis 1845. Nach einer Überschwemmung nahm die Mulde einen anderen Lauf, und die Mühle hatte kein Wasser mehr zum Antrieb. Der Müller verlegte die Anlage 1884 auf die Flur Obernitzschka auf der anderen Muldenseite in Richtung Walzig. Dort staute ein Wehr das Wasser und führte einen Teil zu zwei fest installierten unterschlächtigen Wasserrädern. 1954 wurde die Mühle von Hermann Nowotne aufgegeben, die LPG nutzte sie nicht mehr und ließ die Gebäude Ende der 70er Jahre wegreißen. Das Schiffmühlenwehr besteht noch heute.

Das **Schloß** mit der unmittelbar anliegenden **Kirche** (im Inneren Bleiglasfenster mit den Wappen früherer Rittergutsbesitzer, Grabsteine der Familie von Minckwitz gehen bis in die Zeit nach 1580 zurück) gehörte wegen seiner imposanten Lage zu einem markanten Blickpunkt am Ufer der Mulde. Es wurde nach einem Brand (1704) zwischen 1750 und 1770 vollständig erneuert, ebenso der Kirchturm errichtet. Nach 1946 (letzter Besitzer die Familie von Carlowitz) begann der Abriß, und es diente damals als Steinbruch für die Neubauernhäuser. Übrig blieben ein barockes Stallgebäude mit toskanischen Säulen und Kreuzgewölben und wenige Nebengebäude. 1998 erwarb der Wurzener „Verein zur Förderung umweltbewußten und sozialen Handelns“ die Reste der Anlage und bemüht sich seitdem mit Fördergeldern und ABM den weiteren Verfall aufzuhalten, Nebengebäude auszubauen und die Außenanlagen zu ordnen (Anlage eines Gewürzgartens). – Anläßlich der 650-Jahrfeier wurde im Gelände eine Eberesche gepflanzt und ein Gedenkstein gesetzt. Dazu erfolgte die Ausgabe des „letzten Schlucks der Rittergutsbrennerei“.

Das **Schulgebäude** wurde 1897 gebaut, weil das alte total zerschlissen war. Die Chronik erzählt von einem Schulstreit zwischen den hiesigen Schulträgern mit den Oelschützer Bauern, die 1760 ihre eigene Einrichtung haben wollten. Das gelang auch kurzzeitig für zehn Jahre. Danach pilgerten die Oelschützer Kinder wieder nach Nitzschka. Das zweistöckige Gebäude wurde in den 60er Jahren für immer geschlossen, es diente fortan als Wohnung und einige Jahre als Konsumverkaufsstelle.

Die **Windmühle** steht seit 1822 knapp tausend Meter östlich vom Ort „hinter“ der Bahnlinie auf dem Windmühlenberg. Bis Ende der 50er Jahre hat Müllermeister Plock gemahlen und in einer angeschlossenen Bäckerei Brot gebacken. Nach seinem Tode verlor die Turmwindmühle ihre Flügel, und Familie Kotzerke bezog die Wohnung im Mühlengebäude. Heute lebt hier in einem ruhigen und natürlichem Umfeld nur noch Gertrud Kotzerke (Jg. 29) inmitten einer vielköpfigen Schar friedlicher Haustiere und bewacht von einem scharfen Hund.

Vereine: Die Freiwillige Feuerwehr (gegr. 1922), Wehrleiter Werner Beyersdorf, bemüht sich als Ergänzung ihrer ureigenen Aufgaben auch hier um das kulturelle Leben. Von 1907 bis in die 70er Jahre spielte eine Feuerwehrkapelle, zuletzt unter der langjährigen Leitung von Tischlermeister Kurt Müller (1903 -1993), regelmäßig und zu vielen Anlässen im Dorf, über lange Zeit hinweg jeden Sonntagmorgen. Der Marsch durchs Dorf endete meist mit einem anständigen Frühschoppen. – Der Sportverein bildete sich 1961 als ATSB Nitzschka, ab 1965 dann BSG Traktor Nitzschka und betrieb die Sparten Pferdesport, Kegeln und Fußball. 1991 Neugründung mit SV 1961 Nitzschka, Vors. Lutz Merseburger, mit der Abt. Kegeln (Senioren).

Gewerbliches: Bau von Elektroanlagen und Handel von Helmut Latzel. – Gartenbaubetrieb Gebrüder Kupsch in 2. Generation.

Oelschütz, 1421 Olschewicz, 'Erlenort' (slaw.), OT von Kühren-Burkartshain, 59 Einw.

Die Fluren des Dorfes haben mehr Leute betreten, als sie es ahnen. Das sind nämlich diejenigen, die mit der „Sellnitz", dem kleinen Motorboot des Dehnitzer Fährmannes, auf der Mulde von Dehnitz heranschippern und am „Loreleyfelsen" an Land gehen. Und dort befinden sie sich auf Oelschützer Terrain. Vom Dorf selbst sehen sie nicht allzuviel, denn die wenigen Bauerngüter verstecken sich hinter hochaufragenden Eichen und Linden.

Kleine Rheinschwester - der Oelschützer Loreleyfelsen

Der Loreleyfelsen schiebt sich ganze fünfzehn Meter in die Höhe. Wer und wann den Vergleich mit der rheinischen großen Schwester hier gezogen hat, verliert sich in der Vergangenheit. Sicherlich waren es Wurzener Ruderer.

Der Weg vom Anlegesteg nach oben ist für ältere Menschen schon ein bißchen beschwerlich. Er lohnt sich mit einer großartigen Aussicht auf eine weite Muldenaue. Gegenüber ragen die Giebel von Pausitz und die Türme von Trebsen in den Horizont. Dahinter begrenzt der dunkle Saum des Planitzwaldes das Blickfeld. Zur Linken kommt die Deditzer Höhe ins Bild. Die Mulde hat hier eine sanfte Schlinge gegraben. Im weiten Bogen kommt sie von Pausitz her, stößt auf den Porphyrblock der Loreley und wendet sich rechtwinklig in Richtung Wurzen. Nach Oelschütz zu schützt ein Damm vor Überschwemmungen. Der wurde 1937 vom Arbeitsdienst aufgeschüttet, und große Flächen konnten nach und nach unter den Pflug genommen werden.

Das Gelände hier oben hat schon früh die Archäologen angezogen. Sie entdeckten einen slawischen Burgwall, im Volksmund auch Sorbenschanze genannt. Das Gelände

Blick vom Loreley-Felsen bei Oelschütz über Mulde und Aue.

bot seinerzeit einen günstigen Schutz vor Störenfrieden und die Mulde eine ergiebige Nahrungsquelle. Die Anlage ging als „Sonnenmühlwall“ in die Literatur ein.

Die Sonnenmühle lag ein kleines Stück weiter nördlich und wurde mit dem Wasser der jenseits der Straße liegenden Quellteiche angetrieben. Sie stellte aus Wassermangel schon vor über hundert Jahren ihren Betrieb ein. Um 1930 kaufte der Leipziger Makler Fuß das Anwesen, verpachtete aber die Landwirtschaft an einheimische Bauern. Die Loreleyhöhe stand seinerzeit als nackter Felsen an der Mulde. Mit viel Aufwand ließ er eine Erdschicht auftragen und Bäume anpflanzen. Bänke und stille Ecken schufen ein idyllisches Plätzchen, das er mit Stacheldraht einzäunte, damit nicht „Unbefugte“ überraschende Einblicke erhielten. Hier sollen nämlich die Anfänge der FKK im Muldentalraum liegen. Der damalige Bauernjunge Edgar Hörig (Jg. 24) weiß es jedenfalls ziemlich genau. Er hatte dort öfters zu tun.

Nach 1945 übernahm der Staat den Besitz, der später bis 1990 von einer LPG genutzt wurde. Später zogen mal neue Mieter oder Pächter ein. Eine Sachsenfahne kündete kurzzeitig vom Ruhm der Eroberung. Mehr ließ sich nicht ermitteln. Ein Oelschützer füttert im Gelände eine große Herde von Gänsen und Hühnern. Dunkle Wolken stehen über der Sonnenmühle, und es ist sicher nur eine Frage der Zeit, bis hier alles zusammenbricht ... oder die Sonne neu erstrahlt.

*

Auf ihrer Dampferfahrt von Dehnitz her erblicken die Gäste oben am Terrassenrand ein Holzkreuz. Mitglieder vom Wurzener Geschichts- und Altstadtverein haben es 1998 neu errichtet. Es erinnert an ein Grimmaer Kind, das als 14jähriges Hausmädchen im Jahre 1924 beim Einkauf einen Zehn-Mark-Schein seiner „Herrschaften“ verloren hatte. Aus Gram und Angst sprang es in die Mulde. Die Leiche wurde später nahe vom Loreleyfelsen gefunden und hier auch begraben. Wie eine Landmarke erinnerte das „Margaretengrab“ noch lange Zeit an dieses Schicksal. Das „Margaretenkreuz“ von heute soll das Gedenken an alle Opfer in der Mulde wachhalten. Dazu gehören auch diejenigen, die 1945 hier beim Durchschwimmen ums Leben kamen. Damals war die

Gruppe von Kopfweiden in der Muldenaue bei Oelschütz, im Hintergrund Pausitz.

Mulde für mehrere Wochen eine Demarkationslinie zwischen den amerikanischen und russischen Truppen.

Einige der großen Bauerngüter im Sackgassendorf haben zwei Zufahrten, die eine geht vorn raus auf die Staatsstraße, die andere hinten in die Sackgasse. Die eine Gebäudereihe hockt regelrecht am Terrassenhang. Dort scharren die Hühner, schnattert das Entenvolk. Es sind die spärlichen Reste der bäuerlichen Viehhaltung. Unten im verschilften Dorfteich suchen Wildenten was zu fressen. Im Taubenhaus bei Gunter Brade herrscht ebenfalls reges Leben. Das kleine rechteckige Gebäude mitten auf dem Hof steht unter Denkmalschutz.

In Oelschütz fährt ein sonderbarer Trabi. Er verpestet nicht die saubere Landluft mit stinkenden Abgasen, und sein Klang vermittelt einen völlig anderen Sound als der blecherne Zweitaktklang von Millionen Einheitsmaschinen. In seinem Innern verbirgt sich nämlich ein Viertaktmotor von VW. Es blieb 1989 allerdings ein aussichtsloser Versuch, damit die autohungrigen DDR-Bewohner ein bißchen zu beruhigen. Nun nutzt es der Besitzer als Zweitfahrzeug für die nahen Fahrten im Berufs- und Einkaufsleben. Möglich, daß sein Wert von Jahr zu Jahr steigt und eines Tages damit der große Reibach gemacht werden kann.

*

Oelschütz war von 1877 an 92 Jahre lang mit der Muldentalbahn an das europäische Eisenbahnnetz angeschlossen. Zwar nicht mit einem Bahnhof, aber doch mit einem Haltepunkt. Er sollte eigentlich im größeren Nachbarort eingerichtet werden, aber der dortige Flurbesitzer weigerte sich. Die neidischen Nitzschkaer schafften es dann doch, daß die Haltestelle 1937 ihren Namen erhielt. Anfang der 80er Jahre kaufte die Familie Kuschnik das Bahnwärterhäuschen und errichtete auf den Fundamenten ein Einfamilienhaus. Das historische Foto vom alten Bahnhaus hat jetzt einen Ehrenplatz in der Diele. Die stählernen Schienen verlieren sich heute im Schotterbett. Die Bahnlinie ist tot! Und doch: Sie lebt mit Gräsern, Disteln und jungen Bäumen zwischen den stählernen Gleisen.

Das Oelschützer Bahnhaus dient jetzt der Familie Kuschnik als Wohnhaus.

Die „Rundblick"-Wandermannschaft betrat am ersten Sonntag des Jahres 1992 nach einer Odyssee entlang der Launzige von Fremdiswalde bis Nitzschka den Ort. Es war mit minus 18 Grad der kälteste Tag des Jahres gewesen. Lange vorher und danach gab es nicht solche Temperaturen. Das schönste an diesem bitterkalten Tag war das Ende des ungewöhnlichen Fußmarsches zur Mittagszeit im Gasthof Oelschütz. Die mollig-warme Gaststube, die aufheizenden Getränke, das ursächsische Mittagessen und die kameradschaftliche Runde heimatkundlich Gleichgesinnter waren die Glücksmomente dieses kalt-windigen Januarmorgens. Wesentlichen Anteil daran hatte die Wirtin LOTTE SCHUMACHER (Jg. 33):

Mit Fliegenmux gegen hartnäckige Kneipensitzer

Natürlich erinnere ich mich an die „Rundblick"-Leute von damals, die halb erfroren in die Gaststube stolperten. In meiner langen Gastwirtsgeschichte (1960 bis 1999) hatte es schon ähnliche Momente gegeben. Ich entsinne mich an die Anfänge, da gab es noch richtige Winter, und da wehte der Wind draußen in der Hohle die Eisenbahnstrecke meterhoch zu. Der Zug blieb stecken, die Leute mußten raus. Ehe sie dann ihren Weg bis nach Nerchau stapften, holten sie sich bei mir im Gasthof die nötige Stärkung.

Das machten auch andere. Da kam Tag für Tag ein Nemter Arbeiter auf seiner Heimfahrt von der Gärtnerei in Wurzen mit dem Fahrrad nach Oelschütz. Ihm schmeckte das Cannewitzer Bier besonders gut. Vielleicht kam er auch meinetwegen? Ich weiß es nicht. Wenn mir einer tatsächlich mal nicht paßte, den habe ich am Kragen gepackt und an die frische Luft gesetzt. Anderntags kam er ganz freundlich wieder angeschlichen, und alles war vergessen. Manchmal mußte ich die hartnäckigen Skater mit anderen Mitteln an den Heimweg erinnern, denn auch eine Wirtin muß mal schlafen. Also holte ich die Muxflasche und drückte sie mit doppeltem Erfolg: Die Fliegen machten sich für immer, die Skatfreunde schleunigst für eine Nacht davon!

Lotte Schumacher unter der gestutzten Tanzlinde am Gasthof.

Meine Arbeit hat mir stets Freude gemacht. Ich hatte im Leipziger Burgkeller gekellnert. Da bot sich Ende der fünfziger Jahre die Gelegenheit, den Gasthof hier in Oelschütz zu kaufen. Wir schlugen zu, mein Mann fand Arbeit in der LPG, und ich war meine eigene Chefin. Oelschütz wurde nun endgültig meine Heimat. Ich bin in Ostpreußen geboren und hier mit meiner Mutter 1944 als Flüchtling angekommen. Ich würde gern noch mal hinfahren um zu gucken, was aus dem Geburtsort geworden ist. Aber das wäre schon alles. Oelschütz ist meine Heimat, und hier werde ich meine letzten Jahre verbringen.

Die Geschichte des Gasthofes geht bis in die Zeit vor 1850 zurück. Als 1866 ein gewisser Max Pötzsch, der Vater des seinerzeitigen Wirtes, im Deutschen Krieg in der Schlacht von Königgrätz verwundet worden war, nannte Pötzsch den Gasthof ihm zu Ehren „Zum Invaliden von Königgrätz“. Nach dem Zweiten Weltkrieg fand irgend jemand diesen Namen unpassend. Er überpinselte ihn über Nacht mit roter Farbe. Der Täter blieb anonym, die Legenden strickten sich von selbst. Die Umtaufe zum „Gasthof Oelschütz“ erfolgte still und prompt.

Bis weit in die 30er Jahre hinein war der Gasthof ein beliebtes Ausflugsziel der Wurzener gewesen. Der Fährmann Max Lehmann brachte mit seinem Motorboot sonntags einige hundert Sonnenhungrige aus der Stadt heraus. Die Anlegestelle befand sich damals noch ein Stück weiter muldeaufwärts am Dürren Werder. Dort lag auch die Pferdeschwemme der Oelschützer Bauern. Einmal in der Woche ritten Mann und Roß zum Bade. Die Dorfjugend wartete stets begierig auf diese Stunden. Rückzu gings im Trab, und jeder wollte der erste sein. Stolz heimste er die Huld der Mädchen ein. Vom Dürren Werder aus marschierte auch die Wurzener Meute durch die Aue zum Gasthof. Das Gastwirtsehepaar Pötzsch hatte mit Kuchen und Hausgeschlachtenem gut vorgesorgt. Max betrieb zusätzlich eine kleine Landwirtschaft und war nebenbei Post- und Bahnbeamter. Wenn der Zug einfuhr, rannte er schnell mal zum Haltepunkt, um die Schranke zu bedienen. Die Gäste nahmen‘s gelassen, sie hatten damals noch viel Zeit. Zwischen den Ästen in der mächtigen Linde vorm Haus hatte der Wirt ein Podium gezimmert, von dem die Musiker zur Unterhaltung und zum Tanz aufspielten. Seine mollige Frau brachte zwei Zentner und 40 Pfund auf die Waage. Verbürgt (nach Edgar Hörig) ist ihr Ausspruch: „Ich wiege mehr als mein fettes Schwein!“

Es tat schon ein bißchen weh, als ich im Jahre 2000 für immer die Gaststättentür zuschließen mußte. Doch ich hatte das Rentenalter erreicht, und die Gäste blieben aus. Kurz nach der Wende hatte ich mir noch eine neue Theke mit automatischer Kühlung gekauft. Aber es nützte nichts. Wenn jemand käme, bitte, er könnte morgen wieder öffnen. Alles steht noch an seinem Platz. Mein kleiner Enkel ist ganz versessen und übt schon ein bißchen: „Oma, ich habe heute die Tafel rausgestellt. Es gibt wieder Bauernfrühstück“.

Weit reicht der Blick vom Turm des Wachtelberges in das Wurzener Land. Nach Norden zu in Richtung Wurzen stören die klobigen Anlagen der Wasserglasfabrik den Blick. Nach Osten ist die Sicht unverbaut und geht über eine sanfte Hügellandschaft. Wiesen und Felder beherrschen die Ebene, dazwischen schieben sich Baumgruppen und die Siedlungen der Dörfer. Zu Füßen liegt Nemt. Das Dorf zieht sich nahezu zwei Kilometer im sanften Tal des Mühlbaches entlang. Der Wechsel von Hausdächern und Bäumen formt ein anmutiges Bild. Nur die Stallanlagen stören die Harmonie. Das sagen die einen. Für andere sind sie das Wahrzeichen des Ortes.

Die Nemter Gänse fanden von allein den richtigen Weg

Die Dorfstraße windet sich parallel zum Mühlbach und kreuzt ihn in der Dorfmitte, seit dem Jahre 2000 mit einer neuen Betonbrücke. Die Gehöfte und Siedlungshäuser reihen sich zu einem typischen Straßendorf. Die alte Poststraße entwickelte sich zeitweilig zu einer wichtigen Verkehrsader. Auf ihr rollten vor 200 Jahren die Postkutschen und Frachtfuhrwerke zwischen Dresden und Leipzig. Die Wirtsleute und Handwerker profitierten davon, wenn nach der Furtdurchfahrt ein Wagenrad zerbrach.

Der Mühlbach prägte jahrhundertelang mit das Dorfgeschehen. Die Bauernhöfe deckten ihren Wasserbedarf und holten manchen Fang aus dem fischreichen Gewässer. Für drei Wassermühlen diente er als Antriebskraft. In den seichten Fluten wurden die Pferde gewaschen und plantschten die Kinder. Allerdings konnte der Mühlbach auch Ärger bereiten, nämlich dann, wenn er bei Hochwasser über die Ufer trat.

Markenzeichen für das Dorf waren einstmals Gänsescharen, die ihm den Beinamen „Gänse-Nemt" einbrachten. Das sollte keine Abwertung sein, denn zur Weihnachtszeit

Die allerletzten Nemter Gänse: Guste und Gustav im Garten der Familie Mischnik.

blickten die Wurzener begehrlich hierher, wußten sie doch, daß ein guter und fetter Weihnachtsbraten herangewachsen war. Noch um 1900 beaufsichtigten zwei Gänsehirten an die 400 Tiere, die sie früh am Morgen einsammelten. Vor jedem Bauernhof machte sich der Hirte mit der Trillerpfeife bemerkbar, und die Gänse reihten sich schnatternd in den Zug ein. Der eine marschierte in Richtung des Oberen Gänsegartens am südlichen Dorfende, der andere zum Unteren Gänsegarten am Nordausgang. Dort schwärmten sie aus, während es sich die „Aufsicht“ in einer Strohhütte bequem machte. Abends ging es dann den gleichen Weg zurück, und jede Gans wußte, wo sie in ihren Stall abbiegen mußte. Die beiden Gänseteiche verschönern noch heute das Ortsbild. Wenn mal Geld übrig sein sollte, dann bestellen sich die Nemter bestimmt einen „Gänsebrunnen“.

In Nemt schnatterte nicht nur das Gänsevolk, die Leute konnten auch gut singen. Der rührige Männerchor trug seine Lieder ins Wurzener Land hinaus. Irgendwann kam dann die zündende Idee bei fünf Ehepaaren: Wir gründen einen Klub zu Zweit! Was in anderen Dörfern geht, das muß auch in Nemt möglich sein. Einer von den Leuten, der Werksachverständige Marcus Weichert (Jg. 49), kramt gern in seinen Erinnerungen:

Das „Bärchen“ tanzt wieder in den eigenen vier Wänden

Es war 1983. Die Familien Hilpert, Hempel (Hannelore), Wagner, Schindler und wir faßten einen Entschluß: Wir müssen was tun im Dorf! Und wir spannten uns auch vor den „Karren“. Wir fragten im Dorf herum. Viele äußerten die Bereitschaft zum Mitmachen. Also besorgten wir die Musik, und eines Tages ging's los. Ich hatte ein Plakat mit zwei Bärchen aus russischen Trickfilmen und mit einem Ball gemalt. Das Bilderrätsel war ziemlich schnell gelöst, und so formulierten wir unseren „Bärchen-Ball“. Das Schild mit den beiden putzigen Tieren steht noch heute bei jeder Veranstaltung auf der Bühne, nur die fortlaufende Nummer wird neu geschrieben.

Beim Nemter Bärchenball (v.l.n.r.): Liane Weichert, Brigitte Mende und Dorothea Lask.

Unser Saal faßt ca. 60 Leute. Damit ist die Zahl der Teilnehmer begrenzt. Wer bei uns mitmacht, muß in die Truppe passen. Zu einem Drittel kommen die Gäste von außerhalb. Wir sind eine gute Mischung von alt und jung. Musikalische Reibereien hat es deswegen noch nie gegeben.

Jeder Klubabend hat ein bestimmtes Thema. Was soll ich da nennen? Blütenfest, Bierfest, Fischerfest, Jägerfest, Schlachtfest. Und wenn wir selbst mal keine richtige Lust hatten, dann holten wir uns die Kulturbringer ins Haus. Die Konzert- und Gastspieldirektion vermittelte preiswert Zauberer, Varieté, Komiker. Heute muß es natürlich schon mal eine Erotik-Show sein. Was das Fernsehen kann, können wir schon lange! Natürlich treffen wir uns Silvester und Fasching! Den Stammplatz in der Bütte hat Dorothea Lask. Ihre Kuriositäten aus dem Dorf und die Schmähreden auf die Mißstände in der weiten Welt bringen uns zum Lachen und Nachdenken.

Der Klubrat ist Gott sei Dank bei den Vorbereitungen nicht allein. Natürlich setzt er die Ideen um. Dazu muß er immer wieder improvisieren, weil mit dem kleinen Etat ja keine großen Sprünge gemacht werden können. Noch heute profitieren wir von den guten Beziehungen zur DEWAG-Werbung aus DDR-Zeiten.

Die Versorgung war nie ein Problem, wollte natürlich auch organisiert sein. Da saß ein LPG-Vorsitzender mit weitreichenden Vollmachten im Klubrat. Heute müssen wir uns nicht mehr darum kümmern. Die Familie Quetschke vom Gasthaus „Zum Anker" liefert quasi alles über die Straße, und der schwergewichtige Barkeeper Uwe Freigang serviert bis spät in die Nacht.

Höhepunkt der mittlerweile über hundert Abende war das Treffen zur Jahrtausendwende. Wir zeigten einen Streifzug durch die Jahrhunderte in historischen Kostümen. Mit der passenden Musik und der plausiblen Rede heimsten die Akteure jede Menge Beifall ein. Das sprach sich dermaßen herum, daß die Akteure noch einige Male in anderen Orten auftreten mußten. Da hatte sich zumindest das Anfertigen der Kostüme gelohnt, denn die wurden in nächtelanger Arbeit von den Frauen selbst genäht, für Maria und Josef, die drei Weisen, Römer und Germanen, Könige und Kai-

In der Wäscherolle mit Frau Kühn, die den Schlüssel aufbewahrt.

ser, Räuber und Ritter, Kolumbus und Kopernikus, Päpste und August den Starken und natürlich für Napoleon, dessen Truppen auch unser Nemt unsicher gemacht haben.

Einen Abend widmeten wir nach 34 Jahren der Wiedergeburt der „Torenos", meiner 4köpfigen Band aus der Jugendzeit. Zwar sind wir heute nicht mehr in Originalbesetzung, denn einer von uns ist gestorben und ein anderer verzogen. Meine Söhne sprangen als Bassist und Gitarrist ein, und nach monatelangen Proben gelang uns tatsächlich ein Comeback. Wir wollten nur drei bis vier Titel spielen, aber unser Publikum forderte mehr und mehr. Und was wir nicht schafften, erreichten alt und jung mit rhythmischem Klatschen. Musik ist eben nicht totzukriegen. Ein einmaliger Abend – und das mit eigenen Kräften. Vielleicht gerade deswegen?

Pannen blieben nicht aus! So kam eine Disko ohne Angabe von Gründen nicht. Wir wußten, daß im benachbarten Körlitz ein Kumpel das auch macht. Also nichts wie hin! Er stand gerade auf der Leiter und tapezierte. Zur „Freude" seiner Frau packte er seine Schecke, und ab ging's zum Nemter Bärchenball. Der Abend war gerettet!

Vor der 23. Auflage wurde der Saal aus bautechnischen Gründen gesperrt. Also mieteten wir einen Bus und verlegten den Ball nach Roitzsch. Für die weiteren Abende fanden wir Unterkünfte in der Wurzener Gartensparte Rodelbahn, in Böhlitz, Hohburg und anderswo. Das Provisorium bestand bis zur 40. Auflage. Wir ließen uns eben nicht unterkriegen. Seit Herbst 1990 tanzen wir wieder in unseren eigenen vier Wänden. In den ersten Wendejahren blieb zu unserem Erstaunen zwar mancher Platz leer, aber das hat sich inzwischen wieder geändert. Sicher, nicht jeder Abend hat ein hohes „Niveau", was immer man darunter auch versteht. In der Bärchen-Chronik ist das alles festgehalten. Jedesmal gestaltet eine andere Familie eine Seite, und wenn wir in diesem „Bilderbuch" blättern, dann sind wir richtig stolz.

Wichtig für uns alle ist, daß wir vom Alltag abschalten, den „Dorftratsch" auf unterhaltsame Art pflegen und uns in fröhlicher Runde einfach so amüsieren. Das „Bärchen" wird bestimmt noch viele, viele Jahre tanzen. Und wir mit! *(W.R.)*

WEITERE DORFNOTIZEN aus Nemt

Alljährlich Ende Oktober wird am Oberen Gänseteich ein **Fischzug** durchgeführt, ein kleines Volksfest. Er war 1988 entschlammt und mit einer ständigen Wasserzufuhr versehen worden. Für die wirtschaftliche Nutzung sorgt seither Gunter Naundorf, der den Teich gepachtet hat. Bis zu ihrer Auflösung war das Fischereirecht an beiden Gänseteichen ein wichtiges Privileg der Altgemeinde (1850-1921).

Der **Franzosenbrunnen** erinnert nur noch in Erzählungen an die Zeit der Befreiungskriege, als die Franzosen hier in Nemt auf der Suche nach Proviant und Quartieren die Bevölkerung drangsalierten. Der Brunnen wurde damals am Oberen Gänsegarten in Richtung Burkartshain zur Wasserversorgung der Marodeure gegraben.

Ein **Gedenkstein** erinnert an die erste urkundliche Erwähnung von Nemt „1292 1.Urkunde von Nemt 1992". - Gedenktafeln an die Gefallenen der beiden Weltkriege.

Das Dach vom Dorfgasthof brach ohne jede Vorwarnung am Vormittag des 22. Mai 1966 in sich zusammen. Bis 1968 bauten es die Nemter wieder auf und richteten hier im Zentrum des Dorfes ihr **Gemeindehaus** ein. Dorffeste, eine Tanzgruppe, Rentnernachmittagen, ein Textilzirkel, der Männerchor u.a.m. bereicherten ein reges kulturelles Leben.

Wo sind die **Nemter Gänse** geblieben? Nach intensiven Bemühungen mit nachdenklichen Einwohnern fanden wir die beiden letzten in trauter Gemeinschaft mit anderen Haustieren im weitläufigen Garten der Familie Militzsch. Hier wurden sie von einer Henne ausgebrütet, nachdem man ihr heimlich die größeren Gänseeier untergeschoben hatte. Guste und Gustav wuchsen heran und können sich solange ihres Gänselebens erfreuen, solange sie nicht an Altersschwäche sterben oder der Fuchs geholt hat. Als gebratene Weihnachtsgänse werden sie nach Aussage der Pflegemutter nie und nimmer enden.

Einige **Personalien:** Als „Nemter Wetterfrosch" hat sich Rudi Freigang (Jg. 29) einen Namen gemacht. Er notiert nicht nur jeden Tag wichtige Wetterdaten, sondern macht sich auch

Notizen zum Verhalten der Störche, zur Blütezeit von Bäumen u. a. m. Er konnte damit schon manchen Streit um nasse oder trockene Sommer schlichten. - Eine Firma für Werbung und Grafik betreibt ULRICH KALUBA (Jg. 49). Seit seiner Kindheit malt der Autodidakt in seiner Freizeit vor allem Bilder aus seiner Heimat in Öl oder als Aquarell. - Der Lehrer i.R. LOTHAR MARTINI (Jg. 21) schreibt seit 1952 die Ortschronik.

Die **Kirche** im Zentrum des Dorfes ist in ihren Grundmauern viele Jahrhunderte alt. Ihren wehrhaften Charakter hat sie trotz zahlreicher Umbauten bis heute erhalten. Im Dreißigjährigen Krieg starben an den Unbilden der Zeit 336 von 400 Einwohnern. Die Überlebenden schnitzten in einen Balken unterhalb der Empore die Worte „Jesus befreit uns durch seine Ankunft von allen Plagen". Zählt man die als große Buchstaben geschriebenen römischen Zahlen zusammen, erhält man die Jahreszahl 1629. Pfarrer Martin Carlitz wirkte hier von 1978 bis 2001, seitdem ist Pfarrer Reinhard Schoene aus Kühren Ansprechpartner für die Gemeinde.

Eine **Wäscherolle** verrichtet nach wie vor ihre Funktion, obwohl sie schon vor fast hundert Jahren aufgebaut wurde. Seit 1992 ist sie im alten Spritzenhaus untergebracht, das Inventar noch original mit einer Kasse des Vertrauens. Den Schlüssel gibt's schräg gegenüber bei Fam. Kühn.

Vereine: Freiwillige Feuerwehr, Wehrleiter Lothar Broy. Neues Gerätehaus von 1988. - Männerchor Nemt seit 1890. - Posaunenchor Nemt-Burkartshain, Leiter Karl Wengler. - Erster Nemter Sportverein, Vors. Thomas Schindler. Abt. Kindersport, Wung Chun, Frauensport, Tischtennis, Frauenfußball „Nemter Gänse" (ruht wegen Nachwuchsmangel). Vereinshaus am Sportplatz mit Mehrzweckhalle. - „Club zu Zweit", Vors. Barbara Lux. - Jugendklub im ehemaligen Verkaufsladen des Gemeindehauses, betreut vom DRK Wurzen. - Der Männerchor wurde schon vor über hundert Jahren (1890) gegründet und hat sich über all die mageren und schlimmen Jahre gehalten. Ein eigenes Banner, 1990 nach altem Vorbild angefertigt, beweist die gute Tradition. Jeden Dienstag treffen sich jetzt ca. 25 Sänger im „Anker", wo der Karosseriebauer i. R. und musikalische Leiter Roland Wengler (Jg. 36) seit 1978 die Proben leitet. Als Vorsitzender wirkte von 1951-1983 Willy Hirschheide. Seine Funktion übernahm Rolf Petersohn (er dichtete den Gruß aus Nemt) und ab 1996 Heinz Hempel. Im Durchschnitt werden 20 Auftritte im Jahr bei benachbarten Chorjubiläen, Heimatfesten und zur Weihnachtszeit organisiert. Anläßlich seines 110jährigen Bestehens erhielt der Chor die Zelter-Plakette.

Handel und Gewerbe: Das Dorfgasthaus „Zum Anker" wurde 1913 mitsamt einer Schweineschlächterei gebaut. Es blieb in Familienbesitz mit der Wirtin Regina Quetschke seit 1981. Treffpunkt des Männerchores. - Caféstube & Zimmervermietung Adelheid Keilhauer, 1990 eröffnet mit sieben Betten, Treffpunkt der Jugend. - Fa. Junge arbeitet als Gleis-, Weichen- und Tiefbau GmbH vorwiegend für die Bundesbahn. - Autoservice Wagner mit Reparaturen und Autohandel. - Metallbau Feckenstedt, Türen und Fenster. - Karl-Heinz Thiel betreibt ein Fuhrgeschäft mit Baustoffhandel. - Bauservice Axel Defort. - Montagebau Bräuer, Fenster und Türen, ebenfalls Thomas Steinbrück. - Malermeister Günter Kliche. - Kaluba-Werbung.

Das **Milchgut** Nemt entstand nach 1990 aus der 1974 gebauten 1000er Milchviehanlage der LPG, eine der größten im Kreis Wurzen. Der Landwirt René Döbelt betreibt auf 860 ha Feld ökologischen Landbau, vor allem Bio-Gemüse. Die Milch von 600 Kühen wird in die Molkerei geliefert, 13 % davon werden als naturbelassene Milch von ca. 2500 Kunden frei Haus bezogen. Das Unternehmen strukturiert sich jetzt in die Ackerbau KG Nemt, das Milchgut Nemt und die Landgut Nemt GmbH, die die Direktvermarktung von Milch, Bio-Gemüse und Bio-Brot übernimmt.

LITERATUR: Festschrift 700 Jahre Nemt. 1992. - Festschrift 100 Jahre Männerchor Nemt. 1990.

Dehnitz - das ist der Wachtelberg mit seinem Turm und der Osterblume, das ist die Fähre und das „Goldene Tälchen", dieses wunderschöne Naturbad. Das war aber auch die „Wasserglasbude", jahrzehntelang ein Brötchengeber auf der einen Seite und ein Umweltärgernis auf der anderen.

Dehnitz gehört seit Jahren zu Wurzen, hat aber bei weitem kein städtisches Gefüge. Es blieb ein Anhängsel der nahen Großen Kreisstadt. Dehnitz ist nach wie vor das alte Bauerndorf mit den Leuten, die sich in ihrem dörflichen Umfeld ganz wohl fühlen. Das ist ein Flecken in einer idyllischen Lage zwischen Wachtelberg und Mulde an der Mündung des Mühlbachs in die Dehnitzer Lache.

In Dehnitz blühen seit Tausenden von Jahren immer noch die Osterblumen

Am Nordrand der Siedlung erhebt sich der Wachtelberg. Nicht die Höhe ist es, die ihn bemerkenswert erscheinen läßt. Von der Mulde aus schieben sich die Porphyrfelsen gerade mal 35 Meter empor. Es ist die Echte Kuhschelle, im Volksmund eher unter dem Namen Osterblume bekannt, die hier im März/April jeden Jahres, also in der Osterzeit, ihre behaarten violettblauen Blüten ins Sonnenlicht reckt.

Mit dieser Pflanze hat es seine besondere Bewandtnis. Sie ist ein Relikt der nacheiszeitlichen Flora. Nur an sonnengetränkten Berghängen mit steinigem Boden und kargen Gräsern konnte sie sich über die Jahrtausende hinweg behaupten. Und dafür war der Hang am Wachtelberg sehr günstig. Wie alles Seltene wäre sie auch hier von Menschenhand beinahe ausgerottet worden, zertrampelt von den Besuchern, vergiftet durch Düngerabtriebe der nahen Feldflächen und ausgegraben von Naturfrevlern, die sie in ihren Hausgarten umsetzen wollten. Deshalb stellten naturbewußte Leute den

Partie am Wachtelberg an der stillgelegten Muldentalbahn.

Wachtelberg schon 1911 unter strengen Schutz. Es war das erste Naturschutzgebiet in Sachsen. Doch auch damit konnte der Niedergang der Pflanze nicht aufgehalten werden. In den 60er Jahren schien das Ende zu drohen. Ganze 37 Pflanzen zählten noch die Naturschützer.

Das ließ den Wurzener KLAUS ZEIBIG (Jg. 39) keine Nacht mehr ruhig schlafen. Er kümmerte sich fortan intensiv um die Kuhschelle. Dabei übersah er die anderen Pflanzen und Tiere nicht. Insgesamt 280 registrierten seine scharfen Augen, darunter manch seltenes und vom Aussterben bedrohtes Exemplar. Und er wachte mit Argusaugen darüber, daß sich Besucher und Landwirtschaft an die Gebote hielten, wenn es sein mußte, auch mit strengen Auflagen. Er fand Verbündete, und das Wunder geschah: Anemone Pulsatilla vermehrte sich nach und nach auf über 2000 Exemplare.

Gleichzeitig kümmerte er sich um den Aussichtsturm. Wurzener Patrioten ließen ihn zu Ehren von Bismarck 1912 errichten, aus superfestem Granitporphyr und 12 m hoch. Sie tauften ihn „Bismarckturm". Der Kanzler wurde nach 1945 unbeliebt und der Name getilgt, jetzt aber nach der Wende rehabilitiert. Die jüngeren Leute wissen damit wenig anzufangen. Er wird wohl der Wachtelbergturm bleiben.

1945 wäre er beinahe in einen Trümmerhaufen verwandelt worden, denn die amerikanischen Truppen auf der anderen Muldenseite hatten was gegen den Volkssturm im Dorf. Mit ein paar Granaten fegten sie das letzte Aufgebot Hitlers hinweg. Am Turm entstand zum Glück nur geringer Schaden. Das festgefügte Bauwerk überstand die Stürme der Zeit, auch später noch mal, als erwogen wurde: Renovieren oder wegreißen! Die Sanierer behielten die Oberhand, und nach jahrelangen Bemühungen richtete Klaus Zeibig darin ein naturkundliches Kabinett ein. Die Besucher verstehen dadurch noch viel besser, warum das Gelände mit der Osterblume und den anderen Tieren und Pflanzen geschützt werden muß. Der Turm kann bestiegen werden und ist sonntags nachmittags geöffnet. Er bietet einen einzigartigen Rundblick übers Wurzener Land. Klaus Zeibig wurde im Jahr 2000 mit dem Heimatpreis für Natur geehrt.

*

Das „Goldene Tälchen", ach ja! Ein Seufzer entflieht den Dehnitzern und Tausenden von Leuten in Wurzen und aus der Umgebung. Sie alle mochten das Bad und haben hier seit der Einweihung im Jahre 1925 das Schwimmen gelernt und sonnige Stunden verbracht. Wasser, Wiesen und Bäume vereinten sich zum wahren Namen : „Goldenes Tälchen".

Die Wende versetzte diesem Idyll den Todesstoß. Die Stadtväter entschieden sich bei der notwendigen Sanierung für das Stadtbad. Das wurde mit Millionenbeträgen aufs modernste hergerichtet, und da war natürlich das Geld alle fürs „Tälchen". Wie lassen sich die Gebäude nutzen? Jugendliche hielten Einzug. Damit war das Ende besiegelt, die jungen Burschen leisteten ganze Arbeit. Nach knapp zwei Jahren hatten sie es in einen Trümmerhaufen verwandelt. Nun wurde die Anlage erst recht zu einem Ärgernis. Jetzt blieb nur noch übrig, alles dem Erdboden gleich zu machen. Das geschieht jetzt nach und nach. Das Mühlbachtal zeigt sich fast wieder so, wie es mal vor 80 Jahren ausgesehen hat. Es gehört nun zum Naturschutzgebiet des Wachtelberges. Der Name „Goldenes Tälchen" wird wohl noch jahrzehntelang in den Erzählungen der Menschen haften bleiben, bis auch er verblichen und nur noch in den Chroniken zu finden ist.

*

Es ist schon ein romantisches Erlebnis, wenn auch nur für wenige Minuten, zwischen Dehnitz und Schmölen mit der Kahnfähre über die Mulde zu setzen. Im Muldentalkreis gibt's nur noch eine zweite zwischen Höfgen und Nimbschen. Sie sind ein Überbleibsel einer längst verflossenen Zeit, in der es noch behäbiger zuging. Langsame Gefährte machen heutzutage keinen Sinn.

Wer von einer Wasserfahrt ein bißchen mehr genießen will, der steigt um auf ein größeres Motorboot, in dem 40 Personen einen Sitzplatz finden und in 45 Minuten muldeaufwärts bis zur Loreley bei Oelschütz schippern. Dort vertritt man sich beim Hochkraxeln ein bißchen die Beine, hält Ausschau in die weite Muldenaue nach Pausitz hinüber und läßt sich auf dem Rückweg Kaffee und Kuchen schmecken. Der Besitzer der Fähre, seit 1995 ist es die Familie WEDEKIND, hatte ein gutes Gespür dafür, was sich die Leute wünschen. Also knüpfte er an die alte Wurzener Flußschiffahrtstradition an, denn in den 30er Jahren fuhr die „Sellnitz" schon mal diese Tour.

Der damalige Fährmann MAX LEHMANN (1884-1960), war als weltoffener und wasserverbundener Seemann hier an Land gegangen. Er übernahm 1923 die 1910 vom Königlichen Ministerium des Innern in Dresden bewilligte Fähre, erweiterte sie mit einer Gondelstation, baute selbst Boote und einen Bootsschuppen für die Sportler, und ab 1931 fuhr ein motorgetriebenes Boot, die „Sellnitz", bis nach Oelschütz. Das Hochwasser von 1954 zerstörte das hölzerne Fährhaus. Max Lehmann baute das neue massiv auf und bemühte sich bis zu seinem Tod um den Fährbetrieb. 1969 übernahm Werner Liebig die Fähre. Er erweiterte das Fährhaus mit einer kleinen Gaststätte und führte sie bis 1991. Im Jahre 1995 begann dann mit der Familie Wedekind eine neue Ära im Buch der Dehnitzer Fährgeschichte, in das sich schon viele dankbare Gäste eingetragen haben.

*

Die alte Wasserglasfabrik wurde in den 90er Jahren abgerissen. Dort breitet sich jetzt eine weite Ökofläche aus. Was hier mal angesiedelt werden soll, ist ungewiß. Die Fabrikantenvillen sind meist unbewohnt und suchen Investoren. Die Gebäude dokumentieren wohl eine sehenswerte Architektur, doch dafür interessiert sich heute kaum jemand.

Auf der gegenüberliegenden Seite stehen die sauberen Produktionsanlagen der neuen Wasserglasfabrik. Am Straßenrand erhebt sich wuchtig und fremdartig der Betonklotz eines Wohnhauses aus den 70er Jahren, in dem sage und schreibe 40 Familien Platz finden.

Mit Wedekinds „Ausflugsdampfer" geht es bis zur Loreley.

Der Mühlbach, Einheimische nennen ihn nur „die Bach“, trennt die Siedlung in eine Nord- und eine Südhälfte. Hüben wie drüben stehen die Bauerngüter, vorwiegend herausgeputzt. Die aus Bruchsteinen gewölbte Bogenbrücke war stets ein festes Bindeglied beider Ortsteile. Zu den Bewohnern „von hüben“ gehört der Altbauer FELIX KÜHNE (Jg. 30):

Ein Bauer ohne Vieh, das funktioniert eigentlich nicht

Ich gehörte zu denjenigen, denen mit dem Geburtsjahr 1930 gerade noch die Kriegsteilnahme erspart blieb. Meine nur einige Monate älteren Schulkameraden, gerade mal 15 Jahre alt, sollten da noch den Endsieg mit erringen helfen, obwohl die Russen die Elbe schon überschritten hatten und die Amerikaner in Leipzig standen.

Über Nacht hatten die letzten Helden im Dorf eine Panzersperre errichtet. Wir Kinder standen am Morgen staunend vor dem Gerümpelhaufen auf der Straße. Uns konnte niemand sagen, weswegen eigentlich das „Bollwerk“ gebaut worden war. Die Bauern schimpften, denn ihnen war damit die Ausfahrt aufs Feld gesperrt. Doch die Saat mußte in den Boden. Ihr Protest hatte Erfolg, anderntags war der Haufen beseitigt. Die „Festung Dehnitz“ kapitulierte kampflos. Auch die Schützenlöcher in den Wiesen waren schnell wieder verlassen. Mit ein paar Schuß aus amerikanischen Panzerkanonen war der Spuk und damit der Krieg vorbei.

Die russische Besatzung überstanden wir einigermaßen schadlos. Sie hatte sich in unserem Wohnhaus für einige Wochen einquartiert. Bald wurde sie abgezogen, und das Leben ging seinen gewohnten Gang, für uns Kinder allemal, da wir wenig von den Unbilden des Krieges mitgekriegt hatten.

Ich erlernte vom Vater das praktische Arbeiten in der Bauernwirtschaft. In der Wurzener Landwirtschaftschule holte ich mir später mein theoretisches Rüstzeug für den Bauernberuf. Eigentlich sollte mein Bruder den Hof bekommen, aber der kehrte aus dem Krieg nicht zurück. Also würde ich das Gut eines Tages übernehmen. Dazu kam

Familie Kühne in sonntäglicher Ruhe auf dem Bauernhof.

es nicht, denn mit der Bildung der LPG ging unser Privateigentum erst mal in die Genossenschaft über. Den Eltern fiel dieser Schritt ziemlich schwer, wir Jungen nahmen's gelassen und auf die leichte Schulter. Irgendwie werden wir schon unser Geld verdienen. Und leichter wurde die Arbeit tatsächlich. Wir haben in der LPG vom Typ I so gearbeitet, als wäre es für uns privat. Wir hatten aber auch einen „strengen" Vorsitzenden, nämlich Walter Fleischer. Der ließ weder Bummelei noch halbe Sachen zu, ein Bauer von altem Schrot und Korn. Wir merkten schnell, daß es uns allen nützte. Also respektierten wir seine Forderungen.

In der Typ III ging dann alles etwas „lockerer" zu. Ich war jetzt nur noch Traktorist und beackerte die Felder von Sachsendorf bis Hohburg. Nach acht Stunden auf dem Feld machten wir allerdings nicht Feierabend. Jetzt verlangte unsere „private" Wirtschaft ihren Mann. Wir bekamen zwar Deputate, also Futter für die private Tierhaltung. Aber das reichte nicht. Wir stoppelten abends noch Kartoffeln und hauten das Futter an den Straßengräben ab. Im Stall hatten wir ja genügend Platz, und die zwei bis drei Schweine, einige Bullen und das Kleinvieh „verloren" sich regelrecht auf dem großen Hof. Trotzdem konnten wir die Haushaltskasse ein gutes Stück aufbessern. Geschenkt wurde uns nichts. Aber wir machten es gern, denn irgendwie hingen wir am Vieh. Ein Bauer ohne Vieh, das funktioniert eigentlich nicht. Jedenfalls nicht für die vom alten Schlag.

Dann kam 1990 die Wende und mit ihr die Auflösung der LPG. Man brauchte uns nicht mehr, schob uns ab in den Ruhestand. Der war ungewohnt. Ein Bauer arbeitete früher, so lange es ging, und machte sich irgendwie nützlich. Das lag ihm im Blut. Nun war Schluß. Das hat mich ziemlich beschäftigt, das war auch irgendwie deprimierend.

Langsam gewöhnte ich mich an die neue Situation. Da die Frau noch arbeitete, verrichtete ich die Hausarbeiten. Und dann war da noch meine Mutter, an den Krankenstuhl gefesselt und auf Hilfe angewiesen. Wir wollten sie nicht in ein Pflegeheim „abgeben". Also sorgte ich mich um ihr Wohl. So war ich Hausmann und Krankenpfleger. Das hätte ich früher nie für möglich gehalten.

WEITERE DORFNOTIZEN aus Dehnitz

Der alte Dehnitzer **Gasthof** hieß im Volksmund „der Frosch", was sich eigentlich auf seinen Besitzer Oswin Hauptmann (1891-1966) bezog. Er war hier seit 1912 der Wirt. Gemeinsam mit seiner Frau bewirtete er die Ausflugsgäste. Gern und häufig kehrten hier die Gymnasiasten und Honoratioren der Stadt ein. Die gute Küche war weithin bekannt. Da kam es schon vor, daß ein Unbedarfter mal „Guten Tag, Herr Frosch!" sagte. Warum er diesen Namen trug, dafür gibt es mehrere Spekulationen. Von 1974 bis 1985 hatte die Familie Andrä im Gasthof eine „Ringelnatzklause" etabliert. Danach stand er leer und ist inzwischen weggerissen.

Die **Dehnitzer Lache** ('lache' kommt aus dem Mittelhochdeutschen und heißt soviel wie Pfütze oder stehendes Gewässer), ein Altwasser der Mulde, war zu Zeiten der alten und der neuen Wasserglasfabrik durch deren Abwässer zu einer Kloake verkommen. In sie mündet der Mühlbach. In den 20er und 30er Jahren holte hier die Wurzener Brauerei das Eis zur Bierkühlung, das dann im Eiskeller das ganze Jahr über gelagert wurde. In der Nähe, aber nicht damit verbunden, liegt östlich davon die Dehnitzer See, ebenfalls ein Altwasser der Mulde. Hier wurde 1868 eine Kriegskasse der Schweden gesucht *(s. Rundblick-Lesebuch).* Der Ruderverein „Möve" baute 1927 am Ufer ein Bootshaus, das nach dem Kriege zerstört wurde.

Der **Muldenhof,** eines der ältesten Bauerngüter im Ort, wird seit 1993/94 vom Naturschutz genutzt. In den Gebäuden hat sich der NABU (Naturschutzbund) eingerichtet mit einem Naturschutzinstitut, einem Archiv des Landesverbandes und dem Büro der NABU-Ortsgruppe Wurzen. Das Institut für die Region Leipzig unter der Leitung von Gerhard Fröhlich, zugleich Vors. des NABU von Sachsen, erbringt u.a. biologisch-ökologische Gutachten, Landschaftspflegepläne für Naturräume und Schutzgebiete in Nordwestsachsen. Praktische Naturschutzarbeit wird u. a. im nahen NSG Mühlbachtal/Wachtelberg durchgeführt.

Die **Naturbühne am Wachtelberg** wurde Anfang der 50er Jahre mit Unterstützung der Stadt und durch viele freiwillige Helfer aus einem alten

Steinbruch hergerichtet und 1954 mit einem großartigen Fest der Volkskunst eröffnet. Hauptakteur war der Altenbacher Bruno Tuchscherer. Einige Jahre fanden hier Filmaufführungen und viele Veranstaltungen der Chöre und anderer Volkskunstgruppen statt. Darunter befand sich auch der gemischte Chor Dehnitz unter der Leitung von Rudi Ebert, der als verdienstvoller Chorleiter in die Wurzener Musikgeschichte einging. Anfang der 60er Jahre wurde es ruhiger um die Bühne, Regenwetter und immer weniger Besuch deckten nicht mehr die Kosten. Schließlich demolierten Randalierer und Diebe das kulturelle Kleinod. Nach und nach erfolgte ein Rückbau. Heute leben im idyllischen Steinbruchsteich Molche und Frösche.

Ein **Scheunenfest** vereint seit einiger Zeit jedes Jahr im Herbst Einheimische und Ehemalige im Bauernhof der Familie Lehne. Die leer gefegte Tenne wird dann zum genüßlichen Trink- und Speiselokal, die Schwalbennester an der Decke geben ein natürliches Ambiente. Zum Höhepunkt kommt es, wenn die Kinder die von den älteren Bauersfrauen gebundene Erntekrone und als Erntegabe Brot und Salz hereintragen. Die Chronistin des Dorfes, Gertraud Lehne (Jg. 40), kann dann nach dem Austausch der Erinnerungen manche wichtige Nachricht der Ortschronik hinzufügen.

Wasserglas wird seit 1895 in der Fabrik von Richard Klug, hervorgegangen aus einem chemischen Betrieb (um 1840), aus Quarzsand (eigene Sandgrube in der Nähe) und Soda hergestellt. Das Produkt wurde in der Textil- und Papierindustrie und anderswo dringend benötigt. In der DDR-Zeit war der VEB Alleinhersteller im „sozialistischen Lager“ (RGW-Bereich). Da die Nachfrage immer größer wurde, erfolgte Ende der 80er Jahre auf der gegenüberliegende Fläche ein Neubau, in dem 1990 die Produktion begann. Das Werk befindet sich jetzt im Besitz eines niederländischen Konzerns. Die alte Fabrikanlage wurde mit beträchtlichem Aufwand durch ABM abgerissen, das verseuchte Gelände renaturiert.

Die **Windmühle** am Nordhang des Wachtelberges wurde um 1870 erbaut. Das Windrad besaß acht Flügel, die mit Segeltuch bespannt waren, eine Seltenheit in damaliger Zeit. Der Mahlbetrieb wurde 1920 eingestellt, in der angeschlossenen Bäckerei buk noch in den 50er Jahren Bäckermeister Otto Meißner seine Backwaren.

Die **Wüste Mark Söllnitz** (auch Sellnitz) mit der „Wüsten Kirche“ liegt flußaufwärts auf halbem Weg zwischen Dehnitz und Oelschütz. Der Ort wurde schon 1542 als „wüster neye“ bezeichnet, doch fanden sich bis ins 20. Jh. noch Ruinenreste. Darauf bauten 1928 Pfadfinder eine Hütte, die in den 30er Jahren beseitigt wurde. Eine Orientierungstafel gibt dem Wanderer Auskunft über das einstmalige Geschehen.

LITERATUR: 810 Jahre Dehnitz - ein Dorf und seine Menschen. Von Gertraud Lehne und Ralf Güttner. 1995.

Über eine Bogenbrücke geht es von „hüben“ nach „drüben“ in Dehnitz.

Natürlich weiß jeder, daß es rechts vor der Katholischen Kirche in Wurzen ab nach Roitzsch geht. Das ist der Roitzscher Weg. Er gehört zur einen Hälfte nach Wurzen, zur anderen nach Roitzsch.

Zum Glück gab's in Roitzsch nur unblutige Grenzstreitigkeiten

Die Grenze zwischen beiden Orten erregte schon immer die Gemüter. Richten wir uns nach der Mehrzahl der Stimmen: Rechts beginnt das Dorf hinter der Bahnlinie, links hinter der Gärtnerei Grünert. Dort steht auch neuerdings ein Ortsschild. Gilt es nur für die linke Seite? Neuer Streit ist vorprogrammiert. Doch auch er wird wie alle bisher unblutig enden.

Der Roitzscher Dorfkern bildete sich beiderseits der Rietzschke. Nördlich vom Bach stand das Rittergut, südlich gruppierten sich zehn Dreiseithöfe. Zwischen Wurzen und Roitzsch lagen weite Feld- und Wiesenfluren. In den vergangenen Jahrzehnten schoben sich die Siedlungshäuser über den Heidenberg hinweg immer mehr aufeinander zu. Vor allem Wurzener Bürger flüchteten aus der Enge der Stadt hinaus ins Grüne. Der Zwischenraum ist nun auf Null zusammengeschmolzen. Trotzdem: Der Roitzscher will Roitzscher bleiben! Die Wurzener Stadtväter holten 1950 die Gemeinde in ihre Stadt. 1990 gab es Enthusiasten, die den damaligen Vorgang rückgängig machen wollten. Doch das euphorische Feuer loderte nur kurze Zeit. Oder gaben die pragmatischen Überlegungen den Ausschlag? Die Mehrheit zog jedenfalls nicht mit, und es blieb beim alten Zustand.

In den 70er Jahren wuchsen wegen der permanenten Wohnungsnot drei Wohnblöcke empor. Sie sind jetzt gut saniert, passen mit ihrer Größe allerdings nicht ins

Mit Inline-Skates durch die ruhige Johannes-Thomas-Straße in Roitzsch.

Dorfbild. Das ehemalige Konsumgebäude daneben wartet mit leeren Fenstern auf bessere Tage. Vielleicht entsteht hier mal ein Dorfgemeinschaftshaus.

Beiderseits der Hauptstraße liegen die Dreiseithöfe. Einer davon gehört dem Landwirt Rolf Fischer (Jg. 38), der hier einen modernen Landwirtschaftsbetrieb eingerichtet hat. Mithelfende Familienangehörige, Hausköchin und Mutter ist seine Frau Helga Fischer (Jg. 42):

Das anstrengende Tagewerk eines freilaufenden Bullen

Meine Kindheit liegt in einem Neunitzer Bauerngut. Das war eine schöne Zeit, die Versteckspiele in den Scheunen und Schuppen. Natürlich mußten wir auch schwer arbeiten, aber das haben wir gut ertragen. Die Natur hat mich ein bißchen klein gehalten. Ich mußte aufpassen, daß ich nicht in den Kornpuppen verschwand, wenn wir auf dem Feld die Garben zusammenstellten. Die Frühstückspausen und Vesperzeiten mit den dick beschmierten Bemmen, das Brot kam aus dem hauseigenen Backofen, an diese Lebensmomente erinnere ich mich noch heute gern.

Mit 21 verlegte ich mein Quartier nach Roitzsch. Ein Bauernsohn hatte mich abgeworben. Wir blieben mit unseren 12 ha nicht lange selbständig. Über die LPG Typ I schlossen wir uns der Typ III an. Ich arbeitete im Kuhstall. Zu Hause fütterten wir zusätzlich noch Vieh und bewirtschafteten nebenbei die Felder von „kleinen Leuten“. Das war ein gutes Zubrot, das uns allerdings nicht in den Schoß fiel. Aber wir wollten es ja so.

Die Wende! Was nun? Für meinen Mann gab's kein langes Überlegen: Wir machen uns wieder selbständig! Ich war da schon skeptischer. Doch das Bauernblut in unseren Adern ließ gar keine andere Wahl zu. Und dann lasen wir in einer Fleischerzeitung, die uns „von drüben“ auf den Tisch flatterte, daß es gut für einen Bauern wäre, wenn er alles selbst vermarktet. Also richteten wir eine Fleischerei ein! Das gelang, und jetzt sorgen einige Fleischer und Verkäuferinnen dafür, daß wir in einem Laden

Helga Fischer bei ihren Tieren.

hier, in Leipzig und anderswo mit mobilen Verkaufsständen unsere frische Ware an den Mann bringen. Es hat sich gelohnt! Den Kunden schmeckt unsere Wurst.

Das Vieh dazu wird ausschließlich aus unseren Ställen genommen. Die Rinder fressen und kauen sommers über auf der Weide. Unten in der Aue zwischen Mulde und Lache bei Pausitz in „Klein-Amerika“ stehen z.B. hundert Tiere. Im Juni verrichtet ein freilaufender Bulle sein anstrengendes Tagewerk. Der ist verdammt fleißig und gründlich, denn 99 % der Kühe bringen im Januar des folgenden Jahres nach und nach ein Kälbchen auf die Welt.

Neben den insgesamt 400 Rindern leben in einigen Großraumställen noch mal die gleiche Zahl Schweine. Wir stehen dort nicht mehr mit Futtereimer und Strohgabel. Das ist Geschichte. Der Bauer von heute ist nicht mehr Bauer im alten Sinne. Er muß den ganzen Prozeß als Manager im Griff haben. Jetzt macht alles die Technik. Computergesteuerte Futterautomaten sorgen ständig für Nachschub.

Ich mache die Buchhaltung im Geschäft, besorge den Haushalt und koche das Essen für alle, die hier arbeiten. Dann helfe ich im Laden und bereite die Verkaufswagen mit vor. Spazierengehen? Ja, bis zu meinen Hühnern hinüber auf der anderen Straßenseite. Oder ab und zu auf die Weiden zu den Tieren. Die Muldenaue fasziniert mich immer wieder.

Ich habe immer zu tun. Wenn ich gesund bin und arbeiten kann, habe ich meine Freude, da brauche ich nichts anderes. So merkwürdig wie es klingt, so ist es tatsächlich: Das ist dann sowas wie Urlaub!

Und dann feiern wir natürlich unsere Feste in der Familie und auch sonst. Ich treffe mich regelmäßig mit meinen Cousinen und Schulfreundinnen. Bis 1802 zurück hat da einer die Vorfahren und Querverbindungen meiner Weber-Sippe herausgefunden. Alle fünf Jahre vereinen sich die Nachfahren in Höfgen zum großen Familientreffen. Bis dahin renne ich hierhin und dahin, durchs Haus und zu den Weiden. Das ist mein Rhythmus. Wenn ich den nicht mehr hätte, würde ich einen Klaps kriegen. Und soweit soll's eigentlich nicht kommen.

Lustige aber auch gefährliche Kinderspiele auf den Schutthalden des Roitzscher Rittergutes.

WEITERE DORFNOTIZEN aus Roitzsch

Johann Gottfried Arndt war um 1848 Hofbesitzer, Vorstand der Gemeindeversammlung und Abgeordneter des sächsischen Landtages, damals ein bemerkenswerter Einzelfall unter den bürgerlichen Standesvertretern. Er unterstützte als demokratischer Patriot (ein Bauer!) den Wurzener Bürgermeister Julius Theodor Schmidt während der 48er Revolution, kam nach einer Verhaftung wieder frei und flüchtete danach aus Sachsen. Über sein weiteres Schicksal ist nichts bekannt.

Der **Gasthof,** schon um 1900 mit Konzert- und Ballsaal, zog auch die Wurzener an. Eine Wanderung auf dem Kirchweg hinaus vor die Tore der Stadt endete hier im Biergarten unter großen Bäumen. Erst 1990 kam das Ende. Kurzzeitig verwandelte ein „holländischer Chinese" das Gebäude in ein Spezialetablissement, doch der „Goldene Buddha" im „Happy-Haus" ging bald pleite. Sein exotischer Namenszug und anderes Beiwerk schmückten noch jahrelang das trostlose Gebäude. Die Fenster sind vernagelt. Dahinter verschanzen sich zeitweilig zwielichtige Personen zu einem „internationalen Treff". Übereifrige verfüllten den Dorfteich davor zu einer Parkfläche. Eine fatale Initiative. - In den 20er und 30er Jahren zog das Café Voigtländer mit seinem hauseigenen Kuchen die nahen Städter magisch an. - Heute bietet der kleine „Roitzscher Hof" abseits der Roitzscher Straße für stille Zecher und Familientreffs seine Dienste an.

Die **Eisenbahnlinie** Wurzen-Eilenburg (1927 fertig, 1960 Personenverkehr eingestellt) umging den Ort im weiten Bogen. Östlich vom Dorf entstand ein Haltepunkt mit einem Wartehaus, einem Waggon für Güter und einer Trockentoilette. Die meisten Roitzscher erreichten das Stadtinnere jedoch schneller zu Fuß. Im Zuge des milliardenschweren Ausbaues der Strecke Leipzig-Dresden erfolgte Ende der 90er Jahre von Wurzen her ein Abbau der Gleise, der Bahnübergang nach Nemt wurde geschlossen. Dafür überspannt seit 2001 einige hundert Meter weiter westwärts eine moderne Straßenbrücke die rekonstruierte Bahnlinie.

Auf dem **Heidenberg** siedelten vor zweitausend Jahren die ersten Roitzscher. Das kam zutage, als der Bauer Michael dort eine Sandgrube anlegte und zwischen den sandigen Ablagerungsschichten Scherbenreste fand. Der aus Wurzen gebürtige Frühgeschichtler Werner Radig beschäftigte sich in den 30er Jahren intensiv mit der bronzezeitlichen Siedlungsstätte.

Der **Obstbau** wird intensiv und großflächig seit den 60er Jahren betrieben, damals in einer LPG und der Sachsenobst-Kooperation, heute in der Wurzen-Obst GmbH auf 200 ha Fläche. Besonders Erdbeeren reifen auf den Feldern heran. Die 50 ständig Beschäftigten werden dann von weiteren Erntehelfern unterstützt. In einem modernen Lagerhaus bleiben den Winter über die Äpfel frisch und haltbar. Der Betrieb entwikkelte sich unter Leitung von Joachim Jentzsch zum größten Selbstvermarkter Sachsens. Ständig werden neue Apfelsorten gepflanzt, eine Spindel steht nur fünf Jahre.

Die **Rietzschke** verschönte lange Zeit das Dorfbild, bis sie an einigen Stellen in Rohre unter die Erde gezwängt oder begradigt wurde. Vorher schlängelte sich der winzige Bach in einem flachen Tal zwischen Erlen und Weiden von Körlitz kommend nach Wurzen. Hochwasser überflutete mitunter das Wiesengelände und staute sich am Wurzener Stadtrand. Ein größerer Stausee entstand mit der Melioration in den 60er Jahren östlich der Bahnlinie, für Angler das Ziel ihrer Sehnsüchte.

Das **Rittergut** erwirtschaftete nur bescheidene Erträge, denn irgendwelche Prachtbauten konnten nicht finanziert werden. Letzter Besitzer bis zur Bodenreform (190 ha Gesamtfläche) war Christian Graf von Schack. Danach nutzte die LPG einige Gebäude, die heute mehr und mehr verfallen. Das Herrenhaus wurde 1995 saniert und dient jetzt sozialen Zwecken.

Die **Johannes-Thomas-Straße** zweigt als Sackgasse vom Roitzscher Weg ab. Diese Straße kennen bestimmt nicht alle Roitzscher. Die Häuschen stehen in bester Blüte. Einige Bewohner hegen Zweifel, ob sie nun zu Wurzen oder zu Roitzsch gehören. Ihr Wahlrecht üben sie auf alle Fälle in einem Wurzener Lokal aus. Die wenigsten wissen etwas mit dem Straßennamen anzufangen. J. Thomas war ein Bibelforscher aus dem Dorfe, den die Nazis im Konzentrationslager ermordeten.

Der **Wasserturm** von 1908 sammelte das Wasser aus umliegenden Brunnen. Der Klinkerbau hat jetzt nur noch Denkmalswert, überragt mit 12 Metern kaum seine Umgebung. Wenn er sich nicht so verstecken würde, könnte er das Wahrzeichen des Dorfes sein.

Die **Windmühle** wurde um 1835 gebaut und hatte bis 1956 ihre Flügel. Die Lohnmüllerei vom letzten Müller Hugo Willig erfolgte elektrisch bis 1982. Die altersschwache Paltrockmühle steht eingezwängt hinter der Bahnlinie, wurde inzwischen verkauft und soll in den Raum Schkortitz/Grimma umgesetzt werden, wenn sie nicht vorher in sich zusammenfällt. Damit verschwindet ein Wahrzeichen des Dorfes.

Vereine: Im Sportverein SV 84 (Präsident Matthias Lux) mit den Abteilungen Fußball, Reitsport, Kegeln und Frauengymnastik treffen sich vor allem Einheimische. – Im Frauenverein L.U.I.S.E. (L = lebensnah, U = unabhängig; I = interessant; S = sensibel; E = engagiert) sind die Frauen tatsächlich unter sich. Sie organisieren auch mit anderen Leuten das kulturelle Leben im Dorf. Die Fäden hat Steffi Ferl in der Hand, die sich auch als Vors. des Ortschaftsrates um viele andere Belange des Ortsteiles kümmert. – Dann haben hier die Leute vom Klettern und Naturfreunde Mittelsachsens ihren organisatorischen Mittelpunkt (beim Vors. Holger Kühne). Ihre Kletterberge liegen in den stillgelegten Steinbrüchen der Hohburger Berge. – Organisierte jugendliche Motorradfahrer preschen auf einer Teststrecke am Lüptitzer Gewerbegebiet über Berg und Tal. Den Motorsport-Klub leitet Joachim Schadeck.

Das **Gewerbe** siedelte sich weit draußen zwischen B 6 und Bahnlinie mit zwei weithin bekannten Betrieben an: Aus dem Apparatebau Juwil entstand 1959 der VEB Luftfiltertechnik mit einer riesigen Maschinenhalle. 1990 übernahm ein bayrischer Betrieb die Anlagen, verkaufte einen Großteil der Einrichtung und bezog 1994 neue Räume im Wurzener Mittelstandszentrum (ehem. Motorenwerk) an der Lüptitzer Straße. – 1934 richtete die Firma Kaltofen eine Lohnmosterei ein. In der DDR-Zeit wuchsen die Schlangen der Kunden, die ihr Obst zum Vermosten brachten, länger und länger. Preiswerte und wohlschmeckende Fruchtsäfte bereicherten im Winter die karge Obst- und Gemüsepalette. 1974 übernahm Christian Klaus die Firma, die sein Sohn heute stetig ausbaut. Der bekömmliche Fruchtsaft findet guten Absatz. Die Fa. erwarb die Rechte am „Cannewitzer Pumpernikkel“ und läßt das Bier in einer Thüringer Brauerei herstellen. – Ein langjähriges Handwerk betreibt seit 1930 heute noch die Fleischerei Däberitz. – Weit draußen jenseits der Bahn liegen die Gewächshäuser der Gärtnerei Reinhard, jetzt von der Tochter Christine Uhlig geführt. Zur DDR-Zeit besaß der Betrieb mit einigen wenigen anderen das Monopol der Alpenveilchenzucht. Glücklich war derjenige, der seinerzeit einen Blumentopf voller Blüten ergattern konnte. – Die Ende der 80er Jahre gebaute Minol-Tankstelle mitten auf dem Feld an der B 6 war zehn Jahre später wieder abgerissen und hinterließ nicht die geringsten Spuren. – Ähnlich erging es dem Pflanzencenter Serfling. Die Firma verlegte ihre Verkaufshallen ins Gewerbegebiet nach Wurzen-Nord. Seine Rudimente sind allerdings noch nicht getilgt. – In der ehemaligen Küche des Obstlagerhauses hat die Bäckerei Schimkus „Hannes Frischbackstuben“ eingerichtet. Einige Baugeschäfte fanden hier ebenfalls ihren Sitz.

Literatur: 800 Jahre Roitzsch 1198 – 1998. Geschichte und Geschichten.

Blick vom Bahndamm auf den Roitzscher Stausee der Rietzschke.

Kornhain, 1441 Cardinal, mehrdeutig (slaw.), OT von Kühren-Burkartshain, 56 Einw.

Seit 1839 donnern die Züge am Ort vorbei, einstmals fauchend und dampfend, jetzt an der Stromleitung hängend. Kein Haltepunkt verbindet die Bewohner mit der großen weiten Welt. Die kleine Welt, das sind auf 500 Meter Länge ein halbes Dutzend Häuser, die sich sogar in Unter- und Oberdorf gliedern. Damit gaukeln die alten Kornhainer dem Fremden größere Dimensionen vor. Nach 1946 kam unten am Bach eine Neubauernsiedlung dazu und in den letzten Jahren ein Mini- Gewerbegebiet mit einem Sanitär-Handwerker (Burkhardt) und einem Autohaus (Fischer).

„In Kornhain werden die Schweine nur auf einer Seite fett!"

Diese volkskundliche Weisheit sollte man nicht für bare Münze nehmen. Sie hebt nicht etwa ein Naturgesetz auf, sondern beschreibt witzig-schlau einen siedlungsformalen Zustand: Die Häuser stehen nämlich nur auf einer Seite der Straße.

Das ganz alte Kornhain gibt es längst nicht mehr. Es läßt sich nur in den Akten finden und verschwand als wüste Mark aus den Fluren. Im ausgehenden Mittelalter erfolgte eine Neugründung des Ortes mit einem Vorwerk des Mühlbacher Rittergutes. 1945, als Vertriebene hier ein Notquartier benötigten, brannten die meisten Gebäude ab.

Vorübergehend bot der Gasthof notdürftige Unterkunft. Den hatten findige Geschäftsleute um 1900 eingerichtet. Anfangs kehrten nur die Knechte vom Rittergut hier ein. Seinen Höhepunkt erlebte der Gasthof in den 20er und 30er Jahren. Ganze Familien wanderten von Wurzen aus auf der damals noch „unbelebten" B 6 gen Osten, tranken hier ihren Kaffee und verspeisten den Hausgebackenen. Lustig-heiter ging es auf einer achtsitzigen Riesenschaukel in den Himmel, bis sich gegen Abend die Wandermüden in das Häusergemäuer der nahen Stadt zurückzogen.

Nach dem Kriege ging's nicht mehr so hoch hinaus. Zuletzt lockten nicht mal mehr Bockwurst und Limo die Vorbeifahrenden an, und 1976 schloß die Gastlichkeit ihre Pforten für immer. Zwanzig Jahre später fielen die Mauern in sich zusammen, und der Abrißbagger beseitigte den Rest. WC-Häuschen und Waschhaus erinnern als triste Relikte an eine sonnige Zeit.

War es eine „gute alte Zeit"? SIGRID KEIL (Jg. 38) mußte lange überlegen, bis die Antwort kam:

In der „Todeskurve" häufte sich das Strandgut

Ich wurde in Kornhain geboren. Vater mußte in den Krieg und blieb für immer dort, Mutter mit zwei Kindern allein. Wir hatten zwar eine kleine Landwirtschaft, aber wir mußten fast alles als „Soll" abliefern. Meine Mutter war korrekt und hielt nichts zurück, nicht mal 'nen Liter Milch. Sommer wie Winter lief ich zu Fuß nach Wurzen in die Mädchenschule am Domplatz, oft mit kaputten Schuhen. Geld dafür und für die Kleidung hatte die Mutter selten. Erst im späten November durfte ich Strümpfe anziehen. Der Pappranzen auf dem Buckel verlor bei Regenwetter mehr und mehr an Stabilität, und der gerissene Igelitriemen baumelte herum. Ab und zu überholte mich auf dem Heimweg der Wurzener Tierarzt Meltzer in seiner Pferdekutsche: „Komm, meine Kleine, steig ein!" Mit stolzgeschwellter Brust rollte ich ins Dorf hinein. Ich war richtig traurig, wenn's niemand sah.

Mein Vaterhaus hatten meine Großeltern 1930 gebaut. Sie betrieben eine kleine Landwirtschaft und im Nebenerwerb eine Besenbinderei. Großvater verkaufte die Reisigbesen im weiten Umkreis. Sogar bis Leipzig zog er mit einem Hundewagen. Später erst konnte er sich ein Pferd kaufen. Nach dem Krieg versuchte es meine Mutter nochmals. Das Birkenreisig holten wir im Dornreichenbacher Wald, denn dort hatten wir im Zuge der Bodenreform ein Stück Wald erhalten. Das besitze ich zwar heute wieder, weiß aber damit wenig anzufangen. Ein Glück, daß es unter Naturschutz steht. Da kann es wachsen, wie es will.

Gleich neben unserem Haus stand der Gasthof. In den Kriegsjahren waren dort Kriegsgefangene einquartiert. Sie arbeiteten bei JUWIL in Roitzsch. Mit einem jungen Franzosen hatte ich richtige Freundschaft geschlossen. Er konnte mich zwar nicht verstehen, aber ich laberte ihn ständig voll. Viele Jahre nach dem Kriege bekam ich Post aus Frankreich. Und was lese ich? „Du hattest (warst) drei oder vier Jahre, als du mir die Hand gabest, um die wenigen Meter zu gehen, die dein Haus vom Kommando (Gasthof) trennten. Der Wärter (Bewacher) schaute amüsiert zu, er war schon alt. Er war ein guter Mensch und wie ich wäre er lieber zu Haus geblieben.“ Und eines Tages, es war vor wenigen Jahren, stand mein französischer Freund vor der Tür. Er erkannte mich sofort: „Das ist die Sigrid!“ Wir haben uns lange unterhalten. Heute noch gehen die Grüße von hier nach dort und umgekehrt.

An 1945 habe ich eine schreckliche Erinnerung, die mir niemals mehr aus dem Kopfe geht. In den Frühlingstagen des letzten Kriegsjahres zogen hier öfters Kolonnen von Männern und Frauen durch, mal in Richtung Wurzen, mal entgegengesetzt. Manche konnten nicht mehr alleine laufen, denn sie hingen zwischen zwei anderen Kameraden und wurden regelrecht mitgeschleppt. Am Schluß fuhr ein Tafelwagen, auf dem auch welche saßen und lagen. Vermutlich konnten die überhaupt nicht mehr laufen. Es waren keine Kriegsgefangenen, denn sie trugen alle grau-blau gestreifte Leinenanzüge. Mutter hatte mich aufgeklärt, daß es Sträflinge seien. Sie wußte allerdings nicht, was sie verbrochen hatten. Erst später hörte ich, daß es Insassen von Konzentrationslagern gewesen waren. Auch damit konnte ich nichts anfangen.

Mutter hatte immer das Bedürfnis zu helfen. Sie stellte mit Wasser gefüllte Eimer vors Haus. Ich paßte auf, daß sie da blieben und wieder gefüllt werden konnten. Wenn eine Männerkolonne kam, ließen die Wachsoldaten den Zug halten. Die Leute durften sich in den Straßengraben setzen und trinken. Nach einer kurzen Ruhe ging es weiter. Anders bei den Frauenkolonnen. Da gab es keinen Halt, und im Laufen schöpften die Frauen mit einem Blechnapf das Wasser aus dem Eimer. Einmal schlug eine Bewacherin mit der Flinte einer durstigen Frau den eben gefüllten Napf aus der Hand und brüllte mich an: „Verschwinde und wehe, du kommst wieder raus!“ Ich war zutiefst erschrocken. Ängstlich folgte ich ihrem Befehl.

Ob das Dorf für mich die Heimat ist? Ja, ganz selbstverständlich! Hier bin ich geboren, und hier will ich nicht weg. Natürlich, weit wandern können wir hier nicht, eingeschlossen zwischen Schienenstrang und Bundesstraße. Einmal rauf, einmal runter, das war's dann auch schon. Der Weg über die Bahn nach Nemt ist jetzt geschlossen. Gerade dort haben wir manchmal gesessen und uns mit der Schrankenwärterin unterhalten. Jetzt versperrt ein Erdwall den Übergang, und ein neuer Besitzer baut das Bahnhaus zu einem Wohnhaus um. Ihn stören die vorbeizischenden Züge nicht.

Unsere sorgsam und dauerhaft gepflasterte Dorfstraße erinnert an die Zeit, als hier der Straßenverkehr durch den Ort donnerte. 1966 trat dann die absolute Ruhe ein. Die Straße wurde verlegt, zog sich von da an in einem großzügigen Bogen um den Ort herum. Aber nicht wegen der Bewohner, sondern wegen der „Todeskurve“! Am Dorfausgang nach Kühren zu schlängelte sich nämlich die B 6 in einer scharfen S-Kurve unter der Bahnstrecke hindurch. Das Bauwerk ist übrigens im Kern die älteste Brücke der Leipzig-Dresdener Eisenbahnlinie und damit auch Deutschlands. Es ist unglaublich, wie viele Unfälle dort passiert sind. Besonders Lastwagen und Futteranhänger kippten des öfteren um. Dann lagen die Produkte wie gesät auf der Straße. Mal waren es Maggiflaschen, mal Kosmetik. Das war für uns „Strandgut", und wir bedienten uns. Einmal hatte es einen Hänger mit Knorpelkirschen erwischt. Ich habe davon 70 Gläser voll eingekocht.

Die Straßenbauer hatten übrigens auf der Wiese ihre Wohnwagen abgestellt und Arbeitsstätten eingerichtet. Später übernahm das Straßenbauamt die Einrichtung, und heute stehen hier die Streufahrzeuge und Schneepflüge der Straßenmeisterei. Die Kollegen müssen aufpassen, daß ihre Fahrzeuge nicht einrosten. Es gibt ja kaum noch Schnee.

Es ist noch ruhiger geworden im Dorf. Die Generation der Kornhainer beschränkt sich auf ein paar ältere Frauen. Der eine oder andere Nachwuchs baut die alten Häuser um. Auch mein Junge hat den Stall ausgebaut und wird mit seiner Freundin hier einziehen. Ich bin mit meinem Leben zufrieden. Nur der Mann fehlt mir, er verstarb vor kurzem. Aber ich habe gute Kinder und Hund und Katze und Hühner und einen Garten. Dann kommen mal die Rehe, oder der Fuchs schleicht durchs Gelände. Das und noch viel mehr kann ich aus meinem Küchenfenster beobachten. Jetzt muß ich aber raus, ich will noch Kartoffeln auslesen ...

Sigrid Keil bei ihrer liebsten Beschäftigung.

Kühren, 1154 Coryn, 'Mühle', (slaw., Angleichung an dt.), OT von Kühren-Burkartshain, 713 Einw.

Wer Kühren hört, dem fallen ganz spontan mehrere Begriffe ein: Elefantenmord! Waffeln! Fresken! Chöre! Der Einheimische würde vielleicht noch mehr aufzählen. Von einem Ereignis hat der geschichtlich interessierte Fremde bestimmt schon gehört, nämlich vom Ansiedlungsvertrag zwischen den flandrischen Bauern und dem Meißner Bischof. Eine solche Urkunde gibt es im weiten Umkreis nicht wieder, mit einer kleinen Einschränkung: Das originale Dokument, das in den staatlichen Archiven in Dresden gelegen hat, ist verloren gegangen. Doch die glaubwürdigen Abschriften bestreiten nicht die Authentizität.

Sechzehn flandrische Familien finden in Kühren eine neue Heimat

Wir müssen das Rad der Geschichte um 900 Jahre zurückdrehen. Damals vollzog sich in Mitteldeutschland eine regelrechte Völkerwanderung, die auch unser Heimatgebiet gravierend beeinflußte. Mit Sack und Pack kamen aus den flandrischen Gebieten zwischen dem heutigen Frankreich und Belgien ganze Heerscharen von Familien, friedlich und in guter Absicht. Die suchten Siedlungsland. Das war nämlich in ihrer Heimat nicht in genügender Menge vorhanden. Freilich gehörte eine ganze Portion Mut dazu, in ein fernes unbekanntes Land zu ziehen. Sicher haben da die hiesigen Herrscher, vor allem die Bischöfe, ihre Hände mit im Spiele gehabt. Das hier mit den slawischen Bewohnern dünn besiedelte Land sollte verstärkt für Ackerbau und Viehzucht genutzt werden.

Eine solche Gruppe, es waren 16 Familien mit vielleicht 50 Personen, fand hier in „Coryn“ das, was sie suchten. In dem „unbebauten und beinahe von Bewohnern leeren Ort“ lebten an die fünfzehn Menschen, die mit der Jagd, dem Fischfang und dem Sammeln von Waldfrüchten ihr Dasein fristeten. Sie hausten unten am Bach, dem heutigen südwestlichen Teil Kührens nach Burkartshain zu. Dort entstand später auch die Wassermühle, 1857 als Pabstmühle neu errichtet und 1960 schließlich abgerissen.

Eine solche Geschichte mag sich an verschiedenen Orten zwischen Collm und Mulde und anderswo zugetragen haben. Die dünn besiedelten Gebiete wurden damals kolonisiert, Dörfer entstanden neu oder vergrößerten sich. Die Neuankömmlinge handelten mit dem Bischof einen Ansiedlungsvertrag aus, der ihnen eine ganze Menge mehr Rechte einräumte.

Darauf sind die Kührener heute noch ein bißchen stolz, auf ihre Abstammung von tüchtigen Bauern und darauf, daß ihr Ort weit und breit der einzige ist, der eine solch einmalige „Geburtsurkunde“ vorweisen kann.

Die flandrischen Bauern faßten Fuß, rodeten den Wald, errichteten entlang der Straßen ihre Güter. Aus dem Flecken entwickelte sich nach und nach ein ansprechendes Gassendorf mit zwei Straßen. Auf das Mittelstück bauten sie die Kirche, den Gasthof und später die Schule, also die wichtigsten und nötigsten gesellschaftlichen Einrichtungen.

Bis heute hat sich die Siedlung systematisch und etappenweise erweitert. Dazu trug wohl die günstige Lage an zwei wichtigen Verkehrsadern bei: die B 6, eine alte bedeutende Handelsstraße zwischen Leipzig und Dresden sowie die fast parallel dazu verlaufende Eisenbahnlinie. Ursprünglich ließen die Bahnleute das Dorf geringschätzig links liegen, und es bedurfte geharnischter Proteste, bis Kühren 1909 endlich einen Haltepunkt erhielt.

Das Dorf bettet sich ein in ein leicht hügliges Gelände mit Bruchberg, Höckerberg (als FND ausgewiesen) und Achtrutenberg. Die Höhendifferenz beträgt im Durchschnitt 20 Meter, nicht viel, aber es reicht. Die einstigen Bruchgebiete sind längst melioriert. Wie gefährlich sie waren draußen in den Probstwiesen, erzählt eine Legende. Da sollen nämlich während der Befreiungskriege französische Marodeure, die hinter den jungen hübschen Frauen im Ort her waren, im Sumpf versunken sein. Strafe muß sein!

Die Bahnhofstraße ist jüngeren Datums. Exakt ausgerichtet gruppieren sich zu beiden Seiten Ein- und Zweifamilienhäuser aus den 30er Jahren, solche der Nachkriegszeit und einige von heute. Wer einen feinen Geruchssinn hat, schnuppert den Duft von Gebäck und vielleicht ein bißchen Vanille. Er steht vor der Waffelfabrik von Tomala, vormals Brosche.

Hier richtete 1927 der junge Oswald Brosche eine Waffelbäckerei ein: mit drei holzgefeuerten Herden, auf dem die Waffeleisen lagen. Das Mehl stand daneben und der Rührbottich auf dem Hocker. Schritt für Schritt erweiterte er seine kleine Fabrik. In den Kriegszeiten hatte er noch mehr zu tun. Knäckebrot, harte Kekse, Zwieback u.a. mehr für die hungrigen Soldaten mußte er jetzt pflichtgemäß abliefern. Nach dem Krieg setzte Oswald Brosche die Waffelproduktion fort. 1972 mußte er den Betrieb an den Staat abgeben. Das konnte er nicht überwinden. Voller Bitterkeit zog er sich zurück und verstarb zwei Jahre später.

Das Werk wurde Teilbetrieb des Nahrungsmittelwerkes Albert Kuntz in Wurzen und spezialisierte sich auf die Herstellung der „Wurzener Extras“, jene begehrten mit Schokolade überzogenen Waffelblätter. Sie gingen in den Export, der Rest in die Delikat-Läden, wo auch Otto-Normalverbraucher sich diese Köstlichkeit ab und zu für viel Geld mal leisten konnte. Die Chefetage in Kühren hatte 1984 der technische Ingenieur in der sächsischen Bronzewarenfabrik und Nachbar Günther Tomala (Jg. 49) übernommen. Bei Reparaturen an den Maschinen war er schon immer mal auf einen Sprung herüber gekommen:

Lebende Störche und einer aus Blech, als originelle Anzeigetafel für die Storchenzählung.

Unsere Waffelröllchen sind keinen Deut schlechter als die der anderen!

Ja, ich bin heute mit meiner Familie Eigentümer der historischen Waffelfabrik von Oswald Brosche. Das nun schon über zehn Jahre. Dazwischen liegen Freud und Leid und manche schlaflose Nacht. Jetzt haben wir es geschafft! Moment, ich muß da mal schnell auf Holz klopfen, denn man weiß ja nie ... Die soziale Marktwirtschaft hat ihre Tücken und kann ganz brutal zuschlagen.

Mit dem Ende der DDR kam das Aus für die volkseigenen Betriebe. Ich hatte den Kührener Betrieb nun einige Jahre erfolgreich geführt und war mit den Leuten bestens zurecht gekommen. Das ist doch letztlich das wichtigste Kapital eines Betriebes. Warum nicht privat weitermachen? Bis zum Abschluß des Kaufvertrages mit der Treuhand waren allerdings unendlich viele bürokratische Hürden zu überspringen. Wir mußten unseren gesamten Privatbesitz als Sicherheit verpfänden, um an Kredite zu kommen. Ein verdammtes Risiko, denn wußten wir, was uns die Zukunft bringt?

Und es klappte! Ein westdeutscher Großhändler konnte nie genug von den „Wurzener Extras" kriegen. Zwei Jahre lang währte die Euphorie. Dann, über Nacht, das totale Aus. Der Abnehmer war pleite. Die anderen Handelsketten kannten uns nicht, hatten genügend eigene Produkte. Ich mußte die Leute entlassen, das Konkursgespenst klopfte beängstigend ans Tor. Da besann ich mich: Du bist Unternehmer geworden, also unternimm was! Ich mußte mir „Nischenprodukte" suchen, also Erzeugnisse, die von den großen Firmen nicht produziert werden. Es gibt in Deutschland 5 Millionen Zuckerkranke, davon 3 Millionen in den neuen Bundesländern, die auch mal was Süßes essen wollen. Ich probierte, verwendete statt Süßstoff den bekömmlichen Fruchtzucker. Und das gelang!

Inzwischen waren große Handelsketten auf unsere Produkte aufmerksam geworden. Sicher, sie bestellten die Waren ohne unser Firmenzeichen. Es tut schon ein

Günther Tomala in seiner Waffelfabrik.

bißchen weh, die Erzeugnisse dann so anonym in den Regalen liegen zu sehen. Aber was hilft's, der Absatz hat Vorrang, die Wirtschaftlichkeit des Betriebes muß gesichert sein.

Es ging wieder aufwärts. Das sagt sich heute so schnell und einfach. Nach und nach konnte ich die Produktion erweitern, moderne Maschinen installieren und große Hallen bauen. Dafür bot sich der Acker hinterm Betriebsgelände einigermaßen günstig an. Im Werk arbeiten jetzt 50 Leute, vor allem Frauen. Bei Hochbetrieb muß ich um weitere 20 aufstocken. Vielleicht kann ich sie eines Tages auf Dauer beschäftigen.

Wir müssen immerzu überlegen, was wir verbessern können. Manches Produkt läuft sich auch „tot". Einzig und allein der Kunde entscheidet, was produziert wird. Natürlich schaue ich, was die Konkurrenz auf den Markt bringt. Dann geht's los, ein neues Erzeugnis wird „geboren". Die Kolleginnen im Betrieb kosten, die Partner kriegen Muster mit Bewertungstabellen. Zensuren werden vergeben nach Geschmack, Geruch, Aussehen. Das meiste wird verworfen. Wenn dann doch was übrig bleibt, was preiswerter und vielleicht noch besser im Geschmack ist als das vom „Gegner", dann wird's produziert. So kann ich getrost sagen, daß unsere Waffelröllchen kein Deut schlechter sind als die der anderen

Die Rohstoffe müssen stimmen, vom Preis und von der Qualität her. Mehl ist nicht gleich Mehl. Wir holen unser Mehle aus der Dresdener Großmühle. Sie verarbeitet Korn aus der Elbaue, und das ist extrem kleberarm. Solches brauchen wir, aber auch die Schnapsbrennereien. Schon wenn das Korn heranreift, begutachten wir es mit dem Müllermeister auf dem Halm. Und dann wird festgelegt: Das ist für Tomala, das ist für die Schnapsbrenner. Unser Mehl enthält keinerlei Zusätze und hat eine gleichbleibende Qualität. 300 Tonnen im Jahr bringen die Lastzüge hierher.

Natürlich schaue ich beim Urlaub in anderen Ländern nach, was da so in den Regalen steht. Dort kaufe ich auch meine eigenen Produkte. Ich will sehen, wie sie den Transport und das Klima überstanden haben. Und dann lasse ich mir's schmecken.

*

Einmal in der Woche treffen sich Männer und Frauen, jung und alt, um gemeinsam zu musizieren. Seit vielen Jahren schon. Ob Erntedank- oder Weihnachtsfest, Sängertreffen oder Dorfjubiläum, mittlerweile sind die Kührener Musikanten landauf und landab gefragte Gäste. Was sie so beliebt macht? „Wir haben einfach mehr Pepp", findet ein weibliches Chormitglied, und ein männliches ergänzt augenzwinkernd: „Unsere Chefin ist eine Traumkandidatin".

Es ist die in Zschorna geborene, in Trebelshain wohnende Hausfrau und Mutter, in Wurzen unterrichtende Gymnasiallehrerin und in Kühren wirkende Chorleiterin EVELIN PUTSCHLI (Jg. 62):

„Donnerstags darf ich keine Kopfschmerzen haben ..."

Einen Klavierschemel hatte ich nicht, aber einen Stuhl. Dort mußte ich in meiner Kindheit viel sitzen und üben, immer wieder üben. Das wurde in den Sommermonaten zur Plage. Manchmal haute ich einfach ab, und abends habe ich Vater ausgetrickst. Ich spielte dann das Lied vom Vortag noch mal. Ein weiteres Handicap belastete mein Spiel: Niemand hörte zu. Ich beneidete meine Freundin Bärbel. Sie spielte unterm Kirschbaum im Garten, und daneben saß die Oma. Bis eines Tages die Nachbarin das Fenster öffnete und lauschte. Da habe ich meins auch aufgemacht. Und jetzt perlten die Töne viel frischer hinaus in die Natur: „Es waren zwei Königskinder ...". Ich brauchte einfach einen Zuhörer.

Eigentlich bedauerte ich es, als ich mit 14 auf die Spezialschule für Musik nach Markkleeberg ging. Mir fehlte dort mein Dorf Zschorna. Trotzdem war es ein Glücksfall. Ich bekam eine umfassende und gute Ausbildung. Mir war schon seit der Schulzeit klar, daß ich Lehrerin werde. Nun begann ich ohne Aufnahmeprüfung das Studium an der Uni Leipzig.

Die vier Jahre Studienzeit waren ruckzuck um. In dieser Zeit begegnete mir ein weiteres Mal das Glück: Ich lernte einen jungen Mann aus Trebelshain kennen und lieben. Die Heirat folgte stehenden Fußes und auch der Umzug ins neue Heim. Ich lebe seitdem in glücklicher Eintracht mit meinen Schwiegereltern. Bessere kann ich mir nicht vorstellen: Glücksfall Nummer drei!

In Burkartshain ging ich meine ersten Schritte ins Berufsleben. Dort hatte ich einen sehr guten Start, fand Anerkennung im Kollegenkreis, konnte mich ganz auf meine Arbeit konzentrieren. Das war eine wunderbare Zeit. Mit dem Ende der DDR kam der Schritt ans Wurzener Gymnasium. Jetzt bevölkerten einige Dutzend Lehrer die Gänge. Ich war eine unter den vielen, es bildeten sich Grüppchen. Der Unterricht? Die Schüler beherzigen zu wenig die Forderung nach Leistung, haben oft zu wenig „Kick" beim Mitmachen. Jeden Tag muß man die Bereitschaft zum Lernen neu erobern, und das ist anstrengend. Ich komme nicht nur wegen des Stundengebens. Ich bleibe meinem Grundprinzip treu: Du mußt viel geben und dich voll verausgaben!

Ja, und da ist mein Chor. Das fing mit einem Zettel an, der 1983 in Kühren kursierte: „Der Rat der Gemeinde Kühren beabsichtigt, einen gemischten Chor zu gründen. Interessenten treffen sich am 1. 11. 1983 im Gemeindehaus. Chorleiterin Evelin Putschli, Musikstudentin." Natürlich machte ich das damals als junge Studentin nicht ganz uneigennützig: Ich dachte, da sammelst du praktische Erfahrung, und die kann dir bei der Prüfung nützlich sein. Das Resümee heute nun nach 18 Jahren: Jeden Donnerstag treffen wir uns zur Probe. Bis 21 Uhr wird gesungen, danach kreuz und quer geplaudert. Manchmal klagt der eine oder andere, es sei zu anstrengend, ich würde zu viel verlangen. Das ist immer eine Gratwanderung, denn ich will ja niemanden verlieren.

„Unsere Evelin" hat stets den richtigen Ton, harmonisch und voller Leidenschaft.

Natürlich fällt es mir manchmal schwer, mich Viertelacht anzuziehen, die Noten zu packen und nach Kühren zu eilen. Die kleine Tochter ist noch nicht im Bett, der Mann zur Schicht. Manchmal sitze ich auch noch bei den Schulvorbereitungen. Die muß ich dann nach der Rückkehr erledigen. Nein, ich darf donnerstags keine Kopfschmerzen haben, weder richtige noch andere. Ich muß gut drauf sein, muß „Strahlemädchen" sein. Ich stehe vor einer sangesfreudigen Meute, die etwas erwartet. Und ich muß sie mitreißen.

Heimat? Das ist Trebelshain, mein gemütliches, kuschliges und wohnliches Nest. Das sind die Menschen, mit denen ich Kontakt habe, das ist das Oberholz, wo wir Pilze suchen, das ist der Kirschbaum im Garten und die Terrasse mit dem Blick auf die Türme Wurzens und die Hohburger Berge, das ist das Grün der weiten Saatfelder. Das merkte ich deutlich, als ich in den Steinwüsten von Gran Canaria urlaubte. Nein, das war nichts für mich.

WEITERE DORFNOTIZEN aus Kühren

Das **Bad** am Fuße des Höckerberges wurde 1975 eröffnet. Vorher hatten hier jahrelang die Kührener freiwillig den Mühlteich umgestaltet. Heute sind die Aufbaustunden vergessen, das Gewässer dämmert vor sich hin, die Betonmauer zerfällt. So entsteht ungewollt ein Naturbad.

Eine heitere Moritat aus dem Jahre 1888 erzählt von einem **Elefantenmord**. Damals geriet ein elefantenähnlicher Heißluftballon in die Schußlinie hiesiger Einwohner. Wieder waren es die Wurzener, die die Kührener damit auf die Schippe nahmen. Doch diese nahmen's gelassen, fügten Jahrzehnte später das Tier in das Ortswappen ein und setzten es als Betonplastik auf den Markt. Seitdem trägt der Ort stolz den Namen „Elefanten-Kühren" *(siehe Rundblick-Lesebuch).*

Die **Kirche**, im Kern ein romanischer Bau aus dem 12. Jh. hat im Innern bemerkenswerte Fresken aus der Zeit um 1400. Die Wandmalereien wurden 1954 bei Restaurierungsarbeiten entdeckt und vorbildlich erneuert. Sie zeigen Ausschnitte aus der Passionsgeschichte, verschiedene Heilige, darunter in Überlebensgröße den heiligen Christophorus mit dem Jesuskind.1995 wurde eine erneute mehrjährige Verschönerungskur am Kirchengebäude abgeschlossen. Pfarrer ist seit 1976 REINHARD SCHOENE (Jg. 48), auch zuständig für Sachsendorf, Nemt, Burkartshain, Nitzschka. - Für das 1806 erbaute Pfarrhaus verwendeten die Bauleute vorwiegend Feldsteine. Der Friedhof gruppiert sich um den Kirchenbau und ist zur B 6 hin mit einer Mauer abgestützt.

Kühren hat einen **Markt**, im Volksmund und als amtliche Platzbezeichnung, obwohl er in der Gründungsurkunde ausdrücklich verboten worden war. Er avancierte auch niemals zum Handelsplatz. Um 1900 wetteiferten hier vier Gaststätten um die Gunst der Zecher, jetzt nur noch eine, der „Elefant", wie auch anders sollte er heißen. Der Platz trägt einen Brunnen mit dem Elefanten und standortfremden Fichten. Eine Neugestaltung ist vorgesehen. Das Umfeld mit arg verschlissenen Gebäuden macht keinen guten Eindruck.

Eine **Molkerei** verarbeitete von 1908 bis 1953 die Milch der Bauern. Der Besitzer, der schweizerische Bürger MAX PULVER, holte sie mit Pferdefuhrwerken auch aus den umliegenden Dörfern. Ältere Einwohner versichern noch heute, daß es solch guten Stangenkäse nie wieder gegeben habe.

Der alte Brauch vom **Nachbarbier** ist leider schon vor hundert Jahren eingeschlafen. Seinerzeit mußte ein neuer Hofbesitzer um das Nachbarrecht nachsuchen und als Einstand eine Tonne (sicherlich ein Faß) Braunbier stiften. Später hatten das auch Zugezogene zu berappen. Bei einer Tanzveranstaltung, dem Nachbarbier, wurde die „Spende" vertrunken.

Einige **Personalien**: Der Schmiedemeister KURT HÖPPNER (Jg. 29) besohlte vor 1960 nicht nur im Durchschnitt täglich zwei Pferde (neben anderen traditionellen Schmiedearbeiten), sondern war auch über 50 Jahre Mitglied der Freiwilligen Feuerwehr und davon 30 Jahre lang der Chef der aktiven Truppe. - Die beiden Schwestern DORA (1894-1974) und PRISKA (1895-1977) LACHMANN, die stillen Helden der Heimat, stellten ihr ganzes Leben in den Dienst der menschlichen Gesundheit. Nach jahrzehntelanger Tätigkeit im Grimmaer Krankenhaus kehrten sie ins Heimatdorf zurück und wirkten noch als Rentnerinnen in den 60er Jahren als Krankenschwestern. Auf Fahrrädern besuchten sie bei Wind und Wetter die Patienten, auch in Sachsendorf, Streuben und Wäldgen. - Der Maurer MAX NAUMANN (1895-1974) gründete 1949 den Kulturbund im Ort, der sich zu einer aktiven Gruppe entwickelte. Sein Sohn Friedrich Naumann (Jg. 31), Elektriker, modellierte und betonierte den Elefanten auf dem Markt. - Den Vorsitz der Volkssolidarität übte emsig und tatendurstig über Jahrzehnte hinweg die Hausfrau HILDE SCHÜTZ (1908 bis1982) aus. 1969 wurde sie als „Beste Frau Kührens" ausgezeichnet. - Der Steuerexperte und Buchhalter ERICH STEPHAN (1918-1971) leitete lange Zeit den Chor. Er schrieb und komponierte das Kührener Heimatlied. - Von 1952 bis 1979 war WILLI TUTSCH (Jg. 20) Bürgermeister der Gemeinde. Unter seiner Leitung entstand u.a. das Wasserwerk, die Wasserleitung, die zentrale Kläranlage und die neue Schule. Er verstand es, dafür die Einwohner zu begeistern und besaß ein großes Vertrauen.

Der spektakuläre **Postraub** von 1979 ist fest in die Dorfgeschichte eingegangen und noch heute im Wurzner Land bekannt. Das Postauto hatte nach einer Rundfahrt durch mehrere Orte 70000 Mark von Konsumläden und Poststellen eingesammelt und wollte hier nun den letzten Posten abholen. Mit dem noch steckenden Zündschlüssel setzten die Diebe das gelbe Gefährt mit Leichtigkeit in Bewegung. Stunden später fand es die Polizei auf einem Feldweg in der Nähe von Watzschwitz wieder. Die Täter wurden trotz intensiver Fahndung niemals gefaßt. Sie könnten sich heute eigentlich mal melden und im Festumzug zur 850-Jahr-Feier im Jahre 2004 mitfahren?

Preisausschreiben sind keineswegs eine Erfindung der heutigen Marktwirtschaft. 1817 erhielten diejenigen Haushalte eine gute Prämie, die ihre Heizung von Holz auf Braunkohle umstellen. Auf der Feldflur zwischen Kühren und Streuben wurden daraufhin die Bauern fündig und bauten bis 1865 Braunkohle ab.

Die **Schule** ist ein Neubau mit Turnhalle und Sportplatz von 1967, jetzt nur noch Grundschule mit 7 Lehrerinnen und 90 Schülern. Schulleiterin Renate Schütz. - Gemeindebibliothek im Hause.

Die **Störche** nisten seit 1980 auf einem Strommast. In den vergangenen 20 Jahren wurden über 30 Jungtiere flügge. Eine Tafel gegenüber an der Straßenseite informiert über die bisherigen Bruterfolge.

Bei einem **Tieffliegerangriff** englisch-amerikanischer Jagdflugzeuge auf einen haltenden Zug im April 45 kamen 23 Reisende ums Leben. Die Mehrzahl von ihnen, da unbekannt, wurde auf dem hiesigen Friedhof bestattet.

Einen ländlichen **Wirtschaftsverein** Kühren gründete 1876 als Genossenschaft der Trebelshainer Bauer Albin Schöne *(siehe unter Trebelshain)*.

Vereine und Einrichtungen: Sportverein TSV 1913 mit Tischtennis, Kinderturnen, Gymnastik, Volleyball, Seniorenturnen, Vors. Lothar Schlegel. - Heimatverein, gegr. 2000, Vors. Matthias Lange, will u.a. ein Heimatmuseum einrichten. - Gemischter Chor, Vors. Klaus Mehnert, Dirigentin Evelin Putschli. - Posaunenchor der Kirchgemeinde, Ltg. Reinhard Neuber. - Freiwillige Feuerwehr, Wehrleiter Martin Trapp. - Kleingartenverein „Erholung", Vors. Horst Rackow. - Kindertagesstätte „Rüsselchen", Leiterin Margitta Schäfer. - Arztpraxis Dr. med. Eder. - Zahnarztpraxis Dipl.-Stom. Schmidt. - Praxis für Physiotherapie Röder.

Handel und Gewerbe: Gaststätte „Zum Elefanten" am Markt. - Fleischerei Stein. - Friseur Chic GmbH. - Konsum Sachsen Nord - Die Elektrowerkstätten von Senk, Fröhlich, Stange, Juhr. - Metallbau Höppner. - Tischlerei Hermerschmidt. - Autowerkstatt Arnold. - Fleischereibedarf Hoffmann. - Marabella Möbel Handels GmbH. - Transporte und Baustoffhandel Detter. - Mulde Kies Union. - Allclean, Reinigungs- und Umwelttechnik. - Metall- und Anlagenbau. - Waffel- und Süßwarenfabrik Tomala. - Sparkasse Muldental. - Landwirtschaft: Schlegels Landhandel. - Landunternehmen Neuber. - Gärtnerei Buchheim.

LITERATUR: 800 Jahre Kühren. Beiträge zur Pflege des Heimatgedankens, von Max Wenzel. 1954.

Der Elefanten-Brunnen auf dem Markt in Kühren.

Trebelshain, 1502 Trebelshain, wohl 'Rodungsstätte im Wald' (slaw./dt.), OT von Kühren-Burkartshain, 150 Einw.

Das kleine Bauerndorf lag immer im Schatten von Kühren. Alle Wege führten dorthin. Sie waren nicht weit und unbeschwerlich. Nirgendwo geht es mal ein paar Meter aufwärts. Die Lage am Wald ist längst nicht mehr zutreffend. Das Hofeholz liegt ein ganzes Stück weit draußen zum Dornreichenbacher Berg zu, und das Wurzener Holz in Richtung Kühnitzsch ist nur der spärliche Rest eines vormaligen waldreichen Gebietes. Zum Spazierengehen bleibt da nur die „Tränke", ein Wiesengelände in westlicher Richtung. Vor Jahrzehnten war der Badeteich ein Tummelplatz der Kinder. Sogar die Kührener kamen in den Sommermonaten herüber. Und heute treffen sich an sonnigen Tagen einige Seniorinnen zum regelmäßigen Schwatz am Hofeholz. Extra dafür wurden dort zwei Bänke aufgestellt.

Im kleinen Trebelshain wirkten große Geister

Von einem halben Dutzend Teichen sind zwei übrig geblieben, einer oben und der andere unten im Dorf. Ihr Zufluß ist vom Himmel abhängig. Einsickernde Abwässer beeinträchtigen die Wasserqualität. Betonierte Ufer bilden zusätzlich ein arges Hemmnis für Kröten, Lurche, Igel und Katzen. Trebelshain hat noch seinen Anger. Die Straßen schließen ihn in der Dorfmitte ein. Jetzt trägt er drei Wohnhäuser. Die zwölf Dreiseithöfe des gesamten Dorfes liegen beiderseitig der Straßen, zum großen Teil gepflegt und gehegt, obwohl sie wie überall ihre Funktion längst verloren haben.

Die Einfahrt zum Hof vom Altbauer Heinz Thiele (Jg. 22) begeistert den Betrachter. Geschickte Maurer wölbten vor nun fast zweihundert Jahren einen weitgespannten Korbbogen. Im Schlußstein brachten sie ein Sinnkürzel zu dem Spruch „Gott mit uns" und die Jahreszahl 1816 an. Die Toreinfahrt wird auf beiden Seiten von symme-

Chorsingen mit Evelin Putschli und dem Kührener Chor vorm Bauernhof von Heinz Thiele.

trisch angeordneten Fußgängerpforten begleitet. Zwei Robinien (im Volksmund Akazien) standen bis vor kurzem tapferen Zinnsoldaten gleich als freundliche Hüter vor der wohlgepflegten Gutsanlage. Sie mußten gefällt werden, weil das Wurzelwerk die Mauern lädierte. An gleicher Stelle wachsen jetzt zwei neue Bäumchen heran, natürlich von der selben Art. Im weiten Rund des Hofes herrscht fast beängstigende Stille. Kein Vieh mehr bevölkert den weitläufigen Hof. Nur ein Hund kläfft müde die Besucher an, verkriecht sich dann aber schnell in seiner Hütte. Hin und wieder tuckert es im Hof. Dann nämlich, wenn Heinz Thiele seinen Lanz-Bulldog anheizt und zu einem Dorffest oder zu einem runden Geburtstag einer seiner Technik-Freunde in ein anderes Dorf fährt. Die robusten Lanz-Maschinen sind einfach nicht totzukriegen.

Hinter der Scheune herrscht zeitweilig geschäftiges Treiben. Der Kührener Landwirt Neuber nutzt sie als Bergeraum und einen umgebauten LPG-Stall für seine Kühe.

*

Genau halben Weges zwischen Trebelshain und Körlitz, inmitten der Feldfluren, einsam und „weit weg vom Schuß“, steht ein älteres Gebäude. Ein verblichener Schriftzug an der Hauswand gibt kund: „Obst & Gemüsebau. A. Schuster“. Und so kennen es nicht nur die Einheimischen. Das zweistöckige Haus ist ein Neubau von 1934. Damals brannte das Wohnhaus des Mühlengutes ab. Die Windmühle blieb heil, denn sie stand 200 Meter weiter draußen im Garten. Inzwischen ist sie längst abgerissen. Das Obst- und Gartengelände wird von einer dichten Hecke zusammengehalten. Hier wohnt und wirtschaftet ERNA SCHUSTER (Jg. 32):

Am 13. März zwitschert die Bachstelze: „Oma, ich bin da!“

Ich bin ein Umsiedlerkind und wuchs in Nischwitz zu einer jungen Frau heran. Meine Eltern hatten dort eine Neubauernstelle. Mit einer einzigen Kuh. Das war ein bißchen wenig, und Mutter wußte manchmal nicht, wovon sie das Mittagessen machen sollte. Aber wir haben es durchgestanden. Natürlich mußte ich tüchtig in der Wirtschaft mithelfen.

Erna Schuster ist wieder da.

Eigentlich war ich richtig froh, als mich mein „Künftiger“ dort wegholte. Er kam mit dem Fahrrad von Trebelshain her, den Rucksack auf dem Buckel. Ich weiß gar nicht mehr, was er da eigentlich drin hatte. Und so zog ich 1959 hier ein. Obst, Pflanzen, Gemüse und Kräuter beschäftigten mich seitdem, auch heute noch. Wir belieferten die Märkte und Geschäfte in der Umgebung. Und dann, 1994, als mein Mann starb, machte ich es eben allein weiter. Mit meinem „Kleinkram“ ziehe ich jeden Mittwoch auf den Wurzener Markt. Viele unserer älteren Kunden sind mir treu geblieben. Auch junge kaufen jetzt mehr und mehr, vor allem Kräuter. Sie wollen ökobewußt essen. Und das ist gut, denn bei mir ist alles „sauber“.

Mein Leben ist Arbeit. Nee, auf die faule Haut kann ich mich nicht legen. Will ich auch nicht. Da müßte ich schon sterbenskrank sein. Als mein Mann noch lebte, da haben wir mal Urlaub gemacht. Aber jetzt? Wozu? Ich fühle mich hier wohl in meiner Welt an der frischen Luft. Dann bewacht mich mein Mäxchen. Das ist ein treuer Hund. Der kann ohne mich auch nicht leben.

Und dann habe ich meine Freude an den Vögeln. Da schwirrt hier alles bunt durcheinander. Die Kohlmeisen sind das ganze Jahr über meine Gäste. Nach der Winterszeit meldet sich am 13. März, selten nur 2 bis 3 Tage später, die Bachstelze. Sie sitzt dann irgendwo wippend auf dem Hof und verkündet frohlockend: Witt witt witt, was so viel wie „Oma, ich bin wieder da!“ heißen mag. Dieses Jahr hat sie dreimal gebrütet, und alle Jungen sind fortgekommen. Sie sucht sich im Stall einen Nistplatz, und ich lasse den ganzen Sommer über die Tür offen. Dann schwirren die Schwalben unter den Sims, die Amseln brüten in den Fichten, und die Sperlinge zwitschern ihren Senf dazu. Unten im Garten frißt ein Reh mit seinem Kitz. Die sind hier gut abgeschirmt und haben ihre Ruhe. Der Fasanhahn kommt dann, wenn die Erdbeeren reifen. Wie gut sie schmecken, das verkündet er jedesmal laut krähend.

Zum Dorf habe ich eigentlich wenig Verbindung. Ich bin nicht für's Tratschen und über die Leute herziehen. In Wurzen bei meinen Kunden, ja, da ist das was anderes. Mit denen unterhalte ich mich, auch über Krankheiten und so. Aber Politik, nee, das ist nichts für mich. Wir können doch sowieso nichts ändern.

Na ja, mein Haus steht ziemlich zerleddert da. Doch ich habe einen Enkel, und der wird eines Tages zurückkommen und das Haus auf Vordermann bringen. Jetzt verdient er ein gutes Geld in den westlichen Gefilden. Alle zehn Tage schaut er nach dem Rechten und erledigt kleine Reparaturen. Vielleicht wird er dann auch die Ofenheizung verändern. Vorläufig genügt mir's, und ich kann ziemlich preiswert mein kleines Gewächshaus heizen. Das brauche ich doch für die Anzucht der jungen Pflanzen.

Wie lange ich noch zum Markt fahre? Na, so lange ich noch einigermaßen laufen kann. Dort warten doch meine Kunden, und wir Verkaufsleute sind ein richtig guter Klub. Wenn jemand Geburtstag hat, dann gibt es Kaffee und Kuchen und noch ein Geschenk dazu. Was will ich also mehr. Nur gesund bleiben möchte ich, damit es in Wurzen noch recht lange heißt: „Erna ist wieder da!“

WEITERE DORFNOTIZEN aus Trebelshain

Ein **Aussiedlerheim** für Rußlanddeutsche wurde nach 1990 im ehem. Lehrlingsheim (Seitengebäude des Bauernhofes Neidhardt) eingerichtet. Im Zusammenleben mit der Dorfbevölkerung gibt es keine Probleme. Nach einer gewissen Eingewöhnungszeit ziehen die Familien in andere Orte, vorwiegend zu ihren Bekannten in den alten Bundesländern.

Im **Gasthof** (1847 erbaut) trafen sich die Bauern und die Großknechte vor dem „sozialistischen Frühling“ nach des Tages Arbeit freundschaftlich verbunden zu ein oder zwei Bieren. Da wurden dann die„krummen Furchen“ vom Nachbar diskutiert, die er am Nachmittag auf seinem Feld gezogen hatte. Zum Abendbrot ging's nach Hause. Später in der LPG-Zeit verwandelte sich das Gastzimmer in eine Bauernstube mit Versammlungs- und Feierraum, der Saal von 1980 bis 1990 in ein bäuerliches Museum mit Britta Bartsch als leidenschaftliche Sammlerin. Seit der Wende versuchte mit mehreren Anläufen ein italienischer Pizzabäcker sein Glück. Auch der exotische Name „Conca d'ora" lockte nur wenig Besucher in das abgelegene Etablissement.

Das **Hofeholz** ist ein kleines Waldgebiet am Rand des Reichenbacher Berges und wird gern von Pilzsammlern aufgesucht. Auch dörfliche Rentner-Wandergruppen finden dort angenehme Erholung.

Der **Kirchweg** war zugleich Schul- und ab 1909 auch Bahnweg. Er verlief parallel zur Straße nach Kühren, wo die Trebelshainer getauft wurden, lernen mußten, einkaufen gingen und schließlich auch begraben wurden. Im Sommer zogen Kirschbäume die Kinder magisch an.

Heinrich Albin Schöne (1844-1930) gründete 32jährig 1876 als fortschrittlich wirkender Bauer den „Ländlichen Wirtschaftsverein Kühren", eine genossenschaftliche Einrichtung zur Förderung des Bauerntums, die sich zu einer rentablen Einrichtung entwickelte und sachsenweit als Muster einer guten Wirtschaftsführung propagiert wurde. Der Verein besaß später in Wurzen in der Dresdener Straße zahlreiche Handels- und Fabrikgebäude und bestand bis 1944. H.A. Schöne war ein leidenschaftlicher Verfechter der Volks- und Heimatpflege. Er schuf 1878 in Kühren eine Bibliothek und rief ein Jahr später den Trebelshainer Chor ins Leben. 1913 entstand auf seine Initative ein Verein für Volkspflege. Niemals verließ er seinen Hof ohne ein Buch in der Tasche. Auf dem Ackerpflug hatte er ein Gestell angebracht, das ein aufgeschlagenes Buch tragen konnte. Mit der Benennung einer Straße in Kornhain fand er 1996 eine späte Ehrung.

Max Wenzel (1879-1961), strenger, geachteter und beliebter Berufsschullehrer, Kantor, Chorleiter, Chronist und Heimatforscher, organisierte die unvergeßliche 800-Jahr-Feier Kührens im Jahre 1954.

Das **Spritzenhaus** befindet sich heute noch gegenüber vom Anger. Fahrbare Wasserspritze und Leichenwagen standen dort gemeinsam unterm Dach. Reihum mußte jeder Bauer mit seinem Gespann die Gefährte vor Ort ziehen. Heute wird noch eine Motorspritze von einer kleinen Gruppe Kameraden gewartet, die sich jeden Freitag zum Dienst trifft.

Das ist üblich auf dem Dorf: Sonnabends wird gekehrt, auch bei Eckelmanns in Trebelshain.

Streuben, 1382 Strubin, wohl 'Holzverbindung am Ziehbrunnen' (slaw.), OT von Kühren-Burkartshain, 161 Einw.

Den Ort durcheilt man auf gerader Straße. Rechts und links stehen stramm ausgerichtet die alten Dreiseithöfe, die meisten in frischen Farben. Nur bei Lehmanns dampft noch der Misthaufen auf dem Hof. Wohl einer der letzten im Muldentalkreis. Der stört nicht. Er zeigt ein traditionelles, wenngleich vergängliches Dorfbild. Die Frau im Bauernhof sorgt sich mit Leidenschaft „im Haupterwerb" um einige Kühe und das allgemeine Federvieh. Ein reichliches Dutzend Hektar Feld liefern das Futter und noch ein paar zusätzliche Einkünfte. Der Mann verdient sich sein Geld in einem anderen Beruf. In seiner Freiezit besorgt er mit dem Sohn die Feldbestellung und pflegt die gesamte Technik. Dazu gehört auch ein Mähdrescher, der trotz Altersschwäche immer noch rollt. Ein Bauerngut dieser Größe kann heutzutage keine komplette Familie ernähren.

Die Streubener suchen immer noch ihr Rittergut

Der Gasthof am Dorfteich mit den drei mächtigen Linden davor hat seit 1990 geschlossen. Die Zahl der fröhlichen Zecher ging kontinuierlich zurück. Bis zum II. Weltkrieg pulsierte hier „Frisch-Fromm-Fröhlich-Frei" das sportliche Leben in einer turnerischen Hochburg. Die junge, stattliche Männlichkeit des Ortes und aus den umliegenden Dörfern vertrieb sich die Freizeit mit Übungen am Reck und Barren. Weil dem anschließenden Gesang nach dem dritten Glas Bier die Melodie fehlte, gründeten sie zusätzlich eine Sängerriege. Die alte Vereinsfahne überlebte irgendwo versteckt die Zeit und wird jetzt von den Kührener Choristen getragen. Um die Weihnachtszeit herum standen die Leute gar noch auf der Bühne und wetteiferten bei Gesang und Spiel um die Gunst der Zuschauer. Es war was los im kleinen Ort.

Kontraste bei Lehmanns auf dem Hof: Saniertes Haus und Dunghaufen.

Der Nachbar gegenüber vom Wirtshaus hatte in den 60er Jahren ein Problem: Vom Dorfteich drang die Nässe ins Haus. Also suchte er eine Lösung. Ein Teil des verschlammten Gewässers wurde nach und nach zugefüllt, eingeebnet und in ein Spielfeld verwandelt. Die Gemeinde unterstützte den sportlichen Gedanken. Und so kam das kleine Streuben zu einer Tennisanlage. Für manche wurde sie zu einem Wahrzeichen des Ortes. Die Anlage hat inzwischen Dieter Dreilich übernommen. Die Bälle werden nur so zum Zeitvertreib gedroschen und nicht etwa, um in die Fußstapfen eines Boris Becker zu treten.

Weiter nach Sachsendorf zu entwickelte sich nach der Bodenreform eine Neubauernsiedlung. Die dort siedelten, erhielten ihr Land von den Flächen des Sachsendorfer Rittergutes. In Streuben soll es nach einem Hinweis in der „Sächsischen Kirchengalerie" zwar ebenfalls ein Großgut gegeben haben, doch nirgendwo findet sich ein Anhaltspunkt.

Hinter den inzwischen modernisierten Neubauernhäusern erheben sich riesige Betonbauten, verlassene Ställe und Bergeräume der ehemaligen LPG. Zeitweilig hatte sich dort ein Recyclingbetrieb für Plaste und anderen Müll eingerichtet. Doch ihm wurde die Betriebsgenehmigung wieder entzogen.

Weiter draußen auf flacher Höhe zwischen dem Dreiberge und dem Buchberge pfeift der Wind aus allen Richtungen. Das war der rechte Platz für eine Windmühle. Der Sachsendorfer Rittergutsherr ließ sie 1714 auf Streubener Flur erbauen. 1938 kaufte sie ein Müllermeister Schulze. Sicher etwas preiswerter, denn am Kreuz hing nur noch ein Flügel. Er installierte einen Elektromotor und übergab sie später seinem Sohn Rudolf Schulze (Jg. 37). Bis 1975 drehte sich das Mahlwerk. Nun begann eine neue Geschichte. Eine Leipziger Familie suchte einen Ruhepunkt im Wurzener Land. Hier wurde sie fündig. Die technische Einrichtung ging in alle Winde. Von den zahlreichen Haustieren, zeitweise fraßen acht Schweine im Stall den Kehrschrot aus der Mühle, ist nichts übrig geblieben. Rudolf Schulze und seine Frau leben heute im eingegrünten Haus. In einer verglasten Veranda erfeuen sie sich beim Frühstück oder

Dorfstraße in Streuben am ehemaligen Gasthof.

zu anderen ruhigen Zeiten an einem einzigartigen Westblick in die Ferne bis weit über die Türme Wurzens hinaus. Heranziehende Gewitterwolken können ihnen nichts anhaben.

Im Dorf gibt es doch noch einen Handwerker. An einer Hofeinfahrt verkündet ein Werbekasten, daß hier ein Handwerksmeister die Sanitärtechnik betreibt. Im Kuhstall stehen Werkbänke und Maschinen, liegen und hängen Werkzeuge, akkurat und gepflegt. In der Scheune lagert zugriffssicher jede Art von Klempnermaterial. In Mutters guter Stube könnte es nicht sauberer sein. Der Hof badet sich im Blumenmeer. Eine Stiege führte mal auf den Scheunenboden, jetzt als Fliesentreppe in ein sonniges Büro. In der Wohnstube heben sich die alten Scheunenbalken anheimelnd von der weißen Decke ab. Möbel, Bilder, Blumen und all das, was ein Heim gemütlich macht, findet sich wohlgeordnet und gut arrangiert in Wohnräumen des ehemaligen Bauernhofes. Er hat seine Funktion längst verloren und eine völlig neue gefunden. Eine Oase in einem einstigen Bauerndorfe. Hier lebt und arbeitet JORG SCHLEGEL (Jg. 57) mit seiner Familie:

Mit dem Steinschloßgewehr wurde der Kührener Elefant erledigt

Ich bin sozusagen ein „Wende-Selbständiger". Den Schritt dazu habe ich noch nie bereut. Ich war jahrelang Heizungsbauer in Brandis, machte dort meinen Meister und stürzte mich 1992 in die Selbständigkeit. Ein Glück, daß sich meine Frau im Buchhaltungskram gut auskannte. Sie gab mir den nötigen Rückenhalt. Damals erhielten wir jede Menge Aufträge. Anstelle von Holz und Kohle flossen jetzt Öl und Gas ins Haus. Ich beschäftigte bis zu acht Mitarbeiter. Wir hätten Tag und Nacht arbeiten können. Immer mehr gleichgelagerte Betriebe stiegen wie Phönix aus der Asche. Fünf Jahre später beruhigte sich das Geschäft, die Umstellung der Heizungsanlagen war im großen und ganzen vollzogen, die neuen Bäder installiert. Wie überall, begann auch hier

Schlegels hinterm Gartenzaun.

die Auftragslage im Handwerk zurückzugehen. Ich konnte nicht mehr alle Mitarbeiter behalten. Ich reduzierte meine Mannschaft auf vier Beschäftigte, bei guter Konjunktur waren es zwei bis drei mehr.

Jetzt hat sich der Wirkungskreis etwas verlagert. Wir spezialisierten uns zunehmend auf Arbeiten in der Landwirtschaft, installieren in den Ställen Heiznester für Ferkel, bauen Wärmerückgewinnungsanlagen bei der Milchkühlung. Die hohen Kosten für Öl und Gas zwingen die Familien zum Nachdenken. Wer auf dem Dorf lebt, hat oft genügend Holz. Also bieten sich kombinierte Heizungen an. Für die Solartechnik wächst das Interesse, auch bei Privatleuten. Zwar läßt sich damit nicht ein ganzes Haus beheizen, aber warmes Wasser läuft genügend aus dem Hahn.

Nun denn, wer arbeitet, der muß auch mal ausspannen. Ich bin musikalisch und blase im Posaunenchor der Kirchgemeinde Kühren mit. Zwar muß ich mich manchmal zu den Proben regelrecht von der Arbeit losreißen, aber dann in der Gemeinschaft meiner Musikfreunde, da vergesse ich total den aufregenden Alltag. Es ist beglückend, die Musik alter und neuer Meister im Original zu hören. Deshalb eilen wir hin und wieder zu einem Konzert nach Leipzig oder ins Theater nach Dresden. Ja, wir fahren gern mal fort, kommen aber ebenso freudig wieder nach Hause zurück. Unser kleines Paradies liegt hinterm Haus mit dem Blick über den Garten hin zum „Hahn". Das ist unser Wald hier in Streuben. Dort haben wir eine größere Wiese eingezäunt für ein Rudel Damwild. Hirsch „Heinrich" sorgte schon kräftig für Nachwuchs. Omas mit ihren Enkeln aus dem Dorf spazieren mit Vergnügen zum Gehege, oft die Tasche voller Fallobst. Das fressen die Tiere nämlich besonders gern.

Dann habe ich noch eine unbändige Leidenschaft, die Jagd auf Wildschweine, Rehe und anderes Getier, das sich hier im Revier aufhält und dezimiert werden muß. Die Tiere fressen auch das gern, was die Bauern auf dem Feld anbauen. Besonders das rapid vermehrte Borstenvieh wühlt sich durch die Feldfrüchte. Die Trophäen im Haus dokumentieren da manchen Treffer. Im Haus hängt übrigens eine weitere Dokumentation meiner Sammelleidenschaft an der Wand. Es sind historische Degen und Säbel. Ihre Geschichte beschäftigt mich, ihre meisterliche Herstellung. Die älteste Waffe ist von 1414.

Eine ortsgeschichtliche Rarität gehört zu meinen Glanzstücken, ein Steinschloßgewehr aus dem Jahre 1764. Damit hat nämlich der Gastwirt und Jagdgenosse Ulbricht im Jahre 1888 den Elefanten im Getreidefeld nahe Kühren erschossen *(siehe Rundblick-Lesebuch)*. Wer's nicht glaubt, der ist kein echter Kührener! Er war jedenfalls in den Besitz des preußischen Infantriegewehres gekommen und hatte damit auch manchen richtigen Bock geschossen. Von der Muskete gab es im ganzen Land noch mehr, denn die Grenadiere des Siebenjährigen Krieges, die das Gemetzel überlebt hatten, durften ihre Donnerbüchsen mit nach Hause nehmen und als Jagdflinte weiter verwenden. Und so vererbte sich das Stück von Generation zu Generation. 1945 verschwand es aus Sorge, die russischen Soldaten könnten Interesse daran zeigen. In der Zwischenwand einer Scheune geriet es aus der Erinnerung der Besitzer. Es kam erst 1991 beim Umbau wieder ans Tageslicht und durch Schenkung in meine Hand. Und nun bin ich natürlich so richtig stolz auf das Objekt, das den Namen Kühren weit ins Land getragen hat. Mal schießen? Nee, lieber nicht, das scheint mir doch zu gefährlich. Oder doch, vielleicht zur nächsten Jubelfeier meines Geburtsortes im Jahre 2004?

Sachsendorf, 1284 Saxendorf, 'Dorf eines Sachs(en)' (dt.), OT von Kühren-Burkartshain, 395 Einw.

Wer oben am Buchberg hält und hinab aufs Dorf blickt, kann natürlich nicht vom Äußeren her darauf schließen, daß da unten ein lustiges Völkchen wohnt. Doch landschaftlich läßt sich ein anmutiges Bild zeichnen. Die Siedlung liegt in einem weiten flachen Tal, das vom Mühlbach durchflossen wird. Den Bach markieren Erlen, Eichen, andere Bäume sowie Buschwerk. Halbkreisförmig nach Süden und Osten zu umschließen die nahen Forsten des Wermsdorfer Waldes den Ort. Der ockerfarbige Kirchturm schart in der Dorfmitte die alten Bauerngüter um sich. An den Straßen nach allen Richtungen wuchsen im Laufe der Jahrzehnte bis in die Jetztzeit zahlreiche Ein- und Mehrfamilienhäuser in die Höhe. Mit dem kleinen Park, den beiden Hahnteichen und dem Mittelteich verbinden die Straßen und kleinen Gassen die Siedlung zu einem harmonischen Gebilde.

Hügelgräber und Badewannen in Sachsendorf

Es gibt Ereignisse im Leben eines Menschen, die bleiben unvergeßlich. Das sind dann die Sternstunden. Eine solche erlebte „Der Rundblick“ 1984 in Sachsendorf. Die Einwohner feierten damals den 700. Jahrestag der Ersterwähnung ihres Dorfes und die Heimatzeitschrift ihren 30. Geburtstag. Die Redaktion fuhr aus diesem Anlaß mit historischen Postkutschen und Planwagen auf der alten Poststraße von Mügeln nach Wurzen. Als der Troß den Wermsdorfer Wald verließ und in die Fluren von Sachsendorf einbog, bot sich der Reisemannschaft ein einzigartiges Bild: Vor den Toren des Dorfes, auf der Straße und dem anliegenden Wiesengelände, wogte eine schier unübersehbare Menschenmenge. Die vierhundert Leute vom Dorf, groß und klein und in bunten historischen Kostümen, in festlicher Stimmung mit dreitausend Gästen aus

Wettkampf auf dem Hahnteich in Sachsendorf.

nah und fern, hatten sich hier versammelt und begrüßten mit herzlichen Worten, mit Wein und Brot, die „Rundblick"-Meute. Am Tage zuvor mußten sie ihre Festdekoration erneuern, weil ein Orkan die ursprüngliche hinweggefegt hatte. Feuchtfröhliche Stunden bis weit in die Nacht vereinten die Einheimischen und ihre Gäste bei dorftypischen Wettkämpfen. Ein Volksfest unvergleichlicher Art ging in die Geschichte des Ortes ein.

Die Sachsendorfer sind ein eifriges Feste-Feiern-Völkchen geblieben. Das gelingt deshalb, weil es immer wieder Leute gibt, die die Organisation in die Hand nehmen. Eine von denen, die da rennen und fordern, begeistern und arrangieren, die weder Stunden noch verschlissene Schuhe zählen, ist MARIANNE KREBS (Jg. 28):

Manchmal war ich in meiner Kneipe der „Ersatzpfarrer"

Na ja, alleine konnte ich das nie machen, aber die Menschen hier sind so sympathisch. Wenn ich sage, wir machen das, dann geht's los. Eigentlich habe ich noch nie eine Absage bekommen. Ich freue mich mit, wenn sich die anderen freuen.

Meine spielfreudige Tätigkeit begann 1962. Von da an betreute ich 17 Jahre lang die Kinder im Hort mit Aufgaben, aber vor allem mit Spiel und Spaß. Nach einer Knieoperation befürchtete ich, daß ich nun nicht mehr so eifrig herumspringen konnte. Ich suchte mir eine andere Arbeit und fand sie in der hiesigen Konsum-Gaststätte, deren Leitung ich auch später übernahm. Damals gab's hier nur Bockwurst und Bier. Das vertrug sich nicht mit meiner Gaststätten-Ehre. Ich mußte mich aber tüchtig rühren, um das zu ändern. Vor allem die Feste in den umliegenden Ortschaften versorgte ich mit der Gastronomie. Das war nicht einfach, denn bei der Versorgung fehlte immer irgend etwas. Dann kamen Ausflugskremser, und die Betriebe feierten mit ihrer Belegschaft. Da gab es merkwürdigerweise kaum Mangel an Essereien!

Ich hatte die ganze Woche über meine Kundschaft. Hin und wieder pochte einer schon mal vor der Öffnungszeit an die Tür. Ich wußte sofort den Grund: Er wollte mir

Marianne Krebs am Sachsendorfer Hügelgrab.

sein Herz ausschütten, der Haussegen hing schief. Ich habe mir's in Ruhe angehört und getröstet, so gut ich konnte. Aber niemals was einem Dritten erzählt. Das gehörte sich nicht als „Ersatzpfarrer".

Dann rückten die Studenten mit ihrem Dresdner Professor GERHARD BILLIG vom Ausgrabungslager am Kirchenteich im nahen Wermsdorfer Wald an. Die armen Schlukker hatten meist kein Geld, aber immer Hunger. Da habe ich nach und nach meinen ganzen Keller ausgeräumt. Die Fettöpfe wurden regelrecht ausgeleckt. Dafür bekam ich dann kostenlose Führungen bei den Ausgrabungen, wo der hemdsärmlige Professor mit leidenschaftlichem Elan nach dem Dorfe Nennewitz suchte. Ich freue mich, wenn ich heute das Ergebnis im Freilandmuseum sehe. Ein bißchen habe ich ja auch dazu beigetragen, denn sonst wäre die Meute dort womöglich verhungert.

1990 kamen die Wende in den Ort und die Hygiene in die Gaststätte. Die Amtspersonen hatten da allerhand zu bemängeln, die Gemeinde als Eigentümerin kein Geld zum Verändern. Ich warf das Handtuch, denn das Wirtshaus zu kaufen, dazu hatte ich weder Lust noch Geld. Ein Interessent aus den westlichen Regionen stülpte das Haus von oben nach unten um, druckte eine neue Speisekarte und organisierte ein dubioses Innenleben. Die „Erlebnis-Gaststätte" sollte die gut betuchten Leute von weither anziehen. Doch dem gastronomischen Leuchtfeuer ging nach nur einem Jahr die Puste aus, der Betreiber verschwand auf Nimmerwiedersehen. Die Alteigentümer haben das Ding jetzt wie einen Klotz am Bein.

Wir feiern unsere Treffen ohne professionelle Gastronomie und vereinen uns zu den Festen am Watberg, am Schmiedeberg, am Försterberg, und einmal im Jahr zum gemeinsamen Parkfest. Alle fünf Jahre legen wir noch ein bißchen zu, da rundet sich nämlich unser Dorfgeburtstag. Na ja, manchmal macht der eine oder andere ein bißchen schlapp, und ich werde ja auch immer älter. Doch ich habe keine Bange, daß da Ruhe im Dorf einziehen könnte. In jedem Haus wohnt neben der Witfrau ein junges Ehepaar. Diese haben sich so ganz automatisch integriert und den Staffelstab übernommen. Dazu gehört auch meine Tochter MARGIT PETZSCHE (Jg. 54), die da ganz

Am Dorfplatz von Sachsendorf mit der Eingangspforte zum Friedhof.

gehörig ranklotzt und auf der Bühne redet, wie ihr der Schnabel gewachsen ist. Sonst heißt es ja, daß der Apfel nicht weit vom Stamm fällt. Hier kullerte eben mal 'ne Birne.

Das muß ich noch sagen: Natürlich ist das Essen und Trinken wichtig, doch wir machen auch unseren Gagsch. Wir interpretierten schon manches alte deutsche Märchen. Also, was „Kulturelles" auf unsere dorf-derbe Art ist immer dabei. Und wenn's das „Badewannenwettgondeln" auf dem Hahnteich ist. Diese Zinkdinger spielten ja auch mal eine wichtige soziale Rolle, als sie sonnabends in die Küche gehievt wurden und dort einer nach dem anderen zum kollektiven Familienwaschtag ins klamme Badewasser kletterte.

WEITERE DORFNOTIZEN aus Sachsendorf

Einen **alten Sack** erhalten ältere Männer, wenn sie dem „Verein" angehören, zu runden höheren Geburtstagen. Bei Ledigen wird damit schon mal weithin sichtbar das Hoftor geschmückt, zur Orientierung für unverheiratete Mädchen. Frauen ab siebzig bekommen aus gleichem Anlaß eine überdimensionale alte Schraube. So hat eben alles seinen Sinn, und die Sachsendorfer haben ihren Spaß.

Der **Doktorteich** wurde im Zuge einer ganzen Teichkette im Wermsdorfer Wald nach 1500 künstlich angelegt, heute Brut- und Rastplatz vieler Vogelarten und Beobachtungsort begeisterter Ornithologen. Prof. Gerhard Billig grub mit seinen Helfern dort Hügelgräber aus, die vermutlich Kultstätten der Menschen vor 3000 Jahren waren.

Der **Gatschlich-Born** sprudelt als ergiebige Quelle am Rande des Wermsdorfer Waldes in der Wüsten Mark Wyperniswalde/Weiberswalde. Das war nicht etwa eine Weibersiedlung, sondern die Rodungssiedlung eines Ortsgewaltigen namens Weber, die bereits im ausgehenden Mittelalter wieder verlassen und wüst wurde.

Die **Hügelgräber** sind ein Wahr- und Markenzeichen des Dorfes und des Wermsdorfer Waldes. Eine Gruppe liegt im Mammbachschen Holz und wurde nach ihrer Entdeckung nach 1950 unter Leitung des Dresdener Prof. Werner Coblenz ausgegraben und zwei davon rekonstruiert. Die rund 3000 Jahre alten Funde aus der Bronzezeit (Töpfe, Schalen, Tassen, Urnen) waren zeitweilig in einer Heimatstube ausgestellt und befinden sich jetzt im Landesmuseum Dresden. Der Lehrer und Heimatforscher Fritz Lommatzsch (1900-1960) entdeckte die Hügelgräber und wirkte aktiv mit bei ihrer

Das wohlsanierte Pfarrhaus – ein Schmuckstück im Sachsendorfer Dorfbild.

teilweisen Ausgrabung und bei der Gestaltung der Heimatstube. Er begeisterte mit Frohsinn und Sachverstand vor allem die Kinder für die Geschichte der Heimat, trotz jahrelanger Fesselung an den Rollstuhl. Eine Gedenktafel an einer seiner Wirkungstätten sollte an den verdienstvollen Mann erinnern.

Die **Kirche** wurde 1698 nach einem Brand neu erbaut. 1995 aufwendig restauriert, erstrahlt sie jetzt innen wie außen im schönsten Glanz. Bemerkenswert sind neben Apostelfiguren und einigen Schnitzreliefs zwei holzgeschnitzte Figuren aus dem 15. Jh., die die Heilige Madonna und den Heiligen Mauritius darstellen. Eine sauber gefugte Bruchsteinmauer schließt den Friedhof ein, der von sechs Linden und anderen Bäumen beschattet wird. Die Filialkirche von Kühren (schon seit 1907) wird jetzt von Pfarrer Reinhardt Schoene betreut. - Das **Pfarrhaus** hat nach seiner Errichtung im Jahre 1574 eine wechselvolle Geschichte erlebt, wurde nach einem Brand 1781 neu aufgebaut und 1998 gründlich saniert. Breit und behäbig bereichert es mit dem hohen Walmdach und einer breiten Gaupe den Dorfplatz.

Die alte **Poststraße** kommt von Wermsdorf und führt weiter nach Wurzen (oder umgekehrt). Die fahrende Post zwischen Leipzig und Dresden benutzte von 1725 bis 1816 diesen Weg. Nahe der Flurgrenze im Wald nach Wermsdorf zu steht noch heute eine Halbmeilensäule von 1734.

Das im **Rittergut** 1790 erbaute Herrenhaus wurde 1946 im Zuge der Bodenreform abgerissen, das Land an 20 Neubauern aufgeteilt, die übrigen Gebäude im Rittergutsviertel nach und nach zu Wohnungen umgebaut. In der einstigen Villa im Park war zuletzt der Kindergarten einquartiert, jetzt dient sie als Vereinshaus.

Die herrschaftliche **Schäferei** am Buchberg nach Streuben zu mit Gebäuden von 1760, großer Durchfahrtsscheune und altem Torbogen (unter Denkmalschutz) scheint dem Verfall preisgegeben zu sein. Davor wächst eine prächtige Sommerlinde. Einige Gebäude werden teilweise noch heute vom Schäfer Dieter Petzold genutzt.

Vereine und Einrichtungen: Freiwillige Feuerwehr, Wehrleiter Erhard Mundus. - Sportclub (vorw. Gymnastik), Vors. Margit Petzsche, beide Vereine organisieren das alljährliche Parkfest. - Dorfgemeinschaftshaus in der ehem. Villa im Park mit Bibliothek und Jugendklub.

Handel und Gewerbe: Wildbrethandel und Jagdausstatter Jürgen Broy. - Brennstoffhandel Hartmut Tauchnitz, eine in 3. Generation ansässige Firma. - Kiesgrube am Buchberg von Wolfgang Jungnickel, soll nach ihrer Erschöpfung in einigen Jahren geschlossen und rekultiviert werden; Staatliches Forstrevier mit Revierförster Olaf Zetzsche.

Vom Buchberg geht der Blick über Sachsendorf weit ins Muldenland hinein.

Wäldgen, 1330 Walt, 'das Dorf am oder im Wald' (dt.), OT von Kühren-Burkartshain, 99 Einw.

Wer über den Tellerrand des kleinen Dorfes hinausblickt, sucht vergeblich den Wald. Es muß ihn gegeben haben, denn wie sonst wäre der Ort zu seinem Namen gekommen? Die Bauern rodeten die Bäume im Laufe der Jahrhunderte. Eine wachsende Bevölkerung brauchte mehr Nahrungsmittel. Weiter draußen nach Südwesten zu finden wir heute noch einige Reste im Stentzschwald, und die Flur dazwischen trägt den gleichen Namen.

In Wäldgen konkurrieren die Gartenzwerge mit den Martinsgänsen

Die Siedlung liegt an den sanften Hängen des Mühlbachtales. Um das Rittergut scharten sich einige wenige Bauerngüter. Nach 1945 kam eine Neubauernsiedlung dazu. Die Felder und Wiesen des Rittergutes waren an 26 Neubauern verteilt worden. Heute wirtschaftet kein Bauer mehr fürs tägliche Brot. Nur so zum Zeitvertreib bevölkern Schafe, Enten, Gänse und Hühner die Gärten. Dazwischen tummeln sich einige Kleinpferde. Wenn's nötig wird, ziehen sie auf den Zwergflächen hinterm Haus einen Pflug oder die Egge. Den Tieren und Hobbybauern scheint das Spaß zu machen.

Nördlich vom Dorf verläuft die Alte Poststraße. Heute jagen die Autos dahin, ohne vom Ort überhaupt Kenntnis zu nehmen. Warum sollten sie auch dahin abbiegen? Wohl kaum wegen der Gartenzwerge, die zu Hunderten den Garten der Familien Kilian und Link bevölkern. Da bleibt kaum Platz für die Grashalme. Alle Sorten, Arten und Nuancen aus der bunten und skurrilen Welt der Gips- und Plastekerle tummeln sich hier. Und mittendrin werkelt die Hausmutter. Es hat eben ein jeder so sein Pläsier.

Sie wollen mal kräftige Martinsgänse werden, die „Bielichen" in Uhlemanns Garten.

Die Einwohner benutzen sehr gern den Wanderweg entlang der Mühlbach hinüber ins gerade mal tausend Meter entfernte Sachsendorf. Dorthin bestehen seit jeher enge Bindungen, auch zur Kirche. Am liebsten würden ja die Wäldgener das Gebäude in ihr Dorf umsetzen, weil sie beim Gottesdienst in den meisten Fällen die Mehrheit der Zuhörer stellen.

Der Ort besaß einen Herrensitz, der schon 1417 beurkundet wurde. Das 1728 umgebaute Herrenhaus läßt sich heute nicht mehr als markantes Bauwerk betrachten. Die Geschichte hat ihre Narben hinterlassen. Nach der Enteignung der Familie Seyffert im Jahr 1945 war es in der Folge Wohnraum für Flüchtlinge, Ferienlager, Schule, Kindergarten, Konsum, Poststelle und Lager, und nach 1990 nichts mehr. Seitdem zerlegen Nässe und Sonne, Ratten und menschliche Barbaren systematisch das Mauerwerk. Eines Tages bleiben wohl nur noch Schuttberge übrig. Angeblich soll ein Italiener die Reste von der Treuhand gekauft haben. Aber der hat sich noch nie hier sehen lassen.

Die Wassermühle hat 1963 ihren Betrieb nach 350 Jahren eingestellt. Lediglich zwei Mahlsteine im Mauerwerk des umgebauten Wohnhauses blieben als geschichtsträchtige Zeugen übrig.

Der alte Gasthof schloß bereits 1958 seine Pforten. Vierzig Jahre später versuchten Leipziger Investoren einen Neuanfang. Sie bauten ein älteres Haus radikal zu einem typischen Dorfgasthof um und gaben ihm den Namen „Zum Wildschütz". Es ist jedoch schwierig, hier in der Abgeschiedenheit genügend Gäste zu bekommen.

Im Ort wohnt einer, dessen Leben mit dem Naturgeschehen verknüpft ist und der sich leidenschaftlich einsetzt für eine gesunde und saubere Umwelt. Es ist der Gemeindehandwerker LOTHAR HEINZE (Jg. 52). Wer eine Frage zum Naturschutz hat, der ist bei ihm richtig. Sein Engagement wurde 2001 mit der Verleihung des Heimatpreises für Natur gewürdigt:

Seltsame Gartenlandschaft in Wäldgen: An Blumen fehlt's im Revier, nimm Plastewichtel dafür ...

„Mich ärgert der Wohlstandsmüll hinterhältiger Leute!“

Die Liebe zur Natur - die spürte ich schon von Kindheit an. In Meltewitz bin ich aufgewachsen. Dort hatten meine Eltern, die 1945 aus Schlesien vertrieben worden waren, in einem Bauernhof eine neue Heimat gefunden. In Börln und Dahlen ging ich zur Schule. In den Sommerferien halfen wir in der LPG beim Dreschen. Der Stundenlohn von 1,50 Mark häufte sich im Laufe der Jahre zu einem „immensen“ Reichtum an. Ich sparte eisern für ein Motorrad.

Wenn ich als Kind draußen durch die Felder und Wälder streifen konnte, dann lebte ich in meiner naturgegebenen Welt. Ein kleines Paradies war für mich immer der Stolpenteich mit seinen schilfbewachsenen Ufern. Dort lärmte und jubilierte es, dort huschten die Wasservögel zu ihren Nistplätzen, dort schwebte die Rohrweihe ein. Vorsichtig hatte ich auf meinen Schilfgängen längst das versteckte Nest entdeckt. Eines Tages war ein junger Mann in mein Revier eingedrungen. Intensiv beäugte er mit dem Fernglas die Gegend. Wir kamen ins Gespräch. Ich erzählte von „meiner“ Rohrweihe. Er spürte mein Interesse und lud mich ein, die Arbeitsgemeinschaft Ornithologie in der Falkenhainer Schule zu besuchen. Das geschah, und mit meinem Lehrer und „Meister“ Hartmut Kopsch verbindet mich seitdem eine enge Freundschaft.

Auf der Wiese am Stolpenteich blühten damals Orchideen. Hartmut Kopsch machte mich darauf aufmerksam und erklärte mir die Merkmale der Pflanzen. Vieles ist da haftengeblieben, ständig Neues dazugekommen. Er hat mich mit seinem Fachwissen geprägt und mein Leben beeinflußt wie kein anderer.

Ich erlernte im Baukombinat Wurzen den Maurerberuf. In der Freizeit versäumte ich kaum einen Tanzabend in den umliegenden Dörfern, die dort regelmäßig dreimal in der Woche stattfanden. Viel Aufmerksamkeit widmete ich einem schmucken Mädchen. Nach der ersten „Heimschaffe“ Richtung Wäldgen hatte ich mich nur auf Irrwegen nach Hause zurückgefunden. Wir heirateten 1973, und drei Jahre später fanden

Lothar Heinze an der ökologischen Kläranlage in Sachsendorf.

wir hier eine Wohnung. Die Natur am Mühlbach hatte mich beeindruckt, der Ort weniger. Doch mit den Dörfern und Landschaften der Umgebung wurde er meine Heimat. Und das ist so geblieben.

Vor allem deswegen, weil sich ein Dutzend Familien zu einer feierfreudigen „Clique“ zusammengeschlossen haben. Wir treffen uns mehrmals im Jahr, mal hier, mal dort. Der Spaß und die Freude stählen unsere kleine Dorfgemeinschaft. Eigenartigerweise leben hier viele junge Ehepaare, na ja, relativ jung, aber wiederum so alt, daß sie dem jugendlichen Blödsinn längst entwachsen sind. Natürlich lassen wir die paar Alten nicht links liegen. Für sie ist immer ein Platz frei.

Um die Familienpflichten besser zu erfüllen, fing ich 1976 als Handwerker in der Gemeindeverwaltung Burkartshain an. Das bin ich bis heute geblieben. Da komme ich viel herum, muß ich mich ständig über Umweltsünder ärgern. Manche Leute sind richtig hinterhältig. Und die Natur kann sich nicht wehren, wenn sie mit ausrangierten Konsumgütern verunziert wird. Du bist da so machtlos, wenn du den Dreck der anderen wegräumen mußt.

Gleich hinter unserem Haus funktioniert seit Jahren eine ökologische Kläranlage. Sie säubert mit einem günstigen Kostenaufwand die Abwässer aus Wäldgen und Sachsendorf. Das ist doch eine feine Sache. Im Schilf des Absatzbeckens nisten Vögel. Ein zusätzlicher Effekt!

Immer wieder begeistern mich die Schleiereulen, wenn sie sich in Kirchtürme einquartieren oder vom Gebälk im Innern alter Scheunen nach Mäusen Ausschau halten. In den letzten Jahren hatten sie es immer schwieriger, dort einzufliegen und zu brüten. Wegen der „Taubenplage“ wurden die Öffnungen verschlossen, die Schallöcher zugenagelt. Wir schafften Abhilfe, und mit den verständnisvollen Pfarrern gelang es uns, überall in den Kirchtürmen von uns gebaute Nistkästen anzubringen. Die kontrollieren wir regelmäßig, und wie freuen wir uns, wenn wieder mal eine Gelege durchgekommen ist. Ein Blick vom Kirchturm in die weite Landschaft entschädigt für die kleinen Mühen.

Auch das gibts noch: Horst Tangelst und Andreas Marchewka mit 1 PS beim Kartoffellegen.

Sommer

Der Sommer singt. Die Wiesen blühen.
Das Leben feiert hohes Fest,
wenn in den ersten Morgenfrühen
ein Vogelruf sich hören läßt,

der mit des Jubels Silbertönen
sich singt in jedes Menschen Herz,
daß vor der Welt des Wunderschönen
verschwindet mancher alte Schmerz.

Der Mittag singt. Die Sicheln glühen.
Die Erde feiert Erntefest,
weil sie das menschliche Bemühen
zu Wein und Weizen reifen läßt.

Der Abend lockt zum frohen Tanze,
des Sommers Lied klingt süß und heiß,
und unterm bunten Bänderkranze
schließt sich des Tages voller Kreis.

Johanna Kraeger

Sommertag in der Landschaft bei Kaditzsch mit einer Porphyr-Skulptur am Weg.

An der Launzige und am Mutzschener Wasser

Das Bild der Landschaft zu beiden Seiten der Launzige und des Mutzschener Wassers zeigt zunächst wenig augenscheinliche Unterschiede gegenüber dem Gebiet nördlich von Johannas Höh'. Die Quellen des Mutzschener Wassers liegen im Süden in der Lößrandstufe bei Nauberg. Erst unmittelbar an der östlichen Wasserscheide - die Döllnitz östlich von Göttwitz fließt bereits zur Elbe ab - wendet sich bei Mutzschen der Bach nach Westen. Die Launzige im Norden entspringt dagegen am Rande des Wermsdorfer Waldes. Beide Gewässer folgen dem Verlauf einer offenbar alten eiszeitlichen Schmelzwasserrinne und eilen, nahezu parallellaufend, der Mulde im Westen zu. Erst bei Neichen nähern sie sich auf wenige hundert Meter, aber dann wenden sie sich doch wieder von einander ab, und jedes sucht sich seine eigene Mündung.

Bis zum Mutzschener Wasser bleibt die Oberfläche auch weiterhin flachwellig, fast eintönig, und neigt sich von wenig über 170 m nach Westen auf etwa 130 m dem Rande des Muldentales zu. Mit über sieben Kilometer Flurlänge ist hier Fremdiswalde der einzige nennenswerte Ort, das einzige Waldhufendorf im mittleren und südlichen Muldentalkreis, ein letztes Beispiel für die hochmittelalterliche Kolonisation.

Die bestimmende Bodenart ist hier noch vor allem der Sandlöß, teilweise an Schluffigkeit zunehmend, aber auch schon verschiedene Lößderivate (Lößlehm) können auftreten. Unter den eiszeitlichen Ablagerungen ist das Tertiär auszumachen; vorhandene Braunkohlen wurden in früheren Zeiten sogar abgebaut (Grube Hermannsglück westlich von Fremdiswalde).

Am Mutzschener Wasser ändert sich dann doch das Landschaftsbild: Die Lößrandstufe im Süden - dicht an der A 14 verlaufend - kündigt sich an. Zwischen Cannewitz und Mutzschen ist durch das Mutzschener Wasser und seine Nebenbäche vielfach der Porphyr des Untergrundes (hier die sogenannte „Wermsdorfer Platte") angeschnitten und freigelegt worden. Besonders am nördlichen Ufer verursachten die oftmals nur

Im Quellgebiet der Launzige am Ziegelteich bei Fremdiswalde.

kurzen, aber gefällereichen Zuflüsse Kerbtäler und unerwartet steile Hanglagen. Unruhig und kurzatmig zeigt sich jetzt die Oberflächengestaltung. Die erschwerte Zugänglichkeit mancher Flächen ließ hier den Flurgehölzen und der natürlichen Vegetation größere Überlebenschancen.

Südlich des Mutzschener Wassers haben die Zuläufe tiefe Talungen in dem hier immer höher aufliegenden Löß geschaffen; kurz vor ihrer Mündung zeigen sie beeindruckende, fast schluchtenähnliche Formen (Mittelgrund, Roder Grund und Lindengrund bei Wagelwitz). Nach Süden steigt jetzt das Gelände ziemlich rasch auf über 200 m an. Etwa auf der Linie Löbschütz-Serka-Gastewitz-Merschwitz wird die Lößrandstufe erreicht, die eine deutliche, gut zu verfolgende Landschaftsgrenze zwischen dem Nordsächsischen Platten- und Hügelland und dem Mittelsächsischen Lößhügelland darstellt. 30 bis 40 m beträgt insgesamt der Geländesprung. Das reicht aus, um das Gebiet an der A 14 windenergetisch besonders nutzbar erscheinen zu lassen. Heute markieren schon zahlreiche Windkraftwerke von der Deditzer Höhe bis Nossen diese besondere Eigenschaft weithin in der Landschaft.

Auch das Siedlungsnetz und das Bild der Ortschaften verändern sich grundlegend südlich des Mutzschener Wassers. Nirgendwo im Muldentalkreis liegen so viele Dörfer so eng beieinander wie hier, manchmal sind die Orte nicht mal einen Kilometer voneinander entfernt (Serka-Löbschütz 500 m). Aber nirgendwo sind die Orte auch so klein wie hier. Zuweilen sind es nur wenige Hofstellen (Serka, Thümmlitz, Köllmichen, Jeesewitz). Siedlungsgeschichtlich weist das Mutzschener Land schon in eine Altsiedellandschaft. Es liegt am nordwestlichen Rand des alten Slawengaues Glomaci oder Daleminze, dessen Kern die ähnlich geartete und gestaltete Lommatzscher Pflege ist. *(W.E.)*

Die artenreichen Feldgehölze in der „Wüstriche"

Auch die Launzige ist ein Musterbeispiel negativer Melioration. So ist ihr idyllisch dahinschlängelndes Bachbett auf großer Strecke zwischen Fremdiswalde und Nitzschka vertieft und begradigt worden. Ihre Ufergehölze, die den ursprünglichen Lauf in der Landschaft weithin markierten, wurden viel zu gründlich entfernt. Alle begradigten Bäche bilden im Laufe der Zeit an bestimmten Stellen immer wieder kleine Mäander aus. Wir sollten hier die Natur gewähren lassen.

Nördlich der Launzige bis zu Johannas Höh' und zum Stenzschwald steigt die Flur vom „Wüstrich" deutlich an. Dieses Wort deutet auf die einst ertragsarmen und schwer zu bearbeitenden Felder hin. Vielleicht hat auch manches Stück Acker brach gelegen. In der Feldflur verteilen sich Senken und Feuchtstellen, die oft eine termingerechte Feldbestellung oder Ernte unmöglich machen. Solche Stellen sind wichtige kleine Refugien für Tiere (vor allem Insekten) und Wildpflanzen.

Bereits seit Jahrhunderten dürften die Feldgehölze mit ihren alten Bäumen in der Wüstriche existieren. Wahrscheinlich liegen unter dem Oberboden wasserundurchlässige Schichten. Dort bleibt im Frühjahr die Feuchtigkeit relativ lange erhalten und füllt sogar regelmäßig Tümpel an, so daß ein auwaldartiger Charakter entsteht. Eichen, Hainbuchen, Ahorn und Eschen verstärken das Bild.

Die Bodenflora bildet in der Frühzeit des Jahres Buschwindröschen, Hohe Schlüsselblumen, Lungenkraut, Waldziest u.a. Sogar die sehr selten gewordenen Laubfrösche entwickeln sich zu einer starken Population. Auf den alten Eichen brüten Mäusebussarde, Rot- und Schwarzmilane. In der Strauchschicht aus Holunder, Faulbaum, Weidendickicht, Hartriegel und Haselnuß lassen besonders im Mai Nachtigallen, Rotkehlchen und Grasmücken ihre Reviergesänge ertönen. In den Baumkronen singen Mönchsgrasmücken, Buchfinken und gurren Ringeltauben. Leider sind von den Feldern Kiebitze restlos und Feldlerchen als Brutvögel fast verschwunden. *(H.K.)*

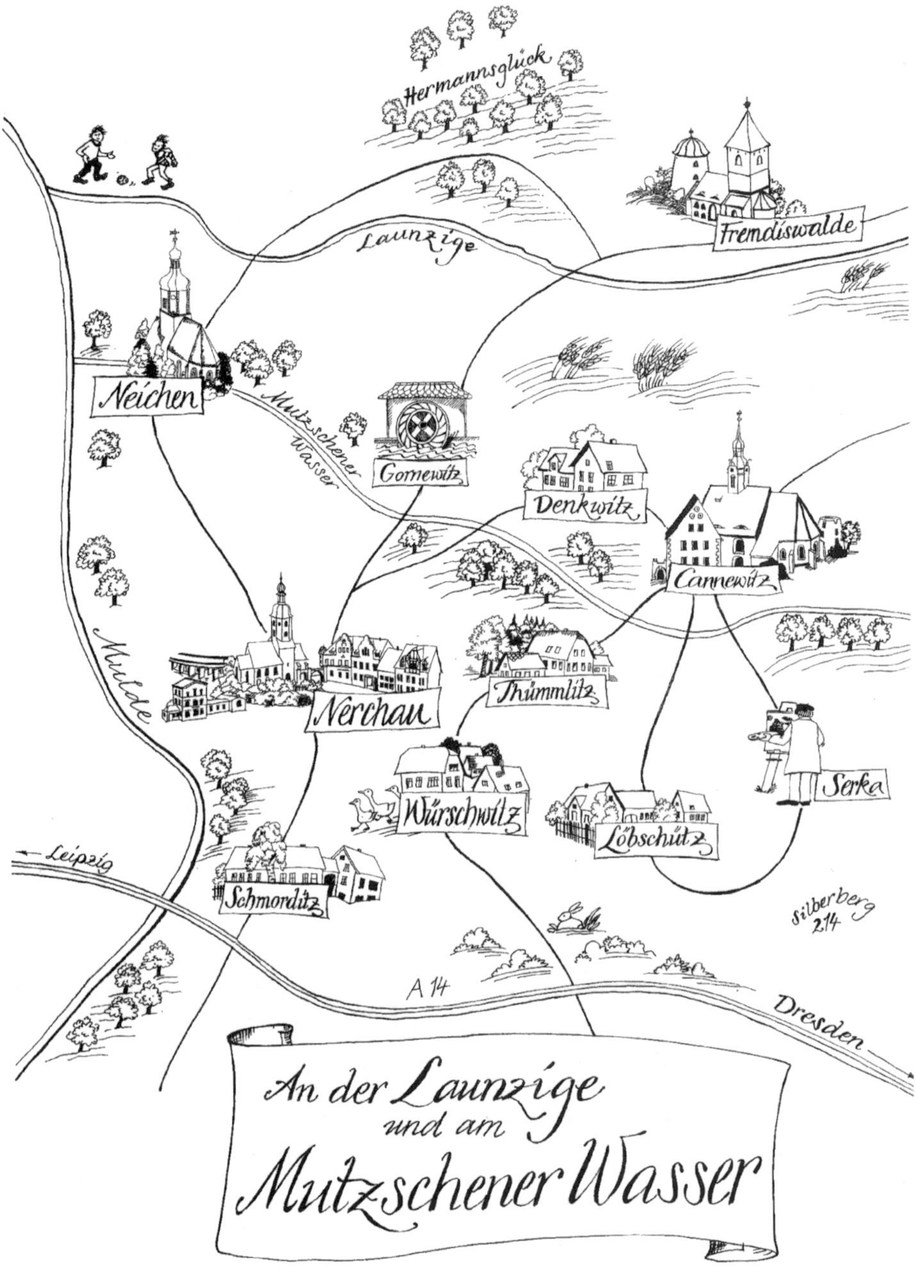
Hermannsglück
Fremdiswalde
Launzige
Neichen
Mutzschener Wasser
Gornewitz
Denkwitz
Cannewitz
Mulde
Nerchau
Thümmlitz
Serka
Würschwitz
Löbschütz
Leipzig
Schmorditz
Silberberg 214
A 14
Dresden
An der Launzige und am Mutzschener Wasser

Wermsdorfer Forst
Großteich
Launzige
Vierteln
Gaudichsroda
Langer Rodaer See
Wilschmühle
Horstsee
Wagelwitzer Teich
Wagelwitz
Roda
Lindigt
Göttwitzsee
Wermsdorf
Mutzschener Wasser
Mutzschen
Göttwitz
Gastewitz
Wetteritz
Merschwitz
Prösitz
Köllmichen
Leipzig
A 14
Jeesewitz
Dresden

Fremdiswalde, 1330 Fridemisvalde, 'Rodungssiedlung eines Friedemar' (dt.), OT von Nerchau, 477 Einw.

Viele Leute kennen den Ort, ohne daß sie bisher dort gewesen sind. Der „Ziegenhof“ hat ihn weithin bekannt gemacht. Vielleicht auch der Bauer Martin Heller mit seinem Buch „Freibier am 27.“. Und in neuester Zeit berichten die Zeitungen immer wieder mal von diesem und jenem kulturellen Treiben im Dorf. Und einige erinnern sich: „Ach ja, das ist ja das lange Dorf, das kein Ende hat!“

Die langen Wege in Fremdiswalde

Sie würden ausreichen für eine Eintragung in ein Guinness-Buch vom Muldentalkreis: Fremdiswalde ist mit etwas mehr als 3 km (ohne die Häuser in der Wüstriche!) besiedelter Fläche das längste Dorf. Die Bauernhöfe kleben nicht aneinander, sie reihen sich locker verstreut zwischen Wiesen und Obstgärten. Jeder der Drei- und Vierseithöfe hat seine eigene Zufahrt, eine kurze Straße, für die er selber aufkommen muß. Und diese verläuft meist mit einer Brücke über einen schmalen Wasserlauf, kleine Meisterwerke bäuerlicher Bautradition aus Bruch- und Feldsteinen.

Die Launzige begleitet den Wanderer auf dem Weg durchs Dorf. Sie plätschert verträumt und oft unsichtbar in einem schmalen Graben inmitten der Wiesen und Gärten. Da und dort stauen Holzbohlen das Wasser. Die Anwohner schöpfen bequem und kostenlos (der liebe Gott hat's ihnen gespendet) das milde Gießwasser, dort tummeln sich Martinsgänse oder Enten. Bei Gewitter allerdings mag die Launzige arg anschwellen. Dann gibt's im Unterdorf Hochwasseralarm, wenn sich von den umliegenden Feldern her die Wassermassen ins flache Tal ergießen.

Im Oberdorf füllt die Launzige den Großteich (12 ha). Vor Jahren wurde er entschlammt. Ein Damm versperrt die Sicht von der Straße aus. Wer oben steht, den

Die Bauerngehöfte jenseits der Launzige, die sich durch das Dorf schlängelt.

überrascht die weite Wasserfläche mit dem dunklen Schilfufer. Wildenten suchen nach Futter, Wasservögel verkriechen sich im Dickicht. Die Fische lassen sich nur ahnen.

Die Launzige kommt von weiter draußen aus dem Wermsdorfer Wald. Dort am Rand liegt der Ziegelteich mit seinem verschilften Ufer. Bäume und Büsche bieten gute Nistplätze. In den Sommermonaten wetteifern weiße und rosa Wasserrosen um das schönste Bild. Im Hintergrund schieben sich die flachwelligen Ausläufer des Wermsdorfer Waldes ins Bild.

Die Länge des Dorfes erfordert eine Dreiteilung. Im Mitteldorf hat sich ein Zentrum herausgebildet mit Gasthof und Kirche, Kindergarten und Bäcker. Und der Schule. Generationen von Fremdiswaldern lernten hier das ABC. Im Jahre 2000 kam das Aus, die Zahl der Kinder war rapid zurückgegangen. Nun stand das Gebäude leer mit seinen vielen Zimmern, mit Heizung und Toiletten.

Eine Schule ohne Schüler! Was nun?

Wir machen was draus für alle Leute im Dorf! Ute Kniesche (Jg. 60), eine junge Frau mit einem Kopf voller Ideen und einem heimatliebenden Herz, begeisterte andere mit diesem Gedanken. Und es gelang. Die Stadtverwaltung Nerchau gab nicht nur gute Worte, sie griff auch ins Geldsäckel. Mit einem tollen Volksfest nahmen die Fremdiswalder ihr altes Schulhaus neu gemacht als Dorfgemeinschaftshaus in Besitz. Ute Kniesche lehnte sich nicht zurück: „Das Haus muß leben!" Auch das gelang! Inzwischen gehen alt und jung aus und ein. Die Veteranen treffen sich hier oft und gern. Da wird nicht nur Kaffeeklatsch gehalten, sondern eifrig gemalt, gestickt und gewerkelt, gesungen und getanzt. 25 sangesfreudige Damen gründeten den „Chor der Volkssolidarität". Mit ihren Volksliedern ernteten sie bei dörflichen Festen viel Beifall, besonders dann, wenn das Dorflied erklingt, das der Tischlermeister Gustav Pfütze in den fünfziger Jahren geschrieben hatte: „Am Großen Teich, nicht weit vom Wald, da liegt mein schönes Fremdiswald' ...".

Ein Fremdiswalder Dreigestirn (v.l.n.r.): Walter Köhler, Inge John und Ute Kniesche.

Die ganz jungen Leute haben ebenfalls hier ihren Treffpunkt. Da probt eine Theatergruppe. Anderntags amüsieren sich Jungen und Mädchen im Faschingsclub, basteln junge Frauen konzentriert an Geschenken. Es gibt hier keinen Ruhetag!

Die älteren Jugendlichen haben ihre eigenen Räume, gleich schräg gegenüber im Hof des Dorfgasthofes. Dort etablierten sie ihren Jugendklub. Seit über 20 Jahren „bewachen“ sie ihr „Heiligtum“, sorgen für eine gewisse Ordnung. „Als ich Geburtstag hatte, nahmen sie mich in ihre Mitte und haben mich hoch leben lassen.“ Ute Kniesche sagt es mit ein bißchen Stolz: „Das ist eben mein Hobby, und wenn ich kleine Erfolge sehe, dann macht mir das auch richtig Spaß. So bleibt einfach keine Zeit zum Trübsal blasen. Wie auch zur letzten Kommunalwahl. Da hatte ich doch tatsächlich den Mut, gegen einen alteingesessenen Bürgermeister anzukämpfen. Und da ich beim ersten Anlauf 40 % der Stimmen bekam, im Heimatort Fremdiswalde gar 70 %, da fühle ich mich nicht als Verlierer.“ Die strahlenden Augen, das offene und hübsche Gesicht, die ehrlichen und klaren Worte, denen Taten folgen, da ist es nicht schwer zu orakeln, daß Ute Kniesche tatsächlich mal eine gute Bürgermeisterin werden könnte. Sie ist ja noch so jung!

Wochen vor Weihnachten quirlt es besonders heftig durcheinander im Gemeinschaftshaus. Da wird nämlich ein neues Theaterstück einstudiert. Und das seit über 50 Jahren, ach was, wie jetzt ein verblichenes Foto beweist, seit über 70 Jahren. Einzelheiten kann da die Grundschullehrerin i. R. INGE JOHN (Jg. 41) erzählen:

Jeder Jahrgang will beweisen, daß er gut Theater spielt!

Erich Rudolf hatte 1946 als junger Neulehrer das Zepter an der Schule übernommen. Er begeisterte Schüler und Lehrer für das Laienspiel. Die musikalischen Talente sammelten sich im Schulchor und in einer Instrumentalgruppe. Zur Weihnachtszeit erfreuten dann die Schüler die Einwohner mit Märchenaufführungen. Die Abendvorstellungen im Gasthof blieben in guter Erinnerung.

Eisfest auf dem Großteich.

Der Saal ist beizeiten „übervoll". Die Kleinen sitzen unruhig auf dem Schoß der Eltern, die jungen Leute stehen hinten an der Wand. Alle warten neugierig auf das, was der diesjährige Jahrgang zu bieten hat. Ein großer Teil des Publikums hat ja selbst schon einmal auf dieser Bühne gestanden. Weihnachtliche Weisen und lustige Gedichte eröffnen den Abend, und alle stimmen ein in den Gesang der bekannten Weihnachtslieder. Egal, was es im Dorf für „Getratsche" gegeben hatte, jetzt sind alt und jung eine echte Dorfgemeinschaft. Die Spannung löst sich, wenn sich der Bühnenvorhang für das Märchenspiel öffnet. Und das ist jedes Jahr das Gleiche, schon seit Jahrzehnten.

Im Jahr 2000 hatten sich die Schultüren für immer geschlossen, es drohte das Ende der Theatertradition. Wir, dazu gehörten Ute Kniesche, Gisela Vetter-Woldt und ich, riefen die Fremdiswalder zum Weitermachen auf. Und tatsächlich, sie kamen, zwar nicht in Massen, aber so viele, daß wir das Märchen „Tischlein deck dich" erfolgreich aufführen konnten. Ein Jahr später studierten wir „Sechse kommen durch die ganze Welt" ein. Unsere Mühe lohnte sich, und der große Dorftheaterabend vereinte jung und alt wie eh und je. Und so heißt es nach den Sommerferien wieder: Wer spielt mit Theater? Dann treffen wir uns zu den Proben, und dann beginnt die Hektik von neuem. Irgendwie brauche ich das. Es macht Freude, und es ist etwas für mein Dorf.

Ein immer rollender Stein kann nie vermoosen

Das ist die Lebensphilosophie von Walter Köhler (Jg. 30). Man sieht's ihm und seinem Hause an. Im weiten Grasgarten wächst Natur pur, die ordnende Hand wird nur sparsam eingesetzt. Ein bißchen Wildheit erleichtert den Übergang zur Wiesen- und Moorlandschaft hinterm Gartenzaun:

Wenn man so will, ist das hier meine dritte Heimat. Geboren bin ich in Schlesien, wo ich eine unbeschwerte Kindheit erlebte. Während des Krieges verjagt und auf abenteuerlichen Wegen habe ich in der Lausitz wieder Fuß gefaßt. Nach Zimmer-

Pferdeweide im Dorf.

mannslehre und Wismut-Arbeit (dort ließ sich doch eine Menge verdienen!) in den 50er Jahren habe ich hier feste Wurzeln geschlagen. Ursache? Ein Fremdiswalder Mädchen. In der Forstwirtschaft erfüllte sich mein berufliches Leben!

Hinterm Garten liegt der Großteich. Der hat mich mit seiner Tierwelt schon immer fasziniert. Oft stand ich wie ein dummer Junge da, wenn ich die Wildenten und die Vögel nicht unterscheiden konnte. Deshalb besuchte ich die Treffen der Grimmaer Ornithologen. Ich wollte lernen, was da kreucht und fleucht. Eines Tages kamen die Leute von der Schule und meinten, daß ich mein Wissen doch an die Kinder weitergeben könnte. Das machte mich natürlich ein bißchen stolz. Und so wanderte ich mit den Jungen und Mädchen hinaus in den Wald oder erkundete mit ihnen auf dem Fahrrad ein Stück Heimat. Ich hoffe doch, daß da etwas hängen geblieben ist und sie heute als Erwachsene die Natur mit neugierigen Augen betrachten. Meine Schnitzereien und Basteleien erfreuten schon manches Kinderherz. Gibt's etwas Schöneres?

WEITERE DORFNOTIZEN aus Fremdiswalde

Handel und Gewerbe: Landgasthof mit Saal von Jens Scheibe. - Pferdefuhrunternehmen und Kremserfahrten von Detlef Heidamke. Er züchtet schweres Thür.-Sächs. Kaltblut, gut geeignet für Holzrücke-Arbeiten im Forst. - Frischmarkt Lamm. - Landbäckerei Schaaf seit 1890. - Zimmerei Harald Janke, über 200 Jahre Familienbetrieb. - Tischlerei Timo Pfütze. - Kfz-Werkstatt Gerth Winkler. - Elektromeister Frank Patzsch. - Schrott- und Baustoffhandel Gerd Richter. - Landwirt Gerhard Schicketanz, eigene Schlachtung mit Hofladen.

Der Bauer und zeitweilige LPG-Vorsitzende **Martin Heller** (1926-1989) hat seine Tätigkeit und sein Leben in einem Tagebuch beschrieben. Die Kalenderblätter erschienen 1982 als Buch im Mitteldeutschen Verlag unter dem Titel „Freibier am 27.“ Sie zeigen ehrlich und spannend den Weg in die LPG und dokumentieren damit ein Stück DDR-Geschichte. Eine 2. Auflage durfte nicht erscheinen.

Die **Kirche** stammt in Teilen aus dem 13. Jh. Nach einem Brand wurde sie 1780 neu gebaut, der verbliebene romanische Turmrest 1973 erhöht und mit einem einfachen Spitzdach versehen. Bei einer Restaurierung Anfang der 80er Jahre wurden im Innenraum Reste von romani-

Kriegerdenkmal und Dorfkirche in Fremdiswalde.

scher und gotischer Freskomalerei freigelegt, eine Seltenheit in Sachsen. Jetzt Filialkirche von Mutzschen, Pfarrer Olschowsky.

Das **Storchennest** betreut Walter Köhler, der auch die Storchenchronik schreibt. Er sorgte 1978 dafür, daß ein stabiler Mast in den Garten von Erich Pfütze gesetzt worden ist, der auch sofort angenommen wurde. Eine Tafel an der Straße vermittelt Daten zur Ankunft der Tiere und über deren Bruterfolge.

Vereine und Einrichtungen: Fremdiswalder Dorf- und Heimatverein, Vors. Jens Scheibe. - Freiwillige Feuerwehr, Wehrleiter Rainer Lichtenberg. - TSV Fremdiswalde mit Tischtennis, Stepaerobik, Frauen- und Seniorengymnastik, Vors. Steffen Hempel. - Volkssolidarität, Vors. Annelie Lauchstädt. - Jagdgenossenschaft, Vors. Rainer Miska. - Im Dorfgemeinschaftshaus wirken die Gruppen und Einrichtungen: Basteln, Ltg. Jana Mundus; Fasching, Ortschronik, Bibliothek, Kleiderkammer Ltg. Ute Kniesche; Heimatstube, Ltg. Werner Pierogs; Laienspiel und Chor, Ltg. Inge John und Gisela Vetter-Woldt. - Die Vereine organisieren im Jahresablauf mehrere Veranstaltungen: Dorffest, Eisfest, Feuerwehr-, Jagd- und Sportlerball, Fasching, Laienspiel (Weihnachten), Weihnachtsmarkt. - Kindertagesstätte der Diakonie, Ltg. Iris Richter.

In der **Wüstrich**, einem Flurstück westlich des Ortes, wurde der anstehende Lehm bis 1915 in einer Ziegelei zu Ziegelsteinen gebrannt. Bis 1925 holte man Braunkohle aus dem Tagebau „Hermannsglück". Nach dem II. Weltkrieg erschlossen die Anwohner noch mal für kurze Zeit die Kohlereserven. Einige der Gebäude wurden zu Wohnungen ausgebaut. In den Tagebauen sammelte sich Regen- und Grundwasser, das Grubengelände bestockte sich mit Bäumen und Büschen, und zahlreiche Städter bauten sich hier Wochenendhäuser.

Den **Ziegenhof** bevölkern nicht nur 65 Melkziegen, sondern in Eintracht oder zeitweiligem Gezänk eine Vielzahl heimischer Haustiere und Exoten aus der weiten Welt. Zu Füßen der alten Holländer-Windmühle organisieren Christiane Schuhmann und Peter Köditz ein urwüchsiges Landleben, das Schulklassen und ganze Reisegruppen anlockt. Den Betrieb stellten sie auf eine wirtschaftliche Basis. In einem Hofladen vermarkten sie verschiedene Produkte. Die Ziegenmilch wird in der Falkenhainer Molkerei verarbeitet.

Christiane Schuhmann und Peter Köditz auf ihrem Ziegenhof.

Vierteln, Neubauernsiedlung von 1945, nach dem Flurnamen 'Viertel', OT von Nerchau, 20 Einw.

Fragen Sie einen Bewohner im Muldentalkreis nach Vierteln, er wird wohl lange überlegen und vermutlich keine Antwort geben können. Wo der Ort liegt? An der Straße zwischen Nerchau und Mutzschen zeigt ein Wegweiser nach Vierteln. Mehr sieht man vorerst nicht, denn die winzige Siedlung verbirgt sich hinter einem schwachen Höhenrücken. Die wenigsten werden sich dann auch dorthin verirren.

Wer doch mal einen Besuch riskiert, der findet in der Sackgasse vier Häuser auf der linken Seite und drei auf der rechten. Das ist alles. Wenn da nicht die merkwürdigen Hausnummern wären, die ihn stutzig machten: 95 a bis g. Beim Nachfragen löst sich das Rätsel: Hier siedelten 1945 sieben Neubauern inmitten der Feldflur, auf dem Flurstück Nr. 95, das den Flurnamen „Viertel" trug. Wir sind damit im jüngsten Ort des Muldentalkreises. Eine 50-Jahr-Feier wäre schon mal möglich gewesen.

In der 95 b wohnt von Anfang an Kurt Panitz (Jg. 25), heute der letzte hier noch lebende Neubauer von Vierteln mit dem ebenfalls letzten originalen Neubauernhaus. Er hat ein Stück Bauerngeschichte erlebt:

„Die dürre Henne in Vierteln nehmen wir nicht!"

1945 betrat ich nach drei Kriegsjahren wieder mein Heimatdorf Cannewitz, froh, das Inferno überlebt zu haben. Eine handfeste Erinnerung steckt noch heute in mir: Ein Steckschuß im Herzmuskel. Doch der hat mich über die Jahrzehnte hinweg zum Glück in Ruhe gelassen. Damals war ich 21 Jahre jung. Einen Beruf hatte ich nicht erlernen können, und jetzt bestand auch keinerlei Aussicht darauf. Vater sagte: „Da mußt du eben siedeln". Außerdem hatte ich inzwischen eine Familie gegründet und ein Schlesier-Mädel als dasjenige ausgeguckt, mit dem ich durchs Leben schreiten wollte. Das

Das Neubauerngehöft von Kurt Panitz in Vierteln.

gelang auch mit Sonnenschein und bei Regen. Noch heute sind wir stolz auf unsere fünf Töchter. Sie sind inzwischen zu tüchtigen Frauen herangewachsen. Also bewarb ich mich um eine Bodenreformstelle, erhielt sie auch. Die Urkunde liegt zwischen den Akten. Da hatte ich nun 7,5 ha Feld, ein Pferd, eine Kuh, ein Schwein und zwei Schafe. Zum Leben zu viel, zum Sterben zu wenig! Und ein Stück Bauland draußen in der „Mark Vierteln".

Nun ging die Plackerei los, die erst 1960 ein gewisses Ende nahm. Die Ackerfläche bestand vorwiegend aus Brachland. Der mit Steinen übersäte magere Boden ließ sich mit dem einen Pferd nur mit Mühe bewirtschaften und brachte nur schwache Erträge. Etwas leichter ging's dann, als wir in den MAS Geräte und Traktoren ausleihen konnten.

In Cannewitz hatte ich mich vorübergehend in einem gepachteten Bauerngut einigermaßen eingerichtet. Ein eigener Hof war natürlich unser erstrebenswertes Ziel. Also begannen wir 1946 draußen in Vierteln an der großen Scheune mit dem Bau der Hofanlage. Die anderen sechs, alle Umsiedler aus Schlesien, schlossen sich an. Die Ziegelsteine organisierten wir uns von da und dort. Auf einen Bezugschein holten wir zwei Zentner (!) Zement. Den kostbaren Schatz teilten wir „löffelweise"ein. Das Bauholz kam mit der Bahn aus Thüringen. Hier im Dorf stand noch eine alte Wehrmachtsscheune. Wir zerlegten sie fachgerecht und bauten sie hier wieder auf. Bloß gut, daß Vater Zimmermann gelernt hatte. Nach anderthalb Jahren Bauzeit zogen wir überglücklich in unser Neubauernhaus ein. Es bestand aus Wohnung, Stall und Scheune, alles unter einem Dach.

Und so wie damals, so steht heute noch unser Haus, lediglich zweimal neu verputzt. Die Neubauern von einst sind längst verstorben. Ihre Nachfahren oder Zugezogene haben die Häuser der Siedlung in moderne Eigenheime verwandelt. Heute gibt's ja alles dazu. Ich bin der letzte der Mohikaner, und bei mir bleibt's so, wie wir es damals gebaut haben. In unserem Neubauernhaus konnten wir vier Kühe und ein Kalb halten. Ich habe auch einige Fohlen gefüttert. Damit bereicherte ich ein bißchen das schmale Konto. Trotzdem blieb alle Tätigkeit eine Schinderei. Es ging gerade so um den Ring, es blieb nichts übrig.

Da waren wir erleichtert, als 1960 die LPG gebildet wurden. Uns war klar, daß wir sieben wirtschaftsschwachen Neubauern in Vierteln nicht eine selbständige genossenschaftliche Existenz aufbauen konnten. Also fragten wir in Fremdiswalde an, ob sie uns nicht nehmen würden. Doch die erteilten uns eine deutliche Absage: „Die dürre Henne in Vierteln nehmen wir nicht!" Daraufhin versuchten wir es im Cannewitzer Volksgut. Das empfing uns mit offenen Armen. Wir wurden jetzt Landarbeiter. Ich setzte mich auf einen Traktor und fuhr in 35 Jahren kreuz und quer über die Felder zwischen Nerchau und Nauberg. Jetzt hatten wir mal Feierabend, und wir bekamen regelmäßig unseren Lohn und die Deputate. Damit fütterten wir Schweine und verkauften sie preisgünstig. Meine fünf Mädels hatten doch auch ihre kleinen Wünsche.

Urlaub? Nee, das ist nichts für mich. Na ja, acht Tage waren wir mal in Geyer. Das war alles. Ich habe mich nie nach der Ferne gesehnt. Meine Heimat ist hier, und weiter brauche ich nichts. Ich halte Haus, Hof und Garten in Ordnung, und solange ich das machen kann, solange mache ich das. Damit das Grashauen nicht mehr so anstrengt, habe ich mir einen Rasentraktor gekauft. Früher kutschierte ich die großen Maschinen, heute eben die kleinen.

Regelmäßig „fliegen" alle meine fünf Töchter und deren Ehemänner hier in Vierteln ein und sorgen für Ordnung im Haushalt. Auch die Enkel kommen gern hierher und toben sich so richtig auf Opas Wiese aus. Mutter ist krank und steht nicht mehr so gut auf den Beinen. Meine Rente reicht aus, und ich kann nicht klagen. Ein bißchen ärgere ich mich, wenn die Stare die prallen roten Kirschen holen. Niemand nimmt sie mehr ab. Und selber hochklettern, nee, das mache ich nun auch nicht mehr.

Gaudichsroda, um 1850, ehemaliges Vorwerk vom Rittergut Mutzschen, OT von Nerchau, 10 Einw.

Die Siedlung ist eigentlich gar kein Dorf. Auf den historischen Landkarten tauchte sie niemals auf. In einem Kartenwerk von 1760 bedecken die ausgedehnten Waldungen des Wermsdorfer Forstes, damals auch Mutzschener Heide genannt, die Fluren.

Gaudichs errichteten bei Roda ein Vorwerk

Die Mutzschner Chronik vermerkt den Kauf des Gutes und des Schlosses durch einen Gerichtsdirektor Gaudich aus Pirna im Jahr 1847. Nach seinem Tod 1852 verkauften die Erben die gesamte Anlage, trennten jedoch 120 Acker Holzland ab, wo sie ein Vorwerk einrichteten, das speziell zur Schafhaltung dienten. Da der Gutshof nahe von Roda lag, war die Namensgebung leicht erklärlich: Gaudichsroda. Heute zeigt ein Wegweiser an der Nerchau-Mutzschener Straße den Weg zu der Ansiedlung, die wir deshalb in unser Dorfbuch mit aufgenommen haben.

Einer, der noch hier wohnt und sich gut an die letzten Jahrzehnte erinnern kann, ist HEINZ RÄNDLER (Jg. 35): Meine Eltern zogen 1923 als Gutsarbeiter hier auf „Meyers Gut“ ein. Die Schule besuchte ich in Fremdiswalde, zu Fuß natürlich. Das war täglich ein strammer Marsch, bei Wind und Wetter zu allen Jahreszeiten. Der letzte Besitzer des Vorwerkes war ein Herr Schenk, der hier eingeheiratet hatte. Das Herrenhaus wurde aufgestockt, ein kleiner Park angelegt, Gebäude und Schuppen gebaut. Zwei feste Tore verhinderten eine Durchfahrt. 17 Bedienstete führten den Haushalt, fütterten das Vieh und besorgten den Feldbau, darunter Polen und Franzosen.

Mit der Bodenreform zerfiel das Gut, und elf Neubauern, vorwiegend Flüchtlinge, die hier eine Unterkunft gefunden hatten, teilten sich in den Besitz, errichteten einige Neubauernhöfe oder lebten in den Gutsgebäuden. Meine Eltern bauten den Pferde-

Heinz Rändler am Herrenhaus in Gaudichsroda.

stall aus, dort wohne ich heute noch. Das Herrenhaus war zeitweilig Ferienlager, stand aber meist leer, nachdem die Flüchtlinge ausgezogen waren. Ab 1957 zogen Kinder, die keine Eltern mehr hatten oder bei der Erziehung Schwierigkeiten machten, in das Heim ein. Es erhielt den Namen „Albert Kuntz", der heute noch von der verblichenen Fassade leuchtet. 1974 brannten einige Nebenbauten ab, und für die Heimschule entstand jetzt eine größere Baracke mit einer Turnhalle. Die Neubauern hatten sich inzwischen dem Volkseigenen Gut in Cannewitz angeschlossen. Meine Eltern starben vor 16 Jahren, und seitdem bewirtschafte ich ganz allein meinen Haushalt.

1980 übernahm ich den Posten des Hausmeisters im Kinderheim, das 1991 geschlossen wurde. Die Landarbeiterfamilien verließen nach und nach ihre Wohnungen, und die Häuser standen bis auf drei leer. Ich friste meine Tage mit Holzmachen für die Heizung, pflege die Gräber meiner Vorfahren in Mutzschen und Fremdiswalde und füttere meine zwei Katzen und die Vögel. Allzuviel kann ich nicht mehr tun, die Gelenke machen nicht mehr mit. Eine Operation? Was soll dann hier werden, wenn ich wochenlang nicht da bin? Da laß' ich das lieber sein.

*

1996 begann ein neues Kapitel in der Vorwerksgeschichte. Harald Fritsch (Jg. 50) aus Bayern hatte in Wurzen eine Steuerberatung eröffnet. Er wurde bei seinen Jagdzügen im Rodaer Gebiet, wo er die Jagd gepachtet hatte, auf das verfallende Gebäude aufmerksam und beschloß, etwas draus zu machen. Er kaufte Grund und Boden mit den sämtlichen Gebäuden von der Stadt Nerchau und begann sofort mit den Arbeiten: Abriß von einigen Nebengebäuden, Ausbau der Heimschule zu einem Bürokomplex und Errichtung eines modernen Wohnhauses, in das er im Sommer 2002 mit seiner Familie einzog. Das ehemalige Herrenhaus bereitet einige Sorgen. Es wird erhalten und könnte vielleicht irgendwann touristisch genutzt werden. Die Büros werden von einer Dienstleistungsfirma für Sportwaffenhandel, einer Steuerberatungsgesellschaft und einer Schule für Jagdscheinbewerber genutzt.

Im Tiergehege in Gaudichsroda weiden Rot-, Dam-, Muffel- und Schwarzwild.

Am überdimensionierten Dorfplatz treffen sich zwei Straßen und bilden ein Dreieck. Auf der Wiesenfläche steht eine eiserne Pumpe, sie hat ausgedient. Hier liegt der historische Kern des Dorfes. Am Fuße des Eichberges (186 m NN) siedelten die ersten Bauern. Später schloß sich nordwärts eine leicht steigende, breite Gasse an, an der links und rechts die großen Drei- und Vierseithöfe stehen, aneinandergereiht wie auf einer Schnur. Insgesamt waren es mal 23 Bauernhöfe mit einem pulsierenden Leben.

In den letzten Jahrzehnten kamen am Eichberg und am Dorfausgang zum See hin über 35 Bungalows dazu. Warum wohl haben sich die Leute gerade hier niedergelassen? Das Dorf und die Landschaft müssen den Leipzigern gefallen haben.

Heute ist es ruhig geworden im Dorf, auch in der Nummer 20, wo von Geburt an MANFRED KURTH (Jg. 40) wohnt:

Das eiserne Tor von Kurths in Roda verzierte einstmals ein Leipziger Bankhaus

Bauer wollte ich nie werden, da hatte ich einfach kein Gespür dafür. Ich schlug den Weg eines Handelskaufmanns ein und führte später die Buchhaltung in der LPG. Der Zahlensalat paßte mir dann auch nicht mehr so richtig in den Kram, und ich übernahm eine neue Aufgabe: Ich fungierte als Aufbauleiter. Die nötigen Kenntnisse hatte ich mir bald beigebracht, und wir bauten in einer Gemeinschaftsaktion aller umliegenden Betriebe in Mutzschen eine Großküche mit einem großen Saal. Das wurde mein Lebenswerk, das ich vom ersten Spatenstich (1977) bis zum bitteren Ende (1997) begleitete, in den letzten Jahren als Chef des Ganzen. Wir kochten dort täglich bis zu 1500 Essenportionen, und der Saal war ein Zentrum für kulturelle Veranstaltungen. Mit der Wende fielen die staatlichen Stützungen weg, doch ohne die konnte die Ein-

Die eiserne Visitenkarte von Manfred Kurth in Roda.

richtung nicht auf eigenen Beinen stehen. Wir mußten das Essen verteuern, und die Zahl der Essenteilnehmer ging drastisch zurück.

Ich wurde nun nicht mehr gebraucht, und einen neuen Arbeitsplatz gab es natürlich nicht. Also ging's mit Übergangs- und Arbeitslosengeld vorzeitig in die Rente. Oma und Opa waren froh, daß ich sie pflegen konnte. Zu Hause gab es zudem immer was zu fummeln. Auch an unserem eisernen Tor müßte bald wieder mal etwas gemacht werden. Da gucken die Leute immer ziemlich neugierig. Dabei hat es schon einige Jahrzehnte auf dem Buckel und steht nun unter Denkmalschutz. Es verschönte ursprünglich den Eingang eines Leipziger Bankhauses und muß in den 20er Jahren hierher gebracht worden sein. Warum und weshalb? Niemand weiß es mehr.

Unser Wahrzeichen ist der Lange Rodaer See mit seinem Naturbad. Schon 1926 öffnete es seine Pforte. Die 33 Hektar Wasserfläche waren jahrzehntelang ein beliebter Anziehungspunkt. Die gute Lage mag auswärtige Besucher bewogen haben, hier ihre Zelte und Wohnwagen aufzuschlagen. Ab 1965 ging der Campingplatz offiziell in Betrieb. Noch heute ist der Platz fast vollständig von Dauercampern belegt. Sie organisierten sich in einem Verein und haben die Anlage samt Bad von der Stadt Mutzschen für zehn Jahre gepachtet. Das Baden geschieht auf eigene Gefahr. Mit den ausgeliehenen Ruderbooten läßt sich die weite Fläche sportlich erkunden. Es ist ruhiger geworden hier im Gelände. Die kleine Gaststätte bietet in einem gemütlichen Rahmen preiswerte Gerichte.

Ja, unser Dorf war seit 1888 an das Eisenbahnnetz angeschlossen. Allerdings mußten wir einen Kilometer bis zur Haltestelle „Böhlitz-Roda“ unten am Mutzschener Wasser marschieren. Die Kleinbahn ratterte hier bis 1966 zwischen Mügeln und Neichen hin und her. Wir trauern ihr heute noch nach. Mit ihr verbindet sich ein Stück Lebensgeschichte. Als ich die Berufsschule in Grimma besuchte, benutzten meine Freunde und ich den Zug bis Neichen, stiegen dort in die Muldentalbahn um und marschierten vom Unteren Bahnhof in Grimma bis zur Roten Schule. Rückzu ging's genau so. Wir waren jeden Tag zwölf Stunden unterwegs. Später radelten wir schneller nach Grimma.

Das Naturbad in Mutzschen-Roda wartet auf Besucher.

Wenn im Dorf heimatkundliche Aktivitäten gestartet werden, bin ich dabei. Da war draußen in der Flur der kahle Hügel vom Langen Berg. Unsere Neu-Nachbarin Frau Burger hatte die Idee, ihn zu bepflanzen. Das fand unsere Zustimmung. Gemeinsam mit Mitgliedern des Mutzschener Heimatvereins gingen wir ans Werk. Die Bäume und Büsche haben inzwischen gewurzelt, zwei Bänke laden zum Sitzen und Schauen ein. Also, eine Wanderung dorthin ist lohnend, weil der Rundblick eine überaus anmutige Landschaft erfaßt.

Dann sammle ich seit geraumer Zeit alle Geräte und Überbleibsel, die das bäuerliche Leben widerspiegeln. Zwar liegt alles noch ziemlich ungeordnet herum, aber da ich jetzt den Backofen im Auszugshaus freigelegt habe, könnte sich dort ein guter Platz finden. Vielleicht gibt ein „Backofenfest" dazu den Anlaß, denn über kurz oder lang soll das Bauwerk nach Jahrzehnten der Ruhe wieder in Betrieb gesetzt werden. Wir haben zwar unten am Gehöft Nr. 8 einen an das Wohnhaus angebauten typischen Backofen, der auch unter Denkmalschutz steht, doch am unbewohnten Haus wirkt der Zahn der Zeit. Mit Rudolf Berger aus Mutzschen habe ich hin und wieder die Dachziegel aufgelegt, aber so läßt sich der Verfall nicht aufhalten.

Und da wäre noch was zu überlegen: Ich weiß, daß auch andere Leute im Dorf vom Sammeleifer gepackt sind. Bei Nestlers unten stehen die Stuben voll. Vielleicht sollte nicht jeder sein Süppchen kochen. Wenn wir uns zusammentun, dann könnte doch eine kleine anschauliche Heimatstube entstehen, nur so für uns. Für unser Dorf blieben so die Erinnerungen erhalten. Und vor allem für die Jugendlichen, wenn auch deren Zahl stetig abnimmt. Ich bin richtig traurig, wenn ich die Einwohner zähle. Zur letzten großen Volkszählung 1964 lebten noch 250 Leute hier, jetzt sind es ganze 139. Wenn das so weiter geht, blutet unser Dorf aus. In den einstigen Bauerngütern scheint das Leben zu erlöschen.

Kleine Wettfahrt in der Dorfflur von Roda.

WEITERE DORFNOTIZEN
aus Roda

Ein **Gemeindeeisen**, es sah einem Hufeisen ähnlich, ging bis in die 30er Jahre von Haus zu Haus. Daran hing ein Zettel mit wichtigen Mitteilungen des Bürgermeisters. Wer die Weitergabe versäumte, mußte ein Bußgeld zahlen.

Handel und Gewerbe: Metallbaumeister Dietrich Karsten mit Rohrleitungsmontagen und Bauschlosserarbeiten. - Metallbaumeister Reinhard Kricke mit Metallbauhandwerk, hervorgegangen aus der alten Schmiede.

Weitere **Personalien**: Dietrich Burger (Jg. 35), Prof. i.R. der Leipziger Hochschule für Grafik und Buchkunst, Maler und Grafiker, bezog 1995 hier ein saniertes Haus. Er fand guten Kontakt zu den Nachbarn und die Freiheiten, die er auf dem Dorf suchte. Er beteiligt sich mit seiner Frau am gesellschaftlichen Leben, beide singen im Mutzschener Kirchenchor. Er malt und zeichnet Landschaftsbilder der engeren Heimat, Motive aus fernen Ländern, die er von seinen Reisen mitbringt, und vor allem figürliche Themen. - Marianne Müller (Jg. 34) betreut als „Gänsemutter“ einige hundert Tiere, die in der Weihnachtszeit als „glückliche Landgeschöpfe“ trotzdem oder gerade deswegen in der Pfanne enden. - Andreas Wentzlaff (Jg. 52) übernahm 1990 Schafe und Stall von der LPG, pachtete mehrere Felder zur Weide und bemüht sich als selbständiger Schäfer mit über 400 Mutterschafen um gute Leistungen. Daß er mit seinen Schäferhunden ausgezeichnete Ergebnisse erzielen kann, bewies er beim 11. sächsischen Leistungshüten im Jahr 2001. Er hat es nämlich mit „vorzüglich“ gewonnen.

Ein **Schriftstein** aus Rochlitzer Porphyr (ca. 50 x 30 cm) im Giebel des Gutes von Nestler wirft einige Fragen auf. Nur schwer läßt sich der Text entziffern: „DER HOSPITAL ANNO 1810“. Das Ereignis verbindet sich mit der napoleonischen Zeit. Damals lagen in Wermsdorf in einem Lazarett viele verwundete Franzosen. Nun läßt sich rätseln: War das Gebäude hier eine Nebenstelle des dortigen Lazaretts oder ist der Stein nur durch Zufall eingesetzt worden? Die Hauswand ist aus Bruchsteinen gefügt, die Tür- und Fenstergewände aus einem hellen Sandstein. Der Schriftstein wäre beinah im Putz verschwunden, wenn nicht Manfred Kurth die übereifrigen Maurer auf das geschichtliche Dokument aufmerksam gemacht hätte.

Die **Wilschmühle** liegt am Wilschbach, der den westlichen Teil (!) des Horstsees und den Langen Rodaer See zum Mutzschener Wasser hin entwässert. Sie wird schon 1580 erwähnt und war später mit einem Sägewerk und einer Ölmühle verbunden. In den 60er Jahren wurde letztmalig geschrotet. Sie ist heute noch bewohnt, von der Technik ist nichts mehr vorhanden.

Bauerngut mit historischem Backofen in Roda.

Göttwitz, 1028 Chotiza, 'Ort am Damm' (slaw.), OT von Mutzschen, 197 Einw.
mit Döbern, 1421 Dobern, 'Ort in der Schlucht', längst in Göttwitz aufgegangen.

Göttwitz - der gleichnamige See ist für den Außenstehenden bestimmt bekannter als das Dorf, das ihm seinen Namen gab. Die Einwohner betrachten das Gewässer nicht als ihr Wahrzeichen. Es liegt zwar auf ihrer Flur, aber sonst haben sie wenig Bezug dazu. Da liegt der See doch zu weit ab. Die Autofahrer, die zwischen Wermsdorf und Mutzschen entlang preschen, passieren ihn hautnah, überfahren den Deichdamm und blicken dann von der Höhe auf das langgestreckte Binnenwasser, wenn sie vorher die scharfe Kurve an der Pappelschänke unversehrt überstanden haben.

Wer ins Dorf hineinfährt, findet im welligen Gelände die lockere Ansiedlung von zwölf Bauernhöfen. Dazwischen entstanden da und dort moderne Einfamilienhäuser. Am Kriegerdenkmal von 1914/18 gabelt sich mehrfach die Straße. Eine davon wird als Spielstraße ausgeschildert. Die Einheimischen nennen sie Döberner Gasse, ein wichtiger ortsgeschichtlicher Begriff, denn damit bleibt die ehemalige Siedlung Döbern im Gedächtnis der Einwohner haften.

Die Fluren um den Ort besitzen eine hohe Bodenwertzahl. Die Obstplantagen der Ablaßer Obstgarten AG schieben sich fast bis an das Dorf heran. Dort und in den Werkstätten des Betriebes arbeitet der Schlosser Ronald Wenzel (Jg. 69):

In Göttwitz läßt sich der Geruch nicht ohne weiteres definieren

Ich stamme aus einem alten Göttwitzer Bauerngeschlecht und bin auch hier geboren. Ich habe noch was mitgekriegt vom bäuerlichen Wesen, weil auf unserem Bauernhof mein Vater für die Schweinezucht der LPG verantwortlich war. Trotzdem wollte Vater nicht, daß ich in die „sozialistische" Landwirtschaft einstieg. Also erlernte ich in Grim-

Die Familie auf dem Hof von Ronald Wenzel.

ma den Schlosserberuf. So ganz glücklich wurde ich damit nicht, ich vermißte die Dorfnähe. Also kehrte ich zurück aufs Land und fand in der LPG Obstproduktion in Ablaß eine Anstellung. Herrlich, wieder in der freien Natur zu sein!

Dann kam die Wende. Vielleicht habe ich ein bißchen dazu beigetragen. Ich beteiligte mich des öfteren an den Montagsdemos in Leipzig. Es mußte sich was ändern! Mit unserer LPG hier im Ort ging's immer mehr bergab. Jedenfalls haben mich die Ereignisse um 1989/90 am nachhaltigsten beeinflußt.

Natürlich war ich erschrocken, als wir 1991 alle im Betrieb entlassen wurden. Also ging's ab in den Westen. Ich war doch so jung und voller Hoffnung! Habe dort auch sofort Arbeit gefunden, aber nicht das, was noch zum Leben dazu gehört: die Akzeptanz und das Zusammenleben mit den Menschen. Dann starb mein Vater, und das Gut hier brauchte eine männliche Hand.

Der Obstbau stellte inzwischen wieder Leute ein, denn die Heinzelmännchen gab's ja nur im Märchen. Ich packte also mit zu. Inzwischen hat sich unser Betrieb mit seinen 20 fest angestellten Arbeitskräften eine solide Basis geschaffen. Doch wenn wir die Ausländer nicht hätten, dann sähe es mau aus. Obst pflücken wollen die Deutschen nicht mehr, zu anstrengend und zu wenig Lohn.

Ob sich was im Obstbau geändert hat? Ja sicher, im Pflanzenschutz zum Beispiel. Natürlich werden wir immer wieder mal angezählt: Ihr spritzt ja noch! Das ist wohl richtig, doch die chemische Konzentration ist viel, viel schwächer. Und dann nehmen wir z. B. zur Bekämpfung von Schorf vorwiegend Schwefel, der die Natur ganz wenig belastet. Auch beziehen wir die natürlichen Schädlingsbekämpfer viel stärker in unsere Programme ein. Ich beiße jedenfalls ohne Bedenken in den Apfel!

Nun habe ich den riesigen Bauernhof auf dem Buckel, Last und Lust zugleich. Hier lebe ich mit meiner Partnerin, der Lena aus der Ukraine. Ich „entdeckte" sie vor Jahren bei den Obstpflückerinnen in Ablaß. Sie gefiel mir, und nun wohnt sie hier. Sie brachte einen Jungen mit, den Kevin. Dann haben wir noch ein gemeinsames Kind, den Daniel. Er kam auf den Tag genau 30 Jahre nach meiner Geburt auf die Welt. Das

Das sanierte Bauerngut mit der Museumsstube von Günter Herbst in Göttwitz.

ist doch toll! Na ja, nun büßen wir jährlich eine Geburtstagsfeier ein.

Was soll ich nun mit dem Hof machen? Mit meinen zwei Geschwistern habe ich mich friedlich geeinigt. Beide haben ihre Familien und anderswo ihre Häuser. Es geht ihnen gut. Ich hätte nie was zum „Auszahlen" gehabt, hätte mich total verschulden müssen. Natürlich, nun stehen die „Buden" da, und ich habe meine Probleme: Feuchtigkeit in den dicken Mauern, kritische Dächer, marode Elektrik. Aber wir sind jetzt Förderdorf, und da werde ich das eine und andere erneuern. Doch langsam, so wie das Geld da ist. So verfahren auch andere Söhne und Töchter von einstigen Bauern. Sie übernehmen die Höfe voller Idealismus und damit das von den Vätern Ererbte.

Heimat? Schon wenn ich aus dem Fenster sehe, spüre ich meine Heimat: die Bäume, die Häuser, die Landschaft. Und dann ist da ein eigenartiger Geruch. Der läßt sich eigentlich gar nicht so richtig definieren, er wirkt da mehr mental. Wenn ich von irgendwoher zurück komme in mein Göttwitz, dann ist er da. Vielleicht ist es der Geruch der Wälder, der vom Lindigt herüberschwingt, oder von den Obstplantagen, oder vom Oschatzer Collm? Ich kann es eigentlich gar nicht so richtig erklären, aber ich fühle ihn.

In unserem Dorfe fehlen Kirche und Kneipe, und trotzdem funktioniert das Zusammenleben. Der Dorfverein mit seinem „Oberfleißigen", unserem Dr. GÜNTER HERBST (Jg. 37) an der Spitze, hat da eine mächtige Aktie dran. Das ist kein Arztdoktor, er promovierte über Fernmeldetechnik. Unser „Doktor" versteht es jedenfalls, uns mitzureißen bei der Gestaltung des Dorfes. Er selbst geht mit bestem Beispiel voran. Das alte Bauerngut seiner Frau hat er so wunderbar herausgeputzt, daß es mit dem erneuerten Fachwerk und der anheimelnden Heimatstube zu einem Wahrzeichen des Dorfes werden könnte, nein, geworden ist. Hier wohnt und wirkt er nun, und wie ein großer Vater hat er die Mehrzahl der Bewohner zu einer Familie zusammengeschweißt. Er hat die Ideen, und wenn er ruft, dann kommen wir, helfen hier und dort. Und er tut es ohne jeglichen Eigennutz. Und dann vertritt er unser Dorf als Stadtrat in Mutzschen, zwar nicht immer erfolgreich, aber mit Nachdruck.

Am Kriegerdenkmal für die Opfer des Ersten Weltkrieges in Göttwitz.

WEITERE DORFNOTIZEN
aus Göttwitz

Der **Dorfverein** wurde 1999 gegründet und bündelt alle jene Kräfte, die schon seit Jahren regelmäßig ein Kinder- und Dorffest veranstaltet haben. Das kleine Dorf hat nämlich ein echtes Phänomen: Hier wachsen 25 Kinder auf. Und für diese wird immer wieder was getan. Roland Wenzel gab eine Wiese ab, und darauf entstand ein fabelhafter Sport- und Spielplatz. Ein sicherer Radweg erleichtert die Zufahrt, und eine erneuerte dorftypische Bruchsteinmauer grenzt die Gefahren von der Straße her ab. Vereinsmitglieder sorgen in ihrer Freizeit für den Werterhalt und die Pflege. Mit Eifer bereiten sie die 975-Jahr-Feier (2003) der ersten urkundlichen Erwähnung vor. Göttwitz gehört zu den am frühesten genannten Orten im Muldentalkreis.

Ferien auf dem Lande bietet der Bauernhof von Bernd und Elke Wenzel in seiner ganzen bäuerlichen Vielfalt mit allen Tieren, die dazu gehören einschließlich einer Pferdepension. Die Städter können hier übernachten, beim Füttern helfen und die Landschaft zwischen Horstsee und Wermsdorfer Wald erkunden und erleben.

Den **Göttwitzsee** hatten die Bewohner schon vor einigen hundert Jahren angestaut. Um 1860 wurden er und andere Teiche um Wermsdorf trokken gelegt und nach 1945 in den feuchten Wiesen Torf gestochen. Dabei kamen Relikte aus fernen Zeiten zum Vorschein, so eine Brunnenlage aus der Bronzezeit und eine 3000 Jahre alte Bronzefibel, ein Meisterstück unserer Vorfahren. Nach 1959 erfolgte ein erneuter Anstau zur intensiven Fisch- und Entenzucht. Jetzt schnattern riesige Gänseherden. Zugleich dient er einer immensen Zahl von Wasservögeln als Brut- und Rastplatz.

Gewerbliches: Einen Landshop richtete Wolfgang Grätz im ehemaligen Konsum ein. Er verkauft dort Waren des täglichen Bedarfs und stellt auch einen Imbiß bereit. Unter seiner Leitung entsteht im ehemaligen Wohnhaus der Ziegelei eine Begegnungsstätte mit einer Gastwirtschaft. - Am Göttwitzsee steht der Verkaufsstand von Georg Stähler mit Fisch und Fischprodukten. - Die Fa. Holger Jung betreibt Rohrreinigung und Abwassertechnik, die KUHN Gerüstbau GmbH von Waldemar Reichardt stellt Gerüste aller Art, eine Rekultivierungs- und Sanierungsgesellschaft (Dr. Günter Herbst) befaßt sich mit der Beseitigung von Altlasten und das Fuhrunternehmen von Axel Weber beliefert den Groß- und Einzelhandel mit Baustoffen.

Die **Pappelschänke** war in den 20er Jahren für die Gäste aus nah und fern ein beliebtes Ausflugslokal und für die Fuhrleute eine notwendige Ausspanne. Um 1940 erfolgte der Umbau zu einem Kinderheim, das bis 1992 bestand. Jetzt warten Spätaussiedler aus den Weiten Rußlands und Kasachstans in dem eingerichteten Aussiedlerheim auf den Tag, an dem sie irgendwo in Deutschland einen festen Wohnsitz gefunden haben.

Die **Ziegelei** war wohl das einstige Wahrzeichen des Dorfes. Seit 1864 brannten zwischen 30 und 40 Mitarbeiter aus dem nahen Lehmvorkommen die begehrten Mauerziegel. 1991 wurde das Werk wegen „Unwirtschaftlichkeit" stillgelegt. Die Werksanlagen stehen seitdem leer. Auf dem Schornstein bauten engagierte Naturschützer ein Storchennest. Noch ist es nicht belegt, aber in den Lehmgruben tummeln sich die Frösche.

„Die Pappelschänke" in Göttwitz.

Wetteritz, 1378 Wettericz, 'Ort, wo Wind weht' (slaw.), OT von Mutzschen, 350 Einw.

Das Dorf besteht aus zwei Siedlungen. Seit über 600 Jahren existiert das ganz „normale“ Alt-Wetteritz, und seit zehn Jahren wird einige hundert Meter entfernt oben auf der Höhe Neu-Wetteritz aus dem Boden gestampft. Die Neusiedler haben versäumt, rechtzeitig in der Namenkunde nachzuschlagen, um den Ursprung des Ortsnamens zu erfragen. Sie hätten dann wohl nie und nimmer hier auf dem Hochplateau des Lößhügellandes ihre Zelte aufgeschlagen, denn:

Auf der Wetteritzer Höh‘, da pfeift der Wind so kalt ...

Der Ortsname Wetteritz hat seinen Ursprung in 'Vetrica', und das kennzeichnet einen Ort, „wo der Wind weht“. Und das geschieht hier, gnadenlos und mit allen Schikanen, besonders im Winter und bei Schneefall! Deshalb bauten die Wetteritzer Vorfahren ihre sieben Höfe am Hang zum Mutzschener Wasser hinunter. Im Verlauf der Jahrtausende hatte das Wasser ein weites flaches Tal geformt.

Das fließende Wasser verkümmerte zum Rinnsal, doch es reichte früher zum Betrieb einer Wassermühle. 1797 erbaut, war sie bis 1918 im Betrieb, danach als Bauerngut von Willy Rennert (1913-1988) bewirtschaftet. Von der technischen Einrichtung ist schon lange nichts mehr vorhanden, lediglich im Garten ruht noch ein Mühlstein. Im Backofen buk 1948 das letzte Brot. In der großen Bauernküche mit einem Zellengewölbe und der alten „Sommermaschine“ ließ es sich recht gemütlich sitzen *(1987 auch für die „Rundblick“-Wandermannschaft).* Die Kochmaschine hat inzwischen einem neuen Holzofen mit bunten Kacheln Platz gemacht. Der ansehnliche Fachwerkbau wurde in den letzten Jahren vom Eigentümer Uwe Heller sorgfältig restauriert, was sich in den Nebenbauten fortsetzt.

Der kleine Rundling endet in einer Sackgasse. Von den sieben Gehöften stehen zwei leer und, zwei weitere sind sehr baufällig. Neben der Mühle hat auch die Familie Bindig, er Ur-Wetteritzer, sie kommt aus Draschwitz, beide Alt- und LPG-Bauern und Rentner-Ehepaar, den Bauernhof mit der weit ausladenden Kastanie in Ordnung gebracht. Beide besuchten noch die hiesige Schule, die 1958 aufgelöst wurde. Das Gebäude fiel mit allem Inventar der Spitzhacke zum Opfer. Bindigs retteten lediglich die Zensurenbücher, die bis 1855 zurückreichen. Eine vorbildliche Dorfjugend wuchs da jedes Jahr heran, denn die Noten der Schulabgänger zeigten fast durchweg hervorragende Ergebnisse. Nur hin und wieder vermerkte der Herr Lehrer in sauber-gestochener Handschrift mit drastischen Worten: lügenhaft / faul und unreinlich / die Faulheit selbst / im 5. Grade leichtsinnig / flatterhaft.

Die Umgebung des Ortes erschöpft sich nicht in weitflächigen Feldern. Beiderseits des Mutzschener Wassers, dessen anmutige Schlingen samt altem Baumbestand der Melioration zum Opfer fielen, liegen feuchte Wiesen und Weiden. Nach Jeesewitz zu führt ein uralter Feldweg. Es war der Schulweg, auf dem die Jeesewitzer Dorfjugend zur Schule nach Wetteritz pilgerte. Auf halbem Wege entspringt in einem schmalen Feldgehölz mit hohen Weiden und Eichen am Hang des Bieleberges eine echte Quelle, der Bieleborn. Wo findet sich sonst noch im Muldentalkreis ein solch anschauliches Naturereignis? Eine ein Meter hohe Mauer aus Steinquadern schützt den kleinen Quellteich halbkreisförmig vor Abschwemmungen aus dem ansteigenden Steilufer. Dort hat ein Fuchs seinen Bau gescharrt, wohlweislich der Erfahrung, daß die Ruhe hier kaum gestört wird. Nur ein paar Kinder aus einem der umliegenden Dörfer haben das Naturparadies für ihre Spiele entdeckt. Das Wasser quillt unaufhörlich aus dem

Boden und formiert sich zu einem munteren Bächlein, das nach kurzem Weg im Mutzschener Wasser endet.

Oben auf der Höhe (ca. 200 m über NN) auf freier Fläche inmitten der Felder mit hoher Bodenwertzahl liegt Neu-Wetteritz. Hier knüpfte in der „Goldgräberzeit" des Jahres 1993 ein Investor seine Bande. Auf einer Fläche von 9 Hektar stampfte er Eigenheime und Mietshäuser aller Couleur und Stilrichtungen aus dem Boden. Über 50 stehen nun da, siebzig sollten es werden. Doch das „Bauwunder" von einst hat sich wohl ausgewundert. Die geplanten Verkaufseinrichtungen und andere Anlagen zum Wohlfühlen lassen sich nur noch als Fata Morgana erkennen. Im Durchschnitt steht ein Drittel der Wohnungen leer, die Mietsleute fliegen ein und aus wie in einem Taubenhaus. Eine Familie flüchtete hinunter nach Alt-Wetteritz. Eine schmale Straße mit Laternen verbindet die beiden Ortsteile. Zwischen den Häusermauern bellt eine bunte Hundemeute. Weder Bäume noch Sträucher hemmen das Gekläffe. Es gibt noch viel zu tun, damit sich die Mieter hier heimisch fühlen.

Hier wohnt und arbeitet seit wenigen Jahren auch GÜNTER RODE (Jg. 48), Geschäftsführer der Finanz-Union im Beruf und bestellter Friedensrichter für Mutzschen und Nerchau samt ihren Ortsteilen in seiner Freizeit:

Ich werde die Leute doch nicht im Stich lassen!

Wie ich von Hamburg nach Neu-Wetteritz gekommen bin? Von meiner Versicherungsfirma erhielt ich den Auftrag, hier in Nordsachsen neue Geschäftsbeziehungen zu knüpfen. In Mutzschen-Roda fand ich ein erstes Quartier. Das Provisorium endete nach einem Besuch in Neu-Wetteritz, wo ich für Wohnung und Büro eine großzügige Unterkunft fand.

Vor Jahren las ich im Mutzschener Amtsblatt, daß die Stadt, gemeinsam mit Nerchau, einen Friedensrichter suche. Das wäre doch was für mich! In Rechtsfragen kenne ich mich ein wenig aus, und für das „Kleingedruckte" habe ich einen guten Blick.

Friedensrichter Günter Rode in Neu-Wetteritz.

Anderen zu helfen, das könnte ich mir gut vorstellen. Die Stadträte wählten mich einstimmig ins Ehrenamt, obwohl sie mich nicht kannten. Es hat wohl seine Vorteile, wenn man von außerhalb kommt und keine verwandtschaftlichen Bindungen geknüpft sind. Und so fing ich im Jahr 2000 an.

Friedensrichter ist eigentlich nicht das richtige Wort. Ich habe zu schlichten, statt zu richten. Es ist der klassische Nachbarschaftsstreit, der sich oftmals zu ungeahnten Dimensionen aufbläht. Ihn zu schlichten, das soll nun meine vordringliche Aufgabe sein. Die Leute kamen, anfangs zögernd, weil da die unsichtbare Hemmschwelle überwunden werden mußte. Für mich war wichtig, ein möglichst durchschaubares Bild vom Streitfall zu erhalten. Da fuhr ich auch schon mal vor Ort.

Ich mußte vor allem zuhören! Ob Kläger oder Beklagter, sie alle wollen zu Wort kommen, wollen sich ihren Frust von der Seele reden, auch mal schreien. Da habe ich nichts dagegen. Und wenn ich mir ein Bild gemacht habe und der Beklagte die Anschuldigungen des Klägers gründlich kennt, dann führte ich beide zusammen. Manch einer erfährt da überhaupt zum ersten Male, was den Nachbarn bekümmert. Und dann passiert es schon mal, daß da einer mit 80 im Zimmer sitzt, sich keiner Schuld bewußt ist und nur deshalb gekommen sei, weil in der „Vorladung" was von 100 Euro Strafe steht. Und darauf bin ich schon ein bißchen stolz: Ich konnte sie alle beruhigen, und am Ende gaben sie sich gar die Hand. 14 der bisherigen 15 Fälle endeten mit einem Vergleich! Der Weg zum Gericht und möglicherweise eine Kostenlawine blieben so beiden Parteien erspart.

Und warum kommen die Leute zu mir? Oft ist nicht die äußerliche Ursache der Kern des Übels, es sind die menschlichen Schwächen, die über Jahre hinweg das Verhalten beeinflußten: Neid, Mißgunst, Mobbing oder ganz einfach nur Lust, dem andern eins auszuwischen.

Grundstücksangelegenheiten stehen vorne an. In der DDR spielte das absolut keine Rolle. Das ist jetzt total anders, Besitz und Boden sind „heilige Güter". Was da jahrzehntelang möglich war, z. B. der Weg übers Nachbargrundstück, der wird nun

Ferienspiele für Wetteritzer Kinder am Bieleborn.

erschwert. Oder die Hecken und Bäume ragen über die Grenze. Da waren auch mal zwei 80jährige, die sich mit dubiosen „Nicklichkeiten“ gegenseitig das Leben erschwerten. Alter schützt tatsächlich vor Torheit nicht!

Ich wünschte, es kämen mehr zu mir, weil da noch allerhand latente Kümmernisse in den Dörfern schlummern. Ich bemühe mich, stets objektiv zu sein und keine Unterschiede zwischen den Starken und den Schwachen zu machen. Und wenn ich dann die Lösungswege gefunden habe, wenn sich beide „Streithammel“ die Hand geben, dann empfinde ich ein glückhaftes Gefühl. Meine Arbeit hat sich gelohnt, ich bin anerkannt als der „Wessi“, der von drüben kam.

Ob ich mich in Neu-Wetteritz eingelebt habe? Ja doch, denn sonst wäre ich nicht hier geblieben. Man darf nicht voreingenommen sein. Als ich 1995 hier ankam und zur „Bemme“ eingeladen wurde, da habe ich zugegriffen, obwohl ich gar nicht wußte, was das war. Ich habe den Kontakt zu den Menschen hier gesucht und gefunden. Dabei hat mich manches angenehm überrascht. Vor allem die Hilfsbereitschaft untereinander, die Improvisation, fand ich wohltuend. Da gibt es hier richtige Künstler. Wo ich im Westen schon beim geringstem Übel nach dem Handwerker schreie, ist hier ein Nachbar da, der das in Ordnung bringt.

Ich wohne in einer schönen Wohnung und gehe zu Fuß zur Arbeit. Ich habe schnell ein gutes Verhältnis zu meinen Leuten gefunden, die alle aus dem Umland kommen. Sicher, ohne Fahrzeug wäre ich aufgeschmissen, aber das ist doch heutzutage kein Thema. Mit den Nachbarn, einem sehr gemischten „Publikum“, verstehe ich mich, vielleicht besser als mit den Bayern. Natürlich bedaure ich es, wenn ein Drittel der Wohnungen leer steht. Hier ist eben nichts gewachsen, weder Geschäfte noch Schule noch sonst was. Es müßte noch was fürs Umfeld getan werden. Und trotzdem! Da fahre ich eben ein Stück weiter. Mit dem Auto schrumpfen die Wege zusammen. Dann mache ich mit in einem Sportverein und lerne dabei noch mehr Menschen kennen.

Natürlich spüren wir die heftigen Schneestürme, wenn sie hier oben übers offene Land jagen. Doch das stört mich nicht, man muß sich dann eben entsprechend anziehen. Und außerdem bin ich als Friedensrichter gewählt, und so einfach die Leute im Stich lassen, das geht doch nicht.

Das Mühlengut in Wetteritz.

Die kleine Siedlung liegt wahrlich fernab aller Verkehrswege wenige Kilometer südlich von Mutzschen. Einige hundert Meter weiter rauscht der Autobahnverkehr vorbei. Niemand nimmt Notiz vom winzigen Ort. Warum sollte er auch? Ein knappes Dutzend Bauerngüter gruppiert sich scheinbar zusammenhanglos am flachen Hang. Verfall und eifriges Bemühen um Erhaltung wechseln einander ab. Die Werkstatt einer Ein-Mann-Zimmerei hat wohl eher zufällig hier ihren Standort. Sogar zwei neue Einfamlienhäuser verstecken sich zwischen alten Mauern. Dazwischen breitet sich ein Stück undurchdringlicher Urwald aus. Ein Schild verkündet schelmisch mit unbeholfenen Lettern: „Bio-Hühnerstall mit tierischer Eiweißzucht. Naturpark Jeesewitz".

Alle 15 Minuten scheppert der Klang einer Glocke über das Dorf. Unvermittelt hält der Fremde Ausschau nach dem Kirchturm, allerdings vergeblich. Im Gut von Schreibers würde er fündig. Dort tickt doch tatsächlich an einem kleinen Anbau im Hof eine Uhr, und dort hängt auch die Glocke. Ihre Geschichte erzählt in einer so richtig gemütlichen Stube die Bauersfrau DORIS SCHREIBER (Jg. 24):

In Jeesewitz ohne Kirchturm verkündet trotzdem eine Glocke die Stunden

Der alte Kachelofen hat längst noch nicht ausgedient. Es fällt ja soviel Holz an. Sonst erwärmen die elektrischen Nachtspeicheröfen die Wohnung. Hier lebe ich ganz allein. Mein Mann ist verstorben, und die zwei Kinder sind verheiratet. Sie haben ihre Wohnung woanders gefunden. Natürlich, zu Geburtstagsfeiern und anderen Festtagen schwirren sie mit den Enkelkindern hier ein. Auch sonst helfen sie hin und wieder im Garten und auf dem Hof. Denn Ordnung muß sein, und für manche Arbeiten bin ich doch zu alt.

Es wohnt sich ruhig und gut hier im Dorf. Wir Frauen leben meist allein, denn uns sind die Männer weggestorben. Wenn eine Geburtstag hat, dann sitzen wir zusammen bei Kaffee und Kuchen. Ein paar Neuigkeiten lassen sich immer austauschen. Hier herrscht noch nicht die kalte Geldgesellschaft. Hin und wieder gibt's mal eine goldene Hochzeit im Dorf. Da feiern wir natürlich alle mit. Jemand geht von Familie zu Familie und sammelt Geld für das gemeinsame Geschenk. Dann bestellen wir eine Ranke, die um die Haustür gewunden wird. Daran beteiligen sich auch die jungen Leute. Ein paar sind aus der Großstadt geflüchtet und wohnen nun in den ausgebauten Auszugshäusern.

Den früheren Konsum hat ein Hiesiger zu einem stattlichen Einfamilienhaus umgebaut. Unsere Männer hatten ihn in den 70er Jahren in Eigeninitiative errichtet. Und wir waren sehr zufrieden damit, denn alles, was wir so zur täglichen Versorgung brauchten, holten wir uns dort. Nach der Wende schloß er seine Pforten. Jetzt rollen Händler mit Verkaufswagen ins Dorf.

Einige Bauerngüter sehen schrecklich aus. Sie zerfallen. Ein Spekulant wollte schon mal ganz groß eine Siedlung errichten. Doch er hat sich bald wieder verflüchtigt. Ein anderer hoffte mit einer Schutthalde das große Geld zu machen. Unsere Proteste verjagten ihn. Zurück blieben einige Betonteile. Dort wuchern jetzt die Brennesseln.

Was aus unserem Gut mal werden soll? Ich weiß es nicht. Das Erhalten kostet viel, viel Geld. Trotzdem müssen wir das tun. Es bleibt nur ein bißchen Hoffnung. Vielleicht wird doch mal ein Enkel hier seßhaft ?

Wie wir zu der Uhr auf dem Hofe gekommen sind? Mein Mann erlernte vor dem

Krieg auf dem Rittergut in Sitten die Landwirtschaft. Dort befand sich in einem Uhrenturm der Stundenzähler mit der Glocke. Später dann, als er um 1950 wieder mal dahin unterwegs war, sah er die Hofuhr auf dem Schrottplatz liegen. Warum sie abgerissen worden war, blieb ihm unverständlich. Für 20 Zentner Kartoffeln überließen ihm die Leute das gesamte Uhrwerk (eigentlich den Schrott!). Findige Köpfe brachten sie wieder in Ordnung, und ein guter Platz in unserem Hof war schnell gefunden. Seitdem läuft und läuft sie. Kleine Reparaturen sind kein Problem. Allerdings muß sie täglich aufgezogen werden. Dafür sorgt meine liebenswerte Hausgenossin Frieda Schwarz (Jg. 27). Sie kam 1945 als Flüchtling ins Haus und fand hier eine neue Heimat. Nun gehört sie gewissermaßen zum Inventar. Wir zwei alte Damen verstehen uns prächtig. Wir halten mit vereinten Kräften so gut wie es geht die Ordnung aufrecht in Hof und Garten. Wenn's zu schwer wird, hilft uns der Nachbar mit seiner Motorhacke.

Mit der Landwirtschaft im Dorf ist es vorbei. Die Felder sind verpachtet. In den Ställen stehen weder Kühe noch Schweine. Nur etwas Kleinvieh rennt in den Höfen umher. Einige Hühner gackern in den Gärten, etliche Enten schnattern am Wasserloch, und ab und an hoppeln ein paar Kaninchen in ihrem Verschlag.

Ich hatte damals in der LPG 36 Muttersauen zu versorgen. Das war meine Arbeit und mein Leben. Und heute? Nun bin ich Rentnerin und habe einen großen Bekanntenkreis, einmal familiär und zum anderen mit den ehemaligen Kolleginnen und Kollegen der LPG. Da gibt es oft etwas zu feiern. Und da ich immer noch Auto fahre, bin ich ziemlich beweglich. Ich habe dann den Wagen voller Frauen, die irgend wohin müssen. Manchmal machen wir Reisen mit dem Omnibus. Langeweile gibt es nicht, und so bin ich ganz zufrieden.

Der Bauernhof von Doris Schreiber.

Merschwitz, 1421 Merschewicz, 'Leute eines Merasch' (slaw.), OT von Mutzschen, 11 Einw.

Ganze drei Vierseithöfe bilden die winzige Siedlung am Mutzschener Wasser. In dem einen wohnen die Familien Große, Senior und Junior, im anderen die Familie Wadewitz, insgesamt 11 Einwohner. Damit erklärt sich Merschwitz zum kleinsten Dorf im Muldentalkreis. Der dritte Bauernhof steht noch leer, aber nicht mehr lange. Ihn hat die Familie Schlotter erworben, der Ausbau erfolgt schrittweise. Wenn sie dann in einigen Monaten einziehen, erhöht sich die Einwohnerzahl.

Kein Ortsschild verweist auf den Merschwitzer Flecken. Vermutlich deshalb, weil seit über 100 Jahren die Gehöftgruppe vom nahen Köllmichen mit verwaltet wurde. Bei aller Winzigkeit steht die Siedlung einmal im Jahr im Mittelpunkt des Geschehens. Da versammeln sich nämlich in Großens Bauerngut über hundert Leute aus der nahen und weiteren Umgebung zu einem sonderbaren und lauten Spektakel, zum Wettkrähen der Hähne:

Merschwitzer Rekord: 221 „Kräher!“

Im Jahre 2001 verjagten Regenschauer die Hähne samt Besitzer. Im folgenden Jahr feite man sich dagegen und verlegte das Treffen in den entkernten Kuhstall des Nachbarn. Über hundert Hähne schleppten die Hühnerhalter heran. Drahtkäfige reihen sich aneinander, teils mit Pappen voneinander abgeschottet, damit sich die Meisterkräher nicht negativ beeinflussen lassen. Davor hocken die Kampfrichter mit Zettel und Bleistift und starren auf das bunte Federvolk.

An diesem Tage zählen weder Farbenpracht noch Schönheit. Hier wird auf einer Strichliste vermerkt, wie viele Male der Hahn zwischen 8 und 9 Uhr kräht. Und das geschieht dann im Durcheinander und in allen Tonlagen. Manche schmettern lauthals ihren Ruf in die Runde, andere gackern wie ein Huhn, als wollten sie jeden Augenblick ein Ei legen. Das zählt nicht! Auch Zwischentöne werden nicht registriert. Einer krächzte nur noch. Wahrscheinlich hatte er sich übernommen. Manche geben nur einen einmaligen Laut von sich und kuscheln sich dann beleidigt in die Käfigecke.

Nach einer Stunde werden die Zettel eingesammelt. Die Kampfrichter eilen an die Futterkrippe (mit Bockwurst und Bier), und das hohe Schiedsgericht zieht sich zur Beratung zurück. In drei Kategorien, nämlich Urzwerge, Zwerghähne und große Tiere, werden die Sieger ermittelt. Die kleinsten sind die eifrigsten Kräher. Vergleiche mit ihren Besitzern werden nicht angestellt. Der diesjährige Sieger schaffte es nur auf 164 „Kräher“, der Rekord eines Zwerghahns liegt bei 221. Die Ursachen ließen sich nicht ermitteln, man will das Gutachten eines Sachverständigen anfordern.

Das Merschwitzer (Köllmicher) Hähnekrähen wird mehr und mehr zu einem Volksfest. Derjenige, der die Fäden dazu spinnt und in der Hand hält, ist der Junior-Chef vom väterlichen Bauerngut, Heiko Grosse (Jg. 70):

Ich bin hier geboren, und hier bleibe ich. Ich habe schon als Junge gewußt, daß ich etwas mit der Landwirtschaft zu tun haben werde. Nach der Lehrzeit verdiente ich mir meine Sporen in der Viehzucht der LPG. 1990 löste sich mit der Wende die Genossenschaft auf. Mein Vater trat beherzt in die Selbständigkeit, und ich schloß mich mit Eifer an. Eigener Landwirt zu sein, das war schon immer mein Wunsch.

Wir konzentrierten uns auf die Milchwirtschaft. Zu unseren 27 Hektar Feld pachteten wir hundert weitere dazu. Das ist eigentlich ein bißchen zu wenig, wie sich nun heute herausstellt. Aber wer wußte damals vor zehn Jahren, wie der Hase laufen wird. Jetzt konnten wir von der Treuhand noch mal 15 Hektar kaufen, so daß wir nun mit den 150 Hektar einigermaßen gut über die Runden kommen. Wir bauen das Futter für unsere Milchkühe an und auf einigen Flächen etwas Marktgetreide.

Es fällt uns nichts in den Schoß, und wir müssen schon ganz eifrig ran, auch nachts die Augen und Ohren offen halten. Im Selbstlauf geht nichts! Waren wir früher stolz, wenn eine Kuh über 4000 Liter Milch brachte, erreicht sie heute bis zu 8700 Liter. Dazu ist gleichbleibend gutes Futter notwendig. Auch die eingekreuzten Gene der holstein-friesischen Zuchttiere spielen wohl eine wichtige Rolle. Und natürlich müssen die Tiere die menschliche Liebe spüren. Dann reagieren sie zufrieden. Das ist doch wie bei den Menschen: Wohlbefinden steigert die Leistung!

Natürlich haben wir auch unsere Freizeit. Wo läge denn sonst der Sinn des Lebens? Meine Hobbys stehen im Einklang mit meinem Beruf: Ich züchte Zwerghühner und Pferde. Mit den kleinen Körnerfressern reise ich in den Wintermonaten deutschlandweit zu allen größeren Ausstellungen. Dabei heimse ich regelmäßig Preise ein, auch manch erster war schon dabei. Du mußt wissen, wie ein Tier auszusehen hat, wenn es auf den vorderen Plätzen mitmischen soll. Der Laie mag da kaum Unterschiede feststellen, doch ich habe das Feingefühl dazu. Inzwischen gehört meine Zucht zu den drei Besten bundesweit. Andere Züchter kommen jetzt zu mir und wollen Tiere kaufen. Das ist doch was, und das macht mich richtig stolz. Es geht dabei weniger ums Geldverdienen, sondern um den Spaß und die Ehre.

Und die Pferde? Früher haben sie für uns gearbeitet, jetzt tun wir es für sie. Meine Tiere haben weniger Wirtschaftswert. Sie dienen zum Abweiden der Koppeln, zum Ausreiten für den Spaß, zur gelegentlichen Kutschfahrt durch die Fluren. Einige Fohlen konnte ich schon absetzen. Damit kann ich die Unkosten ein bißchen mildern. Der „Pferdefimmel“ unter den Leuten nimmt zu, der steigende Wohlstand macht's möglich.

Wünsche? Da habe ich eigentlich keine. Jeder Tag bringt was Neues, und ich bin zufrieden. Warum soll ich dann meckern? Wir machen unsere Arbeit, und da geht's rund. Wenn ich sehe, mit welcher Begeisterung mein 6jähriger Bub auf den Traktor klettert, dann ist mir um die Zukunft unseres Bauernhofes in Merschwitz nicht bange.

Heiko Große mit seinen Lieblingen.

Köllmichen, 1354 Köllmicheyn, 'am kleinen Colm (Berg)' (slaw.), OT von Mutzschen, 26 Einw.

Das Mutzschener Wasser hat sich im Verlaufe vieler Jahrtausende stellenweise bis zu zwanzig Meter tief in den fruchtbaren Lößboden eingegraben. Im Dorf umfließt das winzige Gewässer einen felsigen Geländesporn, auf dem die alte Schanze lag. Die Köllmicher Bauern errichteten ihre Drei- und Vierseithöfe auf den ansteigenden Höhen. Lediglich einer von den acht Mittelbauern siedelte unten am Bach. Dort standen auch das Armenhaus und die Schmiede. Mehr hat die kleine Siedlung auch heute nicht zu bieten. Bäuerliches Leben pulsiert nur noch in einem Gute beim Bauer Siegfried Große. Die Siedlung blieb ein lockeres Platzdorf ohne Kirche, Schule, Kaufladen und Handwerk.

An die nördliche Dorfflur grenzte der Ortsteil Leipen. Er besteht von alters her lediglich aus einem einzigen Gehöft, das 1418 als Vorwerk urkundlich erwähnt wurde. Noch vor wenigen Jahren markierte ein Ortsschild den traditionsbewußten Bauernhof.

Werner Hahn (Jg. 27) weiß noch heute, was seine Großeltern einst erzählten:

In Köllmichen durchwühlen jetzt die Füchse die historische Wallanlage

Gegen Ende des 19. Jahrhunderts gingen durch Brandstiftung mehrere Güter in Flammen auf. Doch die Bauern bauten sie wieder auf. Die Balken für die Scheunen holten sie mit dem Kastenwagen von Strehla. Dort fischten die Händler das qualitativ gute böhmische Flößerholz aus der Elbe. Die Sparren und Pfosten halten noch heute die Gebäude fest zusammen. Dachziegel und Putz mußten da schon mehrmals erneuert werden. Das geschah zum großen Teil in den letzten Jahren, so daß die Bauernhöfe einen recht guten Eindruck machen.

Werner Hahn vor seinem Köllmichener Gehöft.

Hier bin ich geboren, im nahen Wetteritz in die Schule gegangen und im bäuerlichen Milieu aufgewachsen. Das ist meine Heimat. Als 1926 oben auf der Wallanlage die Ausgrabungen begannen und für einige Jahre ein Heer von Archäologen unseren kleinen Ort bevölkerte, war das natürlich eine kleine Sensation. Diese erstmalig in solchen Ausmaßen durchgeführte Grabung in Sachsen hat unseren Ort in der Wissenschaft weithin bekannt gemacht. Damals war die alte Schanze in ihren Ausmaßen noch nicht vom Steinbruch dezimiert. Zahlreiche Funde im Innenbereich ließen auf eine dichte Besiedlung schließen. Bestimmt hatte der fruchtbare Lößboden die Leute angelockt. Zu ihrem Schutz hatten im 9. Jh. die Sorben eine Burg erbaut. Welches Dorf hat schon einen solchen großartigen Beweis seiner frühen Besiedlung? Folglich nannten wir unsere erste LPG in echter Heimatverbundenheit „Sorbenschanze". Vielleicht betrachtet der unbedarfte und neugierige Fremde heutzutage die Wallreste etwas geringschätzig. Wir jedenfalls sind ziemlich stolz auf unsere große Vergangenheit, wenn wir hier oben stehen und rundum einen wunderbaren Blick über die Heimatfluren haben. Da können wir auch verstehen, warum unsere Vorfahren diesen günstigen Platz gewählt hatten. Auch jetzt lebt der Hügel. Einige Füchse haben ihre Kessel in das weiche Erdreich gegraben. Ob wir ihn nun Fuchsberg nennen sollten?

Schon in den Kindesjahren interessierte uns die alte Schanze. Als „illegale Grabräuber" wühlten wir mit dem Spaten in dem vorgeschichtlich-trächtigen Erdreich. Wir fanden nur Scherben. Einen Goldschatz hätten wir auch vergeblich gesucht. Ihn gab es nur in unserer kindlichen Phantasie. Aber meine Leidenschaft für die Frühgeschichte der Köllmicher Vorfahren hat sich gehalten. Später ackerte ich ein durchbohrtes Steinbeil aus dem Boden, und sogar ein Faustkeil lag mal auf der Feldflur. Wie gern würde ich die Stücke heute meinen Gästen zeigen. Aber da müssen sie nach Dresden ins Museum fahren, denn Renate Sturm-Francke, die emsige Beschützerin aller Bodendenkmale, sorgte mit Nachdruck dafür, daß ich die Funde abgab. Sie drohte mit schrecklichen Strafen. Vielleicht fahre ich doch noch mal in die Landesmetropole, um mich zu überzeugen, ob unsere Köllmicher Funde einen würdigen Platz haben.

Kuhweide am Fuße des Leipener Bauernhofes in Köllmichen.

Der Geländesporn mit seiner Wallanlage am Mutzschener Wasser besteht aus Porphyr mit aufgewehten Lößschichten. Die Bauern selbst brachen das Gestein und hatten so gleich den Steinbruch vor Ort. Er lieferte das Material für den Hausbau und den Schotter zur Ausbesserung der Straßen. Allerdings zerstörte der Abbau mehr und mehr die alte Schanze auf dem Gipfel. Erst in den Jahren 1940/41 wurde er eingestellt. Die Männer mußten in den Krieg.

Weniger spektakulär, aber trotzdem immer wieder den neugierigen Blicken von Denkmalschützern ausgesetzt, ist das Armenhaus, vor 1900 von der Gemeinde aus Lehm, Holz und Stroh für die „wirklich ganz Armen“ im Dorf gebaut. Sie war dazu gesetzlich verpflichtet. 1945 zogen ostpreußische Flüchtlinge ein. Diese deckten das Dach ein letztes Mal mit Schilf, das sie im Winter auf dem Horstsee geschnitten hatten. In der Gegenwart mauserte sich das niedrige Häuschen. Ein neugedecktes Dach, braune Kunststoff-Fenster und heller Putz verwandelten das „häßliche Entlein“ in ein schmuckes Eigenheim, bestimmt zum Leidwesen der Denkmalschützer. Es wird bei den Einwohnern trotzdem noch lange seinen historischen Namen behalten.

So wird es auch der Spitzkehre weiter draußen nach Mutzschen zu ergehen. Dort oben auf der Höhe von 215 m über NN gab es seit alters eine Straßenkreuzung. Russische Panzer wühlten die Kurve ständig wieder auf. Deshalb mußten 1945/46 Straßenarbeiter und Leute aus dem Dorf die Hauptstraße mit Packlager aus Wermsdorf ausbauen. Der Volksmund erfand für die scharfe Ecke ganz schnell einen Namen: „Stalinkurve“. In DDR-Zeiten hörte die Obrigkeit diesen Namen nicht gern, aber er ließ sich einfach nicht verwischen. Er hat sich bis heute gehalten. Von der seinerzeit gepflanzten Pappelreihe ragen noch sechs Stück in die Höhe und markieren weithin den neuralgischen Punkt.

Wir haben in unserem kleinen Ort kein Domizil, wo wir uns treffen könnten. Früher, aber auch das ist schon lange her, gab es unten am Wasser nach Nauberg zu tatsächlich mal eine Schänke. Die Frau vom Schmied verkaufte Bier und Schnaps. Das war ein einträgliches Geschäft, denn der Hufbeschlag dauerte seine Zeit. Und nebenbei stempelte sie die Postsendungen.

Mit dem Ausgang des Winters treffen sich heutzutage unsere Frauen reihum in den Bauernhöfen. Sie vertilgen die Stollenreste, aber ich glaube, noch wichtiger ist es für sie, die Neuigkeiten von der Nachbarin zu hören. Und noch ein guter Brauch, den die schlesischen Umsiedler mitgebracht haben, hat sich in den letzten Jahren erneuert: Die Reisighaufen, die da und dort in den Gärten liegen, wachsen in den Herbst- und Wintermonaten immer höher. Zu Ostern brennen sie lichterloh, und die Verwandten und Nachbarn kommen dann zum Aufwärmen. Und natürlich zu Kaffee und Kuchen oder zu einem kräftigen Abendbrot. Jedenfalls wird beim Osterfeuer reingehauen, und die Dorfgemeinschaft mitsamt der Verwandtschaft rückt ein Stück enger zusammen.

Armenhaus, Trafostation und Bauernhof von Werner Hahn auf der Höhe.

Prösitz, 1378 Bres, 'Birke' (slaw.), OT von Thümmlitzwalde, 63 Einw.

Der Ort liegt verkehrsgünstig in einem Dreieck zwischen der Auffahrt zur Autobahn A 14 und der Grimma-Mutzschener Chaussee. Das ist die eine Seite der Medaille. Die andere: Lärm und Rauschen der Verkehrsströme belästigen Tag und Nacht die Einwohner. Damit müssen sie wohl noch lange leben. In das Dorf fährt man hinein, nicht hindurch, denn alle Wege enden am Dorfrand in einer Sackgasse oder in Feldwegen. Die Autobahn hat sie kurzerhand zertrennt.

„Wenn Naumanns aus Prösitz nach Hause rennen, gibt's bald Regen"

Das Dorf besteht aus einem Dutzend Bauernhöfen. Der abgeblätterte Putz legt das Mauerwerk bloß. Mächtige Hofbäume können das vorherrschend triste Mauerwerk nur spärlich verdecken. Die Bauern haben vor hundert und mehr Jahren ihre Gebäude mit sparsamen Mitteln errichtet. Sie sammelten und vermauerten die Steine von ihren Feldern. Auch in Bruchsteinmauern. Sie flankieren die Straßen und grenzen die Güter und Streuobstwiesen ein. Eine Gartenzwergkolonie in einem Vorgarten bemüht sich, das Dorfbild aufzulockern. An anderer Stelle ziert statt Blumen ein blauer Swimmingpool den Platz zwischen Straße und Wohnhaus. Ein gewagter Standort! Besucher erhalten auf alle Fälle einen überraschenden Einblick, sofern sich tatsächlich mal einer von ihnen in die hintere Sackgasse verirrt.

Da lockt schon eher ein anderer Hof das Publikum an: das Künstlergut, ein Dreiseithof mit einem intakten Wohngebäude und einer abgeputzten und neu gedeckten Scheune. Durch den Gartenzaun lugen steinerne Figuren. Das gebrechliche Hoftor steht meist offen und gewährt ungehemmt Einblicke in das weite Rund des Hofes. Dort lagern, von einer mächtigen Linde beschattet, weitere skurrile Plastiken und Steinblöcke. Hier sind Künstler am Werk, vorwiegend Bildhauerinnen.

Eine von ihnen, die geschäftsführende Vorsitzende des Künstlergutes, ist Ute Hartwig-Schulz (Jg. 60). 1991 zog es sie mit ihrem Mann in das Dorf, frisch vom Kunststudium weg. Beide begannen das alte Bauerngut umzukrempeln. Hier wollten sie für die Kunst und mit der Kunst leben. Mit ihren Händen und denen von Nachbarn und Freunden und hin und wieder auch mit Handwerkern schafften sie das schier Unmögliche: Das Wohnhaus wurde wohnlich, innen wie außen. In der Scheune und im Gelände entstanden Räume für die Bildhauerei. So viel Platz, daß sich hier zu vierwöchentlichen Lehrgängen junge Bildhauerinnen mit ihren Kindern einquartieren können. Hier finden sie Freiräume für schöpferisches Arbeiten und ungebundenes Spiel.

Die Jahre haben ihre Spuren hinterlassen, auch bei Ute Hartwig-Schulz: „Die Kunst hat sich im Dorf etabliert, das Künstlergut ist weithin bekannt. Es ist jetzt zehn Jahre alt, so alt wie meine Tochter. Und es ist mein zweites Kind! Doch das Schicksal geht seine eigenen Wege. Das familiäre Leben und die Belastungen mit einer so großen Aufgabe, das ließ sich nicht vereinbaren. Die zwischenmenschlichen Beziehungen haben sich verändert, sind zerbrochen. Deshalb habe ich mich von meinem Mann getrennt.

Ob ich noch Zeit für eigene künstlerische Tätigkeiten finde? Leider zu wenig. Unten auf dem Hof stehen zwei mächtige Steinbrocken, in großen Flächen noch roh und unbearbeitet. Nur ganz selten komme ich dazu, dort das Werkzeug anzusetzen. Trotzdem habe ich ein gutes Gefühl von dem, was ich erreicht habe. Und dabei wird es nicht bleiben. Im Seitengebäude sollen vier Appartements für Künstlerinnen und deren Kinder bezugsfertig werden. Natürlich mit Werkstätten und einer kleinen Galerie. Der Besucher will doch sehen, was hier entsteht.

Es gibt noch andere Projekte. Die Einwohner haben sich zu einer „Anti-Lärm-Gemeinschaft“ zusammengeschlossen. Wir bemühen uns, die Verantwortlichen der Autobahn vom notwendigen Lärmschutz zu überzeugen. Da liegen konkrete Vorschläge auf dem Tisch, nämlich mit Ziegelsteinen aus der Ziegelei Grechwitz eine künstlerisch gestaltete Lärmschutzwand zu errichten. Das wäre doch für uns eine wundervolle Aufgabe. Und zugleich eine Werbung für die Produkte aus dem Muldentalkreis. Dann organisieren wir jedes Jahr ein Dorffest. Es soll die Dorfgemeinschaft festigen, die Neuzugänge integrieren und die auswärtigen Gäste erfreuen. Jede Freude, auch die kleinste, sollten wir bewußt empfinden.“

Genauso denkt das diamantene Hochzeitspaar Fritz und Gerda Naumann. Vorn an der Chaussee, im Mühlengut, wohnen beide seit sechs Jahrzehnten. Der Müller mahlte bis 1942 das Getreide der umliegenden Felder. Windmüller waren schon immer gute Wetterbeobachter. Das ist logisch, denn ohne Wind drehte sich nichts. Bei Feldarbeiten „fühlten“ sie beizeiten, ob ein Unwetter heranzog. Schnell eilten sie dann nach Hause, um die Mühle zu sichern und das Nötige ins Trockene zu bringen. Die Nachbarn konnten sich darauf verlassen, wenn es hieß: „Naumanns rennen heim, es wird gleich regnen!“ Heute versteckt sich die über 100jährige Bockwindmühle im dichten Gewirr der Bäume. Die Flügel sind längst verschwunden, das Unterteil wird als Wochenendwohnung genutzt.

In den Julitagen des Jahres 2001 beging Fritz Naumann seinen 90. Geburtstag und zwei Tage später feierten beide die diamantene Hochzeit: „Wie das möglich ist? Das muß schon jeder selber wissen. Ich kann da bestimmt keine Rezepte geben. 90 Jahre! Da fragt man sich, wo die Zeit hin ist. Und man staunt, was man da so alles geschafft hat, und freut sich, daß das Leben so einigermaßen gut verlaufen ist. Das Schlechte vergißt man. Eins finde ich jetzt besonders merkwürdig: Die Rentnerzeit vergeht immer schneller, obwohl man doch eigentlich viel Zeit hat.“

„Wie wir uns gefunden haben?“ Gerda Naumann schmunzelt. „Mein Geburtsort ist Mügeln, und meine ältere Schwester hatte sich nach Prösitz verheiratet. Als junger

Ute Hartwig-Schulz im Prösitzer Künstlergut.

Mensch habe ich sie dort oftmals besucht, mit der Kleinbahn bis Mutzschen und dann den langen Weg zu Fuß hinauf nach Prösitz. Dabei mußte ich stets am Mühlengut vorbei, und jedesmal dachte ich: „Oh, hier möchte ich niemals wohnen! Doch das Schicksal schlug mir ein angenehmes Schnippchen. Ich verliebte mich ausgerechnet in den Müllersohn und, seitdem wohne ich nun sechzig Jahre in dem Gut, und das glücklich und zufrieden."

Auf der anderen Straßenseite steht schräg gegenüber ein einzelnes Haus, zweistöckig und langgezogen. Es ist jetzt unbewohnt und hat eine geschichtsträchtige Vergangenheit. Darin befand sich ein Gasthaus, die „Mehlisschenke". Ein Bild aus dem Jahre 1856 zeigt es in seiner vollen Schönheit. Sie diente noch weit bis ins Eisenbahnzeitalter hinein als Ausspanne für die Fuhrwerke. Um 1930 zog sie magisch die Bauernsöhne, Knechte und Mägde der weiten Umgebung zur Kirmes an, sonntags zum Tanz bis weit in die Nacht, montags zum Konzert. Das waren wüste Stunden in der wüsten Mark! Die Mehlisschenke nämlich war der letzte Rest eines untergegangenen Dorfes, das schon 1081 genannt worden war. Im Mittelalter entwickelte es sich zum Vorwerk des Mutzschener Lehnhofes, ehe es ganz aus der Landschaft verschwand und später nur noch als „Wüste Mark Mehlis" auf historischen Karten vermerkt war.

Seit einigen Jahren gibt es Keimzellen für ein Wirtschaftsleben im Ort. Da bemühen sich die Familien Däberitz und Hänsel, den ehemaligen bäuerlichen Betrieb ihrer Väter im Nebenerwerb aufrecht zu erhalten. Noch stehen sie in Lohn und Brot bei anderen Firmen. Ob es mal zur vollen Selbständigkeit kommt, liegt in der Zukunft. Einen anderen Bauernhof hat eine städtische Computerfirma gekauft und zu einem Medienzentrum umfunktioniert. Die Mitarbeiter engagieren sich eifrig bei den Dorffesten. Am Dorfrand stehen die schmucken Anlagen mit Maschinenhallen und Büroräumen von „Aqua Service". Die junge Firma nutzte dafür die ehemalige Baustelleneinrichtung des Autobahnbaues. Die Arbeitskräfte schwärmen in den weiten Umkreis aus, um Rohrleitungen zu legen und andere Erdarbeiten durchzuführen, die irgendwie mit Wasser zu tun haben.

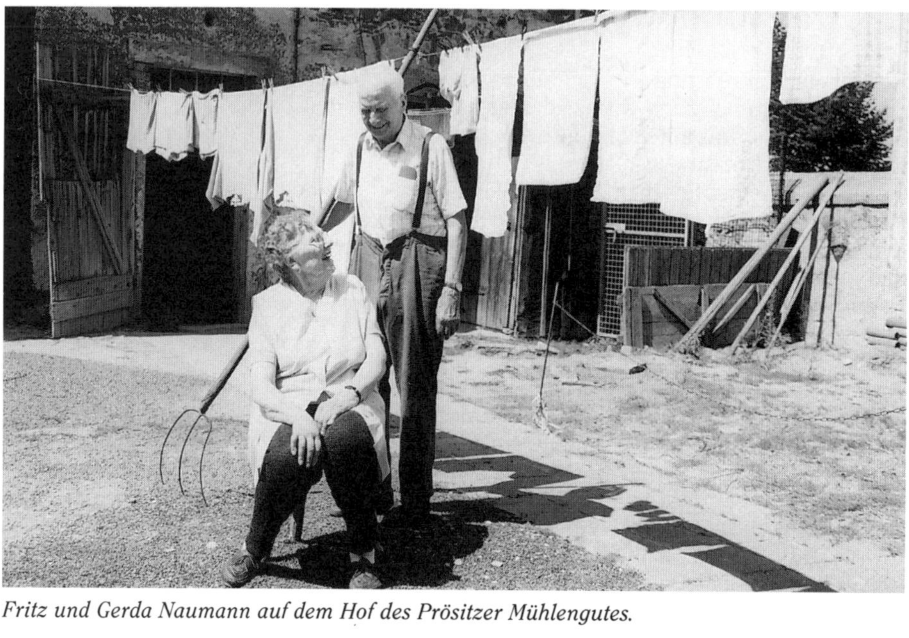

Fritz und Gerda Naumann auf dem Hof des Prösitzer Mühlengutes.

Gastewitz, 1251 Gosztanewicz, 'Leute eines Gostan' (slaw.), OT von Mutzschen, 53 Einw.

Ein löchriger Asphaltweg führte jahrzehntelang nahe der Autobahnauffahrt Mutzschen hinab in den Talkessel und ins Dorf. Endlich rückte im Frühjahr 2002 die Teermaschine an. Jetzt werden die Autoachsen nicht mehr unangenehm belastet. Linkerhand überrascht in den weiten Fluren am Hang des Hutberges ein neues Wohnhaus mit moderner Lagerhalle. Ein Bayer fand hier nach 1990 eine lukrative Bleibe mit Landwirtschaft und Spedition.

Gleich daneben, überschattet von alten Obstbäumen, versteckt sich ein hundertjähriges Haus im Gewirr der Äste. Es war mal das Schulgebäude. Die Gastewitzer und Prösitzer Dorfjugend lernte hier inmitten der Felder. 1905 wurde die Schule aufgelöst, und die Kinder liefen jahrzehntelang zu Fuß nach Mutzschen. Heute holt sie der Bus. Die anschließende Geländezunge trug einstmals eine mittelalterliche Wehranlage. Die Einwohner sprechen vom Burgberg, ohne die Festung jemals gesehen zu haben. Die überirdischen Reste sind seit langem verschwunden.

Das knappe Dutzend Bauerngüter und einige wenige Einfamilienhäuser drängen sich im Talkessel zusammen. Sie bilden ein typisches Sackgassendorf. Nur ein besserer Feldweg führt hinüber nach Serka. Nach drei Seiten steigen die weiträumigen Feldfluren hinauf zu sanften Kuppen, nach Norden zu fällt das Gelände ab zum Mutzschener Wasser. Im Dorf plätschert ein namenloses Rinnsal. Bei wolkenbruchartigem Niederschlägen schwillt das Bächlein zu einem reißenden Strom. Wohl auch deshalb wurde es mit massiven Steinmauern ausgelegt.

Vor Jahrzehnten hieß Gastewitz mal „Spenkewitz". Natürlich nur im Volksmund. Das Spenke-Gut war mit seinen Gebäuden, Kuhherden und den Feldflächen das größte im Dorf. Heute ist es fast verwaist. In einer riesigen Scheune lagert ein Klempner sein Material. Der Altbauer CHRISTIAN WETZIG (Jg. 39) erinnert sich:

Die „unbewegliche Einheit" von Gastewitz

Seit einigen Jahren sind wir nun Mutzschener, aber nur, weil es im Ausweis steht. Ob die Stadtväter überhaupt wissen, daß es uns gibt? Ab und zu wird von den städtischen Maschinen das Gras auf dem Sportplatz gehauen. Und im Frühjahr werden die Schlaglöcher in der Dorfstraße ausgefüllt.

Unser Dorf heute scheint zu zerfallen. Die Schmiede war mit ihrem Gasthof mal ein Schmuckstück und unser Kulturzentrum. Verschiedene Leute haben versucht, den Verfall aufzuhalten. Doch sie kapitulierten immer wieder recht schnell. Einigen anderen Gehöften ergeht es ähnlich. Lediglich der Landwirt Richard Dümmler hat die Bauernwirtschaft wieder in Gang gebracht, und eine Holzaufarbeitungs-GmbH bemüht sich mit Holzhandel und Holzrückung um Kunden.

Ich habe auch ein großes Grundstück. Ich weiß nicht, ob es Glück oder Pech ist. Aber es ist meine Heimat, die ich nicht verlassen will. Und deshalb muß Ordnung sein auf dem Hof und im Garten. Von den Haustieren sind ein paar Schafe übrig geblieben. Für die baue ich Winterfutter an. Zur Eigenversorgung füttere ich alle zwei Jahre ein Schwein. Die Hausschlachtung macht so richtig Spaß, und den will ich mir erhalten. Warum ich nicht die Chance genutzt habe, als „Wiedereinrichter" meine Bauernwirtschaft zu betreiben? Da gibt es mehrere Gründe. Die 25 Hektar Feld, die mir gehören, reichen nicht. Es müßten schon hundert sein. Außerdem bin ich zu alt, und meine beiden Söhne hatten anderes im Sinn. Warum sich da Gedanken machen?

Die machten ich mir und die anderen Einwohner des Dorfes um ein „windiges“ Problem. Da war nämlich 1999 ein Fremder gekommen, der wollte hier auf den Höhen einen Windradpark setzen. Vierzehn Stück sollten sich drehen. Es geht den Investoren doch gar nicht um die ökologische Stromerzeugung. Da sind doch nur pekuniäre Interessen im Spiel. Und was wäre aus unserer Landschaft geworden? Drüben am nahen Horizont an der Kreisgrenze bei Draschwitz hat sich ein solcher Windpark etabliert. Da haben wir den beklemmenden Anblick vor unseren Augen. Das sollte sich hier nicht wiederholen, und da waren wir uns alle einig. Unsere Proteste hatten Erfolg! Hoffentlich für immer!

Einigkeit kann doch was erreichen. Aber sonst ist nur noch wenig von ihr vorhanden. Die Nachbarn hocken zu Hause im Vorruhestand und kommen nicht mehr raus. Es fehlt das Gespräch unter den Kollegen bei der Arbeit. Jetzt macht jeder seins. Man guckt zum Hoftor hinaus und sieht niemanden. Also Tür wieder zu. Auf dem Hof sucht man sich ein wenig Arbeit. Das klingt alles ein bißchen pessimistisch, ist es aber auch. Man muß wohl die Zeiten nehmen, wie sie sind.

Zum Glück sind mir manche kleine Freuden geblieben. Dazu gehört auch unsere Feuerwehr. Im Verbund mit Prösitz treffen wir uns im Winter hier in einem alten Bauernhof, im Sommer „oben“ in Prösitz am Gerätehaus oder zur Übung am Teich. Immer in der Hoffnung, daß wir nicht ernsthaft ausrücken müssen. Wir sind nämlich eine „unbewegliche Einheit“. Unser Zugfahrzeug hat die Stadtverwaltung verkauft, und nun stehen wir auf dem Schlauch.

Christian Wetzig in seinem Garten beim Schärfen der Sense.

Wagelwitz, 1378 Wocherwicz, 'Leute eines Vachar' (slaw.), OT von Mutzschen, 164 Einw.

Ob es die Einheimischen eigentlich so recht zu schätzen wissen, daß ihr Dorf von der Natur reich beschenkt wurde? Gakenberg, Hutberg, Bombenberg und andere Erhebungen flankieren das Tal des Mutzschener Wassers.

Und dann die Siedlung selbst: Ausgebaute Straßen, Fußwege, Plätze und die Mehrzahl der Bauernhöfe und Einfamilienhäuser befinden sich in bestem Zustand. Die äußerlichen Kontraste zwischen hier und Cannewitz können kaum größer sein. Warum das so ist? Hobby-Ortschronist MARTIN SEIDEL (Jg. 33) versucht eine Antwort zu finden:

In Wagelwitz gaben alle ihr Scherflein fürs Kriegerdenkmal

Also, daß wir zu Mutzschen und die Cannewitzer zu Nerchau gehören, das kann eigentlich nicht der Grund für das unterschiedliche Dorfbild sein. Denn nach den Haushaltplänen beider Städte müßte es dann umgekehrt sein: Nerchau hat nämlich die wenigsten Schulden, ich glaube, fast überhaupt keine, während Mutzschen davon ziemlich viel besitzt. Wir hatten eben das Glück, daß unsere Anträge sofort nach der Wende eingereicht und genehmigt wurden. Und das, obwohl damals noch der Cannewitzer Bürgermeister für uns zuständig war. Mit dem Wechsel nach Mutzschen, die Wagelwitzer haben darüber ganz demokratisch abgestimmt und die Mehrheit wollte es so, mußten die Stadtväter das hiesige Straßen- und Abwasserprojekt eben durchziehen. Nun liegt zwar die Abwasserschleuse mit in der Erde, nur nutzen können wir sie nicht. Es gibt kein Klärwerk, und das wird wohl in absehbarer Zeit auch nicht kommen. Das Geld ist alle und wird von Jahr zu Jahr knapper! So müssen eben die häuslichen Klärgruben weiterhin ihren Dienst verrichten.

Martin Seidel am Kriegerdenkmal.

Na ja, meine Chronik ist mehr eine Sammlung von Bildern, Texten und Zeitungsartikeln. Und dann notiere ich alles, was so passiert. Vielleicht will's doch mal einer hören? Das merke ich bei unseren sonntäglichen Frühschoppen draußen am Teich in der kleinen Bude. Der kleine See speichert erst seit 1985 das Wasser vom Wiltzschbach, der den Rodaer See entwässert. Seitdem beleben wir unsere Dorfgemeinschaft alljährlich mit einem Strandfest. Und wer sind die Organisatoren? Natürlich die Kameraden der FFW! Und die junge Truppe macht das heute noch.

Wo sonst wollen wir uns auch treffen? Die Kneipe hat längst geschlossen, und für die FFW gibts auch keinen Raum. Die Jüngeren wollen mal was wissen, und an die gebe ich dann meine Ortsgeschichte weiter. Da kann ich auch erzählen, daß wir hier eigentlich schon immer eine gute Dorfgemeinschaft waren. Das setzte sich von Generation zu Generation fort. Nicht nur beim Bau der Gemeinschaftsantenne, damals noch kurz vor der Wende. Da wollte natürlich jeder über die engen Grenzen der DDR hinausschauen, weil er nicht fahren durfte. Und so waren sie alle da beim Schachten.

Warum ich das Kriegerdenkmal in persönliche Pflege genommen habe? Vielleicht beruht das auf einer Familientradition. Das Denkmal steht seit 1922. Meine Mutter goß die gepflanzten Blutbuchen, und der Zschadraßer Gärtner hielt sie immer kurz. So blieben sie klein mit dickem Stamm. Vor zwei Jahren waren wir der Meinung, daß eine Renovierung am Denkmal not täte. Also organisierte ich den Prösitzer Bildhauer, der den roten Rochlitzer Porphyr auffrischte. Der Burkartshainer Schmied fertigte eine Kupfertafel. Sie enthält jetzt keine Namen mehr, sondern eine Mahnung für die Lebenden und Erinnerung an die Toten der beiden Weltkriege. Das Geld haben wir im Dorf gesammelt, und alle gaben ihr Scherflein.

Ich habe mein sauberes und schönes Dorf in mein Herz geschlossen.

Familie Lippmann in der Wagelwitzer Wassermühle.

WEITERE DORFNOTIZEN aus Wagelwitz

Eine **Brandtafel** am Hausgiebel vom Bauerngut Leipnitz erinnert an ein Unglück vor 150 Jahren: „Den 17. Aug. 1858 durch Brand verunklükt. Das Jahr 1859 von neuen erbaut von C. C. Poetzsch in 2 Hofreden. Durch Meistr. Aug. Lange u. Meistr. G. Weber beide aus Mutzschen". Die „2 Hofreden" beziehen sich auf zwei Bauerngüter, die Bauer Pötzsch hat erbauen lassen, weil er zwei Söhne hatte.

Handel und Gewerbe: Fleischermeister Dietmar Fröbel (Jg. 49) schlachtet in 3. Generation die Tiere und vermarktet alle Wurstsorten und das Fleisch in Mutzschen und hier in einem winzigen Laden, in dem es auch noch Butter, Brot und andere Dinge gibt und wo man auch ein Bier trinken kann. - Gegenüber schroten Müllermeister Erwin Lippmann (Jg. 27) und sein Sohn immer noch Getreide für Mischfutter, wenn auch nur hin und wieder und längst nicht mehr mit Wasserkraft. Ein in die Außenwand eingesetzter Mahlstein dokumentiert die seit 1592 (erste urkundliche Erwähnung) bestehende Mühle. - Der Landwirt Hans Krämer betreibt Ackerbau und Viehzucht, füttert Kühe und jede Menge Ziegen. Dafür nutzt er die Wiesen und Weiden an den Hängen und in den Schluchten. Die Ziegenmilch liefert er in die Falkenhainer Molkerei. - Der Landwirt Reinhard Döhler betätigt sich in der Feldwirtschaft und hält in einem großen Wildgehege am Hang des Hutberges einige Dutzend Dam- und Muffelwild, neuerdings eine gefragte Delikatesse. - Als völlig neuer Betrieb und als „Kind der freien Marktwirtschaft" hat sich nach 1990 Peter Herrmann mit seinem Fuhrgeschäft eingerichtet. Bei Bagger- und Planierarbeiten finden örtliche Arbeitskräfte Lohn und Brot.

Blick über Wagelwitz im Tal des Mutzschener Wassers.

Cannewitz, 1378 Konewicz, 'Ort, wo Pferde gezüchtet werden' (slaw.), OT von Nerchau, 308 Einw.

Cannewitz ist auf Bier und Milch „gebaut", denn Brauerei und Molkerei haben den Ort weithin bekannt gemacht. So liest es sich vor Jahren im „Rundblick", und die Einwohner waren recht stolz darauf. Die Landarbeiter im Volkseigenen Gut sollen nicht vergessen werden, und auch noch andere Gewerbetreibende bevölkerten damals den Ort. Und heute? Da ist wenig geblieben. Auch Pferde werden schon lange nicht mehr gezüchtet. Nur so zum Vergnügen für die Besitzer weiden noch zwei Tiere auf den Wiesen.

Im „Niemandsland" zwischen Cannewitz und Wagelwitz

Das äußere Bild zeigt einen trostlosen Anblick, am schlimmsten im weiten Rund des ehemaligen Rittergutes. Die Ruinen mögen vielleicht noch als Kulisse für eine Kriegsschlacht taugen. Die Brauerei? Geschlossen, verlassen, dem Verfall preisgegeben. Die Molkerei? Im Umbau. Die Konsum-Kaufhalle wird von einer Schlosserei genutzt. Die Bauernhöfe und Häusler? Nur bei wenigen sind bauliche Bemühungen erkennbar. Haben auch ihre Bewohner resigniert? Und die Straßen? Am besten langsam fahren, damit die Achsen nicht zerbrechen. Der Aufschwung-Ost hat entweder den Ort nicht gefunden oder ist eilig weitergeschritten. Bis nach Wagelwitz, tausend Meter östlich. Zwischen beiden Dörfern scheinen Welten zu liegen!

Ein gewisses Zentrum für die Dörfer im Umkreis bildete bis 1990 Cannewitz. Dort saß der Bürgermeister, und dort gab es Arbeit. Die Wagelwitzer haben sich mit der Gebietsreform nach Mutzschen entschieden, während die anderen Dörfer der Stadt Nerchau zugeschlagen wurden. Die jetzige Grenze ist an einer Stelle optisch deutlich

Cannewitz, ein Ort, wo Pferde gezüchtet werden!? Hier weidet das letzte Tier.

sichtbar und „straßenmäßig“ fatal spürbar. Am Ortsausgang von Wagelwitz nach Cannewitz zu liegen nämlich ungefähr 150 m Straße im Urzustand. Einmal im Jahr kommt die Teerkolonne und füllt die ärgsten Schlaglöcher aus. Es entstehen Huckel, die dann ein Jahr später abgefahren sind. Die beiden Bürgermeister konnten sich nicht einigen, wer für dieses Stück bei der Sanierung verantwortlich ist. So blieb ein Niemandsland, das als bürokratische Hürde ein Stück Dorfgeschichte schreibt.

Man soll nie die Hoffnung aufgeben! Es gibt Cannewitzer, die diesem Prinzip huldigen. Da bemühen sich die Kameraden von der Freiwilligen Feuerwehr, oft gemeinsam mit ihren Kollegen aus Wagelwitz, und die Erzieherinnen vom Kindergarten um kulturelle Höhepunkte. Und mit dem Winteraustreiben ist das schon recht gut gelungen, ein Fest mit Lagerfeuer, Musik und Hauskuchen. Seit 2000 vereinigen sich einige Dutzend Heimatfreunde im Dorf- und Heimatverein und bündeln so noch besser die kulturellen Kräfte im Ort. Nun soll das Dorf im Rahmen der landesweiten Dorfverschönerung gefördert werden. Ein Planungsbüro legte bereits Vorschläge auf dem Tisch. Die Cannewitzer werden bestimmt mit zupacken!

Einer von ihnen wird Helmut Schwarze (Jg. 32) sein:

Unser Käse blieb urplötzlich in den Regalen liegen

Ich bin ein echtes Cannewitzer Kind, denn hier, wo ich heute ziemlich geruhsam mein Rentnerdasein verbringe, wurde ich in einer „Molkerfamilie“ geboren. Mein Großvater hatte wenige Wochen nach seiner Hochzeit am 1. Januar 1900 die Rittergutsmolkerei übernommen. 1923 offenbarte ihm der Herr Gadegast: „Schwarze, das kannst du jetzt privat machen!“. Und wie sich das für einen folgsamen „Untertanen“ gehörte, Großvater reagierte dementsprechend und ließ im Ort eine neue Anlage errichten. Wie ihm das mitten in der tiefsten Wirtschaftsflaute und einer galoppierenden Inflation gelang, blieb für uns alle ein ewiges Geheimnis.

Nach den ersten Jahren in der hiesigen Grundschule mußte ich nach Wurzen in

Die lustige Kinderschar im Cannewitzer Kindergarten.

die Höhere Handelsschule. Die Anfahrt erfolgte über die Kleinbahn bis Neichen und dann weiter mit der Muldentalbahn bis Wurzen. Das alles war ziemlich behäbig und kostete viel Zeit. Trotz Krieg und Nachkriegswirren, als Kind und Jugendlicher spürt man die Schwierigkeiten, mit denen die Eltern zu kämpfen hatten, nicht so sehr. 1949 ging eine herrliche Schulzeit zu Ende.

Was nun? Meine Eltern wollten, daß ich in die väterliche Molkerei einsteige. Zunächst hatte ich nicht so die richtige Lust dazu, aber was blieb mir schon anderes übrig? Die Lehrzeit erlebte ich in Oschatz. Dann ging es zurück ins Dorf und in die Molkerei. Die sozialistische Entwicklung machte natürlich nicht halt vor unseren Türen. 1967 „überzeugten" die Wirtschaftsbestimmer meinen Vater, mit anderen Molkereien eine Genossenschaft mit Sitz in Leisnig zu bilden. Daraus galt es das Beste zu machen. Spezialisierung war schon immer wichtig, also produzierten wir Sauermilchquark. Um den Absatz unserer Produkte mußten wir uns nicht kümmern. Sie reichten eigentlich niemals aus. Allerdings mußten wir höllisch aufpassen, daß uns weder verwässerte noch andere mindere Milch ins Haus floß.

Und nun kam die Wende. Wozu Sorgen machen, gegessen wird jeden Tag. Und Milch, Butter, Käse und Quark, das sind und bleiben Grundnahrungsmittel, und die können wir auch künftig in der gewünschten Qualität liefern. Das dachten wir!

Wir fielen aus allen Wolken, als unsere Lager überquollen. Was ist bloß los mit den bisherigen Abnehmern? Also packten wir die Produkte in unsere Lieferwagen, Verkaufstische dazu und fuhren hinaus in die Städte. Wir drängelten uns zwischen die Marktstände und boten unsere Waren feil. Die Leute kamen, guckten, und viele gingen wieder. Wir mußten nicht lange rätseln. Es waren weder Geschmack noch Güte, es lag an der Verpackung. Und außerdem: Was aus dem Westen kommt, ist doch sowieso besser!

Als die Leute ihren Irrtum erkannten, war es für uns zu spät. Dazu kam noch, daß die Bauern immer weniger Milch an uns verkauften. Sie hatten jetzt ihre Abnehmer in den westlichen Gebieten. Für die dortigen Großmolkereien war es dann relativ leicht,

Helmut Schwarze mit dem geretteten Molkereischild.

die hiesige Bevölkerung mit zu versorgen. Unserer Molkerei nahte das Ende, die freie Marktwirtschaft fraß uns auf. Die 25 anderen Molkereien im ehemaligen Bezirk Leipzig ereilte das gleiche Schicksal. Nur eine überlebte, die in Falkenhain mit ihrem Nischenprodukt: Ziegenkäse. Jahre später fragten die Leute: Warum könnt ihr nicht wieder den Käse von einst machen? So sind die Menschen, und so ist das Leben!

Und trotzdem, ich wohne nun siebzig Jahre in Cannewitz und lebe auch gerne hier. In all den Jahrzehnten hätte ich mir niemals denken können, den Ort zu verlassen. Sicher, so wie früher ist es nicht mehr, es ist „kälter“ geworden. Doch wenn einige Beherzte eine Sache in die Hand nehmen, dann sind die Cannewitzer da und bilden eine verschworene Gemeinschaft. Hausfrauen backen Kuchen, und den gibt's billig und schmackhaft auf der Festwiese. Und wenn mit einem imposanten Feuer der Winter ausgetrieben wird, dann machen die Flammen Hoffnung auf das kommende Frühjahr und auch darauf, daß es in unserem Dorfe mal wieder aufwärts geht. Natürlich müssen da alle mitmachen.

WEITERE DORFNOTIZEN
aus Cannewitz

Martin Albrecht (1926-1997) war langjähriger Bürgermeister (1954-1989) zum Nutzen der Gemeinde und ihrer Bürger. In seiner knappen Freizeit holte er zentnerweise Pilze aus den Wäldern und organisierte bei Dorffesten prächtiges Feuerwerk (mit Erlaubnisschein).

Gebraut wurde seit dem 13. Jh. im Rittergut. 1887 Gründung der Cannewitzer **Brauerei** von Louis Hantschmann, die drei Generationen lang im Familienbesitz verblieb (von 1972 bis 1990 mit staatlicher Beteiligung und VEB) bis zur endgültigen Schließung im Oktober 1999. Neben dem Cannewitzer Bock wurde zeitweilig auch das „Nerchauer Pumpernickel“ gebraut. Das Braurezept hat die Roitzscher Kelterei Klaus gekauft und läßt das Bier in einer erzgebirgischen Brauerei produzieren, um es hier zu vermarkten.

Die ältesten Gebäudeteile der **Kirche** gehen bis ins 14. Jh. zurück. Augenscheinlich zu bewundern ist im Inneren die Sandsteinkanzel mit ihren Reliefs und dem Bildnis des Stifters, dem einstigen Herren auf Cannewitz, Wolf von Starschedel. Das Werk wurde von einem Meißner Bildhauer in meisterlicher Manier 1612 geschaffen und ist tatsächlich eine weit über Sachsen hinaus bekannte kulturgeschichtliche Berühmtheit. Ein weiteres Kleinod steht daneben, nämlich der gleichaltrige kelchartige Taufstein aus Sandstein mit Fruchtgehängen und Wappen. Schon einmal stand das Kirchengebäude im Mittelpunkt des kunstgeschichtlichen Interesses. Es erhielt auf einer Weltausstellung für eine geglückte äußere Renovierung eine Goldmedaille. Die heutigen Kunstwissenschaftler haben dazu allerdings eine andere Meinung, doch das kümmert die Kirchgänger wenig. Ein weiteres kostbares und noch älteres Stück, nämlich der hölzerne „Gotteskasten“, in dem einst der katholische Geistliche Ornat und Abendmahlsgerät verwahrte, befindet sich jetzt im Grimmaer Museum. Die Truhe ist aus einem einzigen eichenen Baumstamm angefertigt und mit mächtigen Eisenbeschlägen gesichert.

Hopfenanbau wurde schon im Mittelalter betrieben. In einem Erbregister von 1665 steht, daß die Untertanen des Rittergutes die Stangen für den Anbau zu liefern hatten, aber nicht, wieviel Liter Bier sie dafür bekamen. Das VEG versuchte von 1952 an einen erneuten Anbau auf zehn Hektar, der aber nach zwanzig Jahren mangels Qualität eingestellt wurde.

Die einstige **Konsum-Kaufhalle** wurde 1977 mit einer Rentnerbrigade errichtet. 1979 ist im „Rundblick“ zu lesen: „Es wäre ein Irrtum zu glauben, daß der Konsum in den Sommermonaten von der nahegelegenen Brauerei besonders bedacht wird“. 1991 schloß er die Pforten für immer, jetzt Produktionsstätte der Schmiede und Metallbau Hornauer.

Vereine und Einrichtungen: Dorf- und Heimatverein, gegr. 2000, Vors. Harry Hirche. - Die Freiwillige Feuerwehr, Wehrleiter Jens Eisermann, konnte 2000 ihr 100jähriges Bestehen feiern. Die Urkunde war lange Zeit vermißt. Eine aktive Truppe, die auch bei Veranstaltungen im Dorf tätig wird. - Kindertagesstätte, Leitung Kerstin Tronicke.

Das **Rittergut** besteht aus Scheunen- und Stallgebäuden, einem weiträumigen Wirtschaftshof und dem Herrenhaus (nach 1900) mit rundem Eckturm. Es war zeitweilig bewohnt und beherbergte Geschäftsräume und ein Jugendzentrum. Von 1946 bis 1991 vom VEG (Volkseigenes Gut mit Tierzucht und Saatgutvermehrung) genutzt mit schleichendem Verfall, der sich nach 1991 noch verstärkte. Jetzt im Besitz der Treuhand, ein Teil an die Agrargenossenschaft (aus der ehem. LPG hervorgegangen) vermietet, die auf einigen hundert Hektar Ackerbau betreibt.

Störche gibt es seit langem im Dorf, allerdings verbunden mit manchem Ärger der Bewohner, die ihre Grundstücke nahe vom Molkereischornstein, dem Nistplatz, hatten. 2001 Abriß der Esse und Aufstellung eines Ersatzmastes, der leider bisher noch nicht angenommen wurde.

Eine **Windmühle** steht seit fast 200 Jahren oben nahe am Weinberg, stellte 1926 den Betrieb ein. Jetzt verwittert das offene Mauerwerk des einstigen Turmes immer mehr. Gebäude daneben bewohnt.

Handel und Gewerbe: Der Gasthof Cannewitz am Dorfplatz gegenüber vom kleinen Feuerwehrgebäude mit den langjährigen Betreibern (seit 1974) Winfried und Gisela Lex hat vorwiegend in den Abendstunden geöffnet. - Einen Steinwurf entfernt hatte bis in die 70er Jahre die Dorfkneipe „Zur Honigbar“ (niemand konnte jemals eine Deutung geben) geöffnet. Dazu gehörte ein klitzekleiner „Tante-Emma-Laden“ (dort bekam man auch sonntags seinen Senf) von Herbert und Irmgard Petzold. In der mehr als 100jährigen Geschichte wurde auch schon mal bei einer Wette ein Ackergaul durch die Gaststube geführt. - Olaf Hornauer hat vor Jahren die Schmiede seines Vaters übernommen und betreibt jetzt mit mehreren Beschäftigten einen Metallbau. Der beengte Platz zu Hause reichte nicht mehr aus, und so wird die ehemalige Konsum-Kaufhalle mit genutzt. - Der hochbetagte Friseurmeister Dieter Rimkus und seine Frau frisieren seit Jahrzehnten im Salon und bei Hausbesuchen immer noch die Damen- und Herrenköpfe aus dem Dorfe. - In ehem. Betriebsräumen der Molkerei hat sich der Dachdecker- und Baubetrieb Schulte eingerichtet. - Die Zimmerei Busch & Riedel baut Treppen und Dachstühle.

Die Reste der Stallungen vom Cannewitzer Rittergut.

Schmorditz, 1244 Smurdewitz, 'Leute im Ort der Bauern ' (slaw.), OT von Nerchau, 173 Einw.

Gegenüber der Netto-Kaufhalle am Südrand von Nerchau beginnt Schmorditz, lükkenlos an die Häuserreihe anschließend. Es ist seit 1949 eingemeindet, aber in den Köpfen und Herzen seiner paar Bewohner immer „unser Dorf" geblieben, nach außen hin sichtbar dokumentiert mit dem eigenen Ortsschild. Die einzige Straße biegt rechtwinklig ab und schlängelt sich kurvenreich und steil hinab zur Muldenniederung. Mit dem nicht enden wollenden Durchgangsverkehr müssen die Schmorditzer leben. Rechts und links liegen die alten Dreiseithöfe, bei einigen wurden Stallungen und Scheunen zu Wohnungen umgebaut.

Wo sind die Schmorditzer „Bergbauern"?

Längst sind die beschaulichen Zeiten vorbei, da Spaziergänger entlang der äußerst reizvollen Muldenpromenade vom Nerchauer Bahnhof aus hierher wanderten, um im Gasthof beim legendären Gustav Hofmann Einkehr zu halten. Der Sitzplatz im Schatten prächtiger Kastanien wurde im Sommer gern genutzt. Nach der Gaststätten-Ära befanden sich bis zur Wendezeit im Obergeschoß die Verwaltungsräume der KAP und in der unteren Etage deren Zentralküche mit dem Speisesaal. Hier fanden Familienfeiern und öffentliche Veranstaltungen statt. Jetzt haben die neuen Eigentümer das Haus modernisiert und zeitgemäße Wohnungen geschaffen.

Fast achtzig Jahre lang nach ihrer Gründung im Jahre 1881 produzierte die Schmorditzer Ziegelei an der südlichen Ausfallstraße in Richtung Deditz für das umliegende Territorium Mauersteine. Langgestreckte Trockenschuppen speicherten die Rohlinge aus dem nebenan geförderten Lehm. Dann wurden diese in den Ringöfen gebrannt, und die hohen Schornsteine schwenkten ihre Rauchfahnen weit über Dorf und Felder. Geblieben sind zwei beachtliche, mit Wasser gefüllte Lehmgruben. Dicht umkränzt von sattem Grün aus Schilf, Büschen und Bäumen wurden sie ein Stück wiedergewonnener Natur und Zufluchtstätte für bedrohte Tierarten.

Die Luft über dem Dorf ist erfüllt vom auf- und abschwellenden Rauschen des permanenten Verkehrs auf der nahen, die Mulde weit überspannenden Autobahnbrücke. 1971 erbaut, verläuft sie mit 342 m Länge in leicht gekrümmter Kurve vierspurig über den Fluß. Sie ruht auf fünf schlanken 30 Meter hohen Betonpfeilerpaaren.

In östlicher Richtung führt die Autobahn durch den angrenzenden Schmorditzer Wald, ein Teilstück des Naturschutzgebietes Döbener Wald. Tief geklüftet und vom klaren Thielbach durchströmt, ist er wegen seiner seltenen und geschützten Pflanzen ein Hort erhaltenswerter Umwelt. Besonders im Frühling erfreut ein buntes Blütenmeer über totem Laub Augen und Seele. An vier Stellen zeugen zerborstene Dämme und Mauerreste vom Bestreben der ehemaligen Bauern, Fischzucht zu betreiben. Vor einhundert Jahren bildete das Waldstück den Haupthandlungsort einer belachten Suche nach dem legendären „Schmordser Bären", den es nur in der Phantasie einheimischer Bauern gegeben hat *(s. Rundblick-Lesebuch)*.

Am Waldessaum unmittelbar neben der Chaussee erfaßt der Blick zwei Gedenksteine. Sie stehen auf dem stets sorgfältig geschmückten Grab acht italienischer Soldaten, die hier 1945 in den allerletzten Tagen des Zweiten Weltkrieges ihr junges Leben sinnlos einbüßten. In ihrer und unserer Landessprache wird der Toten ehrend und mahnend gedacht. Über Jahrzehnte hinweg fand diese letzte Ruhestätte die selbstlose Pflege der Schmorditzerin Marietta Kunath. Ihr Engagement wurde 1993 mit der Verleihung des Bundesverdienstkreuzes gewürdigt.

Gleich gegenüber auf einem steilen Sporn trieben bis in die 90er Jahre die Schmorditzer „Bergbauern“ einen intensiven Feld- und Gartenbau. Wie in einem Weinberg hatten die Häusler terrassenförmige Flächen und Beete angelegt. Heute ist das Land verbuscht, und die Natur schuf ein Vogelparadies. Die Gurken und Tomaten kommen jetzt aus fernen Ländern und liegen im Überfluß in den Geschäften.

Sechzehn Jahre lang, von 1974 bis 1990, steuerten die Kleintierzüchter aus Nerchau und der nahen und weiteren Umgebung an einem bestimmten Tag im Monat den Gutshof der Familie Eschke in Schmorditz an, um ihre Produkte gegen Geld und Futtermittel an den Staat zu verkaufen. Wie zu diesen Anlässen steht auch heute das breite, wuchtige Holztor der Hofeinfahrt offen. Ich bin mit MARGOT ESCHKE (Jg. 35), der Hausherrin, Oma der Sippe und einstige „Kaninchenmutter“, verabredet:

Die „Millionen“ der Schmorditzer „Kaninchenmutter“

Ja, das war so, daß ich 1974 im Auftrag des VEB Geflügelwirtschaft Mutzschen hier eine Sammelstelle für Eier, Geflügel und Kaninchen einrichtete. Das bot sich an, weil leere Stallungen und die nichtgenutzte Scheune zur Verfügung standen. Hier, gleich hinter dem großen Scheunentor, befand sich die Dezimalwaage mit dem langen, hochwandigen Wiegekasten. In dem ging es oftmals rund her, denn durch den Transport waren manche Tiere wie losgelassen. An meinen Händen erkennt man jetzt noch die Narben ihrer Kratzer. Wer gewogen war, kam, egal wie er zappelte, in die großräumigen Drahtcontainer. Hier vereinten sich nun die Stallhasen aller Rassen, Größen und Schattierungen, Männlein und Weiblein. Das war eine bunte Mischung aus Blauen Wienern, Roten Neuseeländern, Deutschen Riesen, Grauen Widdern, Schwarzen Alaska, Hellen Großsilbern und was die passionierten Züchter außerdem an reinrassigen und sonstigen Mischlingen zur „Weißfleischerzeugung“ aufgezogen hatten.

Die Annahme erfolgte einmal im Monat, im Winter auch zweimal. In den Sommermonaten kamen jeweils 400 bis 500 Stück auf die Waage, in der kälteren Jahreszeit

Margot Eschke mit der „Kaninchen-Waage“.

gar bis zu 2000 Tiere. 40 Mark brachte ein gutes Kaninchen und manches wohlbeleibte noch zehn Mark mehr. Allerdings mußte ich tüchtig aufpassen, damit mir nicht Häsinnen im Rentenalter oder uralte Zuchtrammler untergejubelt wurden. Für sie gab es wegen des zäheren Fleisches Preisabschläge. Im Geschäft erhielt der Käufer das Kaninchenfleisch übrigens viel billiger.

Beachtliche Geldbeträge, im Mittel so über fünfzigtausend Mark pro Tag, gingen durch meine Hände. Wenn es notwendig war, holte ich diese Summen bar in der Girokasse mit dem Fahrrad und im Beutel verstaut. Angst vor einem Überfall? Ich verschwendete nicht mal einen Gedanken daran! Auf unserem Hof herrschte an diesen Tagen ein großer Trubel. Der Hof avancierte zur Begegnungstätte für meine Kunden. Neben den familiären Problemen stand natürlich die Fachsimpelei im Vordergrund: Krankheiten, Impfungen, Futterbeschaffung, Maschendraht- und Holzbeschaffung, Austausch von Rammlern. Haupttransportfahrzeuge waren die Mopeds. Manchmal parkte ein ganzer Schwarm aus der Suhler Vogelsammlung auf dem Hof: Star, Schwalbe, Habicht, Sperber und Spatz. Alle zogen einen Hänger, meist der Marke Eigenbau. Großerzeuger beförderten ihre Tiere im Autohänger, fast immer an Trabis angekoppelt.

Am anderen Morgen begann mit der Abholung per LKW der letzte Weg der aufgekauften Tiere. Es war entweder ein kurzer zur Schlachtstätte nach Grimma oder ein langer in ferne Länder, vor allem nach Frankreich und Italien. Von den harten Devisen sahen wir natürlich nichts. Die kassierte der Staat. Der Kaninchenhandel war das eine Geschäft. Wöchentlich kaufte ich noch bis zu 8000 Eier auf und verteilte sie an Schul- und Betriebsküchen, Bäckereien, Gaststätten und den Handel. Im Herbst kamen pro Monat 600 Flugenten und im Dezember die gleiche Zahl Weihnachtsgänse dazu.

Die Kunden erhielten nicht nur Geld, sondern als Äquivalent eine bestimmte Menge Futtergetreide. Da kamen im Jahr einige Tonnen zusammen, die ausgewogen und den Kunden ausgehändigt wurden. Und wenn ich alles so zusammenrechne, dann hatte ich im Jahresdurchschnitt einen Geldumschlag von einer Million Mark. Und das nur in der Nerchauer Umgebung mit dem Schmorditzer Zentrum! *(W.S.)*

In Schmorditz geht's steil und kurvenreich ins Dorf hinein.

Der Ort liegt inmitten der Feldflur auf dem „Hochland“ an einer schmalen Straße. Sie schlängelt sich von Cannewitz aus dem Tal des Mutzschener Wassers hinauf auf das Hochland. Wenn ein Traktor kommt, wird's schwierig. Einer muß dann aufs Feld ausweichen. Und doch gäbe es zwei Gründe, den Weg zu wagen. Der eine ist rein materiell, der andere mehr kulturell bedingt. Da wäre nämlich das Gemüsegut von Kompe. Dort kann man sich mit frischem Obst und Gemüse eindecken. Am anderen Dorfausgang wohnt seit 1992 der Kunstmaler Holger Voigt (Jg. 43) mit seiner Familie, und dort könnte man sich ein Bild kaufen:

Serka ist unser Lebenszentrum geworden

Ein Wechsel von der Großstadt in ein so kleines Dorf ist immer ein Wagnis. Kurz nach der Wende stand die Entscheidung an, in Leipzig zu bleiben oder nach hier zu ziehen. Hier, das war das kleinste Haus in Serka, ohne Stallgebäude und Land. Wir, das waren meine Frau, ich und unsere Söhne, Jg. 81 und 83. Wir hatten das Haus 1984 gekauft und als Wochend- und Stadtalternative nach und nach renoviert.

Ich hatte vom Bauen und den verschiedenen Handwerken nicht viel Ahnung, war aber optimistisch genug, mir vieles zuzutrauen. Man muß eben zupacken und lernen. Der Zahn der Zeit hatte am Haus sein Werk fast vollendet, und wohlmeinende Ratschläge skeptischer Einwohner lauteten: Zusammenschieben und neu bauen! Wir entschieden uns, um das Vorhandene zu kämpfen. Das Haus war durch etliche Hände gegangen. Je nach Vermögenslage wurde ein bißchen an- und ausgebaut. So entstand ein ziemlich uneinheitliches, aber lebendiges Bauwerk. Wasser kam aus der Schwengelpumpe mitten im Haus, Plumpsklo war draußen, und die Elektrik glimmte müde vor sich hin. Aber das Dach war einwandfrei, und das, sagte man mir, ist sehr wichtig.

Dorfbild von Serka.

Ich fing an, seltsame Dinge zu treiben, zog einen Graben ums Haus und füllte ihn mit Kies. Ich wollte die Nässe aus den Lehmwänden kriegen, denn ein Fundament gab es nicht. Ein Nachbar meinte: Billig gekauft, und als erstes gräbt er nach Schätzen!

Man stand unter Beobachtung, denn es sprach sich herum, daß da ein Künstler werkelt, ein Beruf also, der mit vielen Vorurteilen betrachtet wird: Weltfremd oder Spinner. Aber mit der Zeit sah man, daß ich nicht nur mit Hammer und blutenden Daumen rumrannte. Ratschläge kamen, Hilfe wurde angeboten. So entstanden Bindungen, aus denen freundschaftliche Beziehungen wurden. Natürlich bleibt man Zugezogener. In das über Generationen gewachsene Beziehungsgeflecht sind wir nicht einbezogen, und es ist schwer, dahinterzukommen, wer mit wem kann bzw. warum nicht. Die Ursachen liegen manchmal mehrere Lebensalter zurück und werden mit vererbt.

Wir haben uns eingelebt, und ich habe mit der Zeit ein Gefühl für die Landschaft bekommen. Da ich dieses Genre gern male, ist es mir wichtig, den Charakter einer Landschaft zu verinnerlichen, um sie darstellen zu können. Ich male konkret, realistisch sagt man wohl, und habe mich auch nach der Wende nicht einem von „drüben“ importierten Kunstbegriff in die Arme geworfen. Ich kann mit ungegenständlicher Malerei oder intellektualisierten Kunstinstallationen nichts anfangen. Der Betrachter soll anhand meiner Bilder über seine vertraute Welt reflektieren können. Er kann, wenn er sich darauf einläßt, überrascht sein, daß des Nachbars Schweine, wenn sie gemalt sind, eigene Persönlichkeiten mit durchaus menschlich vergleichbaren Zügen werden und nicht nur Nahrungslieferant.

Ich male zumeist im Eigenauftrag und muß dann sehen, daß ich was verkaufe. Das ist nicht leicht, denn die Mittel für Kultur sind am ehesten einzusparen, sowohl privat als auch im öffentlichen Raum. So sind Aufträge für zwei Wandbilder im ehemaligen, jetzt als Hotel ausgebauten Bahnhof Wermsdorf eher selten, machen mir aber großen Spaß.

Holger Voigt in der Küche.

Die kleine Siedlung liegt inmitten fruchtbarster Felder. Da wollte doch tatsächlich Anfang der 90er Jahre ein Spekulant auf dieser Flur einen Steinbruch eröffnen. Die kleine Serkaer Mannschaft wehrte sich mit Händen und Füßen gegen das Unheil. Und tatsächlich gelang es, das Projekt zum Scheitern zu bringen. Die fruchbare Erde um Serka kann weiter als Ackerland genutzt werden.

Jürgen Leipnitz (Jg. 43) hatte sich schon vor der Wende als Bauer selbständig gemacht. Das gab's tatsächlich! Allerdings nur mit Obstbau. Inzwischen hat er seine Apfelplantagen gerodet. Er konnte sich gegen die großen Anbieter nicht behaupten. Auf der Wiese hinterm Gut stehen jede Menge Traktoren, Hänger und andere Geräte, nicht als museale Ausstellung, sondern als Ersatzteillager. Vom Feldbau bis zum Füttern der Kühe und Schweine, aber auch von früh bis spät, betreibt er ganz allein in einem geschlossenen Kreislauf seinen landwirtschaftlichen Betrieb. Nur zu Erntezeiten helfen einige Hände. Für das Mittagessen sorgt immer noch Mutter Irmgard Leipnitz (Jg. 19). Auf dem Bauernhof pulsiert das pralle Leben! Da rennt, gackert und frißt das Kleinvieh in beachtlichen Scharen.

Weiter unten im Dorf floriert das Gemüsegut von Elke Kompe geb. Schieferdecker (Jg. 66). Im Haus befand sich bis 1980 die legendäre Gastwirtschaft ihrer Großeltern. In der winzigen Dorfkneipe hing die verschmitzte Zeichnung der „Cons. Schankwirtschaft zu Serka und Löbschütz von Oskar Schieferdecker". Der Gemeindebote gibt darauf eine wichtige Mitteilung der Cannewitzer Brauerei bekannt: „Ich solls eich hiermit sahn, dass von heite ab niemand in die Bach scheiße, da morgen gebraut wärn sull." Na denn, guten Appetit!

Den bekommt man jedenfalls, wenn man die Produkte des Gemüsegutes betrachtet. Auf den umliegenden Flächen werden alle Arten von Früchten angebaut und zugleich auch veredelt, zu Sauerkraut, sauren Gurken, Marmelade, Salaten und der Delikatessen mehr. In Nerchau und auf den Märkten im Umkreis werden die Produkte aus dem Muldenland feilgeboten und gern gekauft.

Das Gemüsegut von Elke Kompe in Serka.

Hoch oben wie eine Burg thront das Dörfchen mit seinen acht Bauern- und Wohnhäusern über den Hügeln und Hängen allerbesten Ackerlandes. Ich stehe im Oberland. So nennt man in der Nerchauer Gegend diese landschaftsprägende Höhenabstufung, die zwischen Muldenaue und Dorf immerhin um die hundert Meter ausmacht. Weit und frei geht der Blick über das flach-ebene Land gegen Norden. Hinter den abfallenden Feldern breitet sich das Tal des Mutzschener Wassers aus. Als rote Tupfen sehe ich die Dächer der Dörfer, denen der Bach einstens Platz zur Ansiedlung und jahrhundertelang Kraft zum Treiben der Mühlräder bot.

Die alten Löbschützer und ihr Saufrain

Mein Kurs führt durch den Würschwitzer Grund. Diese Perle unserer heimatlichen Natur zieht sich über eine Länge von nahezu drei Kilometern vom Autobahnbogen bei Grottewitz bis hinunter nach Thümmlitz. In einer tiefeingeschnittenen Hohle verläuft der Feldweg. Ein dichtverwachsenes Kronendach der säumenden Laubbäume überspannt ihn. Uralte Birnbäume begleiten ihn schließlich zum Dorf hin. Die von Bauernwagen tief eingegrabenen Fahrspuren lassen mich stolpern, denn längst überwuchert sie kniehoher Graswuchs, weiches Polster für die fallenden Früchte, die auch hier niemand mehr erntet.

Einige der Zufahrten, die das Dorf berühren, sind an ihren Rändern von Trockenmauern begrenzt. Die einstigen Bauern haben sie ausgeschachtet und tiefergelegt, um die Zugtiere bei den Anstiegen zu schonen. Im Gut des früheren Bauern Osmar Nerche treffe ich dessen Enkel HANS SÜSSE (Jg. 26) und seine Frau ALICE. Beide bewohnen allein das weiträumige Wohnhaus. Ihre Wurzeln sind zu fest im Dorf verankert, um auf ihre alten Tage den Wohnort noch einmal zu wechseln.

Die letzten Bewohner eines großen Bauernhofes: Alice und Hans Süße.

Aus dem Schatz ihrer Erinnerungen ist jenes Ereignis vom 20. Oktober 1943 immer noch allgegenwärtig, als Flugzeuge der Royal Airforce wohl eher zufällig ihre restliche Bombenlast in einem Streifen von Nerchau her über Würschwitz bis nach Löbschütz abluden. Die prallvoll mit Erntegut gefüllten Bauerngüter erlebten ein Flammeninferno. Gleich einer auf hohem Berg leuchtenden Fackel bot sich das Dorf den Blicken der Umgebung dar. Von den beiden Dreiseithöfen ließ der rote Hahn nur noch ausgebrannte Mauern übrig, und die zwei anderen Güter vernichtete er je zur Hälfte. Die Schäden waren riesig und die Bauern aufs härteste betroffen.

Unter den Gegebenheiten der Kriegssituation zeigten die Bewohner beispielhaften Willen zum Aufbau. Manches nicht sanktionierte, zum Teil strafwürdige und nicht ungefährliche Tauschgeschäft mit Händlern und Handwerkern der umliegenden Städte wurde getätigt. Alles war ja verloren gegangen. Kleidung, Hausrat, Werkzeuge, Baumaterialien und Gerätschaften wechselten gegen Eier, Getreide oder Fleisch den Besitzer.

An der Straße zum Silberberge zeugen vier abgewirtschaftete und verwaiste Schweineställe von der letzten LPG-Ära. Ein aus der Ferne herangereister neuer Besitzer versucht eben einen zögernden Neuanfang mit der Zucht solcher Borstentiere.

Ein Stück weiter bedecken seit kurzem dicke Erdschichten die Müllablagerung im alten Steinbruch. Leider gerät aus Sicht der „Lewischer“ das Gelände immer wieder mal in die Kalkulation geschäftstüchtiger Leute. Steingewinnung und auch thermisch günstiger Standort für Windkrafträder bilden das Motiv. Die Zeit wird es bringen, ob Plus oder Minus. Eines davon ist nie allein!

Die Straße zum Nachbardörfchen Serka führt um etliche Ecken und Kanten und ist dreimal länger als die Luftlinie. Kein Wunder, wenn ehemals die durstigen Bauern und Knechte aus Löbschütz, wo es nie eine Kneipe gab, einen kürzeren Weg zu „Schieferdeckers Ausschank“ in Serka suchten und trampelten. Und sehr schnell hatte dieser Pfad seinen Namen weg: „Saufrain“. Am Rande einer noch existierenden, ausgedehnten Streuobstwiese, in welcher erst neulich naturverbundene Aktive junge Bäume in die Lücken pflanzten, kann ich seinen Verlauf teilweise erkennen. *(W.S.)*

Der Feldweg führt ins Dorf hinein.

Das winzige Dorf mit seinen drei wuchtigen Bauerngehöften, die nach einer nützlichen Verwendung suchen, und einem halben Dutzend kleinerer Wohnhäuser unweit von Nerchau und nahe dem Mutzschener Wasser hat nichts mit dem bekannten Thümmlitzwald zu tun. Beide Orte sind durch 15 km Luftlinie voneinander getrennt.

Trinkwasser floß in Holzröhren nach Thümmlitz

Am Gartenzaun treffe ich Georg Reinhardt (Jg. 21). Wir kennen uns seit nahezu vierzig Jahren, denn wir waren Kollegen in der Trebsener Zellstoff- und Papierfabrik. Der gelernte Eisenwarenhändler überlebte den II. Weltkrieg und verdiente später als Oberheizer im Kesselhaus des Werkes seinen Lebensunterhalt. Daneben tapezierte und malerte er, wo er gebraucht wurde. Sein gemütliches Wohnhaus steht neben einem mit Teichlinsen bedeckten Weiher. Pestwurz, Schilf und Erlen bilden einen natürlichen Rahmen.

Unmittelbar am Hoftor führt ein jetzt grasüberwucherter Feldweg vorbei, der sich in den Feldern und Wiesen zu verlieren scheint. Knorrige Kirschbäume und dichtverwachsenes Pflaumengebüsch säumen den Pfad. „Früher fuhren die Bauern auf ihm zur Denkwitzer Mühle, zur Feldbestellung und zur Ernte. Wir erreichten so den Haltepunkt der Bimmelbahn im Nachbarort Denkwitz. Manchmal, wenn ich träumend auf meiner Hausbank sitze, bilde ich mir ein, sie fauchend, keuchend und pfeifend zu hören. Das ist jedoch Geschichte, genauso wie die Pferdewagen, die tagtäglich mit gefüllten Milchkannen aus den umliegenden Dörfern zur Cannewitzer Molkerei rollten."

Wir wandern auf weichem Wiesenweg in den Würschwitzer Grund, der jenseits der Dorfstraße beginnt und sich tief eingeschnitten weit hinauf bis zur Autobahn erstreckt. Ein mäanderreiches Bächlein plätschert auf seiner Sohle. Zahlreiche, teils mächtige Bäume, allerlei Sträucher und Heckenpflanzen vielfältiger Art wachsen auf den steil

Georg Reinhardt auf der Wiese vor seinem Wohnhaus.

abfallenden Seitenhängen und bilden einen kilometerlangen grünen Streifen im sonst waldfreien Gelände. Bestes Heu und Futter boten die feuchten Wiesenflächen. Für Generationen von Dorfkindern war der Grund ein Eldorado zum Spielen, Klettern und Räubern, für den Bau von Dämmen und Wassermühlen, zum Fangen von Krebsen und Forellen, die bis zur Überdüngung der Äcker den Bach bevölkerten. Hier sammelte man Beeren, Pilze, Haselnüsse, Himmelschlüssel und Maiglöckchen.

Die Gutsbesitzer unterhielten noch bis in die erste Hälfte des 20. Jh. eine Reihe kleinerer Steinbrüche für den Wege- und Hausbau und legten mehrere Teiche an. 1978 wurde das Bächlein im südlichen Drittel des Grundes hinter einem dicken Damm aus Steinen und Beton zu einem kleinen See angestaut. Die damaligen Landkarten betitelten gar großspurig das neue Gewässer mit „Talsperre Nerchau". Es sollte als Quelle für die Beregnungsanlagen auf den benachbarten Feldern dienen. Die verbliebenen Wiesen nutzten die LPG-Bauern intensiv als Rinderweide. Um 1990 zerfiel die Staumauer, ihre Reste wurden weggebracht. Die Natur nahm sich ihr Land zurück.

Dort drüben, in einem kleinen mit Weiden bestandenen Seitentale, dem Johannisgrund, entspringt eine Quelle mit bestem Wasser. Hier baute um 1920 herum der Trebsener Brunnenbauer Thiele einen Sammelschacht ein und legte von da aus, genau ausgewogen, eine hölzerne Leitung zu einem größeren Behältnis oberhalb der anderen Seite des Grundes. Ein längst bewachsener Erdhügel schützt seitdem das kleine Bauwerk vor Unbefugten. Da hinein floß nun das klare Quellwasser, und weiter im eigenem Gefälle in die Thümmlitzer Wirtschaften und später hinüber nach Denkwitz. Kann man sich eine billigere Wasserversorgung vorstellen? Das Wasser läuft heute noch, wenngleich inzwischen die hölzernen Röhren durch eiserne ersetzt wurden. Und das könnte sicher bis zum Sanktnimmerleinstag so plätschern, wenn nicht ein allgewaltiger Wasserversorgungsbetrieb daran Anstoß nehmen würde. Die hiesigen Selbstversorger sind für dessen pekuniäre Konzepte ein Dorn im Auge. Das winzige Häuflein der Thümmlitzer wehrt sich mit allen Kräften gegen die „feindliche Übernahme". Ob David den Kampf gegen Goliath gewinnt ? *(W.S.)*

Kleine Bogenbrücke über einem namenlosen Feldbach bei Thümmlitz.

Würschwitz, 1378 Wirschewicz, 'Leute des Virsch', (slaw.), OT von Nerchau, 153 Einw.

Einen knappen Kilometer östlich von Nerchau liegen die Häuser von Würschwitz, alte Bauerngüter und Einfamilienhäuser im bunten Gemisch ohne jegliche Ordnung. Wege und Straßen führen den Fremden kreuz und quer durch das Dorf. Er kann sich trotzdem nicht verirren, denn die Straßen sind kurz, die Siedlung ist klein.

Draußen am Rande der Verbindungsstraße nach Gornewitz zu steht eine überdimensionierte Milchviehanlage. Sie hatte ihren Ursprung 1958 mit einem der berüchtigten Rinderoffenställe. Neben weiteren Stallungen wuchsen Wohngebäude und ein Heim für Lehrlinge in die Höhe. Alles in allem ein ziemlicher Komplex, der heute noch besteht und von der Cannewitzer Agrargenossenschaft genutzt wird. Ebenso hat die Straßen- und Tiefbau Firma von Stefan Hecht hier ihre Lager. Einen weiteren Baubetrieb leitet Sven Großer und Frank Steiner eine Malerfirma. Die alten Bauerngüter sind zum Teil zerfallen oder werden nur noch für Wohnzwecke genutzt. Nur im Gute von Fritz Leipnitz herrscht heute wieder eine eigenständige Landwirtschaft.

Würschwitzer Töne von Amboß und Zerrwanst

Auf flachem Hügel und an der höchsten Stelle im Dorfe steht das Wohnhaus der Familie Kreiß. Aus einem Werkstattgebäude höre ich Hammerschläge auf klingendem Amboß. Ist hier die Zeit stehengeblieben? Nicht ganz, denn noch immer ist es das Reich von HEINZ KREISS (Jg. 20), dem Schmied von altem Schrot und Korn. Mit Erfahrung und Können, Glut und Kraft beherrscht er Stahl und Eisen wie kaum ein zweiter und das schon 65 Jahre lang. Wenn in den Haushalten etwas zerbrochen oder verbogen ist, wenn es was zu kürzen oder zu richten gilt, dann heißt es allerorten: „Geh mal zu Kreiß-Pampe, der bringt das in Ordnung!" Und dann läßt er das Schmiedefeuer hell aufleuchten, verpaßt den gelb-roten glühenden Spitzen und Schneiden der Meißel, Dorne, Beile und Äxte neue Schärfe und Form.

Beim gestrengen, jähzornigen, aber auch zu Schabernack aufgelegten Meister Curt Kötz (Jg. 07) erlernte Heinz Kreiß das Schmiedehandwerk. Da gehörte viel Geschick dazu: Hufeisen und Werkzeuge schmieden, Pferde und Ochsen beschlagen, schwere Eisenreifen auf die vom Stellmacher meisterlich produzierten hölzernen Wagenspeichenräder aufziehen. Großflächiges Feuer erhitzte die Eisenringe, und nach dem Aufbringen kühlte das Wasser in Semmigs Teich sie ab, hundert Schritte unterhalb am Straßenrand, und ließ sie straff die Holzfelgen umschließen. Da waren Tempo, Puste, Fertigkeit und Vorsicht geboten.

Manchen Spaß gab es zur Lehrzeit, insbesondere wenn MAX EISNER (Jg. 1880), ein Junggeselle, Eigenbrötler und kauziges Unikum, in der Schmiede erschien. Er bewirtschaftete zusammen mit seiner Schwester den abgelegenen Hof an der Straße nach Gornewitz. Geld anzusammeln war der Bauern Pläsier, ebenfalls das von Eisners. Wenn im Spätherbst den Pferden wegen Erkältungsgefahr Bäuche, Schenkel und Beine abgeschoren wurden, nutzte Max, kühl berechnend, diese Chance auch für sich. Er nahm Platz, bekam die schwere Lederschürze über die Schulter gehangen, und sein ergrautes Haupt wurde der Haare beraubt, kostenlos natürlich.

Gegenüber dem Kreißschen Haus an der Straße nach Cannewitz hat der Sohn Karl-Heinz Kreiß (Jg. 50) eine funkelnagelneue Fertigungshalle für den Metallbau errichtet. Der Meister ist jetzt selbständig mit einigen Beschäftigten. Stahlkonstruktionen vielfältiger Art für Gewerbe, Wohn- und Sportbauten machen den Namen Würschwitz in vielen deutschen Regionen bekannt.

Über Jahrzehnte hinweg blieb Lucie Beyer (Jg. 12) die Wirtin des bekannten Gasthofes. Der Mann kehrte nicht aus dem Kriege zurück. Drei Kinder wollten essen und erzogen sein. Mit Bravour, Entbehrungen und Aufopferung hatte sie das geschafft. Und die Gaststätte über alle Wirrnisse hinweg am Leben erhalten. Um 1980 übernahm ihr Schwiegersohn Gerhard Henschel (Jg. 39) das Geschäft, das er 2001 endgültig aufgab. Damit ging auch ein Stück Dorfgeschichte zu Ende.

Jahrzehntelang hatte im Wirtshaus der Tanzsaal im Obergeschoß Dominanz. Bei dörflichen und familiären Anlässen versammelten sich hier die Gäste. An den Tanzabenden ließ Heinz Kreiß aus seinem Zerrwanst die beliebten Melodien erklingen. Vereinsvergnügen, Dorffeste, Brigadefeiern und Familientreffen lebten von seinem Ziehharmonikspiel, begleitet mit Pauke und Trommel von Richard Paitz (Jg. 1898), gleichfalls ein Altwürschwitzer und einst ein versierter Zimmermann und Sägewerksmeister. Im Krieg bewohnten gefangene Soldaten, vor allem Franzosen, den Gasthaussaal. Sie arbeiteten bei den Bauern und leisteten mit hohem persönlichem Einsatz nach dem Bombenabwurf britischer Flugzeuge am Abend des 20. Oktober 1943 Hilfe in den brennenden Höfen im Ort.

Trotz seiner vormaligen, doch schon lange zurückliegenden kommunalen Eigenständigkeit mit einem freigewählten Bürgermeister an der Spitze war das Dorf stets eng mit Nerchau liiert. Nicht zuletzt auch dadurch, daß die Mehrzahl der hier geborenen Bewohner seine letzte Ruhe auf dem städtischen Friedhof findet. Früher nahm man den pferdebespannten Leichenwagen für den letzten Weg, heute besorgt es das Beerdigungsinstitut.

Nach wie vor gilt die Maxime: „Werscher sind eben Werscher!“ *(W.S.)*

Heinz Kreiß probiert es nochmal mit dem Zerrwanst.

Denkwitz, 1378 Dengkewicz, 'Ort, wo Waldbienenstöcke sind' (slaw.), OT von Nerchau, 50 Einw.

Die Straße von Nerchau her quert das Mutzschener Wasser und führt aus dem flachen Tal hinauf und hinein ins Dorf, schmal und kurvenreich. Fußwege gibt es nicht. Die Leute leben gefährlich im Ort. Da ist es schon besser, die Pfade hintenherum durch die Gärten zu nehmen. Dem Durcheilenden fallen bestimmt die zwei mächtigen Linden auf, die „oben“ in der Kurve stehen. Die Bäume haben einen historischen Bezug. Sie wurden nämlich in einer Zeit gepflanzt, als nach sächsischem Recht ein Bauer, der das Gut vom Vater übernahm, einen Baum auf Gemeindeland zu pflanzen hatte. Ein schöner Brauch, der längst vergessen ist.

Denkwitzer „Königinnen“ in kleinen Holzkästen

Die Waldflächen schrumpften auf winzige Flächen zusammen. Reste wachsen noch dort, wo der Boden versumpft und Ackerbau nicht möglich ist, so im Quellgebiet des Dorfteiches. Die Bienenstöcke gab es eigentlich immer im Dorf. Die letzten stehen heute im Grundstück von Martin Richter (Jg. 34):

Als ich das Haus mit der weiten Gartenfläche an der Teichkurve übernahm, suchte ich neben meiner Tätigkeit in der Cannewitzer Brauerei eine Nebenbeschäftigung. Die hatten viele Leute auf dem Lande. Es war Hobby und neben dem Arbeitslohn lukrativer Gewinn zugleich. Kaninchen fühlten sich wohl in ihren Buchten, und jede Menge Federvieh gackerte im Auslauf. In den Gärten wuchsen Obst und Gemüse heran. Natürlich erforderten Fütterung und Pflege ziemlichen Aufwand, und die Stunden wurden nicht abgerechnet. Ich hatte meine Freude daran. Irgendwann überzeugte mich ein Imker, daß Bienen dazu gehören, und 1972 holte ich mir einige Völker. Leidenschaftlich widmete ich mich fortan meinen fleißigen Gesellen. Und das merkte ich sehr schnell: Wenn du Erfolg damit haben willst, dann mußt du verdammt viel lernen! Ich studierte Bücher, holte mir Rat bei den alten Meistern, informierte mich landauf und landab. Das Leben der Bienen birgt viele Geheimnisse. Intensiv widmete ich mich der Zucht von Königinnen, tauschte sie mit anderen Imkern und konnte so meine Bestände ständig erneuern und sehr bald auf hundert Völker aufstocken. Meine selbstgebauten Bienenwagen rollten von Tracht zu Tracht (Obstplantagen um Dürrweitzschen, Raps- und Kleefeelder u. a. m.). Nach 1990 brach der Absatz erst mal total zusammen. Keiner wollte mehr den hausgemachten Honig. Inzwischen hat sich das wieder geändert. Der Honig meiner dreißig Völker geht weg wie nischt!

Das Hinweisschild an der Hauswand ist eigentlich überflüssig. Nicht das bunte Schild in der Stube! Da hängt nämlich die 94er „Königscheibe“ vom Trebsener Schützenverein. In naiver Malerei zeigt sie das Trebsener Schloß. Ich durfte nach dem besten Treffer das kleine Kunstwerk mit nach Hause nehmen und dafür einige Runden blechen. Inzwischen hat auch der Nerchauer Schützenverein mit seinen Übungen begonnen, und als Bürger der Stadt ist es verständlich, wenn ich mich der dortigen Vereinigung angeschlossen habe.

Auf der Höhe stehen die grauen Schweinestallanlagen aus der LPG-Epoche. Die Denkwitzer erinnern sich nur ungern an jene Zeit. Wenn nämlich für die 3000 Tiere das Futter aus z. T. undefinierbaren Zutaten bestand, dann legte sich bei ungünstigem Wind eine penetrante Duftwolke über das Dorf. Jetzt grunzen bei erträglichem Geruch nur noch wenige Borstentiere in den fast leerstehenden Hallen.

Die kleine Siedlung setzte sich in den vergangenen Jahrhunderten aus neun Bauerngütern, einer Gärtnerei und sechs Häuslern zusammen. Dazu gehörte unten im Tal auch die Wassermühle am Mutzschener Wasser. Noch heute ragt das mehrstöckige Gebäude deutlich sichtbar als ewige Baustelle hervor. Mal lagerten dort die Apotheken aus dem Kreisgebiet ihre Tabletten und andere Medikamente, mal bediente der Konsum einige Kunden. Jetzt bemüht sich ein neuer Besitzer um einen Wohnungsausbau.

Der Bauernhof von Hörig (jetzt Ritter) ist bis 1667 zurück nachweisbar. Dem Dreiseithof sieht man das aber nicht an. In den letzten zehn Jahren hat der heutige Rentner mit seiner Familie und Freunden die Gebäude hergerichtet und umgebaut. Für beide Familien ist genügend Platz vorhanden. Sonst herrscht fast gespenstische Ruhe im weiträumigen Gehöft. Lediglich ein paar Hühner gackern noch im Garten, und unterm Scheunensims und im ehemaligen Stall nisten eine ganze Menge Mehl- und Rauchschwalben. Im schnellen Flug huschen die gewandten Flieger über das Hofgelände und streiten mit den Sperlingen, die ihr Nest besetzen wollen.

*

ERICH RITTER (Jg. 31) fühlt sich wohl im kleinen Dorf: Als schlesischer Umsiedler kam ich 1945 ins Sachsenland. Denkwitz ist meine Heimat geworden. Zu Neichen habe ich ebenfalls ganz enge Beziehungen. Dort lernte und arbeitete ich auf Kupfers Gut, dort lebten meine Eltern. Dann fand ich hier in Denkwitz meine Frau, und ich zog hierher. Später in der LPG machte ich mal Lehrausbilder und wurde überall dort eingesetzt, wo einer fehlte. Jetzt nun als Rentner habe ich mich ganz aufs Gut zurückgezogen und finde immer was zu hämmern, hobeln, nageln, malern. Zeitlebens wirtschaftete ich nach dem Prinzip, daß ich nur das anschaffe und verbaue, was ich mir finanziell leisten kann. Schulden wurden nicht gemacht.

Wir haben alljährlich im Herbst unser kleines Fischerfest. Vor Jahren hatte der Pächter vom Dorfteich zum Umtrunk eingeladen. Das wiederholte sich inzwischen einige Male, und immer mehr Leute kamen zur musikalischen Dorfrunde. Wir freuen uns, wenn Freunde aus den Nachbardörfern mit uns feiern, oder wenn sich die Jugend auf dem zugefrorenen Dorfteich trifft. Unsere kleine Gemeinschaft hat sich wieder gefunden. Ich hoffe nur, daß es noch recht lange so bleibt.

Imker Martin Richter, stolzer Besitzer der „Königscheibe“ von 1994.

Gornewitz, 1417 Garnewitz, 'Ort, wo ein Ofen zum Eisenschmelzen ist' (slaw.), OT von Nerchau, 74 Einw.

Wer den Schmelzofen sehen will, der kommt zu spät. Wenn es ihn überhaupt gegeben hat, dann liegt das über tausend Jahre zurück. Gornewitz hat zwei andere Attribute, womit die kleine Siedlung bekannt wurde: die Wassermühle (seit 1551) und den Storch (seit 1945). Mehr ist aber auch wirklich nicht vorhanden.

Eine einzige Straße führt nach Überquerung der Brücken übers Mutzschener Wasser und den Mühlgraben leicht ansteigend durchs Dorf. Die Bauerngüter rechts davon liegen oben auf einer Heiste, links unten duckt sich das Mühlengut. Hier herrscht geschäftiges Treiben, hier verkauft Ottomar Bufe (Jg. 35) wohlgenährte Karpfen:

Ein Gornewitzer Patent erleichtert den Mehltransport

Mein Urgroßvater erwarb 1881 die Mühle. Seitdem sitzen wir Bufes in dem Ort. Ich kam 1935 in die Sippe. An die Kindheit erinnere ich mich gern, wie wohl viele Menschen. Das Dorf mit seiner staubigen Straße war unsere Welt. Dort spielten wir barfuß Fußball. Aber nicht vorm ersten Kuckuckruf, denn erst dann durften wir die Strümpfe ausziehen. Beim Kühehüten hatte ich meine Freunde um mich. Im Herbst verbrannten wir das trockene Kartoffelkraut, an Stöcken rösteten frische Kartoffeln. Die schmeckten köstlich. Das Eichenlaub, das wir qualmten, dafür widerlich. Aber wir wollten doch damit unseren Mädels imponieren. Das scheiterte kläglich, denn die „tapferen“ Buben hockten später im Rübenfeld, weil der Magen rebellierte.

Ich wuchs in der Mühle heran. Großvater bestimmte, daß ich das Mühlenerbe fortführe. Es war auch mein Wunsch. Nach der Lehre habe ich mit 19 meinen Meister gemacht. Ich wollte noch was dazu lernen. Also ging ich auf die Walze. In der Gegend um Meißen und später im Erzgebirge wurde ich fündig. Der Meister dort war recht zugänglich, wohl auch deshalb, weil seine drei Töchter einen wackeren Burschen suchten. Wer die Wahl hat, hat die Qual! Auch nach eingehender Prüfung konnte ich mich nicht entschließen, wie Paris einer vom Trio den Apfel zu reichen. Ich fand mein Eheweib später in Reichstädt bei Dippoldiswalde, wo ich mein Ingenieur-Studium absolvierte. Wir verstehen und vertragen uns noch heute.

1960 habe ich dann die Mühle übernommen. Da mein Vater mit dem LPG-Beitritt nichts im Sinn hatte, mußte er die 13 ha Feld, die zur Mühle gehörten, an den Landkreis verpachten. Die LPG bewirtschaftete die Flächen. Vater zog sich völlig zurück und saß fortan in der Telefonzentrale der Grimmaer Kliniken. Mutter nähte und reparierte tausende Säcke für die Mühle und die LPG. In ihrer winzigen „Sackbude“ stapelte sich das starre Gewebe oft bis unter die Decke. Es mußte ja auch in dieser Branche immer und immer wieder repariert werden.

Was und welche Mengen ich in der Mühle produzieren durfte, das erfolgte mit strengen Auflagen der staatlichen Planbehörden. Es waren Roggenmehl, Kleie und Futtermittel. Ebenfalls war genau vorgeschrieben, an welche Bäcker ich das Mehl liefern durfte. Eigentlich klappte das ganz gut, denn wir wußten, woran wir waren. Kuriose Entscheidungen blieben nicht aus: Ging‘s dem Staat gut, durfte ich weniger produzieren, ging's ihm schlecht, dann mußte ich die Produktion ankurbeln.

Trotzdem machte ich mir Gedanken, wie der Mehltransport verbessert werden könnte. Die schweren Mehlsäcke auf dem Buckel zermarterten das Rückgrat. An manchen Tagen kamen da hundert Stück zusammen. Es muß doch auch mit einem sacklosen Transport gehen! In Leipzig fand ich einen ausrangierten Zementhänger. Ich möbelte ihn auf, und für die Bäcker konstruierte ich eine sacklose Abnahme. Jetzt bläst die Luft mühelos den feinen Mehlstaub in die Silos. Landauf und landab nutzten immer mehr Bäcker diese Einrichtung. Das Patent darauf hat heute noch seine Gültigkeit.

Das Jahr 1990 veränderte die Mühlengeschichte ein weiteres Mal. Und das in doppelter Hinsicht. Eine neue Generation stand bereit. Mein Sohn war gerade mit dem Studium fertig, da mußte er sich in der neuen freien Marktwirtschaft zurechtfinden. Von wegen, nun auf Teufel komm raus die Maschinen laufen lassen. Da machten uns die großen Mehlkonzerne eine andere Rechnung auf. Die verkaufen ihre Produkte zu einem Preis, bei dem man absolut nicht mithalten kann. Die können das, weil sie in ihrem Konzern noch andere Erzeugnisse herstellen. Dabei gleichen sich Gewinn und Verlust aus. Das kann der Kleine nicht! Der hört auf oder landet eines Tages vorm Konkursrichter. Es ist aus! Irgendwie hat das wohl schon mal ein gewisser Karl Marx geschrieben.

Unser Mühlenanteil am Betrieb macht jetzt nur noch so etwa 15 % aus. Eigentlich müßten wir die Mühlenanlage anhalten. Aber da ist noch so eine gewisse Tradition. Und wir können damit immer noch die Mischungen herstellen, die in unendlicher Vielfalt von den Zoos und den Tierexperten bestellt werden. Jedes Tier frißt was anderes. Nicht nur die Menschen sind verwöhnt.

Man braucht heutzutage möglichst mehrere Standbeine, um bestehen zu können. Also knüpfte Sohn Holger dort an, womit es mein Großvater schon mal versucht hatte: Mit einem Landhandel alles das bereitzustellen, was in den Dörfern die kleinen Leute und die Bauern so alles brauchen für die Tiere und den Garten. Zudem fahren jetzt mehrere LKW weit übers Land, um mit dem Großhandel die Kleinhändler zu beliefern. In Großbardau haben wir den Laden der BHG übernommen. Gegenüber unserer Mühle kauften wir das Gut von Erich Petzold zurück. Das gehörte schon mal unserer Sippe. Dort werden jetzt Baustoffe und andere Materialien gelagert und verkauft. Wir mußten einfach expandieren, um den Betrieb zu erhalten. Schließlich geben wir zwölf Mitarbeitern damit Lohn und Brot.

Ottomar Bufe an der historischen Wehranlage.

Ich gehöre nicht dazu, ich bin Rentner. Die Hände legen meine Frau und ich nicht in den Schoß. Mit Leidenschaft füttere ich im Mühlteich meine Karpfen, die dann vom Herbst bis zum Frühjahr taufrisch und ohne Beigeschmack verkauft werden. Das Gewässer draußen in der Feldflur ließ Großvater schon in den 30er Jahren anlegen. Es war jahrzehntelang für den kontinuierlichen Mühlenbetrieb notwendig. Wenn in der Nacht nicht gemahlen wurde, füllte das Mutzschener Wasser den Teich bis zu einem halben Meter wieder an. Tagsüber konnte dann mit einem höheren Nutzeffekt gemahlen werden.

Ich bin heute nur noch ein kleines Rad im Mühlengetriebe, ich wäre auch dem Streß nicht mehr gewachsen. Meine Gesundheit ist angeknackst. Asthmabeschwerden brachten mich vor Jahren an den Lebensrand. Die Ärzte hatten mich schon abgeschrieben. Ich hab's überstanden, aber ein komisches und zugleich dankbares Gefühl ist geblieben. Während zweier Wahlperioden nach der Wende saß ich im Nerchauer Stadtparlament. Ich wollte mit meinen Vorschlägen und Aktivitäten etwas für die Gemeinschaft tun. Man soll eine eigene Meinung haben, aber auch die der anderen tolerieren und wenn nötig akzeptieren. Ob mir's immer gelungen ist?

WEITERE DORFNOTIZEN aus Gornewitz

Die Firma **ALFASON** GmbH fand wohl eher zufällig in einem ausgedienten Bauernhof hier im Ort eine Niederlassung. Immerhin montieren 25 Beschäftigte seit 1993 bundesweit an Geschäfts-, Handels- und Industriegebäuden Fenster und Fassaden aus Aluminium sowie integrierten Sonnenschutz. - Ein Klempner-Handwerk betreibt Horst Koch.

Eine schwachwellige Hügelgruppe jenseits des Mutzschener Wassers an der Straße nach Cannewitz, die **Drei Berge**, verbergen Hügelgräber aus der Bronzezeit. Sie sind der Beweis, daß das Land hier schon lange besiedelt war, vielleicht auch der „Ort, wo ein Ofen zum Eisenschmelzen stand“.

Eine Meute **Huskys**, das sind die friedlichen, aber immerfort rennenden Schlittenhunde, tummelt sich seit einigen Jahren in einem ausgedienten Bauernhof. Die Leipziger Familie Grünsel hat sich hier niedergelassen. Ihren Einzug, die Hochzeit und die Geburt der Tochter feierten sie mit einem privaten Dorf- und Heimatfest. Damit war der Kontakt zum Ort hergestellt. Beim Training besitzen die Schlitten mangels Schnee Räder statt Kufen.

Die **Störche** nisten seit 1945 auf dem 25 m hohen Schornstein der ehemaligen Mühlen-Dampfmaschine. Ziemlich aufregend war damals das Aufbringen des Wagenrades für den Nistplatz. Das besorgte nämlich der legendäre Werner Hantsch, weltreisender Seemann und Charmeur. Er kletterte innen hoch und zog dann das Kutschwagenrad hinauf. Als der Schornstein in den 70er Jahren wegen Baufälligkeit gesprengt werden mußte, verlegten Kameraden der FFW den Nistplatz auf eine abgestorbene Erle. Als diese runterfaulte und ein Betonmast gesetzt wurde, war's das vorläufige Ende. Er wurde von den Störchen noch nicht wieder angenommen, dafür in Sichtweite auf einem Mast der Autowerkstatt Kullisch in Nerchau. Ihr Futter holen sie nach wie vor auf den ausgedehnten Gornewitzer Wiesen. Wie undankbar!

Neichen, 1421 Eichen, 'an den Eichen' (dt.), OT von Trebsen, 409 Einw.
Zöhda, 1421 Czoudow, unklar (slaw.), 1935 eingem. nach Neichen

Die Landschaft gibt sich hier nicht mehr ganz tischplatteneben. Irgendwann in erdgeschichtlicher Zeit ist an dieser Stelle am rechten Ufer der Vereinigten Mulde, die manchmal bis auf wenige Meter an die Häuser heranreicht, eine Art Schüssel entstanden. Und da hinein haben die Urväter der Neichener ihr Dorf gebaut, an den Eichen. Egal von welcher Seite der Wanderer auch kommt, nach Neichen geht es immer hinunter, mal mehr, mal weniger.

Heute ist Neichen ein grünes Dorf mit einem reichen, teilweise recht betagten Baumbestand. Das empfindet der Naturfreund besonders am Muldenknie in einer faszinierenden Auenlandschaft, erst recht entlang dem Mutzschener Wasser inmitten des Dorfes. Das ist ein am Grund der Senke sich in anmutigen Windungen dahinschlängelndes munteres Bächlein, gerade erst neu überbrückt.

Am Bahnhof Neichen-Zöhda hält kein Zug mehr

Im Lauf der Dorfgeschichte ist Neichen mit Zöhda zusammen- und über den Schüsselrand hinaus gewachsen. Schon in den 30er Jahren wurde Zöhda eingemeindet, doch nicht nur für die Älteren des Dorfes ist ihr Dorfname immer noch gegenwärtig. Er hatte sich auch jahrelang im Doppelnamen Neichen-Zöhda des Bahnhofes gehalten. Das ist auch gerecht, denn einige Sachkundige wissen es genau: Mitten durch das Gebäude verläuft die Flurgrenze zwischen den beiden Orten.

Es liegt nun schon ein reichliches Jahrzehnt zurück, da war Neichen eine Station an der romantischen Muldentalbahn zwischen Wurzen und Großbothen und zugleich Umsteigebahnhof zur Kleinbahn nach Mutzschen-Wermsdorf-Oschatz. Letztere hat 1966 ihren Betrieb eingestellt, die Muldentalbahn Ende der 90er Jahre. Das respekta-

Das von Bahnreisenden „verlassene" Bahnhofsgebäude in Neichen.

ble Bahnhofsgebäude ist fein herausgeputzt, beherbergt heute einige Familien und eine Dachdeckerfirma. Die Gleise der Bahn sind grün überwuchert, Birken und Ginster haben ihr einstiges Terrain zurückerobert.

Wer ins ehemalige Zöhda hineinfährt, endet in zwei Bauerngütern, die bedenklich niedrig nahe der Mulde liegen. Bei Hochwasser wurden da schon Hof und Tenne überflutet, letztmalig, als der Tag der Sachsen in Rochlitz in den Fluten unterging.

*

Hier in der Niederung liegt auch der Gasthof „Muldental", seit einigen Jahren im Besitz von HANS-JÜRGEN LUMPE (Jg. 52), der von Leipzig hierher kam, weil er sich in der freien Natur einen bekömmlichen Platz suchte. Wenn man den Wirt selbst sprechen will, dann informiert an der Haustür ein Zettel mit der Aufschrift „Bin im Hofe", und dort hinterm Haus mit dem freien Blick über die Wiesen hinüber zur Mulde, da kann man ihn antreffen:

Mein Gasthof ist das geblieben, was er jahrzehntelang war: Eine Kneipe. Was hätte es für Sinn, hier am „Ende der Welt" eine Schickeria herzurichten? Er bleibt der „Ärmel", wie ihn der Volksmund getauft hat. Auch jetzt habe ich da meine Sorgen. Die Einwohner finden nicht den Weg hierher. Nicht mal der Stammtisch funktioniert noch. Ich habe überhaupt den Eindruck, daß es die Leute verlernt haben, miteinander zu reden. Das gehörte zur „Kneipen-Kultur", und das muß absolut nichts Negatives sein. Es genügt, wenn man drei Bier trinkt, man muß sich doch nicht vollaufen lassen! Das soziale Gefüge ist auseinander gebrochen. Die Jugendlichen denken da zum Glück noch ein bißchen anders. Für sie ist das hier ein guter Anlaufpunkt. Das paßte natürlich einigen Leuten auch wieder nicht. Aber die Jungs und Mädels verhalten sich anständig, und nur selten schlägt da einer über die Stränge. Sie kommen ja auch nicht zum Saufen, sondern zum Billardspielen und zum Unterhalten. Natürlich kann ich davon nicht leben. Wenn ich die Übernachtung nicht hätte, die ich auch ziemlich preiswert anbiete, dann sähe es ganz mau aus. Und trotzdem: Für mich langt's gerade so, und was will ich mehr inmitten meiner herrlichen Natur am Muldefluß.

Der Gasthof „Muldental" von der Muldenseite aus gesehen.

Seinen früheren Status als pulsierendes Bauerndorf kann der Ort nicht verleugnen. Große, heute meist funktionslose, doch in der Mehrzahl trefflich herausgeputzte Gehöfte, sprechen dafür eine deutliche Sprache. Nur drei sind es noch von sechzehn, die ihrem Tagewerk als Bauern nachgehen. Die Schweinemastanlage von Nitzschka her auf der linken Seite betreibt ein Investor aus den alten Bundesländern. Näher am Ort auf der rechten Seite steht der große Rinderstall der Familie Kupfer.

Das älteste Gebäude des Dorfes ist die Kirche, ein architektonisch bemerkenswerter Sakralbau. Sie hat ihren wohlbegründeten Platz am nördlichen Rand der Senke gefunden und ist aus jeder Richtung gut zu sehen. An ihrer Stelle befand sich im 12. Jh. eine Stabbohlenkirche. Junge und ältere Mitglieder der Kirchgemeinde haben das dem völligen Verfall preisgegebene Gotteshaus unter fachlicher Leitung zu einem wahren Schmuckstück herausgeputzt. Eine Chronik über die Grundinstandsetzung der Kirche 1986 bis 1990 belegt mit eindrucksvollen Fotos und Texten das zuvor aussichtslos erscheinende Vorhaben. Der Friedhof liegt längst nicht mehr an der Kirche, sondern am Dorfrand überm Mutzschener Wasser.

In einem der alten Bauernhöfe treffen wir HEINZ KAMPRAD (Jg. 15), den ältesten männlichen Einwohner des Ortes:

Mein Vater machte Dorfpolitik im „Pfeifenklub"

Wie lange ich schon hier und in diesem Hause lebe? Achtzig Jahre, und es war alles in allem ein schönes Leben im Dorf, mit allen Höhen und Tiefen. Mit sechs kam ich aus Großbardau hierher. Beim Oberlehrer Magnus Wolf erhielt ich in der hiesigen Zweiklassenschule das erste Wissen vermittelt, und zwar so gut, daß ich bereits als Viertklässler die Aufnahmeprüfung für die Oberschule ablegen konnte. Doch wegen eines Unfalls unterblieb der Besuch. Nach einer kaufmännischen Lehre folgte der Weg zurück auf den väterlichen Hof.

Als ich nach dem Krieg wieder hier anfing, waren weder Huhn noch Schwein,

Familie Kamprad in trauter Gemeinschaft mit ihren Plast-Duplikaten.

weder Rind noch Pferd vorhanden. Unser Ablieferungssoll aber mußten wir schaffen. Wir waren immer auch Pferdezüchter, die strammen Oldenburger hatten es uns angetan. Sogar Preise haben wir bei der Dresdener Pferdeschau geholt. Einmal hatten wir ein zweijähriges Fohlen, das aus reiner Eifersucht alle Fremden vom Hofe jagte.

Das Besondere aber in meinem Leben, das ist meine Frau. Seit 55 Jahren bin ich mit ihr verheiratet. Das wäre eigentlich eine „Tapferkeitsmedaille“ wert! Sie war auch mal meine „Lebensretterin“. Als ich einmal vom Motorrad geradewegs in ein Wasser gefallen war, da hat sie mich ziemlich hilfslos gefunden und aufgelesen. Jedenfalls hat‘s da gefunkt, und seitdem blieben wir für immer zusammen.

Es gibt einige heitere Begebenheiten in Neichen, an die ich mich gern erinnere, so zum Beispiel an den „Neichener Pfeifenklub“, den mein Vater 1924 gegründet hatte. Bauern und Handwerker trafen sich jeden Mittwoch in der Schenke, besprachen Dorf- und große Politik, schmauchten ihre Pfeifen und droschen auch mal einen zünftigen Skat. Ihre Tabakspfeifen nahmen sie niemals mit nach Hause, die deponierten sie in einem besonderen Schrank in der Kneipe. Bei Kriegsbeginn ging‘s zu Ende mit dem Klub. Das Bier wurde knapp, Schnaps sowieso und letzten Endes wohl auch die Männer.

Dann gab‘s in den 20er Jahren den alten Gendarm Lämmel. So manchen Missetäter, die meisten sollen wohl Brandstifter gewesen sein, traktierte er am Stammtisch so lange mit Bier und billigem Fusel, bis sie mit einem Geständnis herausrückten. Lämmel soll damit eine beachtliche „Aufkärungsquote“ erzielt haben.

Dann hatten wir noch ein anderes Original, den Freiberg Paul. Der trieb sich nur in der Weltgeschichte herum, und jedesmal, wenn es ihn wieder nach Neichen verschlug, kam er als ein „ganz anderer“, mal als Hamburger oder Berliner, mal als Bayer oder Rheinländer. Das Hantieren mit der Heugabel auf dem Hofe seiner Mutter hatte er dabei total verlernt. Nach dem Kriege blieb er im Westen.

Es gab eigentlich immer ein gutes Verhältnis zwischen den Arbeitern und Bauern in Neichen. Auch heute läßt es sich ganz gut leben im einstigen Bauerndorf an der Mulde. *(W.B.)*

Originelle Gestaltung mit Steinsäule und Quarzitbrocken in einem Zöhdaer Vorgarten.

WEITERE DORFNOTIZEN aus Neichen

Die **Brücke** über das Mutzschener Wasser in der Dorfmitte wurde 1996 aufwendig erneuert. Weiter außerhalb, wo sich der Bach ins Dorf schlängelt, überspannt ihn eine aus Bruchsteinen gemauerte Brücke. Ihre alte Struktur ist heute leider mit Putz überdeckt.

Die **Freiwillige Feuerwehr** feierte 1995 mit Wehrleiter Christian Pfaff ihr hundertjähriges Bestehen und soll nun ein neues Gerätehaus auf dem Gelände des ehemaligen Bahnhofsplatzes erhalten. In dem vorgesehenen Kulturraum können dann alle wichtigen Veranstaltungen der Senioren und anderer Gruppen durchgeführt werden. Alljährlich organisieren die Kameraden der FFw ein Osterfeuer. - Ein frohes Erlebnis waren bis zu Beginn der 90er Jahre die Kinder- und Sommerfeste, die von den Einwohnern selbst gestaltet wurden.

„**De Hain**" sagen die Neichener und meinen damit einen mit dichtem Baumbestand und Gebüsch sich vom Friedhof aus in Richtung Gornewitz erstreckenden Schutzstreifen, der die Feldlandschaft wohltuend aufwertet.

Insgesamt vier **Gaststätten** hat es mal in dem Dorf gegeben. Davon existiert nur noch das „Muldental". Im „Gasthof Eiding" richtete sich der Konsum ein, der Saal blieb als „Neichener Kulturstätte" erhalten und wird bis heute genutzt. In der „Bahnhofsgaststätte" kehrten vorwiegend die Bahnfahrer ein. Schießlich betrieb noch die Fleischerei von Schierzens einen Ausschank, aber nur mit alkoholfreien Getränken.

Die **Kommune**, eine vom Mutzschener Wasser umflossene Insel, auf der früher bunte Schul- und Kinderfeste gefeiert wurden. Zum Kummer der Neichener wurde das Gelände verfüllt, und die Insel verschwand. Dort steht jetzt ein Autohaus.

Der Saal vom ehemaligen Gasthof Eiding dient vor allem der **Volkssolidarität** als Kulturstätte. Unter der aktiven Leitung von Karin Gärtner finden hier das ganze Jahr über Seniorentreffen statt, darunter auch der seit langem organisierte „Schürzenball", bei dem die Dame mit der originellsten Schürze prämiert wird.

Weitere **Personalien**: Otto Meyer war über Jahrzehnte hinweg pflichtbewußter SERO-Aufkäufer. Er sammelte alles, was irgendwie noch verwertbar war, auch sonntags nachmittags wurde niemand weggeschickt. - Max Schlicke, „Mäxchen", geb. am 2. Januar 2000, ist das Millenniumsbaby vom Muldentalkreis und wächst nun in Neichen ins neue Jahrtausend, verbunden mit vielen Hoffnungen und Wünschen.

Ein **Taubenhaus** steht als historisches Bauwerk auf dem Hof des Kupferschen Gutes. In den letzten Jahren wurde es mit Fördermitteln wieder hergerichtet. Ein Marder hat die letzten Bewohner vertrieben.

Eingetragene **Vereine** haben sich noch nicht etabliert, doch es könnte für die Zukunft etwas werden. Da treffen sich regelmäßig Frauen zur Gymnastikstunde, einige Bürger zur Erforschung der Ortsgeschichte und ein etablierter „Sonntagsmorgenstammtisch mit eignem Pempel" debattiert wichtige Dorfereignisse.

Eine **Wassermühle**, vom Mutzschener Wasser angetrieben, war bis 1948 als Mahl- und Sägemühle in Betrieb. Sie befand sich im Winkel einer echten Mühlenlandschaft.

Handel und Gewerbe: Tischlerei von Ingo Meier. - Dachdecker Roland Ludwig. - Autohaus Thomas. - Gerüstverleih Engelmann. - Baugeschäfte von Schmidt und von Pfaff. - Containerdienst und Baugeschäft Böthgen. - Pension Schreiber. - Feldbau und Viehwirtschaft betreiben Gerald Bennewitz, Werner Weber, Karin Kupfer und im Nebenberuf Lutz Nickel. Die holländische Fa. Dahl benutzt die Stallungen der ehem. LPG nach Nitzschka zu für die Schweinemast.

Kirche in Neichen.

Die Fähre

Wie einst Ludwig Richter zum Schreckenstein
bin ich nach Höfgen gefahren.
Ich wollte mal wieder romantisch sein
und nicht mit Gefühlen sparen.

Die Fähre war grün, aus Blech, nicht aus Holz,
unsinkbar auch bei Schaukelei.
Die Mulde, des reizvollen Tales Stolz,
kam wohl aus der Schwarzfärberei.

Die Passagiere war'n prächtig gelaunt
und dankbar für durchsicht'ge Luft.
Sie haben gelacht und zu gern gestaunt
und sprachen von Wasser und Duft.

So stießen wir bis zur Flußmitte vor.
Dort sah mancher sinnend zurück,
dann still zum Himmelsgewölbe empor
und nannte die Stunde sein Glück.

Am neuen Ufer lag träumend ein Pfad.
Aus dem wurden Wege ins Licht.
Die Sonne gab uns den goldenen Rat:
Sucht weiter das Vergeß-ich-nicht!

Kurt-Rudolf Böttger

„Fährmann, hol über!" – Fähre, Fährmann und Fährhaus in Höfgen.

Zwischen Mulde und Deditzhöhe

Im Winkel zwischen der weit gewundenen Doppelschlinge des Muldenlaufs bei Grimma und der Deditzhöhe südöstlich von Nerchau findet sich einer der reizvollsten Landschaftsteile des Muldentalkreises. Eindrucksvoll haben hier erdinnere und äußere Kräfte ihr Spiel gegeneinander getrieben und eine kleine Landschaftszelle voller unterschiedlicher, ja widerstrebender Elemente geschaffen.

Bei Höfgen im Süden durchfließt die Mulde auf etwa 127 m die noch einige hundert Meter breite Talaue in einem Sohlental, bei Grimma treten dagegen steile Porphyrfelsen und -wände bis an den Fluß heran, und zwischen Bahren und Golzern durchbricht der Fluß geradezu in einem tiefen und engen Tal den Grimmaer Quarzphorphyr. Die in der Bewegung eingeengte Mulde fließt hier schnell und hat ein ansehnliches Gefälle. Deshalb spielten Mühlen an ihren Ufern immer eine große Rolle. Mühlenromantik ist auch heute noch vorhanden, so in Höfgen oder nördlich davon an der Schiffsmühle, in Grimma oder in Golzern.

Die östlich angrenzende Hochfläche liegt etwa 70 m über der Talsohle (Galgenberg bei Grimma 194 m), und steigt bis Bröhsen auch noch etwas auf über 200 m an. Überragt wird das hangreiche Gelände aber dominant von der östlich von Golzern gelegenen Deditzhöhe mit 231 m. Eine kleine Scholle quarzitischer Grauwacke des eigentlich in der Tiefe liegenden heimatlichen Grundgebirges (im Zuge des Nordsächsischen Sattels, zu dem auch der ferne Collm gehört) durchragt hier plötzlich alle jüngeren Gesteinsauflagen. Sehr eindrucksvoll ist von dieser Geländestufe der Weitblick über den gesamten nördlichen Muldentalkreis ins Wurzener Land bis zu den Hohburger Bergen, nach Westen in das Leipziger Land und ostwärts zum Oschatzer Collm.

Auf der nach Westen geneigten Hochfläche nehmen einige Bäche ihren Anfang, die nach kurzem, zuweilen stürzendem Lauf geradezu durch die felsigen Steilhänge ins Muldental hinabfallen. Ihre Hängetäler bilden malerische Partien, z.B. am Tannik-

Hopfenfeld bei Golzern mit Windkrafträdern in Richtung Pöhsig.

A14
Bahren
Mulde
Döbener Wald
A14
Nerchau
Deditz
Grottewitz
Deditzhöhe
232
Golzern
Loreley
Dorna
Döben
Teichmühle
Hopfenanbau
Galgenberg
194
Samoa
Grimma
Neu-Neunitz
Neunitz
Grechwitz
Bröhsen
Hutberg
223
Hutpappel
Zwischen
Mulde
und
Deditz-
höhe
Kaditzsch
Juttapark
Tannickenbach
Schkortitz
Höfgen
Naundorf
Mulde
Müncher Holz

kenbach bei Höfgen, der Ziegengrund unterhalb von Neunitz, der Lange Grund im Grimmaer Stadtwald, der Schlangengrund nördlich davon oder im Gemeindebachtal an der Teichmühle bei Golzern. Diese Talkerben gliedern mehrfach den bewaldeten Porphyrsteilrand. Besonders auffällig geschieht das zwischen Döben und Golzern am „Zetten“ mit der„Feueresse“, einem frei stehenden Felsen über dem Muldental. Die Kerbtäler und Quellmulden der Bäche auf der Hochfläche haben regelrechte „Landschaftwinkel“ wie an der Teichmühle oder bei „Samoa“ an den Rabenbergen zwischen Golzern und Bröhsen entstehen lassen, die einem in ihrer Abgeschiedenheit manchmal wie jenseits der übrigen Welt gelegen vorkommen können.

Die Hängetäler, wie auf jeden Fall der Lange Grund, waren für die Menschen lange Zeit die einzige Möglichkeit, nach Überquerung der Mulde bei Grimma die östliche Hochfläche zu erreichen. Vielleicht läßt sich der „Hohe Stein“ bei Döben vor diesem Hintergrund auch als eine notwendige Landmarke und Orientierungshilfe der Menschen der Frühgeshichte deuten.

Im Gegensatz zum bewaldeten Steilrand des Muldentals und den sich ostwärts hinaufziehenden „Gründen“ ist die Hochfläche weitgehend frei von natürlicher Vegetation. Die Fluren werden intensiv landwirtschaftlich genutzt. Als Besonderheit ist dabei das kleine Hopfenanbaugebiet zwischen Golzern und der Deditzhöhe erwähnenswert. *(W.E.)*

Im Frühjahrs-Blumengarten des Döbener Waldes

Zwischen Dorna und Schmorditz erstreckt sich nahe am Muldelauf der Döbener Wald, eines der wertvollsten Naturschutzgebiete im Muldentalkreis. Es ist ein schmaler, teilweise kaum hundert Meter breiter Waldstreifen, der sich in den von Ost nach West gerichteten Kerbtälern bis hinauf zu den Feldflächen auf der Hochebene schiebt.

Das Einmalige am Döbener Wald ist seine Naturbelassenheit. Diese existiert gewiß schon seit mehreren Menschengenerationen, denn der Wald hat hier eine ganz wichtige Schutzfunktion. Er schützt die Hänge und Täler vor Erosion und hat sich zu einem ökologisch und landschaftlich bedeutenden Laubmischwald, in welchem die Harthölzer vorherrschen, entwickelt. In den Tälern und entlang der kleinen Bäche wachsen vorwiegend Eschen und Erlen, an den Hängen Hainbuchen, Traubeneichen, Bergahorn und höhenwärts dominieren Rotbuchen. Nur ganz vereinzelt trifft man auf Birken und einige Kiefern, die vielleicht von Menschenhand stammen.

Weil sich im Mai das Laubdach der Bäume bildet und schließt, erreicht das Sonnenlicht nur im März und April fast ungehindert den Waldboden, der sich deshalb in den schmalen, windgeschützten Tälern schneller als anderswo erwärmen kann. Das nutzen vor allem lichthungrige Bodenpflanzen, die hier eines der letzten Refugien in unserem Raum gefunden haben. Sie erreichen bereits im April ihre höchste Entfaltung und bilden dichte, ausgedehnte Teppiche von Millionen Pflanzen der Buschwindröschen, des Scharbockskrautes, Lerchensporns, Milzkrautes und Aronstabes. Unauffälliger finden sich in dieser Gesellschaft auch Lungenkraut, Goldnessel, Moschuskraut, Efeu und vereinzelt der Wollige Hahnenfuß. Dort, wo an den Steilhängen ständig Schatten herrscht, entfaltet sich das Reich der Moose und Farne. Sie überziehen besonders am Boden liegendes Totholz und den brüchig verwitterten Porphyr am Hang.

Die für das Menschenauge schönste Zeit des Döbener Waldes ist zweifellos sein Frühjahrsaspekt mit den unzähligen Frühblühern, die alle zur gleichen Zeit ihre leuchtend weißen, gelben oder bläulich und rötlichvioletten Blüten genau ausgerichtet den Sonnenstrahlen entgegenhalten. Die Menge dieser eher kleinen Geschöpfe erzeugt hier die Wirkung. In dieser Jahreszeit verwandelt sich der Wald in einen wahren Blumengarten, der nicht schöner sein kann! *(H.K.)*

Die Deditzhöhe liegt zentral im Muldentalkreis und wird deshalb gern besucht. Heimatverbundene Lehrer führen ihre Zöglinge hierher, um einen großartigen Rundblick über einen weiten Teil des Kreisgebietes zu halten. Sie blicken bis zu den Dächern von Wurzen und den Hohburger Bergen, schauen über den Wermsdorfer Wald zum beherrschenden Oschatzer Collm und erkennen über den Planitzwald hinweg die Türme von Leipzig. Es läßt sich immer wieder unwahrscheinlich viel Neues und Altes in der historischen Kulturlandschaft entdecken.

Eilige Autofahrer halten mal an, um sich zu vergewissern, daß der Blick noch ungetrübt erfolgen kann. Richtig drängeln sich die Leute in der Silvesternacht. Da ist die Bergstraße ziemlich zugeparkt, wenn das weite Land im leuchtenden Feuerwerksspektakel erstrahlt.

Die Geheimnisse auf der Deditzer Höhe

Die Höhe hatte schon immer etwas Geheimnisvolles, weil Drahtverhau, Bunkerbauten und Funkmasten zeitweise den Zutritt einschränkten. Natürlich entstanden dadurch auch manche Vermutungen und Legenden. In den Blickpunkt der militär-politischen Strategen kam die Höhe im Jahre 1936. Zur unaufhaltsamen Aufrüstung der Faschisten gehörte auch die Luftwaffe. Mit der harmlosen Bezeichung „Wetterdienst-Funkstelle“ richteten die Militärs eine Leitstelle für Flugzeuge ein, die den Oschatzer oder Polenzer Flugplatz ansteuerten. Ein knappes Dutzend Soldaten bewachte die militärische Dienststelle mit zwei 49 Meter hohen Funkmasten, eigener Strom- und Wassererzeugung, und mit allem sonst noch, was man brauchte, um autark zu sein. In den Apriltagen des Jahres 1945 verschwand das Kommando still und heimlich.

Im Mai besetzte die Rote Armee die Höhe. Die Bewachung erfolgte noch intensiver

Die Rundblick-Runde auf der Deditzer Höhe unter der zerzausten Linde.

mit Stacheldraht, einem tiefen Graben und nachts in heller Bestrahlung. Vermutlich lagerte hier Munition. Ein Jahr später war der Spuk über Nacht verschwunden mit den üblichen traurigen Hinterlassenschaften, die Bunker und die alte Anlage gesprengt. Die herumliegenden Ziegel holten sich die Grottewitzer Neubauern. Nur das Mannschaftsgebäude blieb stehen. Dort zog um 1948 ein „Jungunternehmer" ein, der in einem Elektrobetrieb Motoren reparieren ließ. Nach zwei Jahren verlagerte er seine Firma in Richtung Westen. Jetzt nahmen Umsiedler aus Schlesien das Haus in Besitz. Fünf Familien fanden ein neues Zuhause, so wie heute noch.

Schließlich rückten in den 70er Jahren noch mal Baufirmen an und bauten einen Bunker mit einer Funkanlage für die Deutsche Post. Darin hatte ein knappes Dutzend Leute Platz. Wozu? Ob Postler, Funkamateure, Stasileute oder andere geheimnisvolle Brüder, das wissen nur die, die hier waren. Und die kann man nicht mehr fragen, denn die haben sich längst verkrümelt oder können sich nicht mehr daran erinnern.

Jetzt ist eine Funkanlage für den Notdienst im Muldentalkreis eingerichtet. Die Leitungsstränge sind mit dem 40 m hohen, schlanken Stahlturm verbunden. Der entstand erst 1996 und überträgt die Wellen für Funktelefone. Die Mobiltelefonierer wissen das zu schätzen. Das weithin sichtbare neue Wahrzeichen der Deditzer Höhe hat nun Konkurrenz bekommen. Ein Stück nach Pöhsig zu bemühen sich drei riesige Windkrafträder, umweltfreundliche Energie zu erzeugen.

Die Familie Kurt und Martel Siol wohnt noch immer im einstigen Mannschaftsgebäude. Die Schlesier, hier 1945 angekommen und 1950 auf der windigen Höhe eingezogen, fühlen sich ziemlich wohl mit ein bißchen Landwirtschaft, einem sorgfältig gepflegten Garten mit bunten Blumen und Gemüse und einem weiten Blick in die Ferne. Jede Linde, die durch Samenanflug oder anderswie Wurzeln schlägt, wird gehegt und gepflegt, damit Nachkommen heranwachsen. Denn die historische Deditzlinde, die nun an die 200 Jahre alt ist, wurde vom Wetter arg zerzaust. Noch wächst neben den knorrigen Ästen immer wieder mal ein junger Sproß heraus. Der Baum hat einen zähen Lebenswillen. Er steht unter Naturschutz!

Ebenfalls unter Schutz steht ein kleines Kulturdenkmal ganz oben auf der Kuppe neben dem heutigen Funkmast: eine 1,5 Meter hohe Denkmalsäule aus rotem Rochlitzer Porphyrtuff. Sie erinnert an die Landvermessung (Triangulation) von 1873. Das war damals eine großartige Leistung und die Grundlage für den Druck exakter Landkarten. Bauarbeiter holten das Denkmal Ende der 90er Jahre unsanft vom Sockel und lädierten das historische Stück.

Gleich daneben haben umweltbewußte Gemeindeväter einen Steinbruch einzäunen lassen, der schon seit langem nicht mehr genutzt wird. Wäre dies ungeschehen geblieben, dann wäre das schätzenswerte Stück Natur längst zur Müllkippe verkommen. Die Natur hat ihn inzwischen renaturiert. Die hier einstmals gewonnene Grauwacke eignete sich gerade mal für den Straßenbau. In dem bestockten Eichengebüsch flattern und nisten zahlreiche Vögel.

Weiter unten im Dorf lagerte feinster weißer Sand, der bis in die 20er Jahre abgebaut wurde. Gießereien brauchten ihn als Formsand. Eine spätere Ausfülle verschloß nach und nach die Narbe am Hang, und heute stehen dort drei funkelnagelneue Einfamilienhäuser, und Silvio Meyer hat ein Transportunternehmen aufgebaut.

Das Dorf Deditz, das der Höhe ihren Namen gab, schmiegt sich am Nordhang an. Die winzige Siedlung bestand aus sechs Bauernhöfen, ebensovielen Häuslern und einer Schenke. Das Armenhaus ist längst abgebrochen, nur der Spittelberg erinnert noch daran.

Die Wirtsleute der historischen Gaststätte bedienten ihre Gäste bis 1991 in einer winzigen Gaststube. Der Gasthof ist einstmals eine Ausspanne für die Fuhrwerke gewesen. Hier ging nämlich die alte Salzstraße vorbei. In der Kneipe spielte sich das dörfliche Leben ab. Auch Gäste aus den Nachbardörfern kehrten gern hier ein. Nach einem Hochzeitstag und runden Geburtstagen trafen sich alle Einwohner zur Nachfeier, und dann bebte das Gebälk in der Schenke. Nebenbei erhielten Postkunden ihre Briefmarken. Mit dem Wirtshausende verwandelte sich der Gastraum in die „gute Stube“ der Familie Kurth.

Zum Kaffeenachmittag im Hausgarten und Höhenrundgang trafen sich an einem heißen Sommernachmittag 2001 die Familien Kurt und Martel Siol und Gerhard und Renate Neustadt, Nachfahren eines alten Deditzer Bauerngeschlechtes, und Heinz Mundry und Brigitte Kurth, letzte Gasthausbewirtschafterin, mit Mitarbeitern der „Rundblick“-Redaktion. Der vorstehende Text kam als Ergebnis dieser Unterhaltung zustande, wenngleich noch viel mehr gesagt wurde. Aber das waren ganz persönliche Dinge. Wenn Sie diese wissen wollen, dann fahren Sie am besten selbst mal auf die Deditzer Höhe.

Der ehemalige Gasthof in Deditz.

Grottewitz, (1030 Grothomizi), 1378 Grotticz, 'Leute des Grot' (slaw.), OT von Nerchau, 56 Einw.

Der Weg von Würschwitz nach Grottewitz führt mich stetig bergauf. Dann stehe ich auf der nagelneuen Brücke. Sie überspannt die erst kürzlich verbreiterte Autobahntrasse A 14, die das Dorf in kürzester Entfernung tangiert. Schier endlos ist meine Sicht vom hohen Oberland in die weite Umgebung und über die Dächer der kleinen Siedlung hinauf zur nahen Deditzhöhe. Kindheitserinnerungen vom Kartoffellesen und Rübenverziehen tauchen auf. Das Grottewitz von einst in einer geruhsamen Abgeschiedenheit steht vor meinen Augen: Sechs Gehöfte unterschiedlicher Größe und Wohlhabenheit, zwei Häusler und die Schmiede mit Schenke der Familie Hans.

Pfützens Gut und Grottewitzer Hebetechnik

Ich wandere die Dorfstraße hinein, entlang der wohlgepflegten niedrigen Häuser. Sie wurden um 1950 in einheitlicher Bauweise für die elf Neubauern errichtet, die auf dem enteigneten Boden des seinerzeit größten Gutes, jenes der Spenkes, angesiedelt wurden.

Den Namen Pfütze trugen die Generationen über ein halbes Jahrhundert hinweg. Hier wurde 1866 dem Bauern Julius Pfütze ein Sohn namens Curt geboren, der Schüler der Grimmaer Landesschule war und später unter dem Pseudonym Dr. CURT GROTTEWITZ als feinsinniger Naturschilderer literarisch hervortrat. Er forderte die arbeitende Bevölkerung zum aktiven Wandern auf und engagierte sich leidenschaftlich und in zahlreichen Veröffentlichungen für den Schutz unserer natürlichen Umwelt als Quelle der Volksgesundheit und Lebensfreude. 1905 ereilte ihn ein früher Tod. Die brennende Aktualität seiner vor mehr als hundert Jahren erhobenen Forderungen muß heute nicht ausdrücklich betont werden. Neben der Haustür über dem vorgebauten Aufgang

Senior und Junior: Alfred und Andreas Hans in der Werkstatt.

erinnert seit 1989 eine Steintafel an jenen bekannten Sohn des Dorfes. Das Wohngebäude des Gutes an der Dorfstraße läßt noch die Wohlhabenheit seiner einstigen Eigentümer erkennen, trotz vielerlei erfolgter Umbauten. Hier war auch mal der Dorfkonsum eingerichtet, der 1990 seinen Betrieb einstellte. Schon dreißig Jahre früher blieben die Türen der Schankwirtschaft für immer verschlossen.

Rege Bautätigkeit herrscht heute im mächtigen Stallgebäude. Die auf starken runden Säulen ruhenden, weitausladenden Gewölbedecken spiegeln traditionelles und solides Bauhandwerk wider. ALFRED HANS (Jg. 27), der Altmeister und Schmiedepensionär, steht neben mir, mein Freund und alter Bekannter. Bei seiner Vitalität und in seinem Gesicht sieht man ihm seine reichlich siebzig Jahre nicht an. Er führt mir die geschaffene, weiträumige und von Stahlträgern überspannte Produktionshalle mit ihrem Maschinenpark, die Werkstatt- und Büroräume vor. Alle diese Gebäude und Einrichtungen gehören heute zu der jetzt vom Sohn ANDREAS HANS (Jg. 54) geführten Firma „Hans Hebetechnik und Metallbau GmbH".

Vater Alfred begann bereits 1953 in der alten Schmiede über der Straße mit der Fertigung von Zulieferteilen für einen Wurzener Hersteller von Hebezeugen und Flaschenzügen. Später kam die Wartung und Reparatur dieser Maschinen in der gesamten DDR dazu. Damit gab er seinem beruflichen Weg als gelernter Huf- und Dorfschmied neuen Inhalt und vergrößerte die Schar seiner Mitarbeiter. Im Rahmen der staatlichen Umwandlung ging seine Fertigungsstätte 1972 als Zweigbetrieb in die Grimmaer Metallbaugenossenschaft ein.

Nach 1990 galt es, sich den Strukturen und der Vielfältigkeit des nunmehr freien Marktes und dem hohen Konkurrenzdruck anzupassen. Die langdauernden Bemühungen zeigten Erfolg. In allen deutschen Landen und bei zahlreichen Kunden im europäischen Ausland sind sie jetzt gefragt und anerkannt, die Grottewitzer Hängekrananlagen und Schwenkkrane mit hoher Tragkraft, die Brückenkrane bis zu einer Spannweite von 30 m, die elektronisch gesteuerten Kreiskettenförderer. Das Lebenswerk von Alfred Hans findet so eine gute Fortsetzung. *(W.S.)*

Blick über Autobahn und Grottewitz zur Deditzer Höhe.

Bröhsen, 1283 Breßen, 'Ort, wo Birken stehen' (slaw.), OT von Thümmlitzwalde, 187 Einw.

Birken wachsen weiß Gott überall, sogar aus der Dachrinne. Im heutigen Bröhsen wimmelt's kurioserweise nicht von den weißen Grazien. Mal hier eine, mal dort eine und unten am Dorfteich ein paar mehr. Dafür gedeihen jetzt Fichten und Tannen. Auch mitten im Dorf, wo die Straßen im Dreieck aufeinanderstoßen. Den einstmals freien Platz besetzte das Kriegerdenkmal, umfriedet mit einem hohen Zaun. Als Schutz gegen Baumfrevler? Die Weihnachtszeit könnte begehrliche Blicke wecken.

Schräg gegenüber duckt sich das winzige Spritzenhaus unter Obstbäumen. Es hat seine einstige Funktion längst verloren. Die Jugendlichen des Dorfes richteten darin ihren Jugendklub ein. Welch' erstaunliche Beobachtung in diesen Tagen: Einige schwingen Weißbürste und Besen. Sie renovieren die Bude, um sie ordnungsgemäß an ihre Nachfolger zu übergeben. Wachablösung im Dorf! Die jetzige Generation muß zum „Bund" oder beginnt eine berufliche Laufbahn. Nun rücken die 7- und 8-Klässer nach. Es gibt sie tatsächlich im Dorf, die Jungen und Mädchen, die eine gewisse Achtung vor dem Gemeingut noch nicht verloren haben. Man sieht's auch an der Telefonzelle daneben. Vermutlich steht sie unter ihrem Schutz, obwohl sie gar nicht von ihnen gebraucht wird. Sie alle tragen ihr Handy am Gürtel.

Die Bröhsener siedeln auf Kohle. Die ehemaligen Abbauorte, über und unter Tage, sind längst geschlossen und verfüllt. Vorsichtshalber erkundeten die Leute von der Bergsicherung die Standfestigkeit und bescheinigten den Dorfbewohnern ein sicheres Leben. Auch für die Zukunft! Wenn eines fernen Tages alle Brennstoffvorräte auf der Erde zu Ende gehen, die Bröhsener muß das nicht jucken. Sie brauchen dann nur von ihren Kellern aus in die Tiefe zu graben, um sich die Kohle zu holen. Das Flöz soll acht Meter stark sein.

Jedenfalls muß sich das ziemlich weit herumgesprochen haben, denn im Ort bauen immer mehr Zugereiste funkelnagelneue Einfamilienhäuser. Besonders beiderseits vom

Bröhsener Spiegelbild.

Kirchweg. Er erinnert traditionsbewußt an jene Zeit, da die Kinder wochentags in die Schule und sonntags die Familien in die Kirche nach Döben pilgerten. Ein verdammt langer und steiniger Weg.

Einen beschwerlichen Gang geht auch Gastwirt HANS HAFERKORN (Jg. 51) zwischen Theke, Gemischtwarenladen und Kasse: „Die Zeit ist beschissen. Zehn Jahre habe ich nun versucht, mich mit der Gaststube und dem Laden am Leben zu erhalten, habe keinen Urlaub gemacht und nichts. Und was habe ich? Es reichte gerade mal zum Überleben. Nun ist wohl bald Schluß. Obwohl ich immer für die Leute hier da bin. Die Öffnungszeiten liegen zwar fest, aber wer etwas außer der Zeit braucht, der klopft eben an die Tür.

Zwei Jahre später (Sommer 2002) hört sich das so an: Nein, es ist nicht Schluß. Noch nicht! Die Leute kommen wieder zu mir. Da flimmert tatsächlich ein bißchen Licht am Horizont.

Nach der Wende haben einige Leute im Ort sich selbständig gemacht: Karl-Heinz Hempel handelt mit Maschinen der Klimatechnik, Wolfgang Krause führt ein Baugeschäft und Manfred Städte betreibt die Isoliertechnik GmbH Grimma. Und wenn man in den kühlen Wintermonaten aufpaßt, dann kann man sich heiße Wurstbrühe holen, denn dann heißt es nämlich:

Heute Schlachtfest bei Barths in Bröhsen!

Der Fleischer rückt noch im Dunklen an. Der Sau geht's an den Kragen! Ein Schlachttag ist ein langer Tag. Zerstückelte Fleischbatzen und frische Würste füllen am Abend die Vorratskammer. Dazwischen liegt das Schlachtfest. Wieso eigentlich Fest? Der Fleischer und die Schlachterleute sind nach der anstrengenden Knochenarbeit froh, wenn Feierabend ist. Für die Gäste bleibt es ein „Freßfest".

Das Schwein wird mit einem Strick am linken Bein (Warum links? Niemand wußte

Das Wellfleisch wird für die Blutwurst zu Würfel geschnitten.

eine Antwort) an einer festen Halterung angebunden. Die Betäubung für das Borstenvieh geschieht mit einem Bolzenschuß. Nach einem Stich in die Halsschlagader quillt das Blut aus dem Körper, wird mit der Schüssel aufgefangen und kräftig gerührt. Es darf nicht ausflocken. Kräftige Arme kullern den Fleischkoloß auf eine Leiter und heben ihn auf zwei Holzböcke. Früher kam die Sau in einen Brühtrog. Aus Eimern ergießt sich heißes Wasser über das Tier. Es sollen sich nur die Borsten lockern, die mit Schabern und Messern abgekratzt werden. Mit Hauruck hängt schließlich der dampfende Fleischkoloß an der aufgerichteten Leiter. „Ist die Sau aufgehängt, wird erst mal einer eingeschenkt". Die Losung des Fleischers wird umgehend beherzigt. Frau Barth eilt nach dem Doppelkorn.

Der Fleischer wetzt die Messer. Mit geübtem Schnitt öffnet er die Bauchdecke. Die Därme quellen in einen Asch. Das Fleisch dampft in der morgendlichen Kühle. Große Brocken kochen anschließend im Kessel für die Blut- und Leberwurst. Andere rohe Batzen zerstückelt der Meister in kleinere Portionen. Sie werden im Hof auf Kuchendeckeln aufgebahrt. Der Fleischwolf zerkleinert die Stücke für die Bratwurst.

Nach Stunden endlich der erwartete Höhepunkt: Das Wellfleisch kommt auf den Tisch: „Das hier müßt ihr essen!" „Friß nicht so viel!" Scherzworte fliegen hin und her. Zwischendurch einen Happen Brot und ein Stück Salzgurke oder ein Schluck aus der Pulle, hochprozentig. „Fett braucht Alkohol!" Einige leere Töpfe stehen am Rand. Langsam füllen sie sich mit Wellfleisch-Scheiben. „Das ist für die Nachbarn."

Sieben Leute haben eine Stunde lang das gekochte Fleisch in kleine Würfel geschnippelt. Für die Blutwurst. Nun kommen die Gewürze rein, Salz, Pfeffer, Majoran. Wieviel? „Ochenmaß und Handgewicht verläßt 'nen guten Fleischer nicht", und Meister Leuschner haut noch eine Prise rein. „Bisher hat's jedenfalls immer geklappt", meint er spitzbübisch. Das Blut wird zugegossen, der Fleischer walkt und walkt. Die Därme sind längst gereinigt. Eine Sauarbeit. „Was hilft's, Naturdarm bleibt Naturdarm". Die Hausfrau füllt kleine Einweckgläser: „Da ist immer was zum Verschenken im Haus, zwar nichts Bleibendes, dafür aber Schmackhaftes."

Landschaft bei Bröhsen

Zwei Stunden lang aalen sich die Würste bei 80 bis 85 Grad im Kessel. Da sollte man nicht einfach drauf los feuern. Wird's heißer, dann platzen sie. Das ärgert die Hausfrau, den Wurstsuppentrinker freut's. Vorsicht! Mancher hat sich damit schon seine Zunge verbrüht. Zwischendurch wird das Wellfett abgeschöpft. Die Bäuerin schmiert's später auf die Bemme. Früher heilte der Bauer damit seine kranken Pferde.

Fleischermeister und Hausschlächter Dieter Leuschner (Jg. 43) aus Neunitz hat übers Jahr hinweg zu tun. Es gibt nur noch wenige Leute seines Schlages. „Das war schon mal anders, aber das Schlachten hat wieder zugenommen. Nach der Wende lockte der Supermarkt. Was für eine Auswahl! Aber eben nicht für sächsische Gaumen. Bald quietschten wieder die Ferkel in den Ställen. Andere kauften ausgewachsene Schweine. Und was soll das Gerede mit dem fettigen Essen? Sterben etwa die Dörfler früher als die Stadtmenschen? Das ist doch eher umgekehrt. Ohne Fett schmeckt's nun mal nicht. Basta!"

*

Barths Bauernhof birgt noch eine andere Überraschung. Hinten in der Scheune führt eine eiserne Stiege hinauf in die Hahnebänder. Dort liegen die Schätze des Bauern, die er gesammelt hat. Sie füllen nun ein kleines bäuerliches Museum. Zwischen die historischen Bilder an der Wand schiebt sich eine Urkunde. Auf der wird 1920 dem Bauer bescheinigt, daß er einen „Staatspreis für gute Bullenhaltung" erhalten hat. Grundschüler und andere Gäste kommen hierher. Neugierig hantieren sie mit den Geräten oder drehen die kleine Blechtrommel, mit der Gerste geröstet wurde. Die gab dann das Aroma für einen preiswerten „Bohnenkaffee ländlicher Art". Oder sie setzen sich die Haube auf, mit der sich die Mägde bei der Feldarbeit vor der Sonne schützten. Sie wollten seinerzeit nicht braun werden. Wie sich die Zeiten ändern!

Die „Schweinerei" im Gute Barth geht weiter. Zur Konfirmation grillt der Hausschlächter eine schlanke Sau. Die nächste steht im Stalle und hat bis zum Winter das beste Schlachtgewicht. Auf der Weide kauen bedächtig zwei Kühe das saftige Gras, und zwei Kälber sausen übermütig hin und her. Dazwischen tummeln sich einige Schafe. In der Scheune wartet gar ein neuer Traktor auf seinen Einsatz. Und warum das alles? Bauer o.R. (ohne Ruhe) Gottfried Barth hat dafür eine einfache Erklärung: „Ich kann's nicht lassen, das Bauernblut fließt nun mal in meinen Adern."

Eingang zum Gut Barth in Bröhsen.

Die Straße führt kurvenreich durch den Ort. Schkortitz ist ein Stadtteil von Grimma, weit ab zwischen den Feldern und Wiesen. Merkwürdig? Die Administration hat's so gewollt, die Stadt brauchte wohl mehr Einwohner.

Am Hang des Goldackers und der Lehmberge, wo sich drei hohe Windkrafträder bemühen, Strom zu erzeugen, liegt die alte Siedlung. Die Bauernhöfe verteilen sich ziemlich wahllos. Nur winzig-schmale Straßen, die gerade Raum geben für ein Fuhrwerk, führen in die Höfe.

In Schkortitz bestimmen einige Bäume die Ortsfeste im Jahreslauf

Mehrmals im Jahre stocken die durcheilenden Autos an der scharfen Kurve vorm Spritzenhaus. Sie müssen nämlich befürchten, in eine Ansammlung von Menschen zu fahren, die da auf Holzbänken an einer langen Tafel sitzen. Daneben knistert ein offenes Feuer, dreht sich ein sinnreicher Komplex mit Stangen und Kettenrädern. Er wendet ganz langsam ein ausgeschlachtenes Schwein oder den Mutzenbraten. Die Schkortitzer treffen sich zum abendlichen Festessen. Sinnigerweise haben diese Versammlungen einen Namen: mal heißen sie Lindenfest, mal Pappelfest, mal Nachfeier, mal Kameradschaftsabend der Freiwilligen Feuerwehr.

Warum ein Lindenfest? Es war im Jahre 1995. Dort, wo einmal die Milchrampe stand, gegenüber vom Spritzenhaus, bot sich ein freier Platz geradezu an, einen Baum zu pflanzen. Nur so, ohne Anlaß. Ein paar Alte hatten moniert, daß eine Linde ins Dorf gehört, und das auf einem exponierten Platz. Und eines Tages, es war der 6. Mai 1995, stand der „Knüppel" (nach mehr sah die junge Linde nicht aus, meinten ein paar

Gewichtige Brocken beim Mutzenbraten zum Lindenfest.

freche Dachse) vorm Haus. Mitarbeiter der Stadtverwaltung hatten den „Schwächling" dem Dorf zum Geschenk gemacht. Ein exzellenter Beweis, daß die Dörfler nicht vergessen waren.

Abends dann traf sich die ganze Meute am jungen Gewächs, um das Ereignis auszuwerten und feuchtfröhlich zu begießen. Und auch das gelang, und weil's so schön war, wiederholt sich das in jedem Folgejahr. Wer kommt, der ist da, und wenn zufällig Besuch im Hause sein sollte, der kommt eben mit. Beim Essen und Trinken besprechen sie die neuesten Tagesereignisse, und die fernsten Geschichtsepisoden werden zum wiederholten Male aufgetischt. Wenn's regnet? Ein Ausweichquartier befindet sich auf einer Scheunentenne.

Und am 3. Oktober, da gibt's das Pappelfest, oben auf dem Lehmberg mit dem herrlichen Rundblick ins weite Land zu den Nachbarn hinüber nach Grechwitz mit der konkurrierenden Hutpappel und bis zum fernen Grimma, wo die regierenden Stadtväter sitzen. Ob die überhaupt wissen, was ihre „Untertanen" hier so treiben?

Und warum nun dieses Fest? Hier oben stand schon immer eine Pappel. Die letzte hat der Sturm am Weihnachtstag 1988 umgekippt. Eigentlich sollte eine neue am 7. Oktober 1989 gepflanzt werden, zu „Ehren des 40. Jahrestages der DDR". Doch irgendwie unterblieb dieses Vorhaben. War's Vorausschau oder Vorsehung? Wenige Wochen später ging die DDR sang- und klanglos unter. Und was wäre dann mit dem jungen Baum geschehen? Schon ein Jahr später, am 3. Oktober 1990, bot sich erneut eine Gelegenheit, den Baum zu pflanzen. So geschah es, und seitdem ist der „Pappeltag" eben Anlaß zum Pappelfest. Der Tag der Deutschen Einheit wird gleich mit einbezogen in die festliche Höhenfeier.

Einer, der diese Dorfhöhepunkte trotz seines hohen Alters und gesundheitlicher Probleme nie versäumte, war der Altbauer Fritz Winkler (1914 - 2002):

Zum Überleben mußten wir auch mal „schwarz" schlachten

1921 betrat ich als neugieriger ABC-Schütze die kleine Schule in Schkortitz. Früh hatten wir frei. Da unterrichtete unser einziger Lehrer die Großen der Klassen 5 bis 8. Wir Kleinen mußten am Nachmittag die Schulbank drücken. Das nachhaltigste Erlebnis aus der fernen Zeit war im gleichen Jahre die Glockenweihe in Höfgen. Mit dem Ochsenwagen fuhr der Pfarrer im Kirchspiel von Dorf zu Dorf, und wir trabten hinterher. Für ein Schulfest mußten wir einen Reigen einüben. Für mich unmusikalischen Kerl war das eine Tortur. Ich kapierte die Schrittfolge nicht, obwohl mir die der Herr Lehrer mit derben Stockschlägen einzubleuen versuchte.

Den Besuch des Grimmaer Gymnasiums brach ich ein Jahr vorm Abitur ab, wie auch die Hälfte meiner Mitschüler. Was sollten wir studieren, wenn die Akademiker auch keine Arbeit erhielten? Über sieben Millionen Menschen suchten damals einen Arbeitsplatz. Also lernte ich bei einem Onkel in Leipzig in dessen Gärtnerei. Das war ein richtiger Ausbeuter. Er gab mir nicht mal Taschengeld, und die Berufsschule durfte ich auch nicht besuchen.

Eigentlich wollte ich durchaus Bauer werden, doch für das Gut meines Vaters war mein jüngerer Bruder vorgesehen. Außerdem war der Hof total runtergewirtschaftet. Vater saß lieber in der Kneipe. Ich werde mir ein Bauerngut kaufen! Doch dafür fehlte das Geld. Also beschloß ich, einen Umweg zu gehen. Ich meldete mich 1936 freiwillig zur Wehrmacht. Nach zwölf Jahren hätte ich 17000 Mark als Abfindung bekommen. Das wäre ein guter Grundstock gewesen. Schon nach drei Jahren war der Traum ausgeträumt. Krieg! Meine Kriegsodyssee ging über viele Stationen. Die „schwierigste" Aufgabe hatte ich in Oslo zu lösen, nämlich die Bewachung eines Bordells. Das öffnete von 14 bis 22 Uhr. Die eingeflogenen französischen Damen hatten da allerhand zu tun, und die anstehenden Landser wurden schubweise eingelassen.

Ganz am Schluß sollte ich mit einem zusammengewürfelten Haufen Berlin verteidigen. Zum Glück hatten wir nie Feindberührung, weil wir uns ständig auf dem Rückzug befanden. Ich stand nun an der Elbe, drüben der Ami, hier der Russe. Und der schnappte mich in letzter Sekunde. Im Güterwagen ging's tagelang Richtung Nordosten. Nahe der finnischen Grenze blieb der Zug stehen. Wir mußten raus und bauten Baracken. Hier also sollte ich nun die nächsten Jahre verbringen?

Doch dann ein unbändiges Glücksgefühl: Im Herbst 45 ging's auf unerklärliche Weise heimwärts. Es war wohl meine Rettung, denn ein offenes Bein machte mir schwer zu schaffen. Das Fleisch war angefault, der Knochen lag bloß. Der Amtsarzt in Berlin meinte kopfschüttelnd: Was, Sie leben noch?

Aber ich war zu Hause und tatsächlich gelang es den Medizinern, mich hochzupäppeln. Nach einigen Wochen konnte ich wieder laufen, und nun machte ich mich spornstreichs auf die Socken, eine Frau zu suchen. Mein kleiner Bruder hatte in Großbardau Frau und Gut gefunden, ich konnte also das total heruntergewirtschaftete väterliche Gut übernehmen. Dazu brauchte ich eine resolute Bauersfrau. Und die fand ich. Wir beide krempelten die Ärmel hoch und los ging's. Mit nichts, aber mein Traum hatte sich erfüllt.

Es gab keinen Feierabend und keinen Sonntag. Die Flüchtlinge im Haus haben tüchtig mitgeholfen. Natürlich sorgte ich fürs Essen. Das war gar nicht so einfach, denn ich zählte mit meinen 25 ha zu den Großbauern. Und denen gings ständig an den Kragen. Wir mußten das Dreifache an Soll abliefern, und als gar noch das Wetter nicht mitspielte, schaffte ich das nicht. Heiligabend 1948 mußte ich deswegen zur Kommandantur nach Grimma. Immer wieder bedrängte man mich: Warum hast du dein Soll nicht erfüllt? Warum? Kontrolleure stöberten in allen Winkeln herum. Irgendwo fanden sie mal einige Liter Milch. Meine Leute wollten schließlich auch was trinken. In der „Leipziger Volkszeitung" prangerten mich die Redakteure als „Saboteur unserer demokratischen Entwicklung" an. Von meinen zehn Kühen mußte ich

Fritz Winkler bei der vorjährigen Kartoffelernte.

sieben Stück abliefern. Ich weiß nicht, was sie damit gemacht haben. Im Jahr drauf konnte ich mein Soll mit den verbliebenen drei Tieren gut erfüllen. Diese Logik verstehe, wer kann!

Es war ein hartes Leben. Auf den Feldern klauten die hungernden Leute die Früchte. Der Staat legte seine Gesetze so an, daß uns kaum was zum Leben blieb, und die Politiker hetzten gegen die Großbauern. Es gelang uns trotzdem, das eine und andere Schwein „schwarz“ zu schlachten. Die täglichen Sorgen mehrten sich. Da beackerten uns die Agitatoren in den 60er Jahren mit dem Eintritt in die LPG. Die verheißungsvollen Versprechungen klangen recht plausibel. Also beriet ich mit vier meiner Nachbarn, und wir bildeten eine LPG Typ I. Fortan ging's uns besser, denn wir hatten tatsächlich eine Menge Vorteile. Als aber immer mehr kleine Betriebe dazu kamen und wir deren Tiere mit durchfüttern mußten, beschlossen wir den nächsten Schritt: Zusammenschluß mit der LPG Typ III.

Wieder setzte ich meine ganze Kraft ein, denn warum sollte ich jetzt ein Müßiggänger sein? Das hätte sich mit meiner Bauernehre nicht vertragen. Ich übernahm die Leitung der Schweinezuchtanlage in Dorna und machte daraus einen Musterbetrieb. Das gelang, weil ich einige gute Leute hatte. Die Urkunden behalte ich als gutes Andenken. Der einstige großbäuerliche „Verbrecher“ war rehabilitiert.

Bis 1988, ich war nun 74 Jahre alt, blieb ich bei meinen Schweinen. Der Abschied fiel mir trotzdem schwer. Und wenn ich heute so zurückblicke, dann kann ich resümieren, daß ich alles in allem ein zufriedenes Leben hatte. Auch jetzt noch im hohen Alter. Mein Sohn hat das Wohnhaus vom Hof wunderbar hergerichtet. Und nicht nur er. Wenn ich so langsam durchs Dorf humple, dann ist es eine Freude, den Wandel zu sehen.

Ab und zu umrahmt eine Girlande aus Fichtenreisig einen Hauseingang. Aha, hier war eine Hochzeit, entweder eine grüne, eine silberne oder eine goldene. Niemand wird vergessen. Sie alle gehören zu unserer Dorfgemeinschaft. Auch die Zugezogenen erhalten das grüne Begrüßungssymbol. Und das Schönste: Die Girlanden haben junge Ehepaare in nächtlicher „Schwerarbeit“ gewickelt. Ich kann mir schon vorstellen, welchen Spaß sie dabei hatten. Oh, könnte man doch noch mal jung sein!

Fritz Winkler verstarb im Februar 2002. Das vorstehende „Rundblick“-Gespräch fand im November 2001 statt.

WEITERE DORFNOTIZEN aus Schkortitz

Einen originalen **Bauerngarten** mit winzigen Buchsbaumhecken um die Blumen- und Gemüsebeete pflegt seit jeher die jetzt 81jährige Ilse Seydel, die ganz allein einen Dreiseithof bewohnt. Freundliche Nachbarn helfen ab und zu bei der Grasmahd.

Unter den Fluren des Dorfes liegt ein ausgedehntes **Braunkohleflöz**. Bis gegen Ende des I. Weltkrieges und dann noch mal in den Jahren nach dem II. Weltkrieg wurde es in mehreren Orten unter Tage abgebaut. Die bekannteste war die „Grube Martha“ am Müncher Holz, von wo sogar eine Drahtseilbahn sieben Jahre lang die Rohkohle bis an die Verladestation Nimbschen brachte. Nördlich des Dorfes wurde im Schacht „Gottes Segen“ ebenfalls Kohle gefördert. Hin und wieder brachen die unterirdischen Schächte zusammen, so daß auf den Feldern zwei bis drei Meter tiefe Löcher entstanden. Die Bauern verfüllten sie mit Bauschutt und brachten Erde auf.

Die aktive Truppe der **Freiwilligen Feuerwehr** mit dem Elektriker und Wehrleiter Gert Winkler (Jg. 53) an der Spitze baute Anfang der 80er Jahre gegenüber vom Gasthof ein neues Gerätehaus. Sie organisiert jährlich am 30. April das Dorffest. 2002 steht das 50jährige Gründungsjubiläum ins Haus. Mit viel Eifer sorgt der Kamerad Dietmar Barth (Jg. 59) als Schriftführer und Chronist für reibungslose Abläufe. assistiert von Jens Winkler (Jg. 63), der einen ungewöhnlichen Sammeleifer zeigt: In den Regalen stehen bis jetzt 190 verschiedene Kaffeemühlen. In der Scheune häufen sich außerdem die unterschiedlichsten landwirtschaftlichen Geräte.

Ein **Familien-Wandertag** der Dorfgemeinschaft am Reformationstag dient zur Erforschung der nahen Umgebung. So lernen die jungen Leute am besten ihre Heimat kennen.

Ein **Jugendklub** entstand in den Garagen am ehemaligen Sportplatz. Die Nachbarschaft kommt mit der Dorfjugend ganz gut aus.

Seit einigen Jahren wird am ersten Sonnabend des neuen Jahres die **Knackmeisterschaft** in einem Lokal der näheren Umgebung ausgetragen. Besonderes Talent zeigte bisher mit dem dreimaligem Gewinn des Pokals der Taubenzüchter Volkmar Köditz.

Wer die **Schmiedegasse** benutzt, muß mit dem Entgegenkommenden wegen der Weiterfahrt würfeln. Rechts und links steigt die Böschung an, gesichert mit wunderschönen Trokkenmauern. Dahinter lagern dicke Lehmschichten. Hier holten am unteren Ende der Gasse die Bauern den Lehm für die Scheunentenne, für den Hausbau und zum Ausschmieren der Kachelöfen. Die alte Lehmgrube ist längst verwachsen. Dort steht seit 1921 das Kriegerdenkmal für die Gefallenen des I. Weltkrieges.

Zentrum des Ortes ist der Platz um das kleine **Spritzenhaus**. Das Gebäude wurde nach 1775 gebaut, wie es die damalige Dorffeuerordnung forderte. Für die kleine Handdruckspritze reichte der Platz aus. Später erfolgte ein winziger Anbau, der als „Dorfgewahrsam“ genutzt wurde. Das historische Gebäude erhielt jetzt ein schmukkes Aussehen und bereichert damit das Dorfbild. An seiner Wand lehnt ein dicker Findling. Böse Zungen erzählen, daß dort der Steineklopfer seinen Stammplatz hatte.

Die Flurgrenze nach Grechwitz zu wird vom **Tannickenbach** markiert. Er speist sich aus den Drainagen der ansteigenden Felder, treibt die Wassermühle in Höfgen an und mündet danach in die Mulde.

Der Ort war in den 20er Jahren eine Hochburg der **Turner**. Fast alle Familien beteiligten sich an den Turnstunden im Saal des Gasthofes. Sonntags radelten die schmucken Mädchen und Jungen in ihrer blendend weißen Sportkleidung oft in die Nachbardörfer zu den beliebten Turnfesten, die mit einem furiosen Turnerball endeten.

Handel und Gewerbe: Der Gasthof wurde geschlossen, obwohl er nach der Wende vom neuen Besitzer zum „Windradstübl“ umgetauft worden war. - Die Tischlerei Neltner & Rothe hat sich 2001 im ehemaligen Traktorenschuppen der LPG eingerichtet und auf Möbelbau spezialisiert. - Der Metallbau von Bodo Hantzschmann ist seit 1999 die „Schmiede von heute“ geworden, in der man alles bekommen kann, was der Kleingärtner so braucht. - In der ehemaligen Schule hat Petra Brettschneider nach der Wende einen Friseursalon eingerichtet - Die Firma Weber-Windstrom plant Windkraftanlagen und setzt dafür die Betonfundamente. - Mit dem ersten Windkraftrad (Gunter Hantschmann) auf dem Lehmberg begann auch hier 1994 eine neue Zeit in der Energieerzeugung, bisher folgten vier weitere.

Der kleine Dorfplatz mit dem Spritzenhaus in Schkortitz.

Wenn ein Naundorfer zu seiner Verwaltung will, muß er weite Wege gehen. Der Ort liegt fernab von Grimma und wurde 1993 mit einigen anderen „eingestädtert". Grimma brauchte mehr Einwohner für größere finanzielle Zuschüsse! Einige Summen flossen seither auch in Naundorf in den Straßenbau. Was kann eine Stadt mit einem so abgelegenen Dorf schon anfangen? Es bleibt ein Rundweiler.

Im Ort hat sich in den letzten hundert Jahren nicht viel verändert. Er war um 1900 mit drei Bauerngütern, vier Kleinbauern und fünf Häuslern besetzt. Das letzte neue Haus baute ein Hiesiger im Jahre 1937. Doch da muß noch jene Ansiedlung erwähnt werden, die ein ganzes Stück außerhalb liegt. Am Rande des Müncher Holzes nämlich schufen in den vergangenen drei Jahrzehnten Leipziger „Stadtflüchtlinge" ihre Sommersitze, richtige kleine Königreiche, die sie mit viel Aufwand gestalten.

Wer siedelte eigentlich am Naundorfer Läuseberg?

Warum hier überhaupt vor etwa 800 Jahren gesiedelt wurde, bleibt wohl ein Geheimnis der Geschichte. Der Boden zeigte nicht sonderlich gute Qualität. Waren es Aussätzige oder Streitsüchtige, die ihr ursprüngliches Heimatdorf verlassen mußten? So hießen sie in der Umgebung ein bißchen geringschätzig „die vom neuen Dorfe am Läuseberg".

Im Muldentalkreis gab es übrigens am Ausgang des Mittelalters drei weitere Orte gleichen Namens. Sie sind verschwunden und nur noch als wüste Marken bekannt. Die Siedlung klebt regelrecht am Hang des Läuseberges inmitten einer weiträumigen Feldflur. Die Differenz beträgt immerhin zwanzig Meter. Vom 193 m hohen Hügel bietet sich überraschend ein umfassender Rundblick.

Naundorf ist trotz seiner Winzigkeit weithin bekannt. In einem einstigen Bauerngut befand sich bis ins Jahr 2001 nämlich ein Feuerwehrtechnisches Zentrum. Dort sorgten Fachleute für die Instandhaltung von Spritzen und anderem Gerät. Doch die Einrichtung wurde nach Trebsen in eine völlig neue Anlage „verlagert". Die Naundorfer sind darüber nicht glücklich, verloren sie doch damit ihr letztes „Zugpferd".

Die ehemalige Ziegelei halbwegs nach Schkortitz zu stellte schon vor dem ersten Weltkrieg ihre Produktion ein. Auf dem Gelände entstand eine Gärtnerei. Die Braunkohlengrube „Gertrud" hatte danach keinen Absatz mehr und wurde ebenfalls geschlossen. Der jetzige Besitzer Gunter Hantschmann hat die alten Gebäude der Gärtnerei prächtig hergerichtet. Die Zinnen und der Fachwerkgiebel leuchten weithin über die Felder.

Im Ort hobelt und sägt die Tischlerei Bretschneider. Vater Siegfried gab sie vor kurzem an seinen Sohn Peter weiter. In einem alten Bauerngut hat Steffen Andrä eine Schleiferei eingerichtet und schärft alles, was eine scharfe Klinge braucht. Neuerdings sind es vor allem die Kettensägen. Es wird nämlich wieder mehr Holz gesägt. Wegen der hohen Ölpreise! Die Leute besorgen sich kombinierte Heizungen. Und Holz wächst auf dem Lande immer wieder heran. Für das Dorf rennt sich der Kleinunternehmer die Hacken ab, oft nur „für 'n Appel und 'n Ei". Manchmal nicht mal dafür. Doch das ist auch nicht der Grund, weshalb er seine Freizeit damit ausfüllt. Er erfüllt seine Funktion als Vorsitzender des Ortschaftsrates (für mehrere Dörfer) mit Fleiß und Geschick. Die Leute haben immer irgendwelche Sorgen, und die wollen im Grimmaer Stadtrat zu Gehör gebracht werden. „Ich bin kein Städter, sondern Dörfler, und ich engagiere mich mit anderen dafür, das Dorfbild in seiner historischen Form zu erhalten." Darum bemüht sich auch in der ehemaligen Gärtnerei Helmut Wolf (Jg. 33):

„Wer eine weiße Fahne hißt, der ist ein Verräter!“

Ich erblickte auf einer kleinen Landwirtschaft das Naundorfer Licht und ging dann in die Schkortitzer Volksschule. Ich habe es bis heute nicht vergessen: Als 1939 die Kriegsmeldung im Radio verkündet wurde, hatte ich ein ungutes Gefühl. Aber ich war wohl noch zu klein, um das ganze Ausmaß dieses Ereignisses richtig zu erfassen. Später dann glaubte ich immer wieder an den „Endsieg“, und erst als der vor unserer Haustür kläglich zu Ende ging, holten mich die Tatsachen ein.

Wir Kinder im Dorf spürten das Kriegsgeschehen nicht. Wir vertrieben uns die Zeit mit Kinderspielen und dem Dienst im Jungvolk. Als bekannt wurde, daß jenseits der Mulde die Amerikaner stehen und von Osten her die Russen heranrücken, bekamen es die Bewohner mit der Angst zu tun. Einige hängten die weiße Fahne zum Fenster hinaus. Das müssen wohl einige SS-Leute spitz gekriegt haben, denn am Morgen stand mit Kreide am großen Hoftor eines Bauern: „ Wer eine weiße Fahne hißt, der ist ein Verräter, und der muß sterben!“ Ich habe noch heute die Schriftzüge vor meinen Augen. Vater, er war der Bürgermeister im Ort, holte seinen weißen Fetzen schleunigst herein.

Dann waren auch schon die Russen da. Sie kamen in endlosen Kolonnen mit einfachen Panjewagen. In panischer Angst schauten wir hinter den Gardinen auf das Treiben. Die Nazipropaganda hatte uns eingebleut: Wenn die Russen kommen, werdet ihr erledigt! Als den Nachbarn am Straßenrande nichts passierte, gesellten wir uns zögernd dazu. Im nahen Müncher Holz bauten die Truppen ihr Lager. Für die Baracken schnitt die Papstmühle die Bretter, und die hiesige Bevölkerung schachtete die Fundamente. Niemand wurde abgemurkst, die Frauen versteckten sich vorsorglich. Einige Wochen später war der ganze Spuk vorbei, das Leben normalisierte sich.

Die Bauernwirtschaft war nicht ganz so mein Sinn. Schon als Kind hatte ich mich für die Vielfalt der Pflanzen interessiert, und ich verbrachte viel Zeit im Garten. Nun hatte ich das Alter und mußte einen Beruf ergreifen. Tatsächlich konnte ich ab 1949

Der Ornithologe Helmut Wolf hat mal wieder seine gefiederten Freunde im Visier.

den eines Gärtners erlernen. Nach Zwischenstationen auf der Markkleeberger Gartenbauausstellung, im Wurzener Obstbaulehrgarten und dem Besuch einer Fachschule für Gartenbau in Werder übernahm ich Vaters Betrieb und gestaltete ihn in eine Gärtnerei um.

Dann klopfte der „sozialistische Frühling" ans Gartentor. Wir drei Gärtnereien im Dorf - Wagner, Trotte und die meinige - schlossen uns zu einer gärtnerischen Produktionsgenossenschaft zusammen. Das machte sich ganz gut. Doch dem administrativen Drang nach großen landwirtschaftlichen Einheiten konnten wir uns nicht widersetzen, und die Obst-LPG von Dürrweitzschen „schluckte" unseren Betrieb. Wir spezialisierten uns hier auf Zierpflanzen und „Treibgemüse", ein sozialistischer Terminus für Gurken und Blumenkohl. Die „Blumenwelle" am 8. März stellte uns jedes Jahr vor neue Probleme.

Ich konnte auf einem Stück Privatland die Einnahmen „nebenbei" etwas vermehren. Das machte fast jeder auf dem Dorf auf seine Weise und nach seinen Möglichkeiten. Eines Tages erhielt ich von meinem Bruder aus Westberlin eine Sendung mit 500 Narzissenzwiebeln. Ich verfrühte das Blühen mit Folien, und wir verkauften die Blumen in kleinen Sträußen auf dem Bahnhof in Leipzig. Die Kunden rissen sie uns regelrecht aus den Händen.

Die Wende! Auch unsere Naundorfer Brigade, immerhin waren hier etwa zwanzig Leute beschäftigt, wurde aufgelöst, und die Kolleginnen wurden entlassen. Das Übergangsgeld reichte zwar zum Leben, aber mit 58 so ganz ohne Tätigkeit in den Tag hinein zu bummeln, das gefiel mir nicht. Also machte ich mich mit meiner Frau noch mal selbständig. Zwei Gewächshäuser überstanden vorerst den Abriß. Mit Gemüse hatten wir keinen Erfolg. Wir versuchten es mit Jungpflanzen, packten sie in Kisten und fuhren in Leipzig von Laden zu Laden. Keiner wollte unsere Waren abnehmen. Der letzte dann, war es Glück oder Zufall, griff zu, und mit ihm, es war die Ladenkette von Samen-Koch, kamen wir gut ins Geschäft. Nun begannen unsere schönsten Arbeitsjahre. Wir mußten zwar auch an den Wochenenden ins Gewächshaus, und der

Der „Misthaufen" beim Bauern Arndt Nitzschke wurde in eine blühende Oase verwandelt.

Ertrag fiel recht bescheiden aus, aber wir waren selbständig, unsere Tage verliefen ausgefüllt und freudig.

Dann nahte das „Unheil“: Wir wurden älter, es zwackte da und dort, die Kinder lebten außerhalb. Für unseren Betrieb gab es keine Zukunft. Dürrweitzschen signalisierte den Abriß. Also schlossen wir 1999 unser „Gärtner-Buch“ für immer. Die Abbaubrigade hinterließ eine gute Ordnung, wir pflanzten auf den Freiflächen heimische Sträucher und Bäume. Dort sollen sich auch die Vögel wohlfühlen. Die beobachte ich nämlich leidenschaftlich gern seit meiner Kindheit. Dafür habe ich mir auch ein gutes Fernrohr gekauft. Das steht in der Wohnstube, und von dort geht der Blick hinaus über die Wiesen und Feldgehölze bis zum Müncher Holz. Und da entwischt mir keiner meiner gefiederten Freunde.

Blick von Naundorf hinüber nach Schkortitz, in der Mitte Hantschmanns Gebäude.

Kaditzsch, (1274 Kaschiz) 1385 Katschicz, mehrdeutig, vermutlich 'Ort, wo Enten vorkommen' (slaw.), OT von Grimma, 217 Einw.

So ganz geheuer scheint es nicht zu sein auf dem östlichen Muldenufer bei Höfgen, auf dem Hügel oberhalb des Hotels „Zur Schiffmühle“ und auf Kaditzscher Flur. Naturfans haben dafür vor langer Zeit schon mal den Begriff „Kaditzscher Schweiz“ geprägt. Hier muß es auch vielen Leuten gefallen, denn immer mehr Wochenendhütten und prächtige „Paläste“ schoben sich nach und nach zwischen die Bäume.

Da steht auch ein Aussichtsturm, harmlos, kaum zu sehen, von Bäumen umwachsen. Vom Muldenwanderweg sind da schon einige Stufen bergauf zu klettern. Von Kaditzsch aus ist der Turm auf einem Feldweg bequemer zu erreichen. Doch ohne Mast und Fahne wäre er auch hier kaum auszumachen, so sehr umringen ihn die dichten Kronen der Laubbäume. Als ob sein Kopf in einem Laubkragen steckte! Dabei stand das zwölf Meter hohe Bauwerk einst frei in der Landschaft.

Und da ist etwas Merkwürdiges: Wenn man sich dem Turm nähert, tönen schon von weitem sphärische Klänge. Der Turm scheint zu atmen, zu leben! Morgens kommen die dienstbaren Geister von der Denkmalschmiede Höfgen, machen ihren Rundgang und sehen im Park nach dem Rechten. Um 10 Uhr schließen sie die Tür auf und gehen wieder an ihre Arbeit. Mit dem Beginn der Dämmerung, sommers um 19 Uhr, winters um 17 Uhr, schließen sie wieder ab. Nachts schweigt der Turm.

Auch die „Froembling-Töchter“ bestiegen den Kaditzscher Turm

Seine Geburtsstunde hatte der Turm um 1900, als Ida-Jutta Gleisberg beschloß, hier einen Landschaftspark für die Allgemeinheit anzulegen. Nach ihr wurde und wird das Gelände „Gleisberg-Park“ oder „Jutta-Park“ genannt. Die Patronin war die Frau des

Der Turm im Kaditzscher Jutta-Park.

Besitzers der Grimmaer Grundmühle. Die Familie betrieb bis 1918 auch die Schiffmühle am Höfgen-Kaditzscher Muldenufer. Ihr fester Bau war nach 1871 errichtet worden, da ein Brand im selben Jahr die schwimmende Schiffmühle zerstört hatte.

Ida-Jutta Gleisberg war nicht nur vermögend, sondern vielseitig begabt, kunstsinnig und couragiert. So konnte sie ihre Pläne verwirklichen. Der Park vereint traditionell englische und italienische Gartenbau-Elemente. Er bildet mit seinen knarrenden Bäumen und Baumgruppen, den erheblichen Höhenunterschieden, dem Wechsel von Licht und Schatten ein abwechslungsreiches Terrain.

Die topographische Lage des Parks fordert zu allerlei Inszenierungen geradezu heraus, so daß er schon damals als beliebte Kulisse für Kultur- und Theaterveranstaltungen diente. Am dramaturgisch sinnvollsten, höchsten Punkt entstand ein Turm im Geschmack der Zeit. Wie so viele ähnliche Türme damals war er ein „Bismarckturm", dem Bismarckkult angemessen. Landschaftstypische Materialien gründeten das Bauwerk mit einem Umfang von 18 Metern trutzig und stabil, scheinbar für die Ewigkeit: das Mauerwerk aus Quarzporphyr-Bruchsteinen, die Fenster von Ziegeln umrahmt. Zur Plattform in zwölf Meter Höhe führen 81 Stufen hinauf. Oben entschädigte ein wundervoller Blick, der vom Völkerschlachtdenkmal über den Rochlitzer Berg bis zur großen Halsbrücker Esse bei Freiberg schweifen konnte.

Der Turm wurde 1904 eingeweiht. Die *„Nachrichten für Grimma"* schrieben seinerzeit: „Vor dem Bau des steinernen Turmes errichtete man zur Prüfung der Fernsicht ein 15 Meter hohes Holzgerüst. Zimmermann Paul Winkler aus Kaditzsch hat es mit gebaut. Als es fertig war, wagte sich keiner hinauf. Das blieb Frau Jutta Gleisberg vorbehalten. Mutig erkletterte sie das schwankende Gerüst bis zur höchsten Spitze. Sie stellte eine ausgezeichnete Fernsicht fest. Das Wiederabrüsten des hölzernen Gefüges besorgte ein mehrere Tage darauf losbrechender Sturm."

In den Folgejahren kamen viele Gäste hierher. Ein Turmwärter versah seinen Dienst und kassierte einen Groschen für die Turmbesteigung. Zu den Stammgästen gehörte die Grimmaer Privattöchterschule von Evelyn Froembling. Meist am Sedantag oder zu

Blick über den Tannickenbach hinüber nach Kaditzsch mit den „Dornen" in der Wiese, Holzskulpturen von Rainer Strege.

Königs Geburtstag zogen die „Froemlingtöchter" unter frohem Singen, geschmückt mit Schleifen in den Landesfarben und erfüllt von patriotischen Gefühlen, durch die Muldenaue hinauf zum Bismarckturm. Beim Festakt sprach eine der Lehrerinnen vom steinernen Turmvorbau herab. Dann begann im Park bis hinunter zur Schiffmühle ein vergnügtes Treiben mit dem beliebten Schokoladetrinken.

Vom Turm geht eine schattige Kastanienallee zu einem befestigten Rondell. Dort „haust" ein seltsames Flatterecho. Jeder kann es herbeirufen, wenn er sich in die Mitte stellt und in die Hände klatscht. Als dritte kreisrunde Dominante neben Rondell und Turm war ein Springbrunnen angelegt. Er erhielt sein Wasser vom Turm. Dort war nämlich im „Keller" eine Zisterne eingerichtet, die 20.000 Liter Muldenwasser aufnehmen konnte. Eine Pumpe in der Schiffmühle förderte es nach oben.

Nach und nach - wer weiß warum - geriet das Ausflugsziel in Vergessenheit. Riesengroß umwuchsen Bäume und Gebüsch die Parkdominanten. 1945 beschossen die Amerikaner den Turm mit Granaten und zerstörten ein Drittel des Mauerwerkes. Danach schwiegen die Besitzer und die Stadt Grimma mehr als 40 Jahre lang.

Tore öffnen Vieles, können aber auch ins Nichts führen

Anfang der 90er Jahre kümmerte sich der Leipziger Physiker Uwe Andrich um den schlummernden Park und formulierte ein Pilotprojekt, mit dem er mehreres erreichen wollte: Erstens zeigen, wie natürliche Energien umweltfreundlich zur Bewässerung ausgenutzt werden können, dafür zweitens am historischen Höfgener Standort auf der Mulde eine Schiffmühle neu installieren, drittens mittels ihrer Pump-Technik Wasser auf die Höhe in die Zisterne des Turms fördern, viertens die historischen Wasseranlagen des Parks beleben, fünftens damit gleichzeitig Turm und Park rekultivieren und sechstens den Park einer neuen, touristisch attraktiven Nutzung als Skulpturenpark zuführen.

Und das gelang! Offenbar wie vom Zauberstab berührt, lösten sich alle Probleme,

„Die Tore empfehlen sich". Skulpturen von Egon Stöckle.

war auch das Geld da. Im Jahre 1992 entriß die Gesellschaft für Landeskultur im Muldental den Turm mitsamt dem ihn umgebenden Park einem fast 50jährigen Schlaf der Vergessenheit. Der Park war zwei Jahre zuvor unter Denkmalschutz gestellt worden. Behutsam und planvoll entstanden Freiräume im Park. Am Turm, bis vor kurzem noch eine Ruine, feierten die Leute im Dezember 1992 Richtfest. In der Mulde schaufelte ein Bagger den Hafen für die Schiffmühle aus. In der Georg-Placke-Werft in Aken wurde das Unikat - sowohl Schiff als auch Haus - gebaut, zu Wasser gelassen und das komplette Wasser-Energie-Kreislaufsystem mit Turm 1993 eingeweiht. In jenem Jahr wurde auch der „Feldwächter“ von Rainer Strege an die Abzweigung zum Turm gesetzt, eine der ersten Plastiken, der inzwischen beinahe ungezählte im Park und auf den angrenzenden Feldern und Wiesen an exponierten Stellen folgten.

*

Dr. Uwe Andrich, Initiator der „Denkmalschmiede Höfgen“, ansässig im restaurierten Vierseithof Kaditzsch, hat maßgeblich selbst zur Kaditzscher Legendenbildung beigetragen. Wenn Kaditzscher „Ureinwohner“ davon erzählen, stellen sie erst einmal fest: „Kadsch bleibt Kadsch“. Dieser Ausspruch geht Jahrzehnte zurück bis in die 30er Jahre. Damals wollten die Nazis auch die slawischen Ortsnamen tilgen. Und das paßte dem Kaditzscher Wirt nun absolut nicht ins Konzept, denn die Leute aus der ganzen Umgebung kamen zum „Kadscher Gasthof“. Also inserierte er fortan mit dem Slogan: „Kadsch beibt Kadsch!“

Und das hat sich bis heute gehalten, obwohl die heutigen Einwohner dann doch ihren Respekt gegenüber Uwe Andrich nicht verhehlen: In den siebziger Jahren hatte der Leipziger auf Streifzügen durch das Muldental hier im Ort einen verfallenen Vierseithof entdeckt und seinen „magischen Ort“ gefunden. Zunächst beäugten die Dörfler den Städter wohl mißtrauisch und belächelten ihn, als er, Schubkarre und Schaufel auf dem Rücken, mit dem Motorrad heranknatterte.

Auch in den 80er Jahren lächelten sie noch, als der Leipziger mit Freunden in unzähligen schweißtreibenden Stunden den Hof entrümpelte und buchstäblich vor dem Abriß rettete.Was daraus entstand, ist inzwischen zur Institution geworden: Mehr als zwanzig alternativ-ultimative Volksfeste, Lämmermarkt und Morristanzfest zum 1. Mai, von den herbstlichen Obstquetschfesten gar nicht zu reden, Känguruh-Knirpsenfeste und Lamas auf der großen Wiese, klassische Konzerte und Festivals open air, Galeriebetrieb, moderne Ateliers für Künstler, Produktion von CDs und Druckerzeugnissen, kreative Jugendarbeit im „Katzenhaus“, Kulinarisches im Gasthaus „Stregehaus“, die Gestaltung des ganzen Dorfes zu einem Kleinod und zum „schönsten Dorf“, natürlich im Verein mit der Dorfgemeinschaft und der Stadt. Und trotzdem: Es gibt Einheimische und andere, die sich bis heute nicht mit dem Gesamtvorhaben angefreundet haben.

Schon 1996 nun ist es gänzlich vorbei mit der beschaulichen Ruhe auf dem Kaditzscher Muldenufer. Im Spätsommer jenes Jahres nämlich wurde der Grundstein gelegt, nein besser Grund-Sound geschaffen für ein akustisches Festival, das unter dem Motto „Was hören wir?“ seitdem jährlich besonders neu-lausch-gierige, teils ausgeflippte Hörspaziergänger unter internationaler Begeisterung nach Kaditzsch zieht. Der Schlagzeuger Sven-Ale Johannson, 1996 zu einem Arbeitsaufenthalt in der Denkmaschmiede weilend, war durch die Traktoren auf den umliegenden Maisfeldern um den Schlaf gebracht worden, ließ sich inspirieren und „rächte“ sich, indem er sein „Konzert für zwölf Traktoren“ komponierte, das flugs auf dem Hof von Gerhard Weide nebenan uraufgeführt wurde. Die Traktor-Dröhnung der Feldveteranen töffelte und schneufte und fabrizierte umweltunverträgliche Abgas-Wolken. Sogar eine CD wurde von dem Konzert gebrannt. Dann wunderte sich erst einmal der restaurierte Turm, denn im selben Jahr bekam er von dem Beuchaer Klangkünstler Erwin Stache Leben eingehaucht, das seitdem bis heute die Besucher staunen läßt: „Tür zu, es rauscht merken sie, wenn sie die beiden Türen unten gegeneinander bewegen.

Bei Tageslicht besehen hat der Park viele heitere, dennoch irritierende Seiten: Seit 2002 stehen auf einer Wiese „Tore, die ins Nichts führen". Geheimnisvolle Monumente werfen bizarre Schatten. So groß die Zahl der ausstellenden Künstler, so vielfältig ist ihre Handschrift in Holz, Terrakotta, Bronze, Stahl, Porphyr, Sandstein. In den Kastanien der Allee hingen mal große Spiegel, später waren die Bäume mit einer Art Leichentuch umwickelt.

„Derf'n die d'n das?", fragte mal ein allbekannter Grimmaer Stadtverordneter. „Wer gibt überhaupt die Genehmigung, solche Dinger dort in Kaditzsch und rundum aufzustellen, und wer räumt das Zeug mal wieder weg?" Das geschieht auch ab und zu, aber nur, um Neuem zu weichen.

Jährlich zigtausende Besucher bestätigen, daß sie Überraschungen mögen. Andere schütteln den Kopf und bemühen sich vergeblich, in den Objekten einen sinnigen Gegenstand zu erkennen.

*

Am Steilhang auf der großen Wiese breitet Volkmar Kühns „Mildenfurther Kreuzmensch" christusgleich seine Arme aus, als wolle er die Welt bewahren oder nach Kaditzsch einladen. Den „Hör-Turm" in Kaditzsch wundert inzwischen überhaupt nichts mehr. Phantasie und Einfallsreichtum kennen keine Grenzen. Also auf nach Absurdistan! *(B.B.)*

Respektloses Spiel mit dem „Mildenfurther Kreuzmensch".

Höfgen, 1275 Hove, 'am Herrenhof' (dt.), OT von Grimma, 67 Einw.

Höfgen gehört zu den bekanntesten Orten im Muldentalkreis. Er ist ein beliebtes Ausflugsziel in der gesamten Leipziger Region. Und worin besteht der Reiz? Bestimmt in der geglückten Symbiose von Natur, Geschichte, Kultur und Gastronomie.

In Höfgen drehen sich noch Wasserräder

Das Dorf läßt sich von Grimma aus auf mehreren Strecken erreichen: Östlich des Flusses zu Fuß über den Rabenstein, einer Felsnase im Grimmaer Stadtwald, und dann entlang eines Altwassers der Mulde durch die Wiesenaue. Westlich der Mulde führt der Wanderweg durch die Nimbschener Klosteranlage und dann mit der Fähre über den Fluß. Ein seltener Weg liegt mitten im Fluß, mit zwei kleinen Passagierschiffen von der Anlegestelle an der Gattersburg aus bis zur Schiffmühle. Und für die Fußlahmen bleiben mit dem Auto zwei Straßen. Gut ausgebaute Parkplätze gibt es genügend vor Ort.

Hier wird niemand enttäuscht. Der Ort und seine Umgebung schmiegen sich in eine idyllische Landschaftsecke. Mehr noch als die Muldenlandschaft mit ihren saftigen Wiesenufern und den bewaldeten Steilhängen sind es die geschichtlichen und kulturellen Attraktionen. Sie fallen nicht unbedingt vordergründig ins Gewicht, doch sie offenbaren sich als Kleinode eines winzigen Stücks Erde hier im Muldentalkreis: die Fähre mit dem Fährhaus, die kleine Wehrkirche auf dem Porphyrfelsen, die Bauerngüter drum herum, das Mühlenmuseum mit dem Wasserrad, die neue Schiffmühle. Und weiter oben Kaditzsch mit seiner Denkmalschmiede und dem Bismarckturm und jenseits der Mulde das Kloster Nimbschen *(Band 2 unserer Dorfreise)*. Und die Gaststätten, vier an der Zahl, die sich nicht im Wege stehen, sondern die Gäste freundlich und kompetent bewirten.

Eingang zur Höfgener Kirche auf dem Hügel überm Dorf.

Einer von hier, der den Bekanntheitsgrad wesentlich mit beeinflußt hat, war der Bäkker und Gastwirt i.R. HANS RUHMER (Jg. 28). Wer kennt ihn nicht, den großen und stämmigen Zweizentnermann, der jahrzehntelang seine Gäste immer mit heiterem Lächeln und einem Scherz auf den Lippen bediente:

Du kannst auch im Rollstuhl noch leben!

Kaum hatte ich mein Leben in Höfgen begonnen, stand ich schon im Mittelpunkt des Dorfes: Ich wurde nämlich das letzte Patenkind des letzten sächsischen Königs! Vater hatte als Unteroffizier gedient und erhielt die höchste sächsische Auszeichnung, die „Goldene St. Heinrich-Medaille". Das war in diesem Range eigentlich unüblich. Er schrieb deshalb an den abgedankten König und wollte ihn wohl nachdrücklich auf die Besonderheit aufmerksam machen. Tatsächlich, eines Tages rückte ein Vertreter des Königshauses mit der Patenurkunde an. Zu mehr reichte es allerdings nicht. Trotzdem hielt ich sie später als Unikum in Ehren.

Ich übernahm 1958 vom Vater die Gaststätte und führte sie beinah vier Jahrzehnte. Das war mein Lebenswerk, darin ging ich auf. Es war zeitweise schon ein hartes Brot, wenn auch manch einer so dachte: Na, hinter der Theke stehen, das Bier einlassen und dann nur noch kassieren, das macht man doch mit links. Es hat da keinen Zweck zu widersprechen. Vorgefaßte Meinungen lassen sich nur schwer entkräften.

In den ersten Jahren wirtschaftete meine Frau mit. Die Küche war mein Ressort. Was auf den Tisch kommt, das muß dem Gast gut schmecken! Dann läßt er sich auch mal wieder sehen. Ich bemühte mich, das tägliche Einerlei mit seinen kargen Möglichkeiten zu verbessern. Es gelang mir, mit den Jägern einen „internen" Vertrag abzuschließen. Vermutlich ging nicht immer alles „legal" zu, aber das war in der DDR doch normal. So konnte ich mehr und mehr unterschiedliche Wildspezialitäten auf den Tisch bringen. Die toten Tiere lagen morgens auf dem Hof. Das Abziehen der Häute, Aufbereiten und Tranchieren machte ich am freien Tag oder in der Nacht.

Hans Ruhmer im Hof der sanierten „Wassermühle".

Mehr und mehr entwickelte sich meine kleine Gaststätte im Winkel der Bauernhöfe zu einer „Hochzeitsmanufaktur". Da reichte natürlich die Gaststube mit ihren 30 Plätzen nicht aus. Systematisch wurde die Veranda ausgebaut, und dort trafen sich dann die Hochzeitsleute mit ihrem Gefolge. Ich hoffe nur, daß die Brautleute ein bißchen Glück mitgenommen haben.

Dann vollzog sich die Wende. Ein großer Wunsch erfüllte sich auch für mich: In Deutschland herumreisen und ferne Länder besuchen. Allerdings hatte ich zunächst wenig Zeit dazu. Ich krempelte meine Gastwirtschaft um, baute mustergültige Toiletten, und ein westliches Brauhaus investierte und kreditierte Einrichtungen, damit sein Bier in Strömen fließen möge. Alle Waren gab's jetzt im Handumdrehen. Es genügte nur ein leiser Wink, und das Lieferauto stand auf dem Hof. Das lernte ich aber auch: Gehörig aufpassen, denn wenn du eine Minute verschläfst, wirst du gnadenlos über den Tisch gezogen. Und das kann teuer werden.

Ich hätte vollkommen zufrieden sein können, wenn das schlimme Leiden meiner Frau nicht gewesen wäre. Anfang der 80er Jahre war sie unheilbar erkrankt und konnte später das Bett nicht mehr verlassen. Hilflos dabei zu stehen und mit anzusehen, wie ein Mensch langsam zugrunde geht, das ist ein furchtbares Schicksal. Der Kampf dauerte 14 lange Jahre. 1995 wurde sie erlöst.

Einige Wochen danach erwischte es mich selbst. Arztbesuche schob ich immer vor mir her. Ein fataler Fehler. Ich hatte doch keine Zeit! Früh am Morgen ging's aus den Federn, und der arbeitsreiche Tag endete gegen Mitternacht. Nach der Untersuchung behielt man mich auf der Stelle im Krankenhaus. Die Diagnose war erschreckend: Starker Diabetes, der rechte Fuß muß ab! Nun denn, dachte ich, dann geht's eben auf einem Bein weiter.

Wenig später, ich war kaum aus der Narkose erwacht, stand wieder mal eine ganze Heerschar von Medizinern am Bett, und der Chefarzt meinte lakonisch: Mit dem linken Fuß sieht es ebenfalls gar nicht gut aus. Und da Sie nun einmal hier sind, können wir das gleich mit erledigen. In ein bis zwei Jahren kämen Sie auf alle Fälle wieder.

Das Wasserrad der Höfgener Schiffmühle, in der sich ein kleines Museum befindet.

Und außerdem kriegen Sie gute Prothesen, und da können Sie bald wieder laufen. Das glaubte ich dann auch, der Schock hielt sich in Grenzen, und ich verlor auch den zweiten Fuß.

Vom Krankenbett aus leitete ich meine Gastwirtschaftsgeschäfte weiter. Ich bekam ein Schränkchen für die Akten und Ordner. Nach einigen Wochen durfte ich nach Hause. In einem Rollstuhl verrichtete ich zwischen Küche und Theke weiter meine Arbeiten. Man muß sich nur dementsprechend einrichten.

Der Karfreitag des Jahres 1996 steht in meiner Lebensgeschichte als „schwarzer Tag" vermerkt. Da offenbarte mir meine Angestellte, daß sie ab morgen Urlaub mache und auch sonst keine Lust mehr habe. Nach 15 Minuten Schock war meine Lebensbahn verändert. Ich schrieb auf eine Pappe „Die Gaststätte bleibt ab Ostersonntag wegen Krankheit vorübergehend geschlossen". Dabei wußte ich, daß das Wort „vorübergehend" eine Lüge war. Es war Schluß!

Und jetzt kam der totale seelische Zusammenbruch. Die Brauerei baute die Einrichtung ab, kein Lieferauto hielt mehr auf dem Hof, keine Gäste kamen mehr ins Haus. Es war still geworden um mich. Auch Stille kann tödlich sein. Ich hatte nur den einen Wunsch: Radikal Schluß machen! Als Mitglied des Schützenvereins hatte ich ja Waffen im Haus. Wenn ich nur hinauf auf den Boden zum Waffenschrank könnte!

Doch dann nach einigen Wochen faßte ich einigermaßen wieder Fuß, die Prothesen kamen nämlich. Mit den Anproben und den Gehversuchen dauerte das zwar noch einige Monate, aber dann ging's mit dem Stock leidlich die Treppen hinauf. Mit meinem Leben auch. Ich kaufte mir ein automatisiertes Auto. Und ich fand eine Lebenskameradin. Nach einer Zeitungsanzeige flatterten 25 Briefe ins Haus, die Mehrzahl mit unsinnigen, fatalen und merkwürdigen Ansinnen. Nur mit einer Zuschrift konnte ich was anfangen. Und das war tatsächlich der absolute Glücksfall. Wir beiden verstanden uns, hatten viele gleiche Interessen, ich lebte wieder auf.

Am Horizont zeigte sich ein weiterer Lichtstrahl: Mein Junge, er hatte als Bauingenieur sein gutes Auskommen, wollte nun doch ins Gaststättengewerbe einsteigen. Er plante einen totalen Umbau des Gasthauses. Und das gelang! Ich bin stolz auf das, was er da bewerkstelligt hat. 1998 öffneten sich die Türen des alten neuen Gasthauses für die Gäste. Und sie kamen und kommen immer wieder. Es muß sich wohl rumgesprochen haben, daß sie hier gut bedient werden, daß das Essen schmeckt und das Ambiente mit seinem ländlichen Charme und dem Ausblick durch einen verglasten Fachwerkgiebel auf die Muldenaue zufriedene Stunden vermittelt. Nun kann ich beruhigt jeden Freitag am Stammtisch sitzen und die große Landespolitik und das kleine Dorfgeschehen sach- und fachgerecht erörtern. Wir „Stammtischstrategen" sind doch sowieso alle gescheiter als die da oben ...!

WEITERE DORFNOTIZEN aus Höfgen

Das Hotel und Restaurant **„Zur Schiffsmühle"** geht auf eine Wassermühle zurück, die in den 20er Jahren zu einer Ausflugsgaststätte umgebaut wurde. Das „Batzenhaus" aus dem 18. Jh. und das „Schweizerhaus" von 1911 erinnern noch heute an die alte Mühlenzeit. 1950 von der Familie Sörnitz gekauft, erfolgte nach 1990 durch Steffen Sörnitz (Jg. 50) ein totaler Um- und Ausbau zu einem modernen Hotel (30 Zimmer) mit Tagungsräumen und einem rustikalen Restaurant. Seinen Namen entlieh es der Schiffmühle, die sich von 1844 bis 1871 an dieser Stelle in der Mulde befand. Seit einigen Jahren schwimmt hier die Kopie einer Schiffmühle, mit einem Drahtseil am Ufer verankert. Sie wurde mit 1 Million Mark Fördergeldern gebaut und soll an ihre Vorgängerin erinnern. Im hölzernen Aufbau veranschaulichen Bilder und Texte ihre Funktionsweise. Die Einrichtung ist ein weiterer touristischer Anziehungspunkt *(siehe Kaditzsch)*.

Die Gaststätte **„Zur Wassermühle"** hat eine längere Tradition. Schon 1851 bekam die Wassermühle die „Schankgerechtigkeit" verliehen. Die Gaststube wurde um die Jahrhundertwende in das zur Mühle gehörende Gehöft verlagert, die dann Hans Ruhmer von 1954 bis 1996 führte. Nach einem totalen und großzügigen Umbau durch dessen Sohn Hans-Henning Ruhmer (Jg. 57) öffnete 1998 das Gasthaus mit „Ochsenstall, Spreuboden und Hühnerstall" seine Türen.

Schneiders **Erlebnisgarten** mit Einrichtungen für sportliche Aktivitäten und einer kleinen Gastronomie lockt besonders die Kinder an.

Das **Museum Wassermühle** befindet sich in einem Fachwerkbau, der 1721 erstmals benannt wurde, ist jedoch viel älter. Die Mühle war von 1859 bis 1954 im Besitz von drei Generationen der Familie Ruhmer und hat bis zuletzt Getreide gemahlen. Auf Initiative der Heimatpfleger Renate Sturm-Francke und Rudolf Priemer wurde sie zu einem kleinen Museum ausgebaut und 1976 eröffnet. Das komplette Mahlwerk mit den hölzernen Zahn- und Kegelrädern ist noch vorhanden. Das Wasserrad mußte bereits mehrmals erneuert werden, das letzte Mal 1995. Es wird angetrieben vom Wasser des winzigen Tannickenbachs, der sich durchs Dorf schlängelt. Eine rekonstruierte Müllerstube und Schlafkammer mit Inventar aus der Zeit nach 1800 geben ein anschauliches Bild der damaligen Lebensweise. Der Steinbackofen im Innern, sonst außen angebaut, funktioniert immer noch und wird mehrmals im Jahr zu Veranstaltungen (Drachenfest im Oktober) und Ausstellungen angefeuert. Die frischen „Fettbemmen" verkaufen sich sehr gut. Angeschlossen ist ein Kräuter- und Gewürzgarten.

Einen **Ökohof** hat der Leipziger Jörg Hannes seit 1994 in einem Vierseithof mit dem Wohnhaus von 1716 eingerichtet. Die Erzeugnisse seiner Viehzucht und aus dem Landbau verkauft er vom Hof aus, Kremserfahrten führen in die Umgebung. In einem Gatter tummeln sich Bergziegen.

Die **Fähre** verkörpert ein Stück Muldengeschichte und verbindet seit mehreren Jahrhunderten das Kloster Nimbschen mit dem „kleinen Hof", also Höfgen. Das heutige Fährhaus entstand 1924 und wurde jetzt aufwendig saniert. Zwei mächtige Linden beschatten das Haus, neben der Tür sind die Hochwassermarken eingetragen. Jahrzehntelang residierte dort die legendäre Fährfrau Brigitte Müller mit ihren sechs Kindern, bis sie 1999 diese Tätigkeit wegen Krankheit aufgeben mußte. Seit Ostern 2002 wohnt hier der neue Fährmann Joachim Birkner mit seiner Familie.

Der **Friedhof** liegt weitab von der Kirche am Dorfrand nach Kaditzsch zu. Dort waren auch vier Volkssturmleute begraben, die im April 45 wenige Tage vor Kriegsende auf Befehl eines fanatischen SS-Offiziers wegen „Wehrdienstverweigerung" standrechtlich erschossen worden sind. Später wurden die Leichen exhumiert und auf den Heimatfriedhöfen der Toten beigesetzt. - Zweihundert Meter südöstlich von hier soll im Mittelalter der „Pestfriedhof" gelegen haben. Er existiert heute nur noch im Sprachgebrauch der alten Leute.

Die romanische **Wehrkirche** steht auf einer Porphyrkuppe mitten im Dorf und blickt durch die Wipfel der umstehenden Bäume hinab in die Bauernhöfe und in die weite Muldenaue. Um 1100 errichtet, gotisch umgebaut und im Innern mit einer frühbarocken Ausstattung von 1674 versehen, erfreut sich der Besucher an diesem sakralen Kleinod. Die Malereien mit ihren religiösen Themen in Grau, Schwarz und Weiß auf blauem Grund an den Emporen, der Decke und den Holzbänken bringen eine volkstümlich-bäuerliche Atmosphäre ins Kirchenschiff.

Ein **Wohnheim** der Arbeiterwohlfahrt entsteht durch den Ausbau eines Gutshofes.

LITERATUR: „Höfgen und die Wassermühle", Landratsamt, Grimma, 1996, Text: Rudolf Priemer. – Die Fähre. Eine Geschichte in Bildern (zur Fährfrau Brigitte Müller) von Helfried Strauß. 1991.

Dorfstraße in Höfgen mit dem Museum Wassermühle (r.).

Im Jahre 2000 hatte der Ort einen runden Geburtstag. Die Grechwitzer haben ihn nicht gefeiert. Ein seltener Fall! Entweder sie wußten es nicht, oder sie wollten nicht. Die Stadtverwaltung von Grimma, die den Ort seit Jahren unter ihre Fittiche genommen hat, sitzt wohl zu weit weg. Vermutlich hatte sie alle Hände voll zu tun mit der eigenen 800-Jahr-Feier.

Vielleicht auch deshalb, weil im Ort kein Raum zur Verfügung stand? Der Gasthof hat schon lange geschlossen und steht mit zerschlagenen Scheiben und bröckelndem Putz am Straßenrand. Seine goldenen Zeiten liegen in den 20er Jahren. Besonders zur Kirmes ging es hoch her. Am Kirmesmontag rückte regelmäßig die Militärkapelle aus Grimma an. Da wurde nächtelang durchgetanzt. Im Hof drehte sich ein Karussell, und an der Schießbude imponierten die jungen Bauern ihren Liebsten mit geschossenen Papierblumen. In den 70er und 80er Jahren traf sich donnerstags hier fast das halbe Dorf zum Lottospielen. Die Poststelle hatte in einem Nebenraum ihr Kontor eingerichtet. Für die Männer ein angenehmes „Betribbchen", konnten sie doch ein Bier trinken und die Neuigkeiten austauschen.

Ein Versuch in den 90er Jahren, am Teich ein Café zu etablieren, scheiterte schon nach kurzer Zeit, Auch das letzte Ladengeschäft an der Hauptstraße mußte aus Ertragsgründen im Jubiläumsjahr schließen. Nur der Tabakwaren-Automat funktioniert noch, sehr zur Freude der Jugendlichen.

Wie sich in Grechwitz ein Bauernhof in ein Denkmal verwandelte

Eine Straße führt am einstigen Anger vorbei ein Stück hinauf direkt in das Bauerngut von Erhard Thiele (Jg. 28). Der Fachwerkbau mit der alten Balkendecke in der Stube und der Obergeschoßlaube am Seitengebäude war schon immer das begehrliche Ziel der Denkmalpfleger. Renate Sturm-Francke, die legendäre und unerschrokkene Heimatpflegerin, fand beim Besitzer stets ein offenes Ohr. Doch so richtig herrichten konnte er die Gebäude eigentlich erst in den letzten Jahren. Jetzt präsentieren sie sich in ihrer ganzen Schönheit als ein Wahrzeichen von Grechwitz. „Meine Vorfahren haben die Gebäude gehegt und gepflegt. Nun haben wir den Salat und müssen uns an strenge Gesetze halten. Ich bin hier glücklich und meine Frau auch, obwohl sie aus dem Vogtland stammt. Wir haben unsere Lebensweise danach eingerichtet, und der Junge fügt sich mit seiner Familie nahtlos ein."

Thieles Vorfahren lebten hier schon seit über hundert Jahren. Da war das ein ganz normaler Bauernhof und an ein Denkmal nicht zu denken. 1945 schrieb das Haus ein Stück Dorfgeschichte. Die geschlagene Wehrmacht glaubte wohl allen Ernstes, sich im Gebiet zwischen Mulde und Elbe zum „siegreichen" Endkampf rüsten zu können. Ein Stab der Wehrmachtsreste quartierte sich noch mal für einige Tage ein. Er organisierte die Verpflegung und ließ Mehl aus Golzern und Kohle anfahren. Eine schlesische „Bäckermannschaft" heizte den Backofen an, und drei Tage lang stand eine mächtige Rauchfahne übern Dorf. Das machte die Amerikaner am jenseitigen Muldenufer argwöhnisch, und sie feuerten zielgenau zwei Panzergranaten in die Bäckerei. Die Geschosse explodierten in der Backstube und verwundeten die Bäcker, den kleinsten tödlich. Die Nachricht ging von Haus zu Haus: „Der kleine Bäcker ist tot!". Das war für die Soldaten der Anlaß zur allgemeinen Flucht. Die Offiziere vertauschten ihre Uniformen mit der Arbeitskleidung des Bauern, die in der Scheune hing, und verschwanden auf Nimmerwiedersehen. Der Krieg war zu Ende.

Wenige Wochen danach marschierte die Rote Armee ins Dorf ein. Auch sie beschlagnahmte die „gute Stube“ von Thieles für die Ortskommandantur. Die Bewohner des Gutes rückten zusammen, hatten aber keine Übergriffe zu erleiden.

Gerhard Schuster, zurück aus dem Kriege, führte die Bäckerei bis 1962. Dann übergab er sie seinem Sohn Hans-Jörg Schuster (Jg. 40), der sie im Jahre 1978 aus gesundheitlichen Gründen für immer schließen mußte.

*

Der Anger hat sein historisches Gesicht nach einer stadttypischen Betonpflasterkur verändert, der ehemalige Dorfteich wurde im Zuge der Baumaßnahmen gleich mit verfüllt. Das Gelände eines halbverfallenen Bauerngutes verwandelte sich in eine „Ökowiese“ mit Disteln und Melde. Die Einwohner nennen‘s schlicht und einfach Schandfleck. Dort steht das Spritzenhaus der Feuerwehr. Es ist klein, hat einige Jahrzehnte auf den Grundmauern und gerade mal Platz für eine Spritze und eine minimale Mannschaft. Ein Fahrzeug besitzen die Kameraden nicht, sie schieben ihre Technik zum Brandherd. Glücklicherweise mußten sie den Ernstfall viele Jahre nicht erleiden, sondern nur proben. Deshalb machen sie einmal im Jahr ein richtiges Knäckerchen, setzen die Spritze in Funktion und feiern anschließend ausgiebig den „Erfolg“.

Allen Grund dazu hatte auch eine andere Truppe, nämlich die von der „Himbeerband“. Das ist ein „Orchester vom Schrottplatz“. Die fünf Jungs mit Frank Möbius an der Spitze sammeln seit 1976 alle jene Geräte und Gegenstände, mit denen auf originelle Weise und mit Können Musik gemacht werden kann. Die begeistert mit bissigen Texten landauf und landab junge und alte Zuhörer.

*

Im Kontrast zur Dorfmitte haben Natur und Mensch an den Randzonen einige idyllische Flecken geschaffen. Nach Norden zu und zum Gemeindebach hinab bringen ausgedehnte Streuobstwiesen in jedem Herbst eine reiche Ernte. Nicht weniger ergiebig ist die Karpfenzucht. Eine ganze Teichkette staut das Wasser. Zur Kirmeszeit und beim Jahreswechsel bereichern die mehrpfündigen Kerle die häusliche Speisenfolge

Der schmucke Bauernhof von Erhard Thiele in Grechwitz.

nach dem ewig-gültigen Grundsatz „Eßt mehr Fisch, und ihr bleibt gesund!“. Auch die Kleingärtner mischen bei der Ernte kräftig mit. Die Parzellen liegen im Gebiet der ehemaligen Braunkohlengrube „Else“. Dazwischen ducken sich in herrlich ruhiger Lage immer mehr neue Einfamilienhäuser.

Das Wirtschaftsleben pulsiert am Hang des Hutberges. Eine Erzeugergemeinschaft aus Bayern hat die ehemaligen Stallanlagen des Volkseigenen Gutes Nimbschen sowie die Feldfluren gekauft und baut sie systematisch aus für die Bullenmast. Die ertragreichen Felder bringen für die 3000 Bullen genügend Futter. Die Tiere werden im eigenen Schlachthaus geschlachtet und vermarktet.

Ein Stück daneben auf der sanften Kuppe des Hutberges ragt die Hutpappel in den Himmel. Es ist schon die zweite, die hier wächst. Wind und Wetter rütteln und schütteln beängstigend an den Ästen. Wie ein angegrauter Grenadier hält sie standhaft Wacht. Die erste setzten vor über hundert Jahren begeisterte Grechwitzer zur Erinnerung an den Sieg über Napoleon. Eine windschiefe Bank bietet einen fantastischen Ausblick übers Land.

Ein Wirtschaftsunternehmen trägt seit über hundert Jahren den Ortsnamen weit in die Umgebung hinaus: die „Ziegelei Grechwitz“. Ihre Geschichte begann im Jahre 1888. Der Bauer Bruno Schroth fand auf seinem Feld Lehm und Ton. Mit diesen unscheinbaren Bodenschätzen brannte er in einem primitiven Brennofen die begehrten Ziegel zum Hausbau. Und das geschieht heute noch nach einer wechselvollen Vergangenheit mit Aufschwung und Niedergang, mit Verstaatlichung und einer Reprivatisierung im Jahr 1990. Jetzt hat der Ingenieur für Keramik und Baumaschinen Rolf Schroth (Jg. 42) als Geschäftsführer und Gesellschafter einer GmbH die Fäden in der Hand:

Die Millionen einer automatischen Ziegelei

Was sich in den vergangenen zehn Jahren geändert hat? Die einstige sozialistische Planwirtschaft hatte einen einzigen Vorteil: Wir wurden die Produkte los ohne Wenn und Aber, ohne daß groß nach der Qualität gefragt wurde. Hauptsache war, daß der Plan übererfüllt wurde, und wenn es sein mußte auf Teufel komm raus. Täglich gingen 15 bis 20 Tonnen durch die Hände der Arbeiter. Sie haben sich dabei körperlich fertig gemacht, wurden hüftlahm und krumm. Vom Gewinn blieben trotzdem nur 10 % übrig, die investiert werden konnten. Und das war herzlich wenig. Das größte Übel jedoch war, daß alle reingeredet und dabei alles kaputt gequatscht haben. Und dann die Jagd nach den Ersatzteilen! Wenn wir da die Lageristen nicht ständig bestochen hätten, die Maschinen hätten sich nicht weiter bewegt.

Und heute? Das muß ich vorab sagen: Die vergangenen elf Jahre haben das gebracht, was ich mir vorgestellt habe. Die Technologie hat sich total verändert. Eine automatische Fertigung erfordert nur noch Kontroll- und Reparaturarbeiten. Allerdings auch auf Kosten der Beschäftigtenzahl, die von 23 auf jetzige 9 zurückging. Und der Betrieb ist hoch verschuldet. Die Kredite für die neuen Maschinen gehen in mehrere Millionen, und die müssen nun zurückgezahlt werden. Das geht nur mühsam und stockt gar zuweilen. Ich mußte die Produktion zeitweise drosseln bzw. für einige Monate ganz aussetzen, weil einfach zu viele Ziegelsteine auf der Halde stehen, weil zu viele Fabriken produzieren. Hier ist mit der Förderpolitik etwas schief gelaufen. Investoren aus den westlichen Bundesländern und aus dem Ausland erhielten bis zu 40 % der Investitionen vom Staat, wir Ostdeutschen gerade mal 15 %. Das verstehe wer will. Und so entstanden aus den alten Betrieben völlig neue Werke mit einer immensen Kapazität. Der jährliche Durchschnittsbedarf der neuen Bundesländer liegt bei ca. einer Milliarde Stück Normalziegel, doch die doppelte Menge wird produziert. Dazu kam in den letzten Jahren nach der Bauhochkonjunktur eine Flaute, die den

Bedarf an Ziegelsteinen und anderen Baustoffen in den Keller setzte. Der Betrieb produziert jetzt an der Kante des Abbruchs. Früher lieferten wir in einen Umkreis von hundert Kilometern. Heute müssen wir expandieren. Ob Lieferungen in die alten Bundesländer oder nach Polen möglich werden, wird die Zukunft zeigen. Wir bemühen uns jedenfalls darum.

Die Stapelberge auf dem Hof sind keine Ladenhüter. Wir müssen heutzutage 25 bis 30 unterschiedliche Formate herstellen, und von jedem muß was da sein, denn es könnte morgen ja abgerufen werden. Und wenn wir nicht sofort liefern, dann holt der Kunde die gewünschte Sorte beim Konkurrenten.

1993 ersetzten wir die Beheizung der Brennöfen mit Braunkohlenstaub durch Erdgas. Das war natürlich ein immenser Fortschritt. Ende der siebziger Jahre wurde schon mal für einige Jahre mit schwerem Heizöl gefeuert. Unsere Rohstoffe reichen für mindestens 15 Jahre. Dann müßten wir die Grube erweitern. Das wäre sicherlich kein Problem, und die Feldbesitzer warten nur darauf. Die Natur konnte die Lehm- und Tonschichten eigentlich nicht besser ablagern. Darunter schiebt sich zwar noch ein Kohleflöz, doch das zu gewinnen lohnt nicht. Die eingelagerte Sandschicht dagegen läßt sich profitabel nutzen. Der feinkörnige Sand wird nicht nur der Ziegelmischung beigefügt, sondern auch von Reithallen abgenommen. Als einzigen Rohstoff kaufen wir Sägespäne. Sie verbrennen beim Brennprozeß, hinterlassen feine Poren im Stein und fördern dadurch die Wärmedämmung.

Ich arbeite meist 12 Stunden am Tag. Freude und Sorgen liegen nahe beieinander. Als Geschäftsführer habe ich meinen Arbeitsplatz und mein Gehalt, als Gesellschafter kann ich mir nichts nehmen. Ich muß hinter meinen Leuten stehen, muß aber auch das kleine Kollektiv frisch halten, konnte auch immer den Lohn zahlen. Aufhören? Daran denke ich nicht, und ich kann bestimmt noch allerhand Jahre zulegen. Rohstoffe sind genug da.

PS. Im Juli 2001 mußte die Produktion vorläufig eingestellt werden. Wegen der Stagnation in der Wirtschaft blieben die Aufträge aus und 13 Arbeitskräfte mußten entlassen werden.

In der Werkhalle der Ziegelei Schroth.

Neunitz, 1378 Nunicz, 'Ort eines Nun' (slaw.), OT von Grimma, 230 Einw.
mit Neu-Neunitz, einem Flecken in Richtung Grimma, der um 1880 entstand.

Die Chaussee Grimma-Mutzschen schneidet das Dorf. Mit dem regen Verkehr haben sich die Neunitzer abgefunden. Viel ruhiger geht es im Brunnenweg zu. Am Ende der Sackgasse fällt der Hang zehn Meter hinab in den Ziegengrund. In den Koppeln weiden Pferde und Rinder. Das kleine Flächennaturdenkmal mit Erlen und Büschen und einem winzigen Bach schiebt sich bis hinunter an die Mulde.

Zubehörteile für Unterseeboote kamen mal aus Neunitz

Bis vor wenigen Jahren ähnelte die Sackgasse einem löchrigen Feldweg. Dann flossen reichliche Fördermittel, und die Stadtväter von Grimma konnten für ihren Stadtteil etwas Sichtbares schaffen. Und nun liegt er da, der Boulevard im städtischen Flair mitten im Dorf, jedoch ohne Geschäfte und Kneipen. Er ist auf über zwei Meter breiten Fußwegen in fünf Minuten durchschritten, hin und zurück. Man wird dort allerdings kaum Leute treffen. Im Lichte der neuen Laternen spiegeln sich Beton- und anderes Pflaster. Linden, Büsche und anderes Grün flankieren den Weg. Den Glanzpunkt markiert neben einer fest verankerten Sitzgruppe eine nagelneue und richtig funktionierende Schwengelpumpe. Sie dokumentiert ein Stück Wirtschaftsgeschichte des Dorfes. Bis 1980 hatten die Bauern ihre eigene Wasserversorgung, ehe sie an ein öffentliches Netz angeschlossen wurden. Die Häusler holten das Trinkwasser aus zwei öffentlichen Brunnen. Einige Tragehölzer von damals hängen jetzt als museale Stücke im Flur der Häuser.

Ordentlich sauber duckt sich an der Sackgasse ein kleines hergerichtetes Gebäude. Es war das alte Spritzenhaus der Feuerwehr. Jugendliche haben es 1997 innen wie außen total aufgemöbelt und zu einem Jugendklub umgemodelt. Die Burschen und Mädchen aus der Umgebung verwalten ihr Domizil selbst und kommen mit „dicken" Autos. Das ist normal, bemerkenswert jedoch: Es geht relativ ruhig zu, und weder Unrat noch Vandalismus trüben das jugendfrische Bild. „Man muß nur ganz sachlich mit den Leuten reden, dann kommt man auch aus mit ihnen", meint der Nachbar. Und sie packen auch schon mal mit zu, wenn die Leute im Dorf kräftige Fäuste brauchen. Nachbarschaftshilfe zwischen jung und alt in ersprießlicher Aktion! Die wurde auch an der Straße nach Döben zu gebraucht. Dort wuchsen in letzter Zeit auf freiem Feld mehrere Wohnhäuser empor.

Über Jahrzehnte hinweg lieferte seit dem I. Weltkrieg die Gelbgießerei von Curt Hofmann paßgenaue Teile aus Bronze für zahlreiche Industriezweige, darunter auch Zubehör für U-Boote und Sportmotoren. Die friedliche Umstellung nach dem II. Weltkrieg gelang mit Kochtöpfen und unterschiedlichen Maschinenteilen recht gut, nicht aber der Schritt in die neue wirtschaftliche Situation nach 1990. Der Gießerei gingen die Aufträge aus. Ein traditionsreicher Betrieb mußte nach fast hundert Jahren Produktion seine Pforten schließen.

Längst geschlossen haben auch die Ziegeleien. Zwei kleine Fabriken verarbeiteten im Umkreis des Dorfes bis in die 30er Jahre den fetten Lehmlöß zu Mauerziegeln. An der Straße nach Grimma ließ der eine Ziegeleibesitzer um 1880 einige Häuser für seine Arbeiter errichten. Hundert Jahre später hatte ein Schelm oder ein Bürokrat oder ein selbstbewußter Familienvater die Idee, die Häusergruppe „Neu-Neunitz" zu benennen. Mit einem eigenen Ortsschild, das inzwischen erneuert wurde, wird heute der Rechtsanspruch markiert.

Im heutigen Wirtschaftsleben bemühen sich ein Reifendienst, ein Stukkateur und ein Ökoladen Nuancen zu setzen. Und da ist noch ein „Tante-Emma-Laden", der im schier aussichtslosen Konkurrenzkampf mit den Supermärkten um Kunden wirbt. Dort steht seit 1994 als Besitzerin und Verkäuferin optimistisch und freundlich ANDREA THIELE (Jg. 61) hinterm Ladentisch:

Es ist schwer, um liebe Freunde zu trauern

Nein, ich kenne keine Konkurrenz und im Dorf gleich gar nicht. Mein Prinzip ist es, mit den Leuten vernünftig auszukommen. Natürlich bieten die städtischen Supermärkte ihre Waren billiger an. Das weiß ich, und damit muß ich mich abfinden. Und das wissen auch meine Kunden. Ich setze andere Prämissen. Bei mir gibt es „Nerchauer Pumpernickel", wenn es auch nicht mehr hier, sondern im Erzgebirge gebraut wird, Wurzener Reis, frische Eier aus Schkortitz, hausgeschlachtene Wurst in Gläsern aus Fremdiswalde, Nudeln aus Riesa, also Produkte der heimisch-sächsischen Wirtschaft. Und die können in ein handgefertigtes Weidenkörbchen aus Grimma gepackt werden. Manch einem mag das piepegal sein, in welchen Einkaufskorb er seine Waren legt, mir aber nicht.

Mein Umsatz ist bescheiden. Mal kommen mehr, mal weniger Kunden. Mein Laden ist auch eine richtige Begegnungsstätte. Da treffen sich welche, die sich längere Zeit nicht gesehen hatten. Dann gibt es natürlich allerhand auszutauschen, und ich erfahre so nebenbei die Neuigkeiten aus dem Dorf. Das Geschäft muß immer offen sein. Ich freue mich, wenn Mutti da noch aushelfen kann. Die Stammkunden haben nämlich ihre geregelten Wünsche: die Brötchen, die Zeitung, das Obst, die Blumen. Blühende Pflanzen spielen überhaupt die wichtigste Rolle in meinem Geschäft, und ursprünglich sollte es nur ein Blumenladen sein. Damit habe ich mir ein zweites Standbein geschaffen: Ich organisiere Bestattungen und sorge für Sauberkeit auf den Friedhöfen in Döben und Höfgen.

Andrea Thiele im Ziegengarten.

Ich führe kein Bestattungsinstitut, sondern erledige bei Sterbefällen die Schreibarbeiten und bespreche mit den Kunden den Blumenschmuck. Da kann ich eine gute Auswahl an Gestecken anbieten. Die Blumen bestelle ich und binde sie nach den Wünschen der Kunden. Das war in der Anfangszeit nicht einfach. Meine Heimat ist Döben, dort kenne ich alle Menschen. Viele standen mir sehr nah, und es läßt mich nicht ungerührt, wenn ich mich im Todesfall mit ihnen befassen muß. Es kommt immer wieder vor, daß ich die Tränen nicht zurückhalten kann, vor allem dann, wenn man liebe Freunde verloren hat. Ich kann meine Arbeit nicht nur routinemäßig machen, ich fühle mit meinen Kunden. Bei jungen Menschen frage ich mich immer wieder, warum sie sterben mußten. Dann denkt man nach und sucht eine Erklärung zwischen Tod und Leben.

Habe ich früher manchmal nur so in den Tag hineingelebt, so geschieht das jetzt viel bewußter. Vor allem fand ich den Blick für die kleinen Dinge des Lebens. Die bringen eigentlich die Freude ins Herz. Das muß man aber auch lernen. Das Leid der anderen hat mein Leben mit geprägt. Das heißt andererseits nicht, daß ich mit finsterer Miene herumlaufe. Ich bin von Grund auf optimistisch, und Freude und Zufriedenheit sind meine Lebenselixiere.

Einen frohen Ausgleich zu meiner Arbeit finde ich bei meinen Tieren. Da wollen allerhand gefüttert, umsorgt und gestreichelt sein: die putzigen Bergziegen, zwei Hunde, Katzen, Meerschweinchen, Kaninchen, Hühner. Fast alle haben einen Namen, und die dürfen nach dem Willen meiner Tochter nicht geschlachtet werden. Da muß ich bei den Kaninchen aufpassen. Einige erhalten keine Namen, und die enden dann in der Pfanne. Ich genieße es, wenn ich draußen im Garten herumbuddle, wenn die Vögel zwitschern, wenn ich von den Früchten nasche. Die werden alle zu Marmelade gekocht. Die schmeckt besser als die gekaufte.

Am Brunnenweg in Neunitz.

Dorna, um 1320 Turnowe, 'Ort, wo Dornsträucher wachsen' (slaw.), OT von Grimma, 120 Einw.

Die Dornsträucher waren schon vor Jahrhunderten im wesentlichen ausgerottet. Bauern kultivierten das Land. Jetzt wachsen sie wieder zwischen den Ruinen der ehemaligen Schweineställe. Der neue Besitzer aus Bayern will die Gebäude vermutlich auf diese Weise besser in die Landschaft einbinden. Eine Bau GmbH nutzt seit Mitte der 90er Jahre daneben eine Lagerhalle für ihre Betriebsräume.

Das winzige Dorf mit seinen zehn Bauerngütern und gleichviel Häuslerwohnungen liegt auf einer schmalen Talaue zwischen der Mulde und dem Döbener Wald. Einige der Häuser kleben regelrecht am Steilhang. In die Höhe führen nur schmale Waldwege. Dort oben versteckt sich seit der Bodenreform zwischen den Bäumen der Kleingartenverein „Waldfrieden". Er mauserte sich inzwischen zu einer Bungalowsiedlung. Der symbolträchtige Namen hat allerdings in letzter Zeit etwas gelitten, er mußte einige „nachbarschaftliche Stürme" überstehen.

Dorna wird nur im Zusammenhang mit Döben genannt. Bis dorthin sind es höchstens tausend Meter, und zum Nachbarort bestanden sich seit jeher alle kirchlichen, wirtschaftlichen und kulturellen Beziehungen. Der Gasthof hatte vor vielen Jahrzehnten einen guten Namen. Vor allem seine „Dornaer Plinsen" und Käsekeulchen zogen die Ausflügler an. Dann hielt hier die Muldentalbahn. Das Gleis ist längst abgebaut, die Bahnlinie läßt sich nur noch erahnen. Vom Häuschen am Haltepunkt sind nicht mal mehr die Fundamente zu sehen. „Dorna-Döben" lautete der Schriftzug an der Fassade. Hier mußte sich das größere Dorf dem kleineren mal unterordnen.

Hinter den Gebäuden liegen die Wiesen. Auf der einen Seite zur Mulde hin flach und vom Hochwasser bedroht, gegenüber nach dem Döbener Wald zu und den Hang hinauf steil und beschwerlich. Da versagt schon mal die Technik, und die gute alte Sense muß dann von derben Bauernfäusten zur Mahd geschwungen werden. Einer, der sich vom „Meisterbauern" zum „Hangbauern" wandelte, ist Siegfried Kunze (Jg. 23):

Die Dornaer „Druschgemeinschaft" lebt eigentlich heute noch

Ich wurde in einer Dornaer Bauernfamilie geboren und habe als Kind und junger Mensch meine Lehrjahre im elterlichen Betrieb absolviert. Die bäuerliche Arbeit habe ich aus Überzeugung gemacht, und für mich war klar, daß ich eines Tages das Bauerngut übernehmen werde. Doch vorerst ging das nicht, ich zog in den Krieg. Der wird nicht lange dauern, und wir werden siegreich zurückkehren. Welch' ein Irrtum!

Nach stetigen Niederlagen und Rückzügen landete ich 1944 verwundet in den Grimmaer Notlazaretten, zuerst in der Roten Berufsschule, dann im Gymnasium. Die Plätze in den Krankenhäusern reichten nicht mehr aus. Ehe die Amis in Grimma einrückten, flüchtete ich über die Mulde ins Heimatdorf. Hier befand ich mich im Niemandsland, bis ein Häuflein deutscher Truppen glaubte, im schmalen Korridor zwischen Amerikanern und Russen eine heroische Schlacht am Grenzfluß Mulde erzwingen zu können. Ein lächerliches und sinnloses Unternehmen! Trotzdem kam ich in arge Schwierigkeiten. Ich wurde auf dem elterlichen Grundstück wegen Fahnenflucht verhaftet und in der Stabsstelle in Grechwitz dem Grimmaer Arzt Dr. Kaftan vorgestellt. Das war mein Glück! Er schickte mich zur ambulanten Behandlung wieder nach Hause. Wenn die Stadt Grimma zurückerobert sei, sollte ich mich dort melden. Das bekam ich sogar schriftlich. Diesen letzten Befehl mußte ich nicht ausführen, der Krieg war zu Ende.

Viele Jahre kurierten die Ärzte an meiner Schulterverletzung herum. Selbst als ich 1950 in der Döbener Kirche heiratete, kniete ich mit einem Verband vor dem Altar. Ich hatte eine liebevolle Frau gefunden, die aus der Landwirtschaft kam. Die Arbeit im Stall und auf dem Felde meisterten wir nun gemeinsam. Zwar konnte ich meinen Arm nicht mehr heben, aber ich gewöhnte mich daran. Das war immer noch bescheiden zu dem, was ich an Elend und Leid bei anderen gesehen hatte. Also sagte ich mir: Reiß dich zusammen!

Und es gab viel zu tun, denn wir und andere wollten essen. Wie viele Hindernisse lagen da am Weg! Es fehlte an Zugtieren und an Technik. Viele Männer waren aus dem Krieg nicht zurückgekehrt. Da haben wir uns zusammengetan und uns gegenseitig geholfen. Meine Eltern hatten mich zur christlichen Überzeugung erzogen. Ich handelte nach dem Prinzip: Wenn du zwei Hemden hast, dann gib demjenigen eins, der keins hat, sei er nun ein Christ oder ein Kommunist. Das blieb mein Lebensprinzip bis heute.

1951 fuhr ich zu einem Bauernkongreß nach Berlin. Dort erhielt ich wie aus heiterem Himmel die Auszeichnung als „Meisterbauer". Nun stürzten sich die Funktionäre auf mich. Man holte mich in den Zentralvorstand der VdgB, ich wurde Abgeordneter des Bezirkstages und sollte unverzüglich in die SED eintreten. Doch das kam für mich nicht in Frage. Ich wählte das „kleinere Übel" und trat der Bauernpartei bei. Später mußte ich mir anhören, ich sei eine „Blockflöte". Nun ja, ich habe es verkraftet. Ich mußte mir nichts vorwerfen. Ich habe geholfen, wo ich konnte, und ich brauche mich meiner Vergangenheit nicht zu schämen.

Nach kurzer Zeit als Vorsitzender der LPG in Döben besuchte ich die LPG-Hochschule in Meißen. Ich hatte da ein bißchen Bammel, denn mit meinen acht Jahren Volksschule konnte ich eigentlich nicht viel anfangen. Doch der Ehrgeiz stachelte mich an. Ich bestand 1960 die Aufnahmeprüfung und hielt drei Jahre bis zum erfolgreichen Ende durch. Einen Nachteil mußte ich allerdings nun in Kauf nehmen: Ich konnte nicht mehr über mich selbst entscheiden. Wo es „Partei und Regierung" für

Siegfried Kunze am Dornaer Wiesenhang unter brütender Hitze.

nötig hielten, dort mußte ich hin. Also saß ich fortan als Hauptagronom für Pflanzenproduktion und später für die Tierzucht beim Rat für Landwirtschaft in Grimma. Die Schreibtischarbeit behagte mir gar nicht. Viel lieber war ich an der „Basis". Ich half den Bauern bei ihren Entscheidungen zwischen gesundem Bauernverstand und den manchmal ziemlich merkwürdigen Parteibeschlüssen. Wir bemühten uns gemeinsam, aus dem was zu machen, was da war. Und keiner hat dem anderen ein Bein gestellt.

Mit 65 ging ich 1985 in die Rente. Nun galt meine ganze Arbeitsfreude dem häuslichen Anwesen, und ich denke, daß ich seitdem und bis heute allerhand daraus gemacht habe. Die überquellenden Baumärkte nach der Wende erleichterten alle Vorhaben. Schulden wurden nicht gemacht, sondern immer nur das gekauft, was bezahlbar war.

Und nach des Tages Rentnerarbeit? Da geht's an das Lösen von Kreuzworträtseln. Das erfrischt den Geist. Mit Lexikon und Weltatlas suche ich die Begriffe, die ich nicht weiß. Dann trifft sich jeden Sonntag zwischen 10 und 12 eine dörfliche Stammtischrunde, mal hier, mal dort und ganz bunt gemischt. Arbeiter, Rentner, Vorruheständler, Arbeitslose diskutieren den allgemeinen Dorftratsch und die große Politik, aber friedlich und heiter. Daneben stehen ein Kasten Bier und eine Flasche Goldkrone. Pünktlich ist Schluß, damit's zu Hause keinen Ärger gibt. Ein braver Mann läßt seine Frau mit dem Essen nicht warten!

Unsere damaligen „Druschgemeinschaften" haben sich über die Jahrzehnte irgendwie erhalten. Unten an der Mulde kickt eine Freizeit-Fußballmannschaft. Den Platz mähe ich regelmäßig, damit der Ball gut rollen kann. Ein gutes Dutzend Ehepaare fährt gemeinsam zum Tanzen nach Hohnstädt, Pöhsig und in andere Orte oder radelt durch die reizvolle Muldenlandschaft. Zu jeder silbernen und goldenen Hochzeit wird gesammelt und bei einer kräftigen Nachfeier die Dorfgemeinschaft gefestigt. Es wird nicht nur gefeiert! Wenn bei Um- oder Ausbaumaßnahmen Not am Mann ist, dann helfen sich die Leute gegenseitig. Ist das nicht großartig?

Dorfstraße in Dorna, im Hintergrund die Kirche von Döben.

„Spieglein, Spieglein an der Wand, wer ist die Schönste im ganzen Land?“ Die Siedlung Döben stünde ganz vorne an im Wettstreit der landschaftlich am anmutigsten gelegenen Dörfer. Für die Einheimischen wäre sie es allemal. Auch wir können freudig konstatieren: Die Wirklichkeit kommt dem Anspruch ziemlich nah.

Döben, das Dorf der Mauern und Gassen

Schon von weitem zieht der Kirchturm am steilen Muldenufer die Blicke auf sich. Und erst der Blick vom Friedhof am Fuß der Kirche aus über das wellige Land! Die Mulde läßt sich nur erahnen und ihr Lauf an dem bewaldeten Steilufer verfolgen. Natürlich muß man da ein bißchen Phantasie und die örtliche Geographie bemühen. Die Talung beträgt bis zu 80 Meter und das zeitweilig auf engstem Raum. Von den Seiten her haben sich ebenfalls schmale Täler eingeschnitten. In der Summe der natürlichen Kleinode liegt der Reiz der hiesigen Landschaft.

Auf drei Felsspornen und ihren Talhängen setzten die Döbener ihre Häuser. Oben stehen die Dreiseithöfe und die Kirche. Am untersten Sporn unmittelbar über der Mulde erhoben sich die Zinnen des Schlosses mit den großen Scheunen und Ställen des Rittergutes. Dazwischen liegen die Anwesen der Häusler. Selbst die steile Berggasse hinderte sie nicht daran, treppenartig die Häuser in den steilen Hang zu graben. Jedes Stück Land wurde der Böschung abgerungen. Deshalb auch winden sich ellenlange Bruchsteinmauern durch den Ort. Döben ist ein Dorf der Mauern und Gassen. Wieviel Mühe muß der Haus- und Wegebau gekostet haben, aber das nahe Schloß mit seinem Rittergut bot nun mal Lohn und Brot für die Tagelöhner.

Der weiträumige Dorfplatz scheint ein bißchen zu groß für die Siedlung ausgefallen zu sein. Ursprünglich war er ja auch, so vermuten es jedenfalls die Historiker, für

In der Bergstraße in Döben geht es steil hinab zur Mulde.

eine Stadt ausgelegt. Ja, es stimmt schon, hier sollte sich mal ein städtischer Markt entwickeln. Doch dann, und das liegt nun schon Jahrhunderte zurück, lief Grimma den Döbenern den Rang ab. Machtpolitische Intrigen und die bessere Überquerung der Mulde gaben dafür den Ausschlag. Heute nun nach der administrativen Eingemeindung dürfen sich die Döbener endlich als Städter bezeichnen. Ich habe dennoch keinen getroffen, der das tut.

Der geräumige Platz erstrahlt seit einigen Jahren im renovierten Glanz. Fördergelder machten es möglich. Ein paar alte hochstämmige Apfelbäume und drei Linden erinnern an die ursprüngliche Ausstattung. Jetzt queren gepflasterte Wege die gestutzten Rasenflächen mit ihren gärtnerischen Pflanzen. Ein Himmelsteich bekam ein biologisches Korsett. Den Einheimischen gefällt die Ordnung, und für diese wurde das wohlgeschneiderte Objekt schließlich auch geschaffen. Es liegt im Trend der Zeit.

Einer, der seine ganze Kraft für das Dorf einsetzt, ist Manfred Uebel (Jg. 33), Ing. für Maschinenbau i.R., Vors. des Ortschaftsrates:

Über vierzig lange Jahre fürs Dorf abgestrampelt

Ich bin hier geboren und groß geworden. Da kenne ich die Einwohner von Jugend auf, die neuerlichen Zugänge allerdings weniger. Es bietet sich da auch kaum Gelegenheit, man bekommt sich nicht mehr zu sehen. Alle Geschäfte und die Kneipe sind geschlossen, die Kirchgemeinde geschrumpft, wenig Vereinsleben und kaum noch Veranstaltungen. Außerdem sorgt jeder für sich selber.

Unsere Straßen und Plätze sind bis auf wenige in guter Ordnung. Der Kirchberg und die Schäferei folgen bald. Probleme potenzieren sich in der Siedlerstraße und um den Zetten. Das sind reine Anwohnerstraßen, und dafür gibt's keine Fördergelder. Die Stadt selbst hat nicht genug Moneten, um alle löchrigen Wege zu beseitigen. Das kann nur nach und nach geschehen. Natürlich sehen's die Anwohner anders. Es ist schwer, sie zu besänftigen, und manche reden deswegen nicht mehr mit mir. Aber das

Manfred Uebel im Schloßhof am Zugang zum Schweizerhaus.

ist eine ganz natürliche menschliche Schwäche, die sich nicht so leicht ändern läßt und mit der ich leben muß.

Zahlreiche Häuser glänzen in frischer Farbe und mit neugedeckten Dächern. Ich verstehe nicht, warum die rote Farbe von amtswegen gefordert wurde. Das ist doch nicht typisch für unseren Landstrich. Ich habe überhaupt den Eindruck, daß die Denkmalpflege manchmal seltsame Wege geht. Eher fällt da schon mal ein Haus zusammen, bevor die kostenaufwendigen Auflagen gemildert werden.

Trotzdem hätte im Dorf noch mehr gemacht werden können. Die Aktion Förderdorf ist inzwischen beendet, und wer da nicht aufgepaßt hat, für den fließen nun keine staatlichen Gelder mehr. Dann ärgern mich einige trostlose Anwesen. Früher stand in unserer Ortssatzung der Satz: Es ist die Straße sauber zu halten und, soweit einsehbar, auch das Grundstück. Diesen Passus durften wir bei der Neufassung nach 1990 nicht wieder mit aufnehmen. Jeder kann jetzt auf seinem Grundstück machen, was er will. Disteln und Brennesseln können ungehindert wachsen, wenn der Besitzer glaubt, das sei ein Biotop. Das Grundrecht treibt hier wohl merkwürdige Blüten.

Mich beschäftigt noch ein anderes Problem. Ich konnte es nicht verhindern, daß der Stadtrat bei der Standortfrage der Grundschulen die Hohnstädter als Favorit ausgewiesen hat. Dabei entstand erst 1989 bei uns ein neuer Erweiterungsbau. In seiner baulichen Gestaltung harmoniert er zwar nicht ganz glücklich mit seiner Umgebung, aber in seiner Gesamteinrichtung gibt's gegenüber der Hohnstädter Schule nichts zu mäkeln. Jetzt transportiert ein Bus die Kinder nach jenseits der Mulde. Vielleicht ist noch nicht alles verloren. Ich bin sehr dankbar, daß sich ein Verein gefunden hat, der auf christlicher Basis den Schulbetrieb mit vorerst einer Klasse pro Schuljahr weiterführt. Es steht jedem frei, sein Kind hierher zu schicken. Die Familie muß dafür Schulgeld bezahlen und für den Antransport sorgen.

Der Freundeskreis Schloß und Dorf Döben e.V. bemüht sich, daß das Dorf und die Reste vom Schloß wieder in die Muldenlandschaft integriert werden. In letzter Zeit hat sich da allerhand getan, dank beträchtlicher Fördergelder und Investitionen der Fami-

Das Pfarrhaus in Döben.

lie von Below. Aus einem alten Wirtschaftsgebäude entstand ein mehrstöckiges Wohnhaus. Die Brauerei erhielt nach dem Einsturz einen neuen Dachstuhl. Hier und im ehemaligen Schweizerhaus, das vor allem vom Verein genutzt werden soll, gehen die Innenausbauten Schritt für Schritt voran. Bis alles fertig ist, wird allerdings noch verdammt viel Wasser die Mulde hinabfließen.

Natürlich werden wir die Touristen nicht in Scharen herbeilocken, wenn alles mal fertig ist. Aber jetzt schon kommen welche, die auf den ausgebauten Wanderwegen ihre Ziele finden. Auch manche Schulklasse tobt durch den Wald. Mit Werbeaktionen haben wir nichts im Sinn. Wir setzen da mehr auf die Mundpropaganda. Die Grimmaer haben es besonders bequem, mit dem Fahrrad hierher zu kommen. Ein ausgebauter Radweg führt über den Galgenberg in unser schönes Dorf.

Warum ich immer noch durchs Dorf renne, mit meinem alten Moped von einer Baustelle zur anderen jage, mich in Sitzungen rumärgere oder Versammlungen leite? Ganz einfach, weil ich das innere Bedürfnis habe, weil ich meine Heimat liebe. Und das nicht erst jetzt. Seit über vierzig Jahren diskutiere ich im Gemeinderat und heute eben in Ausschüssen und Stadtratsitzungen. Als Parteiloser und als unbequemer Frager, wenn es sein muß. Ich bin daran interessiert, daß hier nicht alles den Berg hinab geht, obwohl wir auf dem Berg leben. Es muß auch alles ein bißchen ordentlich aussehen. Nun leite ich also den Ortschaftsrat. Damals, als unsere Gemeinde nach Grimma einverleibt wurde, stand die Frage: Wer macht's? Die Leute guckten auf mich: Du hast die meiste Erfahrung, und du hast Zeit. Solange es die Mehrheit will, solange werde ich mich ums Dorf bemühen. Das ist oft eine verzwickte Sache, weil ein Ding immer zwei, manchmal sogar noch mehr Seiten hat und notwendige Entscheidungen nicht bei allen Bürgern Zufriedenheit auslösen. Bei der letzten Wahl hatte ich weniger Stimmen. Nun, wenn sie mal nicht mehr reichen sollten, dann ist eben Schluß, dann macht's ein Jüngerer und hoffentlich besser.

Ich gräme mich nicht, wenn's so kommt. So ist nun mal das Leben! Dann bleiben mir immer noch meine Kaninchen. Die sind nämlich mein Hobby. Da sitzen etliche

Partie an der Teichmühle.

dieser Rassetiere in den Ställen. Und die wollen was fressen. Das Heu hole ich mir aus meinem großen Obstgarten, der, wie alles hier, am Hang liegt. Aber da stehe ich nicht mehr früh um Fünfe auf. Jetzt fahre ich mit der Technik darüber hinweg. Nur wenden muß ich's, und da hilft mir meine Frau. Natürlich landen die meisten meiner Tiere in der Bratpfanne, auch wenn's reine Rassetiere sind. Die ganz guten, die vielleicht eine Auszeichnung ergattern könnten, bringe ich schon mal zu einer Ausstellung. Wie die dann schmecken? Na, genauso wie die unprämierten ...

WEITERE DORFNOTIZEN
aus Döben

Döbener Wald, das größte Naturschutzgebiet im Muldentalkreis mit naturnahem Laubmischwald zwischen Dorna, Döben, Golzern und Schmorditz. Besonders die Frühjahrsblüher verwandeln den Waldboden in ein üppiges Blütenmeer.

Die **Feueresse**, eine reichlich 4 m hohe Felsnadel am Steilufer zur Mulde hin. Die freistehende Porphyrsäule, heute zum Teil von Eichenbewuchs umgeben, hat ihren volkstümlichen Namen wegen der schwärzlichen Färbung des Gesteins erhalten. Im Felsengebiet übten früher Leipziger Bergsteiger.

Der **Hohe Stein**, ein zwei Meter hoher, aufrecht stehender Süßwasserquarzit ohne jegliche Bearbeitungsspuren am Dorfausgang nach Grechwitz zu. Die Heimatforscher rätseln seit jeher, aus welchem Anlaß und zu welcher Zeit die Säule jemals aufgestellt wurde. Einige datieren den Stein sogar in die Jungsteinzeit, das war vor über 20000 Jahren. Kühne Hypothesen muß der Mensch haben, sonst bleiben manche Rätsel ungelöst.

Die **Kohlenstraße** führt von der Mulde her mehrfach gewunden durch den Döbener Wald hinauf in den Ort. Ihr Name erinnert an die Pferdefuhrwerke, die mit Kohle beladen aus den Kohlegruben des Oberlandes um Grechwitz und Ragewitz hinab in die Papierfabrik oder zum Verladen in den Bahnhof rollten, zum Glück für die Gespanne meist bergab.

Einige **Personalien**: FRIEDRICH DECKER (Jg. 21), Restaurator in verschiedenen Galerien und Dozent an der Hochschule für Bildende Künste in Dresden, schuf zahlreiche Bilder von seiner Heimat. - OGAI MORI (1862-1922) japanischer Schriftsteller, weilte auf Schloß Döben und verliebte sich hier in die Tochter des Hausherren. Die Erlebnisse beschrieb er in der in Japan weithin bekannten Novelle 'Der Bote'. Seinen Spuren folgen heute japanische Touristen bis in das Dorf. Doch nichts erinnert hier an seinen Aufenthalt. Trotzdem wird jede Ecke fotografiert. Eine Erinnerungstafel würde noch mehr Gäste anziehen. - CARL TRAUGOTT QUEISSER (1800-1846) war Musiker im Gewandhausorchester und Musikdirektor in Leipzig. Seit 2000 erinnert an den „Posaunengott" eine von Leipziger Posaunisten gespendete Gedenktafel am ehemaligen Gasthof, seinem Geburtshaus. Das befindet sich leider in einem bedenklichen Zustand. - JUTTA ROSIN (Jg. 36), pflichtbewußte Schriftführerin und Chronistin der Interessengemeinschaft Ortsgeschichte Döben mit Engagement bei der Gestaltung von Ausstellungen zur Geschichte und bei Dorffesten.

Die **Kirche** mit ihrer Barockhaube markiert deutlich den Ort durch ihre ungewöhnliche Größe und ihre exponierte Lage. Ihr Ursprung liegt im 12. Jh. Beachtenswert im Innern der Altar von 1591, der romanische Grabstein eines Ritters und die restaurierte Decke im Kirchenschiff mit ihren fünf großen Bildern aus der Heilsgeschichte. - Das nebenstehende Pfarrhaus, ein imposanter Fachwerkbau, entstand um 1650. - Filialkirche von Nerchau, Pfarrer Arno Leye. Kirchenchor Nerchau/Döben, Leitung Katharina Nicolaus. Kirchenkonzerte.

Über das verschwundene **Schloß** wurden inzwischen ganze Bücher geschrieben. Dort kann sich der wißbegierige Heimatfreund ausführlich informieren. Deshalb nur soviel: Der Schloßfelsen trug im 10. Jh. einen Burgward. 1117 soll Wiprecht von Groitzsch den Burgberg erobert haben. Streitigkeiten, Brände, das Wetter und andere Kümmernisse setzten dem Gemäuer zu. Es erfolgten immer wieder Umbauten, die Burg verwandelte sich in ein Schloß. Nach dem katastrophalen Brand im Jahre 1857 totaler Neuaufbau im Stile der Neorenaissance, 1945 amerikanischer Beschuß, mit der Bodenreform Vertreibung der Besitzer und allmählicher Verfall, 1972 Sprengung der Reste. 1991 Rückkauf der noch vorhandenen Wirtschaftsgebäude durch die Familie von Below. Alte Brauerei und Schweizerhaus werden jetzt mit Unterstützung des Freundeskreises saniert. Der Pavillon, auch Teehäuschen genannt, blieb auf dem Schloßgelände dank der rührigen Denkmalpflegerin Renate Sturm-Francke (1903-1979) erhalten. Sie beschaffte seinerzeit auf unerklärliche Weise 50 000 Mark, wodurch die Baubrigade der LPG das Gebäude sanieren konnte. 1995 erfolgte eine erneute Auffrischung. - Im Jahr 2000 drohten die abgekippten Schuttmassen des zerstörten Schlosses auf die Straße abzurutschen. Daraufhin erfolgte eine aufwendige Sanierung der Berghänge.

Steinkreuze hat der Ort gleich zwei, nämlich an einer Gebäudeecke am Dorfplatz und 100 Meter weiter in der Schomergasse in einer Mauer. Ersteres zeigt ein Relief, das einen Dreschflegel darstellt. Eine Legende erzählt, daß sich hier zwei Brüder damit erschlagen hätten. Die Flurmale stammen aus der Zeit des ausgehenden Mittelalters und wurden aus unterschiedlichen Anlässen gesetzt: Totschlag, Grenze, Flurkult, Unfälle.

Der **Zetten** ist der größte Viereckwall Sachsens. Seine 300 x 500 Meter große Anlage geht bis in die Bronzezeit zurück, wie Funde bestätigen. Der ausgedehnte Innenraum, heute eine Ackerfläche, war in slawischer und frühdeutscher Zeit besiedelt. Die Anlage wird von drei Seiten von einem noch heute sichtbaren Wall umschlossen. Auch die Reste lassen erahnen, wie damals mit einfachsten Mitteln große Erdmassen bewegt wurden. Zur Mulde hin genügte der steile Felsabfall zum Schutz seiner Bewohner. Die Wissenschaftler diskutieren, ob es sich um eine Fluchtburg oder einen Kultplatz handelt. Vermutlich ist er der Ausgangspunkt des im Jahre 1046 genannten Burgwards Grobi.

Vereine und Einrichtungen: Freundeskreis Dorf und Schloß Döben, Vors. Frank Pastille. - Evangelische Grundschule, Vors. Ute Wetzig. - Freiwillige Feuerwehr, Wehrleiter Lutz Brand. - Rassekaninchenzüchter, Vors. Karl Ulbricht. - Volkssolidarität, Vors. Renate Franke. - Laienspielgruppe, Leitung Mandy Langner. - Regelmäßig Dorf- und Kinderfest; Ausstellungen des Freundeskreises; Fußballturnier.

Handwerk und Gewerbe: Kanal-Türpe, Rohr- und Kanalreinigung. - Elektroanlagen Dill. - Landwirt Paul Schöne.

LITERATUR: Döben. Eine bebilderte Broschüre, herausgegeben vom Freundeskreis Dorf und Schloß Döben e.V., 1998, 24 S.

Im Innern der Döbener Kirche mit Blick zum Altar.

Golzern, 1350 Golczhorn, mehrd. (wohl slaw.), OT von Nerchau, 308 Einw.

Die Siedlung gibt sich weiträumig und gegensätzlich. Von der Höhe bis hinab ins Tal der Mulde siedelten die Leute entlang der Bergstraße. Richtig läßt sie sich nur erschließen, wenn man in die Nebenstraßen abbiegt. Der Kern liegt oben auf der Hochfläche mit den Drei- und Vierseithöfen. Dort steht am trostlosen Dorfplatz der ehemalige Gasthof, der später zum „Kulturhaus Golzern“ umgeformt wurde. Nur das verblichene Glasschild erinnert an das bunte Leben in den Gemäuern.

Steil zur Mulde hinunter führt die Bergstraße. Fahrradfahrer müssen absteigen, wenn sie von unten kommen. Von oben her sollten die Bremsen funktionieren. Einige Mehrfamilienhäuser schieben sich wuchtig empor. Es waren Mietshäuser für die ehemaligen Arbeiter in der Papierfabrik. Dazu gesellen sich neuerdings Einfamilienhäuser. Parallel dazu schängelt sich die Teichstraße hinab zur Teichmühle, die liegt schon auf Döbener Flur. Auf der schmalen Straße hat gerade mal ein Auto Platz, aber mit ein bißchen Vorsicht kommen die Fahrzeuge unfallfrei aneinander vorbei.

Ähnlich verhält es sich auf der Fahrt nach Bröhsen hinüber. Da muß man durch das weite Tal vom Gemeindebach und den winzigen Flecken „Samoa“. Diese Fahrt zeigt die ganze Schönheit des welligen Landes mit ihren Veränderungen zur Kulturlandschaft. So ergibt sich ein weitverzweigtes Territorium, das nicht wenige Probleme beim Unterhalt der Infrastruktur verursacht. Die Stadtväter von Nerchau haben sie gut im Griff.

Das Golzerner Papier sollte 200 Jahre reinweiß und fest bleiben

Unten an und in (!) der Mulde entwickelte sich seit weit über hundert Jahren eine regelrechte „Industrieinsel“. Das Wasser als Urquell wirtschaftlicher Prozesse und die Kraft der Strömungsenergie waren die Basis für die Ansiedlung technischer Betriebe.

Die neue Brücke zwischen Golzern und Bahren.

Eine Getreidemühle wird erstmals 1490 erwähnt. Ein späterer Besitzer erweiterte sie mit Öl- und Sägemühle und baute dazu eine Kartoffel-Branntweinbrennerei. Die Bauern und Knechte, die hier Getreide und Holz heranbrachten, hatten durstige Kehlen. 1838 entstand eine Papiermühle. Mit der Hand wurde damals noch jeder Bogen Papier geschöpft und dann zum Trocknen auf den Muldewiesen ausgelegt. Als Spezialität für die Leipziger Musiker wurde Notenpapier hergestellt. Nach einem Brand hielt die neue Technik Einzug, und es entstand eine Maschinen-Papierfabrik, in der 1862 die erste Papierbahn auf die Rolle lief.

Die Papierfabrik von Schröder wurde 1946 VEB. In den 80er Jahren erhielten die Kollegen den Auftrag, ein Spezialpapier, das noch in 200 Jahren reinweiß und fest sein sollte, für eine Gesamtausgabe der Werke von Marx und Engels (MEGA) zu entwickeln und zu produzieren. Über 200 Gelehrte und andere „Experten" unterzogen sich der Aufgabe, 100 Bände herauszugeben, die „den Wissenschaftlern aller Länder als Urquelle, als 'Eichmaß' dienen sollten".

1990 blieb die Edition samt Sozialismus stecken, knapp 20 Bände standen in den Regalen. Der Betrieb stellte seine gesamte Produktion ein. Ein wenig hatte auch der „Rundblick" von den freundschaftlichen Beziehungen zum Werk profitiert. „Hintenherum" konnten einige Paletten Normalpapier abgezweigt werden. Die Maschinen der traditionsreichen Papierfabrik stehen seit zehn Jahren still bzw. wurden in andere Länder verscherbelt. Jetzt schneiden noch 50 Beschäftigte das aus anderen Papierbetrieben angelieferte Rollenpapier auf die Größen, die die Druckereien für ihre Druckmaschinen benötigen, eine Dienstleistung, die gut läuft, bis jetzt jedenfalls.

Zur eigenen Energieversorgung des Werkes riegelte ein ca. 3 m hohes Wehr den Abfluß des Muldenwassers ab und leitete größere Mengen in ein kleines Wasserkraftwerk. Zwei Turbinen erzeugen heute noch im Durchschnitt 1400 kW Elektrizität, die ins öffentliche Stromnetz abgegeben wird. Die Wasserkraftanlage gehört jetzt der bayrischen Firma Ludwig Braml-Gmach. Die Mühlenwerke haben sich schon in den 70er

Frühlingstag „unten" in Samoa.

Jahren auf die Herstellung von Mischfutter für die Tierproduktion spezialisiert, heute im Besitz der Arp-Thordsen GmbH aus Schleswig-Holstein.

Eine Nagelfabrik errichtete 1847 der Schlossermeister Hartmann, der sie kurz danach in eine Eisengießerei und Maschinenwerkstatt verwandelte und vorwiegend eiserne Öfen und landwirtschaftliche Maschinen produzierte. Angeregt durch die Papierfabrik spezialisierte sich der Betrieb dann auf die Herstellung von Maschinen für die Zellstoff- und Papierherstellung, die später nach Grimma verlagert wurde, bis sich die Werkstore 1913 für immer schlossen.

*

Im weitläufigen Vierseithof von Schneiders (ehem. Max Buchheim) an der Berg-straße 13 herrscht eine tiefe Ruhe. Das saubere Bild, das der Bauernhof von außen macht, setzt sich im Innern fort. Das Leben scheint hier ausgestorben zu sein. Lediglich hinter der Scheune gackert eine Hühnerschar inmitten der Wiese. Der Gockel hat die Funktion des Wachhundes übernommen. Wenn er anflattert, sollte man lieber das Weite suchen. Außer in den Wintermonaten findet man im akkurat gepflegten Gemüsegarten die Altbäuerin Edeltraut Schneider geb. Buchheim (Jg. 23):

Der pflügende Bauer mußte runter vom Dachfirst!

Meine Heimat ist hier im Dorf und im elterlichen Bauerngut. Das Leben hatte nicht allzuviele Sonnenseiten. Schon als Kind habe ich hart arbeiten müssen. Dann, das Ende des Krieges war abzusehen, spürten wir das Unheil am eigenen Leibe. Die Amerikaner standen schon auf der anderen Seite der Mulde. Weil einige fanatische deutsche Offiziere den Krieg noch gewinnen wollten, belehrten sie amerikanische Panzergranaten eines anderen. Darunter mußten auch wir leiden. Nach dem Beschuß des Dorfes blieben von unserem Gut nur die Keller übrig. Alles andere ging in Flammen auf. Hilfesuchend standen wir vor den Ruinen. Aber die Eltern ließen sich nicht unterkriegen.

Edeltraut Schneider auf dem Gutshof, an der ehemaligen Stallwand die ursprüngliche Wetterfahne.

Ein guter Freund meines Vaters wohnte als Baumeister in Nerchau. Dann kam der eine oder andere Maurer aus dem Krieg zurück. Leute aus dem Dorf haben die alten Ziegel mit abgeputzt, und langsam, ganz langsam entstieg aus den Ruinen ein neues Leben. Immer, wenn wieder etwas Geld da war, ging's ans Weiterbauen, bis schließlich der Bauernhof noch besser und schöner als vorher an der Straße stand.

Mein Verlobter blieb im Zweiten Weltkrieg, vermißt im fernen, weiten Rußland. Acht lange Jahre habe ich auf die Rückkehr gewartet. Es war vergeblich. Ich fand schließlich einen anderen Mann, einen Kaufmann. Er legte mir zuliebe den Federhalter aus der Hand und packte den Pflug an. Als junge Bauersfrau ging's früh um vier aus den Betten. Stall und Feld brauchten kräftige Hände. Oft wachte ich nächtelang im Stall, um einem Fohlen bei seiner Geburt beizustehen.

1960 kamen die Agitatoren. Da nützte kein Sträuben, auch wir mußten in die LPG. Ein Stück Heimat wurde mir aus dem Herzen gerissen, als man die Tiere vom Hof führte. Die Wetterfahne zeigte einen pflügenden Bauern. Sie mußte entfernt werden. 'Das ist jetzt nicht mehr typisch!' Ich hob sie auf, und nun schmückt sie eine Giebelwand. Auch ein Stück Bauerngeschichte.

Mein Mann wurde bei einem schlimmen Unfall verletzt. Er konnte die schwere bäuerliche Tätigkeit nicht mehr ausüben. Später saß er wieder in einem Büro. Vor einigen Jahren ist er verstorben. Nun bin ich allein. Leider hatte ich keine Kinder. Trotzdem hege und pflege ich den Besitz. Ich bin sicher, daß er doch mal in gute Hände fällt.

Golzern ist mein ein und alles. Ich reise auch mal nach Leipzig, gehe dort durch die Straßen und schaue mir die neuen Bauten an. Dann fahre ich beglückt nach Hause, wo es ruhig geworden ist im Haus und im Dorf. Die 1932 gepflanzte Hoflinde mit ihrem weit ausladenden Blätterdach grüßt schon von weitem. Auch sie hat manchen Sturm überlebt. Einmal schlug der Blitz ein, ein andermal riß der Sturm einige Äste vom Stamm. Obwohl arg gebeutelt, steht sie da und wächst und blüht, und nichts erinnert mehr an ihre Kümmernisse. Auf dem Dachfirst gurren die Tauben, und die Hühner scharren im Garten. Dann spüre ich es, das Leben auf meinem Hof.

Uwe Bucher mit einem Holzmodell auf dem Hof seiner Golzerner Werkstatt.

WEITERE DORFNOTIZEN aus Golzern

Eine 112 m lange **Brücke** über die Mulde verbindet Golzern und Bahren seit 1890, damals als Privatbrücke der Schröderschen Papierfabrik errichtet. Der Fährmann wurde arbeitslos und nahm sich das Leben *(siehe „Rundblick-Lesebuch")*. Betriebsfremde mußten Brückengeld zahlen. Der Pförtner der Papierfabrik kassierte bis 1941 für Fußgänger zwei, für Ochsen und Esel sechs Pfennige. Am 17. April 1945 sprengten Soldaten das Bauwerk, das recht schnell wieder aufgebaut, und 1998 total erneuert wurde.

Der Anbau von **Hopfen** begann in den 60er Jahren durch die LPG Ragewitz auf 50 Hektar zwischen Golzern und Deditzhöhe. Weitere Anbaugebiete befanden sich bei Nimbschen und Canitz. Trotzdem blieb die Blüte ein Engpaß für die Bierproduktion in der DDR. Der Gerstensaft schmeckte auch danach. Die Pflanze braucht ein Gerüst zum Hochklettern. Betonpfähle und ein Drahtnetz stützen das Wachstum bis zu 8 m. Bei der Ernte rückten ganze Scharen von Helfern an, um die Dolden abzupflücken. Jetzt wird nur noch von der Agrargenossenschaft Ragewitz auf 25 Hektar hier auf der alten Fläche ein Hopfen von bester Qualität angebaut und mit Hilfe von Spezialmaschinen geerntet.

Ein **Pegel** mißt seit 1909 die Wasserstandshöhe der Mulde. Das ist bei Hochwassergefahr notwendig für die Sicherheit der Anwohner. Die Angaben wurden täglich von einer Meßlatte abgelesen. Seit 1999 geschieht das in einer modernen und automatischen Meßstation. Am höchsten stand das Wasser im Sommer des Jahres 1954, hier 40 cm unter der Oberkante des Dammes. Das alte Pegelhäuschen steht unter Denkmalschutz und wird von Mitgliedern des Grimmaer Geschichts- und Altertumsvereins gepflegt.

Personalien: Uwe Bucher (Jg. 65), Holzbildhauer, arbeitet und lebt seit 1996 im Dorf. Er richtete seine Werkstatt mit alten Tischlermaschinen in einem Vierseithof ein. Er kam aus Leipzig, wo er studiert hatte. Im Muldentalkreis stehen Arbeiten von ihm am Wurzener Gymnasium und am neuen Krankenhaus in Grimma. Mit Beteiligungen an Wettbewerben und bei Ausstellungen bemüht er sich, Aufträge zu erhalten. Seine weitesten Wege führten ihn nach den USA und Grönland, wo er sich an einem Wettstreit mit Schneeskulpturen beteiligte. Sein bevorzugtes Material ist Eichenholz, weil es wenigstens 150 Jahre gegen Wind und Wetter gefeit ist. Deshalb ist er an großen und dicken Bäumen interessiert und kauft alle auf, die ihm angeboten werden. Er fällt sie selbst und sorgt auch für den Abtransport. – Edmund Voigt (1861-1935) war ein beliebter Lehrer und kundiger Heimatschriftsteller. Seine 1908 in einer Broschüre veröffentlichten Geschichten werden noch heute gern gelesen: „Döben – Golzern. Was wir aus ihrer Vergangenheit wissen". 1908/1929.

„Samoa" heißt seit Jahrzehnten ein Flecken von drei Wohnhäusern und vier Familien in der Senke zwischen Golzern und Bröhsen. An der Straße steht das an Sauberkeit und Ordnung nicht zu übertreffende Anwesen der Familie Habeck mit dem Hausherrn als Stellmacher, Tischler und Zimmermann i.R, der sich keine Ruhe gönnt. Die umgebauten Gebäude sind die Reste ehem. Braunkohlenschächte, Abbau längst eingestellt. Samoa steht immer noch auf Kohle. Die Namensgebung konnte bisher nicht erklärt werden, doch es läßt sich spekulieren (ehem. Kolonie!).

Die **Schule** von 1886 wurde beim Beschuß durch amerikanische Panzer in den letzten Kriegstagen völlig zerstört. Mit Spenden, durch Theaterspielen und freiwillige Arbeitsstunden erfolgte von 1946 bis 1949 der Wiederaufbau, und mit einem Volksfest, zu dem die Bauern der vier Schulgemeinden hundert Kuchen gebacken hatten, wurde sie eingeweiht. Infolge des Bevölkerungsrückgangs mußte sie in den 90er Jahren geschlossen werden, diente danach als Ausländer-Wohnheim und beherbergt jetzt eine Heimstätte für Arbeitslose des Bildungs- und Sozialwerkes Muldental.

Vereine und Einrichtungen: Schützenverein Loreley; Kegelverein Rotation Golzern; Jagdgenossenschaft. – Ein Dorfgemeinschaftshaus für die Vereine und Bürger der Gemeinde entstand 2002 aus dem alten Gerätehaus der FFw.

Gewerbliches: Tischlerei Hartmut Latzel; Baubetrieb Karlhein Pach; Automarkt Eberhard Schöfer; Kfz-Schlosserei Heinz-Jürgen Haupt; Wasserkraftanlage Ludwig Braml-Gmach; Mischfutterwerk Hans Heinrich Thordsen; Papierfabrik Golzern, Gerlinde Ludwig.

Bäume pflanzen

Ein Bäumlein ward geboren
aus einem kleinen Korn.
Es wäre bald erfroren.
Stand hilflos und verloren.
So ohne Huf und Horn.

Wir setzten es vor unser Haus
und gaben ihm zu trinken.
Da lebt es nun in Saus und Braus.
Streckt dankbar seine Zweige aus –
uns wichtig zuzuwinken.

Es mag nie mehr ermatten.
Treibt munter Blatt für Blatt.
Das Wachstum geht vonstatten.
Daß alles grünen Schatten
und goldne Früchte hat.

Doch eh ein Stern hängt im Geäst,
ist nötig viel Geduld.
Und wer den Baum nicht wachsen läßt,
den wir da pflanzten, still und fest:
der erntet schwarze Schuld.

Manfred Streubel

Blühende Kirschallee im Tal des Mutzschener Wassers bei Roda.

Im Obstland um Dürrweitzschen

Fast wie ein Keil schiebt sich im Kartenbild von Südosten nördlich der Freiberger Mulde der westliche Teil des Mittelsächsischen Lößhügellandes gegen das Muldenknie bei Golzern vor. Im Norden wird dieser Landschaftsteil durch die Lößrandstufe gegenüber dem Mutzschener Land und dem Gebiet um Nerchau begrenzt. Zwischen Ragewitz und Zschoppach werden mit reichlich 234 m über NN die höchsten Erhebungen in diesem Teil des Muldentalkreises erreicht, der bis vor 50 Jahren zum Amt Döbeln gehörte, was wiederum ein Beleg dafür ist, daß wichtige Naturraumlinien über Jahrhunderte hinweg mit administrativen Grenzen korrespondierten.

Die durchweg prägende Lößbedeckung erreicht hier ihre größte Mächtigkeit, sie verhüllt weitgehend den Untergrund; die nacheiszeitlichen Gewässer haben Dellen und leichte Talungen geschaffen. Das Gebiet ließ und läßt sich landwirtschaftlich gut nutzen.

Klimatisch weist es doch schon leichte Besonderheiten auf. Einmal liegt es „vor den Winden“, die in der Gegenwart hauptsächlich aus Westen und Nordwesten blasen, und damit auch vor den Wettern. Die Gebiete im Norden an der Lößrandstufe liegen durchaus im „Luftstau“, was eine höhere Windlast und auch eine etwas stärkere Niederschlagsneigung bewirkt. Auch der Winderosion sind die Fluren stärker ausgesetzt.

Bei Pöhsig, Dürrweitzschen und Zschoppach fällt das Gelände - beim letzteren schon ganz beachtlich - nach Süden bzw. Südosten hin zum Tal der Freiberger Mulde ein (über 70 m). Die Süd- bzw. Südosthanglage des Dürrweitzschener Gebietes liegt natürlich gegenüber den nordwestlichen Luftströmungen geschützt, im Lee der Höhen um Ragewitz und Zschoppach, was auch eine etwas günstigere Jahressonnenscheindauer bedeuten kann. Jedenfalls sind die Fluren heute ein einziger Obstgarten; sie lassen ganz besonders zur „Baumblut“ oder im Altweibersommer durchaus schon „südhafte“ Empfindungen aufkommen.

Die Obstgefilde sind ein Ergebnis jüngster Entwicklungen in der Landwirtschaft. Auch unser Anteil am Lößhügelland gehört - wie die Fluren an der Lößrandstufe - siedlungsgeschichtlich zum slawischen Altsiedelland. Es gibt wieder diese kleinen und kleinsten Orte und Weiler; wieder liegen sie manchmal ganz dicht beieinander. Die Ergiebigkeit der Böden erlaubte das wohl.

Zu größeren Siedlungen haben sich in den letzten 150 Jahren nur die Dörfer entwickelt, in denen sich Arbeitskräfte in größerer Zahl ansiedelten, die in der Industrie (z.B. Braunkohleabbau in Ragewitz) oder für die intensive gärtnerische Produktion (Dürrweitzschen) benötigt wurden. *(W.E.)*

Obstplantagen verdrängen Streuobstwiesen

Leider sind die alten, ökologisch sehr bedeutsamen Streuobstflächen nicht nur in unserem Gebiet, sondern überall im Land radikal zurückgegangen, ja fast verschwunden. Früher besaß jedes Bauern- oder Rittergut einen „Baumgarten“ hinter der Scheune oder nahe am Wohngrundstück. Darin dominierten alte, hochstämmige Apfel-, Birn- und Kirschbäume.

Auf dem Rasen unter den Bäumen hielt man einige Schafe, und zeitweise durfte sich das Federvieh, manchmal auch die kleinen Ferkel, darin aufhalten und allerhand Freßbares suchen. Es gab auch größere Anlagen, in denen die Jungrinder weideten. Hier waren die Stämme der Obstbäume durch Pfähle und Bretter geschützt, damit diese nicht vom Komfortverhalten der Rinder beschädigt werden konnten. Kein Apfel und keine Birne kamen um! Was herabfiel, das fraß das Vieh, und die Früchte auf dem

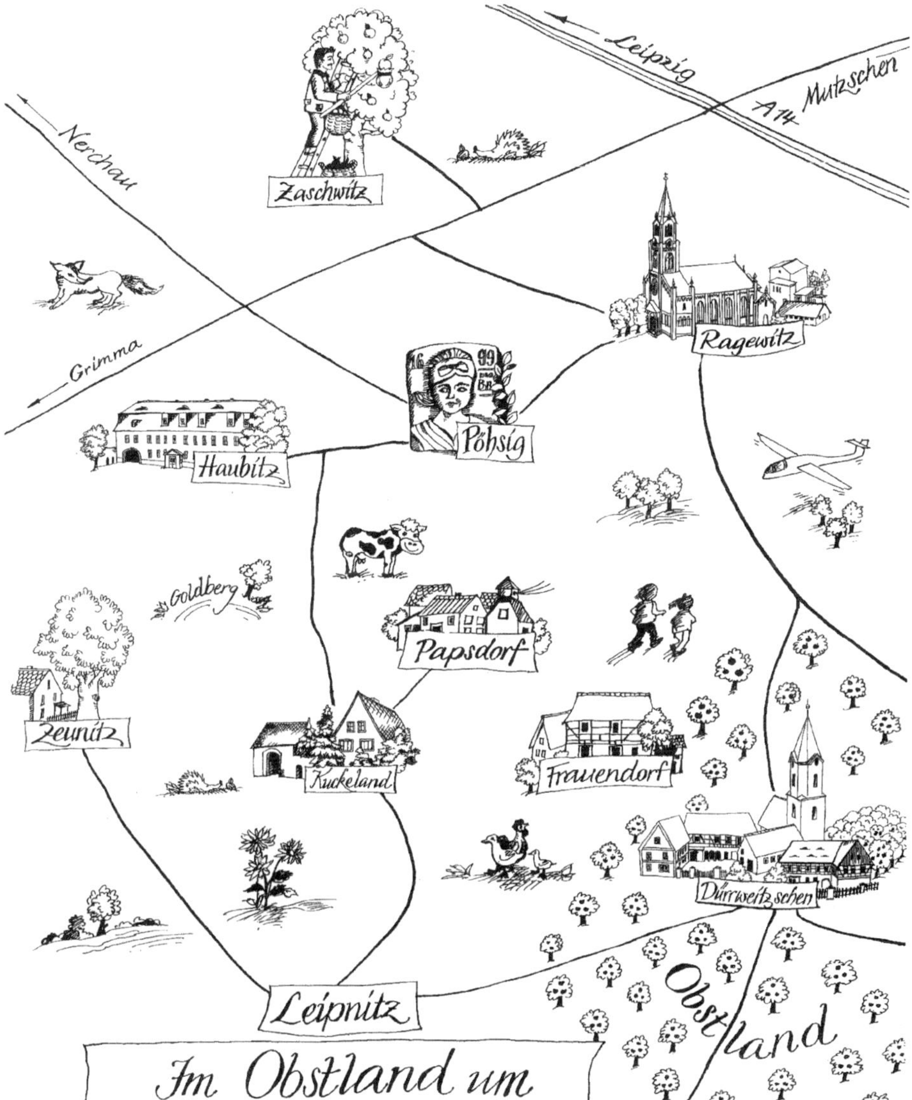
Leipzig
A14
Mutzschen
Nerchau
Zaschwitz
Ragewitz
Grimma
Pöhsig
Haubitz
Goldberg
Papsdorf
Zeunitz
Kuckeland
Frauendorf
Dürrweitzschen
Leipnitz
Obstland
Im Obstland um
Dürrweitzschen

Baum pflückte man mit langen Leitern. Zum Teil bestanden die Streuobstanlagen aus alten, widerstandsfähigen aber ertragsarmen Sorten. Darunter gab es sehr schmackhafte Äpfel und Birnen. Die Lausbuben wußten das zu schätzen.

Im Zuge der Umgestaltung der Landwirtschaft kümmerte sich kein Mensch mehr um die alten Obstbäume. Sie verwilderten und wurden schließlich gerodet. Damit ging leider ein wichtiger Lebensraum unserer Kulturlandschaft verloren.

Nicht nur die Bauern und ihre Haustiere waren Nutznießer davon, sondern auch viele wildlebende Tiere. Vögel und Insekten fanden hier Nahrung und Brutstätten. Heute gibt es nur noch Reste des einstmals so wichtigen Streuobstes meist in Gestalt von Straßenbäumen oder auch nur als Einzelbäume in den nach wie vor großen Bauerngärten der Dörfer. Nahe der kleinen Siedlung „Samoa" unweit der Deditzhöhe wachsen an einigen Hängen noch sehenswerte, alte gepflegte Apfelbäume.

Inzwischen sind besonders im Raum rings um Dürrweitzschen kilometerweit Obstplantagen mit ertragreichen, neuen Sorten an Tausenden niedrigstämmiger Bäume in schnurgerader Reihe entstanden, wozu beim Pflegen und Ernten keine Leitern mehr gebraucht werden. Das geschieht jetzt mit Maschinen. Die Schädlingsbekämpfung in solchen Anlagen übernimmt der Mensch selbst. Singvögel braucht er längst nicht mehr, höchstens noch kurzzeitig ein paar Bienenvölker. Sicher ist dieser neuartige Obstanbau auch ein gewisser Landschaftsschmuck, und er ist viel effektiver und rentabler, jedoch der Natur mit ihren bedrohten wildlebenden Geschöpfen dient er kaum. *(H.K.)*

Zschoppach, 1266 Scoppuch, 'kleine, freistehende Baumgruppe' (dt.), OT von Thümmlitzwalde, 268 Einw.

Der Autofahrer, der von Ragewitz kommend hinunter nach Leisnig fährt, läßt Zschoppach links liegen. Das ist seit alters so, und das kann man so und so auffassen. Beim heutigen Verkehr ist es auf alle Fälle ein Glück für das Dorf, denn welche Siedlung hat schon eine Umgehungsstraße? Trotz aller Eile übersieht er den ockerfarbigen Kirchturm bestimmt nicht. Auffallend überragt er die Dorflandschaft. Nicht nur deswegen sollte man mal nach links abbiegen.

In Zschoppach trifft sich sonnabends in der Frühe noch eine „Wartegemeinschaft“

An der Ecke ist Vorsicht geboten. Hier quirlt das Leben, denn hier steht noch eine intakte Grundschule. Die Mädchen und Jungen werden mit Bussen aus den umliegenden Orten geholt. Nicht weit davon strömt aus einem Bäckerladen der verführerische Duft frischer Brötchen. Bäckermeister Detlef Brandt hat 1989 vom Vater den Betrieb übernommen. Damit erfüllte sich sein Berufswunsch. Auch wenn die Tage lang und länger sind vom zeitigen Morgen bis in den späten Abend, die Lust zum Bäckern ist ihm noch nicht vergangen. Dabei muß er gut überlegen, wie er ständig was anderes auf den Ladentisch zaubern kann.

Daß die Ware gut geht, verdankt er nicht minder seiner Bäckersfrau. Die Kunden kennen sie nur mit strahlendem Gesicht. Und sie weiß, welches Brot sie wollen: flaches, hohes, helles, dunkles, scharf gebacken und weniger würzig. Das muß dann nicht mehr gesagt werden, und das ist eben nur in einem kleinen Laden möglich, wo jeder jeden kennt. Sonnabends gar geht es zu wie zu DDR-Zeiten: Da sammelt sich schon mal ganz schnell eine „Wartegemeinschaft“ an. Das ist gewollt, und das brauchen die Leute auch.

Wasserspiele auf dem Dorfplatz in Zschoppach.

Ein Stück hinterm Bäcker schiebt sich auf einem Geländesporn das mächtige Kirchengebäude in die Höhe, beschützt von vier weit ausladenden Linden. Die Straße macht einen Bogen und führt nach wenigen Metern hinab auf den Dorfplatz. Der ist zu großen Teilen mit Betonpflaster städtisch-modern hergerichtet und hat sich in einen modischen Spielplatz verwandelt. Ein steinernes Fohlen und ein Springbrunnen zieren das Gelände. Kinder sind selten anzutreffen. Sie sind rar geworden im Dorf. Kleine Gassen führen nach allen Richtungen zu den Bauerngütern. Viele der Dreiseithöfe sind sorgfältig herausgeputzt. In den Scheunenwänden geben dort, wo noch der Putz bröckelt, Quader aus rotem Rochlitzer Porphyrtuff einen guten Einblick in die Baugeschichte. Stattliche Hofbäume bereichern das Dorfbild des einstigen Rundweilers.

Im zweihundert Jahre alten Pfarrhaus, gleich gegenüber der Kirche, wohnt der junge Pfarrer Rafael Schindler (Jg. 66) mit seiner Familie:

Meine Wege führen mich in einundzwanzig Dörfer

Wie ich mich hier fühle? Als ich 1992 die Nachricht erhielt, daß Zschoppach meine neue Wirkungsstätte sein wird, habe ich den Ort auf der Landkarte gesucht und bin im November mit meiner Familie von Leipzig aus inkognito hierher gefahren. Es war ein neblig-grauer Herbsttag, die Dorfstraße aufgerissen. Die Kirche machte keinen guten Eindruck. Nachdenklich fuhren wir zurück.

Ein halbes Jahr später reisten wir an, mit Sack und Pack und vielen Hoffnungen. Was wird uns erwarten? Ich freute mich auf meine neue Arbeit, und ich hatte keine Berührungsängste.

Ich machte schnell positive Erfahrungen. Die Leute lieben ihre Kirche mehr als daß sie sie benutzen. Das merkte ich sehr bald, als es darum ging, das Kirchen-gebäude wieder in Ordnung zu bringen. Wir hatten große Baumaßnahmen vor. Wichtig für das Dorfbild ist doch die Kirche. Als das Gerüst stand, steigerte sich das Interesse. Was da für Aktivitäten entstanden. Die Feuerwehrleute haben den Putz abgehackt. Auch die, die gar nicht Kirchenmitglied waren. Und jetzt, wie sie da steht, hell und ordentlich, sind sie alle richtig stolz darauf. Zu den Gottesdiensten kommen die Leute allerdings nicht allzu oft, aber dann zu den Festtagen und besonders zu Weihnachten. Dann staunen sie über das, was sich alles verändert hat. Die Kirchgemeinde ist kleiner geworden. Weniger Leute tragen trotzdem die Lasten der Kirche.

Ob ich inzwischen bodenständig geworden bin? Kann das überhaupt ein Pfarrer werden? Wir sind eigentlich Gäste im Dorf. Es ist nicht mehr üblich, daß der Pfarrer von der Vikarstätigkeit bis zum Ruhestand in der Gemeinde bleibt. Das hatte sicherlich seine guten Seiten für die Bevölkerung. Er begleitete die Menschen von der Taufe bis zur Beerdigung. Hier in Zschoppach haben in den letzten Jahrzehnten die Pfarrer schon immer alle zehn bis zwölf Jahre gewechselt. Das bringt zwar ein bißchen Unruhe, birgt aber auch manche Chancen in sich. Die Mitglieder der Kirche öffnen sich für neue Dinge. Das habe ich schätzen gelernt. Man soll natürlich nicht alles umkrempeln wollen.

Ich wünschte mir, daß Kommune und Kirchgemeinde noch ein bißchen mehr Hand in Hand gehen. Nicht nur bei finanziellen Belangen. Die kirchlichen Feste sollten mehr wahrgenommen werden. Wir versuchen das jetzt beim Maibaumsetzen. Da wird auch mal der Staupitzweg mit abgegangen und auf die Geschichte hingewiesen. Dann ist Frühschoppen, und am Nachmittag laden wir zum Gottesdienst ein. Das gehört mit ins Dorf, unabhänig davon, wie viele da kommen werden. Ein schönes Erlebnis z. B. war 1999 das Heimatfest in Nauberg. Dort haben wir einen Gottesdienst im Freien gefeiert. Da waren aus jedem Hof mindestens zwei Leute da. Das hat mich gefreut.

Ich wünsche mir, daß die Einwohner die Kirche stärker als ihr Gebäude ansehen.

Sie ist doch nicht des Pfarrers Haus, sondern das der gesamten Kirchgemeinde und des Dorfes. Von dort müßten mehr Impulse ausgehen. Dürrweitzschen z. B. hat seit 1934 keinen Pfarrer. Die Leute dort kümmern sich sehr selbständig um ihre Kirche. Ich will hier nicht alles auf einmal sanieren, aber so Schritt für Schritt muß es weitergehen. Die Decke innen schreit direkt nach einer Renovierung. Wir haben unten angefangen, obwohl es logischerweise von oben her geschehen sollte. Aber unten sitzen nun mal die Leute.

An der Außenwand haben wir deutlich gemerkt, daß die Kirche 1833 gebaut wurde. Herr Striegler, ehemaliger Rittergutsherr von Motterwitz, hat damals als Patron die Kirche gefördert. Dafür saß er in einer heizbaren Patronatsloge. ABM-Leute haben den Raum jetzt zu einer kleinen Gedenkstätte umgestaltet. Sie erinnert mitsamt einer Schautafel am Aufgang zur Kirche an Johannes von Staupitz. Der wurde um 1465 im Rittergut Motterwitz geboren.

Die Vorgängerkirche war „aus Platzmangel" abgerissen worden. Warum der Neubau in solch riesigen Dimensionen erfolgte, ist nicht ganz nachvollziehbar. 500 Sitzplätze haben das Schiff und zwei übereinander liegende Emporen. Auch wenn die gesamte Einwohnerschaft von Zschoppach mal kommen würde, wäre die Kirche erst halb voll. Die Polditzer Kirche hat noch größere Ausmaße, und die Leipnitzer läßt sich ebenfalls nicht übersehen. Oder schauen wir nach Ragewitz. Ob die Rittergutsbesitzer ihre Macht und ihren Reichtum zeigen wollten? Dürrweitzschen war ein kleines Dorf und hatte kein Rittergut. Dort steht ein Kirchlein.

Mein Arbeitsterritorium umfaßt fünf Kirchen und einundzwanzig Dörfer. Da bin ich viel unterwegs. Es macht mir Freude, wenn ich übers Land fahre zu Gottesdiensten und anderen Veranstaltungen. Sehr gern weile ich in den Rentnertreffs. Dort ist „die Stunde danach" so wichtig, denn da erfahre ich das Neueste aus den Dörfern. Und das muß ich als Pfarrer schließlich auch wissen!

Pfarrer Rafael Schindler in seiner Zschoppacher Kirche.

WEITERE DORFNOTIZEN aus Zschoppach

Die Freiwillige **Feuerwehr** (gegr. 1904), Wehrleiter Reinhard Busch, hat neben der Einsatzabteilung eine Alters- und Ehrenabteilung und eine Jugendfeuerwehr, seit 1970 eine aktive Frauengruppe mit kompletter Ausbildung, so daß bei Einsätzen mitunter mehr Frauen als Männer anwesend sind. Gerätehaus 1956 im NAW gebaut, mehrmals erweitert, 1999 umfassende Renovierung, auch äußerlich zu einem Schmuckstück des Dorfes. Die Kameraden beteiligen sich an kulturellen Aktivitäten in den Dörfern. Seit 30 Jahren im Herbst großes Schlachtfest mit Kameradschaftsabend.

Das gut gegliederte **Schulgebäude** wurde 1925 gebaut. Es beherbergt jetzt noch eine Grundschule mit 100 Schülern, die aus den umliegenden Orten kommen.

Im **Gartenverein** „Sonnenblick", entstanden nach dem Kriege, verdunkeln jetzt mehr und mehr trübe Wolken den sonnigen Blick. Es mangelt an einem aktiven Vorstand, Eigentümer aus der Großstadt lassen sich kaum noch sehen. Wege und verlassene Flächen beleben sich dafür mit ungebetenen Kräutern und Pflanzen aller Art.

Der alte **Fuhrmannsgasthof** „Drei Linden" schloß vor längerer Zeit seine Pforten. - Seit Jahrzehnten öffnete neben der Kirche der Gastwirt Heinz Höhme seine Gasträume, jetzt nur noch abends.

Die Kirche in Zschoppach.

Gewerbliches: Gaststätte und Lebensmittel von Heinz Höhme. - Bäckerei Detlef Brandt. - Lebensmittelmarkt von Anita Lamm (ehem. Konsum). - Malerwerkstatt von Reinhard Hempel. - Blumen- und Kranzbinderei von Brigitte Fiedler. - Friseursalon „Struwwelpeter" von Annett Sobczyk. - Landwirt Reinhard Hempel.

Dorfbild in Zschoppach.

Draschwitz, 1286 Droschenitz, 'Leute eines Droz(e)k' (slaw.), OT von Thümmlitzwalde, 114 Einw.

Draschwitz liegt in der flachen Senke des Kalbenbaches. Das Bächlein verschwindet fast in den Wiesen und Gärten. Nur bei Wolkenbrüchen mausert es sich zu einem Sturzbach. Dann wälzen sich die Wassermassen von Zschoppach herunter und füllen gar im Unterdorf die Keller. Die reißenden Ströme haben in den vergangenen Jahrtausenden die im Durchschnitt 220 m hoch liegende Hochfläche verformt und weite Senken gebildet. Das flachwellige Plateau wird wegen seiner Fruchtbarkeit landwirtschaftlich intensiv genutzt.

Wurde am Rugestein bei Draschwitz unter freiem Himmel Recht gesprochen?

Draußen, inmitten der Draschwitzer Feldflur und direkt auf der Grenze zum Nachbarkreis Döbeln, steht schief und einsam seit alters ein Stein, so etwa anderthalb Meter hoch. In den vergangenen Jahrhunderten trotzte er allen Wetterunbilden, in neuerer Zeit auch der modernen Technik. Die Traktoristen umfahren ihn jedenfalls respektvoll. Sie wissen zwar, daß es mit dem Stein etwas auf sich hat, aber eben nur das, was der Volksmund so erzählt: Wegemal, Grabstein (da liegen Hirten drunter!?), Schatzstein, Wetterstein. Auch die Wissenschaftler rätseln, zu welchem Behufe er einstmals aufgerichtet worden sei. So bleibt es bei der Schulweisheit: Nichts Genaues weiß man nicht!

In vergilbten Karten läßt sich jedenfalls an besagter Stelle ein Name entziffern: Rugestein. Wenn man diesem nachgeht, dann ließe sich vielleicht deuten, daß hier einmal die „Rügengerichte“ getagt haben könnten. Das geschah im Mittelalter an verschiedenen Orten und unter freiem Himmel. Und vielleicht sind damals die Zschoppacher und Draschwitzer hierher gezogen, auf einem Feldweg oder gar einer Handelsstraße, die allerdings inzwischen verschwunden sind, um ihre nachbarschaftlichen Streitigkeiten zu schlichten? In neueren Karten verwandelte sich der Rugestein schon mal in einen „Ruhestein“. Ein fataler Irrtum! Wenn hier mal ein Bauer in aller Ruhe sein Frühstück verzehrt, so muß das doch nicht gleich aktenkundig gemacht werden.

Seit 1970 durchschneidet die Autobahn die östlichen Feldfluren. Sie markiert zugleich die Grenze zum Kreis Torgau/Oschatz. Von dort schieben sich Dutzende von Windkrafträdern in die Landschaft, ein fast bedrohlicher Vorstoß. Die Nachbarkreise Torgau/Oschatz und Döbeln haben die „Monster“ in die hinterste Ecke ihres Territoriums gestellt, ohne die Draschwitzer jemals zu fragen. Nicht gerade eine feine Art.

Kirche, Friedhof, Schule und größere Geschäfte gab es im schmalen Straßendorf nicht. Die Draschwitzer marschierten oder radelten seit jeher hinüber ins größere Nachbardorf Zschoppach. Umgekehrt holten sich manche Feinschmecker hier den Käse. Eine Käserei produzierte nämlich in vier Generationen über hundert Jahre hinweg im Familienbetrieb Hans bis 1994 die begehrten „Leichenfinger“. Jetzt ist nur noch das Skoda-Autohaus von Helmut Manzke etabliert. Es entstand nach der Wende aus einer Reparaturwerkstatt. Und dann sorgt die Klempnerei von Wolfgang Miller für nichttropfende Wasserhähne.

Trotzdem blasen die Draschwitzer keine Trübsal. Im Gegenteil! Die Hiesigen feiern die Feste, wie sie fallen, und wenn's terminlich nicht klappt, dann wird eben nachgeholfen. Das war schon vor hundert Jahren so. Die Annalen erzählen von „Karpfen- und Gänsebratenschmaus“, vom „Kirschkuchenfest“ und von der Kirmes. Sogar zum „Christbaumaustanzen“ trafen sich die Nachbarn. Seit zehn Jahren gibt‘s nun ab und an das „Scheunenfest“, je nachdem ob die Scheune von Hänsels gerade leer ist.

Einen regelmäßigen Turnus hat inzwischen das Dorffest bekommen. 1987 begann mit einjähriger Verspätung die 700-Jahr-Feier des Dorfes. Und weil's mit den runden Dorfgeburtstagen immer zu lange dauert, beschlossen die Draschwitzer, alle fünf Jahre eine solche Wiedersehensfeier zu begehen. So geschah's auch neulich erst wieder (2001). Anstifter, Motor und Organisator sind die Hänsels, die in dritter Generation auf dem Bauernhof leben, der Maurer Helmut Hänsel (Jg. 55) und dessen Ehefrau und Angestellte im Autohandel Elke Hänsel (Jg. 58). Das Bauerngut ist kein Bauernhof im ursprünglichen Sinne mehr mit Tieren und Futterlager, mit Kartoffelkeller und Misthaufen, sondern ein großzügig und modern gestaltetes Anwesen mit einer Scheune, die während der Festlichkeiten stets im Mittelpunkt steht: Als Unterkunft für die Tafelrunden bei miserablem Wetter, als Ausstellungshalle für Bilder und Sachzeugen aus der Geschichte des Dorfes. Zum Organisationstalent und Chef der Dorffeste ist inzwischen Sohn Jörn Hänsel (Jg. 79) herangewachsen:

Alle fünf Jahre teffen wir uns zum großen Dorffest

Warum ich das mache? Weil ich es nicht leiden kann, wenn im Dorf nichts los ist. Weil's mir Spaß macht und weil's eine gute Abwechslung zum alltäglichen Streß ist. Natürlich verursacht die Vorbereitung eines solchen Festes ebenfalls Streß, doch der ist positiv. Warum? Weil da meist mit einem Erfolg zu rechnen ist. Die Menschen sind zufrieden und freuen sich, wenn sie in gemütlicher Runde sitzen, wenn sie die alten Geschichten zum xten Male aufwärmen, wenn sie in der Vergangenheit schwelgen.

Ich hatte schon immer etwas für die Kultur übrig. Vielleicht liegt's an den Genen, die ich vom Großvater geerbt habe? Der mischte zu seiner Zeit tatkräftig und leitend im Leipziger Kulturleben mit, und der leistet auch jetzt noch mit Rat und Tat in seinem kleinen Geburtsort einen aktiven Beitrag. Das Gymnasium in Leisnig bot mir für die kulturellen Interessen eine gute Gelegenheit. Da tat es nach den trockenen Mathestunden richtig wohl, mit den Menschen, die man liebgewonnen hatte, sich zu engagieren.

Draschwitzer Kinderspiele am Rugestein.

In Hartha auf dem Martin-Luther-Gymnasium dann schloß ich mich einer „Musical-Company“ an. Wir marschierten dort nicht etwa im Paradeschritt mit Pauken und Trompeten durch die Straßen, sondern sangen und spielten auf der Bühne einige der weltbekannten Musicals. Der erste Auftritt auf der Bühne und vor achthundert Menschen im Schauspielhaus mit riesigem Applaus, das waren schon bewegende Stunden in meinem Leben. Ob das mal was Professionelles werden könnte? Nein, hier liegt nicht meine Zukunft. Ich sage mir: Schuster, bleib bei deinen Leisten! Im kulturellen Leben würde ich schon ganz gern mitmischen, aber eher im Organisationsbereich. Vielleicht verschaffe ich mir jetzt in meiner Lehre im Groß- und Außenhandel in Mügeln dafür eine gute Ausgangsposition.

Natürlich liebe ich mein Dorf, aber vielleicht doch ein bißchen anders als andere. Ich lebe gern hier, weil ich da was auf die Beine stellen kann. Ich brauche das Ereignis, noch besser die Vorbereitung und Organisation dazu. Natürlich kann ich auch nicht alles alleine machen. Manchmal muß ich schon ziemliche Überredungskunst aufwenden, um Mitstreiter zu gewinnen. Die fand ich übrigens auch in Leipnitz. Der Gasthof dort liegt zwar ein kleines Stück entfernt vom Heimatdorf, aber da kann ich mich beim Fasching so richtig austoben.

Mir macht es keinen Spaß, im Garten zu werkeln. Ich bewundere da die jungen Leute, die aus Leipzig hierher gezogen sind und nun beginnen, das halbverfallene Gut nebenan aufzufrischen. Natürlich freue ich mich, daß dann die Schandstelle verschwindet. Doch ich sitze lieber am Schreibtisch, ich bin ein Büromensch und kaufe mir meine Lebensmittel.

Trotzdem bin ich manchmal nachdenklich. Der Zusammenhalt ist wohl noch da, aber der Neid frißt an der Gemeinschaft. Und dann die Ungerechtigkeit: Manche haben Arbeit, sie können sich große Urlaubsreisen leisten. Für andere reicht‘s vielleicht nur für ein paar Radfahrten. Doch wenn wir zum Fest rufen, dann kommen sie alle, fast alle jedenfalls, und dann haben wir Draschwitzer unsere glücklichen Stunden. Ich lehne mich zurück, bin zufrieden und denke nach: Was müßten wir noch besser machen?

Jörn Hänsel und Gertrud Gramsch eröffnen das Draschwitzer Dorffest.

Nauberg, 1028 Nouuigroda, 'neue Burg' (slaw.), 1228 Nuenburch (dt.), OT von Thümmlitzwalde, 101 Einw.

Das Dorf liegt in einer flachen Senke. Nördlich davon führt die Autobahn vorbei. In den Feldern nach Zschoppach zu entspringt das Mutzschener Wasser. Das läßt sich allerdlings heute nicht mehr erkennen. Der Graben ist verrohrt und kommt erst wieder am Dorfteich ans Licht. Die Bauerngüter verteilen sich an den Straßen zu einer Dreieckssiedlung.

Die Nauberger haben ihren eigenen Dorfheiligen

Die alten Bauern nämlich äußerten sich wegen ihrer guten Felderträge stets höchst anerkennend mit den Worten: „Hier ist Bischof Benno gegangen". Das klingt ja auch viel romantischer als die nüchterne Feststellung, daß die Bodenwertzahl um Nauberg bei 80 liegt. Bennos Fußstapfen sind natürlich längst verweht, denn die Wanderungen des Meißner Bischofs liegen nun schon 900 Jahre zurück. Die Legende legt noch eins drauf. Wenn er nämlich die Amtsgeschäfte im Meißner Dom mal wieder richtig satt hatte, begab er sich schnurstracks in seine „Datsche" nach Nauberg. Damit's schneller ging, benutzte er einen nicht definierbaren Flugapparat. Hier auf den Feldern holte er sich dann die Kraft und den seelischen Beistand zur weiteren kirchlichen Tätigkeit. Nebenbei segnete er das Land, und davon wiederum profitierten die Bauern. So avancierte Benno zum „Dorfheiligen" für Nauberg.

Verlassen wir unseren phantasievollen Ausflug in die Historie. Wir wollen es nicht mit den Fachleuten verderben. Die Leute von heute sind da viel pragmatischer. Im Sommer 1989 hatte „Der Rundblick" zu einem heimatkundlichen Frühschoppen nach Nauberg geladen. In einem winzigen Bauerngarten auf der Alten Schanze diskutier-

So groß ist der Nauberger Zählstein!

ten die Gäste mit interessierten Einwohnern respektlos über die Vergangenheit des Dorfes.

Beim Frühschoppen saß auch der Ur-Nauberger Rolf Schneider (Jg. 44), Leiter der Abt. Futter in der LPG Ragewitz. Wer konnte damals ahnen, daß er wenige Monate später zum Bürgermeister der Gemeinde Zschoppach gewählt und im Jahre 2001 auf weitere sieben Jahre mit überwältigender Mehrheit (96 %) von den über 3600 Einwohnern der „Riesengemeinde" Thümmlitzwalde in seinem Amte bestätigt wurde. So einer kann doch nur gute Arbeit geleistet haben:

Ich möchte mit allen Leuten in den 21 Dörfern zurechtkommen

Der Krieg war schon fast zu Ende und ich gerade mal ein Jahr alt, da steckten sie meinen Vater in die feldgraue Uniform. Er kam nicht wieder, Mutter mußte allein mit uns fertig werden. Als Sohn einer alten Müllerfamilie, mein Urgroßvater hatte die Nauberger Windmühle 1861 erworben, sollte ich natürlich dieses Handwerk fortsetzen. Also erlernte ich ab 1958 den Müllerberuf.

Das Jahr 1961 änderte gravierend meinen Lebenslauf: Die Mühle hatte ihre Flügel verloren, und der „sozialistische Frühling" machte um unseren kleinen Landwirtschaftsbetrieb keinen Bogen. Ich wurde Mitglied der LPG. Nach einem 4jährigen landwirtschaftlichen Fernstudium übernahm ich 1973 die Leitung der Futterversorgung. Diese Arbeit gefiel mir, und ich mühte mich redlich mit meinen Leuten um gute Ergebnisse.

1990 dann das Ende der LPG. Ich wollte es gar nicht wahrhaben. Irgendwie mußte es trotzdem weitergehen. Ich stellte mich zur Wahl für die Gemeindevertretung, bekam die meisten Stimmen und mußte den Vorsitz im Gemeinderat übernehmen. Doch keiner wollte Bürgermeister werden! Schließlich hieß es: „Du hast die meisten Stimmen, du mußt es machen!" Sie überzeugten mich. Die Familie gab ihr Einverständnis, obwohl sie nicht ahnte, was auf sie zukommen würde.

Wir haben damals viel gemacht in Zschoppach. Es gab ja auch eine Menge Geld, und wer aufpaßte, der konnte kräftig kassieren und investieren, so wie wir in Straßenbau, Wasserleitung, Schule und Kindergarten. Dann nahte die große Gebietsreform. Die 21 Dörfer rings um den Thümmlitzwald wollten den gesetzlichen Druck nicht abwarten und schlossen sich schon vorher freiwillig zu einer Großgemeinde zusammen. Wie soll sie heißen? Weil wir kein Dorf favorisieren wollten, einigten wir uns auf einen neutralen Namen mit heimatlichem Einschlag. Was lag da näher, als unser großes und schönes Waldgebiet als Basis zu nehmen. Das wurde bestätigt, nur mit einer Bedingung: An Thümmlitzwald muß noch ein 'e' dran. Das war Kummern sein kleinster! Heute kann ich sagen: Die Vereinigung klappte, die Dörfer sind gut zusammengewachsen. Kein Dorf wird bevorzugt, sondern in allen Orten das Machbare gemacht!

Nach vier Jahren stellte ich mich erneut zur Wahl und erhielt 78 % der Stimmen. Ich konnte also weiter „verwalten". 21 Orte, wie läßt sich das bewältigen? Ich bin viel unterwegs. Schreibtischarbeit ist mir sowieso ein Greuel. Ich kenne nicht alle, aber die meisten. Nur ganz wenige sind dabei, die die Zusammenhänge nicht einsehen wollen. Trotzdem verliere ich nie die Geduld. Ich bin allerdings unnachgiebig, wenn es um die Sache und das Wohl der Allgemeinheit geht.

Was mich andererseits richtig erfreut, das sind die Gemeinschaften, die sich in fast allen Orten gebildet haben. Auch hier in Nauberg ist da eine tolle Truppe, die in regelmäßigen Abständen, aber auch sonst, wenn es ihr in den Sinn kommt, zu kleinen Dorffesten ruft. Wir feiern im alten Konsum Silvester, im Zelt auf der Dorfwiese das Verbrennen der Weihnachtsbäume (wenn sie abgeputzt sind), ein Kastanienfest, einen Rosterabend.

Und die Jugend? Na ja, direkte Probleme haben wir eigentlich nicht. Manche Bürger meinen, es sei schlimm mit der Jugend. Aber das stimmt nicht! Natürlich schlägt sie mal über die Stränge. Ich habe allen ganz harte Bandagen angekündigt. Wenn's nicht läuft, dann ist Schluß mit Jugendklub und so. Die fünf Jugendklubs in der Gemeinde kosten schon eine Menge Geld. Mehr geht nicht. Die Jungen und Mädchen müssen sich an den Betriebskosten beteiligen. Das erzieht ein bißchen. Für Bier und Zigaretten haben sie doch auch genügend Moneten.

Ob ich schon mal den Kanal so richtig voll hatte? Eigentlich nicht! Da muß ich gar nicht lange nachdenken. Natürlich gibt es mal „schlechte“ Tage, denn es allen dreitausend Bürgern recht zu machen, das bringe auch ich nicht fertig. Aber ich sehe, wie bunter und sauberer sich die Dörfer entwickeln. So resümiere ich immer häufiger, wenn ich durch die Landschaft oder aus dem Amt nach Hause fahre: Heute war ein guter Tag!

Den hatte ich auch im Sommer 2001. Meine Amtszeit war abgelaufen, und ich stellte mich erneut zur Wahl. 96 % der Einwohner gaben mir ihre Stimme. Ich hatte schon auf eine Wiederwahl gehofft, aber daß sie so eindeutig ausfallen würde, das hat mich dann doch überwältigt. Mit diesem Vertrauen will ich weiterarbeiten. Meine Familie hat sich gefreut, auch wenn ihr Vater zwei- bis dreimal in der Woche abends weg muß. Es ist nicht nur meine berufliche Pflicht, daß ich mich bei Versammlungen, in den Vereinen und anderswo sehen lasse, meine Meinung kund tue und meinen Rat mitteile.

Mir ist meine ganze ländliche Region durch die Arbeit zur Heimat geworden. Eigentlich möchte ich das auf ganz Sachsen ausdehnen. Gern fahre ich mit meiner Frau nach Dresden. Das ist meine heimliche Hauptstadt auch schon vor der Wende gewesen.

Bürgermeister Rolf Schneider.

WEITERE DORFNOTIZEN aus Nauberg

Der slawische **Ringwall,** im Volksmund „Alte Schanze“ oder „Sorbenschanze“ genannt, umschließt den westlichen Ortsteil von Nauberg. Die Dorfstraße führt mitten hindurch. Die Erbauung erfolgte nachweislich im 9. oder 10. Jh. Es ist auch hier wieder erstaunlich festzustellen, mit welch einfachen technischen Mitteln seinerzeit der Erdwall aufgeschüttet wurde. Mit einem Durchmesser von 150 m und einer Höhe von 5 m zeigt er jetzt noch erstaunliche Maße. Ursprünglich mag er höher gewesen sein, denn die Natur und die Menschen haben systematisch ihr Zerstörungswerk betrieben. Und warum mühten sich seine Erbauer? Umschloß er nur zum Schutz lediglich einige Hütten oder diente er gar als Kultstätte der slawischen Bevölkerung? Hat hier nun tatsächlich eine Kapelle gestanden, die mit Bischof Benno in Verbindung zu bringen ist? Urkundliche Belege fehlen, und mit Sagen und Legenden läßt sich nur spekulieren. Manchmal haben sie aber auch einen historischen Kern.

Der Meißner **Bischof Benno**, um 1106 gestorben, hatte wesentlichen Anteil daran, im Meißner Land die Bevölkerung zum Christentum zu bekehren. Zugleich bemühte er sich bei den Bauern um den Obstanbau.

Der **Zählstein** könnte die Altarplatte einer Nauberger Kapelle gewesen sein. Er lag ursprünglich in der Alten Schanze, kam 1925 in einen Bauernhof und 1965 auf seinen jetzigen Platz unter der Linde am „Dreieck“ gegenüber vom ehemaligen Konsum. Ihren Namen hat die aus körnigen Quarzitgestein bestehende Platte (170 cm x 119 cm x 29 cm) der Legende nach davon, daß die Bauern ihren Zins und die Naturalien für das Kloster Buch, dem das Dorf im ausgehenden Mittelalter gehörte, auf dem Stein abzählen mußten.

Berndt und **Manfred Richter** schrieben anläßlich des Heimatfestes im Jahre 1998 eine kleine aussagekräftige Chronik zu „970 Jahre Nauberg, ein Dorf mit Vergangenheit 1028-1998“.

Die **Windmühle** wurde erstmalig 1764 als eine hölzerne Bockwindmühle erwähnt, in ihrer jetzigen steinernen Form 1911 erbaut. Nach einem schweren Sturm brachen 1953 die Flügel ab, der Mahlbetrieb ging bis 1973 elektrisch weiter. In den 90er Jahren erfolgte ein Umbau zu Wohnzwecken mit neuem Anstrich. Gleichzeitig wurden neue Flügel angebracht. Der jetzige Bewohner betreut einige Dutzend Windkrafträder unmittelbar jenseits der Kreisgrenze auf den Fluren der Kreise Döbeln und Torgau/Oschatz.

Die **Stallanlagen** der ehemaligen LPG nutzt jetzt die Ragewitzer Agrarproduktion.

Am Dorfteich in Nauberg.

Poischwitz, 1421 Poschewicz, 'Leute im Ort des Posch' (slaw.,)
OT von Thümmlitzwalde, 24 Einw.

Ein halbes Dutzend Bauern mögen es gewesen sein, die sich in der flachen Delle nördlich von Zschoppach angesiedelt haben, die dort Haus und Hof errichteten und ihren Besitz über die Jahrhunderte hinweg vererbten oder verkauften. Eines der größten Anwesen ist das von Wilhelms. Seine Dimensionen geben dem Vierseithof ein imposantes Gepräge und bestimmen das Gesicht der kleinen Siedlung. Wohnhaus, Stallungen mit der typischen Kumthalle und Scheunen umschließen ein Hofgelände, das fast der Größe eines Fußballfeldes entspricht. Seit 1999 erstrahlen die Gebäude in warmem Gelb. Einen Teil der Stallungen mit beträchtlichen Erweiterungen aus den LPG-Zeiten bewirtschaftet die Ragewitzer Agrar-GmbH.

Im Garten haben Tochter und Schwiegersohn ein Einfamilienhaus gebaut. Daneben steht in der Koppel ein acht Meter hoher Hochsitz. Aber nicht für die Jäger! Helmut Wilhelm (Jg. 41) hat hier tatsächlich eine richtige gute Stube eingerichtet. In den Abendstunden hält er Rundblick über die Fluren nach Zschoppach und Draschwitz zu. Es ist der natürlichste Fernseher weit und breit.

Eine natürliche Visitenkarte in Poischwitz

Das Himmelreich von Frau Wilhelm liegt zwischen Haus und Gutsteich. Das ist kein gewöhnlicher Vorgarten, sondern ein echter Bauerngarten. Die Beete und Wege sind mit sorgfältig ausgerichteten Buchsbaumhecken eingefaßt. Der ständige Bedarf an ausgewinterten Pflanzen wird durch eigene Züchtung gedeckt. Der immergrüne Buchsbaum spielte im Brauchtum des Bauernlebens früher eine wichtige Rolle, besonders zur Hochzeit.

Auf den Beeten mischten sich Gemüse mit Heil- und Gewürzpflanzen. Die Bauern

Im Bauerngarten der Familie Wilhelm, hinten der Hochsitz des Hausherrn.

waren Selbstversorger. Eine ungeahnte Fülle von Blumen blüht vom Frühling bis in den Herbst. Es stört niemanden, wenn neben dem Blumenkohl die Stockrose in die Höhe schießt. Im Gegenteil! Das betont eigentlich erst so recht den Reiz des Bauerngartens. Aber so ganz ohne Kraft geht das natürlich nicht. Die Pflanzen wachsen wohl von selbst. Trotzdem graben, hacken und jäten die Wilhelms viele Stunden in ihrem Garten, und mancher Schweißtropfen düngt die Erde.

Leider ist die hübsche Visitenkarte der Bäuerin nur bedingt zu sehen. Eine dicke Feldsteinmauer versperrt von der Straße her den Blick. Doch Interessenten wird nach dem Klingeln das kleine Paradies gern gezeigt. Ob sie bemerken, daß er eigentlich sein Vorbild in den barocken Formen eines französischen Gartens hat? Der bäuerliche Vorfahre, der hier vor hundert Jahren den Garten anlegte, muß es gewußt haben.

Um die Osterzeit vereint sich die kleine Schar der Einwohner draußen im Feld am Ende des Feldweges nach Jeesewitz zu. Die Autobahn hat ihn unterbrochen. Dort stapeln die Poischwitzer das ganze Jahr über das Reisigholz, und am 1. Feiertag brennt dann ihr „Osterfeuer". Es verkündet weithin, daß die Poischwitzer noch da sind. Und das ist zugleich der Anlaß eines kleinen Dorffestes.

Poischwitz in der Senke, links die Nauberger Mühle.

Ostrau, Motterwitz und Muschau – drei Flecken an der Weiheritz

Wenn drei winzige Orte jeweils nur knapp tausend Meter auseinanderliegen, dann sucht man Gemeinsamkeiten. Muschau war nach Polditz eingepfarrt, die beiden anderen Orte nach Zschoppach. Das prägte die dörflichen Beziehungen. Auch gab es keine direkte Straße von Ostrau nach Motterwitz. Die große Chaussee zwischen Zschoppach und Leisnig verläuft außen vor. Von dort führen jeweils Stichstraßen ziemlich steil hinab ins Tal und in die Dörfer. Die ertragreichen Feldfluren tragen ausgedehnte Obstplantagen.

Die Natur verbindet die Dörfer allemal. Da plätschert ein winziges Bächlein durch die drei Orte. Für die Einheimischen ist es „de Bach". Der amtliche Namen ist merkwürdigerweise wenig geläufig: die Weiheritz. Sie kommt aus den Fluren um Dürrweitzschen. Am südlichen Dorfrand von Muschau mündet sie in den Fritschenbach, der vom Thümmlitzwald herangluckert. Zeitweilig verschwinden die Rinnsale im Weidelgras und Sauerampfer. An Hochsommertagen trocknen sie völlig aus.

Wiesen und schmale Waldungen mit mächtigen Erlen und Eichen füllen das feuchte Tälchen. Die ersten Siedler vor Hunderten von Jahren hatten es nicht leicht mit Sumpf und Wasser. In den Ortsnamen spiegelt sich das wider. Heute sind die Wiesen melioriert. Im Frühling wetteifern zahlreiche Blüher um die Gunst der Bienen. Eine Wunderwelt von Himmelschlüssel und Lerchensporn, Lungenblümchen und Anemonen setzt berauschende Farbtupfer. Nördlich von Ostrau nach Zschoppach zu blühen in der Ponickau im Mai unter einem Mischlaubwald ausgedehnte Teppiche von Maiglöckchen. In einem längst verlassenen Steinbruch westlich des Ortes kämpft der Aronstab gegen die Brennesseln einen aussichtslosen Kampf.

Das Ostrauer Wasser läuft und läuft: Karl Hunger am „Zapfhahn".

Ostrau, 1247 Ozstrowe, 'Ort auf einer aus einem Sumpf ragenden Erderhebung' (slaw.), OT von Thümmlitzwalde, 58 Einw.

Mitten im Siedlungsflecken, er besteht aus drei stillgelegten Bauerngütern und einigen Einfamilienhäusern, schimmert der Dorfteich. Wenn die Wildentenpaare Glück haben, bringen sie ihre Gelege durch. Meist jedoch holen der Rote Milan, Katzen oder andere Räuber die kleinen putzigen Kerle. Die Natur richtet sich eben nicht nach menschlichen Gefühlen.

In Ostrau läuft Quellwasser seit Jahrhunderten von ganz allein in den Gutshof

Gegenüber auf der anderen Straßenseite steht der Vierseithof von Bruno Juhrich, jetzt durch die Erben der Familien Gerhard Juhrich und Karl Hunger zweigeteilt. Doch weder spürt man noch sieht man die Grenze. Es gibt auch nur eine Zufahrt. Der weiträumige und sorgsam mit Leisniger Porphyr gepflasterte Hof glänzt in absoluter Sauberkeit. Tiere laufen schon lange nicht mehr herum. Doch ein Laufbrunnen spendet nach wie vor kühles Wasser, preiswert und sauber. Es läuft durch Eisen-, Schamotte- und Holzrohre im eigenen Gefälle aus einer Quelle in einem höher gelegenen Wiesengelände bis auf den Hof. Hier sprudelt es in einen Betontrog, kühl im Sommer, nur selten eingefroren im Winter. Eine ausreichende Wasserversorgung war früher in den großen Gütern für Mensch und Tier sehr wichtig.

Die Wetterunbilden vergangener Zeiten bleiben im Gedächtnis haften. Karl Hunger (Jg. 30) erinnert sich da an jenen 9. Juni des Jahres 1966, als in den Abendstunden ein Gewitter über das Dorf hereinbrach. Der taubeneigroße Hagel vernichtete draußen in den Feldfluren alles, was da gewachsen war. Im Gut gingen 42 Fensterscheiben zu Bruch, und die Dachrinnen hingen wie ein Sieb am Sims. Die Verwüstung erstreckte sich auf eine Fläche von zwei Quadratkilometer, wie mit dem Lineal abgegrenzt von den heilen Feldfrüchten. Noch am anderen Tage lagen beträchtliche Mengen der Hagelkörner auf dem Hof.

Dieses Ereignis erzählen sich ständig die Teilnehmer der jährlich wiederkehrenden Rentner-Geburtstagsrunden. Drei Ostrauer und weitere, die noch in Arbeit stehen und dann eben Urlaub machen, treffen sich nämlich reihum im fröhlichen Kreis. Dazu gehört auch der Tierarzt, der zwar 'oben' unmittelbar am Dorfrand von Zschoppach wohnt, dessen Anwesen aber auf Ostrauer Flur liegt. Und er legt großen Wert auf diese grundbuchamtliche Eintragung.

Nicht zu übersehen lag da am Hang die über hundert Jahre alte Landmaschinenfabrik von Gustav Claus. Aus einer kleinen Werkstatt entwickelte sich der Betrieb zum Einbau von Dreschmaschinen und zur Reparatur von Landmaschinen. Erst in den 80er Jahren gab der hochbetagte Schlossermeister Gustav Claus die Geschäfte in die Hände seines Sohnes Arno. Die Gebäude standen Anfang der 90er Jahre leer und zeigten noch immer die einstmalige ländliche Wohlhabenheit. Das mag einen Investor gereizt haben. Er erwarb Mitte der 90er Jahre das Anwesen. Mit viel Sachverstand und Augenmaß hat er das Wohnhaus seines Vorgängers völlig umgekrempelt und sich bemüht, den Baustil um 1900 beizubehalten. Dafür bekam er im Jahre 2000 gar einen Preis von der Denkmalpflege. In den Nebengebäuden richtete die Fa. Axel Jungk, Restaurationen, ihre Werkstätten ein. Auch hat der Besitzer die liebenswerten dörflichen Nebensächlichkeiten nicht vergessen: die Wasserpumpe auf dem Hof, den Backofen am Haus, der auch funktioniert. Beim jährlichen Brotbacken duftet‘s durchs ganze Dorf. Auf dem Hof wächst wieder eine Linde. In einer Streuobstwiese hinterm

Haus weidet Damwild. Und über allem weht die Sachsenfahne, jeden Tag, das ganze Jahr über.

Vor über hundert Jahren errichtete der Bauer Winkler eine Ziegelfabrik. Erst 1986 stellte der Betrieb die Produktion ein, weil Menge und Qualität des Tones nicht mehr ausreichten. In den Räumen preßte fortan eine kleine Belegschaft Gummisohlen. In der DDR hieß das „Massenbedarfsgüterproduktion". Dafür war nach 1990 keine Nachfrage mehr vorhanden. Jetzt investierte die Familie Sänger in einen Betrieb zum Recycling von Bauschutt. Das Material fällt durch den Abbruch alter Häuser und ehemaliger LPG-Gebäude in reichlicher Menge an. Die modernen Maschinen reduzieren den Lärm beim Brechen der Betonbrocken auf ein Mindestmaß, und Staub belästigt kaum die Anwohner. Das Material wird beim Straßenbau wieder mit eingebaut. Allerdings wachsen die Schuttberge immer höher, und die neuartige Pyramide von Ostrau kündet weithin vom Anbruch einer neuen Zeit. Optimistisch oder pessimistisch?

Motterwitz, 1303 Mocerwicz, 'nasser Ort' (slaw.), OT von Thümmlitzwalde, 104 Einw.

Motterwitz ist das Produkt eines mittelalterlichen Herrensitzes und späteren Rittergutes. Die weiträumige Anlage mit ihren gewaltigen Gebäuden steht im Mittelpunkt. Einige Tagelöhner bauten sich ihre Hütten entlang der Straße zu einer lockeren Häuserzeile. Sie erstrahlen jetzt fast alle im schmucken Glanz, und hin und wieder ist das Fachwerk hervorgeholt. Nach 1946 kamen Neubauernhäuser und ein paar Mehrfamilienhäuser dazu. In letzteren wohnten vor allem Beschäftigte vom Volkseigenen Gut. Bis in die 60er Jahre gab es sogar eine Gaststätte, eher eine Kneipe unmittelbar neben dem Schmiedefeuer. Die Bauersfrau bediente die Gäste so nebenbei mit und versorgte ansonsten Kühe und Schweine und das andere Getier im Hause. Jetzt hat dort ein „bäuerlicher Fanatiker" Einzug gehalten mit Pferden zum Reiten und Bergziegen zum Klettern.

Das Rittergut mit dem Herrenhaus in Motterwitz.

Ein fremder Autofahrer, der sich zufällig hierher verirrt, wird wohl kaum die moderne Schautafel bemerken, die am Ufer des Dorfteiches ein wenig Aufmerksamkeit erheischt. Sie erinnert an eine längst verblichene Motterwitzer Persönlichkeit, auf die man eigentlich erst in den letzten Jahren aufmerksam wurde. Es ist Johannes von Staupitz, geboren um 1465 im Rittergut, gestorben 1524. Und was waren seine Verdienste? Er war Mitbegründer der Wittenberger Universität. Als Lehrer und Beichtvater von Martin Luther mag er wohl dazu beigetragen haben, daß dieser mit seiner evangelischen Lehre die festgefügte kirchliche Ordnung der Katholiken ins Wanken brachte. Also schrieb er gar mit an der Weltgeschichte.

Staupitz verbrachte hier seine Kinder- und Jugendjahre. Er lief jahrelang auf dem alten Schul- und Kirchweg mit den anderen Kindern des Dorfes wochentags in die Schule und sonntags zur Predigt in die Kirche nach Zschoppach. Dieser historische Pfad fordert heute als „Staupitz-Gedenkweg“ die Heimatfreunde auf, den Spuren des einstigen Kirchenhistorikers zu folgen. AMB-Leute haben ihn teilweise markiert. Er windet sich durch das idyllische Tal der Weiheritz, verliert sich aber des öfteren in Brennesselbeständen oder in der Feldflur. Er sollte nach 3 km Länge an der Zschoppacher Kirche enden.

Motterwitzer „Fuchsschwanz“ ging in alle Welt

Das Rittergut hat eine jahrhundertelange Geschichte. Vermutlich erhoben sich die ersten Gebäude auf den Resten einer frühdeutschen Wasserburg. Im 18. Jh. entstanden der große Stall und der kleine Glockenturm, Ende des 18. Jh. auch das Herrenhaus. Das Hauptgebäude schmückte eine kunstvoll geschnitzte eichene Eingangstür, die 1960 auf Initiative der Denkmalspflegerin Renate Sturm-Francke erneuert wurde. Die Pforte ist nach dem jahrzehntelangen Verfall der gesamten Anlage das einzige und letzte Stück einer herrschaftlichen Glanzzeit.

Die kaputten Rittergutsanlagen werden jetzt von der Treuhand-Nachfolgeeinrichtung verwaltet. Die krampfhafte Suche nach einem Käufer war bisher vergeblich, und so stürzen nach und nach die Giebel und Dächer in sich zusammen. Die Denkmalpflege hat die Gemäuer vorsorglich auf ihren Listen erfaßt. Trotz alledem ist das Herrenhaus von den früheren Eigentümern noch bewohnt. Sie hatten 1990 die Rückgabe beantragt, es jedoch nicht erhalten.

Zwischen dem Gemäuer vermehren sich behende die Unkräuter. Dabei hat der Ort wegen seiner Saatgutvermehrung schon mal deutschlandweit und darüber hinaus einen Namen gehabt. Die Familie Günther hatte das Gut 1928 erworben und sich von Anfang an systematisch mit der Saatgutzucht beschäftigt. Nach der Enteignung 1945 und manchen Querelen und Schikanen durfte Arndt Günther (1904 bis 1979) den volkseigenen Saatzuchtbetrieb leiten. Es gab keinen Besseren! Der Staat konnte nicht umhin, ihn als „Verdienten Züchter“ auszuzeichnen. Motterwitzer Knaulgras, Wiesenlieschgras, Fuchsschwanz und Weidelgras wurden ein echtes Markenzeichen guter Qualität und mit weiteren Pflanzenzüchtungen patentamtlich geschützt.

1945 fanden in den Rittergutsgebäuden zeitweilig über hundert Flüchtlinge ein Dach überm Kopf. Einige davon hatten nach und nach im Dorfe eine neue Heimat und in der Saatzucht lohnende Arbeit gefunden.

Die Fluren werden heutzutage von Mitarbeitern der Ragewitzer Landwirtschafts-GmbH bearbeitet. Dazwischen schieben sich immer wieder Obstplantagen. Die Saatgutvermehrung hat sich teilweise erhalten und wird von einem Betrieb in Gerichshain gelenkt.

In Motterwitz erstreckt sich hinter jedem Haus ein Garten, mal kleiner, mal größer. Manche ziehen sich über hundert Meter hin als Wiese oder Feld. Und dort werkeln von früh bis spät die jungen und alten Rentner. Einer von ihnen ist EDGAR HANS (Jg. 32):

Mit 6 PS und dem Heuwender über die Wiese

Ohne Vieh, das geht nicht. Die Tiere zu hegen und zu pflegen, zu füttern und zu schlachten, das liegt nun mal so im Blut. Wir haben alles, was so auf einem Bauernhof herumtollt, Enten, Hühner, Kaninchen, Schafe, Ziegen und Schweine.

Das Pferd dort auf auf der Wiese schenkte ich meiner Tochter, als sie 10 Jahre alt wurde. Es war wohl ihr schönstes Geburtstagsgeschenk. Jetzt ist sie 30 und pflegt oben in Dürrweitzschen richtige große und rassige Tiere. Sie ist eine Pferdenarrin geblieben. Das Kleine hier bekommt sein Gnadenbrot und lebt von den Streicheleinheiten.

Dabei mache ich das hier nicht professionell, sondern eigentlich nur als Hobby. Ich war 40 Jahre lang als Eisenbahner in Leisnig und Großbothen tätig und arbeitete in drei Schichten. Da blieben tagsüber immer mal einige Stunden frei, die ich einfach nicht auf der faulen Haut verbringen wollte. Und da genügend Land hinterm Haus und um die Ecke lagen, bot es sich ja geradezu an, dort das Futter für die Tiere anzubauen.

Oder wir pflanzten Johannisbeersträucher an. Was die in der DDR für Geld brachten! Die Sammelstellen zahlten horrende Summen, für damalige Zeiten jedenfalls. Man muß eben alles relativieren. Natürlich, das mühselige Pflücken und die sonstige Pflege erforderten schon ihre Plackerei. Es lohnte sich, und ich konnte mir einen Trabi kaufen. Jetzt steht die Karre hinterm Haus. Was mal damit werden soll? Vielleicht wirds Schrott, vielleicht bringt sie noch Teile für einen Eigenbau. So einer rollt nämlich schon über meine Wiesen, mit einem 6 PS-Diesel von einer 'Ameise'. Den Heuwender schafft er ganz bequem, und zum Kartoffelanhäufeln reichts auch. Und

Edgar Hans und Enkel mit 6 PS beim Heuwenden.

wenn ich auf der Maschine sitze, den Enkel neben mir, dann bin ich eigentlich so recht glücklich.

Und meine Frau auch, die ich seinerzeit auf dem Schönbacher Tanzboden fand. Damals, als ich noch mit dem Fahrrad zur Arbeit radelte zum Bahnhof in Großbothen. Bei ungünstiger Schicht hatte ich die Sonntagssachen gleich im Koffer mitgeschleppt. Direkt vom Stellwerk ging's dann mit jugendlichem Elan zum Dorfschwof. Da herrschte noch Stimmung, echt und unverbraucht. Und dort fand ich mein Mädel, meine Regina, und mit der bin ich heute noch zusammen.

An der Heimatgeschichte bin ich schon interessiert. Beim Chausseebau „oben" kamen alte Wegweisersteine wieder zum Vorschein. Einen davon ließ ich sicherstellen. Die Ortsangaben werden aufgefrischt, und dann soll er wieder seinen angestammten Platz erhalten. Bestimmt bereichert er auf angenehme Weise das Landschaftsbild.

Das Denkmal auf der „Königshöhe" dagegen läßt sich wohl nicht wieder aufstellen, es ist seit den zwanziger Jahren verschwunden. Auch deswegen nicht, weil das eiserne Gitter, mit dem es umgeben war, nur höchst beschwerlich herbeigeschafft werden könnte. Es liegt nämlich einbetoniert als tragende Decke auf einer Jauchegrube im Dorf. Die königlich-steinerne Ehrerbietung durch monarchistisch bewußte Untertanen erfolgte um 1900. Der Stein sollte daran erinnern, daß hier Manöver im Beisein seiner Majestät König Albert von Sachsen stattfanden.

Muschau, 1244 Muscowe, wohl 'Ort eines Musch(e)k' (slaw.), OT von Thümmlitzwalde, 56 Einw.

Sechs Vier- und Dreiseithöfe, teilweise sauberes Fachwerk, formen den Ort. Obwohl die Scheunen und Stallungen nicht mehr gebraucht werden, sind sie in Ordnung. Oder es wird an ihnen gemauert und gezimmert. Familie Richter vermietet gar an Feriengäste für einen „Urlaub auf dem Lande" im Bunde mit einigen Viechern auf dem Hof. Noch hat sich das nicht genügend herumgesprochen in den Städten. Dabei ist die bäuerliche Tier- und Menschenwelt gerade für Kinder körperlich und seelisch gesünder als der südliche Meeresstrand. Was in Bayern schon gang und gäbe ist, ließe sich hier im bescheidenen Umweltrahmen nachvollziehen.

Die eine Straße windet sich um die kleine Siedlung, die andere um den Weinberg, einen zehn Meter hohen Porphyrhügel. Dort siedelten seinerzeit die Slawen und schützten sich gegen die bösen Nachbarn mit einem Ringwall. Aber die aus Motterwitz können es nicht gewesen sein, die sind nämlich ganz friedlich. Auf den Resten treffen sich die gegenwärtigen Siedler einmal im Jahr zum Bergfest, möglichst dann, wenn alle zu Hause sind. Der Termin wird Fremden nicht verraten, weil ungebetene Gäste nicht unbedingt willkommen sind. Wein wird dort schon lange nicht mehr angebaut, aber literweise getrunken.

Einer der Organisatoren und zugleich auch ehrenamtlich wirkender „Bürgermeister" ist der Altbauer, Handwerker und Rentner Karl-Heinz Naumann (Jg. 27):

In Muschau haben die Männergeburtstage einen festen Platz

Sicher, ich lebe mit meiner Frau und der Familie der Tochter in einem stattlichen Vierseithof. Wir brauchten damals, als wir noch selbständige Bauern waren, große Scheunen. Auf dem fruchtbaren Lößboden wuchsen reichlich Früchte. Die Ernteerträge mußten untergebracht und gelagert werden. Jetzt stehen die Gebäude da und werden nicht mehr gebraucht. Aber da ist die Tradition und der Wille, den Nachkommen einiges zu erhalten. Und man muß sich wohlfühlen. Man kann doch nicht in Ruinen leben. So floß manche Mark, die wir für Reisen und andere Zwecke hätten vertun können, in das Grundstück.

Viele Holz- und Maurerarbeiten habe ich selbst gemacht, obwohl ich meine linke Hand im Kriege verlor. So entstanden in den letzten Jahren in den Scheunen drei preiswerte Wohnungen. Die jungen Mieter fühlen sich wohl. Natürlich, vom einstigen Leben auf dem Bauernhof ist nicht mehr viel übrig geblieben. Hinterm Hause gackern nur noch ein paar Hühner. Für meine Bücher baue ich Regale, in meine Bibliothek muß mal Ordnung reinkommen.

Drüben auf dem einstigen Körnerboden habe ich mir übrigens meine ganz private Heimatstube geschaffen. Da liegen und hängen die bäuerlichen Werkzeuge, mit denen meine Vorfahren hantiert haben. Vieles nutzte ich vor Jahren und Jahrzehnten noch selbst. Und weil die Handwerker die Geräte oft mit einem Sinn für Schönheit geformt haben, schmücken sie nun einen weitläufigen Versammlungsraum. Zugleich erinnern sie an die bäuerliche Vergangenheit und dokumentieren ein Stück Dorfgeschichte. Dort feiere ich private Feste oder welche mit meinen Dorfnachbarn. Und die fühlen sich alle ganz wohl dabei.

Mein Geburtsort ist ein Bauernhof in Pöhsig. Die Vorfahren sind dort bis in die Zeit um 1400 nachweisbar. Also eine lange Bauerngeschichte. Die Kindheit hatte viel Freude, aber noch mehr Pflichten. Meine Eltern haben sich stets überlegen müssen, wenn sie was kaufen wollten. Der Betrieb stand im Vordergrund. 1945 übernahm ich mit 18 Jahren den Hof und bewirtschaftete ihn mit Mutter und Großvater. Ich wagte mich gleich an etwas Neues: Saatgutvermehrung. Es gelang mir allerdings nicht, die alten Bauern des Dorfes dafür zu gewinnen. 1953, nach der Heirat, zog ich auf das Gut meiner Frau nach Muschau. Hier waren die Bauern aufgeschlossener. Auf den Feldern vermehrten wir qualitatives Saatgut. Das bedeutete zwar mehr Arbeit, aber auch mehr Gewinn.

Karl-Heinz Naumann im Garten seines gepflegten Grundstückes.

Dann, um 1960, machte der politische Zwang zur genossenschaftlichen Rekrutierung keinen Bogen um unser Dorf. Aber ich wollte nicht in die LPG. Doch die Staatsmacht hatte den längeren Arm. Ich erhielt weniger Dünger und kaum noch Diesel für meinen Deutz-Traktor.

Was nun? Wir hauen ab in den Westen! Wir packten die Koffer, doch mich plagten mehr und mehr die Zweifel. Und dann ergab sich noch ein Problem: Meine Frau war hochschwanger. Wohin sollten wir gehen? Das hier ist doch die Heimat, und die ist nicht mit materiellen Dingen aufzuwiegen! Also stand für uns fest: Wir bleiben! Und das haben wir auch später nicht bereut.

Ich unterschrieb schweren Herzens den Beitritt in die LPG. Der neuen wirtschaftlichen Situation stand ich nicht abseits gegenüber. Die technische Entwicklung vollzog sich jetzt in größeren Dimensionen, und das hat mich interessiert und dafür habe ich mich engagiert. Ich tat mein Bestes und fand auch Anerkennung mit meiner Arbeit. Mit den politischen Zielen blieb ich im ständigen Zwiespalt.

Die politische Wende von 1990 führte zu einem wirtschaftlichen Umbruch. Die LPG wurde aufgelöst, und ich ging in den Vorruhestand. Die menschliche Gemeinschaft blieb bestehen. Wir treffen uns nach wie vor zu unseren Versammlungen und Feiern, und wir sagen uns „Guten Tag".

Das tun wir auch im Dorf. Wir finden immer wieder mal einen Anlaß, oder auch keinen, uns da und dort zu treffen. Einen festen Platz haben unser „Bergfest" und die „Männergeburtstage". Mit einem Blumenstrauß überbringen wir unseren Gruß, und bei einer Flasche Bier tratschen wir (ja, auch Männer können das!) über die neuesten Neuigkeiten aus der Gemeinde- und Landespolitik. So ganz automatisch werden da die jungen Leute integriert. Und die Frauen? Bei jedem runden Geburtstag „dürfen" sie mit. Da vergehen allerdings immer fünf Jahre. Doch das genügt ihnen, sie haben sich jedenfalls noch nicht beschwert.

2002 erschien ein Büchlein „Zur Geschichte eines kleinen Ortes - Muschau", geschrieben von Karl-Heinz Naumann.

In der Muschauer Heimatstube bei Karl-Heinz Naumann. Ab und zu muß gefegt werden.

Dürrweitzschen, 1342 Wizcen, 'die in einem hochgelegenen Ort wohnen' (slaw.), 1529 Dorre, OT von Thümmlitzwalde, 722 Einw.

Der Apfel bleibt nach wie vor das beste und liebste Stück Obst für alle Deutschen. Da haben nicht mal Apfelsinen und Bananen eine Chance. Nur einige Zeit nach der Wende standen sie in der Gunst der Verbraucher vorne an. Doch die apfelarme Durststrecke ist längst überstanden.

Im Frühjahr „ertrinkt" Dürrweitzschen im Blütenmeer

Ein ganz profaner Apfel kann zum Wahrzeichen eines Ortes mutieren. Das beste Beispiel dafür ist Dürrweitzschen. Die Obstbauern haben ihn mittlerweile vergoldet. Wenn die Patina da und dort Flecken zeigt, ist das ganz natürlich. Nichts ist von Dauer, alles muß von Zeit zu Zeit aufgefrischt und poliert werden. Man muß aufpassen. Aber auch ganz natürliche Anlässe bereiten da manche Sorge: Hagelkörner können schlimmen Schaden anrichten, Fröste die zarten Blüten zerstören, Maden das Fruchtfleisch zerfressen, Schorf die Früchte verfaulen lassen. Sicher, da gibt's „Medikamente" dagegen. Aber die sind für die Menschen ja auch nicht gerade verträglich.

Das Dorf scheint in jedem Frühjahr in einem Blütenmeer zu ertrinken. Die Obstplantagen bedecken weithin die Fluren, schieben sich bis ganz nah an die Siedlung heran. Von oben vom „Fiebch", wo der Wind über die Höhe „fiept", an der höchsten Stelle der Straße Ragewitz-Zschoppach, wo die Ostland-AG eine Verkaufsbude stehen hat, liegt das Obstland zu Füßen des Betrachters. Und auch das Dorf in seiner Dreigliederung: das Zentrum mit den alten Bauernhöfen um die Kirche, das Siedlungsgebiet aus den 70er Jahren mit den einförmigen und klotzigen acht Wohnblöcken, hinter denen der historische Kern fast verschwindet, und das Gewerbegebiet mit den riesigen Hallen.

*

Im April 2001 erhielten im Bürgersaal des Naunhofer Stadtgutes verdienstvolle Bürger des Muldentalkreises den Heimatpreis fürs vergangene Jahr. Im Beiprogramm brillierten und schauspielerten zwei junge Mädchen mit aufreizenden Worten von Tucholsky. Unbeschwert, heiter, lächelnd perlten die Worte in den Saal, für die Gäste eine angenehme Abwechslung. Sie dankten mit viel Beifall. Später erfuhr ich: Das waren „Böhlands Zwillinge" aus Dürrweitzschen.

Dort traf ich sie später wieder zur Gesprächsrunde, die Marlen und die Carola. Wenn die eine schwieg, was selten vorkam, sprach die andere, aufgeschlossen, tolerant, insgesamt sympathisch. Ihr heiterer Lebensmut steckte an:

Böhlands Zwillinge schlüpfen gern mal in fremde Rollen

Mit acht Minuten Differenz kamen wir 1980 im Grimmaer Krankenhaus auf die Welt. Das war nur ein geburtsnotwendiger Abstecher. Unsere Wiege stand hier in Dürrweitzschen, ein ganzes Stück draußen vorm Ort fast inmitten der Obstkulturen, wo ein einzelnes Haus steht. Bis in die 20er Jahre drehte sich hier eine Windmühle.

Der Kindergarten ließ uns unbeschwert heranwachsen. Jahre später radelten wir mit dem Fahrrad hinüber nach Leipnitz in die Grundschule. Mal ging's mühsam bergauf, mal heidewitzka bergab. Im Schulgarten konnte uns niemand was vormachen. Das hatten wir schon zu Hause gelernt. Nur wenn die Früchte in die Schulküche und von dort auf den Tisch kamen, dann gab's bei Porree und Bratkartoffeln deutliche

Hemmnisse. Die Lehrerinnen standen daneben und kannten keine Gnade. Um so erquickender verliefen die Exkursionen und Wandertage in den nahen Thümmlitzwald. Dort kannten wir bald jeden Weg und Steg, jeden Baum und jede Blume. Beim Budenbauen wetteiferten die Jungs mit uns Mädels um das schönste Bauwerk.

Die unbekümmerten Schuljahre in der heimatlichen Dorfschule gingen mit dem Wechsel zum Seume-Gymnasium nach Grimma zu Ende. Dort mußten die Bücher intensiver gewälzt, die Vokabeln beharrlicher gepaukt und die Texte gründlicher geschrieben werden. Wir spürten den imaginären Wettstreit mit dem St.-Augustin-Gymnasium. Jedes wollte besser als das andere sein. Die Lehrer drehten kräftig an der Wissensschraube. Die Disziplin hatte so ihre Ecken und Kanten. Es ist gefährlich, wenn Schüler ständig ihren Willen durchsetzen können. Einige Lehrer müßten mehr Konsequenz zeigen. Allerdings mußten wir auch vieles lernen, was für uns heute null und nichtig ist. In der 11. und 12. Klasse konnten wir uns für unterschiedliche Projekte entscheiden. Wir wählten das Theaterspielen. Da kam am Ende was raus, und es machte Spaß. Jeder schlüpft doch gern mal in eine fremde Rolle oder in ein anderes Kostüm. Das Hohnstädter Göschenhaus mit seinem Fundus bereicherte unsere Modenschauen. Literatur kann auch interessant sein. Wir haben Tagebuch geschrieben und Gedichte verfaßt. Nicht zum Nachdrucken. Muß ja auch nicht sein.

Die Freizeit hielt sich in Grenzen. Im Haushalt gab es strenge Pflichten. Unsere Eltern fanden (und erfanden) immer wieder neue Aufgaben. Wir erfüllten sie, auch mal mit innerem Murren. Bootsfahrten auf der Mulde sind der absolute Knüller. Ich mag den Fluß, ich liebe ihn. Immer dann, wenn ich ihn überquere, ruft's in mir: „Mulde, Hallo!" Diskogehen ist nicht so unser Fach. Schrecklich der Qualm und das Niveau! Natürlich können wir tanzen. Wir lernten sogar die Standardtänze in der Tanzschule. Vorher begeisterten wir uns für die dörfliche Tanzgruppe. Nein, nicht mit Volkstanz, sondern im Gruppentanz beim Aerobic. Das war moderner.

Das Abitur haben wir 2001 geschafft, wenn auch mit einem zusätzlichen Jahr. Eine von uns schaffte beim ersten Male die nötige Punktezahl nicht. Aus Solidarität blieb

Böhlands Zwillinge beim heiteren Spiel in den blühenden Obstplantagen.

die andere ein weiteres Jahr mit auf der Penne. Wir lassen uns doch nicht trennen! Wir hatten Glück und erhielten einen Studienplatz, in der Bauhochschule. Unser Ziel: Bau-Ingenieur für Hochbau die eine, für Tiefbau die andere. Da kommen wir uns nicht ins Gehege. Seit einem Jahr fahren wir jeden Tag nach Leipzig. Dort hat sich eine tolle Truppe zusammengefunden. Wir tauschen die Hausaufgaben aus, haben ein gutes Verhältnis untereinander und viel Spaß. Vom Theaterspielen haben wir uns vorläufig verabschiedet. Mit einem ganz privaten Programm werden wir unsere Eltern zu deren Silberhochzeit im August überraschen.

Wie die Zukunft aussieht? Wir sind da ziemlich optimistisch. Gebaut wird immer, wenn es im Augenblick auch ein bißchen mau aussieht. Und wenn's das nicht wird, dann suchen wir uns etwas anderes. Wichtig ist, daß wir erst mal einen Abschluß und damit eine Grundlage haben. Darauf läßt sich immer aufbauen.

Also, ich würde gern hier bleiben auf dem Dorfe. Natürlich eine Familie gründen und Kinder haben. Ob ich die genau so tatkräftig zur Arbeit anhalte, wie es meine Eltern mit mir getan haben, ich weiß es nicht ...Vielleicht ist das auch gar nicht so verkehrt? Und ich? Ich würde sicherlich auch klar kommen, wenn ich mich woanders seßhaft machen und arbeiten könnte. Ich bin da ganz flexibel, ich nehme es wie's kommt.

Heimat? Der Blick aus dem Schlafzimmer über die Plantagen hinweg ist unser vertrautes Bild. Die schnurgeraden Baumreihen können im Jahreslauf auch was bieten: Im Winter die kahlen Äste, im Frühling die weiße Blütenpracht, im Sommer das Grün der Blätter, im Herbst die reifenden Früchte. Wenn wir auf der Autobahn zurückkommen, dann sieht man ganz deutlich, wo unsere Gegend anfängt. Es ist die Anordnung der Felder, da sind die Wiesen und Wälder, die Plantagen. Alles ist hier sauber und wohl geordnet und trotzdem Natur. Und wenn dann der „Kohlekasten" von Ragewitz ins Bild kommt, dann wissen wir: Jetzt müssen wir runter von der Autobahn, jetzt sind wir daheim.

Genau berechnete Reihen: Obstplantagen und mehrgeschossige Wohnhäuser.

WEITERE DORFNOTIZEN
aus Dürrweitzschen

Die Gemeinde **Thümmlitzwalde** (nach dem nahen Thümmlitzwald benannt) wurde 1994 mit der Gemeindereform geschaffen. Damals schlossen sich die 21 Orte zur Gemeinde „Thümmlitzwalde" (über 3500 Einwohner) mit Sitz in Dürrweitzschen zusammen: Böhlen, Bröhsen, Draschwitz, Dürrweitzschen, Frauendorf, Haubitz, Keiselwitz, Kuckeland, Leipnitz, Motterwitz, Muschau, Nauberg, Ostrau, Papsdorf, Pöhsig, Poischwitz, Ragewitz, Seidewitz, Zaschwitz, Zeunitz, Zschoppach. Bürgermeister Rolf Schneider (Jg. 44) seit 1994 *(siehe unter Nauberg)*. Die Mehrzahl dieser Gemeinden kam erst 1952 vom Kreis Döbeln in den damaligen Kreis Grimma.

In Voigts Vorgarten steht eines der letzten **Bienenhäuser** des Ortes. Ein sinniger Spruch an der Giebelwand regt zum Nachdenken an: „Wer Honig will ernten und Rosen will brechen, muß leiden, da Bienen und Dornen ihn stechen".

Dürrweitzschen trug nicht von Anfang an diesen Namen. Er wurde erst 1529 zugefügt, wobei 'dürr' im Sinne von 'trocken' zu verstehen ist. Der Volksmund hat schon mal andere Namen geprägt, die ihren Ursprung in den guten Erträgen der fruchtbaren Felder haben: Saftweitzschen, Fettweitzschen, Samthosenweitzschen, auch mal Dreckweitzschen, doch das ist schon lange her.

Ein **Blütenfest** vereint seit 1978 jedes Jahr die Einwohner mit ihren Gästen zu aktionsreichen Veranstaltungen. Allerdings findet es erst in der zweiten Maihälfte statt, wenn die Blüten längst verwelkt sind. Im Mittelpunkt steht die einheimische Reitersparte.

Manfred Döge (1931-1999), Altbauer und Elektriker in der LPG, sammelte und notierte alle wichtigen Ereignisse für die Dorfchronik.

Einen zehn Meter hohen **Heimatbaum** haben Mitglieder des Schützenvereins 2002 am Dorfplatz aufgestellt. Er zeigt in 16 farbigen Tafeln die Zunftstände und Wahrzeichen des Ortes.

In einem Tagebau (Besitzer Hellmut Wagner) wurde von 1938 bis 1976 **Kaolin** abgebaut und vor allem in die Fliesenwerke nach Boizenburg geliefert. Jetzt entsteht in der aufgelassenen Grube ein wertvolles Biotop, in dem Gebäude richtete die Gemeinde einen Jugendklub ein.

Die **Kirche** wurde nach einem Brand vom ortsansässigen Zimmermeister Thiele mit seinem Bruder 1840 neu aufgebaut. Seit 1928 verrichtet der jeweilige Zschoppacher Pfarrer das kirchliche Amt. Zur Mittagszeit läutet die Glocke noch heute wie in alten Zeiten um 11 Uhr, denn da rückten die Bauern vom Feld ein, um die Pferde im Stall zu füttern, wohl einmalig in Sachsen.

Das großzügig gebaute **Kulturhaus** wurde 1975 eröffnet. In seinen Mauern fanden viele aufregende und schöne Veranstaltungen (1979 u.a. ein Fotoball) statt. 1994 schloß es seine Pfor-

Die „Schlaucheiche" der Feuerwehr am neu gestalteten Dorfteich.

ten, es fand sich kein neuer Pächter. Das Prinzip Hoffnung bleibt bestehen.

Vereine: Heimat- und Kulturverein Thümmlitzwalde seit 1997 (mit Schwerpunkt der Heimatstube in Böhlen) unter Leitung von Ulrich Pracejus. - Verein der dörflichen Entwicklung Dürrweitzschen, Ltg. Ursula Lauschmann. Einrichtung eines Heimatmuseums. - Der Dürrweitzschener Carnevalsclub (DCC) existiert seit 1987 und erheitert alljährlich zur Faschingszeit mit allerhand Späßen, Klamauk und einer entzückenden Funkengarde Einheimische wie Auswärtige in den umliegenden Dörfern. Unverwüstlicher Chef ist Lothar Ritzschel (Jg. 56). - Schützenverein Dürrweitzschen 1995, Ltg. Helmut Hering, mit Schützenhütte. - Sportverein Ragewitz/Dürrweitzschen mit den Sektionen Pferdesport (mit Reitplatz), Gymnastik und einem Spielmannszug. - SV Sachsenobst Dürrweitzschen mit den Sektionen Kegeln, Gymnastik, Tischtennis und der Tanzgruppe „Happy Swing". - FSV 1990 Dürrweitzschen mit Fußball, Ltg. Jochen Tröger. - Kleingartensparte „Blütenpracht" Vorst. Bernd Hättasch. - Freiwillige Feuerwehr, Wehrleiter Günther Stoppe, seit kurzem mit neuer Technik in einem rekonstruierten schmucken kleinen Gerätehaus, daneben origineller Schlauchturm, der grünt und weiter in die Höhe wächst: Die Schläuche hängen zum Trocknen in einer Eiche.

Einrichtungen: Kindertagesstätte. - Bibliothek. - Facharzt für Allgemeinmedizin Dr. Manfred Walther. - Zahnarztpraxis Dipl.-Stom. G. Wüstner. - Physiotherapeutin G. Striedinger. - Zweigstellen der Raiffeisenbank Grimma und der Sparkasse Muldental.

Gewerbliches: Gaststätte „Reiterstübchen", Bes. Günter Kalina. - Zimmervermietung von Voigt und Tschorsnig. - Konsum Lebensmittelmarkt. - Friseursalon Katrin Rost. - Kerstins Blumenlädchen. - Quelle-Agentur Höhme. - Fahrschule Böhland. - Klempnerei Uwe Hanikke. - Leipzig-Bremer Frucht GmbH. - Fa. Bruhn Logistik AG, Transporte aller Art. - Schornsteintechnik GmbH.

Die Kumthalle bei Voigts in Dürrweitzschen.

Die **Landwirtschaft** spezialisierte sich nach dem Kriege auf den Obstanbau. 1958 vereinigten sich vier Betriebe zur Gärtnerischen Produktionsgenossenschaft (GPG) „Erwin Baur", die sich 1977 zur LPG „Obstproduktion" mit den Obstplantagen in Ablaß, Leisnig, Sornzig und Roitzsch erweiterte. 1990 erfolgte die Umwandlung in die „Obstland Dürrweitzschen AG" mit 19 Tochterunternehmen und 430 Beschäftigten. Sie übernahm einen Großteil der hiesigen Flächen von über 2400 ha, auf denen Äpfel (ca. 35000 Tonnen) aber auch Birnen, Pflaumen, Süß- und Sauerkrirschen, Johannisbeeren und Erdbeeren angebaut und zu Ackerbau und Grünland genutzt werden. Lagerung der Früchte in Kühlhäusern und Verarbeitung zu Obstsäften. Vorst.-Vors. Gerd Kalbitz (Jg. 51). Die Wahl einer „Blütenkönigin" sorgt für sachsenweite Aufmerksamkeit.

Blick auf Dürrweitzschen.

Die „Fürstentümer“ - Dörfer ohne Fürsten!

Das sind drei winzige Orte auf der welligen Lößhochfläche nördlich des Thümmlitzwaldes, die dieses adlige Attribut tragen: Kuckeland, Papsdorf und Frauendorf. Sie besitzen viele Gemeinsamkeiten, vor allem darin, was sie nicht haben: Weder Kirche noch Schule, weder Ämter noch Vereine, weder Rittergüter noch Gasthöfe. Also nichts von dem, was sonst Touristen oder Neugierige anziehen könnte. Lediglich ein paar wuchtige Bauerngüter flankieren die Straßen. Dazwischen stehen einige Häusleranwesen. Großbauern in Kuckeland ließen sie vor 200 Jahren für ihre verheirateten Knechte und Mägde bauen. Eine kulante Tat für jahrzehntelange Mühen.

Und warum „Fürstentümer“, obwohl hier niemals Herrensitze waren? Eine rüstige Bauersfrau in Kuckeland hat's von ihrer Mutter gehört, diese von der Großmama, und diese von noch entfernteren Vorfahren: „Na, da is mal in urdenklichen Zeidn ä Firschd hier durchgeridden, sogar unden durch de Scheine. Un dieses hisdohrische Ereichnis had uns dann ähmd dähn Nahm gegähm...“. Der seriöse Heimatforscher wendet sich mit Grausen. Er weiß es zwar auch nicht und muß sich an den Volksmund halten: Der fruchtbare Lößboden füllte Scheunen und Fässer. Und so wirtschafteten die wohlhabenden Großbauern bald wie „kleine Fürsten“.

Deshalb auch waren die drei Dörfer schon immer das begehrliche Ziel schlauer Bauernburschen, denn „Kain erschlug Abel in Grimme (damit ist Grimma auch die älteste Stadt der Welt!), dann ging er nach Kuckeland und nahm sich eine Frau“. Heutzutage müßte er wohl lange suchen, obwohl kurze Wege die drei Dörfer verbinden. An jungen Frauen fehlt's im Revier.

Kuckeland, 1234 Kugelandt (Kigelant)?, wohl 'Guckinsland' (dt.), OT von Thümmlitzwalde, 48 Einw.

Eine schmale Straße windet sich von Pöhsig her durch eine Senke hinauf zum Hügel. Weitläufige Felder geben den Blick frei auf das Umland und die nahen und weitentfernten Dörfer. Hier wird der Name „Guckinsland“ verständlich. Wenig später erreichen wir das Dorf. Die asphaltierte Straße führt entweder links hinaus aus dem Ort oder rechts hinab in die „Delle“. Dort verliert sie sich nach wenigen Metern am Dorfrand als steinreicher Feldweg in den Feldern. Maschendrahtzaun umschließt einen winzigen Teich. Zusätzlich droht der Besitzer mit dem Schild „Angeln verboten!“ Ob im brackigen Wasser überhaupt Fische schwimmen?

Die Kuckelander Gewissensfrage

Sollte sich wirklich mal ein Angler oder ein ganz normaler Mensch hierher verirren, dann ja recht zügig in den Ort fahren. Aufmerksame Bewohner stellen nämlich scharfe Fragen, so wie es uns ergangen ist:

„Was machen Sie denn hier?“
„Ich gucke!“
„Was gibts denn hier zu gucken?“
„Na, der schöne Fachwerkbau! Und außerdem: Ich bin doch hier in Kuckeland!“
„Sie sind doch ganz langsam ins Dorf gefahren?“
„Ich will keine Hühner totfahren.“
„Na ja, wer langsam fährt, der ist verdächtig! Wir haben da unsere Erfahrung ...“

„Ich komme in guter Absicht, bin nämlich vom 'Rundblick'."

„Das kann jeder sagen. Wie können Sie das beweisen? Trauen kann man heutzutage niemandem ...!"

Der Beweis gelingt! Das Gespräch fließt sofort in andere Bahnen und endet in bester Freundschaft, auch deshalb, weil Waltraud Eichler (Jg. 29) als langjährige und treue „Rundblick"-Leserin übers Heimatgeschehen gut informiert ist.

Im Bauerngarten zwischen den niedrigen Buchsbaumhecken blühen die traditionellen Blumen: Astern, Studentenblumen, Löwenmaul. Im Hof liegen hohe Stapel Buchenholz. Wir ahnen die herrlich holzwarmen Winterabende zwischen den Lehmmauern der niedrigen Stube. Vor 20 Jahren begann ein Leipziger das alte Fachwerkhaus herzurichten. Es hat inzwischen 200 Jahre in den Mauern.

Waltraud Eichler zog sich ins Auszugshaus zurück: „In meiner Kindheit gab es den Kirch- und Schulweg nach Leipnitz. Der ist inzwischen längst umgeackert. Einmal, es war in den Vorweihnachtstagen, schleppte ich den Handwagen mit dem Stollenteig zum Bäcker. In der Eile kippte das Gefährt um, und Wanne und Teig rollten über den Weg. Eifrig habe ich das Zeug wieder zusammengekratzt. Es hat niemand gemerkt. Die Jahre und Jahrzehnte waren mit Arbeit ausgefüllt. Jetzt werkele ich im Garten, und, wenn's nötig ist," ein verschmitztes Lächeln huscht übers Gesicht, „vertreibe ich windige Gesellen aus dem Dorf, die die Harmonie hier stören wollen. Nur noch ein Tischler (Friedbert Schneeweiß) bemüht sich im weiten Umkreis um Kundschaft, und die Laster einer Spedition (Gerd Schneider) donnern am Wochenende in den heimatlichen Hafen. Sonst ist es ruhig geworden im Ort. Die Landwirtschaft ist gestorben. Eine Wetterfahne mit einem Ackergespann zeigt, woher der Wind kommt. Die mächtigen Dreiseithöfe sind nur noch Denkmale einer bäuerlichen Vergangenheit."

Waltraud Eichler im Gemüsegarten. Sonst paßt sie auf, wer ins Dorf kommt.

Papsdorf, 1378 Papstorf, wohl 'Pfarrersleute' (slaw.-dt.), OT von Thümmlitzwalde, 49 Einw.

Wieder so ein rätselhafter Fall, der zu Spekulationen Anlaß gibt. Weder Kirche noch Pfarrhaus lassen sich geschichtlich im Ort nachweisen. Also warum dieser Name, der mit Pfarrersleuten zu tun hat? Der Dorfname ist als Familienname ziemlich häufig. Auch hier in Papsdorf wohnte eine Familie Papsdorf. Sie ist inzwischen ausgestorben bzw. verzogen. Traditionsbewußte Namenforscher organisieren hin und wieder deutschlandweit verwandtschaftliche Treffen mit den Namensträgern.

Die Hauptstraße tangiert Papsdorf, eine andere führt hinein ins Dorf und endet als Feldweg in den Fluren. Der KONSUM-Namenszug an der leerstehenden Scheune verschwindet wohl endgültig, wenn das Gebäude in sich zusammenfällt. Wie sich eine solche Einkaufsstätte in einem Dorf mit nicht mal zwei Dutzend Familien jemals wirtschaftlich gerechnet hat, bleibt wohl ein Rätsel des sozialistischen Handels.

In den großen Dreiseithöfen ist das bäuerliche Treiben erloschen, noch nicht ganz bei Arno Wenzel (Jg. 36):

Heu oder Kuh - Wer oder was ist wofür da?

Wenn da jemand denkt, ich wohne am Ende der Welt, dann liegt der schief. Ich fühle mich hier sehr wohl auf meinem kleinen Bauernhof mit meinen Tieren. Hier habe ich meine Wiesen, meine Kuh, hin und wieder ein Kalb, meine Kaninchen und meine Hühner. Verdienen kann und will ich daran nichts. Dazu sind die Unkosten einfach zu hoch, schon allein was der Tierarzt berechnet. Aber ohne den geht's nicht mehr. Andere halten Pferde, ich eben eine Kuh.

Ich kann nicht in der Stube sitzen, da würde ich kaputt gehen. Außerdem, wer soll denn die Straßengräben hauen? Dort wächst ein gutes Heu heran. Und Heu machen,

Begegung in Papsdorf: Arno Wenzel beim „Spaziergang" über die Dorfstraße.

das ist meine Leidenschaft. Wie das duftet und wie gern das gefressen wird von meinen Tieren. Na ja, ob ich nun die Kuh wegen des Heus oder das Heu wegen der Kuh habe, das weiß ich selber nicht. Außerdem ist mir das wurscht. Ich bin mein eigener Herr, kann machen, was ich will. Und bin stets mit der Natur verbunden. Das ist meine Heimat!

Frauendorf, 1234 Nidabudowiz (slaw.), Umbenennung 1254 in Vrowendorf, 'Dorf unserer lieben Frau' (Gottesmutter Maria) (dt.), OT von Thümmlitzwalde, 60 Einw.

Die Namensgebung hängt vermutlich mit dem Kloster Buch bei Leisnig zusammen. Die Bauern waren den dortigen Mönchen zinspflichtig und mußten ihnen auch ihre Frondienste leisten. So steht es jedenfalls in einer Urkunde von 1548.

In der kleinen Siedlung läßt sich der einstige Anger noch recht gut erkennen. Auf fünf Wegen rollten die Erntewagen in die fünf umliegenden Bauerngüter. So kam man sich nicht ins Gehege. Jetzt surren blitzende PKW übers Gelände. Die hölzernen Pferdefuhrwerke sind zersägt und zerhackt. Jedes Jahr im Frühling zeigt sich hier auf einem kleinen Fleck die hoffnungsvolle Jahreszeit in einer einmaligen Pracht: Der Anger übersät mit dem leuchtenden Gelb vom Löwenzahn, darüber die weißen Blütendächer der Obstbäume und dahinter die Giebel der alten Bauernhöfe, zu denen strahlenförmig die geschotterten Wege führen.

Keine Fehden bei den Frauendorfer Spritzenhaus-Feten

Der ehemalige Gasthof ist längst geschlossen. Deshalb suchten 1972 einige junge Leute eine Alternative. Das alte Spritzenhaus stand leer und sollte abgerissen werden. Das verhinderten die Burschen. Sie packten zu, zimmerten, mauerten und pinselten im historischen Gebäude. Seitdem sitzen die jungen Männer (einige sind älter geworden, aber die neuen jungen lassen sich nicht lumpen) regelmäßig beieinander, besprechen die Neuigkeiten im kleinen Dorf und die große Politik in der weiten Welt. Und alle fünf Jahre wird die „Spritzenhaus-Fete" ganz groß gefeiert, ohne Fehden, vielmehr in Frauendorfer Harmonie. Dann kommen auch die, die wegen ferner Arbeitsplätze und aus anderen Gründen das Heimatdorf verlassen hatten. Im Dorf gibt es für Arbeitswillige keine Chancen. Wer Glück hat, findet vielleicht im nahen Dürrweitzschen Lohn und Brot.

Andere müssen weitere Wege zurücklegen, wie der Neu-Frauendorfer Matthias Schurigt (Jg. 65):

Ich bin erst seit zehn Jahren hier im Dorf mit meiner Familie ansässig. Wenige Wochen vor der Wende kauften wir gegenüber vom Anger ein altes baufälliges Häuschen samt Grund und Boden. Natürlich ein Glücksfall, wie sich bald herausstellte, denn der preiswerte Kauf vollzog sich gerade noch unter DDR-Recht. Mit den neuen Baustoffen in einer schier unübersichtlichen Auswahl polierten wir das Gebäude heraus, und 1994 hielten wir Einzug. Wir brauchten keine Spedition für den kurzen Weg von Dürrweitzschen nach hier.

Die Wende beeinflußte meine persönliche Sphäre. Ich war Handwerker für Gas/ Wasser im Obstbau und wurde mit vielen anderen entlassen. Zahlreiche Baufirmen nutzten dann die Gunst der Stunde und beteiligten sich am ständig ausufernden Bauboom. Ich fand dort einen guten Arbeitsplatz. Doch dann ging es „rückwärts", und ich wurde 97 entlassen. Ich weiß nicht, ob's Glück war oder meine Beharrlichkeit: In

Leisnig öffnete ein funkelnagelneues Fliesenwerk seine Betriebstore auch für mich. Die Arbeit dort belastet mich nicht über die Maßen. Ich habe eine kurze Wegstrecke, die Ergebnisse der 120 Beschäftigten sind solide, und ich bin an einem sächsischen Produkt beteiligt.

Meine Freizeit verbringe ich möglichst sinnvoll. Da ist zunächst die Familie mit Haus, Hof, Garten und Hund. Dann bin ich aktives Mitglied des Dürrweitzschener Schützenvereins. Dort wird sportlich geschossen, aber wir pflegen genau so intensiv die Geselligkeit. Ich wünschte mir nur noch mehr Mitglieder, und bei den Beiträgen, wir haben die niedrigsten im Muldentalkreis, kann eigentlich ein jeder dran teilhaben. Eine Riesenfreude bereitet es mir und meinem Hund, wenn ich mit dem Fahrrad durch die Landschaften trete. Was es da alles zu sehen gibt im Thümmlitzwald, an der Mulde oder von den sanften Höhen der Hochebene. Es schlängeln sich immer noch Feldwege, die überall hinführen. Eigentlich interessiert mich der ganze Muldentalkreis. Was in der Region passiert, das muß ich wissen. Das ist doch schließlich meine Heimat.

Frauendorf ist ein ruhiger Ort. Wer verläuft sich schon mal hierher? Allzuviel haben wir nicht zu bieten. Wer's dennoch wagt, sollte seine Durchfahrt am Anger stoppen und an einem sanierten Fachwerkhaus absteigen. Dort läßt sich der sinnige Text entziffern, den eine Zeichenlehrerin i. R. angebracht hat: EINER MACHTS, DER ANDERE BEDACHTS, EIN DRITTER VERLACHTS, WAS MACHTS. So läßt sich eben alles im Leben relativieren, in Frauendorf bei den „lieben Frauen“ und auch anderswo.

Der Anger in Frauendorf.

Zeunitz, 1350 Czunicz, 'Ort, wo Walderdbeeren wachsen' (slaw.), OT von Thümmlitzwalde, 50 Einw.

Ob die Zeunitzer mit den Walderdbeeren mehr Leute ins Dorf locken wollten? Es gelang ihnen nicht. Das war wohl eher ein frühgeschichtlicher PR-Gag. Die Siedlung blieb klein mit ein paar wenigen Bauernhöfen, dem Großgut von Hauffe und einigen Häuslern, die ihr Anwesen regelrecht an den Hang geklebt haben. Das Dorf liegt nämlich in einer Talkerbe, die sich vor Jahrtausenden in die Hochfläche eingegraben hat. Vermutlich waren es die Wassermassen der Nacheiszeit.

Wo die Erdbeeren gewachsen sein sollen? Mag sein, daß damals vor über 600 Jahren hier ein Wald heranwuchs mit den köstlichen Früchten. Heute ist davon nichts mehr zu sehen. Nur einige Streuobstwiesen liegen hinter den Bauernhöfen. Weiter draußen nach Haubitz zu am Goldberg, da wächst ein restliches Feldgehölz. Goldberg! Nein, es hat keinen Zweck, hier zu schürfen. Der goldfarbene Sandboden gab dem Hügel seinen Namen.

Das vergessene Denkmal in Zeunitz

Am Fuße des Goldberges steht in der ehemaligen Sandgrube vom Bauern Christian Wadewitz ein geschichtliches Relikt, vor sechzig Jahren von Menschenhand geschaffen. Es war im Dezember 1942, als hier eine vermutlich in Polenz gestartete JU 88 abstürzte und mit fürchterlichem Knall explodierte. Die Ursache blieb unbekannt. An jenem Tage jagte ein schlimmer Schneesturm übers Land. Möglicherweise hatte der Pilot die Orientierung verloren. Kameraden oder Verwandte setzten dem tödlich verunglückten Flieger später einen Gedenkstein. Neben dem Namen wurde auch ein Hakenkreuz eingemeißelt, wohl aus national-patriotischer Pflicht. Nach Kriegsende tilgten andersdenkende Patrioten über Nacht das berüchtigte Kreuz. Die Schrift ist inzwischen zur Unkenntlichkeit verwittert.

Eine breite Straße führt hinab ins Dorf mitten auf eine aufragende und wohlproportioniert gewachsene Eiche zu. Sie bleibt rechts stehen, und ehe man sich's versieht, ist man schon wieder zum Ort hinaus. Donnerstags lohnt ein Stop. Da gibt's im ehemaligen Bauernhof von Jürgen Hauffe preiswerte Nahrungsmittel. Hinten liegen die Stallungen der Leipnitzer Agrar-GmbH für deren Schweine.

Der ehemalige Bauernhof Gey gegenüber hat da heute eine ganz andere Funktion. Die hundertjährigen Gebäude sind ordentlich hergerichtet und beherbergen zwei junge Familien mit Kindern. Der Misthaufen mitten auf dem Hof ist verschwunden. Dort wächst jetzt ein Miniwald. Eine beschauliche Gartenlaube lockt zum Besuch, und eine mannshohe Spielzeugwindmühle leiert eifrig im Wind. Über allem knattert die Sachsenfahne oder eine andere Flagge, je nachdem, was den jungen Leuten in den Sinn kommt.

Am Dorfausgang nach Leipnitz zu drehte sich einstmals das Wasserrad der Obermühle. Bagger ließen in den 70er Jahren von den Gebäuden nichts, aber rein gar nichts übrig. Tausend Meter weiter liegt am Mühlbach die Neumühle. Gebäude und Einrichtungen sind noch vorhanden. Der langjährig hier tätige Müllermeister Walter Heinrich ist 1999 verstorben. Er war der letzte echte Wassermüller seiner Zunft, buk sein Brot selber, reparierte die Maschinen und hielt sein Haus tipptopp in Ordnung. Für die „kleinen Leute" müllerte er bis zuletzt den gewünschten Sack Schrot. Der weithin sichtbare ziegelrote Schornstein stammt aus einer kurzen Dampfmaschinenzeit. Das Müllerhandwerk starb nicht nur am fehlenden Wasser. Der industrielle Fortschritt forderte seinen Tribut. Nicht nur hier!

Andreas Eulitz zog 1995 mit seiner Familie hier ein, kein Müller, sondern Landwirt im Nebenerwerb und Sammler von all den Dingen, die keiner mehr haben will und irgendwo im Müll landen. Hängebauchschweine, Ziegen, Schafe, Enten, Hühner und der Mühlenesel „Alfred" genießen hier die Stille und den Futterreichtum der Natur. Und natürlich die Pflege der Herrschaften. Bis sie irgendwann im Kochtopf landen. Nein, weder die Herrschaften noch der Esel. Der wird wohl steinalt werden, so wie viele Rentnerinnen im Dorf. Das soll die gute Luft machen! Neulich sind zwei der Neunzigjährigen gestorben. Der älteste Einwohner ist jetzt ein Mann, Christian Wadewitz (Jg. 31). Na, und das ist doch eigentlich kein Alter!

Die Jugend macht sich darüber keine Gedanken. Sie hat eine Scheune in Beschlag genommen und feiert dort ihre Feste, eben die Scheunenfeste. Und im Herbst gibt's dann das Kartoffelfest. Das Jahr ist lang. Feste verkürzen die Tage in Zeunitz auf angenehme Art.

Esel „Alfred" bei Andreas Eulitz in der Zeunitzer Neumühle.

Ragewitz, 1378 Rogewicz, wohl 'Ort an der Ecke' (slaw.), OT von Thümmlitzwalde, 195 Einw.

Welche „Ecke“ mögen die slawischen Siedler wohl vor über 700 Jahren gemeint haben? Die Chaussee nach Leisnig mit ihren Kurven und Kanten kann es nicht gewesen sein, denn die ist jüngeren Datums. Lassen wir die Fachleute weiter rätseln!

Zwei hohe Bauwerke markieren schon von weither deutlich den Ort: Der einstige Förderturm von der Grube „Flora“ und der spitze, weit in den Himmel ragende Kirchturm. Letzterer fällt seit zwei Jahren besonders auf, weil die schlohweiße Farbe von einer teuren und beträchtlichen Renovierung kündet. Sie war auch dringend notwendig geworden.

Die Ragewitzer Glocke war mal ein Kanonenrohr

Die Pfarrer hatten schon immer ihre Sorgen mit dem Gotteshaus. Die alte Kirche fiel 1878 der Spitzhacke zum Opfer. Es gab nichts mehr zu sanieren. Ein ganzes Stück entfernt hatte ein Dresdner Baumeister in nur zwei Jahren eine neue errichtet. In ihrer neumodischen Architektur paßt sie so gar nicht ins Dorf. Und warum so hoch und „mächtig gewaltig“? Der Haubitzer Rittergutspächter wollte die Spitze von seinem Hof aus sehen, sonst hätte er seine Bauspende zurückgezogen. Eine Legende? Oder waren es die sieben „Pferdebauern“, also die Großbauern, die den umliegenden Dörfern zeigen wollten, welchen Reichtum sie besaßen? Die Bauleute lieferten im Eifer ziemlichen Pfusch. Schon nach wenigen Jahren waren dauernd beträchtliche Reparaturen notwendig geworden.

„ Macht Schwerter zu Pflugscharen!“ Diese Losung war eigentlich immer aktuell. König Johann von Sachsen stiftete ein erobertes französisches Kanonenrohr, aus dem

Der Förderturm des Ragewitzer Braunkohlewerkes der Grube „Flora“.

eine Ragewitzer Glocke gegossen wurde. Alljährlich gehen die Kirchenleute mit der Sammelbüchse durchs Dorf, um weitere Gelder für den Fortgang der Renovierungen zu sammeln. Ein mühseliges Geschäft. Es spenden auch Nichtchristen. Einige beachtliche Kirchenkonzerte dienten ebenfalls diesem Zweck. Die Kirche gehört nun mal ins Dorf!

Der Förderturm oben am Rohrberg steht jetzt unter Denkmalschutz. Das ist auch gut so. Damit erinnert er an eine geschäftstüchtige Zeit, in der die Kumpel seit 1900 in der Grube „Flora" Braunkohle unter Tage aus der Tiefe holten. Das letzte Mal fuhr der Steiger mit seinen Leuten im Jahr 1956 ein. Zu LPG-Zeiten dienten die Gebäude als Schrotmühle und Lagerräume. In einer Gemeinschaftsküche bereiteten blitzsaubere Köchinnen für eine ganze Menge großer und kleiner Leute das Mittagessen und die Zwischenmahlzeiten.

In Richtung Zschoppach am anderen Ende des Dorfes holten die Grubenarbeiter im Tagebau einen weiteren Bodenschatz aus der Erde: Lehm. Bis in die 30er Jahre verarbeiteten sie ihn in der Ziegelei mit dem hübschen Namen „Aline". Danach wurden die Anlagen abgerissen. Die Bezeichnung lebt heute weiter im gleichnamigen Straßennamen. Ein gutes Bekenntnis zur Heimatgeschichte.

Schule und Gasthof bereicherten jahrhundertelang das Dorfleben. Das Schulgebäude, vor über hundert Jahren auf den Grundmauern der abgerissenen Kirche gebaut, blieb verwaist, seit die Kinder ab Mitte der 90er Jahre nach Mutzschen gefahren wurden. Glücklicherweise kam ein Käufer. Er richtete behutsam und preiswert in den Klassenzimmern Wohnungen ein. Der Gasthof schloß nach aufwendiger Renovierung und hübscher Namensgebung „Am Alten Schacht" wenige Monate später wegen finanzieller Schwierigkeiten. Die Einheimischen kamen nicht. Auch Fremde hielten kaum an. Sie mußten auf die kurvenreiche Ortsdurchfahrt Obacht geben und übersahen das einladende Schild.

Jede Menge Handwerker, Geschäfte und Einrichtungen mit vielfachen Dienstleistungen bevölkerten einstmals den Ort. Das ist Vergangenheit. Heute bemüht sich „Lamms Lebensmittelmarkt", Kunden zu gewinnen. Es ist ruhig geworden im Dorf. Das hörte sich vor 20 Jahren ganz anders an. Einer aus der Ragewitzer Sippe schrieb damals im „Rundblick", nachdem er so alles aufgezählt hatte, was im Ort verändert werden soll: „So entwickelt sich das kleine Ragewitz - es war das erste vollgenossenschaftliche Dorf im Kreis Grimma - immer mehr zu einer modernen sozialistischen Landgemeinde."

Und heute? Vielleicht läßt es hoffen, daß Ragewitz „Förderdorf" werden soll. Die Chronik wird später das Erreichte dokumentieren. Wir verzichten darauf, erneut die Projekte vorzustellen. Die Hoffnung bleibt. Die hat auch der ehemalige LPG-Vorsitzende und Landwirt Werner Feist (Jg. 28):

Du hast die höhere Schule besucht, du machst den Vorsitzenden!

Ich entstamme einem alten Bauerngeschlecht. Meine Vorfahren lassen sich bis um 1730 im Mutzschener Land zurückverfolgen und lebten seit 1870 in Ragewitz. Vom Großvater übernahm ich 1951 den Bauernhof. Mit den 24 ha war ich der „kleinste Großbauer" im Dorf. Es war schwierig, mit der Sollerfüllung über die Runden zu kommen. Es blieb mir nichts anderes übrig, als am 1. 1. 1960 in die LPG einzutreten. Da ging's aber nicht voran. Die LPG Typ III stand ziemlich schlecht da, und alle wußten, daß es an der Leitung lag. Dauernd redeten die Leute auf mich ein: Das mußt du machen, du hast doch eine höhere Schule besucht und auch die nötige Erfahrung! Schließlich hatten mich die Kollegen überzeugt. Andere Genossenschaften aus der

Umgebung kamen dazu, unsere LPG wurde immer größer. Schließlich bewirtschafteten wir 1600 ha Feld mit der dazu gehörigen Viehwirtschaft.

Ich habe stets versucht, den Betrieb mit meinem Kollektiv so zu leiten, wie wir das für richtig hielten. Das, was von der „Partei“ gefordert wurde, habe ich mir erst mal durch den Kopf gehen lassen. Da waren oft unverständliche Beschlüsse dabei. Und trotzdem mußte ich einen Weg finden. Auf alle Fälle durfte ich niemals den starken Mann markieren. Ich hörte mir immer erst die Meinungen der anderen an. Für mich galt eine wichtige Maxime: Der Traktorist sieht es anders, wenn er Tag für Tag auf dem Bock sitzt und das Feld macht. Wie würdest du reagieren, wenn du an seiner Stelle wärst?

1974 kam die Trennung von „Tier und Pflanze“. Man übertrug mir die Leitung der Pflanzenproduktion. Das bedeutete, die Bewirtschaftung von 4500 Hektar Nutzfläche sowie die Versorgung des gesamten Tierbestandes in diesem Bereich, der sich über 24 Dörfer von Draschwitz bis nach Dorna an der Mulde erstreckte, zu organisieren.

Nun mußten die Stützpunkte weiter ausgebaut werden. Das größte Bauvorhaben war die Anlage in Pöhsig Anfang der 70er Jahre. Wir hatten ja im Betrieb eine Baubrigade. Das Problem war jedoch die Beschaffung des Materials. Denn Baustoffe und Baukapazität wurden in der DDR staatlich bilanziert und über Bezugscheine zugeteilt. Beides bekamen wir nicht! So bauten wir meist am Rande der Legalität. Das erscheint uns heute unvorstellbar, aber irgendwie lief es trotzdem. Dieses „illegale Bauen“ wäre mir dann doch beinah zum Verhängnis geworden. Mir wurden Materialverschwendung und parteischädigendes Verhalten vorgeworfen. Später führte man die Delegationen zu der vorbildlichen Anlage!

Wir haben gut gewirtschaftet und für die Leute was rausgeholt. Und wir wollten nicht nur günstige Arbeitsbedingungen schaffen, sondern auch kulturell was tun. Deshalb wurden die Pöhsiger Gaststätte sowie Ferienobjekte ausgebaut, Betriebsfahrten organisiert und anderes mehr.

Gegen Ende der 80er Jahre wurde ich nachdenklicher und unzufriedener. Ich sah,

Werner Feist auf der Gartenmauer mit Dorfplatz und Kirche.

wie es mit der ganzen Wirtschaft mehr und mehr abwärts ging. Auch wir litten darunter. Ich denke da nur an die Beschaffung von Ersatzteilen. Welche Wege mußten da beschritten und welche „Beziehungen" geknüpft werden!

Nun kam die Wende. Die Ereignisse überstürzten sich. Die LPG mußte privatisiert werden, und wir wußten, daß die 300 Beschäftigten nicht mehr in Lohn und Brot bleiben konnten. Vorausschauend hatte ich mit einer westdeutschen Fachzeitschrift Kontakt aufgenommen. Der Chefredakteur selbst kam hierher um uns zu beraten. Es waren Leute vom Fach, selbst Bauernsöhne, das spürten wir. Ihre Darlegungen waren klar und deutlich: Wissen Sie, Herr Feist, Sie haben 30 Jahre eine Genossenschaft geleitet, aber es wird Ihnen in diesem Alter schwer fallen, die ganze Sache nach unseren Vorstellungen umzukrempeln. Das geht auch nicht von heute auf morgen, sondern wird Jahre dauern. Überlegen Sie sich, ob Sie sich das in Ihrem Alter noch zutrauen.

Sie hatten Recht, und das war ich auch den Jüngeren schuldig. Frank Haferkorn übernahm die Geschäftsführung. Mit 70 Leuten bewirtschaftet die Ragewitzer Agrarproduktion 2400 ha Feld und betreibt Viehwirtschaft.

Natürlich fiel mir der Schritt vom Aktivsein zum Nichtstun nicht gerade leicht. In den ersten Jahren habe ich mich mit dem Haus befaßt. Früher war einiges liegengeblieben. Heute sage ich: Mensch, nun sind schon zwölf Jahre rum! Wir können dankbar sein, daß wir sie erlebt haben. Wenn ich im Garten sitze, und draußen auf der Straße donnert ein Traktorist vorbei, und wenn er dann hupt, dann spüre ich ein dankbares Gefühl. Ein solcher Gruß oder ein freundliches Wort über den Gartenzaun geben mir mehr als eine noch so hohe Auszeichnung.

Das sanierte Pfarrhaus in Ragewitz.

Die Pöhsiger sind recht stolz auf ihre „schöne Magd“. Vor einigen hundert Jahren soll sie gelebt haben. Ein Unbekannter hat das Porträt seinerzeit in Sandstein modelliert und als Schlußstein überm Portal zum Gasthof „Zur schönen Magd“ eingesetzt. In einer Grimmaer Gerichtsakte wird von „...den Leuten aus dem Dorff zur schönen Magd“ geschrieben.

Die „schöne Magd“ rettet Pöhsig vor den Schweden

Im nachhinein ranken sich um das bildschöne Mädchen einige phantasievolle Erzählungen. Der ehemalige Gastwirt Gustav Hahmann hat sie 1870 aufgeschrieben (oder selbst gedichtet!), und der Ragewitzer Lehrer i.R. Wolfgang Wittig hat die Geschichte 1953 in einem Theaterstück verewigt, das damals aufgeführt wurde. Es erzählt von einer böhmischen Magd, die hier auf der Flucht eine Unterkunft gefunden hatte. Als die Schweden das Dorf im 30jährigen Kriege plündern und niederbrennen wollten, gab sie ihr goldenes Geschmeide hin, um das zu verhindern. Zu guter Letzt entpuppte sich die Magd gar als Nachkomme einer königlichen Sippe und der schwedische Offizier als ihr verschollener Mann.

Die Pöhsiger sind übrigens schon immer ein spielfreudiges Völkchen gewesen. Nach dem Zweiten Weltkriege überbrückten sie mit Theaterspielen die schwere Zeit. Das „Kälberbrüten“ von Hans Sachs und andere deftige Schnurren brachten vergnügliche Stunden.

Und was wurde aus dem Sandsteinrelief der schönen Magd? Der Gasthof ist längst verschwunden, die „schöne Magd“ blieb als Name und in der Skulptur erhalten. Nach einigen Irrfahrten rettete es Malermeister Bernd Aurich. Es fand einen sicheren und

Im ehemaligen Bauernhof befindet sich jetzt eine Malerwerkstatt.

geschützten Platz in seinem Haus. Im weiträumigen Hof hängt eine Kopie des Reliefs, die von Besuchern jederzeit betrachtet werden kann. Das Tor mit der riesigen Linde daneben steht immer offen.

Wie sieht es nun heute im Ort aus? Die meisten Häusler und einstigen Bauern haben ihre Anwesen ordentlich hergerichtet. Früher gab's mal Streit darüber, wo denn die einzelnen Ortsteile beginnen und enden. Es gab nämlich deren vier, fast ein bißchen zu viel für den kleinen Ort. Jetzt sind die Grenzen ziemlich verwischt. Jüngere Einheimische können keine Auskunft mehr geben. „Große Pöhsig" und „Kleine Pöhsig" - später auch Ober- und Unterdorf genannt - gehen nahtlos ineinander über. „Schwarzpöhsig" ist kaum noch bekannt. Man nannte es deshalb so, weil unten am Bach nach Ragewitz zu mal Braunkohle abgebaut wurde.

Oben in „Neupöhsig" an der Chaussee von Grimma nach Mutzschen siedelten einstmals zwei Bauern. 1832 ließ der ständig klamme Staat daneben eine Zolleinnahme errichten, um die vorbeifahrenden Gespanne abkassieren zu können. Er brauchte das Geld für den Straßenbau. Na ja, wenn schon, dann war das einigermaßen gerecht, denn die Fuhrwerke benutzten ja die Straße. Heutzutage werden in einigen Orten die Anwohner dafür zur Kasse gebeten, damit die Autos gut vorbeirollen können. Gesetze im Wandel der Zeiten! Das Zollhaus mit seinen vier Säulen und den großen Fenstern unterscheidet sich schon äußerlich von den bodenständigen Bauernhöfen. Denkmalpfleger haben es unter Schutz gestellt. Die Familie Thormeyer, die jetzt in dem respekteinflößenden Gebäude wohnt, erhält es innen wie außen in seiner Ursprünglichkeit. In Schwarzpöhsig steht ein Duplikat des Chausseehauses, das heute von der Familie Poschadel bewohnt und gepflegt wird. Dem damaligen Grubenbesitzer muß das Original in seiner architektonischen Art und Weise gefallen haben, denn sonst hätte er es nicht nachbauen lassen.

*

Das Dorf und vor allem seine Menschen liebgewonnen hat ein junges Mädchen, das gewissermaßen als Neubürgerin im freundlichen Haus bei Kühns ihr zweites Zuhause gefunden hat. Es ist die Bürokauffrau Sabine Brummer (Jg. 79) aus Meltewitz:

Der „Bühnenkuß" kam aus vollem Herzen!

Nun haben mich die Pöhsiger so richtig angenommen. Ich war nämlich diejenige, die im Jahre 2000 anläßlich der 650-Jahr-Feier des Ortes im Theaterstück der „Schönen Magd von Pöhsig" mitspielte. Eigentlich stand mir das als „Fremde" noch nicht zu, aber es fand sich einfach niemand im Dorf von den jungen Frauen, die die Titelrolle spielen wollte. So entschied ich mich dafür. Und damit konnte ich auch ein wenig Dank abstatten an die Bewohner, die mich so herzlich in ihre Gemeinschaft aufgenommen haben.

Das Stück einzustudieren war doch eine gute Portion Arbeit. Die beiden Regisseure Peter Bäurich und Wolfgang Wittig ließen nicht locker. Immer wieder mußten die 16 Laiendarsteller zur Probe anrücken. Und natürlich auch den Text auswendig lernen. Trotzdem, mir hat das ziemlichen Spaß gemacht. Ich fand auch den Inhalt gut, wenn auch ein bißchen rührselig. Ich habe da richtig mitgefühlt, und irgendwie konnte ich mich in die Zeit vor einigen hundert Jahren zurückversetzen. Und wir Theaterspieler müssen es auch ganz gut gemacht haben, denn wir spürten die Anteilnahme, und bei einigen Omas glitzerten in den Augen gar ein paar feuchte Stellen. Den obligatorischen Bühnenkuß gab ich dem schwedischen Hauptmann. Das konnte ich von Herzen tun, den verwegenen Kerl spielte doch mein Freund.

Ich bin also vor fünf Jahren hierher nach Pöhsig gekommen, d.h. so nach und nach. Ich mußte meinen Freund doch erst ein bißchen prüfen, denn so Hals über

Kopf, das geht meist nicht gut. Er war seinerzeit Gast in unserem Hause gewesen. Mein Bruder hatte ihn mitgebracht. Die beiden waren echte Motorradfreeks, die bei den Meltewitzer Crossjagden um vordere Plätze kämpften. Dort lernte ich auch meinen Freund kennen und lieben. Es kann doch nur förderlich sein, wenn das Blut ein bißchen durcheinander kommt im Muldentalkreis.

Ich bin hier heimisch geworden, und die Leute haben mich schnell akzeptiert. Man muß natürlich auch selbst dazu seinen Beitrag leisten. Und das gefällt mir ganz besonders: Es besteht zwischen alt und jung eine gute Zusammenarbeit, und sie machen immer gemeinsame Sache. Ich kenne inzwischen alle Leute im Dorf. Ich könnte mir schon denken, daß wir hier eines Tages unsere feste Familie gründen werden. Vielleicht gar mit einem eigenen Häuschen? Pläne dazu haben wir noch nicht, wir sind ja noch so jung. Das hängt wohl davon ab, wie wir beide in Arbeit bleiben. Noch stehen wir in Lohn und Brot. Und wenn-s problematisch wird, dann müssen wir eben was Neues suchen. Abhauen nach den Westen? Nein, das käme für uns nicht in Frage. Hier haben wir unsere Freunde, und unser Jugendklub sorgt schon dafür, daß die Freundschaften bestehen bleiben. Wir unternehmen viel in der Gemeinschaft. Pfingsten fahren wir alle zelten. Wir sind eine richtig gute Clique. –

Wenn draußen im „Gutewasser“ mit seiner Waldinsel inmitten der Feldflur die Kobolde ihr Unwesen treiben, wenn beim Bäcker Buchwald die frischen Brötchen aus dem Backofen gezogen werden, wenn die Frauen übern Zaun den neuesten Dorftratsch austauschen, dann scheint die kleine Welt im idyllischen Dorf in Ordnung zu sein.

Historisches Steinbild der „schönen Magd“ und heutiges Lebensbild der Sabine Brummer.

WEITERE DORFNOTIZEN
aus Pöhsig

Im heutigen **„Gasthof Pöhsig"**, zu LPG-Zeiten als Kulturhaus errichtet gleich neben dem Zollhaus an der Chaussee, läßt es sich gut rasten, preiswert essen und übernachten oder in einem großen Saale tanzen. Die Nachfahren der LPG haben die Einrichtung unter ihrer Chefin Brigitte Schneeweiß erhalten und neu hergerichtet.

Das Zollhaus in Pöhsig

Das Seitengebäude eines alten Bauerngutes bauten schon vor vielen Jahren die Kameraden der **Freiwilligen Feuerwehr** für ihre Zwecke um. Die FFw ist außerdem das kulturelle Gewissen im Dorf. Osterfeuer, Eisfeten, Maibaumsetzen und andere Dorffeste auf der Gemeindewiese wechseln einander ab. Im Haus entstand auch ein Raum für den Jugendklub. Er findet guten Zulauf.

Handel und Gewerbe: Auf freiem Feld zwischen dem Dorf und der Chaussee entstand ein Gewerbegebiet. Ein Holzhandel (Latzel), eine Spedition (Plischka und Schmeling, Leipzig), eine Baufirma (CMPF Systemhaus), die schon ein Musterhaus errichtet hat, die Firma Bizerba von Matthäus Holderied, ein Baustoffhandel (Carl Risch) und ein Asphaltwerk (alle Rohstoffe dazu werden von weither mit LKW herbeigekarrt) haben sich hier niedergelassen. Windige Berater hatten unmittelbar nach der Wende von ungeahnten Steuereinnahmen gesprochen, die den Reichtum der Gemeinde mehren würden. Heute verkündet ein großes Schild, daß hier auf der „Ökowiese" noch Plätze zu vergeben sind.

Von den historischen Gewerken existieren nur noch wenige. Neben dem Malermeister Bernd Aurig gibt es heute die Firma Hans-Jürgen Fischer (Fenster und Wintergärten), Manfred Kühn, der mit Forst- und Gartengeräten sowie Fahrrädern handelt und sie auch repariert, den Bäcker Herrmann Buchwald, der zusätzlich mit einem Verkaufswagen über Land fährt, und den Getränkeverkauf von Peter Pawlik. – Die Landwirtschaft wird nach der Auflösung der LPG von der Ragewitzer Agrarproduktion betrieben. Dafür wird ein Großteil der ehemaligen Hallen und Ställe genutzt.

Neubauten mit Spielplatz in Schwarz-Pöhsig.

Haubitz, 1232 Hubewiz, 'Leute eines Hugo' (dt.-slaw.), OT von Thümmlitzwalde, 150 Einw.

Das Dorf gehört zu den wenigen Orten im Muldentalkreis, in dem die Bevölkerungszahl in den letzten zehn Jahren deutlich angestiegen ist. Den Fremden wundert das, denn außer „himmlischer Ruhe“ hat die schmale Siedlung wenig zu bieten. Aber vielleicht ist gerade das der Grund, daß hier immer mehr Leipziger ihr Eigenheim bauen? Elf sind es schon, die sich allmählich an Pöhsig heranschieben sowie einige entlang der Teichstraße zum Dorfteich hinunter. Hinter der Teichstraße soll ein weiteres Baugebiet erschlossen werden. Weitere Bauherren haben ihr Interesse an Bauland angemeldet.

Wenn in Haubitz die „Froschquakefahne“ weht, dann ist was los im Dorf

Das ganz alte Haubitz bestand aus vier Dominanten: einem Rittergut, einer Wegezeile mit einigen Schnitterhäusern, einer Wassermühle und dem Gasthof. Was ist davon übrig geblieben?

Der Herrensitz ist 1459 erstmals belegt. Das Rittergut gehörte der Döbener Herrschaft, bis 1934 dem dortigen Schloßherrn Carl von Böhlau, der es an einen Sproß der Bauerndynastie Spenke verpachtet hatte. Dann mußte es verkauft werden und ging an den Leipziger Erich Wahrig, der das Gut 1945 durch die Bodenreform verlor. Die dazu gehörende Brennerei mit dem hohen Schornstein wurde teilweise abgetragen. 15 Neubauern teilten sich fortan in die Flurstücke, Gebäude, Tiere und Maschinen. Später übernahm eine LPG die Anlagen mit einem Stützpunkt der MTS Grimma.

Im Herrenhaus richtete die Gemeinde Wohnungen ein sowie einen größeren Kulturraum. Der schrieb Geschichte! Der erste und lange Zeit einzige Fernseher im Ort

Wenn Gottfried Hantschmann (r.) bei seinem Freund Günter Baldauf am Dorfteich sitzt, dann ...

stand hier. In den Abendstunden drängelten sich dann die großen und kleinen Leute, um vom flimmernden winzigen Schwarz-Weiß-Bild die Neuigkeiten aus der Welt zu erkennen. Und sonntags war die Bude wieder gerammelt voll. Die meisten der Besucher hatten ihren Stammplatz. Da nämlich reiste der Landfilm an mit seinen knarrenden Apparaten, und über die wackelnde Leinwand flimmerten die ersten DEFA-Filme. Die Leute waren begeistert! Es machte ihnen Spaß, und sie hatten anderntags genügend Gesprächsstoff.

In der Wassermühle „unten am Bach“ wirtschaftete noch bis Mitte der 60er Jahre ein Neubauer. Danach wurde das Gebäude abgerissen. Im alten Gasthof bewirtete bis 1977 Edwin Uhlig seine trinkfesten Gäste. Dort befand sich auch das Gemeindeamt, denn der Wirt war zugleich der Bürgermeister. Schließlich verwaltete er noch die Poststelle. Diese Amtspersonen gibt es nicht mehr in den kleinen Dörfern. Das Gebäude steht jetzt leer. Die Scheune daneben haben Nachfahren zu einem Wohnhaus ausgebaut.

Auch die meisten „Schnitterhäuser“ in der Teichstraße leuchten im frischen Farbenglanz und mit neu gedeckten Dächern. In den 20er Jahren nannte sie der Volksmund die „Radiostraße“. Da nämlich hatte einer der Bewohner den ersten Radioapparat im Ort. Mit Stolz präsentierte er die technische Errungenschaft. Der Lautsprecher wurde auf volle Pulle gestellt, die Fenster geöffnet, und draußen auf der Straße versammelte sich der Rest des Dorfes, um die Nachrichten und die Musik aus dem Äther zu hören. Das war eine echte Sensation!

Der Rittergutsherr ließ die Wohnhäuser vor über hundert Jahren für seine Landarbeiter errichten, klein und auf engem Raum, ohne Vorgärten. Die Ställe und Schuppen standen jenseits der Straße, heute noch fressen dort ein paar Kaninchen. Jedes Häuschen hat seine Bank vorm Haus. Dort sitzen an warmen Sommertagen, aber auch im Frühling und zum Altweibersommer, die älteren Leutchen und gucken und schwatzen. Zu sehen gibt's eigentlich nichts, denn wer verirrt sich schon mal von der Chaussee draußen, die glücklicherweise nicht mal den Ortsrand berührt, hierher ins Dorf?

Klettereien am Braunkohlenquarzit am „Dreieck“ in Haubitz.

Doch wenn der Schlosser i.R. GOTTFRIED HANTSCHMANN (Jg. 40) hinunter in die Froschquake zu seinem Freund und Kollegen GÜNTER BALDAUF (Jg. 44) pilgert, dann dauert das geraume Zeit. Jede Bank will die aktuellen Tagesnachrichten von hier und aus der Umgebung hören. Umgekehrt muß er den wohlgemeinten Ratschlägen und neuesten Krankheitsgeschichten sein Gehör schenken. Wir lauschen jetzt seinen Erinnerungen:

Der „Sperber" fehlt noch in der Sammlung

Ich erblickte im nahen Schkortitz das Licht der Welt, erlernte in Grimma den Beruf eines Schlossers und fand hier Arbeit im MTS-Stützpunkt. 1964 zog ich ins Haus meiner Frau, und seitdem fühle ich mich im Dorf sehr wohl. Ich qualifizierte mich bis zum Ingenieur und war für den reibungslosen Einsatz der Technik verantwortlich. Durch gute Planung konnte ich die schwierige Situation mit den Ersatzteilen gut lösen. Wenn's gar nicht ging, halfen die Pilze unserer Champignonzucht. Meine Maschinen liefen fast immer.

Nach der Wende arbeitete ich in einer der GmbH, die sich nach der Auflösung der Werkstatt gebildet hatten. Wir halfen mit bei der Erschließung des Pöhsiger Gewerbegebietes. Nicht immer verlief alles bei den unterschiedlichsten Arbeiten reibungslos. Unser Vertrauen wurde allzu oft mißbraucht, die Rechnungen nicht bezahlt. So ergriff ich die Gelegenheit, mit 55 in den Altersübergang zu gehen. Ich half fortan bei meinen beiden Kindern, deren Grundstücke in Ordnung zu halten. Und dann habe ich noch ein Hobby: Ich baue alte Mopeds wieder auf. Das macht mir einen Heidenspaß, und ich bin so recht zufrieden, wenn ich mit ihnen die erste Tour drehen kann. Ich besitze sie alle, nur der „Sperber" fehlt noch in der Sammlung.

Und dann ist immer noch die Tätigkeit für mein Dorf. Jahrelang diskutierte ich als Abgeordneter in der Gemeindevertretung. Doch dort sitze ich nicht mehr, es macht keinen Spaß. Es läßt sich nichts mehr bewirken, und die bürokratischen Gesetze machen jede Initiative kaputt. 32mal mußten wir bei der Erschließung eines Wohngebie-

Neubauten an der Teichstraße.

tes abstimmen, bis alle Institutionen, Einrichtungen usw. usw. befriedigt waren. Da halte ich mich lieber an die praktische Tätigkeit. Unsere Dorffeste, die wir schon vor der Wende organisierten, feiern wir weiter. Über allen Veranstaltungen weht die Fahne mit dem Frosch, weil wir die „Froschquake", ein Flurstück an der ehemaligen Wassermühle, zum Symbol erhoben haben. Das ist unser Stück Heimat. Und damit die Leute am Dorfteich gemütlich Platz nehmen können, hat mein Kollege Günter Baldauf stabile Holzbänke gezimmert. Eine Stunde am Dorfteich inmitten der herrlichen Natur wird da schon zu einem kleinen Erlebnis.

WEITERE DORFNOTIZEN aus Haubitz

Damit Einheimische und Neusiedler sich im Ort wohlfühlen, wurde 1997 schon mal ein prächtiges **Dorffest** gefeiert. Ungewöhnlicher Anlaß war die 765. Wiederkehr der Ersterwähnung. Es muß also nicht immer ein runder Geburtstag sein! Jedenfalls folgt 2002 der 770. Geburtstag unseres Dorfes.

Am „Dreieck" liegt seit eh und je ein mächtiger **Steinblock** aus Quarzit. Niemand kann sagen, wann und warum er dort seinen Platz gefunden hat. Die Legende erzählt, daß hier einstmals die Gutsarbeiter vom Inspektor zu ihrer Arbeit eingeteilt wurden.

Das Haubitzer Herrenhaus.

Aus einer ehemaligen Neubauernstelle entstand eine schmucke **Kindertagesstätte** (32 Kinder, 3 Erzieherinnen). Hoffentlich siedeln sich weitere junge Familien mit vielen Kindern an, damit das schmucke Domizil noch recht lange erhalten werden kann.

Ein größerer Raum im ehemaligen Herrenhaus dient den Einwohnern als **Kulturhaus** für Tanzabende und andere wichtige Treffen der Jugendlichen. Die beliebten Rentnertreffs vereinen regelmäßig eine ganze Menge Leute. Auch Hochzeitsgesellschaften fühlen sich darin ganz wohl, selbst wenn sie mit hundert Leuten anrücken.

Als passionierter Jäger und Heger jagte Rudolf Schütze vor allem die Wildschweine. Dutzende davon erledigte er im Durchschnitt jedes Jahr, weshalb er auch als **„Schweinejäger"** in der Zunft bekannt war. In den 90er Jahren hielt er im Hause ein zahmes Tier, das seinen Platz in der Hollywood-Schaukel beanspruchte. Als „Guste" zu groß wurde, gab er die Sau in den Ziegenhof nach Fremdiswalde. Dort magerte sie mehr und mehr ab und verstarb schließlich vor lauter Heimweh. Flure und Zimmer in seinem schmucken Wohnhaus hingen voller Geweihe, von denen sich aber seine Frau Lilli inzwischen getrennt hat.

Gewerbliches: Drei kleine Betriebe haben sich im ehemaligen MTS-Gelände etabliert. Der eine stellt Kantprofile und Flachdachtechnik her (Peter Kroschwald), der andere sägt und bohrt Löcher in Stahlbeton (Andre Zschau), und der Kistner Bauservice ist in der Baubranche tätig. - Der Grimmaer Lutz Bernhard nutzt nach dem Umbau die ehemaligen LPG-Gebäude in der Bachniederung, in denen damals in großen Mengen Champignons heranwuchsen. Als Garten- und Landschaftsbauer sorgt er mit seinem Unternehmen für Ordnung in der Landschaft und in den Dörfern.

Zaschwitz, 1349 Zczazluwicz, 'Leute des Caslav' (slaw.), OT von Thümmlitzwalde, 92 Einw.

Hingeduckt im schmalen Talkessel, als wollte es sich verstecken, liegt eingebettet in Streuobstwiesen das Dorf am Fuß der Deditzhöhe. Sie beschneidet tausend Meter weiter westlich den Blick übers Land. In der flachen Senke östlich verläuft in einem Bogen die breite Piste der Autobahn. Mit der nahen Auffahrt bei Mutzschen ist der Ort gut ans Verkehrsnetz angebunden. Die Dorfstraße führt kurvenreich durch den Ort. Teilweise begrenzen Trockenmauern die Hohle. Bei entgegenkommenden Fahrzeugen muß man höllisch aufpassen.

Sechzehn bäuerliche Betriebe bestimmten einstmals die Abläufe im Dorf, prägten sein Aussehen. Die Bauern bestellten die hügeligen, aber sehr fruchtbaren Äcker. Die gut erhaltenen Guts- und Wirtschaftsgebäude unterschiedlicher Größe, heute leer und kaum genutzt und dennoch größtenteils vorbildlich erneuert, dokumentieren noch jetzt die Positionen im ehemaligen Ortsgefüge. In den weit-räumigen Gärten und Höfen schnattert und gackert das Geflügel, weiden Schafe, blüht es farbenfroh auf Beeten und in Töpfen. Die Gastwirtschaft, die Dorfschmiede, die Windmühle und die Käserei existieren allerdings nur im Langzeitgedächtnis der Alten.

Wenn man den „Zaschwitzer Öbstler“ sucht, so findet man ihn bestimmt in seiner Plantage am Osthang der Deditzer Höhe. Über die Jahreszeiten hinweg gibt es dort immer was zu tun für den weit über des Dorfes Grenzen hinaus bekannten Obstfachmann WERNER SCHIEFERDECKER (Jg. 30):

Sorgen eines Zaschwitzer Pomologen

Ich bin kein gebürtiger „Zascher“, meine Wiege stand in Serka, unweit von hier. Dort betrieben meine Eltern die Gastwirtschaft, und Vater sicherte mit dem Obsthandel das Einkommen. Vor allem brachte er Stein- und Kernobst zum Verkauf, geerntet auf eigenen Bäumen rund ums Grundstück, von gepachteten Bäumen an Straßenrändern und Streuobstwiesen. Das geschah in dritter Generation, und mein Urgroßvater transportierte die leicht verderbliche Fracht noch per Schiebebock zum Abnehmer, wenn es sein mußte, bis hinein nach Leipzig.

Schon als Junge mußte ich Vater beim Pflücken, Sortieren, Heimfahren und dem Transport der langen hölzernen Leitern zur Hand gehen. Das war mit enormen körperlichen Belastungen verbunden und ziemlich gefährlich. Die Bäumen wuchsen hoch in den Himmel. Vor allem die Birnbäume fanden kein Ende.

Seinerzeit veredelte man noch auf Sämlinge, was weites Wurzelwerk und starken Wuchs zur Folge hatte. Bis in die Nachkriegsjahre dominierten die bewährten und bekannten Sorten mit klangvollen Namen wie „Kaiser Wilhelm“, „Schöner von Boskop“, „Prinz Albrecht“, „Geheimrat Oldenburg“, „Gräfin von Paris“, „Köstliche von Charneau“. Es hatte den Anschein, daß sich hier der ganze Adel ein Stelldichein gab.

So lernte ich von der Pike auf die Pomologie kennen, also die Obstbaukunde. Ich trat folgerichtig in die Fußtapfen meiner Vorfahren, wurde von einer hübschen Zaschwitzer Maid bezirzt, geheiratet und zum Bewohner des Dorfes. Ich trat der Nerchauer Obstbaugemeinschaft bei. Die hatte mein Vater vor einem halben Jahrhundert gegründet. Der Gedankenaustausch, die Exkursionen, die lehrreichen Ausstellungen und die fröhlichen Stunden bei Gartenfesten festigten das persönliche Miteinander Gleichgesinnter. Ich war dabei der einzige Profi, den seine Bäume ernähren mußten. Schade, daß dieser Verein ein „Wendeopfer“ wurde.

Forschung und Züchtung haben den wissenschaftlichen Obstbau vorangetrieben. Da blieb nichts mehr übrig von den alten Sorten und hochstämmigen Bäumen. Namen wie „Auralia“, „Alkmene“, „Clivia“, „Spartan“, „Gelber Köstlicher“ eroberten den Markt und den Zuspruch der Verbraucher. Schwachwüchsige, alljährlich tragende, krankheitsresistentere Gehölze bestimmten mehr und mehr den Anbau. Die immer mehr sich ausdehnenden Obstplantagen in unmittelbarer Nachbarschaft diktierten indirekt mit ihren Strategien, Anbau- und Lagermethoden auch mein Tun. Das forderte von mir ein ständiges Informieren und Lernen. Nun sind es „Jonagold“, „Idared“, „Mc Intosh“ oder „Gala“, die ich anbaue und ernte, in beachtlichen Mengen und hervorragender Güte. Ich habe es schwer, gegen die in- und ausländischen Großanbieter zu bestehen. Noch gelingt es mir, oft mit großem Aufwand und geringem Erfolg. Aber wie lange noch?

Ich brauche dazu viele tausend treue, fleißige und unersetzliche Helfer. Es sind meine Bienen. Seit über 50 Jahren habe ich mich der Imkerei verschrieben. Ohne die summenden Gesellen würde mir ein Stückchen Lebensinhalt fehlen, wäre es aber auch um die Fruchtbarkeit der Bäume und Pflanzen mies bestellt. Und natürlich bessern sie mit ihrem Honig den Familienetat auf. *(W.S.)*

Das weiß Werner Schieferdecker ganz genau: Ohne Bienen kein Obst!

Thümmlitzer Revier

Durch Haselbüsche führ ich dich waldein
Und mache dich mit jedem Pfad vertraut.
Längst lerntest du von selbst auf jeden Laut
Zu achten, raschen Winks gewärtig sein.

Du schlurfst durch hohe Gräser eine Weile,
Die du bei ihren schönen Namen nennst.
Du siehst nun auch die Schmetterlinge, kennst
Die Schillerfalter und die Tannenpfeile.

Inmitten ausgedehnter Wälder Schweigen
Erglänzt der See mit seinen Wasserrosen,
Die große Buche nimmt uns in die Hut,
In deren Zweigen wilde Tauben kosen.

Ich bin beglückt, kann ich es dir auch zeigen -
Allein zu wandern ist der Wald zu gut.

Walter Grosse

Am Beatenkreuz im Thümmlitzwald.

Um den Thümmlitzwald

Das größte zusammenhängende Waldgebiet im Muldentalkreis östlich der Mulde (1500 ha) bildet den südöstlichen Zipfel des Porphyrhügellandes und liegt im Dreieck, das durch den Unterlauf der Freiberger Mulde und dem Anfang der Vereinigten Mulde entsteht. Quer durch den Thümmlitz verläuft deshalb auch die Wasserscheide zwischen beiden Flußsystemen.

Nicht nur die abseitige Lage, sondern auch die geologischen Bedingungen haben hier die hochmittelalterliche Landnahme erschwert und die Waldbedeckung weitgehend erhalten. Verschiedene Porphyre treffen hier im Untergrund aufeinander. Vereinzelt treten sie auch bis zur Oberfläche durch: der Leisniger an den Hängen beim Bahnhof Tanndorf, der Grimmaer zwischen Förstgen und Naundorf (hier auch durch Steinbruch aufgeschlossen), der Rochlitzer an der Straße zwischen Böhlen und Kössern mitten im Wald. Die Oberfläche wird aber hauptsächlich von verschiedenen Lockersedimenten, nur noch wenig vom aufgewehten Löß bedeckt.

Die Höhen liegen zwischen 129 m (gegenüber den Steinklippen bei Förstgen) und 211 m (Weißer Berg). Grobe eiszeitliche Ablagerungen bilden meist die Hügel und Erhebungen. Darauf deuten die zahlreichen nordischen Geschiebe hin, die hier zu Tage treten und den Pflug auf Dauer abgewiesen haben.

„Steine“ sind noch in anderer Hinsicht eine Besonderheit im Thümmlitzwald und um ihn herum. Bekannt sind z.B. auch die auffallend oft auftretenden Braunkohlenquarzite oder Knollensteine. Sie sind Zeugen der tertiären Bedeckung des Landstrichs. So hat auch seit etwa 1820 der Abbau von Braunkohle durchaus einige Bedeutung erlangt, z.B. bei Leipnitz und Seidewitz.

Die Vielgestaltigkeit des Gebietes zieht deshalb viele Wanderer und Erholungssuchende an, die hier Ruhe finden und zunehmend auch die Dörfer des unmittelbaren Umlandes zum Aufenthalt oder Wohnsitz wählen. *(W.E.)*

Der Thümmlitz - ein an Flora und Fauna reicher Wald

Der Thümmlitz ist ein lückenloser Waldkomplex, der sich auf einer etwa 14 Quadratkilometer großen ziemlich quadratischen Fläche ausdehnt. Mit seinem SW-Zipfel reicht er bis fast an den Zusammenfluß von Zwickauer und Freiberger Mulde heran. Er macht gegenwärtig eher den Eindruck eines natürlichen Mischwaldes als den eines ehemaligen Forst- und Jagdgebietes.

An seiner NW-Ecke liegt eingebettet zwischen ihm und dem Müncherholz der künstlich durch einen Stau angelegte Thümmlitzsee. Das Müncherholz verlängert den eigentlichen Thümmlitz in nordwestlicher Richtung um weitere 2 bis 3 km bis an die Vereinigte Mulde heran. Von Kössern nach Böhlen teilt eine schnurgerade Asphaltstraße den Wald in einen nördlichen und einen südlichen Teil, und von Leipnitz nach Tanndorf eine ebensolche in einen westlichen und östlichen Teil. Zwischen diesen Hauptachsen ist der Thümmlitz aus forstlichen Gesichtspunkten schon seit langem in meist rechteckige, gleichgroße Quartiere eingerichtet worden. Daher kreuzen sich viele Waldwege und Schneisen. Manche Wege wurden beschildert und führen den Wanderer zu kleinen heimatkundlichen Sehenswürdigkeiten, z.B. der Hutungssäule, zum Teufels- und Näpfchenstein, zum Beatenkreuz und den Hundegräbern. Nicht umsonst wird deshalb vom „steinreichen“ Thümmlitz gesprochen, und manche Legende rankt sich um diese Erscheinungen *(siehe Rundblick-Lesebuch)*.

Der Thümmlitz ist ein schöner, an Flora und Fauna reicher Wald. Sein früherer Umbau zum künstlich angelegten Forst fällt wenig auf. Viele Quartiere mit jeweils einer anderen darin dominierenden Baumart reihen sich schachbrettartig aneinander. Dabei wechseln junge und alte Bestände ständig ab. Es gibt solche mit Traubeneiche, Rotbuche, Birke, Lärche und Kiefer als vorherrschender Baumart. Die Kiefer belegt wahrscheinlich die meisten Quartiere, dagegen ist die Fichte nur sehr selten vertreten. Einige kleinere Flächen mit nordamerikanischen Roteichen, Robinien und Weymouthskiefern fallen auf. Außerdem kommen truppweise oder als Einzelbäume Berg- und Spitzahorn, Sommer- und Winterlinde sowie überall eingestreut die Hainbuche vor. Die guten Lichtverhältnisse vor allen in den Althölzern ermöglichen eine reiche, vielseitige Ausbildung der Boden-, Kraut- und Strauchschicht des Waldes, wodurch der vorwiegend von der Natur selbst geprägte Mischwaldcharakter deutlich hervortritt.

Der Thümmlitz ist aufgrund seiner vielen „ökologischen Nischen" ein wahrer Magnet für die Vogelfauna seiner Umgebung. Bussarde, Krähen und Rotmilan, sicher auch der Habicht, errichten darin ihre Horste. Groß ist die Artenzahl der Singvögel. Besonders zu nennen wären noch Schwarzspecht und Hohltaube, deren Bruthöhlen sich in den Rotbuchen befinden. Kuckuck und Pirol beleben vom Frühjahr bis zum Sommer den Wald mit ihren lauten Rufen und dem Gesang. *(H.K.)*

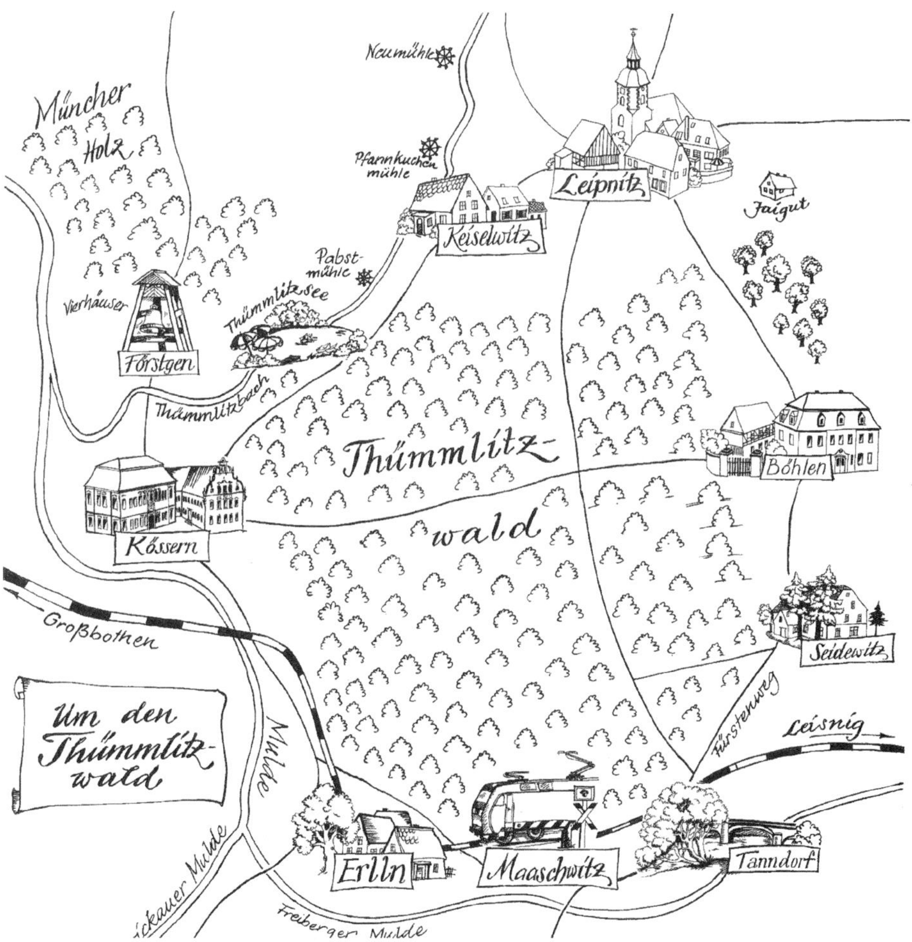

Die Dürrweitzschener Obstplantagen umschließen fast vollständig den Ort, sie schieben sich über den Heide- und Steinberg hinweg. Nach Westen zu grenzt der Thümmlitzwald an. Ein halbes Dutzend Straßen spreizen sich sternförmig und gradlinig in alle Himmelsrichtungen. Doch kein Kirchturm gibt ihnen Geleit.

Böhlens Kirchgänger müssen über die Kreisgrenze gehen

Die Heimatfreunde konnten trotz intensiver Forschung keine Erklärung finden, warum der sakrale Bau fehlt. Der Ort ist nach Polditz eingepfarrt, wo auch die Toten begraben werden. Ein weiter Weg zur letzten Ruhe. Früher ging's gemächlich mit dem Leichenwagen, heute organisiert das Beerdigungsinstitut den Abschied von zu Hause.

Seit 1952 müssen die Kirchgänger die Kreisgrenze überschreiten, denn Polditz blieb im Kreis Döbeln, Böhlen kam nach Grimma. Damals wurden die politischen Strukturen neu gezogen. Manche Alte haben das bis heute nicht verkraftet, und Leisnig liegt ihnen viel näher als Grimma.

Das Dorf übt auf Auswärtige eine magische Anziehungskraft aus. Besonders an den sommerlichen Wochenenden erhöht sich die Bevölkerungszahl. Da fällt ein Schwarm Leipziger ein. Die Städter haben schon vor Jahrzehnten den 'lichten Ort' entdeckt. Draußen, nahe am Thümmlitz, besetzten sie das Land, bauten große und kleine Bungalows, säten und ernteten Blumen und Gemüse oder lagen einfach faul im Grase. Pfingsten wird zum großen Marsch geblasen. Da geht's auf zur heimatkundlichen Wanderung, der sich ein feuchtfröhlicher Pfingstschoppen anschließt. Das festigt die Wochenendgemeinschaft.

Böhlen „oben“ und „unten“ von Muschau her gesehen.

Die Siedlung erstreckt sich in einem flachen Tal beiderseits eines winzigen Baches. Der Volksmund unterscheidet das Unter- und Oberdorf. „Unten" prägen die verfallenden Anlagen des einstigen Rittergutes und die neueren Stallungen der ehemaligen LPG das Bild, „oben" schiebt sich das Häusermeer sanft den Hang zum Steinberg empor. Die Häusleranwesen drängen sich eng beieinander und lassen nur wenig Platz für schmale Gassen.

Böhlen war seit jeher eine Arbeitersiedlung. Die Leute fanden Lohn und Brot in der Forstwirtschaft, im Bergbau und auf dem Rittergut. Beide Ortsteile sind erst 1919 politisch zu einem Dorf vereint worden. Bis dahin waren sie selbständig, trugen seltsamerweise den gleichen Namen.

Das Rittergut im Unterdorf, vermutlich auf den Resten einer Wasserburg errichtet, brannte 1822 bis aufs Herrenhaus ab. Die zerstörten Gemäuer füllten den Wassergraben aus. Die neu gebauten Ställe und Scheunen überdauerten Enteignung und LPG-Nutzung mehr schlecht als recht und harren nun im maroden Zustand einer künftigen Nutzung. Sie werden wohl eher den Weg ihrer Vorgänger gehen. Lediglich das Herrenhaus blieb einigermaßen brauchbar erhalten. Es diente von 1952 bis 1991 als Heim für Waisenkinder. Seitdem nutzt die Schule die unteren Etagen für ihre Zwecke.

In der oberen Etage hat der Heimat- und Kulturverein Thümmlitzwalde eine Sammelstätte für den bäuerlichen Hausrat eingerichtet. Und da sind jede Menge Gegenstände zusammengekommen. Was sonst im Sperrmüll oder auf den Lieferwagen der „Holländer" landet, hat hier nun einen erinnerungsträchtigen Platz gefunden. Initiator und spiritus rector war und ist Lutz Kirsten (Jg. 60):

Omas Wäsche heben wir gut auf!

Mit 15 fand ich auf der Heimatflur ein Steinbeil. Das hat mich fasziniert. Fortan stolperte ich mit Walter Naumann über die Felder und Fluren. Ich wollte noch mehr finden. Auch in meiner beruflichen Tätigkeit im Forst hielt ich die Augen offen. Dort

Die alten Rittergutsgebäude in Böhlen, links das ehemalige Herrenhaus.

purzelten mir die Scherben der alten Töpfe und Urnen regelrecht entgegen. Ich kam von der örtlichen Heimatgeschichte nicht mehr los. Wir müßten das „alte Zeug“ sammeln und ausstellen. Ein Glücksfall war es, als im Rittergut einige Zimmer frei wurden. Vorerst war dort allerhand handwerkliches Geschick notwendig und viel, viel Zeit. Meine Frau machte gute Miene zum guten Spiel, sie packte mit zu. Einige andere auch. Inzwischen scharten sich die Geschichtsfreunde in einem Heimatverein zusammen. Der schafft einen guten Rahmen für unsere Aktivitäten.

1998 öffnete der Heimatverein die Türen für die Öffentlichkeit. Viele kamen, freuten sich, wenn sie ihr gespendetes Objekt wiedererkannten. Andere suchten weiter zwischen Keller und Boden nach Zeugnissen der Bauerngeschichte. Sie wurden fündig. Sogar eine originale Bierflasche der alten Böhlener Brauerei steht hier, allerdings seit über 100 Jahren leer. Neben der Schlaf- und Wohnstube wetteifert eine Küche um den Vorrang der Betrachtung. Die Schuhmacherwerkstatt von Felix Weinhold fand ihren berechtigten Platz. Bäuerliches Gerät und die Geschichte des Rittergutes werden erklärt. Von allem für alle ein bißchen Geschichte. Die Alten erfreuen sich an ihrer „guten alten Zeit“, die Jüngsten staunen neugierig über die seltsamen Dinge. Nur die mittlere Generation scheint „wenig Bock“ dafür zu haben. Die jungen Erwachsenen müssen wohl erst älter und reifer werden.

Und dann muß noch ein nicht alltäglicher Kundendienst erwähnt werden: Am Öffnungstage, das ist jeder 3. Sonntag im Monat, servieren die Heimatstubenfrauen Kaffee und selbstgebackenen Kuchen. Der bescheidene Reingewinn wird für die Stromkosten verwendet. Viel kommt nicht ein, doch Kleinvieh macht auch Mist. Die Einheimischen sind da wohl ein bißchen träge, obwohl sie nicht einmal auf ihren Sonntagnachmittagskaffee verzichten müssen. Trotzdem lassen wir den Mut nicht sinken. Wir kochen und backen weiter!

Lutz Kirsten im Heimatmuseum.

Und noch einer hat jahrelang im Dorf gewerkelt. Dem Leipziger Maler Eberhard Klauss (Jg. 47) wurde die Stadt zu teuer. Sein Wunsch nach einem alten Haus erfüllte sich 1995 im hiesigen Ort. Die Nachbarn bedauerten den Neuankömmling. Und dazu noch ein Städter! Sie mußten sich belehren lassen. Aus einer verfaulten, nassen und bruchsteingemauerten „Bude“ schuf die Familie ein dörfliches Kleinod. Es blieb auch Platz für ein kleines Atelier, in dem die großformatigen Bilder lagern. Und nun auch wieder neue entstehen können. Kontakt zum Dorf? Der ist noch nicht da. Vielleicht liegt es auch an den beiden Neu-Böhlenern. Und an den Arbeitsplätzen: Leisnig und Oschatz. Die weiten Wege, die längst nicht abgeschlossene Restauration, das malernde Hobby, weder eine Gaststätte noch andere fehlende Beziehungs- und Berührungspunkte im Dorfe mögen hindernde Gründe sein. Aber nur Schlafstatt soll das Dorf nicht sein. „Und bestimmt werde ich auch mal Skizzen aus der Umgebung machen. Da ist doch eine abwechslungsreiche Landschaft. Obwohl, ich liebe mehr das Spröde, das ich dann in meinen Bildern verarbeiten will.“

*

Für Walter Naumann war die Landschaft des Thümmlitz sein Ein und Alles. Mit einem unbeschreiblichen Eifer durchstreifte er die Heimat und durchwühlte den Boden. Seine vorgeschichtlichen Funde gehen fast in die Tausende. Er stöberte in alten Schriften und Urkunden. Danach zog er neue Schlußfolgerungen, manchmal mit kühnen Ideen im Zwiespalt mit den Experten. Das muß für beide Seiten nicht immer ein Nachteil sein. Und wenn es ihm zu bunt wurde, dann holte er seinen Zerrwanst heraus und spielte munter drauf los, sommers an milden Abenden auf der Hofbank für seine Elfriede und in der Silvesternacht droben am Heideberg. Der Heimatverein setzte dem „König vom Thümmlitz“ ein Denkmal. Draußen im Thümmlitzwald, wo viele geschichtsträchtige Steine an vergangene Ereignisse erinnern, da steht jetzt ein Monolith mit einer Steintafel, die an den selbstlosen Menschen erinnert: „Heimatpfleger Walter Naumann aus Böhlen 1904 - 1991“.

Das Dorfbild verschönert sich, wenn die alten Fachwerkhäuser saniert werden.

WEITERE DORFNOTIZEN aus Böhlen

Das Projekt eines **Bahnbaues** und damit eines Anschlusses an die weite Welt geistert mehrmals durch die Akten. 1872 sollte die Linie Meißen - Großbothen den Ort berühren. Es erfolgten schon die Messungen, aber aus bautechnischen Schwierigkeiten wurde das Vorhaben abgebrochen. 1919 gab es noch mal Überlegungen, eine Schmalspurbahn von Zschoppach nach Kössern zu bauen. Doch auch diese Pläne verwirklichten sich nicht.

Am **Dorfpranger** stand 1809 zum letzten Male in Böhlen der Steinmetz Haferkorn. Er hatte Falschgeld gedruckt. Anschließend mußte er noch eine 10jährige Zuchthausstrafe absitzen *(siehe Rundblick-Lesebuch).*

Die **Mittelschule** hat als einzige Landschule im südöstlichen Raum des Muldentalkreises wohl weiterhin Bestand. Schulleiter Horst Roitzsch organisierte mit seinem Kollegium mehrere Profile: Hauswirtschaft, Werken, Computer und Technik. Neben dem Hauptgebäude befinden sich im ehemaligen Herrenhaus verschiedene Fachkabinette. Eine modernisierte Turnhalle wird gut genutzt.

Der **Ornithologe** Joachim Machoy (Jg. 30) schreibt seine Beobachtungen seit Jahren sorgfältig auf und hat jetzt seine Erkenntnisse in einem Büchlein mit dem Titel „Die Vögel in und um Böhlen" zusammengefaßt. Auch die Veränderung der Landschaft wurde dokumentiert. Mit einer kleinen Umweltgruppe sorgt er dafür, daß die Bachläufe mit ihrer Tier- und Pflanzenwelt, vor allem das FND Mühlbach, gepflegt werden.

Vereine: Heimatverein Thümmlitzwalde, Vors. Ulrich Pracejus. - Fußballsportverein (FSV) Dürrweitzschen 1990, Vors. Jochen Tröger. - Kaninchenzuchtverein Böhlen, Vors. Rainer Jundel. - Kleingartenverein „Am Heideberg" Böhlen, Vors. Ralf Kämper. - Freiwillige Feuerwehr, Wehrleiter Gunter Keller.

Handel und Gewerbe: Die alteingesessene Bäckerei Schmieder ist eine der ältesten Bäckereien Sachsens, schon 1832 belegt und wird jetzt in der 6. Generation geführt. Sie war damals königl.-sächs. Hoflieferant für das Rittergut Kössern. Jetzt werden noch zwei Filialen in Leisnig und Rochlitz beliefert. Nach dem kalorienreichen Weihnachten gibt es die „echt billigen" Wasserbrezeln.- Mittagstisch Guske. - Baubetrieb Christian Voigt. - Dachdeckermeister Wolfgang Keller. - Dachdeckerei K. und G. Keller. - Malermeister Dietmar Klante. - Fenstereinbau Michael Krause. - Handel mit Kfz von Helmut Schöne.

Dorfstraße mit alter Wasserpumpe in Böhlen.

In den letzten Jahren zogen allenthalben in den Dörfern die Festumzüge durch die Straßen. Die Orte feierten mit viel Geschick und Erfolg ihre Dorffeste. Meist lag denen ein rundes Jubiläum der ersten urkundlichen Erwähnung zugrunde.

Einige Seidewitzer wurmte das schon lange. Wir wollen auch unser Fest haben! Beim Suchen in den alten Akten wurden sie zwar fündig, aber die Ersterwähnung paßte nicht so recht in den zeitlichen Rahmen. Und so entschieden sie sich, im runden Jahre 2000 die 660. Wiederkehr der Ersterwähnung zu feiern. Und das hat sich gelohnt!

Die Seidewitzer probierten es mit der 660

Sogar den Mühen für einen Festumzug unterzogen sich die Einwohner. Schließlich marschierten fast mehr Einwohner festlich gekleidet über die Straßen als am Rande zuschauten. Wenn da nicht die Auswärtigen gewesen wären! Die mit viel Phantasie gestalteten Wagen verkörperten ein Stück Ortsgeschichte. Und so zog eine Karawane in selbstgefertigten Kostümen und mit originalen Geräten durchs Dorf, von der ersten Besiedlung über den Kohleabbau bis in die Jetztzeit. Auf der Festwiese gab es herzliche Wiedersehensszenen. Am Ende waren Bier und Würste alle. Die Kameraden der Böhlener Feuerwehr wußten wohl, daß es keinen Ernstfall gibt. So sorgten sie sich mit Eifer um den kulinarischen Nachschub. Einen guten Einfall muß man hervorheben: Da hatte ein Einheimischer alle Häuser des Dorfes auf Video gebannt und zeigte dieses garniert mit heiteren Geschichten an einem vergnüglichen Abend.

*

Die Siedlung kümmerte jahrhundertelang im Schatten von Polditz. Dort stand die riesige Kirche, und dort befand sich auch der Friedhof. In den Geschäften holten sich die Hiesigen ihr Brot und die Wurst, wenn die Nahrung nicht aus dem eigenen Stalle

Siegfried Häußler vor seinem Bauernhof.

oder Backofen kam. Erst nach 1952 mit der Verwaltungsreform machte die Kreisgrenze zwischen Grimma und Döbeln einen herben Schnitt. Die Kinder mußten jetzt nach Böhlen in die Schule, und nur langsam orientierten sich die Seidewitzer dorthin und in die neue Kreisstadt Grimma.

Den Kern der weitverstreuten Häuser bildeten am unmittelbaren Rande des Thümmlitzwaldes markante Vierseithöfe. In der Landwirtschaft und im Forst fanden die Häusler Arbeit und Lohn. Das änderte sich gravierend nach 1870. Da nämlich begann in den Randlagen des Thümmlitz ein intensiver Braunkohlenabbau. Das geschah über und unter Tage. Letzteres war nicht ganz ungefährlich, denn die lockeren Deckschichten betrugen gerade mal fünf bis 15 Meter. Die Bergleute waren glücklich, wenn sie heil und gesund aus den primitiven Schächten klettern konnten. Fünfzig Jahre beuteten die Besitzer mit mehr oder weniger Gewinn die Flöze aus. Dann lohnte es sich wirklich nicht mehr. Kurz nach dem II. Weltkrieg, diesmal aus der Not geboren, bemühte man sich, erneut fündig zu werden. Bis 1959 transportierten Handwagen und Pferdefuhrwerke den kostbaren Heizstoff in die nähere und weitere Umgebung. Man hatte manchmal Mühe, das nasse Zeug zum Brennen zu bringen. Später fielen die ausgekohlten Flöze in sich zusammen. In den Senken sammelte sich das Wasser, und bald holte die Natur die Flecken zurück. Heute bilden sie interessante Biotope, die geschützt werden sollten. So hat eben alles wieder sein Gutes.

*

Von Seidewitz aus wurde über viele Jahrhunderte hinweg der Forst Thümmlitz verwaltet. Für den Herrn Oberförster entstand eine vornehme Villa, und den Verstorbenen setzte man einen Gedenkstein im Wald. Nach dem Krieg veränderten sich die forstlichen Strukturen. Das herrschaftliche Gebäude wurde nicht mehr gebraucht. Nach einer dreijährigen Forstschulzeit richtete der Staat darin ein Kinderheim ein. Dort werden seitdem junge Menschen, für die es keinen Platz mehr gab in den Familien,in dem Kinderheim „Forsthaus Seidewitz“ betreut. Die Erzieher geben sich alle Mühe, aber Ersatz bleibt eben Ersatz.

Wer heute im Ort ein bestimmtes Haus sucht, hat es nicht so einfach. Das Straßendorf entwickelte sich zu einer regelrechten Streusiedlung. Am Fürstenweg, der sinnigerweise mal Briefträgerweg hieß, rodeten 1946 im Zuge der Bodenreform neun Neubauern den Wald, um Platz für Gebäude und Ackerflächen zu bekommen. Die Umsiedler suchten hier eine Bleibe, denn ein Rittergut gab es nicht. Doch ihre Mühe lohnte sich kaum, denn der ehemalige Waldboden brachte nicht viel ein. Die Seidewitzer Vorfahren hatten schon gewußt, warum sie hier den Wald wachsen ließen. Heute hat er die Felder wieder im Besitz, und die Neubauernhäuser haben sich in Siedlungshäuschen verwandelt. Auch die einstigen Gebäude der Braunkohlengruben, die verstreut im Wald liegen, werden zum Wohnen oder von einer Holzverarbeitungs-GmbH genutzt.

Das Kinderheim „Forsthaus Seidewitz“.

Das Gemeinsame und das Besondere der drei Wasserdörfer an der Freiberger Mulde

Ein weiteres Mal vereinen sich drei Orte in einem Begriff. Es sind die „Wasserdörfer" Erlln, Maaschwitz und Tanndorf. Anlaß dazu war die nahe Lage zur Mulde. Da konnte es schon mal passieren, daß die Wasserfluten das Land überschwemmten und in die Hütten eindrangen. Die Maaschwitzer hatten weniger Probleme, denn ihre Häuser klebten etwas höher am Hang des Thümmlitzwaldes. Lediglich die alte Schule am tiefer gelegenen Dorfrand wurde da in Mitleidenschaft gezogen, sehr zur Freude der Kinder. Da gab's nämlich schulfrei. Doch das ist schon lange her. Seit den 30er Jahren hat es diese Sorgen nicht mehr gegeben. Damals wurden die Dämme erhöht und die Hochwassergefahr gebannt. Letztmalig entstand beim Jahrhunderthochwasser 1954 eine brenzlige Situation: die gurgelnden Wassermassen standen ganze zehn Zentimeter unterm Dammscheitel.

Die meiste Zeit des Jahres plätschert die Mulde nur so vor sich hin. An manchen Stellen hat sie gerade mal einen Tiefgang von 50 cm oder noch weniger. Die Einwohner baden (oder waten) jetzt wieder im Fluß, denn die Wasserqualität hat sich grundlegend verbessert.

Das zeigt sich auch im Fischbestand. Wer einen Angelschein hat, der kann es ja mal probieren. Wenn er es geschickt anstellt, holt er eine ganze Menge heraus: Hechte, Karpfen, Aale und andere Sorten. Und die schmecken so wie die aus der Markthalle. Sagt man.

*

Die Siedlungen erstrecken sich nur wenige hundert Meter voneinander getrennt zwischen Thümmlitz und Muldenufer. Schon immer machten die Bewohner gemeinsame Sache. Die Kinder besuchten eine Grundschule. In Maaschwitz und Tanndorf regierte

Unmittelbar hinterm Deich stehen die Häuser von Erlln.

seit langem der gleiche Bürgermeister, bis auch die Erllner in den 50er Jahren ihre Eigenständigkeit aufgaben. Sie konnten ihn nicht mehr bezahlen. Heute gehören die Orte zur Großgemeinde Zschadraß, die ihren Hauptsitz jenseits der Mulde hat. Doch ihr Bürgermeister Matthias Schmiedel hat sie nicht vergessen. Wenn er gerufen wird, dann ist er da. Sein Herz schlägt für alle Ortsteile!

Trotzdem konnten wir in jedem Ort winzige Eigenheiten beobachten: das „stille" Erlln, das „enge" Maaschwitz, das „quirlige" Tanndorf. Und die Einwohner legen Wert darauf, daß ihr Ortsname bestehen bleibt und genannt wird.

Erlln, 1753 Erlhäuser, 'Häuser bei den Erlen' (dt.), OT von Zschadraß, 97 Einw.

Ein „stiller" Ort? Das Attribut kommt von seiner Lage her. Die Siedlung ist nämlich ein reines Sackgassendorf. Wer dennoch die Durchfahrt versucht, Autofahrer sind ja mitunter hartnäckige Leute, der wird auf der Warteschleife zur Umkehr gezwungen. So ist eine gewisse Ruhe im Dorf eingekehrt. Selbst die Hunde passen sich der Stille an. Vermutlich haben sie wenig Anlaß, Fremde aus dem Dorf zu bellen. Es kommen kaum welche hierher.

Wer aber mal hineinschaut, der wird überrascht sein von den „Erllhäusern". Es sind zwar nicht mehr die von vor 250 Jahren, doch der „zweite Aufguß" zeigt nach wie vor eine schlichte Schönheit. Einige der Eigentümer haben in den letzten zehn Jahren das Fachwerk, die Außenanlagen und sogar die kleinen Scheunen und Ställe herausgeputzt.

Erlln ist ein „junges" Dorf. Erst vor 250 Jahren bauten Gutsarbeiter ihre kleinen Hütten beiderseits einer schmalen Gasse. Vermutlich weideten sie auf den Muldenwiesen das Vieh ihrer Rittergutsherrschaften aus Böhlen und Podelwitz oder machten für sie das Heu. Nach und nach verwandelten sich die Saisonkräfte in bodenständige

Die ehemaligen Bleichwiesen von Erlln, dahinter der Thümmlitzwald.

Landarbeiter. Für den Eigenbedarf hielten sie zwei Kühe, vielleicht noch ein Schwein und etwas Federvieh. Das Futter holten sie aus dem schmalen Gartenland unmittelbar am Haus, von der Wiese oder einem Flecken Feld.

Erlln war mal „das Dorf der Leinenbleicher“

Weithin bekannt gemacht hat den Ort ein Wirtschaftszweig, der zwar schon vor 130 Jahren zu Ende ging, aber heute noch in der Erinnerung lebendig geblieben ist: die Leinenbleicherei. Bis um 1870 wurde im Sachsenland viel Flachs angebaut und teilweise in den bäuerlichen Spinnstuben selbst verarbeitet und zu Garn gesponnen. Die Weber in der Stadt webten daraus eine graue Leinewand, die nun noch ihr strahlendes Weiß erhalten mußte. Und dafür sorgten die Erllner.

Die Leinwand-Ballen wurden aus einem großen Umkreis bis Rochlitz, Oschatz und Hartha von den Bauern, Handwerkern und Rittergutsbediensteten hierher nach Erlln zum Bleichen gebracht. Die großen Rittergutswiesen mit Südlage entlang der Freiberger Mulde und deren weiches Wasser eigneten sich besonders gut dafür. Einen Tag um den anderen wurde die Leinwand in mächtigen Holzbütten abends mit kochendem Wasser überbrüht, dem Soda, Seife und Kalk beigefügt war.

Anderntags hingen die langen Streifen mit allen vier Enden an Pflöcken, und zwei Tage lang schleppten Männer, Frauen und Kinder das „weiche“ Muldenwasser in Kannen und Eimern herbei und begossen die Leinwand, bis sie fast schneeweiß war. Fehlte die Sonne, dauerte der Prozeß noch länger. Nachts bewachte reihum ein Dorfbewohner die Wäsche. Die gebleichte Ware mußte zu den Kunden gebracht werden. Dann zogen die Männer mit den vollbepackten Schiebeböcken tagelang weithin über Land, während sich die Frauen daheim weiter abplagten. Als die Industrie in der zweiten Hälfte des 19. Jh. diese Arbeit chemisch-maschinell vereinfachte, erlosch das uralte Gewerbe an der Mulde, und die Leinenbleicher gingen anderweitig in Lohn und Brot.

Herausgeputzte Häuser in Erlln.

Es ist möglich, daß die Vorfahren von Rudi Stein auch dieser Zunft angehörten. Als er 1929 geboren wurde, war sie längst Geschichte. Er erlernte einen anderen Beruf und trat, wie damals allgemein üblich, in die Fußstapfen seines Vaters. Der nähte und klebte Pantoffeln:

Auch Filzpantoffeln können in die Luft gehen!

Meine Kindheit erlebte ich in einem zweigeteilten Rahmen. Da war der nahe Thümmlitz für uns Dorfjugend ein idealer Spielplatz. Am liebsten zogen wir gegen die Maaschwitzer in den „Krieg". Die einen verteidigten einen kleinen Steinbruch, die anderen versuchten ihn zu erobern. Gott sei Dank verliefen die „Gefechte" unblutig. Ziemlich eifrig waren wir auch beim Buden bauen. Dann saßen wir drinnen, tranken eine Limo, und manchmal rauchten wir auch.

Oder wir bauten Staudämme. Damals muß der Waldboden ziemlich feucht gewesen sein. Das Wasser sammelte sich in vielen kleinen Bächen. Das stauten wir an, um es dann mit voller Wucht ins Dorf hinabrauschen zu lassen. Da kam es schon mal vor, daß der eine oder andere Garten unter Wasser stand. Wir haben uns diebisch gefreut, weil die Erwachsenen sich das nicht erklären konnten.

Die andere Komponente meiner Kindheit bestand aus Arbeit. Die Familien im Dorf besaßen alle eine „Kuhklatsche" mit einem bis zwei Hektar Land und zwei bis drei Kühen. Oft hieß es dann, wenn wir aus der Schule kamen: Arbeitsklamotten überstreifen und hinaus auf den Acker! Vater arbeitete in einer Fabrik, und wenn er am Feierabend mit dem Fahrrad nach Hause kam, da mußte ich mit den Kühen schon draußen am Feld stehen. Er nichts wie runter von der Karre und los ging's. Und trotzdem: An der Arbeit sind wir nicht „gestorben". Wir haben das Tätigsein gelernt und konnten unser ganzes Leben lang so richtig zupacken. Und wenn ich es heute so recht bedenke, wir erlebten trotzdem eine sonnige Kinderstraße.

Ich bin auch gern in die Schule gegangen, anderthalb Kilometer zu Fuß bis nach

In der Werkstatt vom Pantoffelmacher Rudi Stein.

Tanndorf in die „neue“ Schule. Es ist traurig, wenn ich heute sehe, daß sie geschlossen ist. Und wenn ich bedenke, was da alles in den letzten Jahren gebaut worden war und wieviel Geld das gekostet hat.

Meinem damaligen Erdkundelehrer bin ich noch heute dankbar für seinen Unterricht. Der fand nämlich ziemlich oft in der Natur, in einem Betrieb, im Rittergut oder irgendwo auf dem Land statt. Ein richtiger Wanderlehrer! Die naturnahen Erlebnisse vermittelten uns viele Kenntnisse. Wir erfuhren, wer die Hügelgräber angelegt hatte und was da drinnen zu finden sei. Im Schulschrank lagen einige Scherben, die amtliche Ausgräber hinterlegt hatten. Wir betrachteten die Hügel fortan mit Respekt, ohne daß uns eingefallen wäre, dort nach irgendwelchen Schätzen zu graben.

1943 begann ich eine 3jährige Lehre in Leipzig als Holzpantoffelmacher. Viel lieber wäre ich Bäcker geworden, aber Vater wollte es so. Ich mußte eines Tages seinen Betrieb übernehmen. Da gab es keinen Widerspruch.

Nach dem Krieg war ich Geselle in der häuslichen „Fabrik“. Wir stellten klobige Holzschuhe mit Rindsleder für die Straßenbahner und Steinbruchsarbeiter her und Holzpantoffeln für die Bauern. Das ging bis Anfang der 50er Jahre. Gummistiefel verdrängten dann immer mehr unsere Produkte. Also mußten wir uns umstellen. 1952 hatte ich das Geschäft übernommen und produzierte fortan Filzpantoffeln. Der Großhandel nahm sie gern ab. Zum Reichwerden kam es nicht, da blieb vom niedrigen und vorgeschriebenen Verkaufspreis nicht viel übrig. Also betrieb ich intensiv eine „Nebenbeschäftigung“: Ich fütterte zwei Kühe und erntete von meinen zwei Hektar Feld Kartoffeln und Getreide. Wenn ich dort tagsüber zu tun hatte, mußte ich nachts nacharbeiten. Als das Feld später von der LPG bewirtschaftet wurde, habe ich zwei Kalben versorgt und hochtragend verkauft. Bis zur Vereinigung betrieb ich dieses einträgliche Geschäft. Den Gewinn steckte ich jedes Jahr in mein Haus. Da gab es ja immer was zu reparieren.

Einmal wäre ich bald ums Leben gekommen. Den Tag im Jahr 1969 vergesse ich nie. Ich hatte Gummisohlen und Filz mit Chemisol verklebt und zum Trocknen ausgelegt. Dabei entstanden gefährliche Dämpfe. Das Feuer im Ofen war zwar gelöscht, doch die glimmende Asche befand sich noch im Kasten. Daran entzündete sich das Gasgemisch mit einer gewaltigen Explosion. Ich verbrannte mir das Gesicht und die Hände. Die Filzpantoffeln flogen durch die Luft, die Werkstatt lag in Trümmern. Die Nachbarn eilten mit Eimern herbei und konnten das brennende Haus löschen. Nach 14 Tagen im Krankenhaus wollte ich nach Hause, die Ärzte hatten mich einigermaßen wieder hergerichtet. Unverzüglich renovierte ich mit Hilfe meiner Verwandtschaft die Werkstatt. Die Kriminalisten untersuchten den Fall. Als Strafe mußte ich wegen „leichtsinniger Arbeitsweise“ hundert Mark an das Gericht bezahlen.

Der Handel war wohl an meinen Filzpantoffeln interessiert, weil damit eine „Bedarfslücke“ ausgefüllt werden konnte. Im Gegensatz dazu hatte ich es als Unternehmer nicht leicht. Vergeblich beantragte ich jedes Jahr aufs Neue einen Telefonanschluß. Meiner Tochter versagte man zunächst trotz blendender Zensuren den Besuch der Oberschule. Erst die Lehrer in Colditz ebneten ihr den Weg zum Abitur. Meine bescheidene wirtschaftliche Selbständigkeit war der Staatsmacht ein Dorn im Auge. Ich gehörte zur kapitalistischen Klasse, und die sollte mit Stumpf und Stiel ausgerottet werden. Da hatten sie sich aber geirrt! Ich ließ mich nicht unterkriegen.

Dann kam die Wende. Was nun? Die Textilbetriebe verscherbelten ihre Rohstoffe und Produkte für wenige Pfennige. Das konnte ich nicht verstehen. Nun denn, wenn nicht ich, dann holen es andere. Also kaufte ich ein, was ich kriegen konnte. Meine Produktion flutschte wieder, ebenso der Absatz. Doch nach wenigen Jahren war die „preisgünstige“ Zeit vorbei. Der asiatische Markt überschwemmte mit seinen Billigprodukten unseren Markt. Da konnte ich nicht mehr mithalten, obwohl auch ich ziemlich niedrige Preise habe. Zudem machte mein Hauptabnehmer Pleite. Also drosselte ich meine Produktion. Inzwischen bin ich einige Jahre im Rentenalter, aber ganz Schluß machen, das kann ich einfach nicht. Soll ich in der Stube hocken oder am Zaun hängen? Ich muß was tun! Und so laufen meine Maschinen, zwar nicht ununterbrochen, aber immerhin. Ein bißchen Zubrot kommt da rein, und meine Pantoffeln sind immer noch gefragt. Wer die einmal getragen hat, der mag sie nimmer missen. Oder?

Maaschwitz, 1246 Maswiz, 'Leute eines Masch' (slaw.), OT von Zschadraß, 91 Einw.

Im „engen" Maaschwitz lebt man gefährlich. Schuld daran ist die schmale und kurvenreiche Straße durch das Dorf. Die Einwohner wissen das und verhalten sich dementsprechend. Die Autofahrer werden auf 30 km/h abgebremst. Einige halten sich dran, andere mißachten das Gebot. Wie überall. Die Siedlungshäuser kleben regelrecht am Hang des Thümmlitzwaldes zu den Muldenwiesen hinunter. Und dazwischen schlängeln sich eine schmale Straße und die Eisenbahnstrecke hindurch. Warum nur haben die Menschen in dieser mißlichen Lage überhaupt gesiedelt? Doch diese Frage haben sich die Vorfahren damals nicht gestellt, denn der technische Fortschritt zwängte sich noch längst nicht durch die „schmale" Siedlung.

Zumindest war das Gelände sicher gegen Hochwasser. Und daß der Platz schon vor 3000 Jahren für die damaligen Jäger, Sammler und Ackerbauern interessant war, das unterstreicht hundert Meter weiter nördlich ein bronzezeitliches Hügelgräberfeld. Die ausgedehnte „Friedhofsanlage" muß über viele Jahre hinweg benutzt worden sein. Wo allerdings die damaligen Bewohner ihre Hütten errichteten, das ließ sich bisher nicht feststellen. Vielleicht dort, wo die Maaschwitzer Nachfahren heute noch siedeln?

Beim Besenmacher Rudi Uhlemann in Maaschwitz.

Einer, der sich immer wieder mal diese Frage stellt, das ist Rudi Uhlemann (Jg. 19), der legendäre „Maascher Besenmacher", der trotz seiner 83 Jahre heute noch hin und wieder in der Werkstatt hockt, und dort das Birkenreisig zu Reisigbesen schnürt:

Im Stahlwerk verbrannten jeden Tag 30 Maaschwitzer Rutenbesen

Wie ich zum Besenbinden gekommen bin? Ganz einfach: Der Großvater hat's gemacht, der Vater ebenfalls, und was blieb mir dann als Junge einer Besenbinder-Dynastie da schon übrig. Ursprünglich wollte ich Bäcker werden, aber nach einem Jahr zeigte eine Mehlallergie so schlimme Folgen, daß ich aufhören mußte. Ich begann eine Lehre als Dreher in der Colditzer Steingutfabrik. Da brach der Krieg aus, und ich marschierte fortan mit über die Schlachtfelder. Das Inferno überstand ich glücklich, und als ich dann im Schoß der Familie landete, da half ich Vater mit beim Besenbinden. Dabei ist es geblieben. Bis heute!

Viele Handgriffe gibt's da nicht, die einzelnen Birkenästchen mit Weidenbast straff zusammenzuschnüren. Mit einem bißchen Geschick lernt man zügig mit dem Naturmaterial umzugehen. Das Birkenreisig besorgten wir uns aus den Wäldern. Da mußten wir uns seinerzeit ziemlich sputen, denn in den 50er Jahren suchten im damaligen Kreis Grimma weitere 22 Besenbinder nach dem begehrten Bäumen. Das führte tatsächlich hin und wieder zu Engpässen. Ich mußte zeitweilig bis ins Erzgebirge ausweichen. Da schnitt ich schon mal 14 Tage lang die Äste, schnürte sie zu Bündel und machte sie zum Abtransport per Bahn versandfertig, einen ganzen Waggon voll. Sonst lohnte es sich ja nicht. Später dann konnte ich das Reisig hier im Thümmlitzwald schneiden. Auf den großen Kahlschlägen wuchsen die Birken wie „Unkraut" heran.

Ich hatte meine Abnehmer. Ein sicherer Kunde war das Stahlwerk in Olbernhau.

Das Kriegerdenkmal an der Auffahrt zur Muldenbrücke.

Die brauchten jeden Tag 30 Stück. Die Stahlwerker benutzten sie zum Abkehren des Zunders von den gewalzten Blechen. Der Stahl war noch heiß, und so verbrannten die Besen nach kurzer Zeit. Das war einige Jahre lang ein einträgliches Geschäft. Trotzdem reichte der Ertrag kaum zum Leben. Wie viele andere Nachbarn auch hatten wir noch zwei Kühe im Stall, einige andere Haustiere und ein bißchen Feld. Die Milch mußte früh um 6 Uhr auf der Milchrampe stehen zum Abtransport in die Molkerei. Das hieß für mich und meine Frau, zeitig aus den Federn zu steigen.

So waren die Jahrzehnte meines Lebens mit Arbeit ausgefüllt. Und trotzdem bin ich heute nicht unzufrieden. Die kärgliche Rente besserte sich mit der Wende gut auf. Ich reise regelmäßig durch Deutschland und kann die Sanierungen am Grundstück bezahlen. Wir Rentner haben mit der Wende echt was gewonnen!

Trotz der Enge in unserem Dorf fühle ich mich hier richtig wohl. Da steht die Bank am Muldenufer, von wo aus sich ein weiter Blick in die Landschaft öffnet. Da sind die kleinen Feste hier auf der Wiese. Oftmals brennt ein Lagerfeuer, und es wird gerostert. Einmal im Jahr sitzt ganz „Maasch" am Feuer und vor einer Leinwand. Da treffen wir uns zur Filmnacht. Ein ehemaliger Landfilmvorführer konnte die Geräte aus der Konkursmasse retten und auch manch alten Film. Das weckt dann prima Erinnerungen. Dafür sind wir doch alle empfänglich.

Tanndorf, 1340 Thamendorf, 'Dorf eines Tammo' (dt.), OT von Zschadraß, 175 Einw.

Der Ort besteht aus zwei Teilen: das Straßendorf mit den Bauernhöfen unmittelbar am Ufer der Mulde und die relativ junge Siedlung mit den Einfamilienhäusern an der Bahnlinie ein ganzes Stück nördlich vom Dorf. Dazwischen siedelten inmitten der Feldflur ebenfalls einige Familien, wo eine Gärtnerei ertragreiches Gemüseland vorfand. Wer von Seidewitz her in die Bahnhofssiedlung einfährt, rollt von der höheren Terrasse auf einem Gefälle von 12 % hinab ins Schwemmland der Mulde.

Gepflegte Anlagen und saubere Ausbildungsstätten, Leota Strickrodt kann stolz darauf sein.

Die Bauernhäuser liegen nur wenige Meter höher als die nahen Muldenufer, und der Besucher könnte annehmen, daß hier des öfteren die Hochwasser in die Gebäude eingedrungen sind. Die Einheimischen verneinen das. Ein einziges Mal standen die Wasserfluten bis an die Haustüren, und vorsorglich wurden schon mal die Möbel hochgestellt. Aber auch diese Gefahr ging vorüber.

Tanndorf besitzt vermutlich die kürzeste Straße im Muldentalkreis: „An der Schmiede" hat nur zwei Häuser, eins rechts und eins links, und nach wenigen Metern endet der Weg in die Muldenwiesen. Hier stand auch mal die Schmiede, die allerdings schon seit langem geschlossen ist. Der junge Nachkomme hat das Haus total umgebaut, und erst wenn man dahinter schaut, zeigt sich der ganze Einfallsreichtum eines passionierten Allroundhandwerkers: Garten, Terrasse, Swimmingpool, Sportplatz, Sitzecken sind sauber in die natürliche Muldenlandschaft eingebunden.

*

Das „quirlige" Tanndorf? Nein, in den ausgedienten Bauernhöfen und den herausgeputzten Einfamilienhäusern geht es wie überall zu, mal laut, meist leise. Eine gewisse positive Unruhe herrscht in einigen neuen Gebäuden, die auf dem ehemaligen Gelände des grobkeramischen Rohrwerkes errichtet wurden. Und dort, in einem ganz normalen Büro, schaltet und waltet Leota Strickrodt (Jg. 43), eine Frau, die im nächsten Jahr in die Rente gehen könnte, was man ihr aber weder ansieht noch anmerkt. Ihr froher Mut, ihre echte Begeisterung, ihr unbändiger Wille wirken ansteckend. Das braucht sie auch auf diesem Posten:

In Tanndorf bereiten sich jedes Jahr bis zu 400 „nicht immer unkomplizierte" Jungen und Mädchen auf das Berufsleben vor

Wie ich hierher gekommen bin? Wenn man so will, ein Weg mit Ecken und Kanten, mit Hindernissen oder doch ganz logisch? Ich war zwölf Jahre Chefin der Kommunalen Berufsschule in Grimma. Mit der politischen Wende setzte man mich vor die Tür, ohne zu fragen oder zu prüfen, wer ich bin, was ich kann, wie ich meine pädagogischen Fähigkeiten hätte einsetzen können. Sachliche Argumente spielten da keine Rolle.

Für das Rentenalter war ich noch zu jung, und mit ABM oder anderer Stützung so über die Runden zu kommen, dafür hatte ich einfach keine Lust. Na gut, eine Leiterin kannst du nicht mehr sein, das akzeptierte ich, aber als Pädagogin könnte mich der neue Staat doch gebrauchen. Das geschah aber nicht. Ich engagierte mich beim Grimmaer Bildungs- und Sozialwerk, einem gemeinnützigen Verein. Mir lagen jene Jungen und Mädchen am Herzen, die zwar die Grundschule abgeschlossen, aber dann in der freien Wirtschaft durch mannigfache Ursachen keine Berufsausbildung beginnen konnten.

Der Verein beschloß, hier in Tanndorf auf dem Gelände des ehemaligen keramischen Werkes für diese Jungen und Mädchen eine Einrichtung zu schaffen, in der ihnen zum Erlernen eines Berufes geholfen werden könnte. Da gab es für mich kein ruhige Minute mehr. Ich wurde vom Vorstand in die stellvertretende Geschäftsführung berufen und übernahm ein Jahr später die Gesamtleitung. Jetzt hatte ich die volle Verantwortung zu tragen, und das machte ich leidenschaftlich und ohne Kompromisse.

In einem Jahr hatten Beschäftigte als ABM das alte Werk beseitigt. Der Kampf um Fördergelder endete erfolgreich, und im November 1995 legten wir den Grundstein für die neue Einrichtung, die Ausbildungsstätte des Bildungs- und Sozialwerkes Muldental e.V. Zwei Jahre später zogen die ersten Jugendlichen ein. Das Arbeitsamt hatte sie uns vermittelt, Jungen und Mädchen, die irgendwie sozial benachteiligt waren. Sie kamen mit ihren ersten Schritten ins erwachsene Leben nicht zurecht. Nur bei ihnen die Schuld zu suchen, das machen wir nicht. Die Ursachen sind vielfältig, woran ein sicherer Lebensweg scheitern kann: Zerrüttete Elternhäuser, Krankheiten, Verhaltensstörungen, abgebrochene Ausbildung, ungünstiges Milieu. Die Freiheit hat ihre Schattenseiten!

Und das ist unser Prinzip: Wir geben jedem die Chance für einen Neuanfang. Wir heben auch nicht dauernd den Zeigefinger und predigen Moral. Wer hier sagen würde: Mit dir wird es sowieso nichts, der ist fehl am Platze. Wir fordern aber auch und verlangen ein bestimmtes Maß an Disziplin. Draußen im Leben kann auch nicht jeder dann zur Arbeit kommen, wie's ihm paßt. Dazu gehört eine gewisse Ordnung. Und die beginnt hier in unseren Werkstätten und im gesamten Umfeld. Wir sind stolz darauf, daß wir auch das geschafft haben. Da liegt kein Papier oder anderer Unrat auf den Wegen oder in den Anlagen. Sollte sich doch mal was herumtreiben und die Lehrlinge es nicht sehen, dann zeigen wir es, wie es gemacht wird. Da sind keine Worte mehr nötig, das Vorbild überzeugt. Und dort, wo es sauber ist, da bleibt es sauber! Der erste kleine Müllhaufen produziert eine Halde. Das haben wir verhindert, weil wir gemeinsam handeln, Pädagogen wie Lehrlinge.

Vielleicht noch ein bißchen Statistik, die das Bild unserer Einrichtung abrundet: Jährlich bilden wir bis zu 400 Lehrlinge aus. Sie können wählen in den Berufen Metall, Bau, Holz, Farbe, Hauswirtschaft, Ernährung, Gastronomie, Verwaltung, Gartenbau. Nach drei Jahren legen sie die Kammerprüfung ab, sie sind also Facharbeiter. Zwischen 70 und 80 % schaffen das. Diejenigen, die das Ziel nicht erreichen, können ein halbes Jahr zulegen und treten dann erneut an. Die Mehrzahl packt es doch noch. Für bis zu 60 % konnten wir in eine Arbeitsstelle vermitteln, wenn auch nicht immer im Heimatgebiet. Hier gibt es einfach zu wenig Arbeitsmöglichkeiten. Knapp 100 Festangestellte hat das BSW, dazu über 70 Arbeitskräfte, die in ABM die verschiedensten Arbeiten verrichten.

Mir macht die Arbeit hier Freude. Jene Menschen, mit denen das Schicksal hadert und die es, aus welchem Grunde auch immer, schwer haben, liegen mir besonders am Herzen. Wenn ich später höre, daß sie es geschafft haben und im Leben bestehen, dann ist das für mich der größte Erfolg.

WEITERE DORFNOTIZEN aus den drei Wasserdörfern

Der **Angelverein** mit seinem Vors. Frank März hat 54 Mitglieder. Sie betreuen die Mulde von der Rödaer Eisenbahnbrücke bis zur Muldenvereinigung sowie den Speicher in Schönbach, der sogar ihre Eigentum ist. Der Vereinsstammtisch steht in der Podelwitzer Gaststätte, wo man sich regelmäßig das Anglerlatein um die Ohren haut. In der ziemlich sauberen Mulde schwimmen jetzt wieder fast alle Fischarten, so daß sich das Angeln lohnt.

Eine **Bungalow-Siedlung** mit über 30 Wochenendhäusern entstand in den 70er Jahren auf dem Feldgelände nördlich von Maaschwitz, umgeben von den Waldungen des Thümmlitz. Das parzellierte Land war von der Gemeinde für die Kumpels aus dem Bornaer Raum und für Leipziger Funktionäre bereitgestellt worden.

Die **Eisenbahnlinie** Borsdorf - Meißen berührt die drei Dörfer und stellt eine ausgezeichnete ingenieurtechnische Leistung dar (1867). Sie verläuft kurvenreich am Hang zwischen dem höher liegenden Thümmlitzwald und der Muldenniederung. Ab 1935 erfolgte der zweigleisige Ausbau, wofür mehrere Felsen gesprengt werden mußten. Der Kriegsausbruch stoppte das Vorhaben bei Tanndorf. Hier waren bereits ein neues Empfangsgebäude sowie eine Unterführung im Bahnhof entstanden. - An mehreren Straßenüberquerungen waren Schrankenwärter tätig. Trotzdem gab es mehrere Unfälle, so als in den 70er Jahren in Maaschwitz das Auto der Müllabfuhr in den Zug fuhr. Drei Arbeiter starben, ebenso wie später eine Mopedfahrerin mit ihrer

Tochter. - Jetzt werden kurze Schienenbusse eingesetzt, die allerdings fast leer die Strecke halbstündlich abfahren. Der Tanndorfer Bahnhof ist zum Verkauf ausgeschrieben, Türen und Fenster zugemauert. Nur die Unterführung funktioniert noch mit ununterbrochener Beleuchtung. Auf dem Bahnsteig laden drei (!) neue und fest einbetonierte Sitze aus Stahlblech zur Ruhe ein. An die gut besuchte „Bahnhofskneipe“, die bis Ende der 80er Jahre mit Sorgfalt von Frau Colditz geführt wurde und wo sogar Familienfeiern stattfanden, erinnern sich nur noch ältere Bahnfahrer.

Eine **Fähre** über die Mulde verband Erlln mit Collmen. Die Einwohner benutzten sie vor allem sonntags, wenn sie den Gottesdienst in der Collmener Kirche besuchten. Mit dem Deich- und Brükkenbau in den 30er Jahren wurde sie überflüssig.

Die Freiwillige **Feuerwehr** betreut neben den Wasserdörfern auch Podelwitz und hat wegen der nahen Mulde niemals Wasserprobleme. Beim letzten großen Einsatz ging es um die Beseitigung von Sturmschäden. Mit dem Osterfeuer und am Himmelfahrtstag organisieren die Kameraden unter ihrem Wehrleiter Steffen Sonntag einige Höhepunkte im Gemeindeleben.

Zahlreiche bronzezeitliche **Hügelgräber** liegen seit über 3000 Jahren im Thümmlitz. Eine Gruppe von etwa 30 Hügeln befindet sich hundert Meter nördlich von Maaschwitz. Die Ausmaße betragen z.T. 20 m im Durchmesser und 2 m in der Höhe. Ausgrabungen vor über 100 Jahren erbrachten Einblicke in ihren Aufbau und in einstige Bestattungssitten.

Bis Anfang der 30er Jahre betrieben einige Bauern in den Dörfern ihre bäuerliche **Käserei.** Sie holten mit den Fuhrwerken den Quark aus den umliegenden Orten, wo in den Bauernwirtschaften gebuttert wurde, und fuhren dann den Stangenkäse nach Leipzig in die Großmarkthalle oder zum Direktverkauf über die Dörfer.

Das **Kriegerdenkmal** steht unmittelbar auf einem Straßendreieck zur Brückenauffahrt, ein ungünstiger und eigenwilliger Standort. Nach 1945 wurde der Stahlhelm aus ideologischen Gründen heruntergerissen. Der damalige Bürgermeister vergrub ihn in seinem Garten. 1999 erfolgte eine Sanierung der Gedenkstätte. Der vergrabene Helm konnte ausfindig gemacht werden. Er wurde geborgen, restauriert und mit der Weihe des Pfarrers wieder aufgesetzt.

„Die Leute im Dorf Erlln“ ist eine Fotoschau des Colditzer Fotodesigners Gerhard Weber, die er Mitte der 80er Jahre zusammenstellte und die seitdem mehrmals gezeigt wurde. Sie spiegelt mit aussagekräftigen Bildern das Leben und Arbeiten der Erllner Einwohner wider.

Die **Schule** für die drei Wasserdörfer stand schon immer auf Maaschwitzer Flur, wurde aber „Tanndorfer Schule“ genannt. Die „alte“ am Ostausgang des Dorfes ist längst Wohnhaus, die „neue“ nahe der Muldenbrücke wurde 1918 eröffnet. Wegen Kindermangel wurde sie 2001 geschlossen.

Das Wachter-Haus in Erlln.

Die **Malerfamilie** Christiane (Jg. 66) und Andreas (Jg. 51) Wachter hat ein Erlln-Haus hergerichtet und mit einem Atelier erweitert, in dem er seit 1980 und sie seit 1994 freischaffend tätig sind. Ihre Arbeiten wurden in zahlreichen Einzelausstellungen deutschlandweit gezeigt. Einige befinden sich im Besitz öffentlicher Einrichtungen.

Das **Tonrohrwerk** Böttcher wurde 1901 verkehrsgünstig am Bahnhof Tanndorf errichtet, in dem Tonrohre, Formziegel und Futtertröge hergestellt wurden. Den Ton und die Braunkohle zum Brennen holten Pferdefuhrwerke, später waren es LKW, aus Skoplau und anderen Gruben in der Umgebung. 1945 richtete die Wehrmacht ein Materiallager ein, das 1946 abbrannte. Nach dem Wiederaufbau lief die Produktion bis in die 80er Jahre. 1990 erfolgte der Abriß und ab 1995 Neubau von Werkstätten für das Bildungs- und Sozialwerk Muldental.

Der **Zirkus Hirsch** war in den 20er und 30er Jahren ein Familienbetrieb von Max und Anna Hirsch und ihrer reichen Kinderschar. Nach einer ausgedehnten Sachsentour kehrten sie im Herbst ins Heimatdorf zurück, und die Tiere, vorwiegend Haustiere, grasten dann im Garten der alten Schenke. Höhepunkt war stets das „Zersägen“ von Anna in einer Kiste, ein alter Zaubertrick, der immer wieder begeisterte. 1938 verkaufte die Familie die Zirkuswagen mitsamt den Tieren.

LITERATUR: Die Leute im Dorf Erlln. Fotos Gerhard Weber, Text Ralph Grüneberger. 2000. Denkmalschmiede Höfgen.

Malerisch liegt das Dorf etwas erhöht auf dem östlichen Ufer der Mulde. Schon von weitem erkennt man das gewaltige Mansarddach des Jagdhauses in der Ortsmitte. Besonders zu genießen ist der Anblick für den, der sich von Großbothen her nähert. Straße und zwei Eisenbahnstrecken laufen einen Kilometer parallel zueinander, bevor sich die Gleise in der Muldenaue trennen und jede Strecke für sich zu einem romantischen Reise- und Landschaftserlebnis führt. Mit Bedauern muß man allerdings vernehmen, daß die Muldentalbahn in Richtung Rochlitz-Glauchau seit Jahren in Raten vor sich hinstirbt. Auch die Bahnwärterhäuschen um Kössern, Sermuth und Tanndorf haben ihre ursprüngliche Funktion längst verloren.

Kössern sollte mal eine blühende Stadt werden

Kössern ist ein anheimelndes, freundliches Dorf mit verwinkelten Gassen, niedrigen Wohnhäusern und schmalen Gärten. Die Siedlungsgeschichte ist einmalig für unsere Gegend. Daß sich um den alten Dorfkern am Rittergut slawische und fränkische Siedlungszeugnisse finden, verwundert niemanden. Außergewöhnlich ist jedoch, daß ein einflußreicher Politiker am Hofe August des Starken, Wolff Dietrich von Erdmannsdorff, aus Kössern eine blühende Stadt, gewissermaßen eine „Mini-Residenz" machen wollte. Als er starb, hatte er die Autarkie Kösserns tatsächlich beinah erreicht.

Der in Kössern geborene kurfürstlich-sächsische Ober-Hofjägermeister entfachte im Ort eine rege Bautätigkeit: Erneuerung des Rittergutes, Bau des Jagdhauses und im Zusammenhang damit der Gastwirtschaft „Zum Hirsch" und des Kavalierhauses (heute Schule). Dafür und für die höfischen Jagdgesellschaften siedelte er alle Gewerke an, die in 45 Wohnhäusern ihre Unterkunft fanden. Es bildete sich ein barocker Dorfkern, der bis zum Ersten Weltkrieg nahezu unverändert blieb, noch heute das

Begegnung im Festsaal des Jagdhauses mit Petra Brummer und Karla Dittrich.

Bild Kösserns entscheidend bestimmt und unter Denkmalschutz steht. Von den gewerblichen Produktionsstätten allerdings, die nach 1700 so zahlreich existierten, ist nichts mehr vorhanden.

Mit dem Tode von Wolff Dietrich von Erdmannsdorff (1720) endete Kösserns glanzvolle Zeit. Gegen Ende des 19. Jh. trat mit dem Bau der Eisenbahnlinie nach Leisnig-Döbeln-Dresden und der „Muldenthalbahn“ nach Rochlitz-Glauchau sowie der Steinbrücke über die Mulde eine Wendung ein: Kössern wurde Arbeiterdorf.

*

Wolff Dietrich von Erdmannsdorff konnte die Eisenbahn nicht mehr benutzen, doch er ist aus Kössern nicht mehr wegzudenken. In Lebensgröße dominiert er als Gipsrelief über dem Kamin im Festsaal des Jagdhauses, in kecker Haltung, angetan mit einer Ritterrüstung. Seine Hakennase wirkt ein wenig furchteinflößend, sein Blick grimmig. Böse Gerüchte der Scheitmacher im Thümmlitzwald behaupteten einst, daß der Adlige am Beatenkreuz im Thümmlitzwald eine Mätresse erdrosselt hätte.

Auf dem Rittersaal tanzten nicht nur die Mäuse

Seit er auf diesem Platz steht, hat er ein wechselvolles Treiben im Jagdhaus und drumherum beobachten können. Da waren die glanzvollen herrschaftlichen Jagdgelage, die aber nach 1720 wie ein Spuk verschwanden. Nun witterte das Jagdhaus vor sich hin, die Mäuse tanzten im Kamin, ehe es als Gärtnerwohnung und Gärtnerei, Ziegenstall und Lager diente. Mancherlei Zweckbauten verschandelten das äußere Bild. Zeitweise diente der Festsaal seit dem 19. Jh. als Betsaal. Dafür wurde der zweite Kamin zum Altar umfunktioniert. Den Einwohnern blieb es dadurch erspart, fünf Kilometer bis zu ihrer zuständigen Kirche nach Leipnitz gehen zu müssen.

Ziemlich unsanft wurde Wolff Dietrich 1866 geweckt, als im Jagdhaus einquartierte preußische Truppen Zielschießen auf seinen Kopf veranstalteten. Das wiederholte sich 1945, denn die eingerückten Amerikaner veranstalteten ähnliche Übungen. Was

Der Glockenturm auf dem Friedhof von Kössern/Förstgen.

merkte er vom Leid der Flüchtlingsfamilien, die 1945 im Schloß einquartiert waren? Sah er den Antiquitätenhändler Credé 1946 bei Nacht und Nebel verschwinden, der das Jagdhaus zwei Jahre vorher von den Abendroths gekauft, aber nur eine Hälfte bezahlt hatte? Erreichte ihn 1960 die Nachricht, Kössern sei „sozialistisches Dorf" geworden? Wie war es ihm zumute, als um 1960 der Abriß seines inzwischen ruinösen Domizils - für manche wohl ein „Zeugnis des reaktionären Absolutismus" - erwogen wurde, und wie straffte sich die kopflos bröckelnde Gestalt, als Enthusiasten, allen voran Bürgermeister Werner Kötz und Prof. Manfred Berger, den Abbruch zum Glück verhindern konnten? Aber nicht nur das! Ihnen gelang es auch, das gebrechliche Haus von Grund auf aufzumöbeln. Deshalb auch wurden die beiden verdienstvollen Leute zu Ehrenmitgliedern des Jagdhaus-Vereins gewählt.

Doch nicht nur Schrecken mußte der gipserne Gutsherr erleben: Die großen und kleinen Einwohner Kösserns eroberten das Jagdhaus wieder. Um 1960 hatten die Schüler der Grundschule im Zimmer neben dem Festsaal ihre Turnstunden. Allerdings war das jedesmal ein Abenteuer, denn die Kleinen kletterten über eine Nottreppe am Kamin hinauf, oben gähnte ein großes Loch im Dach, und die Seite zum Garten hin war abgesperrt, weil Dielung und Balken faulten.

Von 1966 bis 1973 erfolgte mit 2 Millionen Mark eine Sanierung, das barocke Kleinod war gerettet. Und jetzt entfaltete sich ein reges Leben im Haus, das sich Wolff Dietrich mit frisch behelmten Kopf und strahlendem Auge nicht entgehen ließ: Klassische Konzerte, Proben und Auftritte der Chorvereinigung Thümmlitzwald unter der Leitung von Rainer Naake, Schulveranstaltungen und Jugendweihen, Turnübungen der Knirpse vom Kindergarten und manches Tänzchen der fröhlichen Rentner. Inzwischen diente das Jagdhaus auch als Krippe und Kindergarten (bis 1999), Bibliothek, Schulküche, Werkraum, Gemeindeverwaltung. Und auch das: Das letzte Konzert im „alten Stil" spielte 1998 das Westsächsiche Sinfonieorchester vor ganzen sieben Zuhörern, den Ritter ausgenommen. Eine kulturelle Epoche war zu Ende gegangen.

Doch dann wurde Wolff Dietrich über dem Kamin Zeuge eines hoffnungsvollen Neubeginns: Im Herbst 2000 gründeten einige Kulturenthusiasten den Verein „Das Jagdhaus" und veranstalteten bald darauf ihr erstes Konzert vor vollem Haus. Die Kameraden der Feuerwehr standen am Eingang: Jetzt können wir aber wirklich keinen mehr reinlassen! Seitdem ist das Haus wieder regelmäßig Schau- und Hörplatz für anspruchsvolle Veranstaltungen, für Konzerte von Klassik bis Pop, Lesungen, Vorträge, als Musikcafé. Inzwischen liegt eine Entwicklungskonzeption vor, die dem Dorf in kultureller Hinsicht Aufschwung geben will und auf lange Sicht Arbeitspätze schaffen könnte. Drei aktive Frauen - Petra Brummer, Karla Dittrich und Angelika Reissmann - richteten mit dem Verein hinter dem Festsaal ein kleines Büro ein und retteten dafür herrschaftliche Möbel vor dem Verstauben. Im ehemaligen Lustgarten belustigten sich bereits zum dritten Mal kleine und große Kösserner beim Dorffest, organisiert vom Ortschaftsrat und den Vereinen. Neulich stieg dem Ritter Farbduft in die große Nase: Nicht nur das Treppenhaus wurde gemalert, sondern im Festsaal das Parkett komplett abgeschliffen und versiegelt. Spenden machten es möglich. Nun kann Ritter Wolff Dietrich von Erdmannsdorff kein Auge mehr schließen, denn es ist immer was los im Jagdhaus. *(B.B.)*

WEITERE DORFNOTIZEN aus Kössern

Die **Amalienburg** wurde 1802 von Oberförster Kermeß errichtet als „schloßartiges Gehöft" mit großem Wohnhaus, Stallgebäuden, Scheunen, Back- und Badehaus, Schmiede, Lustgarten mit Aussichtsturm, Obst- und Gemüsegarten mit 900 Obstbäumen, Weinanlagen und Teichen. Benannt nach der neuen Besitzerin Amalie von Rango, deren Mann bis 1840 hier eine Privat-Erziehungsanstalt mit Internat für Knaben unterhielt. Weder von der Amalienburg, die 1860 abbrannte, noch von den gärtnerischen Anlagen sind Teile erhalten. Die hier danach neu aufgebaute Bauernwirtschaft, heute Wohnung für zwei Familien, behielt bis jetzt diesen Namen.

Die **Försterei** nahe der Amalienburg wurde 1725 als „königliches Forsthaus" von Oberförster J. Ch. Wagner erbaut, im Jahr 2000 im Originalzustand wieder hergestellt.

Kössern und Förstgen haben keine **Kirche**, aber einen Friedhof. Er liegt am Hang des Thümmlitzbaches nahe der Flurgrenze. Neben der Feierhalle steht seit 1928 als bemerkenswertes Bauwerk ein hölzerner Glockenturm. Schon als 8jähriger Bub wünschte sich DIETRICH HERMS (Jg. 36) aus Großbothen, hier die Glocke läuten zu dürfen. Sein Wunsch wurde 1990 erfüllt. Seitdem zieht er als „Glöckner von Kössern" bei Begräbnissen und zu den beiden Gottesdiensten am Ostermorgen und am Ewigkeitssonntag das Seil zum Glockenklang. Vorsorglich liegt der Klöppel in der sonstigen Zeit an einer Kette. – Auf dem Friedhofsgelände erinnert eine geschnitzte Holztafel mit den Namen von acht Soldaten und zwei Unbekannten, die am 15. April 1945 in der Flur Kössern ihr Leben lassen mußten, an die letzten Kriegstage.

Das Kavalierhaus.

Die **Muldenbrücke** verbindet auf fünf aus Bruchsteinen gemauerten Standbeinen die Kösserner mit der Großbothener Uferseite. Sie wurde 1887/1888 erbaut und ersetzte die bereits in slawischer Zeit benutzte Furt. Bis 1945 wurde vom Rittergut Brückengeld erhoben. Die Brücke blieb durch den mutigen Einsatz des damaligen Bürgermeisters Otto Ulbricht als einzige im Heimatgebiet in den letzten Kriegstagen 1945 von der Sprengung verschont. Seit dem Herbst 2001 wird das denkmalgeschützte Objekt saniert und verbreitert.

Das Wohnhaus der ehemaligen **Teichmühle** an der scharfen und abschüssigen Straßenkurve nach Tanndorf fällt durch das sanierte Fachwerk wohltuend auf. Das Mühlenrad wurde vom Wasser des Schellbaches, der aus dem Thümmlitz kommt und hier in die Mulde fließt, angetrieben. Das Gewerbe war schon 1550 belegt und wurde vermutlich 1888 außer Betrieb gesetzt.

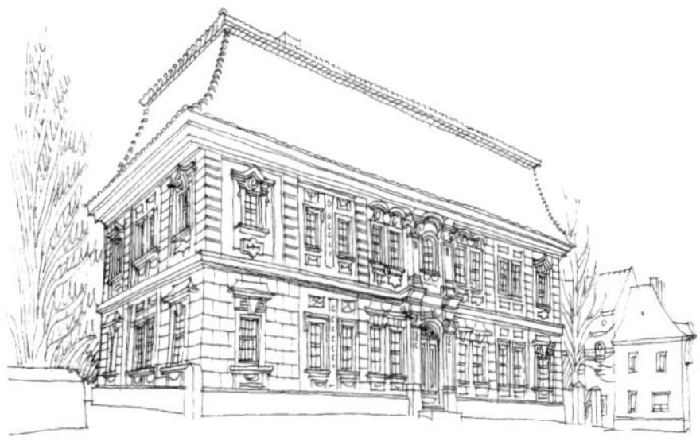

Das Jagdhaus.

Das dem Dorf westlich vorgelagerte **Rittergut** existierte mit seinen Wirtschaftsgebäuden mit Sicherheit schon im Mittelalter. Das Herrenhaus wurde 1695 von W. D. von Erdmannsdorff nach Abtragung des alten neu gebaut und 1871 im Stil der Neo-Renaissance erneuert. 1772 kaufte die Familie von Abendroth das Rittergut (221 Hektar Fluren), das bis zur Bodenreform 1945 in ihrem Besitz blieb. Der südliche Schloßflügel wurde abgebrochen. Zeitweilig von Neubauern und LPG bewirtschaftet und bewohnt, steht es jetzt leer. Vielleicht findet sich ein Käufer.

Die **Schenke** neben dem Jagdhaus wurde 1707 von Wolff Dietrich von Erdmannsdorff gebaut. Nach einem Brand 1850 wurde der „Hirsch", zu dem Landwirtschaft und Fleischerei gehörten, wieder aufgebaut. Im Saal fanden viele Veranstaltungen statt, auch der Landfilm lockte die Besucher herbei. Jetzt leerstehend und zum Verkauf angeboten.

Die **Schule** richtete sich nach einem Umbau 1849 im 1718 gebauten „Cavalierhaus" gegenüber vom Jagdhaus ein, wo ursprünglich die Jagdjunker und Hofdiener wohnten. Es wird jetzt noch als Grundschule genutzt, die wahrscheinlich 2004 auslaufen und nach Großbothen verlegt wird.

Einige **Personalien**: Prof. Dr.-Ing MANFRED BERGER (Jg. 21) zog 1937 nach Kössern. Er war Direktor des Institutes für Landwirtschaftliches Bauwesen, Dorfbau und Landschaftsgestaltung der Universität Leipzig, später bis zur Emeritierung 1982 Lehrstuhlinhaber für Industriebau an der Hochschule für Bauwesen Leipzig. Er wirkte aktiv auf den Gebieten der Denkmalpflege,

Produktions- und Verkehrsgeschichte sowie Heimatgeschichte und verfaßte Aufmaß und Dokumentation des Jagdhauses. Zahlreiche Veröffentlichungen (auch im „Rundblick") und Publikationen, u.a. „Die Muldenthal-Eisenbahn" 1981 und 1994 machten ihn zu einem geschätzten Autor. - PETRA BRUMMER (Jg. 52) ist eine der Frauen, die das Jagdhaus mit neuem Leben erfüllen wollen. Sie kam 1997 aus Leipzig mit ihrer Familie ins Dorf und wurde schon 2000 als Vors. des Ortschaftsrates von Kössern/Förstgen gewählt. Mit weiteren Mitstreitern gründete sie im gleichen Jahr den Dorfentwicklungs- und Kulturverein Kössern/Förstgen „Das Jagdhaus", Vors. ANGELIKA REISSMANN. Gleichzeitig richtete sie das Ferienhaus „Alte Käserei" ein, mit viel Sinn für Ort und Landschaft. In dem Gebäude befand sich bis 1940 eine Käserei, im Keller Ende der 20er Jahre eine Schmiede. Die vorbildliche Sanierung wurde im Landeswettbewerb „Ländliches Bauen" ausgezeichnet. - Der LEHRER BURKHARDT MALKE (Jg. 52) befaßt sich mit Leidenschaft mit der Kösserner Geschichte und hat als Dorfchronist viele Daten zusammengetragen und geordnet.

Der **Sportplatz** nahe der Muldenbrücke entstand wieder neu nach 1947, nachdem er in den Kriegszeiten von den Landarbeitern des Rittergutes umgeackert wurde und Feldfrüchte angebaut worden waren. 1954 Bau eines Sportlerheimes. Die Sportler sind in der Sportgemeinschaft Kössern organisiert und betreiben Fußball, Kegeln und Gymnastik.

Gewerbliches: Eiscafé von Gisela Zschoche. - Ferienhaus „Alte Käserei" von Petra Brummer. - Fleischerei Reimer mit Verkauf von Lebensmitteln. - Elektrowerkstatt Riehl und Baronius. - Heizungsbau Eckard Kirchhof. - Fensterbau Uwe Hammer. - EDV-Service Petra Brummer. - Fachwerksanierung von Veronika Töpfer.

Förstgen, 1305 Vorstchyn, 'Siedlung am kleinen Forst' (dt.), OT von Großbothen, 159 Einw.

Die Förstgener leben gefährlich. Zum einen sind es die Fußgänger, die an der Schkortitzer Straße durch den Ort spazieren. Sie können nämlich keinen Fußweg benutzen, weil es den nicht gibt. Die schmale Hauptstraße hat von Kössern her einen ziemlich tiefen Einschnitt, der beidseitig von einer Bruchsteinmauer gesichert wird. Und da stehen auch schon die Häuser. Eine Verbreiterung ist also ausgeschlossen.

Im Förstgener Bäckerweg duftet es tatsächlich nach frischen Brötchen

Zum anderen ist es der schmale Bäckerweg, der teilweise am Hang entlang führt und in einem Feldweg endet. Wenn sich zwei PKW begegnen, muß einer davon rückwärts eine Einbuchtung suchen. Die Anwohner wissen das und verhalten sich dementsprechend nachbarschaftlich. Ein Fremder hat da vielleicht Schwierigkeiten. Aber wer verirrt sich schon in die Gasse? Obwohl hier ein heimischer Bäckermeister fabelhafte Dinge aus dem Ofen zaubert.

Förstgen beginnt dort, wo Kössern endet, nämlich unten am Thümmlitzbach. Er grenzte die Fluren beider Orte, und ein Straßenschild zeigt das an, wohl eher symbolisch, denn beide Orte waren schon immer eng miteinander verflochten. Die Straße hat hier auf kurzer Strecke ein beachtliches Gefälle. Die Höhendifferenz beträgt immerhin knapp 14 Meter. Und dieses Kerbtal hat der winzige Thümmlitzbach geformt. Aber nicht erst in den letzten Jahren, sondern viele, viele Jahrtausende vorher. Da haben sich im nacheiszeitlichen Tauwetter gewaltige Wassermassen aus dem Thümmlitz zur Mulde hin gewälzt und die Lehm- und Sandschichten weggespült.

Bekannt geworden ist der Ort durch den Thümmlitzsee. Oder nimmt das Kössern für sich in Anspruch? Sei es wie es sei: Der größere Teil an Wasser und Umland liegt jedenfalls auf Förstgener Fluren. Doch viel früher mag es die Dackdecker-PGH gewesen sein, die ihr Markenzeichen auf vielen Dächern hinterließ. Für die Heimatforscher stand Schmidts Gut an erster Stelle. Neuerdings läuft ein technisches Phänomen allen anderen Besonderheiten den Rang ab, nämlich eine noch funktionierende Feuerwehrspritze aus Großvaters Zeiten. Es gelang uns, sie zum Reden zu bringen:

Wer zuerst Wasser gab, erhielt 25 Reichsmark Zielprämie!

Ich habe schon mehr als hundert Jahre auf dem Buckel und fühle mich dennoch ganz jugendlich. Das kam so: Ich wurde als Handdruckkarrenspritze Nr. 7950 im Jahr 1900 von der Leipziger Firma Jauck gebaut. Im besten Alter von 52 Jahren entkam ich knapp der Verschrottung und verschwand in einer Scheune. Dort versteckte ich mich, bis mich 1995 einige Förstgener Feuerwehrleute um Stephan Franke wieder fanden und begannen, mich zu rekonstruieren. Jetzt kann ich einen „aktiven Ruhestand" genießen.

Im März 1900 beschloß der Förstgener Gemeinderat den Kauf einer neuen Karrenfeuerspritze für 600 Goldmark. Dafür wurde ein neues Spritzenhaus gebaut, genau dort, wo 1902 der altersschwache Spittel abgebrannt war. Das war zugleich mein erster Einsatz, aber ich konnte das Gebäude nicht retten. Ausgestattet bin ich mit einer Zweizylinder-Kolbenpumpe. Vier Männer betätigen die Griffe an jeder Seite. Bei 55 Doppelhüben pro Minute, die ganz schön an den Kräften zehren, werden 180 Liter Wasser verspritzt. Es kann wahlweise mit einer Saugleitung aus einem Brunnen oder aus meinem Wasserkasten, der 200 Liter faßt, genommen werden. Der Schlauch ist etwa 100 Meter lang, und die Fontäne steigt zehn bis zwölf Meter hoch. Damit will ich gar nicht angeben, auch wenn ich eine „Abprotz"-Handdruckspritze bin. Das bedeutet nichts anders, als daß ich auf einer zweirädrigen Lafette zum Brandort bewegt und in Aktion vom Karren heruntergenommen, „abgeprotzt", werde.

Wie viele Brandeinsätze ich zwischen 1902 und 1945 hatte, das kann ich heute nicht sagen. Bei Alarm kamen alle wehrpflichtigen Männer (bis 1954 war der Dienst in der

Salut der Förstgener Kameraden für ihre historische Spritze.

Feuerwehr noch Pflicht) angerannt, wie sie waren, zu Fuß oder mit dem Rad vom Feld, aus dem Stall oder aus dem Bett. An meinen Karren wurde ein Pferd gespannt, einer schwang sich drauf, drosch auf das Tier ein, und ab ging die Fuhre. Den Rekord haben wir mit sieben Minuten 1929 aufgestellt, als in Großbothen Spreers Sägewerk und Kistenfabrik brannte. Meine Mannschaft erhielt sieben Reichsmark für das Kutschieren mit Pferd und 25 Reichsmark „Zielprämie“ für das erste Wassergeben am Einsatzort.

Als Anfang der 30er Jahre hintereinander fünf Wohnhäuser brannten, wohl nach dem Motto: Schlechter Dachstuhl, gut versichert! kam es schon vor, daß die Kameraden lautstark vom Hof vertrieben wurden. 1940 waren wir die ersten bei einem Wohnhausbrand in Naundorf. Die Kösserner Feuerwehr schaffte den steilen Berg der Abkürzung nicht, obwohl sie damals schon einen Mercedes hatte. Das war ein Hallo, als wir im Einspännergalopp vorbeijagten.

Im Zweiten Weltkrieg wurde die Jugend angehalten, mich zu bedienen. Ziegner Oswin, früher strammer Feldwebel, drillte sie unnachsichtig beim Dienst.

1948 schafften die Förstgener eine neue Spritze an, ich sollte verschrottet werden. Wehrleiter Ehrenfried Müller kehrte jedoch auf halbem Weg zur Schkortitzer Müllkippe um und brachte mich wieder zurück. In der Scheune von Bäckermeister Enzmann wurde ich abgestellt. Für das kostenlose Quartier wurde er vom Dienst befreit. Das fand ich gerecht, da er ja mitten in der Nacht aufstehen mußte, um die Dorfbewohner mit Brot zu versorgen.

Unter Heu, Stroh und Spinnweben döste ich 43 Jahre lang dahin. Nur wenige Kameraden erinnerten sich meiner. Erhöhte Gefahr bestand nach der Wiedervereinigung, als geschäftstüchtige Holländer in der Scheune nach „wertlosem Gerümpel“ schnüffelten. Sie boten 3000 D-Mark! Doch der Bäckerssohn, der nichts von Vaters Abmachung mit der Feuerwehr wußte, schlug das Angebot aus. Er überlegte: Wenn die schon 3000 DM bieten, dann ist die Spritze mindestens das Doppelte wert.

Dann schlug die Stunde der Wiederbelebung. 1995 setzten Stephan Franke und einige andere eine Idee in die Tat um, die ihnen schon lange im Kopf spukte: Sie

Schmidts Gut mit dem freistehenden Backofen.

holten mich hervor und machten mich flott. In 250 Stunden wurde geschraubt, geölt, geputzt und gereinigt. Material und Fremdleistungen bezahlten die Männer aus eigener Tasche. Und tatsächlich, die Spritzenprobe am 25. März 1995 verlief auf Anhieb erfolgreich. Seitdem ist es vorbei mit meinem Rentnerdasein. Nein, bei Bränden werde ich nicht mehr eingesetzt, aber bei Dorf- und Feuerwehrjubiläen bin ich gefragt.

Die 15 Männer der „Historischen Förstgener Feuerwehr", die sich inzwischen als eingetragener Verein um mich gruppieren, tragen jetzt originale Uniformen aus den 20er Jahren. Auch das alte Signalhorn ist wieder da. Es hing früher in der Werkstatt vom Tischlermeister Hermann. Jetzt ruft es die Kameraden zum „Dienst" bei den Volksfesten, wenn es dort heißt: Wasser marsch! *(B.B.)*

WEITERE DORFNOTIZEN aus Förstgen

Das Quellgebiet vom **Thümmlitzbach** liegt am Nordrand des Thümmlitzwaldes. Kurz vor der Pabstmühle vereinigt er sich mit dem von Norden kommenden Mühlbach. Beide füllen den Thümmlitzsee. Windungsreich und uferbewachsen fließt er nach knapp 2 km am einstigen Fährhaus in die Mulde.

Der **Thümmlitzsee** entstand 1976 durch ein Anstauen des Thümmlitzbaches mit einem Damm von 120 m Länge zwischen Thümmlitzwald und Müncher Holz. Er bedeckt ein Fläche von 11,5 ha. Ein Überlaufwehr sorgt für genügend Abfluß bei Hochwasser. Ursprünglich als Fischzuchtgewässer und zur Verbesserung des Kleinklimas geplant, diente er vor allem der Naherholung mit Bad und Bootsverleih, Zeltplatz und Gaststätte. Die Anlagen errichteten die Einwohner vorwiegend in Eigeninitiative. Infolge Dammbruch und schlechter Wasserqualität wurde der See 1996 abgelassen und nach Erneuern der Staumauer 1999 wieder gestaut. Das Baden geschieht jetzt auf eigene Gefahr, der Besucherandrang ist leider rückläufig. Die 250 Zeltplätze belegen vorwiegend Dauercamper. Für einen guten Ablauf sorgt sich eine kleine Mannschaft um Michael Kirchhof. - Die Gaststätte am See, jetzt von Fam. Margis betrieben, bietet nicht nur gute Küche, sondern macht den Thümmlitzsee mit Kabarettveranstaltungen, zu denen namhafte Künstler eingeladen werden, als „See der Spötter" bekannt. - Eine Lama-Ranch richtete 2001 der ehemalige Tierpfleger im Leipziger Zoo Klaus-Dieter Klepsch im einstigen Pionierferienlager der Reichsbahn ein. Dazu gehört auch ein Haustierzoo mit allerlei Tierarten.

Das zweistöckige **Fährhaus** steht noch heute am Hang zur Mulde 200 Meter südwestlich der Vierhäuser. Es gehört jetzt der Fam. Gottschling und wurde samt Umfeld von ihr saniert. Die Fähre nach Kleinbothen hinüber wurde erst 1945 eingestellt. Über den Thümmlitzbach, der in der Nähe in die Mulde mündet, führt eine gebrechliche Holzbrücke, die nur noch Angler nutzen.

Erfolgreicher und geachteter **Bürgermeister** war Werner Kötz (Jg. 28) von 1967 bis 1977 in Förstgen und Kössern, bis ihn eine heimtückische Krankheit in den vorzeitigen Ruhestand zwang. Ihm gelang es u.a. mit Prof. Dr. Manfred Berger das Jagdhaus *(siehe bei Kössern)* zu erhalten und zu sanieren. Maßgeblichen Anteil hatte er am Ausbau des Naherholungsgebietes Thümmlitzsee, dessen Verbandsvorsitzender er einige Zeit war. Jetzt schreibt er an der Geschichte seines Lebens, die gleichermaßen eine Historie seiner Heimat darstellt.

Die **PGH Dachdeckerhandwerk** war seit 1959 in weiten Teilen des Landkreises zu einem wirtschaftlichen Begriff geworden. Ihr waren „artfremde" Handwerke angeschlossen, nämlich Korbflechter und Besenbinder (Reisigbesen für Hof und Stall). Nach 1990 erfolgte die Umwandlung in eine GmbH, die 2002 Insolvenz beantragen mußе.

Schmidts Gut hat immer wieder die Denkmalpfleger in ihren Bann gezogen, vor allem wegen der beiden Backhäuser, das eine angebaut, das andere freistehend. Bis 1939 wurde hier von der Bauersfrau gebacken. Die Anlage stammt aus dem Jahr 1704, von der Scheune und Stall bereits vor Jahren abgerissen wurden. Das Wohngebäude ist jetzt unbewohnt und zerfällt.

Die **Vierhäuser** werden auf den Landkarten extra ausgewiesen. Es sind vier Wohnhäuser, die 300 Meter nordöstlich des Dorfes in der freien Feldflur vor einigen Jahrzehnten gebaut wurden. Streuobstwiesen umgeben den idyllischen Flecken.

Gewerbliches: Im Dorf bewirtschaftet mit Erfolg, auch mit Übernachtungen, den historischen Gasthof Familie Umlauft. - Die Bäckerei Enzmann wird in dritter Generation geführt. 1907 kauften die Leipziger Emil und Hulda Enzmann den Handwerksbetrieb, der heute Nebenstellen in Großbothen und Trebsen beliefert. - Jeweils ein Fuhrunternehmen betreiben Christine Müller und Kay Gelbrich.

Zwei Bauwerke bestimmen das Ortsbild: der Kirchturm und ein ganzes Stück niedriger der Rundturm vom ehemaligen Herrenhaus. Für die Einwohner ist es seit eh und je „das Schloß". Vom einstmaligen Rittergut blieben nach der Bodenreform einige Stallungen und Scheunen übrig. Hier wirtschaftete in der DDR eine LPG, jetzt die Agrar Produktion Leipnitz mit Rinder- und Schweinemast sowie Getreideanbau.

Im Schloß fanden seit 1945 bis heute Waisen und familiengestörte Kinder eine Unterkunft. Seitdem wogt hier ein ständiges Hin und Her, pulsiert ein wechselvolles, manchmal auch widerspruchsvolles Jugendleben. Die harten Gitarrenklänge und die dumpfen Bässe verirren sich schon mal tagsüber über die Dächer des Dorfes und durchdringen mühelos die schalldichten Fenster. Den jugendlichen Bewohnern des Kinderheimes, die kein sicheres Zuhause in ihren Familien finden konnten, sollte man das nicht verübeln.

Ein Bettlaken rettete Leipnitz vor der Zerstörung

Die Häuser, es sind wenig Bauerngüter darunter, gruppieren sich ungeordnet in der Dorfmitte. Enge Straßen und Gassen lassen nur wenig Platz für den durchflutenden Verkehr, und im ständigen Auf und Ab führen steile Anfahrten und Treppen in die Grundstücke. Zur Kirche geht es ein Stück bergan.

In ihrem Windschatten lag wie andernorts der Friedhof. Jetzt sind hier nur noch wenige Erbbegräbnisse vorhanden. Für die Hausbrunnen entstanden vermutlich durch das sickernde Grundwasser hygienische Probleme. So verlegte der Kirchenvorstand schon vor über hundert Jahren die letzte Ruhestätte außerhalb des Dorfes, ein ganzes

Jedes Jahr beliebt: Die Maifeier auf dem Sportplatz, im Hintergrund Kirche und Schloß.

Stück nach Zeunitz zu. Die Leichenzüge aus einigen umliegenden Orten hatten jetzt zudem kürzere Wege. Zum Schutz vor Wildfraß und anderen ungebetenen Gästen zogen die Handwerker eine dicke Bruchsteinmauer. Die mächtigen Linden (Lindenort!), die heute die sorgsam gepflegten Grabstellen überschatten, wachsen seit 400 Jahren, sagt man. Im Jahre 2002 rekonstruierte die Gemeinde die Trauerhalle mit Stromaggregat, Wasseranschluß und Toiletten.

Die Schulstraße im Dorf war einstmals das wirtschaftliche Rückgrat des Dorfes. Sie trägt im Volksmund den Namen „Meisterstraße". Ein Meister neben dem anderen verrichtete hier nämlich sein Handwerk: Bäcker, Böttcher, Schuhmacher, Tischler, Seiler, Schmied, Sattler und gar noch der Hof- und der Stallmeister vom Rittergut. Sie alle gibt es nicht mehr. Auch die Schulmeister (richtiger die Meisterinnen!) mußten vor kurzem das Handtuch werfen. Die Kinderzahl schrumpfte von Jahr zu Jahr, die Grundschule blutete aus und mußte geschlossen werden. Die Schüler werden nun mit dem Bus nach Zschoppach gefahren.

Und dann war noch der Glaser Erhart Kiessig (1931-2002), der vor kurzem verstorben ist. „Ich bin kein Meister geworden! Einer muß ja die Arbeit machen!" Und tatsächlich, auch ohne einen Meisterbrief lieferte er eine gute Arbeit. Zuletzt malte, schnitzte und sammelte er nur noch. Was heißt nur! Seine Produktivität war fast unheimlich. Fand er ein Bild, wo Hirsche oder Rehe oder ganze Jagdszenen drauf waren, dann wurde es in Quadrate unterteilt und los ging die Malerei. „Die Proportionen müssen annähernd stimmen!" Nicht zu übersehen war seine Geweihsammlung. Selbst aus einem bayrischen Gatter kaufte er anständige Mengen. Stolz verkündete er: „Über 600 kleine und 100 große sammelte ich seit 55 Jahren. Und jedes ist anders". Und damit keins abhanden kommt, hat er Türen und Fenster einbruchsicher vergittert.

Leipnitz hat seinen Sportplatz, aber keine Fußballmannschaft! Im ehemaligen Steinbruch legten ihn Arbeitersportler schon um 1930 an. Die wechselnde Geschichte brachte nach und nach mehrere Bürgermeister in die Amtsstube. Jeder hinterließ auf dem Sportgelände seine Spuren. Einer baute die Sporthalle, ein anderer erweiterte sie.

In den letzten Kriegstagen hatte die Wehrmacht einen Beobachtungsposten auf dem Kirchturm stationiert. Doch der Beobachter sah nur die flüchtenden Soldaten, also gab er ebenfalls Fersengeld. Die anrückenden Amerikaner feuerten von der Mulde aus drei Panzergranaten ins Dorf. Eine ging aufs Feld, die zweite verwüstete ein Schlafzimmer, und die dritte schlug in einem Bauernhof ein und tötete den Bauer und das Pferd. Es hätte schlimmer kommen können. Oswin Weichold griff zum Bettuch, enterte den Kirchturm und gab mit der weißen Fahne das Zeichen zur Kapitulation. Die Amis verstanden den Hinweis und nahmen das kleine Dorf aus ihrem Visier. Der Krieg war zu Ende.

Ein merkwürdig langer und schwankender Metallstab führt uns auf die Spur einer seltenen Beschäftigung. Es ist eine Funkantenne, die auf dem Haus von Paul Werner (Jg. 09) steht. Nein, das ist kein Schreibfehler. Der alte Herr ist tatsächlich vor dem Ersten Weltkrieg geboren und lebt heute noch gesund und munter in seinem Leipnitz:

„Küchenmeister" funkt in der Grimmaer Landrunde

Wieso ich so alt wurde? Na ganz einfach: Sport treiben muß der Mensch. Jetzt natürlich nicht mehr, aber ich zehre von meinen einstigen Aktivitäten. Unten in Polkenberg habe ich als junger Mensch geboxt, übte mich im Ringkampf und sprang und rannte auf dem Sportplatz um die Wette. Mit der gleichen Begeisterung habe ich beim „Zirkus Spärlich" Theater gespielt. Die Verbindung hat sich bis heute erhalten. Als ich bei einem hiesigen Gastspiel vorstellig wurde, erinnerten sich die Nachfahren tatsächlich noch an meine Theaterkunst.

Meine berufliche Tätigkeit als Schlosser und Bergmann im Braunkohlenschacht Leipnitz im Thümmlitzwald stählte meine Muskeln. Angst hatte ich im schiefen Schacht nicht, nur einmal, als eine Erdverschiebung den Stollen versetzt hatte. Da mußten wir die Abwasserschächte neu mauern und waren jedesmal froh, wenn wir wieder das Tageslicht erreicht hatten. Unsere Kohle zeichnete sich nicht durch beste Qualität aus, sorgte aber zum Überleben nach dem Krieg. Bis nach Oschatz, Wurzen und Döbeln rollten die Pferdewagen und später die Lastwagen mit Holzvergaser. Sogar eine Brikettpresse spuckte unaufhörlich die schwarzen Steine aus. Dabei hatten wir einen guten Einfall: Zu Weihnachten oder Ostern präparierten wir den Stempel der Presse solcherart, daß die Briketts mit „Frohes Fest" einen Gruß zu den Verbrauchern brachten.

Nun bin ich schon lange Rentner. Im Dorf und zu Hause gibt es immer was zu tun. Vor ein paar Jahren reparierte ich die Kirchturmuhr und habe das neue Ziffernblatt angebracht. Na ja, und wer von den Nachbarn ein technisches Problem hatte, dem habe ich geholfen. Und abends zwischen 19 und 20 Uhr sitze ich vor meinem Funkgerät. Das ist weiter nichts als ein kleiner technischer Kasten, mit dem ich Verbindung zu meinen reichlich zwei Dutzend Funkfreunden in der „Grimmaer Landrunde" und zu einigen anderen im Raum Leipzig und Chemnitz aufnehme. Diese Leidenschaft hat sich seit meinem Kriegseinsatz bis heute erhalten. Wenn dann der Partner ruft „Küchenmeister, bitte kommen!", dann unterhalten wir uns über alles, was so passiert. Die Politik bleibt außerhalb. Was soll's da auch zu reden geben. Inzwischen bin ich nun der älteste Funker Sachsens. Übrigens, „Küchenmeister" ist mein funkliches Pseudonym. Jeder muß sich einen Kunstnamen zulegen, weil Paul und Emil zu viele heißen.

Meinen Trabi habe ich vor kurzem verschenkt und mir ein kleines Elektromobil gekauft. Ich bin mein Leben lang ohne Unfall über die Straßen gekommen. Jetzt zuckle ich mit 10 km pro Stunde zwar ein bißchen langsam durch die Gegend, komme trotzdem ans Ziel. Und wenn ich nach den 93 Jahren summiere, dann stelle ich mit Freude fest: Es war ein schönes Leben! Nein, es ist ein schönes Leben, denn ein paar Jahre will ich schon noch anhängen.

„Hallo, hier spricht Küchenmeister". Paul Werner funkt in den Äther.

WEITERE DORFNOTIZEN
aus Leipnitz

Auf dem Anger steht das **Spritzenhaus**. Es beherbergt die **Freiwillige Feuerwehr**. Die Kameraden betätigen sich auch sonst aktiv im Dorfgeschehen.

Ein bemerkenswertes häusliches Objekt finden wir Am Anger Nr. 14. Der alte Vierseithof von Friedrichs besitzt noch ein sogenanntes **Durchfahrtshaus**. Das ist einmalig im Muldentalkreis. Allerdings bröckelt es mit seinen Staketenwänden mehr und mehr dahin. Seit Jahrzehnten soll es nach dem Willen der Denkmalpflege instand gesetzt werden, und solange lagern auch die Baustoffe davor.

Der aufreizend grün bemalte Gasthof mit Pension **„Zur Linde"** öffnet abends seine Stammtischrunde. Mit der Ausrichtung von Familienfeiern macht Ralf Kötz einen guten Umsatz. Eine Namensgeberin wächst gegenüber naturgeschützt auf dem Dorfplatz.

Die **Kirche** wurde in den letzten Jahren renoviert und macht äußerlich wie innen einen angenehmen Eindruck. Das ist eine gute Voraussetzung für die im Jahre 2004 stattfindende 300-Jahr-Feier des Gotteshauses. Mit einem sogenannten **Pilger-Grabstein** besitzt sie einen kleinen Schatz. Das sieht man dem ganz profanen Braunkohlenquarzit zunächst gar nicht an. Man sollte ihn aber etwas genauer betrachten. Irgend ein Bildhauer hat den Stein nur roh behauen und ein Kreuz sowie ein Pilgerhorn (mit etwas Phantasie so deutbar) eingegraben. Er könnte (?) also einem verstorbenen Pilger als Grabstein gedient haben. Die Kunstwissenschaftler ordnen das bescheidene Kunstwerk in die romanische Zeit (13. Jh.). Das **Pfarrhaus** daneben wird von seinen neuen Mietern ökologisch instandgesetzt, z.B. die Scheunengiebel mit krummen Ästen und Lehmbewurf.

Als **Laienmalerin** ist die Arzthelferin Sandra Schneider mit ihren Arbeiten, die auch Bilder der Heimat in Öl zeigen, an die Öffentlichkeit getreten. Im Mittelpunkt ihres Schaffens stehen Blumenmotive auf Steinguttöpfen.

Die Dorfkirche in Leipnitz.

Keiselwitz, 1506 Keyßelwitz, ein 'Ort, wo der Boden naß ist' (slaw.), OT von Thümmlitzwalde, 92 Einw.

Das Dorf hat kein geschichtsträchtiges Antlitz, so hart das auch klingen mag. Keine gesellschaftlichen Bauten prägen das Ortsbild. Das kulturelle Leben spielte sich seit jeher in Leipnitz ab, das mit Kirche, Schule, Rittergut, Handwerkern und Kaufmannsläden nicht mal tausend Meter entfernt die Keiselwitzer zu seinen „Anhängseln" machte. „Hier leben nur friedliche Leute“, meinte ein Ureinwohner in dem stillen Ort, in dem bisher wenig passierte.

Machte die Geschichte um Keiselwitz einen Bogen?

Ein Ort, wo es recht naß sein sollte? Das läßt sich eigentlich nicht nachvollziehen. Die Siedlung liegt auf einer flachen Schwelle, und das Wasser kann beruhigt nach allen Seiten hin abfließen. Die ersten Siedler müssen trotzdem ein Problem gehabt haben. Die Feuerwehrleute von heute haben vorgesorgt. An der Hauptstraße legten sie einen künstlichen Löschteich an. Mit Folien wird das Weglaufen des Wassers verhindert. Ein Maschendrahtzaun verwehrt den unerlaubten Zutritt.

Die Dorfstraße windet sich parallel zur Durchfahrtsstraße als schmale Gasse zwischen Gutshöfen und Häusleranwesen von Ost nach West. Die winzigen und erfrischend schmuck herausgeputzten Häuschen kleben regelrecht aneinander. Die Nachbarn schauen sich gegenseitig ungeniert auf den Mittagstisch. Noch keiner hat sich bisher vorm Gericht beschwert. Trotzdem ergibt sich die Frage: Warum dieser Platzmangel? War Bauland früher auch schon so teuer wie heute? Die Einheimischen fanden bisher selbst keine Antwort.

Keiselwitz von Leipnitz her gesehen.

Wie das Problem gelöst wird, wenn sich zwei Autos begegnen, das weiß ein pfiffiger Nachbar: „Dann muß eben ein Zaunfeld ausgehängt werden...“. Die Gasse ist weder von der einen Richtung noch von der anderen als Einbahnstraße gekennzeichnet. Am besten, man läßt sein Fahrzeug unten am dreieckigen Dorfplatz stehen. Der wurde vor kurzem richtig städtisch mit Beton- und Granitpflaster aufpoliert. Eine massive Bankgruppe lockt zwar zum Verweilen, aber es kommt niemand. Die Einheimischen sitzen lieber vor ihrem Haus oder im Garten als auf dem Präsentierteller, und ein Fremder wird wohl niemals im Ort anhalten.

Es gibt nämlich auch keinen Gasthof. Der schloß bald nach dem Krieg seine Pforten. Dort trafen sich in den 30er Jahren regelmäßig Leipziger Jagdpächter, die im nahen Thümmlitzwald Hasen und Rehe aufstöberten und dann in feuchtfröhlicher Runde das Jägerlatein ausbrüteten, womit sie ihre Leipziger Kollegen schockierten. So hat Keiselwitz doch ein bißchen Geschichte.

Dabei sind die Keiselwitzer ziemlich reich an Boden. Große Gebiete des nahen Thümmlitzwaldes gehören nämlich zu ihrer Flur. Durch die wellige Landschaft fließt westlich vom Ort in einem anmutigen Tal der Mühlbach. Das Wasser trieb hier zwei Wassermühlen an. Die eine war die „Pabstmühle“, die als Sägemühle bis in die 80er Jahre das Holz aus dem Thümmlitz geschnitten hat. Der Sägemüller hatte eigene Pferde, die die Stämme aus dem Forst holten. Nebenbei betrieb er etwas Landwirtschaft. Jetzt sind die Gebäude leer gezogen und werden wohl dem allmählichen Niedergang verfallen.

Weiter nördlich lag die „Pfannkuchenmühle“, ein Name, der so recht zu Gedankenspielen reizt. Der Besitzer WERNER ANDRÉ (Jg. 30) weiß da genauer Bescheid:

In der Pfannkuchenmühle werden keine Pfannkuchen gebacken!

In der Mühle, deren Geschichte bis Anfang des 18. Jh. zurückreicht, wurde nicht nur Getreide, sondern auch Öl gemahlen. Auf dem Hof liegt dafür noch heute ein schwergewichtiges Dokument, nämlich ein Eisenschlegel. Damit wurde wie in einem Hammerwerk der Leinsamen zerquetscht. In der „Pfanne“ blieb ein ausgeschlagener „Kuchen“ zurück. Vielleicht läßt sich der Name darauf zurückführen: Kuchen aus der Pfanne. „Hasde nich ä bißchen Pfannkuchen for de Kühe?“, fragten die Bauern.

Mein Vater hat bis 1946 Mehl gemahlen und für die Bauern geschrotet. Dann war Schluß. Der einzigartige Fachwerkbau und alle Maschinen brannten in einer Nacht ab. Doch der Müller gab nicht auf. In jahrelanger Suche besorgte er sich neue Technik und baute systematisch die Mühle wieder auf. Und welche Ironie des Schicksals: Als er endlich in den 60er Jahren alles beieinander hatte, mußten er und die Bauern in die LPG eintreten. Nun brauchte niemand mehr die Mühle. Also mottete er die Maschinen ein. Ich habe sie später nach und nach ausgebaut, verkauft und verschrottet, um Platz zu schaffen für die Wohnung meiner Tochter. An die Mühle erinnern heute nur noch wenig Relikte, doch der seltene Name wird wohl lange Zeit Bestand haben.

Mit der Erinnerung ist das so eine Sache. An fünf Jahre meines Lebens mag ich gar nicht gern zurückdenken. Der Krieg war zu Ende, und mit weiteren fünf Jungens durchstreifte ich mit Begeisterung den Thümmlitzwald, immer in der Hoffnung, irgend etwas zu finden. Und wir wurden auch fündig, nämlich mit den Überresten des Krieges. Dazu gehörten auch Pistolen samt Munition. Damit haben wir zwar nichts angefangen, aber wir waren richtig stolz darauf. Doch nicht lange, denn wenig später wurden wir von der russischen Besatzungsmacht deswegen verhaftet. Fünf lange Jahre mußten wir in Sachsenhausen, Bautzen und Torgau bei Wasser und Brot absitzen.

Dann durften wir nach Hause. Fast ein Wunder, daß wir diese Zeit überlebt haben.

Ich half danach bei meinem Vater in der Landwirtschaft und wurde später in der LPG Traktorist und Bauer in der Schweinemastanlage. Nach Auflösung der LPG hatte ich unverschämtes Glück, denn ich wurde in den Vorruhestand „abgewickelt“. Besser konnte es mich eigentlich gar nicht erwischen. Das Bauernblut pulsierte nämlich immer noch in den Adern. Jedes Jahr füttere ich ein Schwein mit einem bekömmlichen Schlachtfest als Abschluß. Ein Ochse erhält regelmäßig sein Futter. So kann ich das Heu der umliegenden Wiesen nützlich verwerten. Hühner und Schafe gehören natürlich zum Hof und die Aufzucht von Karpfen. Da muß ich aber gut aufpassen, daß für mich noch einige übrig bleiben. Die Fischreiher und neuerdings eine gefräßige Minkfamilie dezimieren regelmäßig den Bestand.

Da habe ich mit den Tieren meines Umlandes, des mit Wiesen, Baum- und Buschgruppen überzogenen Mühlbachtales, mehr Freude. Wenn die Bussarde oben am Himmel stehen, der Fuchs durch die Fluren schnürt, der Biber seine Burg erweitert und eine vielstimmige Vogelwelt zwischen dem Geäst herumflattert, dann bin ich so recht zufrieden.

Werner André auf der Wiese an seiner Pfannkuchenmühle.

Im Sax-Verlag Beucha

ist an historischer und landeskundlicher Literatur zum Muldenraum erschienen:

Geert Bremer, Dem Feinde zuwinken.
Ein Niederländer erzählt über seine Wurzener Zwangsarbeiterjahre 1943-1945.
144 Seiten mit 18 Abb., 2001, 9 €, ISBN 3-934544-13-4

Joachim Schiefer, Historischer Atlas zum Kriegsende 1945 zwischen Berlin und dem Erzgebirge.
80 Seiten mit 33 Farbkarten, 2. Aufl. 2001, 20 €, ISBN 3-930076-68-3

Wolfgang Ebert, Terra Wurcinensis. Historisch-topographisches Lexikon der Stadt Wurzen ...
108 Seiten mit 50 Abb., 2. Aufl. 1998, 12,50 €, ISBN 3-930076-55-1

Heinz Martin, Aus der Geschichte unserer Heimat. Falkenhain, Voigtshain, Thammenhain.
240 Seiten mit 100 Abb., 1998, 7 €, ISBN 3-930076-65-9

Otto Eduard Schmidt, Muldenländisches. Neudruck aus Kursächsische Streifzüge.
76 Seiten mit 27 Federzeichnungen, 1993, 7 €, ISBN 3-9802997-5-9

Rosemarie Fret, Die angehaltene Zeit. Bilder einer (Mulden-)Landschaft bei Leipzig.
80 Seiten mit 46 Farbfotografien, 1996, 20 €, ISBN 3-930076-29-2

Horst Naumann, Die Straßennamen der Stadt Grimma. Ein Lexikon zur Stadtgeschichte ...
84 Seiten mit 32 Abb., 1997, 10 €, ISBN 3-930076-48-9

Rudolf Priemer, Grimma und Muldental. Sax-Führer.
112 Seiten mit 55 Abb., 2. erw. Aufl. 2000, 7 €, ISBN 3-9802997-1-6

Eberhard Zänker, Georg Joachim Göschen. Ein Leben in Leipzig und Grimma-Hohnstädt.
168 Seiten mit 45 Abb., 1996, 10 €, ISBN 3-930076-27-6

Günther Unteidig u.a., Grimma und Nimbschen. Zur Zisterzienserkultur im Muldental.
96 Seiten mit 70 Abb., 1999, 10 €, ISBN 3-930076-89-6

Rudolf Priemer u.a., Kloster Nimbschen und Katharina von Bora. Sax-Album.
120 Seiten mit 25 Abb., 1995, 8 €, ISBN 3-930076-00-4

Rudolf Priemer und Wolfgang Stadler, Colditz. Sax-Führer.
60 Seiten mit 17 Abb., 1993, 6 €, ISBN 3-9802997-7-5

Udo Baumbach u.a., 1000 Jahre Rochlitz. Festschrift.
168 Seiten mit 77 Abb., 1995, 14 €, ISBN 3-930076-16-0

Wolf-Dieter Röber, Schönburgische Burgen und Schlösser im Tal der Zwickauer Mulde.
112 Seiten mit 55 Abb., 1999, 15 €, ISBN 3-930076-77-2

Margret Neumann, Die Orts-, Flur- und Straßennamen der Stadt Penig ...
56 Seiten mit 42 Abb., 2002, 9,95 €, ISBN 3-934544-34-7

Sax-Verlag Beucha, 04824 Beucha, An der Halde 12, Tel. 034292 / 75210 (Fax 75220)